U0556320

"十四五"时期国家重点出版物出版专项规划项目

当代马克思主义哲学研究文库

主编 杨耕

国家出版基金项目

Re-Understanding Marx:
Contemporary Interpretation of
Western Marxism

王凤才 等著

重新理解马克思

西方马克思主义的当代阐释

中国人民大学出版社
·北京·

教育部人文社会科学重点研究基地重大项目
"国外马克思主义前沿问题研究"(20JJD710001)最终成果

总序　理论的深度与思想的容量

历史常常出现这样一种现象，即一个伟大哲学家的某个理论以至整个学说往往在其身后，在经历了较长时期的历史运动之后，才充分显示出它的本真精神和内在价值，重新引起人们的关注，促使人们"重读"。可以说，"重读"是哲学史乃至整个思想史上的常见的现象，黑格尔重读柏拉图、皮尔士（又译皮尔斯）重读康德、歌德重读拉菲尔……在一定意义上说，一部哲学史就是后人不断"重读"前人的历史。所以，哲学史被不断地"重写"。

马克思哲学的历史命运也是如此。20世纪的历史运动以及当代哲学的发展困境，使马克思哲学的本真精神、内在价值和当代意义凸显出来了，当代哲学家不由自主地把目光再次转向马克思，重读马克思。历史和现实都告诉我们，每当世界发生重大历史事件、产生重大社会问题时，人们都不由自主地把目光转向马克思，重读马克思。在一定意义上说，在伦敦海格特公墓安息的马克思，比在伦敦大英博物馆埋头著述的马克思，更加吸引世界的目光。当代著名哲学家德里达甚至发出这样的感叹："不去阅读且反复阅读和讨论马克思……而且是超越学者式的'阅读'和'讨论'，将永远都是一个错误，而且越来越成为一个错误，一个理论的、哲学的和政治的责任方面的错误。"

呈现在读者面前的《当代马克思主义哲学研究文库》，就是当代中国学者重读马克思的理论成果。正是以当代实践、科学以及哲学本身的发展为基础重读马克思，我们深深地体会到，马克思主义哲学的确是我们这个时代不可超越的哲学。在当代，无论是用实证主义哲学、结构主义哲学、新托马斯主义哲学，还是用存在主义哲学、解构主义哲学、弗洛伊德主义哲学乃至现代新儒学，来对抗马克思主义哲学，都注定是苍白无力的。在我看来，这种对抗犹如当年的庞贝城与维苏威火山岩浆的对抗。

我断然拒绝这样一种观点，即马克思主义哲学产生于"维多利亚时代"，距今 170 多年，因而已经过时。这是一种"傲慢与偏见"。我们不能依据某种学说创立的时间来判断它是不是过时，是不是真理。实际上，"新"的未必就是真的，"老"的未必就是假的；既有最新的、时髦的谬论，也有古老的、千年的真理。阿基米德定理创立的时间尽管很久远了，但今天的造船业无论多么发达，也不能违背这一定理。如违背这一定理，那么，造出的船无论多么"现代"化，多么"人性"化，也无法航行；如航行，也必沉无疑。真理只能发展，不可能被推翻；而科学之所以是真理，就是因为它发现和把握了某种规律。正是由于发现并深刻地把握了人类社会发展的一般规律、资本主义生产方式的运动规律，正是由于发现并深刻地把握了人与世界的总体关系，正是由于所关注并力图解答的问题深度契合着当代世界的重大问题，所以，产生于 19 世纪中叶的马克思主义哲学又超越了 19 世纪这个特定的时代，依然是我们这个时代的真理和良心，依然占据着真理和道义的制高点。正如美国著名思想家海尔布隆纳所说，"我们求助于马克思，不是因为他毫无错误之处，而是因为我们无法回避他。每个想从事马克思所开创的研究的人都会发现，马克思永远在他前面"。

我不能同意这样一种观点，即在当代中国，随着市场经济体制的确立，马克思主义哲学研究越来越趋于"冷寂"以至衰落。这种观点看到了某种合理的事实，但又把这种合理的事实融于不合理的理解之中。我不否认哲学研究目前在社会生活中较为冷清，一些人对马克思主义哲学持一种冷漠、疏远的态度。但是，我又不能不指出，这种所谓的马克思主义哲学研究的"冷寂"，实际上是人们对马克思主义哲学本身的一种深刻反思，是对马克思主义哲学"本性"的一种回归。具体地说，国内哲学界通过对现代西方哲学的批判反思，通过对中国传统哲学的批判反思，通过马克思主义哲学的自我批判反思，以及通过对哲学的重新定位，完成了这种回归。在我看来，正是这三个"批判反思"以及"重新定位"，促使中国的马克思主义哲学研究走向成熟。换言之，目前，马克思主义哲学研究的"冷寂"并不意味着马克思主义哲学研究在中国的衰落，相反，它标志着中国马克思主义哲学研究的成熟。

　　实际上，市场经济与马克思主义哲学的关系并非如同冰炭，不能相溶。没有市场经济也就没有马克思主义哲学，马克思主义哲学本身就是在市场经济的背景下产生的。无论是对资本主义市场经济历史性的肯定，还是对资本主义市场经济局限性的批判，马克思主义哲学都为社会主义市场经济的实践提供了理论支撑。随着社会主义市场经济实践的不断深化和拓展，我们真正理解了市场经济不仅是资源配置的现代形式，而且是人的生存的现代方式；真正理解了市场经济是以"物的依赖性"为基础的"人的独立性"的时代，从而深刻地理解了在市场经济中人与人的关系何以转化为物与物的关系；真正理解了市场经济是从"人的依赖性"向"人的自由个性"过渡的时代，从而深刻地理解了"以所有人的富裕为目的"（马克思）、实现每个人的全面而自由发展的重要性；真正理解了社会主义公有制以及"重建个人所有制"（马克思）的重要性，从而深刻地理解了人"成为自己的社会结合的主人""成为自然界的主人""成为自身的主人——自由的人"（恩格斯）的真实含义……随着社会主义市场经济实践的不断深化和拓展，一个"鲜活"的马克思正在向我们走来，马克思主义哲学不是离我们越来越远，而是越来越近了。马克思仍然"活"着，并与我们同行。

　　当然，马克思主义哲学没有也不可能包含关于当代中国问题的现成答案。自诩为包含一切问题答案的学说，只能是神学，而不可能是科学或哲学。历史已经证明，凡是以包罗万象、无所不知、无所不能自诩的思想体系，如同希图万世一系的封建王朝一样，无一不走向没落。"马克思主义是我们这个时代'必要的'哲学。它为我们生活的历史和社会难题提供了至关重要的见解。这并不意味着，马克思主义为我们的历史难题提供了全能的解释，就跟柏拉图无法回答存在和认识的所有问题，以及弗洛伊德无法解释潜意识思维所有过程一样。能够带来启发但并不是无所不能，它只不过是看得更长远一些，理解得更深刻一些而已。这正是马克思及其后继的马克思主义学者们的著作能帮助我们的事情。"海尔布隆纳的这一观点正确而深刻。我们应当明白，马克思是普罗米修斯，而不是"上帝"；马克思主义是科学，而不是启示录；马克思主义哲学是方法，而不是教义。正如恩格斯所说："马克思的整个世界观不是教义，而是方法。它提供的不是现成的教条，而是进一步研究的出发点和供这种研究使用的方法。"卢卡奇甚至认为，即使"放弃马克思的所有全部论点"，但只要坚持、"发展、扩大和深化"了马克思主义的方法，就仍然是"正统"的马克思主义者，因为"马克思主义问题中的正统仅仅是指方法"。马克思主义哲学是科学的世界观和方法论的高度统一。我们只能按照马克思主义哲学的"本性"期待它做它所能做的事，而不能要求它做它不能做或做不到的事。

实际上，早在马克思主义哲学创立之初，马克思就以其远见卓识"告诫"后辈马克思主义者：马克思主义哲学"是从对人类历史发展的考察中抽象出来的最一般的结果的概括。这些抽象本身离开了现实的历史就没有任何价值。它们只能对整理历史资料提供某些方便，指出历史资料的各个层次的顺序。但是这些抽象与哲学不同，它们绝不提供可以适用于各个历史时代的药方或公式。相反，只是在人们着手考察和整理资料——不管是有关过去时代的还是有关当代的资料——的时候，在实际阐述资料的时候，困难才开始出现。这些困难的排除受到种种前提的制约，这些前提在这里是根本不可能提供出来的，而只能从对每个时代的个人的现实生活过程和活动的研究中产生"。因此，我们必须立足当代的"现实生活过程和活动"坚持和发展马克思主义哲学。这种坚持和发展包括学理上的坚持和发展。

正因为如此，受中国人民大学出版社的委托，我主编了《当代马克思主义哲学研究文库》。首批列入《当代马克思主义哲学研究文库》的20部著作分别从哲学观、哲学史、理论前提、理论形态、存在论、唯物主义形态、辩证法基础，以及经济哲学、政治哲学、道德哲学、历史哲学、社会发展理论等方面深入而较为全面地研究了马克思主义哲学，向我们展示了一幅色彩斑斓的思想史画面。

从这些著作的作者来看，他们分别来自北京大学、中国人民大学、北京师范大学、南开大学、吉林大学、复旦大学、同济大学、南京大学、华中科技大学、武汉大学、浙江大学、山东大学等。这是一个特殊的学术群体。其中，一部分作者出生在20世纪50年代，他们经历了共和国的风风雨雨，尔后在70年代末那个"解冻"的年代走进大学校园，其学术生涯几乎是与改革开放同步的；之前，他们曾被驱赶到生活的底层,其身受磨难的程度、精神煎熬的强度、自我反省的深度,是任何一代大学生都未曾经历过的。正是这段特殊的经历,使这些作者对马克思主义哲学有了深刻的体认。另一部分作者出生在20世纪60—70年代,成长于改革开放时期,正是改革开放,使这一部分作者的学术生涯一开始就"睁眼看世界",形成了宽广的理论视野、合理的知识结构,从而对马克思主义哲学有了独特的体认。

从这些著作的内容来看,它们分别涉及马克思主义哲学的本体论、辩证法、历史观、实践论、认识论以及马克思主义哲学史,包括西方马克思主义。这些著作或者对已经成为"常识"的马克思主义哲学的基本观点讲出新内容,从而赋予其深刻的当代含义;或者深入挖掘本来是马克思主义哲学的基本观点,但由于种种原因,未被现行的哲学教科书涉及或重视的观点,从而"发现"马克思;或者深入分析、系统论证马克思有所论述,但又未充分展开、详尽论证,同时又深度契合着当代重大问题的观点,使其上升为马克思主义哲学的基本观点,从而"发展"马克思。

马克思主义哲学是由马克思创立的,但马克思主义哲学并非仅仅属于马克思。实际上,马克思主义哲学是由马克思所创立、为他的后继者所发展的关于无产阶级和人类解放的学说。所以,列宁提出了"马克思的哲学"和"马克思主义哲学"这两个概念。我们不能以教条主义的态度对待马克思主义哲学,认为只有马克思所阐述的哲学思想才是马克思主义哲学。按照这种标准,马克思主义哲学就必然终止于1883年;同时,我们又不能以虚无主义的态度对待作为马克思主义哲学主要创始人马克思的哲学思想,奉行没有马克思的马克思主义哲学。"马克思主义是马克思的观点和学说的体系"。列宁的这一定义表明,离开了马克思主义的马克思,是虚构的马克思;离开了马克思的马克思主义,同样是虚构的马克思主义。坚持和发展马克思主义哲学,首先就要准确理解和把握马克思主义哲学主要创始人马克思的哲学思想。

在我看来,这些著作既无压倒千古大师的虚骄之气,也无自我否定的卑贱之心,相反,这些著作是作者们上下求索、深刻反思的结果,是他们哲学研究的心灵写照和诚实记录,展示出一种广博的科学知识和高超的哲学智慧,有着惊人的理论深度和足够的思想容量。从中,我们可以看到,中国的马克思主义哲学研究是"在希望的田野上"。

我并不认为这些著作完全恢复了马克思主义哲学的"本来面目"，这些解释完全符合马克思主义哲学的文本，因为我深知解释学的合理性，深知这些著作受到作者本人的人生经历、知识结构、哲学修养以及价值观念，即"理解的前结构"的制约。中国有句古诗："春潮带雨晚来急，野渡无人舟自横"（韦应物），表面上说的是"无人"，实际上是"有人"，至少春潮、急雨、野渡、孤舟的画面体现了人对物、主体对客体的感受。因此，《当代马克思主义哲学研究文库》中的著作既反映了作者对马克思主义哲学文本的忠实，又体现出作者研究马克思主义哲学的不同视域和不同方法，并凝聚着作者的特定感受和思维个性。

当然，我注意到，人们对马克思主义哲学的认识并非一致，而且存在着较大的分歧和争论。从历史上看，一个伟大的哲学家逝世之后，对他的学说产生分歧和争论，并不罕见。但是，像马克思主义哲学这样在世界范围内进行如此持久的研究，产生如此重大的分歧，却是罕见的。而且，马克思离我们的时代越远，对他的认识的分歧也就越大，就像行人远去，越远越难以辨认一样。美国社会学家米尔斯由此认为，"正如大多数复杂的思想家一样，马克思并没有得到人们统一的认识。我们根据他在不同发展阶段写出的书籍、小册子、论文和书信对他的著述做出什么样的说明，取决于我们自己的观点，因此，这些说明中的任何一种都不能代表'真正的马克思'"。

米尔斯所描述的问题是真实的，但他对问题的回答却是错误的，即不存在一个客观意义上的、真正的马克思，存在的只是不同的人所理解的不同的马克思。有人据此把马克思与哈姆雷特进行类比，认为犹如一千个观众的眼中有一千个哈姆雷特一样，一千个读者心中有一千个马克思，不存在一个"本来如此"的马克思主义。在我看来，这是一个似是而非、"不靠谱"的类比和说法。问题的关键就在于，哈姆雷特是莎士比亚塑造的艺术形象，马克思主义是由马克思创立的科学理论；艺术形象可以有不同的解读，而科学理论揭示的是客观规律，这种认识正确与否要靠实践检验，而不是依赖认识主体的解读。实际上，即使是艺术形象，也不能过度解读。合理的解读总是有"底线"的。例如，同一首萨拉萨蒂创作的小提琴曲《流浪者之歌》，德国小提琴演奏家穆特把它诠释成悲伤、悲凉、悲戚，美国小提琴演奏家弗雷德里曼把它诠释成悲愤、悲壮、悲怆，但无论是悲伤、悲凉、悲戚，还是悲愤、悲壮、悲怆，都具有"悲"的内涵，而没有"喜"的意蕴。

从认识论的角度看，对马克思主义哲学认识的分歧，是由认识者生活的历史环境和"理解的前结构"决定的。人们总是生活在特定的历史环境中，并在特定的意识形态氛围中进行认识活动的。问题就在于，历史环境的不可复制性，历史进程的不可逆转性，历史事件的不可重复性，使认识者不可能完全"回到"被认识者生活的特定的历史环境，不可能完全"设身处地"地从被认识者的角度去理解他的文本，因而也就不可能完全恢复和再现被认识者思想的"本来面目"。特定的历史环境和"理解的前结构"支配着理解的维度、深度和广度，即使是最没"定见"的认识者也不可能"毫无偏见"。人的认识永远是具体的、历史的，不可能超出认识者的历史环境，必然受到认识者的"理解的前结构"的制约。

但是，我们又能够通过"自我批判"达到对事物的"客观的理解"。"基督教只有在它的自我批判在一定程度上，可说是在可能范围内完成时，才有助于对早期神话作客观的理解。同样，资产阶级经济学只有在资产阶级社会的自我批判已经开始时，才能理解封建的、古代的和东方的经济。"马克思的这一观点具有普遍意义，同样适合哲学史、马克思主义哲学史研究。具体地说，我们能够站在当代实践、科学和哲学本身发展的基础上，通过"自我批判"，通过对马克思主义哲学产生的历史背景的考察，通过对马克思主义哲学文本的分析，通过对马克思主义哲学历史的梳理，使作为认识者的我们的视域和作为被认识者的马克思的视域融合起来，不断走向马克思，走进马克思哲学的深处，从而对马克思的哲学做出"客观的理解"，即准确理解和把握"真正的马克思"，准确理解和把握马克思主义哲学的本真精神、本质特征和理论体系，准确理解和把握"本来如此"的马克思主义哲学。这正是《当代马克思主义哲学研究文库》所追求的理论目标和理论境界。

我注意到，收入《当代马克思主义哲学研究文库》的这些著作的观点并非一致，甚至存在着这样或那样的错误。问题在于，"不犯错误的人没有"（邓小平）。科学研究更是如此。"科学的历史，正如所有人类的观念史一样，是一部不可靠的猜测的历史，是一部错误的历史。"（波普尔）因此，我们应当"从错误中学习"。只有当我们从对错误的"错误"理解中摆脱出来，只有当错误不再成为我们的思想包袱的时候，我们才能少犯错误，才能在求索真理的过程中发现更多的真理。在今后的研究中，我们将不断地修正错误，从而使《当代马克思主义哲学研究文库》不断完善。但是，我们永远也不可能达到完善。在我看来，追求完善，这是学者应有的品格；要求完善，则是对学者的刻薄。实际上，这是一种形而上学的要求。"一切发展中的事物都是不完善的，而发展只有在死亡时才结束。"（马克思）因此，向学者以至任何人要求完善，实际上是向他索取生命。

杨耕

2021 年 7 月于北京世纪城

目　录

第一章　国外马克思主义基本格局 …………………………………… 1
　第一节　国外马克思主义阐释路径 …………………………………… 1
　第二节　本书的基本结构 ……………………………………………… 6

第二章　早期西方马克思主义新阐释 ………………………………… 14
　第一节　总体性与革命性相统一的历史辩证法 ……………………… 15
　第二节　理论与实践相统一的总体革命理论 ………………………… 29
　第三节　实践哲学或辩证的历史主义 ………………………………… 38
　第四节　具体的辩证法与具体的乌托邦 ……………………………… 52

第三章　批判理论语境中的马克思主义 ……………………………… 70
　第一节　批判的马克思主义 …………………………………………… 71
　第二节　重建的马克思主义 …………………………………………… 83
　第三节　政治经济学批判需要道德维度补充 ………………………… 135

第四章　批判理论的"政治伦理转向" ……………………………… 144
　第一节　从社会哲学到批判理论 ……………………………………… 145
　第二节　从批判理论到新批判理论 …………………………………… 153
　第三节　从新批判理论到后批判理论 ………………………………… 160

第五章　政治哲学视域中的意识形态领导权 …… 180
第一节　意识形态领导权的原生逻辑 …… 180
第二节　意识形态领导权的次生逻辑 …… 186
第三节　意识形态领导权的再生逻辑 …… 201
第四节　意识形态领导权理论的启示 …… 212

第六章　文化马克思主义新进展 …… 216
第一节　文化马克思主义的发展脉络 …… 216
第二节　文化马克思主义的理论聚焦 …… 225
第三节　文化马克思主义的发展前景 …… 241

第七章　分析的马克思主义新阐释 …… 246
第一节　对历史唯物主义的辩护与批评 …… 247
第二节　分析的马克思主义的理论聚焦 …… 267
第三节　分析的马克思主义的当代阐释 …… 298

第八章　西方马克思主义的空间批判理论 …… 315
第一节　列斐伏尔的空间生产理论 …… 316
第二节　哈维的空间生产的政治经济学 …… 327
第三节　詹姆逊的后现代空间理论 …… 349
第四节　空间批判理论的批判性剖析 …… 359

第九章　生态学马克思主义新发展 …… 365
第一节　生态问题与生态学马克思主义 …… 365
第二节　科技应用与生态问题 …… 376
第三节　资本主义制度与生态问题 …… 383
第四节　生态革命与生态社会主义 …… 398

第十章　"新共产主义"理论探索 …… 406
第一节　自治的共产主义 …… 407
第二节　情感的共产主义 …… 413

第三节　事件的共产主义 …………………………… 418
第四节　数字交往的共产主义 ………………………… 426

参考文献 …………………………………………………… 435
后　　记 …………………………………………………… 454

第一章　国外马克思主义基本格局

在整个世界马克思主义基本格局中,"国外马克思主义"是重要组成部分。在"国外马克思主义研究"中,主要有四条阐释路径:(1) 国外马克思学阐释路径;(2) 正统马克思主义阐释路径;(3) 西方马克思主义阐释路径;(4) 东欧新马克思主义阐释路径。其中,西方马克思主义阐释路径是最具学术原创性、思想深刻性、现实前瞻性的阐释路径。下面,我们首先讨论国外马克思主义四条阐释路径以及它们之间的关系,然后概述本书的基本结构,即第一至十章的基本内容。

第一节　国外马克思主义阐释路径

一、国外马克思学阐释路径

根据目前掌握的材料,"马克思学家"概念最早是由梁赞诺夫提出的。1928年,在《马克思主义历史概论》"序言"中,梁赞诺夫提到"各种马克思学家"[①]。不过,"马克思学"概念则来自吕贝尔创办的《马克思学研究》(1959)。吕贝尔说,马克思的大量思想遗产、社会活动、众多追随者、著作发表史,加上至今尚无可靠的著作全集,以及各种马克

---

① 杜章智.一个反马克思主义的"马克思学家":马·吕贝尔//中共中央马克思恩格斯列宁斯大林著作编译局.马列主义研究资料:第5辑.北京:人民出版社,1982:232.

思主义流派之间巨大的意识形态分歧，使马克思学研究成为必要。①

学界一般认为，"马克思学"并非统一的学派或系统的学科，其共同性仅仅在于研究对象。总的说来，"马克思学"是对马克思的生平著述、著作版本、思想发展、理论观点、学术关系，以及马克思所有后继者的思想和各种马克思主义学派思想之间的差异进行跨学科、超意识形态、纯学术的研究。这主要集中在三个方面：（1）文献学考证。例如，《资本论》之马克思手稿与恩格斯编辑稿的关系问题、《黑格尔法哲学批判》以及《〈黑格尔法哲学批判〉导言》的撰写时间问题，等等。（2）文本学解读。例如，《德意志意识形态》、"巴黎手稿"的文本学研究，等等。（3）理论问题研究。例如，马克思与马克思主义的关系问题、马克思思想的来源问题、马克思思想的发展逻辑问题、马克思恩格斯的学术关系问题、马克思与意识形态问题、马克思与伦理学问题、剩余价值分配理论问题，等等。②

二、正统马克思主义阐释路径

根据目前掌握的材料，"马克思主义者"概念最早出现在查苏利奇写给马克思的信（1881年2月16日）中。她这样写道：那些鼓吹农村公社注定要灭亡的人，"自称是你的真正的学生，'马克思主义者'"③。马克思回信（第二草稿第二点）说："关于您所讲到的俄国的'马克思主义者'，我完全不知道。现在和我保持个人联系的一些俄国人，就我所知，是持有完全相反的观点的。"④ 那么，是否可以说作为名词的"马克思主义"概念最早出现于1882年呢？在恩格斯致伯恩施坦的信（1882年11月2—3日）中有这样的说法："您屡次硬说'马克思主义'在法国威信扫地，所依据的也就是这个唯一的来源，即**马隆的陈词滥调**。诚然，法国的所谓'马克思主义'完全是这样一种特殊的产物，以致有一次马克思对拉法格说：'有一点可以肯定，我不是马克思主义者'。"⑤

---

① 叶卫平. 西方"马克思学"研究. 北京：北京出版社，1995：7.
② 鲁克俭. 国外马克思学研究的热点问题. 北京：中央编译出版社，2006.
③ 马克思恩格斯全集：第25卷. 北京：人民出版社，2001：757.
④ 同③471.
⑤ 马克思恩格斯全集：第35卷. 北京：人民出版社，1971：385.

所谓"正统马克思主义",主要包括恩格斯以及第二国际马克思主义、列宁主义以及第三国际马克思主义、原苏东国家的传统马克思主义、西方共产党理论,以及今天西方国家(和非西方国家)的马克思主义正统派。尽管它们的具体观点有所不同,但它们都以恩格斯的"马克思主义观"为基础,经过普列汉诺夫、列宁,到斯大林被固定化为传统教科书体系。

在正统马克思主义阐释路径中,马克思主义由三个部分组成,即马克思主义哲学、马克思主义政治经济学、科学社会主义。其中,马克思主义哲学首先是辩证唯物主义;辩证唯物主义是在费尔巴哈唯物主义("基本内核")和黑格尔辩证法("合理内核")的基础上形成的;将辩证唯物主义推广和运用到社会历史领域,就形成了历史唯物主义。

这条阐释路径对后世产生了深刻影响,迄今为止的马克思主义研究仍未完全从"权威结论"中摆脱出来。① 目前,这条阐释路径在欧陆国家、英语国家、原苏东国家、中国马克思主义研究中仍然不同程度地存在着。

三、西方马克思主义阐释路径

一般认为,"西方马克思主义"概念最早出现在柯尔施的《〈马克思主义和哲学〉问题的现状——一个反批评》(1930)一文中:"现在,一场关于今日马克思主义总体状况的根本论争已经开始,(新老正统马克思主义的)家族内部之争已经成为次要的甚至已经消逝,在所有重大的决定性的问题上,相互对立的双方是:以考茨基为代表的马克思主义老正统派和俄国的或'列宁主义'的马克思主义新正统派的联盟为一方;以今日工人运动理论中所有批判的进步的趋向为另一方。"② 因而,尽管对俄国马克思主义与西方马克思主义的这种批评性比较来自今日俄国执政党的一个政治反对派,但它的作者却是一个正统的普列汉诺夫信徒,一个在哲学上站在俄国马克思主义一边的人。因而,他的批评根本不是旨在反对"苏联的马克思主义"的一般历史结构,而是只反对它的

---

① 俞吾金,王凤才. 关于诠释学视阈中的马克思哲学的学术对话. 晋阳学刊,2009(5).

② K. Korsch. Gesamtausgabe Krise des Marxismus. Band. 3. Amsterdam:Stichting beheer IISG,1993:373.

最近的滑稽形式——它似乎使得"苏联的马克思主义"不像是俄国马克思主义理论传统的"发展和继续",而是"败坏和歪曲"①。

"西方马克思主义"概念,经过梅洛-庞蒂(Maurice Merleau-Ponty)、佩里·安德森(Perry Anderson)、本·阿格尔(Ben Agger)的改造,出现了四种不同用法:(1)纯粹地域性概念,即把西方马克思主义等同于西方的马克思主义或西欧的马克思主义;(2)在地域性概念的前提下,强调特定思想内涵(即意识形态性);(3)在地域性概念的前提下,强调世代更替与主题转换;(4)非地域性的纯粹意识形态概念,即把西方马克思主义等同于"新马克思主义"。②

我们认为,"西方马克思主义"概念应有以下规定性:(a)既有地域性限制,又有特定思想内涵——产生于西方并发展于西方的一种非正统马克思主义。这样,它就既不同于东欧新马克思主义,又不同于正统马克思主义。(b)既以马克思思想为依据,又主张马克思主义具有开放性、多元化——以马克思思想为依据,有些人甚至自称马克思主义者,但又用不同的西方思潮重释、补充、修正、重建马克思主义。这样,它就既不同于反马克思主义、非马克思主义,又不同于马克思学。(c)既批判资本主义,又批判现实社会主义;既批判工业文明,又批判性地反思人类文明本身——就批判资本主义和工业文明而言,它与正统马克思主义有共通之处;就批判现实社会主义而言,它与东欧新马克思主义有相似之处;就批判性地反思人类文明本身而言,这是它自己的特色。(d)从总体上看,西方马克思主义是一种体系庞杂、观点各异的非正统马克思主义思潮。

因而,西方马克思主义的主要流派有:早期西方马克思主义,法兰克福学派批判理论,存在主义的马克思主义,弗洛伊德主义的马克思主义,新实证主义的马克思主义,结构主义的马克思主义,文化马克思主义,分析的马克思主义,女性主义的马克思主义,后马克思主义,生态学马克思主义,等等。这样,我们所理解的"西方马克思主义"就不包

---

① 柯尔施.马克思主义和哲学.王南湜,荣新海,译.重庆:重庆出版社,1989:72-73.译文有改动.

② 王凤才.追寻马克思:走进西方马克思主义.济南:山东大学出版社,2003;陈学明."西方马克思主义"论.沈阳:辽宁教育出版社,1991;俞吾金,陈学明.国外马克思主义哲学流派新编:西方马克思主义卷(上下册).上海:复旦大学出版社,2002.

括"正统马克思主义""东欧新马克思主义""国外马克思学",但包括"后马克思主义"。①

四、东欧新马克思主义阐释路径

从广义上说,"新马克思主义"是指包括"西方马克思主义"在内的一切非正统马克思主义;从狭义上说,"新马克思主义"是指原东欧社会主义国家的非正统马克思主义,当时又称为"异端的马克思主义"或"持不同政见者的马克思主义"。我们倾向于狭义理解的新马克思主义,即东欧新马克思主义,主要包括南斯拉夫实践派、匈牙利布达佩斯学派、波兰意识形态批判学派、捷克人道主义学派,等等。

东欧新马克思主义的主要特征如下:(1)从理论框架来看,东欧新马克思主义是以人为核心的哲学人本主义与实践本体论;以异化理论为基础的现实社会主义批判;以民主的、人道的、自治的社会主义为目标的社会改革方案。(2)从理论本质来看,东欧新马克思主义是二战以后在原东欧社会主义国家兴起的人道主义的马克思主义思潮;但它并非统一的政治派别或学术团体,其共同点只有一个——研究对象是马克思主义;尽管具体观点有所不同,但都认为马克思主义是一种人道主义。因而,从本质上看,它是一种非正统马克思主义。(3)从学术贡献来看,东欧新马克思主义对马克思思想有深刻的阐述,对社会主义理论与实践、历史与命运有批判性反思,对现代性有独特的理论洞见。(4)从历史演变和学术影响来看,东欧新马克思主义经历了"马克思主义复兴"→人道主义的马克思主义(20世纪60年代—70年代中期)→左翼激进主义(20世纪70年代后期—80年代末)→后现代理论(20世纪80年代末90年代初至今)的演变路径。诚然,作为一种独立思潮的东欧新马克思主义已不复存在,但其历史影响仍然存在。②

五、四条阐释路径之间的异同点

国外马克思主义四条阐释路径有着共同点:(1)都以马克思思想为

---

① 关于后马克思主义与西方马克思主义、马克思主义的关系,参见王凤才.继承与超越、解构与重建:后马克思主义与马克思主义关系阐释//复旦大学当代国外马克思主义研究中心.当代国外马克思主义评论:第6辑.北京:人民出版社,2008:76-101.

② 衣俊卿.东欧新马克思主义精神史研究.哈尔滨:黑龙江大学出版社,2015:5.

理论来源，并以马克思主义为研究对象；（2）都有批判精神和/或科学精神；（3）都有乌托邦精神和/或实践精神。然而，四条阐释路径之间也存在着差异：（1）国外马克思学阐释路径偏重于文献学考证、文本学解读，强调学术性；（2）正统马克思主义阐释路径或偏重于经济阐释，或偏重于政治阐释，或介于经济阐释与政治阐释之间，但都强调意识形态性；（3）西方马克思主义阐释路径偏重于文化阐释，强调思想性；（4）东欧新马克思主义阐释路径为"马克思主义复兴"→人道主义的马克思主义→左翼激进主义→后现代理论，强调现实性。

第二节 本书的基本结构

第一章"国外马克思主义基本格局"，不仅划分了国外马克思主义阐释路径，即国外马克思学阐释路径、正统马克思主义阐释路径、西方马克思主义阐释路径、东欧新马克思主义阐释路径，而且讨论了四条阐释路径之间的异同点。

第二章"早期西方马克思主义新阐释"，主要讨论西方马克思主义奠基人的"马克思主义观"。西方马克思主义奠基人所面对的共同问题，是20世纪初无产阶级革命在欧洲的失败。因而，早期西方马克思主义理论也被理解为对革命失败经验的直接反思。他们通过强调马克思与黑格尔之间的继承关系而强调哲学或阶级意识在革命中的重要作用。在关注欧洲革命失败原因问题的同时，他们还有着更加深切的关注，那就是在一战中得到极端体现的西方文明危机。西方马克思主义一经出现，就显示出它是一条既不同于第二国际马克思主义又区别于第三国际马克思主义的新的马克思主义阐释路径。

早期西方马克思主义理论家，即西方马克思主义奠基人（卢卡奇、柯尔施、葛兰西、布洛赫）反对正统马克思主义阐释，尤其反对第二国际理论家把马克思主义"康德主义化"，将马克思主义解释为一种实证科学。因而，他们否认或贬低辩证唯物主义与自然辩证法，只承认历史唯物主义与历史辩证法；否认历史唯物主义是一种世界观，而仅仅把它视为一种研究社会历史问题的方法；将马克思与恩格斯、列宁割裂开来，认为马克思主义主要是指马克思本人的思想，恩格斯、列宁对马克思主义有许多"误解",甚至"歪曲"。因此,他们强调马克思早期著作在马克思主义形成发展过程中的决定性作用,进而强调马克思主义的"黑格尔根源",确立马克思与黑格尔之间的继承关系,通过重新确立黑格尔哲学在马克思主义中的地位来"重建"马克思主义哲学。例如,马克思主义的"正统"仅仅在于方法,即总体性与革命性相统一的历史辩证法(卢卡奇);马克思主义是理论与实践相统一的总体革命理论(柯尔施);马克思主义哲学是"实践哲学"或"实践一元论"(葛兰西);马克思主义既是"具体的辩证法",又是"具体的乌托邦"(布洛赫)。

第三章"批判理论语境中的马克思主义",主要讨论法兰克福学派批判理论家对"马克思主义"的看法,也涉及法兰克福学派批判理论与西方马克思主义、与马克思主义的关系。法兰克福学派批判理论与西方马克思主义、与马克思主义的关系实际上涉及三个问题:其一,是否整个法兰克福学派都属于西方马克思主义流派,是否所有批判理论都属于西方马克思主义?其二,西方马克思主义与马克思主义到底是一种什么关系?其三,法兰克福学派批判理论是否必然属于马克思主义?第一个问题涉及:"法兰克福学派"是否铁板一块?"批判理论"是否整齐划一?对此,答案当然是否定的。至于第二个问题,说西方马克思主义是马克思主义的一种表现形式,这应该没有什么问题;但硬要说西方马克思主义等同于马克思主义,就似乎有些武断。第三个问题与第一个问题联系在一起。对"是否所有法兰克福学派批判理论都属于西方马克思主义,是否所有西方马克思主义都属于马克思主义?"这一问题所做出的回答并不是肯定的。就批判理论与马克思主义的关系而言,批判理论第一期发展以霍克海默、阿多诺、马尔库塞等人为代表,与传统马克思主义"渐行渐远";批判理论第二期发展以哈贝马斯的历史唯物主义重建为代表,被重建后的历史唯物主义已经"面目全非";批判理论第三期发展以阿尔布莱希特·维尔默(Albrecht Wellmer)、阿克塞尔·霍耐特(Aexl Honneth)等人对马克思的重新诠释为代表,被重新诠释后的马克思已经成为"另一个马克思"。因而,批判理论第三期发展已经不再属于传统西方马克思主义,而是已经进入与当代西方哲学主流话语对话的语境中;即使是早期批判理论,也不再属于传统马克思主义。从总体上看,法兰克福学派三代批判理论家对待马克思主义的态度经历了从欣赏、信奉到怀疑、批判,再到超越、重建的过程。

第四章"批判理论的'政治伦理转向'",主要讨论法兰克福学派从批判理论到后批判理论的历史与逻辑。众所周知,法兰克福大学社会研究所是法兰克福学派的大本营,批判理论是法兰克福学派的标志性贡献;但并非所有社会研究所成员都是法兰克福学派代表人物,并非所有社会研究所理论成果都属于批判理论。就是说,法兰克福学派并非铁板一块,批判理论并非整齐划一,而是存在着众多差异、矛盾,甚至对立。尽管第一代批判理论家内部有着这样或那样的差异,但他们的理论总体上都属于"老批判理论",体现着批判理论第一期的发展。尽管第二代批判理论家内部有三条不同的研究路径,但与"老批判理论"相比,他们的理论基本上都属于"新批判理论",体现着批判理论第二期的发展。尽管第三代批判理论家有着不同的学术取向,但他们的理论总体上都属于批判理论第三期的发展,标志着批判理论的最新发展阶段("后批判理论"),体现着批判理论的最新发展趋向("批判理论的'政治伦理转向'")。概言之,"批判理论三期发展"意味着,从古典理性主义到感性浪漫主义再到理性现实主义,从激进乐观主义到激进悲观主义再到保守乐观主义,从文化主体哲学到语言交往哲学再到政治道德哲学("政治伦理学"),从"老批判理论"到"新批判理论"再到"后批判理论"。"后批判理论"标志着批判理论的最新发展阶段,它不再属于传统的西方马克思主义范畴,而是已经进入与当代实践哲学主流话语对话的语境中。

第五章"政治哲学视域中的意识形态领导权",主要讨论从葛兰西意识形态领导权理论到新葛兰西主义意识形态领导权理论的发展历程。我们知道,意识形态领导权(或曰文化霸权)是葛兰西意识形态领导权理论的核心概念,也是他关于政治与意识形态的思想的有机生长点;建立在市民社会理论基础上的意识形态领导权理论(或曰文化霸权理论),是葛兰西对西方马克思主义意识形态理论的独特贡献;葛兰西意识形态领导权理论对当代西方政治哲学,尤其是西方马克思主义意识形态理论产生了重要影响。阿尔都塞(Althusser)、普兰查斯(Poulantzas)、新葛兰西主义者[拉克劳(Laclau)、墨菲(Mouffe)]都是从这一理论出发建构他们的政治哲学思想的。阿尔都塞将拉康的心理分析融合到葛兰西的意识形态领导权理论中,创立了独特的意识形态国家机器理论;尽管他们对意识形态概念以及意识形态与科学的关系等问题有不同的理解，但阿尔都塞的意识形态国家机器理论却是对葛兰西文化霸权理论的继承与发展，并在一定程度上深化了马克思主义国家理论，这可以被视为阿尔都塞对西方马克思主义意识形态理论的一种创造性贡献。在意识形态领导权理论原生逻辑（葛兰西）、次生逻辑（阿尔都塞）的基础上，普兰查斯、拉克劳、墨菲对意识形态领导权理论做出了独特的贡献。总体说来，从葛兰西到新葛兰西主义者的意识形态领导权理论丰富和发展了马克思主义政治哲学思想，为建构21世纪马克思主义提供了重要的思想资源。

第六章"文化马克思主义新进展"，主要讨论文化马克思主义的发展脉络、理论聚焦与发展前景。20世纪中期以来，以探讨文化与非文化的因素（社会生活的其他方面）的关系为主线，文化马克思主义在英国大致经历了三个发展阶段：文化主义阶段、结构主义阶段、后马克思主义阶段。21世纪以来，虽然文化马克思主义研究重镇伯明翰大学当代文化研究中心不复存在，但是由其开创的文化研究并没有销声匿迹；相反，在延续传统的基础上出现了新的理论聚焦，形成了多学科交叉、涵盖全球、多议题齐头并进且相互涵摄的研究态势，主要集中在社会性别研究、文化的反思性研究、媒介文化研究、文化多元主义研究，以及全球化背景下的文化研究这五个方面。例如，J. 巴特勒（J. Butler）强调性别理论应从抽象的性别操演转向性别的政治实践领域；伊格尔顿（Eagleton）、戴维·米勒（David Miller）、S. 拉什（S. Lash）等人则通过从本体论层面追问文化是什么来重建文化理论。值得一提的是，由于种族问题、移民问题，以及恐怖主义问题，文化多元主义遭到社会质疑，陷入严重的理论危机之中。对此，一些马克思主义者试图重建文化多元主义理论，以挽救多元文化主义并推动其进一步发展；而另一些马克思主义者则通过揭露文化多元主义的意识形态性，以批判文化多元主义与资本主义统治的共谋。在全球化浪潮下，文化马克思主义者，一方面思考在全球化思维范式下文化理论研究的新特点，例如，全球化背景下的媒介文化理论研究，全球化引起的文化多元主义，民族身份认同以及种族问题，等等；另一方面也一直在思索全球化的本质是什么，全球化带来的文化结果是什么，以及应该采取什么样的文化策略［例如，詹姆逊（Jameson）］。文化马克思主义的多元研究面向，体现了21世纪文化研究的发展趋向，即马克思主义的回归，以及多学科、多议题相互交叉、涵摄并存。不过，文化的政治学批判与文本分析在文化研究中仍然占据着重要地位。文化马克思主义作为英美马克思主义的重要组成部分，是新的历史条件下资本主义现代性批判的新形式，丰富了马克思主义文化批判理论。

第七章"分析的马克思主义新阐释"，主要讨论分析的马克思主义对历史唯物主义的辩护与批评、分析的马克思主义的理论聚焦与当代阐释。以"九月小组"为平台的核心意义上的分析的马克思主义是20世纪70年代末崛起于英美国家的马克思主义学术共同体，其最初以共同关注"剥削问题"、带有"分析的风格"而著称，自称"非胡说的马克思主义"。20世纪80年代末，包括"九月小组"成员在内的广义的分析的马克思主义者从整体上转向规范政治哲学研究，进一步聚集于平等主义正义论、解放的社会科学、阶级分析和阶级理论、转型正义及民主理论、全球正义理论等主题。从研究领域来看，分析的马克思主义的思考和研究跨越了方法论、历史唯物主义和规范政治哲学等领域。G. A. 科恩（G. A. Cohen）、乔恩·埃尔斯特（Jon Elster）、约翰·罗默（John Roemer）等人，早期都关注历史唯物主义并对之做出了新阐释。G. A. 科恩将分析哲学"清晰严密"的标准运用于澄清历史唯物主义的基本概念，将功能解释方法运用于解决历史唯物主义命题的争论，从而为历史唯物主义核心命题的逻辑一致性进行辩护——这就引发了关于历史唯物主义的"新争论"。尽管分析的马克思主义者对历史唯物主义的阐释是有"新意的"，但由于他们都拒斥历史唯物主义的辩证法思想，所以在某种意义上，他们又"背离"了历史唯物主义的本义。在转向规范政治哲学之后，分析的马克思主义者围绕分配正义问题、剥削问题、阶级和民主问题等展开了多方面的研究，取得了丰富的研究成果，但马克思主义的维度有所弱化，日益趋近于自由主义政治哲学话语。与此同时，对分析的马克思主义的当代阐释也形成了专题化和多元化的局面。尽管分析的马克思主义作为统一的思潮不复存在，再加上意识形态等原因，学者们也日益缺乏自我认同，但是核心意义上的分析的马克思主义的问题和精神被保留了下来，扩展意义上的分析的马克思主义特别是平等主义正义论的研究仍然活跃。迄今为止，分析的马克思主义的研究风格与探讨的问题在英美马克思主义中仍有重要影响。国外学界关于分析的马克思主义的研究取得了重要进展，但在"分析的马克思主义"的概念界定、基本特征以及是否终结等问题上存在的争议,使他们没有对分析的马克思主义在21世纪的新发展做出系统梳理,特别是关于分析的马克思主义政治哲学观念的总结性研究尚未出现。

第八章"西方马克思主义的空间批判理论",主要讨论"空间生产"与"空间批判"在当代西方马克思主义研究中的重要性。空间问题及其概念化由来已久,近20年来,跨学科视角下的空间研究在世界马克思主义和激进左翼思潮中日益凸显,从而出现了一种新的理论气象,许多学者将理论关切诉诸"空间",形成了多维的空间话语。毫无疑问,西方马克思主义的空间批判理论是当代西方空间研究中的重要组成部分,从列斐伏尔(Lefebvre)、哈维(Harvey)、詹姆逊,到苏贾(Soja)、卡斯特(Castells)、鲍曼(Bauman),尽管他们的空间视野各有不同,但他们都从不同路径展现了当代空间生产的诸种样貌,都试着将"空间"作为一个积极因素整合进马克思主义理论体系中,呈现出时代特征的空间之维,共同建构了西方马克思主义的空间批判话语。其中,列斐伏尔是最早用马克思主义方法论对空间问题进行理论阐释的西方马克思主义者,他将空间分析与全球化、都市化以及日常生活结合在一起,开创了空间研究的新视野,尤其是他关于空间社会性的分析为以后的空间理论研究提供了重要的理论基础;哈维试图将空间作为一个积极因素融入历史唯物主义整体性视野中,积极地推进从"历史唯物主义"向"历史-地理唯物主义"的过渡,并以资本批判为视角,深入地阐释了资本积累的空间维度,提出了空间生产的政治经济学;詹姆逊敏锐地注意到后现代的"空间化"特征,并试图在马克思主义框架中阐释后现代主义,他的后现代空间理论展现了马克思空间分析中易被忽视的多重维度。概言之,当代西方马克思主义的空间生产与空间批判理论在拓展对马克思主义空间维度以及相关前沿问题的研究方面,做出了重要理论贡献,并在当代"空间转向"中独树一帜,但由于缺乏宽广的历史视野,总体上没有提出有力的变革资本主义空间生产的现实方案。

第九章"生态学马克思主义新发展",主要讨论生态学马克思主义在21世纪的新发展,尤其是生态学马克思主义者对生态危机及其成因、科技应用与生态问题、资本主义制度与生态问题的看法,以及对生态革命和生态社会主义的呼唤。一般认为,除了较早的生态学马克思主义者[威廉姆·莱斯(William Leiss)、阿格尔、高兹(André Gorz)]之外,生态学马克思主义新发展的代表人物主要有：美国的詹姆斯·奥康纳（James O'Connor）、J. B. 福斯特（J. B. Foster）、保罗·伯克特（Paul Burkett）、J. 科威尔（J. Kovel），德国的瑞尼尔·格伦德曼（Reiner Grundmann），以及英国的彼得·狄更斯（Peter Dickens）等人，他们尽管分属于不同的学术共同体，彼此之间发生过激烈的论战，具体的理论观点也不同，但却有着共同的理论特征：（1）社会与自然的关系成为理论出发点和基础问题，对社会与自然的关系采取了真正历史的、批判的态度；（2）从生态角度批判资本主义是其核心问题；（3）自觉地实现社会与自然的协同发展是其理论目标和理想追求，而这又内在地包含于他们的共产主义理论研究中。生态学马克思主义的理论聚焦体现在：生态问题或生态危机真的存在吗？现代工业技术体系是生态问题的唯一原因吗？现代资本主义制度是不是产生生态问题的最重要的社会原因？如何消除或缓解生态问题/生态危机？围绕着这些问题，他们提出的基本观点是：（1）立足于人类生活的时间尺度，生态危机是真实存在的，生态问题是不可避免的；对生态问题的确认和界定受到文化价值取向的影响。（2）在人类漫长的历史进程中，生态技术对人类社会以及社会与自然之间关系的演化起着基础作用。在人类历史的当前阶段，格伦德曼认为技术是解决生态问题的关键手段；但 J. B. 福斯特强调技术的资本主义使用方式无法解决生态危机。（3）J. B. 福斯特认为资本主义私有制是导致社会与自然冲突的根本原因；伯克特发展出生态的价值-形式方法，用它来揭示资本主义的双重环境危机，即社会与自然关系的危机和人的发展危机；奥康纳指出资本导致生产条件恶化，进而激发资本主义的第二重矛盾，即生产条件恶化与资本生产不足之间的矛盾。（4）基于各自的理论研究，他们或呼唤生态革命（如 J. B. 福斯特和伯克特），或倡导生态社会主义（如 J. 科威尔等）。总之，作为一种生态政治学的生态学马克思主义，不仅以对人的剥削关系的批判为出发点，而且以对剥夺自然的批判为出发点，它试图建立生态学与政治学的内在关联；它认定生态社会主义是马克思主义指导下的社会主义，因而它没有离开马克思主义理论传统，是对传统马克思主义的"补充"、"发展"甚至"超越"。

第十章"'新共产主义'理论探索"，主要讨论异军突起的各种"新共产主义"思潮。"共产主义"并没有随着20世纪冷战的结束和新自由主义的发展而结束，相反，在世界各国，共产主义以一种"幽灵"的方式蛰伏着。2008年资本主义陷入金融危机之后，在资本主义的贪婪和腐败肆虐整个世界之后，共产主义的旋律再一次在世界范围内回荡。对于如何建立共产主义，在西方大致有四种方式，即自治的共产主义、情感的共产主义、事件的共产主义、数字交往的共产主义。(1) 自治的共产主义源于20世纪60年代的意大利自治主义运动，它以马克思的"机器论片段"为指导，将工厂里的工人自治实践拓展到大都市，甚至拓展到全世界，最典型的代表就是迈克尔·哈特（Micheal Hardt）和安东尼奥·奈格里（Antonio Negri）。(2) 情感的共产主义在承袭卢卡奇的阶级意识理论和法国先锋派运动的基础上，提出用艺术的和情感的共鸣来实现共产主义的方式，主要代表是法国的让-吕克·南希（Jean-Luc Nancy）。(3) 事件的共产主义强调共产主义到来的事件性，一方面认为马克思的共产主义论断是正确的，另一方面又不相信共产主义是资本主义社会的简单延续，而是需要在事件性断裂的基础上实现共产主义，主要代表是法国哲学家阿兰·巴迪欧（Alain Badiou）和斯洛文尼亚学者斯拉沃热·齐泽克（Slavoj Žižek）。(4) 建立在21世纪新的数字技术和数字交往基础上的数字交往的共产主义，提出了技术加速发展的共产主义观念。在对新技术表示乐观，并试图依赖数字技术和智能技术发展来建立共产主义的研究中，美国左翼马克思主义理论家乔蒂·迪恩（Jodi Dean）是具有开创性的学者，加速主义是重要的派别。上述四种不同的共产主义，都试图结合21世纪最新发展的世界形势，对共产主义给出新的解答。这对新时代中国特色社会主义现代化建设，以及中国马克思主义话语建构，都有着重要的启示意义。

第二章　早期西方马克思主义新阐释

本章将立足于卢卡奇、柯尔施、葛兰西和布洛赫的文本，勾勒出一幅关于早期西方马克思主义的思想画面。这里涉及的主要文本有卢卡奇的《历史与阶级意识》(1923)及其早期的一些著作、柯尔施的《马克思主义和哲学》(1923)、葛兰西的《狱中札记》(1929—1935)，以及布洛赫的《乌托邦精神》(1918)。我们的叙述主要在四个层面展开：第一，简单勾勒这四位哲学家如何走向马克思主义之路，说明他们在20世纪初独特的社会、政治背景下所关注的核心问题。第二，具体阐发他们对资本主义社会或欧洲文明的内在危机的深刻批判。这在卢卡奇和布洛赫那里，直接体现为对资本主义社会的批判，而在柯尔施和葛兰西那里，则分别体现为柯尔施对马克思主义危机的历史分析和葛兰西对无产阶级革命困境及其背后历史原因的探讨。第三，在此基础上，重点论述他们对克服危机的道路的探索，主要涉及两条核心线索：一是他们对历史的形成的探讨（即我们怎样才能上升为历史主体，在历史中进行创造），二是对辩证法的探讨。具体说来，这条成就历史的道路在卢卡奇那里被具体地落实为总体性与革命性相统一的历史辩证法，在柯尔施和葛兰西那里被进一步地分别落实为理论与实践相统一的辩证法和知识分子与大众的辩证法，而在布洛赫那里则被明确地界定为具体的辩证法。第四，集中关注他们对马克思主义的独特阐发。在这个层面上，强调对辩证法与革命（十月革命所开创的无产阶级革命）道路之间的内在关系的思考，是促使他们共同开辟了一条有别于正统马克思主义阐释路径的西方马克思主义阐释路径之关键。

第二章　早期西方马克思主义新阐释

第一节　总体性与革命性相统一的历史辩证法

一、卢卡奇走向马克思主义之路

在西方马克思主义传统中，卢卡奇一直被公认为是最伟大的奠基人，他的《历史与阶级意识》也被视为该传统中最经典的著作。但卢卡奇本人则提醒人们，要想真正理解他对马克思主义道路的独特阐发，还要了解他走向马克思主义之路。在卢卡奇走向马克思主义的过程中，可以清晰地看到三个思想环节：现代主义艺术，宗教、两个世界的对立，以及从两个世界的对立到辩证法。

（一）现代主义艺术

青年卢卡奇在哲学上深受格奥尔格·齐美尔（Georg Simmel）的影响，基本上接受了后者的新康德主义立场。在新康德主义视野中，现代社会（或资本主义社会）似乎被撕裂为两个领域：为形式理性原则所主导的客观文化领域和为自由原则所主导的主观文化领域。在卢卡奇看来，M. 韦伯（M. Weber）对形式理性原则的批判，正如齐美尔在《货币哲学》（1900）中对资本主义社会的批判，直接击中的是客观文化领域。对于青年卢卡奇来说，这个领域是一个充满着分离的经验的、无意义的领域。与此同时，他又认为还可以找到另一个自由的领域，该领域不仅将彻底地摆脱形式理性原则的规定，而且将进一步地突破这个世界上的各种各样的分离关系，从而真正地成就人的生活的意义。这一领域就是艺术领域。但随着对现代主义艺术的理解逐步深入，他日益感到这条道路的虚无。于是，他又对现代主义艺术持疏离态度。其著作《心灵与形式》（1911）就充分体现了当时的卢卡奇与现代主义艺术之间的复杂关系。这时，卢卡奇已经看到，现代社会有着对立的两极。一方是形式理性原则，它把一切都切碎、打散并加以合理化，它带来的是痛苦的、分离的经验，是生活的无意义感；另一方则是浪漫主义的突围，它试图在一个独立的艺术领域内重新实现对生活的一体化，重新使生活获得意义。然而，这两极只是在同一水平上相互对立，因为浪漫主义的突围最终能够达到的只是对形式理性原则支配下的分离的个体生活经验的表达，它与形式理性原则一样，也在支撑着这个现代社会。

卢卡奇还意识到，新康德主义哲学与现代主义艺术必然地相互关联。对于卢卡奇来说，超越现代主义艺术的虚无，也就意味着走出新康德主义哲学的困境。更具体地说，这意味着既超越了齐美尔，又超越了M. 韦伯。M. 韦伯虽然对形式理性原则做了最冷静的分析和批判，但他最终不得不承认，这一原则成为现代社会的规定性原则，成为现代人难以逃脱的命运；齐美尔站在主观文化角度，对资本主义文明进行了尖锐的批判，但他所主张的这条主观文化道路也只能停留于否定和批判层面，无法真正解决问题。卢卡奇对这些困境有着清醒的洞见，要进一步地探寻真正解决问题的道路。

（二）宗教、两个世界的对立

卢卡奇在海德堡结识了布洛赫，后者为他带来了宗教与辩证法两个方面的思想资源，并给他指出了超越新康德主义的方向：黑格尔主义或亚里士多德主义哲学。这两种哲学不再以世界的二分为前提，而是关注如何实现世界的一体化。在早期美学手稿（即《海德堡美学》，这是卢卡奇自己命名的）中，卢卡奇明确指出艺术是乌托邦。艺术的乌托邦性质就在于，它与充满着分离的生活经验相分离。在纯粹艺术领域中（尤其是在后印象派和抽象主义的艺术实践中）不再有任何分离。这一基本思考方向在《小说理论》（1916）中得到了进一步加强。卢卡奇认为，现代小说肩负着重新赋予生活意义的重要使命，但它又注定无法完成这一使命。一方面，沿着这一思路，卢卡奇进一步指出，相比于荷马史诗的世界，这是一个"为上帝所遗弃了的世界"；另一方面，卢卡奇还特别提到了另一个世界，它代表着对这个"为上帝所遗弃了的世界"的超越，即陀思妥耶夫斯基的宗教的世界。卢卡奇在陀思妥耶夫斯基那里看到，这个世界还可以是另一种样子，其中人与人之间都有着不可分离的、相互负责的关系。

这样，现代世界的问题就被进一步地转化为两个世界的斗争问题。身处于这两个世界，一方面，卢卡奇的立场是绝望的，因为他深刻地觉察到了现代世界的灾难，即它不仅为上帝所遗弃，而且还已落入魔鬼的掌控中，在这个意义上，卢卡奇借用费希特的术语，称这个时代是一个"绝对罪孽的时代"；但另一方面，卢卡奇的立场又是乌托邦的，因为他坚信，与这个绝对黑暗的世界同时存在的还有另一个世界。《小说理论》

的基本立场是两个世界决然对立的立场，是克尔凯郭尔意义上的非此即彼的立场。这时的卢卡奇还没有找到打开这两个世界的关系的途径，还没有达到黑格尔辩证法立场。

（三）从两个世界的对立到辩证法

从两个世界的决然对立到找到沟通这两个世界的中介，是卢卡奇在走向马克思主义的过程中所遇到的最难的问题。更进一步地说，这个问题即如何从宗教进入辩证法的问题。在卢卡奇这里，有两个方面的关键因素促成了这个重要转变：一是十月革命的爆发；二是马克思对商品拜物教的批判。

十月革命最重要的意义就在于，它象征着那两个决然对立的世界的关系已经被打开，革命让卢卡奇看到了希望，他看到人们可以找到一条现实的道路，以实现在那两个决然对立的世界之间的跨越。不过，此时的卢卡奇把该道路理解为一条自上而下的道路：他从具有无限高度的宗教世界出发，通过牺牲自己在伦理上的清白而介入并变革这个现代世界。在卢卡奇转到马克思主义立场上之后，如何沟通这两个世界的问题，依然是他思考的最为核心的问题。《历史与阶级意识》也是围绕着这一问题展开的。在该书1967年的新版序言中，卢卡奇明确地说，此时他已经意识到辩证法是决定革命能否真正展开的关键："对任何想要回到马克思主义的人来说，恢复马克思主义的黑格尔传统是一项迫切的任务。《历史与阶级意识》代表了当时想要通过更新和发展黑格尔的辩证法和方法论来恢复马克思理论的革命本质的也许是最激进的尝试。"[①]在卢卡奇这里，辩证法被理解为我们和这个"幽灵般的"对象性世界的关系问题。为此，他才强调要恢复马克思主义的黑格尔传统、重新复活辩证法。关于辩证法，卢卡奇在《历史与阶级意识》中做出的独创性贡献主要表现在两个方面：首先，他重新阐发了黑格尔辩证法，把它理解为关于具体内容的辩证法[②]；其次，在此基础上，他又进一步指出，这个关于内容的辩证法将具体地落实在具有普遍性质的无产阶级与世界的关系中。于是，所有的问题都集中在了无产阶级的形成这一最关键的环节上。

---

① 卢卡奇. 历史与阶级意识. 杜章智，任立，燕宏远，译. 北京：商务印书馆，1992：15-16.

② 同①218-219.

二、物化理论

在《历史与阶级意识》中,卢卡奇以马克思的拜物教批判思想为基础,对 M. 韦伯的合理化批判思想进行了创造性的吸收和转化,提出了以"物化"(reification)为核心范畴的物化理论。具体而言,其物化理论主要从以下三个维度对现代资本主义社会展开了系统批判。

(一)抽象劳动成为现实原则

纵观卢卡奇的整个物化理论,可以发现其最核心的线索是对抽象劳动的批判。卢卡奇首先指出,资本主义社会与前资本主义社会之间的质的区别就在于,在资本主义社会中商品形式成为社会的基本形式。"一个商品形式占支配地位、对所有生活形式都有决定性影响的社会和一个商品形式只是短暂出现的社会之间的区别是一种质的区别。"① 在这个过程中,最重要的机制就是对人类劳动的抽象。卢卡奇强调,"抽象人类劳动的这种形式相同性不仅是商品关系中各种不同对象所归结为的共同因素,而且成为支配商品实际生产过程的现实原则"②。就是说,把具体劳动转变成可计算的抽象劳动,绝不是一个只发生在人的头脑中的计算过程,而是实实在在地发生在劳动者身上的现实。为了说明抽象劳动如何成为规定着资本主义社会的最普遍的社会范畴,卢卡奇特别提到了劳动分工所经历的实际历史发展过程,而蕴含于这整个发展过程中的原则是合理化原则,这一合理化原则就落实在劳动对象的专门化、劳动过程的机械化和劳动的定额化等几个环节中。通过这几个环节,在劳动主体身上发生了双重抽象过程:一方面,劳动主体本身被割裂开来,他们的劳动力被客体化,加入一个异己的系统中;另一方面,被割让出去的劳动同时又加入了一个似乎与人无关的自动的合规律的过程。通过这两个环节,工人就被实在地抽象为纯粹的量。

在这一双重抽象过程中,人的态度本身也起到了重要的作用。一方面,伴随着劳动对象的专门化、劳动过程的机械化和劳动的定额化,工人所面对的似乎永远是一个与己无关的自动的合规律的过程;另一方面,工人的这种直观的态度反过来又进一步规定着他们自己的存在,因

---

① 卢卡奇. 历史与阶级意识. 杜章智,任立,燕宏远,译. 北京:商务印书馆,1992:144.
② 同①148.

为这种直观的态度也在改变着人们直接地对待世界的一些基本范畴，工人被迫成了过程的纯粹的客体，他们忍受着他们的商品化和被还原为纯粹的量。重要的是，整个工人阶级的命运已经成了资本主义条件下人的普遍的命运。与此同时，这个看似已经被普遍合理化的资本主义世界其实在根本上依然具有非理性的性质。这些非理性内容一方面连着对象世界，另一方面连着人本身。正是因为抽象的计算永远无法达到这些内容，资本主义条件下的合理化才永远无法达到总体性的高度，资本主义社会也一次次地陷入危机。

（二）物化意识对物化过程的进一步强化

卢卡奇敏锐地觉察到，物化还包含着对意识的物化这一隐蔽而重要的环节。物化意识的根本特征就是停留于"直接性"（immediacy），合理化过程使对象失去了原来的"物性"，获得了一种新的对象性，即可计算性。这样，物化意识的根本特征就在于，它停留于对象的这种"新的物性"，把它认作对象唯一的、永恒的性质。更进一步说，物化意识的直接性就表现为它缺乏"中介"。面对着对象，它没有能力通过多重中介而呈现出对象的结构，并在这个结构中呈现出对象与我们的关系。这样，一方面，物化意识根本无法达到对象之除了抽象的量的规定性之外的其他内容；另一方面，它因此也不可能理解对象的历史性。物化意识把这个由合理化过程带来的世界理解为一个永恒的、平面化的世界。通过如此理解，它同时又在不断地加强着这个世界的平面化和永恒化。

在《历史与阶级意识》中，卢卡奇还分析了物化意识的普遍性以及内在矛盾性。前者意味着，不仅工人阶级的意识已经被物化，而且整个统治阶级的意识也同样被物化。那些所谓的"专家型人才"同样也是一方面把自己的某项专门才能作为商品卖出去，另一方面对这个物的世界也只能采取被动直观和直接接受的态度。后者意味着，物化意识一方面把整个世界都视为合理的，将其归入一个有规律的统一系统；另一方面又由于无法达到对象的真正内容，所以无法在各个局部的系统之间建立起真正的联系。这样，在物化意识的水平上，我们就陷入了矛盾的两极：或把整个世界认作统一的、合规律的；或在危机时，把整个世界都视为非理性的。在卢卡奇看来，物化意识不仅直接地渗透在资本主义生活的方方面面，而且还在理论上有多重体现。资产阶级理论是资产阶级克服物化意识的直接性的努力,其主要目的就是把握资本主义社会的整体景象,但这些理论最后达到的只是关于资本主义社会的抽象的、直接的知识,而根本不可能达到总体性的高度。

在《历史与阶级意识》之重要组成部分,即《物化与无产阶级意识》(1922)一文中,卢卡奇得出了两个重要结论:其一,资产阶级在哲学领域内也最终放弃了通过穿透内容进而去把握资本主义社会总体的努力;其二,在资产阶级哲学发展过程中,批判哲学曾经为解决形式与内容的难题而进行了一场卓越的努力,但这场努力最终也归于失败。在卢卡奇看来,资产阶级哲学先后经历了三个思想环节:早期的理性主义独断论哲学、从康德到黑格尔的批判哲学和后来的实证主义哲学。在理性主义独断论哲学阶段,哲学还没有意识到"非理性内容"问题,依然坚持着对理性的盲目信仰;在批判哲学阶段,"非理性内容"问题被第一次当作哲学的根本问题提出来,整个批判哲学都是在解决形式与内容的关系问题,但它也未能实现真正的突破,最终依然局限于纯粹哲学领域,无法解决生活中的"非理性内容"问题;在实证主义哲学阶段,目前它已经成为笼罩着整个资本主义社会的意识形态。由于"非理性内容"问题始终没有被真正解决,它对这个问题就采取了自觉放弃的态度。实证主义哲学认为,我们只能对在这个合理化的世界中所呈现出来的"事实"进行客观描述,除此之外,我们不应追求其他。这样的资产阶级思想反过来又在进一步强化着我们对这个世界的直观态度。这样,物化意识就在各个领域、各个层面不断地推动和加深着物化过程。

(三)资本主义成为一种宗教

在转向马克思主义立场之前,卢卡奇受到宗教方面思想的影响,他对现代世界做出了具有宗教性质的判断:这个世界是为上帝所遗弃了的世界。这个思想刚好与马克思的拜物教批判思想相应和。于是,在与马克思主义相遇之后,他便以马克思主义为基础,进一步探求资本主义拜物教所具有的独特的宗教特征。在卢卡奇看来,资本主义作为一种宗教,主要有两个方面的特征:其一,作为一种独特的拜物教,它既是非抽象的,又是抽象的;其二,作为一种宗教,对于其信徒来说,它是一种永恒的诅咒,永远不可能带来任何救赎。

第一,商品拜物教既是非抽象的,又是抽象的。卢卡奇认为,这将同时涉及对象和主体两个方面。从对象角度说,是因为人们此时崇拜的对象是物,是人造物;从主体角度看,是因为人们根本不知道自己与这个资本主义世界是一种宗教崇拜关系。鉴于此,它是一种与抽象宗教完全不同的拜物教。此外,这种拜物教又是抽象的,它的秘密正是所谓的"抽象的统治"。卢卡奇在物化理论中强调,"抽象劳动"是资本主义社会中唯一的社会范畴,它规定着资本主义社会中的一切对象性形式和主体性形式。抽象劳动对人的统治是实际地经由我们每一个个体的自觉意识(在意识中把自己降为仅仅具有量的规定性的商品)而得到实现的。在资本主义条件下,虽然个体意识依据那个普遍的抽象原则来安排每一个个体的生活,但实际上它根本无力把握那个真正的总体。正因如此,这种拜物教与抽象的宗教(加尔文教)之间存在着直接的呼应关系。在资本主义世界中,对那个"物的自动的合规律的过程"的旁观与加尔文教中对先定学说的信仰其实是一回事,两者实质上都是"抽象的统治"。

第二,商品拜物教绝对不具有任何救赎的性质。首先,从形式与内容的关系角度看,由于商品世界是抽象的,因而它虽然具有"物"的外表,但根本无法真正包容实际的内容。在商品形式中,实际发生的是人与劳动对象的关系的断裂、人与自身的关系的断裂,以及人与他人的关系的断裂。作为这三重断裂的结果,商品的形式成为毫无内容的纯粹形式。其次,从总体与局部的关系角度看,人们由于在对商品的形式的把握中彻底排除了商品的内容,从而根本无法达到总体。在这个意义上,资本主义世界是非理性的,那种无内容的形式的合理性永远只能在一些局部体系内达到,至于这些体系之间则只能是一种纯粹偶然的关系。因此,资本主义的存在过程必然是遭遇一次又一次灾难的过程,在这些灾难中各个局部系统之间的关联突然中断,资本主义的不断形式化的逻辑无法继续。人们对商品的崇拜所带来的恰恰是对蕴含在商品形式中的抽象力量的不尽追求。因此,商品拜物教是推动资本主义从一次灾难走向另一次灾难的强大动力。在这条不归路上,商品拜物教所带来的唯一命运是毁灭。

三、以总体性范畴为核心的辩证法

卢卡奇思想的魅力在于,它没有停留于对现实的批判,而是一直在努力探求冲破当前这一绝望处境的可能出路。为了能够使辩证法与革命实现内在同一，他首先对蕴含在德国思辨哲学传统中的辩证法进行了重构，把以总体性范畴为核心的黑格尔辩证法理解为关于内容的辩证法。在此基础上，他又进一步在资本主义社会的现实处境中，把无产阶级意识的形成当作实现辩证法的关键环节。于是，辩证法就被从纯粹的理论领域中召回，被内化进历史的形成过程中。也正是由于卢卡奇致力于把辩证法内化于历史中，在革命道路问题上，他才会明确地反对"外在超越"路线，而坚持"内在超越"路线。"超越"在这里既意味着与物化世界的断裂，又意味着我们的实践中具有了明确的总体性向度。这样，辩证法与历史中的创造性实践（即革命）就实现了内在同一。

（一）德国思辨哲学传统中的总体性辩证法

实际上，卢卡奇并不是直接从黑格尔体系入手来理解辩证法的"总体性"范畴，而是从康德哲学入手来理解总体性问题在整个理性主义哲学传统中所具有的核心意义，并发掘其现实内涵。以总体性范畴为核心的辩证法所要解决的根本问题是形式与内容的关系问题，是人通过对全新内容的创造而成为自由的主体的问题。与此必然相关，黑格尔辩证法作为德国古典哲学的最高成就，它区别于以前所有辩证法的最根本之处也就在于它是关于内容的辩证法，并且因此又必然地是内在于历史的辩证法。卢卡奇指出，在康德哲学中总体性问题是通过"物自体"概念被提出的，这表明康德已经认识到理性的界限，它表明人们必须承认有理性无法穿透的非理性内容，这正是现代人的根本困境，即资本主义社会中生活的物化困境。卢卡奇认为，近代哲学先后经历了三个环节：早期的理性主义独断论哲学、从康德到黑格尔的批判哲学和后来的实证主义哲学。在理性主义独断论哲学阶段，人们还根本没有自觉地意识到理性自身的局限性。因此，这一阶段哲学的根本特征是独断论，即对理性的盲目信仰。只有到批判哲学阶段，人们才在哲学上达到了对人的理性的局限性的自觉认识，尤其是对形式理性的局限性的认识，并开始为克服它而做出巨大努力。之后的实证主义哲学则彻底放弃了解决理性的局限性这一难题的努力，不再坚守理性主义的事业。在从康德开始的批判哲学这一关键环节上，解决问题的所有努力最后成就了以总体性范畴为核心的黑格尔辩证法。对于黑格尔来说，辩证法关注的根本问题是内容问题，真正的辩证过程是发生在主体与客体之间的，而不仅仅是概念之间的差异和转化。因而，辩证法展开的是主体与客体相互转化的辩证过程。在此过程中，"真理不仅是实体，而且是主体"①。真实的东西源于主体对世界的创造，在这个过程中，主体赋予生活概念和形式，而主体的形式本身也在实现的过程中被改变。这样的辩证法是真正关于实体、关于内容的。可见，黑格尔哲学已经隐约摸索到了解决问题的方向，即历史与起源的一致。但卢卡奇也意识到，黑格尔哲学终究不是一种实践哲学，而是一种"沉思的哲学"，也就是说，黑格尔没有找到真正的历史主体。在他那里，历史中的人们根本不具备主体的地位，连"国民精神"也只是"世界精神"之"自然的"规定，后者利用前者，并通过超越前者的方式来完成自己的行动。因而，黑格尔哲学最终只能"超越历史，并在历史的彼岸建立理性的自我发现的王国"②。

（二）无产阶级意识作为总体性辩证法

在《历史与阶级意识》中，卢卡奇明确指出，无产阶级就是历史的现实的主体。在从工人上升到无产阶级的过程中，有一个至关重要的环节，那就是无产阶级意识。关于无产阶级意识，卢卡奇强调了两点：首先，在工人的实际存在中还留有一些尚未被彻底物化的他者性的内容，这些他者性的内容正是无产阶级意识得以形成的出发点；其次，无产阶级意识已经上升为自我意识。在自我意识中，无产阶级通过中介范畴达到了对历史总体的把握，上升为历史的同一的主体-客体；而且无产阶级意识作为自我意识不是对对象的被动直观，它意味着对象的结构的改变，它决定性地参与着历史的形成。因此，在无产阶级意识中历史与起源真正达到了一致，无产阶级意识就是实践。

1. 寻找他者性内容：在劳动时间领域中的质变

第一，关于"中介"。卢卡奇在这里特别提到了中介范畴，经由中介范畴将能够从直接现实性上升到客观现实性。换言之，经由中介范畴，我们将能够把资本主义社会中人与人之间的变为"物"的关系重新呈现为人与人之间的普遍的社会关系，也就是使人与人的关系成为社会现实。更进一步地说，中介范畴将带来历史与起源的一致。从直接现实

---

① G. Lukacs. History and Class Consciousness: Studies in Marxist Dialectics. Cambridge: The MIT Press, 1971: 142.

② 卢卡奇. 历史与阶级意识. 杜章智, 任立, 燕宏远, 译. 北京: 商务印书馆, 1992: 225.

性到客观现实性的转变,绝不仅仅是在我们纯粹的认识中对对象的加工和变形,相反,它是在实践中经由我们的中介形式使对象本身被改变。因此,这是一个在实践中进行创造的过程。而这一创造要成为可能,我们的中介形式就必须与对象本身的结构以及该结构中所蕴含的内在的运动倾向一致。所以,能否达到这样的中介形式是决定我们能否在历史中实现创造的关键。就是说,中介的最终使命是使我们达到历史总体,成为历史主体。

第二,关于劳动时间领域内的质变。在讲述无产阶级与资产阶级在社会存在上的差异时,卢卡奇明确指出,工人身上的确还蕴含着某种尚未被彻底商品化的质的内容,即工人身上存在着尖锐的内在分裂:一方面他已经被物化为商品,被削减为纯粹的量;另一方面,他又还保持着他的人性和灵魂。这一尖锐对立集中地体现在劳动时间领域。在劳动时间领域,在工人身上就会发生从量到质的骤变:"剥削的数量上的差异对资本家来说,具有他从数量上规定他的计算对象的直接形式;对工人来说,则是他的全部肉体的、精神的和道德的等等存在的决定性的质的范畴。"① 在这一骤变中,蕴含在工人的劳动时间中的量与质的对立被充分显现出来,它使得抽象的反思的规定的统治被打破,对象性的真正形式得以呈现:"量到质的骤变……是存在的真正对象形式(Gegenstandsform)的呈现,是那种混乱的反思规定的崩毁,这种反思规定在纯粹直接的、消极的、直观的态度阶段,歪曲了真正的对象性(Gegenständlichkeit)。"② 正是由于这个骤变,无产阶级就开始踏上了超越其直接性的征途。在这个意义上,可以说在劳动时间领域内所发生的从量到质的骤变是无产阶级意识形成过程中的第一个环节。卢卡奇认为,劳动时间问题上的量和质的对立不是简单的直接对立,而是辩证的对立。从这一辩证的对立出发,无产阶级的思想就开始了一个复杂的中介过程,这个中介过程最终将使资本主义社会总体呈现为我们的产物,使无产阶级上升为历史的同一的主体-客体。

2. 在自我意识中实现总体性的辩证法

第一,关于自我意识与内在超越。关于无产阶级意识,卢卡奇强调

---

① 卢卡奇. 历史与阶级意识. 杜章智,任立,燕宏远,译. 北京:商务印书馆,1992:250.

② 同①.

它不是关于客体的意识，而是客体的自我意识。在这里，"自我意识"不是指对工人的商品属性的简单否定，而是对它的"内在超越"。"内在超越"指人与人的关系由"物"的关系（由抽象的理性范畴规定的客观关系）转变为社会关系。在资本主义社会中工人成为商品，这意味着所有的自然因素都被排除出去，人与人之间的全部关系变为纯粹的社会关系。不过，这一关系本身又采取了"物"（商品）与"物"的关系的形式，这意味着"人的因素"被从该关系中清除，它披上了非人的客观性外衣。资产阶级把这一非人的客观性当作唯一事实，并把反思的规定理解为其永恒的思想形式；而工人却在量与质之间的辩证对立中拷问自己的商品属性，这实际上就是对蕴含在商品形式中的内在矛盾进行思考。伴随着这一思考，工人的商品属性中存在的矛盾（即人的内容与抽象的"物"的形式之间的矛盾）就上升为现实的矛盾，由该矛盾造成的运动也成为现实的运动。从主体角度看，工人对商品的自我意识带来的是对其社会劳动的意识，即阶级意识。在阶级意识中，人与人之间被切断的关系被重新打开，人们之间的社会关系成为现实。

第二，关于无产阶级意识的普遍性。从主体角度看，其他阶级立场都是一种有限的立场，其所达到的真理都是预设了某种绝对的相对真理；只有无产阶级立场才是普遍的立场，它是普遍性高度上的实践立场；从具体内容角度看，阶级意识是处于其历史发展过程中的资本主义社会的自我认识，因而是作为总体的历史的自我认识。无产阶级在阶级意识中达到的是具体的历史总体，这一总体性的特征使无产阶级达到了真正的普遍性。在这里最关键的环节是，社会客体（对象）不仅被把握为物，而且被领会为人与人的关系的不断生产。在无产阶级意识中，客体本身的对象性形式变为一个流动的过程。一个最明显的例子就是，资本被溶化为它的生产和再生产过程："如果资本的物化被溶化为它的生产和再生产的不停的过程，那么在这种立场上，无产阶级就能意识到自己是这一过程的真正的——尽管是被束缚的和暂且是不自觉的——主体。"[①] 这样，不仅整个资本主义社会被把握为无产阶级的造物，而且整个历史也被把握为无产阶级的历史，或我们的历史。在这个意义上，无产阶级上升为历史的同一的主体-客体。

---

① 卢卡奇. 历史与阶级意识. 杜章智，任立，燕宏远，译. 北京：商务印书馆，1992：268.

第三，关于无产阶级意识的实践本质。为了凸显无产阶级意识是客体的自我意识而不是关于客体的意识，卢卡奇特别强调了无产阶级意识的实践本质。从康德开始的批判哲学一直在试图克服某种二重性（思维与存在之间的固定不变的对立），但康德只是把这种二重性从逻辑学中赶出去了，它又以现象与物自体的二重性形式被保留了下来。因此，思维与存在之间的固定不变的对立是贯穿整个传统哲学的基本立场。无产阶级意识的实践本质就意味着对这一立场的彻底超越。在这里，思维与对象之间不是相互分裂、对立的关系，而是思维决定性地参与着对象的形成。更进一步地说，这里的"对象"不是所谓的经验中的固定的存在，而是一个不断形成的过程；对于这个过程来说，思维是其中的一个关键环节。在这个意义上，无产阶级意识是对始于德国古典哲学的原则的真正实现。在任何一种纯粹的认识态度中，都根本不可能达到思维与存在之间的这种同一关系；只有在实践中，作为实践过程的一个环节的思维才会具有这样的实践本质。卢卡奇的整个论述都在反复强调，只有无产阶级才能在自己与整个历史的发展过程之间建立起这种实践关系。因此，只有无产阶级意识才是实践。如此一来，辩证法就具体地实现为以自我意识为内在环节的无产阶级革命实践。

四、关于"内在超越"之路

（一）《历史与阶级意识》的奇特命运

《历史与阶级意识》在近百年的岁月中，有着极其不平凡的命运：一方面，在共产国际内部，《历史与阶级意识》招致了猛烈的批评，卢卡奇本人在20世纪30年代之后似乎也已经彻底接受了来自共产国际的这些批判，直至60年代，该书再版时，他还强调必须加上一个批判性的新序言方能出版；另一方面，《历史与阶级意识》又对当时及以后的思想界产生了深远影响，它不仅为后来的整个西方马克思主义传统提供了最直接的思想资源，成为该传统的奠基性文本；而且在东欧、在后来的学生运动中都处于备受推崇的地位。

今天，在思考《历史与阶级意识》的重要意义时，我们还必须考虑到另外一个新的因素：在最近研究中，人们又发现了卢卡奇的另外一个重要文本——《尾巴主义和辩证法》。该文本写于1925年或1926年，卢卡奇生前对这个文本只字未提；后来，人们在整理他于苏联期间创作的所有未发表的文字材料过程中才发现了这个文本。在其中，卢卡奇对《历史与阶级意识》进行了明确的辩护，对他的两个最重要的批评者——德波林（Deborin）和鲁达斯（Rudas）进行了直接驳斥。这说明卢卡奇此时还依然认同《历史与阶级意识》的基本思想。它的重要意义在于，卢卡奇在其中特别点出了《历史与阶级意识》一书的写作重心——辩证法与革命（十月革命）之间的内在关联。这就提醒我们，不能用后来的批判理论的框架来解释《历史与阶级意识》，因为后者并没有转向所谓纯粹哲学批判和文化批判，而是在直接思考十月革命所打开的这条革命道路。在此背景下，该如何理解《历史与阶级意识》的意义呢？我们认为，最重要的是要抓住辩证法与革命之间的内在关联这一核心问题。由此可见，《历史与阶级意识》在今天的最重要的意义就是它能帮助我们看清当今激进左翼思潮所陷入的僵局及其可能走向。

（二）内在超越：辩证法与革命

在深入思考辩证法问题时，卢卡奇同时反对两种错误倾向：一是他自己曾经犯下的极左错误；二是与之相反的修正主义错误。在卢卡奇看来，两者同样地停留在物化意识水平上，都无法冲破物化、打破历史的僵局，而他所找到的阿基米德点就是无产阶级革命实践，其中包含一个关键环节，那就是无产阶级意识。在《历史与阶级意识》中，卢卡奇还使用了"被赋予的意识"（imputed consciousness）概念来界定无产阶级意识，我们可以通过这个概念来说明他的内在超越之路。"被赋予的意识"概念所要强调的是阶级意识的两个重要特征：其一，它与经验主义的民意测验不同，绝不是工人在生活中能够自动形成的意识；其二，它又是关于无产阶级历史地位的正确认识，因此我们应当把它归为无产阶级意识（这也是"被赋予的意识"的字面含义）。它与工人自发产生的工团意识之间的距离使它跳出了物化意识的控制，具有超越的品格，而它与无产阶级的历史地位之间的必然联系又使之具有"一种无可争辩的实际客观性"[①]。

那么，究竟该如何说明无产阶级意识与无产阶级、与整个历史之间的内在关联呢？我们认为，在这个关键点上，马克思的商品拜物教批判

---

① 卢卡奇. 历史与阶级意识. 杜章智，任立，燕宏远，译. 北京：商务印书馆，1992：12.

思想给了卢卡奇直接的启发：它使卢卡奇摆脱了两个世界对立的思想，在一个世界的内部对立中谋求超越的可能道路；它使他认识到，他要走的这条道路是自费尔巴哈和马克思以来的人本主义道路。在此基础上，他才又回过头来在黑格尔著作中读出了辩证法的真正内涵（其超越了黑格尔体系的内涵）。马克思在拜物教批判理论中指出，我们与眼前的这个资本主义世界的对立其实是我们与我们自己的造物之间的对立，因而我们只能在这个唯一的世界中寻找变革的道路。

（三）对卢卡奇的辩证法道路的两种修正

卢卡奇的同时代人和后来者都对他的这条"内在超越"之路提出了质疑，其中真正切中要害的分别是以霍克海默、阿多诺为代表的批判理论传统和以巴迪欧、齐泽克等为代表的当代激进左翼思潮。他们以不同的方式指出，卢卡奇的"内在超越"之路存在着重要缺陷，这些缺陷将使之失去超越的品格，特别是会使它与后来的斯大林主义有某种关联。

霍克海默和阿多诺对卢卡奇的批判主要集中在两个方面：一是卢卡奇把辩证法与无产阶级革命直接联系起来，在政治上采取的是无保留地积极参与立场；二是卢卡奇对辩证法的理解过于黑格尔主义化，强调辩证法与总体性之间的必然关系。在他们看来，这两个方面都会直接导致辩证法失去超越的品格。关于前者，他们通过对文化工业的批判强调无产阶级已经失去了有机地形成阶级意识的可能性。在这样的条件下，强调两者的必然关联，将只能导致政党的特权和灌输论，而这离他们所批判的"被宰制的社会"（administered society）已经不太遥远了。关于后者，他们强调辩证法的最根本的内涵是"被规定的否定"（determinate negation），其关键是在否定中使新的内容得以呈现，而不是去把握那个总体性或绝对。以总体性为辩证法的目标，就好像要以人力来达到对上帝的把握，这只能导致对真理的遮蔽。所以，尽管他们直接地吸收了卢卡奇对形式理性的批判、理性与现实之间不可分离的重要思想，但他们却彻底背离了卢卡奇关于辩证法与革命内在关联的思想。

在《列宁主义哲学家卢卡奇》[①]（2000）中，齐泽克尖锐地指出，批判理论家对《历史与阶级意识》的这些批判完全不得要领。齐泽克真正看重的是列宁对抓住机遇、改变历史的强调。就是说，卢卡奇已经从

---

① S. Žižek. Georg Lukacs as the Philosopher of Leninism//G. Lukacs. Tailism and the Dialectic. London and New York：Verso，2000：151-182.

十月革命中领会到,我们必须彻底跳出实证主义历史观,抓住时机,介入历史。在这一点上,齐泽克认为卢卡奇对时机的强调与巴迪欧对事件的强调有异曲同工之妙。更进一步,从辩证法的角度看,卢卡奇之所以能够抛开实证主义历史观、强调时机,是因为他已经在对辩证法的理解中为人的行动留下了空间。不过,在内在性方面,齐泽克却明显地与之拉开了距离,他要走出一条看似好像没有了内在性支撑的超越道路。在拉克劳等人的影响下,齐泽克强调我们绝对不能把无产阶级的普遍性落实在它的某种内在的本性上,而只能把它和它在当今社会中的彻底的否定的地位联系起来。也就是说,无产阶级的普遍性只能是在无产阶级处于彻底的"失位"(dislocation,指无产阶级在社会中找不到任何可能的位置来安顿自己)的情况下的一种彻底的改变。

于是,卢卡奇所苦苦追寻的这条"内在超越"之路似乎就难以为继了,它本身所包含的内在困境使之总是难以摆脱与后来的斯大林主义的干系。为了把它从这种尴尬的处境中拯救出来,继续守护着一条超越的道路,批判理论家和以齐泽克为代表的激进左翼思想家分别尝试了不同的方式:前者彻底放弃对阶级革命的投入,后者则丢掉了对内在性的诉求。那么,具有政治内涵的"内在超越"是否还有可能?这是《历史与阶级意识》留给今天的马克思主义者的问题。也正是带着这样的问题,我们才能更直接地进入奈格里等另外一批激进思想家的思想,因为他们在当今语境下,又在重新探索"内在超越"之路的现实可能性。

第二节 理论与实践相统一的总体革命理论

一、柯尔施与《马克思主义和哲学》

柯尔施的一生可以明显地分为三个不同的阶段:从青年时期到1923年,他一直在参加和领导德国的共产主义革命;从1923年到1928年,他在坚持革命还是放弃革命的问题上,被深深地卷入了德国共产党内部和共产国际内部的路线斗争;从1928年到逝世,他先是彻底地退出了政治舞台,然后从1933年起就开始了移居的生涯。

1923 年，卢卡奇的《历史与阶级意识》和柯尔施的《马克思主义和哲学》几乎同时发表，这两本书立即在当时的共产国际内部引起了强烈反响，被明确地判定为"一种理论上的修正主义"①。《马克思主义和哲学》一书出版后，柯尔施很快就被卷入了德国共产党内部和共产国际内部的路线斗争，并因此而最终被迫彻底退出政治舞台，彻底与工人运动相脱离。在 1928—1933 年，柯尔施陆续发表了一系列重要文章，其中最主要的有《关于历史的唯物主义概念——与考茨基的论争》（1929）、《〈马克思主义和哲学〉问题的现状——一个反批评》（1930）、《论黑格尔与革命》（1931）等。从这些文章可以看出，柯尔施的立场并没有发生重要改变，他依然强调辩证法与革命之间的必然关联，反对第二国际的科学主义历史观。自 1933 年开始，柯尔施开始了移居的生涯。从 1933 年到 1936 年，他移居丹麦，在这里与马克思主义剧作家布莱希特（Brecht）一起工作，并结下了终生友谊。自 1936 年起，柯尔施移居美国，其间，柯尔施的思想经历了一些转变，起初他一直坚持马克思主义研究，并于 1938 年出版了又一力作《卡尔·马克思》；后来他由于长期与工人运动实践相脱离，就逐渐产生了悲观、绝望的立场；从 1953 年起，他又因为苏联内部发生的一系列变化而重新燃起了希望，并开始特别关注殖民地国家的革命。1961 年柯尔施于美国病逝。

了解了柯尔施一生所经历的三个主要阶段，也就能更好地理解《马克思主义和哲学》。该书与《历史与阶级意识》一样，从根本上说是一部关于马克思主义辩证法的著作。在讲述辩证法的过程中，他又特别地从理论与实践的关系上讲怎样才能真正地继承辩证法；更进一步地说，理论与实践的关系实际上是革命中的意识形态问题。关于革命中的意识形态问题，柯尔施强调的是在处理所有的意识形态问题时都会涉及的与哲学的关系问题。因此，《马克思主义和哲学》就从革命中的哲学问题这个独特角度切入，来阐述我们怎样才能走出马克思主义危机，坚守无产阶级革命道路。在下面的论述中，我们主要从三个层面来展开《马克思主义和哲学》的基本内容：其一，通过讨论马克思主义与德国古典哲学之间的继承关系来阐明柯尔施对辩证法的一般理解；其二，跟随柯尔施的思路，运用辩证法来具体分析马克思主义本身的发展历史，说明马

---

① K. Korsch. Marxism and Philosophy. New York and London：NLB, 1970：16.

克思主义危机问题的实质和根源；其三，进一步探讨柯尔施提出的解决危机的根本道路，即重新复活马克思主义辩证法。

二、马克思主义与德国古典哲学的关系

在《马克思主义和哲学》的开篇，柯尔施就明确指出，资产阶级哲学史家根本不承认马克思主义的哲学价值，把它完全排除在哲学史的考虑范围之外；马克思主义理论家也同样不相信马克思主义是哲学；两者都认为马克思主义用科学彻底取代了哲学并因此达到了更高的真理水平。柯尔施认为，"马克思主义和哲学的关系"这一问题亟须解决，它关系到马克思主义的生死。在他看来，我们只有通过马克思主义辩证法，才能走出当前的马克思主义危机，把握住革命的机遇，继续无产阶级革命。因此，他在开篇就通过讨论马克思主义与德国古典哲学的关系而力图呈现马克思主义辩证法的基本内容。

(一) 德国古典哲学的辩证法成就

在对德国古典哲学的理解方面，柯尔施特别选取了黑格尔本人的评价。在黑格尔看来，德国古典哲学最主要的特征就在于它与革命之间的内在关联："革命好像正是通过他们（笔者注：指德国人）的思想形式而得到了安放和表达。"[①] 黑格尔明确指出，德国人只是在思想上参与了革命，但这一论断同时还包含着另一层重要思想，即如果没有德国人在思想上对革命的内在参与，这个时代的原则也同样无法实现。从康德开始，德国人把自由原则当作最高原则。他们尽管并没有将对自由原则的追求落实到实践中，但却在思想上致力于探求自由何以可能。正是借助于在思想上的这些努力，自由原则才能逐渐获得具体内容，才能真正在现实中被确立起来。这就是说，革命不可能是纯粹的实践，它必须包含思想的环节；只有通过这个思想的环节，革命才能真正与现实生活发生具体的关系，使革命原则在生活中得到实现。

柯尔施认为，通过这三个层层递进的步骤，黑格尔就讲明白了德国古典哲学的主要成就，即辩证法。具体而言，德国古典哲学在辩证法上的成就又内在地包含着两个环节：哲学与革命的辩证关系，以及德国古典哲学对这一辩证关系的自觉意识。在《法哲学原理》(1821)的序言

---

① Hegel. Lectures on the Philosophy of History: Volume 3. London: Trench Trübner, 1896: 409.

中，黑格尔明确指出，每一种哲学都不过是"被把握在思想中的那个时代"。这一方面表明哲学通过在思想上把握其所处的时代而参与到时代的进程中，在革命时代，就更明确地体现为哲学通过在思想上展开对革命中的问题的思考而参与到革命进程中；另一方面也表明这样的辩证关系要成为可能，就必须同时达到对意识与现实、理论活动与革命的辩证关系的自觉认识。柯尔施指出，资产阶级哲学史家之所以无法理解黑格尔之后的哲学发展，就是因为他们已经丢掉了辩证法；无法理解德国古典哲学本身的发展，就更不用说进一步把握从德国古典哲学到马克思主义的发展了。

（二）马克思主义对德国古典哲学的继承与超越

柯尔施明确赞同马克思恩格斯的立场，即工人运动在科学社会主义中继承了德国古典哲学的遗产。如果站在辩证法的高度上看，我们不仅能够看到"德国观念论与马克思主义之间的相互关联，而且还会看到它们之间的内在必然性"①。它们之间的内在必然性的现实基础就在于，从资产阶级革命到无产阶级革命的历史过程是一个唯一的历史过程；这四个不同的环节（资产阶级革命、资产阶级哲学、无产阶级革命、马克思主义的唯物主义理论）原本处于同一个历史过程中。与此同时，在这个唯一的历史过程中也存在着重要的断裂："有一个历史发展的统一的历史过程，在其中，'自发的'（autonomous）无产阶级运动从第三等级的革命运动中生发出来，而新的马克思主义的唯物主义理论就'自发地'（autonomously）与资产阶级的观念论相对峙。"② 在这里，柯尔施使用了"自发的"和"自发地"概念，以表明从资产阶级革命到无产阶级革命的跨越是同一历史过程中的断裂。因此，马克思主义的唯物主义理论一方面继承了德国古典哲学的辩证法，另一方面又与德国古典哲学相区别、相对立。那么，两者的区别究竟在哪里？

柯尔施在追问这一问题的时候，敏锐地觉察到了其中包含的一个独特的难题："好像就在马克思主义之超越资产阶级立场的局限性这个行动——该行动对我们去理解和把握马克思主义的本质上的新的哲学内容必不可少——中，作为一个哲学对象的马克思主义本身也被扬

---

① Hegel. Lectures on the Philosophy of History: Volume 3. London: Trench Trübner, 1896: 415.
② K. Korsch. Marxism and Philosophy. New York and London: NLB, 1970: 45.

弃和消灭了。"① 从根本意义上说，马克思主义的唯物主义理论与德国古典哲学的区别是无产阶级立场与资产阶级立场之间的区别，因为它们分别作为一个必要的环节而从属于无产阶级革命与资产阶级革命。但更具体地说，它还体现为对哲学这种独特的意识形式的扬弃和超越。于是，对马克思主义辩证法的理解又被进一步转化为对马克思主义和哲学的终结之间关系的理解。关于如何理解马克思主义对哲学的扬弃和消灭，柯尔施给出了两条思路：先是通过考察马克思主义的历史，尤其是马克思恩格斯本人的思想从前期到后期的发展，来具体地呈现马克思恩格斯本人是如何实践这条扬弃和消灭哲学的道路的；在此基础上，又进一步从辩证法的角度对马克思恩格斯与黑格尔之间在思想道路上的差异进行正面阐述，并以马克思的《关于费尔巴哈的提纲》为主要依据，特别地发挥了其关于哲学终结的思想。因此，要理解柯尔施对马克思主义辩证法的独特解读，就必须跟随他进入马克思主义的历史，并通过考察这个历史来理解我们所面临的马克思主义危机以及怎样通过辩证法去克服这场危机。

三、马克思主义危机问题

如果说，黑格尔在《哲学史讲演录》中是运用辩证的方法对德国古典哲学发展进行分析的话，那么，柯尔施在《马克思主义和哲学》中则是自觉地运用唯物辩证法对马克思主义的历史进行分析。柯尔施一再强调这一分析的必要性，因为只有如此才能认识到马克思主义在20世纪初面临的严重危机，才能真正理解马克思主义辩证法，尤其是它的扬弃哲学的道路。

（一）"马克思主义危机问题"的由来

柯尔施运用辩证法从马克思主义和哲学的关系角度将马克思主义直至20世纪初期的历史分为三个重要阶段。（1）从1843年到1848年，马克思主义的初期理论形态，是包括经济、政治、文化等各个方面在内的统一的总体性理论；是体现为理论与实践相统一的深刻的哲学理论；是以批判和变革现存世界为宗旨的社会革命理论。（2）从1848年到19世纪末，马克思主义创始人更加注重理论研究，在思想上更趋于成熟。

---

① K. Korsch. Marxism and Philosophy. New York and London：NLB，1970：47.

尽管发生了重大变化：马克思主义构成要素——经济的、政治的、意识形态的要素，以及科学理论和社会实践进一步分离开来；但直到马克思恩格斯后期的著作中，马克思主义理论仍然是总体的社会革命理论。不过，到第二国际马克思主义者那里，他们尽管仍然承认历史唯物主义，但事实上却把社会革命理论割裂成了碎片：割裂了理论与实践的统一；割裂了马克思主义和哲学的关系；将经济的、政治的、意识形态的要素从马克思主义中分离出来。这样，作为总体的社会革命理论的马克思主义就变成了非批判的实证性理论。(3) 从 1900 年到写作《马克思主义和哲学》时，无产阶级革命重新成为时代主题，在革命现实的冲击下，马克思主义危机暴露无遗。在回应危机的过程中，马克思主义被进一步分裂为所谓的正统马克思主义与西方马克思主义。尽管恢复"马克思主义的真精神"在列宁那里具有了现实意义，但列宁是力图从革命实践需要出发来阐发马克思主义理论，从而恢复以理论与实践相统一为根本特征的马克思主义的革命学说。不过，由于列宁低估了理论本身的创造作用，损害了理论与实践的统一性，还由于其辩证法和反映论具有机械的非辩证特征，更由于他把哲学意识形态化，所以列宁并不能回到马克思主义的真精神上去。只有西方马克思主义才能完成恢复马克思主义的哲学性、批判性，重建马克思主义总体性的任务——柯尔施如是说。

从马克思主义和哲学的关系角度看，在第一阶段这一关系主要具有两个突出的特征：马克思恩格斯此时的立场已经不再是纯粹哲学立场，而是具有鲜明的哲学性质；甚至可以说，这一阶段马克思恩格斯主要是通过哲学意识批判来批判资本主义社会总体。因此，这一阶段马克思主义和哲学的关系体现为既在继承着哲学，又在超越着哲学。在第二阶段，马克思主义理论形态从对哲学意识的批判转变为对政治经济学意识的批判。随着对资本主义社会研究的逐渐深入，他们越来越意识到要真正把握住资本主义社会总体，就必须找到一个最优先的角度，该角度就是政治经济学意识批判。但在马克思主义追随者那里，马克思主义因为失去了与哲学的联系，从而失去了与革命的真实联系，并导致正统马克思主义本身沦为一种与革命完全脱离了关系的意识形态。在第三阶段，马克思主义遇到了从未有过的严重危机。此时无产阶级革命高潮重新在全世界兴起，但马克思主义却已经彻底丧失介入革命的能力。在 1923 年写作《马克思主义和哲学》时，柯尔施对以列宁为代表的第三国际还抱有乐观态度，认为它代表着克服危机的希望；但在经历了第三国际意识形态上的布尔什维克化以后，到1930年的"反批评"中他对第三国际马克思主义持完全批判的态度。他认定，第三国际正统马克思主义和第二国际正统马克思主义在根本上完全一致，两者都变成了与革命实践完全脱离的意识形态；不仅如此，在第三国际那里，这种"意识形态"还已经被具体地转变为"意识形态的专政"。柯尔施认为，与上述两种正统马克思主义相对立，西方马克思主义试图通过直接回应革命中的问题，尤其是革命中的意识形态问题而重新建立起理论与革命实践之间的辩证关联，因此，西方马克思主义重新复活辩证法的努力代表着克服危机的希望。

（二）"马克思主义危机问题"的实质和根源

不难看出，"马克思主义危机问题"的实质就是马克思主义已经由关于革命的理论下降为纯粹的"意识形态"。这一方面使革命本身丧失了思想的环节，成为无思想的革命；另一方面在革命队伍中产生了"意识形态的专政"现象。那么，这一危机产生的根源究竟是什么呢？柯尔施指出，这一危机在第二阶段就已经出现了：1850年以后，无论是修正主义的马克思主义还是正统马克思主义，实际上都已经被资产阶级意识形态掌控，都采取了实证的、非革命的立场。这集中体现在它们关于科学的观念以及意识与现实二分的信仰中。在这种情况下，当革命在生活中再次成为可能时，它们就无法找到中介，挣脱资产阶级意识形态。另外，为什么一些革命家尽管有主观意愿，却仍旧无法跳出资产阶级意识形态的掌控，重新达到革命的高度？柯尔施以列宁为例，明确指出列宁缺少的是在德国古典哲学那里已经达到的辩证法的高度。列宁"将唯物主义与观念论之间的论争重新拖回到德国观念论阶段，德国观念论从康德到黑格尔的发展早就扬弃了这一阶段"[①]。因此，列宁更加不能理解马克思后来又怎样把观念的辩证运动转变为了历史的运动。柯尔施强调，只有在对历史的自觉中，我们才能挣脱资产阶级意识形态，才能自觉地通过有思想的革命而实现对世界的改变。第二国际和第三国际的马克思主义者由于没有达到这样的认识，所以依然是资产阶级意识形态的信徒。因此，革命的成与败就完全地维系在辩证法的重新复活这一关键

---

① K. Korsch. Marxism and Philosophy. New York and London: NLB, 1970: 131.

环节上。

四、马克思主义辩证法再阐释

柯尔施之所以选取马克思主义和哲学的关系这个独特视角，是因为由此出发，既可以清楚地看到辩证法的双重内涵，又可以明确地呈现马克思主义辩证法不同于德国观念论辩证法的独特之处；是因为只有在此基础上，才能把辩证法落实在理论与实践的辩证关系之中，才能以此为中介，真正越出资本主义体系，进入革命实践。

（一）辩证法的双重内涵

从前文的阐发已经看到，柯尔施在《马克思主义和哲学》中总是不停地在两个意义上谈论辩证法：有时把重心放在意识与现实的关系上，有时又把重心放在理论与实践（或哲学与革命）的关系上。那么，两者之间是什么关系？柯尔施为什么要在这两重关系中谈论辩证法？简单地说，后者以前者为前提，后者既是对前者的自觉，又是对这种自觉意识的具体落实。

第一，关于意识与现实的关系，德国古典哲学已经充分意识到两者永远处于相互中介的关系中。马克思对这个问题的认识要更进一步：他不仅看到了意识与现实是一种互为中介的关系，并由此把包括经济的意识形式在内的各种意识形式都认作精神现实；而且还进一步指出，所有这些不同的意识形式都以一种独特的方式与整个资本主义社会总体相关联。可见，马克思强调的是意识与整个资本主义社会总体的关系。因而，当他在理论上对资本主义社会进行批判时，他是通过对某种具体意识形式的批判而达到对整个资本主义社会总体的批判。

第二，关于理论与实践的关系，柯尔施认为只有通过两者的辩证法才能实际地推动生活内容的不断展开，参与历史的形成，但我们只有把握到了意识与现实的辩证关系，才能对自己的理论活动在历史的形成过程中所起的作用达到自觉。因此，柯尔施一再强调，德国古典哲学家不仅已经觉察到意识与现实的辩证关系，而且还达到了对自己的理论活动与资产阶级革命之间的内在关系的自觉。同样，马克思恩格斯不仅看到了各种意识形式与社会总体之间的辩证关联，而且还意识到了其理论与整个革命实践之间的具体关系。在这个意义上，当柯尔施强调理论与实践的辩证关系时，他实际上已经把关于意识与现实的辩证关系的自觉意识包含于其中了；而当他不得不去批判第二国际和第三国际的理论家在理论与实践上所犯的根本错误时，他也不得不先回溯到意识与现实之间的关系问题。正因为辩证法的这两层内涵相互包含、不可分离，他才强调我们一定要通过恢复马克思主义与德国古典哲学之间的继承关系来解决我们当前在理论与实践的关系上遇到的危机。

（二）马克思主义辩证法与黑格尔辩证法的根本区别

那么，马克思主义辩证法对德国观念论辩证法的超越又主要体现在哪些方面呢？柯尔施对此给出的直接回答是"消灭哲学"。可以看出，把这两种辩证法区别开来的关键是哲学与总体之间的关系问题。黑格尔认为只有在哲学中才能达到对总体的把握，但他又说哲学是在历史之后的；与黑格尔不同，马克思强调哲学不是处于历史之后的纯粹哲学。哲学不在历史之后，是因为哲学以革命意志为前提，而革命意志是在实际的生活过程中产生的。哲学不是纯粹哲学，首先表现在内容上，哲学不是在资本主义世界之外对资本主义社会总体进行直观，而是通过对资本主义社会中具体的意识形式（尤其是政治经济学意识）进行批判而与整个资本主义世界发生具体的变革性关系，并在这种关系中把握资本主义社会总体。在这个意义上，柯尔施认为哲学已经不是哲学，而是蕴含在理论中的辩证法；或者说得更直接些，因为其中蕴含着辩证法，这些理论是具有哲学性质的理论，而不是纯粹哲学。因而可以说，马克思的确是把哲学嵌入世界中了。通过辩证法，马克思不仅在理论上把政治经济学意识等嵌入资本主义社会总体中，而且还把这种辩证的认识本身作为一个理论环节嵌入革命实践中，而革命实践本身是生发于世界中的。这样，马克思就通过理论与实践的辩证法消灭了纯粹哲学。

（三）辩证法与革命的关系

与卢卡奇一样，柯尔施也看到了摆在人们面前的一个根本难题，即怎样才能挣脱资产阶级意识形态而真正进入革命过程、参与历史的形成。卢卡奇看到的是物化意识对资本主义社会中人们的牢牢掌控，柯尔施关注的则是朴素唯物主义立场对人们的控制。他们都确信辩证法可以帮助人们化解它，并因此而强调要重新复活马克思主义与德国古典哲学之间的内在关联。不同的是，卢卡奇不仅看到了资产阶级意识形态对人们的掌控，而且还对这一现象本身做了进一步分析，就是说，卢卡奇进一步把物化意识与辩证法之间的距离理解为工人的自发意识与无产阶级的阶级意识之间的距离,因此他又特别强调了无产阶级政党在弥合两者的距离、促进无产阶级意识的形成方面所具有的重要作用。在卢卡奇这里,辩证法与革命的关系被具体地落实为辩证法与政党之间的关系。而柯尔施却对这个方面毫无涉及。他虽然已经指出朴素唯物主义立场作为常识和一种坏的形而上学而控制了人们,但却只是简单地用工人运动处于低潮来解释这一现象,而没有进一步追溯这种意识形态在资本主义社会中形成的根源。这一话题在《卡尔·马克思》中才被真正提起。在那里,柯尔施通过阐发马克思对政治经济学的批判而呈现出对资本主义社会总体的批判。然而,柯尔施只是将朴素唯物主义立场与辩证法立场理解为党内两种根本不同的立场之间的对立,便没有进一步探讨无产阶级政党在超越资产阶级意识形态、帮助人们达到历史主体的自我意识方面的重要作用。在布尔什维克化趋势的紧逼之下,柯尔施此时走的是越来越"左"的路线,他在与正统马克思主义的斗争中,实际上是把朴素唯物主义立场与辩证法立场当作完全对立的两极,而不再有机会去进一步思考如何处理两者的辩证关系,使辩证法立场能够成为对工人的朴素唯物主义立场的包容和超越。

在辩证法与革命的关系问题上,《马克思主义和哲学》的独特贡献就在于,它通过具体地阐明辩证法的双重内涵,使我们在理论与实践的辩证法中找到了革命主体性形成的真正场所。可以看出,我们是通过对资本主义社会意识形式的批判而与整个资本主义社会总体发生具体的关系的,只有当我们批判地进入与资本主义社会总体之间的关系,我们才开始了具体地超越资本主义社会的过程。所以,具有辩证法高度的理论批判是使我们越出资本主义体系、上升为历史主体的关键环节。

第三节 实践哲学或辩证的历史主义

一、葛兰西与《狱中札记》

在国际共运史上,葛兰西是一位传奇人物。在短短 46 年的生命之中,他有长达 11 年的时间(1926—1937)是在狱中度过的。但即便如此,他仍在革命实践和革命理论方面都取得了重要成就。他在服刑期间完成的《狱中札记》，后来在整个国际共产主义运动中产生了广泛而深远的影响；直至现在，它依然是各种左翼思潮的重要思想资源之一。葛兰西在《狱中札记》中提出的"知识分子问题""霸权问题""市民社会与国家问题""被压迫社会群体的政治问题"等，仍然是当今左翼思潮的重要话题。

从根本上说，《狱中札记》是葛兰西对其一生革命实践的反思。葛兰西最初介入政治时，首先遇到的是所谓的"南方主义"问题。意大利政府长期以来对工业采取保护主义政策，其产生的直接结果是北方工业飞速发展和南方农民利益受损。不仅如此，北方的军队还被调动用以镇压南方农民的反抗运动。在这种情况下，农民问题就成为革命政治中的重要问题。此时，葛兰西也受到了"南方主义"立场的直接影响。但1911年葛兰西到了都灵后，当地工人运动使他认识到，工人阶级才是北方工业资本的真正敌人，并因此而逐渐摆脱"南方主义"立场，开始思考工人如何才能通过联盟农民等其他革命力量而成为真正的领导阶级。与此同时，都灵工人运动的实践也逐渐显示出意大利社会党根本没有能力领导革命。1917年俄国爆发的十月革命，对葛兰西的影响主要体现在两个方面：一是他看到了革命意志的重要作用，明确地意识到马克思主义立场与决定论立场根本不容；二是他看到了苏维埃政权对无产阶级革命的极端重要意义。因而，在接下来的三年里，他全身心地投入到意大利的"工人委员会"运动中，认为"工人委员会"是建立苏维埃的前期阶段；不仅在实践上推动了"工人委员会"运动，而且还成为"工人委员会"运动最重要的理论家。

20世纪20年代，当一波又一波的革命高潮被镇压之后，葛兰西意识到群众的自发革命运动及其建立的革命政权组织必须与统一的革命政党相结合。1921年，意大利共产党成立。意共刚成立时完全处在波尔迪加（Bordiga）的影响下，他虽然意识到政党在革命中具有关键作用，但却只关注原则的纯粹性而不关注民众运动，只强调纪律和集中而不讲苏维埃民主，而且还完全忽视了法西斯主义问题；与之相反，意共的另一位领导人塔斯卡（Tasca）则敏锐地看到了法西斯主义的危险，但他又不能真正理解列宁主义政党与第二国际政党的实质区别，而只是强调要在共产主义文化建设方面多做努力。在此背景下，葛兰西对法西斯主义问题进行了全面反思，他通过考察意大利历史来探讨法西斯主义的起源；通过理解法西斯主义的实质来洞察意大利共产主义革命所面临的真实处境，探讨无产阶级和农民的革命在意大利所遇到的重要难题与解决问题的具体路径。在对法西斯主义进行反思时，葛兰西还特别地讨论了知识分子问题。

从上述论述可以看出，在整个革命实践过程中，葛兰西遇到的最根本的问题就是怎样才能使被统治的社会群体（工人和农民等）实际地建立起霸权，上升为历史主体，这个问题后来也就成为贯穿《狱中札记》的核心问题。在这个意义上，葛兰西在《狱中札记》中的思考与卢卡奇在《历史与阶级意识》中的思考是遥相呼应的，两者都是在十月革命影响下去努力寻求革命主体得以形成的现实道路。不过，两者的最大区别在于，《历史与阶级意识》是以《资本论》为依据，一般地论述无产阶级革命的现实处境；《狱中札记》则是通过考察法西斯主义在意大利的兴起，具体地探讨无产阶级革命所遇到的现实难题。葛兰西正是由于是在意大利革命的具体处境中探讨革命道路问题，才能联系着整个欧洲的历史更加真切地体会到马克思主义实践哲学道路实际上是对现代文化的真正完成。而要成就实践哲学的事业，最关键的问题是被统治的社会群体如何能够建立起霸权，成为历史中的自由的主体；在这个过程中，最困难的任务又在于在革命队伍中形成真正具有统一的和"有组织的知识分子"（organic intellectuals）。

二、革命中的知识分子问题

（一）"知识分子问题"的提出

在《狱中札记》中，葛兰西明确地提出了"知识分子问题"，尤其是提出了"有组织的知识分子"概念。他一方面联系现代世界历史对知识分子问题的现实内涵做了深入阐述，另一方面又从知识分子问题入手进一步提出了霸权问题。

葛兰西第一次表示要研究知识分子问题，是1927年3月29日。在给妻姐塔吉娅娜（Tatiana）的信中，他这样写道："研究意大利的知识分子，研究他们的起源，研究他们按照文化流派所进行的组合，研究他们不同的思维方式等，这是一个具有高度启发性的题目。"[①] 1931年9

[①] 马斯泰罗内. 一个未完成的政治思索：葛兰西的《狱中札记》. 黄华光，徐力源，译. 北京：社会科学文献出版社，2000：164.

月7日，葛兰西又说近几年他最感兴趣的问题之一是意大利知识分子的基本特征。这个兴趣一是源于深入探讨国家概念的愿望，二是源于认识意大利人民历史发展的愿望。他指出，知识分子问题研究"将导致对国家概念的某些规定，通常国家被理解为政治社会（为使人民群众同某种生产类型及特定时期经济相一致的专政或强制机关），而不是视为政治社会与市民社会（某个社会集团，通过教会、工会、学校等所谓非政府组织对整个民族社会行使的领导权）的平衡，而知识分子恰恰在市民社会活动"[①]。

葛兰西认为，无产阶级革命在意大利的实际困境主要体现在两个方面：一方面，虽然广大工人热情高涨，积极投身革命运动，但在他们身上却存在着严重的理论与实践的分裂；另一方面，就实践哲学来说，虽然革命正急切需要实践哲学加入，但实践哲学传统在意大利却没有被继承下来。葛兰西指出，实践哲学一方面被那些所谓的纯粹的知识分子吸收、利用，另一方面又在所谓的革命理论家那里被错误地转变为唯物主义哲学。造成这一现象的根本原因在于，当前社会中的人们在对现代世界的认识水平上被明显地分为两个群体，一方是普通民众，另一方是从事高级文化工作的所谓的纯粹的知识分子。普通民众在对世界的理解上，依然停留于中世纪水平。在这种情况下，所谓的正统马克思主义理论家把实践哲学解释为唯物主义，这实际上是通过把实践哲学下降到普通民众的常识水平来赢得民众的认同，这些马克思主义理论家只是在重复普通民众在现存秩序下接受的流行观念，根本没有达到对他们已经超出了现存秩序的革命行动的自觉意识。

在这个意义上，他们还不是属于革命队伍的知识分子。他们要想达到对已经具有独立性质的革命实践的自觉意识，就必须既超越民众的常识，又超越纯粹的知识分子的哲学，因为现存秩序就是通过这两极来在观念上表达和确证自己的。但实际情况是：不是实践哲学超越纯粹的知识分子的观念论，而是各种观念论哲学在通过吸收和利用实践哲学而为自己带来更大的生命力。因此，只能说在现行社会中存在着资产阶级知识分子，还没有真正产生出无产阶级知识分子。针对这一困境，葛兰西明确地提出了革命中的"知识分子问题"。

[①] 葛兰西. 狱中书简. 田时纲, 译. 北京：人民出版社，2007：348.

(二)"有组织的知识分子"

1. "有组织的知识分子"与传统知识分子

葛兰西反复强调,知识分子是一个功能性概念,它关注的不是人们的理智活动区别于物质活动的特质,而是人们的理智活动所发挥的实际社会功能。"每一个社会群体,由于在经济生产的世界中的根本功能而成为一个独特的社会领域,同时还会有机地创造出一个或多个知识分子阶层,这些知识分子赋予这个社会群体同质性,并赋予它关于自己在各个领域中的功能的意识,其中不仅包括经济领域而且还包括社会和政治领域。"① 一方面,"有组织的知识分子"是从他们所属的那个阶级中有机地产生出来的;另一方面,他们使自己所属的那个阶级获得了明确的自我意识,达到了普遍性和同质性。换言之,如果没有产生出这些"有组织的知识分子",那么,这个社会群体即使已经在经济生产领域显示出自己的独特功能,它在社会功能上也没有超出纯粹的经济领域,而且其内部成员之间是分离和对立的关系,从而还没有形成统一性。

与"有组织的知识分子"对照的是传统知识分子。传统知识分子似乎是一个完全独立的社会群体,他们在精神活动领域守护着历史连续性。但葛兰西却指出,传统知识分子为自己塑造的这个形象其实只是一个神话,它实际上也必然与某个基本的社会阶级相关联,例如,中世纪教士就必然与土地贵族阶级相关联,因为他们自己也享受着土地贵族的实际利益,而现代观念论家在归根结底的意义上依然属于资产阶级立场。在此基础上,葛兰西进一步指出,对新生的社会阶级(无产阶级)来说,其任务不仅在于要从自己的队伍中有机地产生出一批"有组织的知识分子",而且在于还要把传统知识分子吸收到自己的队伍中来。

2. 知识分子与霸权

从统治阶级的角度看,知识分子的社会功能主要体现为他们在上层建筑的两个领域同时发挥作用,帮助统治阶级确立起其普遍的统治地位。在这里,葛兰西提出了一个非常独特的"上层建筑"概念。在他看来,现代社会主要由"结构"(structure)和"上层建筑"(superstructure)这两个领域构成,前者的主要内容是经济生产,后者则包括"市民社会"和"政治社会"(或国家)这两个层面。就是说,关于上层建

---

① A. Gramsci. Selections from the Prison Notebooks of Antonio Gramsci. New York:International Publishers,1971:5.

筑，葛兰西强调，它不仅指国家，而且还包含另外一个重要领域，那就是市民社会。在市民社会领域，统治阶级对整个社会发挥作用，使整个社会的绝大部分民众对它的统治持赞同态度。在国家领域，统治阶级运用强制对那些不愿意接受其统治的社会群体实行镇压和专政。也就是说，统治阶级同时通过"赞同"和"强制"这两种方式来实现其统治，在这两个方面知识分子都发挥着重要的作用。

通过"市民社会"概念，葛兰西就把现代社会中的一个重要领域明确地标识出来了。如果一定要做简单对比的话，那么传统马克思主义所讲的"市民社会"大约相当于葛兰西所讲的"结构"领域。在"结构"领域和"国家"领域之间，葛兰西强调还有一个重要的"市民社会"领域。这个领域是一个阶级建立霸权的领域，是从纯粹的经济生产中超越出来、进一步获得普遍性的领域；这个领域也恰恰是知识分子发挥其重要社会功能的领域。马克思先是在《德意志意识形态》中注意到了这个领域，强调人与人之间的物质关系不可能在完全没有意识形态支持的情况下存在。后来在集中致力于政治经济学批判时期，他又从两个角度关注着这个领域：一方面再次强调资本主义社会中的人们不仅处于"物的关系"（即被物化了的人与人的关系）的统治中，而且还把它认作抽象的统治、思想的统治；另一方面还全身心地致力于对这个意识形态领域中最重要的力量，即政治经济学意识本身进行批判。卢卡奇在物化理论中对此说得更加清楚，他特别指出资本主义社会的物化现象以物化意识为关键环节。葛兰西不同于他们的地方就在于，通过霸权理论，点明了该领域对于无产阶级登上历史舞台（或者说对于被统治的社会群体成长为革命主体）所具有的关键意义，尤其是强调了知识分子的重要作用。

3. 知识分子与群众之间的辩证法

葛兰西明确指出，要真正解决革命知识分子的形成问题，最根本的路径就是展开知识分子与群众之间的辩证法，从而在实践哲学高度达到知识分子与群众之间的统一，实现革命理论与革命实践的统一。其中，最艰巨的任务是要使普通的革命群众上升到实践哲学高度："实践哲学立场是天主教立场的反题。实践哲学并不打算让普通民众停留在朴素的常识哲学水平上，而是力求把他们引导至关于生活的更高概念。它强调必须保持知识分子与普通民众之间的联系，但保持这一联系并不是为了限制科学活动，从而在群众的低水平的认识上保持两者的统一；刚好相反,是为了建构'一个理智的-道德的集团'(an intellectual-moral bloc),前者可以使全部群众在理智上的进步成为可能,而不是仅仅局限在很小的知识分子圈子内。"①

在这段话中,有一个非常独特的概念,即理智的-道德的集团,其具体内涵是指被统治的社会群体成员已经不再仅仅是经济生产过程中被利用的材料,而是已经突破纯粹的经济生产领域,开始在伦理和政治上形成自我意识,并因此获得了内在统一性。知识分子与群众之间的辩证法,最根本的目的就是使被统治的社会群体逐渐形成一个理智的-道德的集团,在市民社会领域获得霸权。在这里,葛兰西强调了革命知识分子在两个环节上的努力:首先是形成明确的"差别意识",然后是进一步形成具体的"自我意识",也就是革命阶级关于世界的构想。所谓"差别意识",是指明确地认识到革命群众的实践已经超出现存社会秩序,它代表着历史上的一个新的独立力量。只有通过这种意识,革命群众的实践才能获得内在的理论环节,真正成为一个独立力量;比这更重要的是进一步认识到自己作为历史上的一个新的独立力量与过去的历史之间的具体关系,这就意味着在历史的最高点形成自己关于世界的构想,形成自己关于历史的明确的自我意识。葛兰西还强调,革命群众成为独立力量并形成自我意识的过程一方面绝对离不开精英和知识分子的努力,另一方面又绝不仅仅是知识分子自己的事情,它只有在知识分子与群众之间的辩证关系中才能展开,它意味着革命群众在革命知识分子的引导下,在认识上达到与其独立的革命实践相统一的水平,达到理论与实践的统一。

那么,知识分子与群众之间的这种辩证关系怎样才能顺利地展开呢?葛兰西明确地提出了政党的关键作用思想。从知识分子形成的角度看,政党的作用主要集中在两点上:它是革命队伍产生出自己的"有组织的知识分子"的地方,也是把"有组织的知识分子"和传统知识分子融合在一起的地方。现代政党的独特重要性正在于此,它使一个社会群体的成员超越了经济生产领域,在伦理上、政治上和哲学上达到对自己所属群体的自我意识,从而使它具备根据自己的原则来统治和管理整个社会的能力。与此同时,政党"还负责把一个特定的群体——处于统

---

① A. Gramsci. Selections from the Prison Notebooks of Antonio Gramsci. New York:International Publishers,1971:332 - 333.

治地位的群体——的'有组织的知识分子'与传统知识分子融合在一起"①。这一点又进一步保证了它所属的那个社会群体不仅仅是社会中的一个局部性的特殊群体，而是能够在国家的高度代表整个社会的领导阶级。

至此，葛兰西对政党的论述都既适用于资产阶级政党也适用于无产阶级政党。但他也指出了两者的根本差别：在资产阶级那里，知识分子与群众是分离的；而在革命的无产阶级这里，不仅政党能够使知识分子形成，而且这个过程还是知识分子与群众相统一的过程。因此，它同时又是把群众统一起来形成明确的革命意志的过程，是理论与实践相统一的过程。

关于政党与革命队伍的关系，葛兰西则强调政党在守护革命群众与革命知识分子的辩证关系上的重要作用，一方面政党是产生革命知识分子的重要机制，另一方面它又以维护知识分子与群众之间的有机统一关系，使群众通过知识分子而上升为一个理智的-道德的集团为己任。就后者而言，葛兰西强调关于世界的最新观念不能外在地被灌输给革命群众，在革命群众那里，它只能被作为一种信仰来体验，这种观念只有作为对自己所属的社会群体的历史实践的自我意识，才有可能被革命队伍中的每个成员真正接受。

三、霸权与革命主体问题

（一）十月革命与无产阶级霸权

政治霸权问题之所以如此重要，是因为它决定着一个阶级能否真正登上历史舞台，成为社会的主导阶级。在《狱中札记》中，一方面，葛兰西明确地把十月革命与霸权问题结合起来，认为十月革命的成功既表明无产阶级霸权已经在事实上被确立起来，又说明列宁在领导十月革命的过程中已经在理论上明确地认识到霸权问题的重要性②；另一方面，他又强调，对于无产阶级来说，夺取霸权就意味着革命的工人群众已经

---

① A. Gramsci. Selections from the Prison Notebooks of Antonio Gramsci. New York：International Publishers，1971：15.
② 《狱中札记》的编者在注释中说明，列宁并未明确地提出霸权（领导权）概念。葛兰西在这里之所以把霸权（领导权）概念的提出明确地归功于列宁，是因为他认为列宁在关于十月革命的理论中已经表达了类似的思想。

上升为一个达到了国家高度的领导阶级,这也就是把马克思哲学内在地包含在无产阶级革命实践中的过程。因此,已经达到哲学高度的无产阶级革命实践是对德国古典哲学的真正继承。从理论与实践的关系角度看,建立无产阶级霸权既意味着无产阶级在理论上的提升,也意味着实现理论与实践的统一。

正因为列宁在建立无产阶级霸权方面的决定性贡献,葛兰西强调在马克思主义传统中列宁具有与马克思同等重要的地位。他认为,如果没有列宁建立无产阶级霸权,就没有理论与实践的统一,也就没有无产阶级革命实践。因此,列宁与马克思一样,是实践哲学传统的创始人。为了强调这一点,葛兰西还特别地把列宁和基督教传统中的保罗做类比,将两者都称为伟大的组织者,认为没有他们就没有被组织起来的革命主体或信仰主体,也就没有那内在地包含了新世界观的革命实践或信仰实践。从这个角度看,可以说没有列宁就没有无产阶级霸权,而没有无产阶级霸权就没有无产阶级革命实践。

(二)霸权与革命主体的形成

为什么不确立起无产阶级霸权,就不会有无产阶级革命?从《狱中札记》中的相关论述可以看出,葛兰西认为这是由于霸权问题既决定着无产阶级的普遍性又决定着无产阶级的历史创造性,正是这两者决定着工人群众能否上升为自觉的革命主体。

1. 霸权与革命主体的普遍性

葛兰西认为,无产阶级霸权同时在两个层面决定着无产阶级的普遍性:它既决定着无产阶级的内部统一性,又决定着无产阶级是否已经达到国家的高度,从而具有相对于整个社会而言的普遍性。关于前者,葛兰西指出了革命队伍的内部统一性问题,也就是怎样把革命群众组织起来的问题,关键又在于无产阶级通过"有组织的知识分子"获得自我意识,这个获得关于实践的自我意识的过程也是实现理论与实践的统一的过程:"人们可以在具体的实践基础上建构理论,该理论由于同实践中的决定性因素一致,能够进一步促进正在进行着的历史过程,使实践更加同质化、更加具有内在一致性、在所有方面都更加有效,换言之,就是使它的潜力被发展到最大。"[①] 显然,革命群众达到关于自己的实践

---

① A. Gramsci. Selections from the Prison Notebooks of Antonio Gramsci. New York:International Publishers,1971:365.

的自我意识，不仅仅意味着他们在理论上达到统一，更意味着理论与实践的统一，使实践得以进一步展开。

与此同时，霸权的建立还意味着无产阶级真正达到了代表整个社会的普遍性。"结构和上层建筑形成一个'历史集团'（historical bloc），这就是说，各种复杂的、矛盾的、不一致的上层建筑的总和反映了生产中的社会关系的总和。据此我们可以得出结论：只有一个统一的、包含一切的意识形态体系才能达到对结构中的矛盾的反映，才代表着革命实践的客观条件的存在。"① 通过结构和上层建筑这两个概念，葛兰西指出蕴含在无产阶级实践中的那个理论环节（即自我意识）是在上层建筑领域内展开的，它是在上层建筑的高度对结构中的矛盾的反映。为了进一步说明无产阶级的普遍性，葛兰西还提出了"升华"（catharsis）概念，即无产阶级形成自我意识的过程就是它超越自己在结构领域内的特殊性而上升到上层建筑水平的普遍性的过程。经过这个"升华"过程，无产阶级由结构领域内的一个有限的社会群体上升为一个普遍性的阶级。

2. 霸权与革命主体的历史创造性

与无产阶级的普遍性必然相关的是另一个更加重要的问题，即无产阶级的历史创造性问题，在《狱中札记》中，葛兰西从两个层面对之进行了论述：一是通过探讨人是什么的问题而明确指出人是他自己与历史的创造者；二是指出建立无产阶级霸权就意味着使工人摆脱决定论的处境，成为历史主体。葛兰西强调，人并不是所谓的有限的"个体"（individual），而是包含着"个体性"（individuality）的一系列活跃的关系的总和。我们处于自己的有意识的实践活动中，也就是在不断地改变着我们的这些关系中改变着自己。葛兰西也看到，一个个体能够实现的改变实际上是非常有限的，最重要的是能够达到对这些关系的历史性的认识，因为所有这些关系都是历史过程的结果。在这个意义上，人也是历史过程的结果。我们的认识只有达到这个层面，才能真正带来具有历史意义的变革。

葛兰西强调，目前最关键的问题就是使革命群众从决定论的处境中挣脱出来，上升为自觉的历史主体，因而最迫切的任务就是批判机械决

---

① A. Gramsci. Selections from the Prison Notebooks of Antonio Gramsci. New York：International Publishers，1971：366.

定论。"当'被统治的'社会群体对群众的经济活动来说成为指导性的和负责性的力量时,机械决定论就成为一种非常切近的危险,因为社会存在方式已经发生了变化,我们的思想方式也必须发生相应的变化。"① 那么,社会存在方式发生的最大变化是什么呢?这就是,工人不再仅仅是经济生产领域中的被动的材料,而成为代表整个社会并且能够对整个社会负责的主体。若结合"升华"概念来看,就是"升华"过程不仅使无产阶级上升为一个普遍阶级,而且还使它上升为历史主体;通过"升华"过程,我们与结构的关系发生了根本变化,结构不再是决定着人的外在力量,而是成就人的自觉活动的重要工具。在这个意义上,建立无产阶级霸权就意味着无产阶级上升为历史主体。

四、无产阶级革命与实践哲学

(一)实践哲学及其对哲学的历史化

葛兰西指出,在当前的无产阶级革命实践中,最根本的问题不是没有哲学,而是没有无产阶级哲学,即实践哲学。实践哲学缺失在无产阶级身上明确地体现为理论与实践的矛盾:工人在实际的革命实践中已经超出了现存统治秩序,但在哲学上还属于这个秩序。无产阶级要夺取霸权,真正成为社会的领导阶级,就必须重新复活实践哲学:"但是从被统治的社会群体开始真正成为自主的和掌握着霸权的,因而正在带来一个新的国家形式的那一刻起,我们就经验到具体地产生了建立一个新的理智的-道德的秩序的需要,即建立一个新型社会的需要,因此也就产生了去发展一些更加普遍的概念和一些更加精致的、决定性的意识形态工具的需要。这就是为什么极有必要重新复活拉布里奥拉思想,使他那种处理哲学问题的方式成为主导性的。"② 就是说,无产阶级要建立一个新型的社会,就必须有实践哲学的加入。

那么,实践哲学的独特贡献究竟在哪里?葛兰西在"创造性的哲学"一节中明确指出,它的独特贡献就在于它能够切实地改变现实。作为关于世界的构想,实践哲学能够在革命群众中广泛传播并进而成为他们的行为准则。实践哲学对自己的历史性有着充分的自觉,"它是一种

---

① A. Gramsci. Selections from the Prison Notebooks of Antonio Gramsci. New York:International Publishers,1971:336.

② 同①388.

摆脱了（或正在试图摆脱）所有片面的和狂热的意识形态因素的哲学；它是充满着矛盾的意识——在这种意识中，哲学家自己（可以是个人，也可以是整个的社会群体）不仅把握住了矛盾，而且还把自己作为矛盾中的一个因素，把这个因素抬高为知识原则，因而也是行为原则"①。这就是说，实践哲学一方面使我们充分自觉地意识到自己的历史性，另一方面又使我们通过自觉地意识到自己在这些历史性的社会矛盾中的位置而致力于矛盾的解决，致力于实现从充满着矛盾的必然阶段向消除了矛盾的自由阶段的跨越。在这个意义上，实践哲学既是对我们的历史性的认识，同时也是对哲学本身的历史性的自觉。

（二）实践哲学对传统哲学的批判

实践哲学作为无产阶级的批判的自我意识，必定也是对传统哲学的批判。对于葛兰西来说，唯物论和观念论都属于传统哲学，唯物论与过去时代的群众的宗教直接相关，观念论（尤其是德国思辨观念论）则属于哲学家的哲学。

1. 对机械唯物论的批判

在《狱中札记》中，葛兰西用了相当多的笔墨专门批判布哈林。他明确指出，以布哈林为代表的唯物论根本不是对观念论的超越，而是直接倒退到普通民众的常识。因为这些唯物论者不仅没有看到在群众与知识分子之间存在着的复杂关系，而且还直接把普通民众的常识当作对观念论的批判。葛兰西认为，常识立场的根本问题就在于，它其实是一种宗教立场。因为常识的基本要素是由宗教提供的，所以常识与宗教的关系远比常识与知识分子的哲学体系的关系密切。② 同时，他又指出，这种在根本上具有宗教性质的立场又直接地被表达为一种唯物论立场：在常识中，现实主义的和唯物论的要素处于主导地位，这是粗糙的感觉的直接产物。这与其宗教的要素完全不相矛盾。只是在这里，这些要素是迷信的和非批判的。就是说，常识的直接表达形式是唯物论的，但这种唯物论实际上仍然是宗教立场。

为了说明这一点，葛兰西特别讨论了所谓的"外部世界的现实性问题"。他指出，在现代文化史上，观念论提出了关于存在的"主体主义

---

① A. Gramsci. Selections from the Prison Notebooks of Antonio Gramsci. New York：International Publishers，1971：346.

② 同①420.

概念"(subjectivist conception),认为现实世界是人的精神的创造,所谓的客观性就是"普遍的主观性",而正是在对普遍的主观性的理解上,观念论陷入了误区,实践哲学实现了对观念论的超越。"客观的总是意味着'与人相关地客观的',又可以被进一步理解为'历史地主观的':换句话说,客观的就意味着'普遍地主观的'。就知识对历史地统一在一个统一的文化系统中的整个人类来说是真实的而言,我们是在'客观地'认识着。"① 葛兰西在这段话中强调,没有与人无关的纯粹客观性,所有的客观性都是与人相关的。但承认这一点并不意味着走向相对主义,我们可以在主体的普遍性中为知识的客观性找到根据,也就是在统一的文化系统中为知识的客观性找到根据。但他紧接着又指出,这个统一的文化系统并不是人类历史的起点,它恰恰是人类要经过不断的政治斗争才能实现的,在真正统一的文化系统形成之前,历史上存在着连续不断的意识形态斗争。观念论没有意识到我们依然处于政治斗争的历史阶段,没有意识到历史中存在着的上层建筑的重要性,而是直接把普遍的精神当作前提。实践哲学通过其上层建筑理论使"精神"概念被进一步具体化和历史化,从而在上层建筑中为知识的历史的客观性找到了根据。

2. 对思辨观念论的批判

葛兰西在哲学上的另一个重要任务就是对思辨观念论进行批判。他指出,思辨观念论已经开始摆脱超越原则,而提出了内在性原则,它强调现实是人的精神的创造,这就将人与世界之间的关系变成了一个内在于人的创造活动的过程。在这个意义上,真正代表现代世界精神的不是普通民众,而是这批在高级文化领域内耕耘着的观念论家。但与此同时,内在性原则在思辨哲学这里采取了思辨形式,正因如此,思辨哲学还只是一种哲学上的浪漫。在葛兰西看来,思辨形式的根本性质就在于它把一种新类型的超越引入以内在性为原则的哲学中,因此它意味着对内在性原则的中断和背离。具体说来,就是人的精神在思辨观念论那里实际上具有和上帝类似的性质,因为它也是超越历史中的个人或群体的,历史中的现实的人相对于它来说只是被动的材料。那么,我们怎样才能真正扬弃这个思辨形式,使内在性原则彻底实现呢?葛兰西明确指

---

① A. Gramsci. Selections from the Prison Notebooks of Antonio Gramsci. New York:International Publishers,1971:445.

第二章 早期西方马克思主义新阐释

出,"实践哲学是唯一彻底的'内在主义'构想"①。关于实践哲学怎样把思辨的内在性转变为历史主义的内在性,葛兰西强调了两点:其一,马克思在英国古典政治经济学,尤其是李嘉图关于规律的思想的帮助下完成了这个转变;其二,这个转变具体地体现在用历史性的上层建筑概念扬弃掉思辨哲学的抽象的精神概念。

在《狱中札记》中,葛兰西尤其关注了马克思如何在李嘉图关于规律的思想的帮助下把内在性从思辨形式转译为历史形式问题。这主要体现在两个层面上:就经济规律与政治经济学的关系而言,它使马克思看到了规律在起源上的历史性;一旦认识到了规律在起源上的历史性,马克思就可以进一步从政治经济学进入批判的经济学,进一步指出这一规律将被扬弃的历史必然性。这样,实践哲学就既理解了规律所蕴含的必然性,又把这种必然性内化于历史中,使之成为具有历史性的必然性。与此同时,葛兰西还把实践哲学本身也放在了历史中:实践哲学作为对这些规律的历史性的认识,自身就处于它所分析的那些矛盾关系中。葛兰西解释说,这个转变就是用历史性的上层建筑概念扬弃掉思辨哲学的抽象的精神概念。

3. 关于葛兰西的辩证的历史主义立场

实践哲学是一种彻底的历史主义立场,其根本特征就是一切都被内化于历史中,彻底地摆脱了宗教的超越立场。其中涉及的最重要的两个环节是对外部现实的内在化和对哲学本身的历史化。一方面,葛兰西强调外部世界没有自己独立的历史,人的历史同时就是自然史;另一方面,他又特别指出人与世界之间的关系还受到历史中的上层建筑的制约。但所有这些都使外部世界的客观性本身具有了历史性,而不是彻底地取消了外部世界的客观性。在这个意义上,可以说,实践哲学对唯物论的超越并不意味着彻底地否定外部世界的存在,而是使外部世界被包容在了人的历史中。

比这一环节更重要的是对哲学本身的历史化,这也是实践哲学区别于黑格尔哲学的最根本之处。哲学与历史的关系在黑格尔那里有着相互矛盾的两个层面:一方面,在黑格尔哲学内部,历史是一个主导性原则,其整个哲学讲述的就是历史在矛盾中不断形成的过程;另一方面,

---

① A. Gramsci. Selections from the Prison Notebooks of Antonio Gramsci. New York: International Publishers, 1971: 371.

就哲学与历史的关系而言，黑格尔哲学又强调其本身是处于历史之外的，它是在历史终结之后对历史的自觉认识。正因如此，葛兰西认为黑格尔哲学依然不够彻底，它只是一种哲学的浪漫。实践哲学的根本特征就在于，它不仅以历史为对象，而且还把自己放进了历史中。作为历史中的无产阶级的自我意识，它不仅意识到无产阶级与这个现存世界的矛盾，而且还意识到无产阶级恰恰又是解决这个矛盾的力量。这样，它就自觉地认识到，作为无产阶级的自我意识，它自己也将随着矛盾的解决而消亡。于是，实践哲学本身就被彻底地内化于无产阶级的政治中，内化于历史中。

那么，这种彻底的历史主义立场的根本意义究竟何在？我们认为，它的根本意义就在于能够使人们担当起创造历史的使命，在历史中成为历史主体。正如葛兰西强调的那样，一方面，这种彻底的历史主义立场使我们清醒地意识到，我们依然处于充满着矛盾和斗争的历史阶段，还远远没有进入所谓的自由领域；另一方面，它又强调对矛盾的彻底解决要靠我们自己，只有通过我们的自觉努力，才会有从必然领域到自由领域的跨越。从这个角度看，就会发现葛兰西的彻底的历史主义立场实际上依然是关于"历史的终结"预设的。对此，葛兰西有过明确的论述："目前，哲学家——实践哲学家——只能做出这个一般的断定（笔者注：指关于从必然领域向自由领域过渡的断定），不可能走得更远；他不能逃避开目前的这个充满矛盾的领域，除了一般性的谈论之外，他也不能在不制造乌托邦的情况下去断言一个没有矛盾的世界。"[①] 葛兰西非常明白，虽然我们在目前的处境中，对历史的终结只能做出这样一个一般的预设，但正是由于这个预设，我们才能成为历史主体。

第四节　具体的辩证法与具体的乌托邦

一、布洛赫与《乌托邦精神》

布洛赫的乌托邦思想是其一生所有思想的核心。自《乌托邦精神》

---

① A. Gramsci. Selections from the Prison Notebooks of Antonio Gramsci. New York：International Publishers，1971：405.

1918年出版以来，他就一直致力于对乌托邦哲学的阐发。这一方面表现在他先后两次对《乌托邦精神》进行修改、再版，另一方面表现在该书的思想在他后来的著作中得到了进一步发挥。布洛赫之所以一生都在探讨乌托邦问题，是因为这个问题关系到人们的根本处境。乌托邦问题同时包含两个重要维度。一是它在追问：伴随着世俗化进程和世界的"祛魅"（disenchantment），人们为什么没有支撑起自己的生活？二是它在探求：人们怎样才能在这个没有上帝的时代真正支撑起自己的生活？前者被具体地落实为对资本主义文明的批判，后者被具体地落实为对艺术、爱和革命这三条道路的探讨。其中，艺术（尤其是音乐）和马克思主义的革命这两个现实领域被他视为对蕴含在宗教内部的乌托邦精神的真正继承。综合考察其思想的这两个方面，我们就会发现其中最核心的问题就是乌托邦与我们的关系问题。布洛赫要在形而上学高度阐明，为什么只有唤醒蕴含在我们内心深处的乌托邦精神，我们才能真正地担当起扬弃有神论的宗教的使命，才能支撑起自己的生活，才能使世界成为我们的家园。

正是围绕着这个核心问题，布洛赫强调乌托邦道路的独特性：它既是一条内在道路，又是一条超越道路。在这里，布洛赫创造性地对艺术和马克思主义的革命这两个现实领域进行了具体论述。在艺术领域，他以音乐为核心，通过重新讲述音乐的历史和直接论述音乐哲学，明确指出音乐继承了宗教遗产，能够使我们觉察到关于自己的乌托邦真理；在马克思主义领域，布洛赫认为只有马克思主义的革命道路才是一条现实道路，通过这条道路，我们能够和周围的现存世界展开辩证的关系，能够内在于生活中去寻求关于我们的存在的乌托邦真理。

在这个意义上可以说，布洛赫乌托邦思想的重要意义就在于，当自文艺复兴和启蒙以来的这条西方现代文明的道路遭遇根本危机时，他把一个重要的抉择交给了我们。一方是以黑格尔为代表的"历史的终结"传统，另一方就是布洛赫从犹太文明那里焕发出来的生命激情。前者在根本上意味着跳出生活中的种种不确定和不如意，用理性来对关于人的存在的真理进行直观，但这种积极行动的道路仍然无法达到对乌托邦与世界之间张力的重现；后者则意味着勇敢地承担起生活的重任，尤其是承担起打破历史僵局的重任，在历史中勇敢地进行创造。两者的对立是两种根本不同的生命态度的对立，而不是理论的对立。所以，布洛赫乌托邦思想的意义在根本上是由我们的生活赋予的,在我们为历史的终结而困惑时,在我们遭遇世界末日般的处境时,它为我们指出了另一条道路。

为了对布洛赫的乌托邦思想有一个较为完整的了解,在下面的论述中,我们将分别沿着其乌托邦思想的两个维度来具体阐述其乌托邦思想。(1) 其乌托邦思想的起点是对眼前困境的思考,即为什么在上帝从这个世界引退之后,我们无法真正支撑起自己的生活。在这个层面上,将看到他在犹太教弥赛亚主义和 M. 韦伯关于宗教与资本主义社会形成的关系的思想的共同影响下,明确地做出了关于资本主义本身已经沦为宗教的论断。(2) 其乌托邦思想的核心部分是对乌托邦与我们的关系的思考。在这个层面上,他要正面解答摆在我们面前的难题:在这个为上帝所遗弃了的世界,我们怎样才能真正支撑起自己的生活?这里将重点考察他如何在形而上学高度上来阐明其乌托邦哲学立场,说明乌托邦道路既是一条内在道路,又是一条超越道路。由于布洛赫在具体地展开乌托邦道路时,最后把它落在了马克思主义的革命道路上,所以在本节的最后,我们将专门讨论布洛赫关于马克思主义是一种具体的乌托邦的思想。

二、末日灾难与乌托邦

在《乌托邦精神》的开篇,布洛赫就明确地亮出了自己的立场:"我在。我们在。那就足够了。现在我们不得不开始。生活已经被交到我们手中。因为它本身已在很久以前就变得空洞。它毫无意义地前后颠簸,但我们却稳稳地站立着,因此我们想要成为它的主动因,我们想要成为它的目标。"① 从这一主旋律般的段落中,我们可以明确地看到三个层面的内容:首先,生活已经被交到我们自己手中,我们的生命意义不再由绝对的他者——上帝——来承担,而是只能由我们自己来承担;其次,我们实际上并没有承担起这个重任,我们的生活已经变得空洞、毫无意义;最后,在这种情况下,唯一能够挽救我们的生活的还是我们自己。可以说,整本《乌托邦精神》都是在探求我们怎样才能挽救生活,使之重新获得方向、充满动力。

---

① E. Bloch. The Spirit of Utopia. Calif:Stanford University Press,2000:1.

（一）一战与末日灾难

在布洛赫看来，第一次世界大战没有任何崇高可言，它维护了那些可鄙的牟利者，却屠杀了我们中间那些最有朝气和精神力量的人，它的罪恶不仅仅在于对人的生命和财产的破坏，更在于对人的精神的摧残。布洛赫对俄国革命曾倾注了极大的热情，他将其视为人类走向未来的一个新开端，但随后他也冷静地意识到这条道路并没有走通："战争结束了，革命开始了，与革命一起，门打开了。当然，很快它们又关上了。"① 对于布洛赫来说，革命道路的受挫要比一战本身更加令人绝望，因为它似乎把那个通往未来的唯一可能性抹杀了。于是，欧洲又反弹回到了原来的状况，充满了对利益的追逐和对精神的埋葬："可鄙的市场商人走了又回来了，过去的一切又重新漂回到了原来的位置。牟取暴利的农场主、有权势的大资产阶级扑灭了各个地方的火种，恐慌的小资产阶级……更加衰弱和更受限制。非无产阶级的青年比以往任何时代的青年都更加粗鄙和愚笨；大学实际上成为埋葬精神的坟地，充满着腐败和无法去除的阴郁气息……"②

与此同时，反动的浪漫主义在战后迅速兴起。面对在战争中暴露出来的整个资本主义世界的罪恶，反动的浪漫主义巧妙地将人们的注意力吸引到了前资本主义的过去，它用这种模拟和替代的方式提供了一种对问题的虚假解决，彻底堵住了人们关于真正的未来、关于集体、关于城市意识形成的道路。在这个意义上，它是一种功能强大的意识形态，维护的是那些牟利者的利益，扼杀掉的是通往未来的可能性。布洛赫明确断定，如果我们不坚决地介入这一状态、扭转这一局势，那么等待整个欧洲的将只有彻底的毁灭："新近的反动的浪漫主义……只能使西方文明衰退为动物性的麻木不仁和无宗教的销声匿迹……凋落的蓓蕾、凋落的花朵，对于今天来说是文明的衰落，是这样一个巨大的舰队，它只能把对历史的不断流逝的悲观记载作为唯一的目的，但对于欧洲来说，却只有即将来临的永恒的死亡。"③

（二）末日灾难与欧洲文明危机

在布洛赫关于末日灾难的洞见中，蕴含着他对现代文明危机的深入

---

① E. Bloch. The Spirit of Utopia. Calif: Stanford University Press, 2000: 1.
② 同①1-2.
③ 同①2.

思考。从总体上看，他主要沿着两条线索揭示了蕴含在资本主义社会中的深刻危机。一方面，他从宗教与资本主义社会形成的关系角度，明确指出资本主义本身已经沦为一种噬人的拜物教；另一方面，他从科学意识与人的存在关系角度，指出科学和技术理性在资本主义社会的绝对统治地位，意味着对人的存在的乌托邦维度的彻底抹杀。布洛赫在对资本主义社会危机进行思考时，宗教是一个非常重要的维度，布洛赫的这种观点对卢卡奇、本雅明（Benjamin）等人的思想产生了重要影响。

1. 资本主义已经沦为一种宗教

布洛赫明确提出，资本主义与宗教的关系体现在新教促使了资本主义社会的形成过程中，在这个过程中加尔文主义彻底摧毁了基督教，使它为另外一种宗教所代替，即资本主义拜物教。在"作为宗教的资本主义"或"玛门的教会"中，布洛赫看到的是对人的吞噬。在 M. 韦伯那里，这个过程带来的是"祛魅"；在布洛赫这里，这个过程带来的却是一种虚假的宗教。其中最重要的原因就是，布洛赫所自觉采取的犹太教弥赛亚主义立场。

作为欧洲犹太知识分子，布洛赫和卢卡奇等人此时遇到的最直接的难题就是"犹太人问题"。与卢卡奇不同，布洛赫一开始就从宗教角度关注这个问题。他强调，只有犹太教弥赛亚主义才能把我们从现代世界的危机中拯救出来，弥赛亚主义道路具有普遍性质，它带来的不仅仅是对一个犹太民族的拯救，更是对整个人类的拯救。弥赛亚主义传统使布洛赫意识到，一直存在着两个世界的对立：一个是上帝的世界，代表着真理和救赎；另一个是魔鬼的世界，代表着虚假和罪恶。对于布洛赫来说，这一对立的重要意义不在于它是上帝与世俗世界之间的对立，而在于它是蕴含在我们生活中的两个世界之间的永恒张力。正是在这一框架中，布洛赫继承 M. 韦伯关于新教与资本主义关系的思想，并对之进行了转化。他敏锐地看到，资本主义由于取消了蕴含在我们生活中的这一张力，而使资本本身成为唯一的上帝。在加尔文教中，"人是实现上帝意志的工具"的焦虑被升华为人们通过计算而展开的操纵和改变世界的过程。人们用这样的工作来不断地确证自己参与着上帝的事业，已经被上帝救赎。如果说在原始基督教那里，经济活动还要以上帝为目的的话，那么在加尔文教的帮助下，在现存资本主义社会中，仅仅具有抽象的量的意义的财富本身就已上升为唯一的目的。

布洛赫进一步指出，作为一种宗教，资本主义最典型的特征就在于它是一种具有抽象性质的拜物教。这一判断主要包含三个层面的内容：首先，作为一种拜物教，它是一种虚假的宗教；其次，它最主要的形式是人崇拜人造物；最后，它虽然在形式上是对人造物的直接崇拜，但实际上却是对抽象的量的崇拜。在第一个层面上，布洛赫明确地用"魔鬼的教会"（the Church of Satan）来称呼资本主义宗教。他借用"魔鬼"概念主要是强调两点：一是资本主义宗教与具有解放性质的犹太教和基督教正相对立，它是一种虚假的宗教；二是作为一种虚假的宗教，它的意义是对人的吞噬而不是对人的成就。在第二个层面上，布洛赫又用"玛门的教会"和"金牛崇拜"（Adoration of the Golden Calf）来称呼资本主义宗教。他把"魔鬼的教会"改为了"玛门的教会"，以强调资本主义宗教具有明确的拜物教性质。"玛门"主要有两个方面的内涵：一是它明确地指货币；二是它说明货币又是人造物。资本主义社会中人就如同早期异教徒，他们错把有限的人造物认作无限的上帝，并赋予其无穷的魔力。在第三个也是最后一个层面上，布洛赫借用"金牛崇拜"意象明确指出，资本主义拜物教的意义其实是对抽象的量的崇拜。他说，对财富的这种抽象性的崇拜一方面使一部分人（彻底的无产者）只能为维持肉体生存而活着，另一方面又使另一部分人（代表着国家的资产者）陷入了对抽象的国家的崇拜。这样，资本主义宗教就将人彻底地降为动物，欧洲文明因此而走到了尽头。

2. 资本主义宗教与科学统治

在对资本主义文明危机进行分析时，布洛赫还强调，在资本主义宗教中，科学技术取得了统治地位，而它带来的直接结果就是对人的存在的乌托邦维度的抹杀。关于这个问题，M. 韦伯以及直接继承了 M. 韦伯思想的卢卡奇都是从合理化原则角度来分析的，而布洛赫则提出了另外一条思路。在陀思妥耶夫斯基、克尔凯郭尔和埃克哈特（Eckhart）等思想家的影响下，他从理性意识与人的存在的关系来思考科学统治对人的存在带来的否定性意义。

布洛赫在本体论层面反复强调，人的理性意识永远无法达到对人的存在的真理的把握。在这种情况下，科学何以可能？科学的功能又究竟是怎样的？他明确指出，我们的意识同时指向三个领域："意识"、"不再意识"和"尚未意识"。在意识领域，我们的意识能够把握到的只是一个又一个已经完成的过去。现代科学以回答"是什么"和它曾经"是怎样的"为己任,它面对的是"不再意识"领域,即已经从记忆中隐退的"意识"。既然意识本身都只能达到对过去的把握,那么"不再意识"所涉及的就只是那些已经不再被我们意识到的过去。布洛赫进一步指出,科学的独特性就在于,它在以过去为对象的同时,还对过去进行了还原和破坏,从而把过去中的精神删去了,使科学仅仅成为对死去的过去的反映。当我们以这种科学理性为根据来直观资本主义条件下的上帝(即资本)时,我们在资本中既看不到人的内容,也看不到对象的"物"的内容,而只有抽象的量的规定性。这样,资本主义社会就带来了对人的彻底剥夺:一方面,人在劳动中被降为纯粹的量;另一方面,由于劳动,此时的科学统治只是人维持肉体生存的手段,人被降为可怜的动物。在这个意义上,资本的世界成为一个彻底的虚假的世界。这个世界使人变成了无生命的石头,欧洲文明因此面临着彻底的毁灭。

三、乌托邦与我们

布洛赫乌托邦思想的最大独创性就在于,对走出这场危机的道路的探讨。在布洛赫看来,真正的道路只有一条,那就是唤醒沉睡于人的内心深处的乌托邦精神,追求关于人的存在的真理。因而可以说,这是一条内在超越之路。它同时包含两个环节:自我遭遇和"使内在的成为外在的"。前者使我们能够真正站在普遍性和永恒性的高度上面对世界,后者使我们能够真正通过包容和接纳这个世界而赋予我们的生命具体的内容。

(一) 内在道路

在具体展开内在道路之前,布洛赫通过讲述康德哲学和黑格尔哲学的关系对内在道路的具体特征进行了说明。布洛赫指出,康德哲学面对的问题是人的本体世界的不可知,康德的追问从什么是普遍有效的问题开始,由此深入到什么是先天的问题并找到了知性;但知性并不能构造对象,尤其不能构造对象的总体,于是他又深入到理性;在实践理性层面上,对"绝对"的希望成为实践性的调节原则,因而康德哲学是一种乌托邦哲学。但布洛赫又指出,内在道路在康德哲学中并没有被贯彻到底,康德最终并没有达到"乌托邦的现实"。在康德的实践理性中,人摆脱了外在束缚,成为自由的,而这也意味着人无所依靠,他所拥有的只是对"绝对"的希望。

布洛赫要想把自康德以来的这条内在道路贯彻到底,就必须克服它的纯形式性和"恶"的无限性。这种克服主要体现在两个方面:一是要深入我们的存在的内核中去体认乌托邦的现实;二是要进一步使内在的成为外在的。在前一个方面,布洛赫受到了克尔凯郭尔的很大启发。克尔凯郭尔追问人的存在之溢出理性认识之外的意义,要在人面对死亡时的恐惧和战栗中体会人的存在;同样,布洛赫也要从当前的黑暗出发,即从人无法在意识中达到自身的存在出发,去追问关于人的问题,去体认人的存在的乌托邦的剩余。在后一个方面,布洛赫则自觉地吸收了黑格尔思想。黑格尔哲学用有内容的逻辑扬弃了康德哲学的纯形式性,使内在的成为外在的。可见,黑格尔哲学比康德哲学走得远,因为它不再停留于纯形式性,通过使内在的成为外在的而包容了丰富的内容。布洛赫想要强调的是,只有把自我面对和使内在的成为外在的这两个环节都包容进来,内在道路才能被贯彻到底,沉睡于我们内心深处的乌托邦精神才能真正被激活并焕发出强大的力量。

这样,通过对从康德思想到黑格尔思想发展的解读,布洛赫交代清楚了自己的内在道路,他的内在道路要使康德通过黑格尔而完满起来,要使乌托邦精神真正焕发出变革世界的力量,即它包括自我面对和使内在的成为外在的这两个环节。通过第一个环节,布洛赫不仅要把我们的眼光从外部世界转向我们自身,而且要穿透我们的存在的当下的黑暗,要直接达到对乌托邦现实的体认,这是一个纵向深入的过程;在此基础上,他还要使内在的成为外在的,使我们进入世界,通过批判与破除世界中的虚假和罪恶而使世界成为我们的世界,这是一个向外扩张的过程。

(二)关于存在的黑暗

布洛赫的所有思想都是从考察我们的存在的黑暗开始的,这是贯穿了他一生的基本思想。因此,詹姆逊在《恩斯特·布洛赫与未来》(1971)一文中指出,布洛赫哲学不是从抽象理论出发,而是从最基础、最实在的东西开始,因为我们在世的最基本形式就是黑暗和惊奇。

第一,当下的黑暗。布洛赫指出,我们的意识永远无法把握当下的瞬间,只能把刚刚完成的过去作为我们的经验对象。所以,我们自身的存在对于我们来说是黑暗,我们只能像对待别人的存在一样来对待自己的存在。在现代社会中,我们已经无法过本真的生活。我们已经不知或已经丢掉了道德生活之内在的集体品质，我们心中的精神（圣灵）的萌芽已经枯萎，我们无法达到我们。只有能够创造出有力量的作品的人的内心中还存有真理，只有某些艺术家创作的作品中还坚守着这份真理，"然而，甚至艺术家也不能到处都有，不能总是很容易地就相信那份光明……他也不是全然真实、本真的"①。

第二，"不再意识"。布洛赫进一步指出，我们也不能在"不再意识"中达到我们自己，不能通过对梦等无意识活动的解析而达到我们的存在本身。因为"不再意识"的内容实际上是我们曾经的意识内容，而我们的意识从来就只能把刚完成的过去作为对象，从来无法达到对当下瞬间的把握。布洛赫之所以要讨论"不再意识"，是基于以下三个原因：其一，每一个过去的内容都将不断地隐去，成为不再为我们所意识到的，但这并不是说它们就不存在了，它们仍然以梦等方式存在于我们的生命中；其二，不再被我们意识到的这些内容对于我们也有着一定的意义。在对待"不再意识"这种无意识的态度上，布洛赫与弗洛伊德明显不同，弗洛伊德尤其重视这些不再被意识到的东西，认为它们（性冲动、死亡本能等）是决定人的生命之最根本的东西，而布洛赫则认为它们不是根本性的，它们并不是本真的自我，也不是照亮我们的存在的黑暗的乌托邦之光，最多只是前者的密码；其三，讨论那不再被我们意识到的东西与我们对科学的理解密切相关，我们的黑暗不仅表现在我们不能在意识中达到对我们的存在本身的直接体认，而且包括我们不能在"不再意识"这样一种无意识中达到我们内心深处的真理。

（三）自我遭遇

1. 希望中的"惊奇"

布洛赫认为，我们不能在意识和"不再意识"中达到关于我们的存在的真理，并不等于说我们注定永远处于黑暗中，因为希望就存在于"尚未意识"中。"尚未意识"作为一种无意识，是指向黑暗中的光明的，而绝非指向曾经是的某种过去。在此，布洛赫主要想表达两层意思：一是"尚未意识"不同于"不再意识"，它指向将来，指向天国；二是相对于最后的精神充满，它是潜在之根。所以，乌托邦哲学要研究"尚未意识"这样一种更高层面的无意识。希望之所以能够使我们穿透

---

① E. Bloch. The Spirit of Utopia. Calif：Stanford University Press，2000：167.

当下的黑暗，就在于它带来的是一个与过去和现在都全然不同的新开端，并且这开端同时就是我们自己。

布洛赫还对当下的黑暗与惊奇之间的相互应用关系做了进一步说明。在他看来，"惊奇"（amazement）是我们在希望中获得的主观感受，而这种感受对于我们来说既是他者性的，又是内在性的。相对于我们所经验到的过去，当下的黑暗与惊奇都代表着"新"，而且两者都与关于"我们"的问题密切相关。在"惊奇"中，黑暗获得了可见性。这样，我们就在希望带来的"惊奇"中获得了穿透存在的黑暗的光亮。布洛赫又通过阐发"惊奇的足够"概念进一步强调了我们的存在的超越性。"惊奇的足够"是指通过把我们的希望落实在某种外在对象上或理性观念上而止住"惊奇"，而消解我们对未来的渴求和希望，最终遮蔽掉我们的存在的"乌托邦的剩余"。正是由于这种"乌托邦的剩余"，我们才能不断地超越外部世界，"但是，人应当拒绝让自己很快地熄灭。渴望不能被欺骗，它只知道这也不能满足它，那也不能满足它，但是关于究竟什么才能满足它，它只能有一个预感，因为它尚未实现"[①]。在这里，布洛赫想要强调的是，我们绝对不可能在某一次"惊奇"的感受中一劳永逸地达到对存在的秘密的把握，"惊奇"指向最终的完满，指向灾难之后的救赎。我们在希望和"惊奇"中只能不断地获得对它的预感，永远不可能像黑格尔等人以为的那样，达到对它的完全把握，达到对真理的实现，因为真理的实现将意味着对现存一切的破坏，意味着最后的毁灭和在毁灭后的救赎。

在布洛赫那里，内在道路并不是一条虚无缥缈之路，而是一条实实在在之路。它在我们生活中是有据可循的，这就是那些良知式的道德观念或神秘观念。这些观念产生于我们对未来的希望和对现实世界的不满，因而它是超越的，是一种道德的-神秘的剩余，又直接关联着实践。可以说，对未来的希望和对现实世界的不满更进一步地说明了我们通过内在道路所达到的关于我们存在的秘密的根本特点，即乌托邦精神的根本特点。它既是超越的，又是内在的。正因为它是超越的，它才能把我们不断地从外在虚假的世界中解救出来，带向最终的赦免，带向另一个世界。

[①] E. Bloch. The Spirit of Utopia. Calif: Stanford University Press, 2000: 202.

2. 艺术与爱

布洛赫指出，我们正是在爱中得以成为我们自己，我们在"惊奇"中所达到的恰恰是能够支撑起我们的普遍生命的爱。布洛赫在探求沉睡于我们内心深处的乌托邦精神时，特别提到了艺术作品对于我们的意义。艺术作品能够引领我们去面对我们内心深处的真，面对我们的存在本身，并使我们在这种面对中进入我们。与此同时，布洛赫还指出，虽然我们曾一次又一次地接近蕴含在我们的存在中的真，那将能够燃烧一切的圣火，但实际上我们并没有真正地达到它，最内在于我们的依然是没有穿透的黑暗，是 incognito，即艺术作品虽然能够使我们不断地接近关于存在的真理，但却永远无法达到对它的最终实现。

关于我们的存在的真理在爱中得到了呈现。布洛赫一再强调，人类之所以会有两性之爱，绝不仅仅是为了种族繁衍，只有在互爱中才能真正地成为我们。男人在对女人的需求和爱中成就自己，走向完满。所以，布洛赫说女人是所有艺术作品之最高的和先验的原则。女人之所以具有这样的意义，她之所以能高于一切男性主义的东西（如国家、友谊、理性建构等），是因为她既是明灯，又是结果。就是说，女人最能深刻地感受到"惊奇"，并在"惊奇"中达到完满。更明白地讲，布洛赫要表达的是，男人在对女人的爱中，不是否定了自己，而是提升了自己，是与他所爱的女人一起进入了我们。布洛赫之所以对爱进行专门阐述，主要意图是告诉我们，我们虽然正在走向毁灭，但我们依然有通往天堂的路，而且这路就在我们脚下——在艺术中，在爱中。布洛赫与康德不同，他没有把天堂放在无限遥远的地方，而是放在最近的领域。通过对爱的论述，布洛赫更进一步地说明了内在道路的特点：它既是实实在在的，是源于我们自己的，又是超越的，将引领我们走向最后的完满。

3. 基督之爱

布洛赫又通过揭示存在于我们身上的基督的意义，明白无误地说出了乌托邦的末世论的含义。首先，基督的意义不是以清白之身替人赎罪的形象，而是追求从这个世界中的救赎。基督的意义在于：在听从爱民良心的呼唤中，走向他人，在对他人的爱中达到普遍的自我面对，达到我们。其次，基督的意义还在于他对魔鬼的最终胜利。在这里，布洛赫借用基督教末世论中关于基督与魔鬼的最后斗争的说法，是为了说明关于我们的存在的真理只有在末世论的意义上才能充分展开。就是说，我们对关于存在的真理的追问最终将使我们超越一切虚假和罪恶，直至最高的完满。最后，基督的意义是末世论的而非神学的。布洛赫认为，对基督的秘密的最后揭示带来的是上帝之名的圣化，而这圣化是在人的手中完成的。在这里，布洛赫所强调的对上帝之名的圣化，就是指人在对上帝之名的呼喊中达到了最后的完满，使蕴含在人身上的基督得以呈现。布洛赫强调基督的意义是末世论的而非神学的，就是说基督不是一个和我们毫无关系的、高高在上的上帝，而是以"尚未"形式蕴含在我们中的。因而，基督的意义只有在我们最终从灾难走向完满时才能在我们身上得以呈现。

到此为止，布洛赫就把纵向历程全部展开了，从最初的黑暗到在"惊奇"中关注自身，再到在爱中进入我们，最后通过末世灾难使我们自身成为上帝。在这个过程中，布洛赫强调的是乌托邦精神的他者性、内在性和终极性的统一。这个过程是我之进入我们（WE）的过程，也是我们冲破重重阻力、努力实现创造的过程。

（四）"使内在的成为外在的"

纵向历程之后是向外扩张的过程，即"使内在的成为外在的"。如果仍然以康德哲学和黑格尔哲学为例来说，就是康德必须通过黑格尔才能完满。

1. 为什么必须"使内在的成为外在的"？

在《乌托邦精神》的附录中，布洛赫明确指出只有人才能照亮自身的类。"人不像任何其他动物，他们对自身的类是危险的。但是他们同样又能够照亮自身的类，照亮自身所处的地方，这是任何外在的火都无法做到的。"[1] 只有人才能达到对内心深处的那份生命脉搏的自觉，即达到对乌托邦精神的自觉追问，并通过这样的自觉而使人过上总体的生活，使世界成为人的世界。但要使人真正地处于这样的状态，除了要通过纵向的内在道路而达到自我面对之外，还必须"使内在的成为外在的"，否则，我们的内在世界也将枯萎。之所以如此，是因为我们既被外在世界的虚假包围着，又被个体的死亡逼迫着。

---

[1] E. Bloch. The Spirit of Utopia. Calif: Stanford University Press, 2000: 234.

布洛赫首先指出，我们生活的世界充满着种种虚假的意识形态，这些意识形态把我们变为追求利益与权力的动物，这样的现实使内在的自我不能居留于自我之内，而被唤醒的乌托邦精神对于我们来说，近乎革命的良知，它保持着与现实世界之间的张力，不仅它的外化带来对现实世界的改变，而且所有这些变化都是指向最终的灵魂世界的。接着他又说，比这更为根本的是死亡的威胁，即人必须面对人的有限性问题。如果我们不面对和超越死亡，我们就无法过真正的人的生活。超越死亡、走向永恒就意味着要"使内在的成为外在的"。也就是说，只有当我们去承担那内含在乌托邦中的革命的使命时，只有当我们在与虚假和罪恶斗争的过程中主动地迎接死亡的挑战时，我们才能超越人的有限性而达到永恒。在这个过程中，死亡对于我们来说，不再意味着对一切的终结，反而能够使我们（灵魂）的力量得以发挥，使我们能够真正地成为自己。

2. 死亡与灵魂转世

布洛赫并不像克尔凯郭尔那样，把所有注意力都投向我们面对死亡时的恐惧和战栗，他强调的是人无法直接地体验自身的死亡，人关于死亡的所有体验都是间接性的。也正因如此，布洛赫说灵魂不朽是敞开的，并不是说有关人的有限性的真理已经彻底驳倒了灵魂不朽的思想。他在乌托邦思想中所要展开的就是对灵魂不朽的一种独特理解，即灵魂在转世中达到永恒。灵魂转世不能简单地等于灵魂不朽，超越的灵魂必须同时是内在于我们和世界中的；灵魂转世不仅使我们成为本真的我们，同时也使世界成为我们的世界。通过强调灵魂转世，布洛赫把灵魂的超越性与内在性结合了起来，灵魂不是游离于我们身体之外的，它是内在于我们生命之中的，它本身也要接受死亡的逼迫和挑战。

布洛赫明确指出，灵魂转世是指在死亡逼迫下的灵魂呈现，灵魂在这里不仅作为回忆，而且作为对目标的希望。只有在最后的时刻，在死亡的逼迫下，在对超越死亡的永恒的希望中，我们才能认出自己、把握自己，是我们自己"利用"死亡的逼迫，使我们成为真正的人，使外在的世界成为我们的世界。"因此，通过灵魂转世，历史被适当地分为两个空间：一个是低级的和世俗的，另一个是高级的和不可见的。正是在两者之间发生了群体间和代际间的轮回，这是就历史或关于下一个时间-

空间的类型论在那个高级空间中获得本质的起决定作用的类型而言的，此高级空间即逝去者的空间，是处于这里和那里之间的中间领域。"①就是说，在灵魂转世中，在生命轮回中，历史成为可能，它是两个空间的轮回，其中高级空间，即对同一的灵魂的体认是决定性的。在这样的历史中，我们才有了真正属于人类的生活。

3. 末世论

要"使内在的成为外在的"，我们必须面对的另一个难题就是乌托邦精神最终指向的终结处究竟是怎样的。布洛赫在末世论中对这个问题进行了正面回答。他首先指出，我们的现实世界有着两个层面：一是我们虽然活动着，但不知道自己的路；二是我们实际上又在通往最后的终点，我们虽然在现实世界中迷失了自己，但我们心中的乌托邦理想并没有泯灭。接下来，布洛赫又通过对人的原罪的解释，对这一思想做了进一步展开。他认为，人的原罪不在于骄傲，而在于精神上的懒惰和懈怠，不能坚持对关于存在的真理的追问，不能让上帝通过我们而得以呈现。我们满足于当前的世界，同当前的世界和解，容忍当前世界的虚假和罪恶，容忍与上帝的分离。在指出人的原罪的同时，布洛赫仍然强调乌托邦精神与这个虚假的世界是共存的。我们不仅要看到这种精神在闪光，而且要唤醒它，让它与这虚假的世界做斗争。如果我们仍然停留于原罪，停留于精神上的懈怠的话，那么世界就只会变得越来越虚假，我们也将越来越丧失自己。布洛赫一再强调的就是，世界需要我们，只有通过我们与世界的对立，世界才有可能从虚假中摆脱出来，才有可能成为我们的家园。

但问题是，我们与世界的斗争将不能直线式地带来世界的完善，我们的世界也并不能避免毁灭性的末日灾难。在这里，布洛赫再一次利用基督教神学的语言，反复强调敌基督会做最后的挣扎，会尽力吞没一切，因此，我们与世界的对立最终带来的是一场毁灭一切的圣火。通过毁灭性的灾难，我们最终达到的不是虚无，而是精神的完满。末日灾难可以使历史终结，但却不能把我们一起毁灭掉。实际上，正是由于我们的精神力量，世界才会以这种末日灾难的形式终结。离开了我们的努力，世界同样是要毁灭的，但那会是一种萎缩，在其中，不会有精神与

---

① E. Bloch. The Spirit of Utopia. Calif：Stanford University Press，2000：266.

世界的对立和冲撞。所以，在某种意义上说，末日灾难也是由我们导致的，我们带来的末日灾难犹如一场圣火，它毁灭了虚假的世界，却带来了对上帝之名的圣化。

到这里，布洛赫的乌托邦哲学就完成了内在道路的全过程，达到了对乌托邦精神的唤醒。但同时布洛赫也提醒人们，对乌托邦精神的唤醒并不是一劳永逸的，它是一个长久的过程。在这个过程中，我们对灵魂（本真的自我）的欲求就是那被欲求的对象本身，或者说，意志就是意志的内容本身。我们在欲求灵魂，我们的灵魂又在这一意志中得到启示，所以我们既是旅者，又是指南针。说得更明白些，就是我们只有在对关于我们的问题的追问中才能成为我们自己；而这又是一个漫长的过程，它需要我们"意志的坚韧"，直至最后的完满。

四、马克思主义是一种具体的乌托邦

论述至此，我们可以清楚地看到，乌托邦精神的唤醒就意味着我们要在艺术的引领下，踏上爱与革命道路。爱与革命相互交融，它们是同一条道路的两个不同维度，前者强调它的出发点是关于人的存在的真理，后者表明这条道路的真实意义是使世界最终成为人的家园。正是由于两者互为表里，布洛赫才从乌托邦哲学自然地走向了马克思主义。

（一）关于马克思主义与宗教的联盟

对于布洛赫来说，马克思主义代表着乌托邦道路的实现。一方面，对于欧洲文明危机来说，马克思主义的革命道路代表着克服危机的一种现实可能性；另一方面，马克思的伟大贡献就在于他能够切中生活中的真实问题，而不是只有一种抽象的革命热情。在论述乌托邦与我们的关系时，布洛赫就明确说过，马克思主义是对"使内在的成为外在的"那个环节的具体实现。因此，马克思主义的革命道路在根本上是从乌托邦精神高度出发的，只有在这个高度上理解马克思主义，才能真正理解马克思主义的革命道路的普遍性质，才能说明马克思恩格斯等非工人阶级知识分子为何要选择革命道路。

正是沿着这样的思路，在《乌托邦精神》的最后，布洛赫明确地提出了关于马克思主义与宗教的联盟思想。布洛赫所要表达的并不是把马克思主义与宗教机械地结合在一起（前者关注外部世界，后者则关注人的内心世界），而是强调两者其实是同一条乌托邦道路的两个方面，正

如"自我遭遇"和"使内在的成为外在的"是乌托邦道路之不可分离的两个方面一样。不仅如此，宗教与马克思主义的联盟还意味着对有神论宗教的扬弃，意味着我们在人本主义立场上对蕴含在宗教中的乌托邦维度的继承。在这里，宗教是指我们沿着内在道路达到"自我遭遇"，即达到关于我们的存在的超越的真理。在这个意义上可以说，马克思主义与宗教的联盟最终成就的是马克思主义的事业，它要使我们在这个没有上帝的时代支撑起自己的生活，赋予生活意义。为了说明马克思主义的道路所具有的乌托邦的高度，布洛赫强调，马克思主义不仅是对现实的冷峻的认识，而且是"冷流"（cold currents）和"暖流"（warm currents）交汇的产物——前者是对现实世界中的虚假和丑陋的洞察；后者是对乌托邦未来的希望，是在这希望中对人的存在的体认。

（二）马克思主义是一种具体的辩证法

如果说在《乌托邦精神》中，布洛赫还只是刚刚开始涉及马克思主义的话，那么在《希望的原理》（1959）中，他则对马克思主义进行了充分的论述。在《论卡尔·马克思》（1968）中，他通过论述马克思对黑格尔的观念论辩证法的超越和对费尔巴哈的唯物论的扬弃，明确指出马克思主义是一种具体的辩证法。作为介入历史的具体的辩证法，它使历史的内容在我们的创造中不断展开。在这个意义上，马克思主义是一种具体的乌托邦。

1. 马克思对黑格尔的观念论辩证法的超越

布洛赫指出，马克思对黑格尔的扬弃集中体现为在辩证法领域中实现了对黑格尔的颠倒。具体说来，就是我们真正地占有了历史领域：我们通过在活动中自觉地将自身与历史总体相关联而自觉地进行历史创造。当然，历史总体是尚未完全实现的总体。落实到历史主体方面，历史主体是在历史中意识着并在以意识为内在环节的实践中改变着世界的人们。如此一来，辩证法与历史就达到了统一。在马克思这里，辩证法已经不再是人们站在历史之外对世界的直观，而是人们在历史中的创造。这之所以可能，是因为以人为其中一部分的历史是一个物质过程，这个物质过程是敞开的；历史中的人们在意识着，他们在意识中把握着生活中的矛盾，并通过对矛盾的把握而将眼前的现实与尚未充分实现的历史总体联系起来；如此的意识生发于实践，同时作为内在于意识中的一个环节，它又是生活中的一种现实的力量，在实际地改变着这个世界;这个过程是人的真理得以呈现的过程,也是人逐渐地接纳这个世界,使之成为人的家园的过程;在这整个过程中,我们看到了"历史与起源"的一致,而这种一致恰恰是辩证法的唯一内涵。辩证法使我们自觉地意识到自己在历史中的处境,正是由于这种自觉我们才会更加主动地投入到创造性的实践中。

2. 马克思对费尔巴哈的唯物论的扬弃

首先,在认识论上,费尔巴哈无力回答我们究竟该如何理解"物质",即那个所谓的世界的"最初"。布洛赫认为,马克思的独特贡献就在于不仅把这个物质世界理解为将人作为一个部分包含于其中的世界,而且把它理解为以人的劳动为中介的世界。因此,这个世界就已经蕴含人的劳动以及人的意识。其次,在对"人性"的理解上,费尔巴哈陷入了一种抽象的乌托邦立场。在这里,布洛赫明确地区分了三种不同立场:宗教立场、费尔巴哈的有宗教残余的立场与马克思主义的无产阶级立场。通过分析这三种立场的不同,布洛赫要强调的是,前两种立场在根本上都意味着一种无力的或抽象的乌托邦立场。它们一方面无力对现实世界进行政治和经济层面的批判,另一方面又在一个超越的世界(或抽象的世界)中寄托了对未来的希望。尽管马克思没有丢掉在这种立场中所保持着的对未来的希望,但这种人道主义立场在马克思那里逐渐失去了抽象性,成为具体的共产主义立场。共产主义立场的具体性就体现在它是对现实社会内部矛盾的具体的批判,而这种批判本身又是在现实社会中已经形成的革命的、批判的实践活动的内在组成部分。再次,在理论与实践的关系上,布洛赫一方面强调理论是实践的一个环节,它的真理要在实践中才能达到;另一方面又指出革命实践的伦理必须有理论环节。在布洛赫看来,费尔巴哈之抽象的爱的立场是一种神秘主义,因为这个模糊的"爱"概念表明他无力对现实世界的复杂性进行辨析;"社会主义者"高举着"爱"的旗号,也是一种神秘主义立场。要瓦解掉这种神秘主义,就需要在实践中有明确的理论批判环节,只有通过这个理论批判环节,革命的伦理才能被落实为革命实践。最后,布洛赫指出,马克思对费尔巴哈和黑格尔的根本超越就体现在,他找到了撬动历史的阿基米德点。布洛赫分别用三种方式来表述这个阿基米德点:不仅指向过去,而且本质上指向尚未来临的将来的知识;劳动着的人;人与自然以及人与他人的关系。通过分析得知,这三种表述指向同一个内容：能够撬动历史的那个阿基米德点是现在的历史中的人；这些人不是抽象的个体，而是他们处于其中的具体的社会关系，这些社会关系包含着人与自然的关系以及人与他人的关系。在这样的历史中人之所以能够撬动历史，是因为他们在历史中达到了关于现在的发展趋势的认识，或者说是因为他们能够在未来的视域中把握现在。更进一步地说，这样的历史中的人就是代表着社会新因素的无产阶级，他们所达到的指向着未来的知识就是具体的乌托邦。

综上所述，布洛赫在其乌托邦思想中创造性地实现了对宗教传统（犹太教弥赛亚主义、基督教末世论传统）与辩证法传统（德国观念论辩证法传统）的融合。宗教传统使布洛赫敏锐地觉察到现代社会中人的存在之超越维度的丧失，并通过重走自康德以来的那条内在道路来追问关于人的存在的真理；辩证法传统则使他能够把这条道路具体地放在历史中，让我们在对资本主义社会现实矛盾的批判中追问关于人的存在的真理，在对历史的尚未充分展开的总体性的自觉中进行对历史的创造。在最根本的意义上，布洛赫的乌托邦思想是在辩证法道路上自觉地扬弃宗教遗产，是对人本主义道路的顽强坚守。

第三章　批判理论语境中的马克思主义

按照通常的理解，法兰克福学派是西方马克思主义影响最大的流派，故法兰克福学派批判理论也就属于西方马克思主义；而西方马克思主义就是马克思主义，至少是马克思主义的一种表现形式。这样，法兰克福学派批判理论理所当然地就属于马克思主义。情况果真如此吗？

关于法兰克福学派批判理论与西方马克思主义、与马克思主义的关系，实际上涉及三个问题：其一，是否整个法兰克福学派都属于西方马克思主义流派，是否所有批判理论都属于西方马克思主义？其二，西方马克思主义与马克思主义到底是一种什么关系？其三，法兰克福学派批判理论是否必然属于马克思主义？第一个问题涉及："法兰克福学派"是否铁板一块？"批判理论"是否整齐划一？对此，答案当然是否定的。至于第二个问题，说西方马克思主义是马克思主义的一种表现形式，这应该没有什么问题；但硬要说西方马克思主义等同于马克思主义，就似乎有些武断。第三个问题与第一个问题联系在一起。对"是否所有法兰克福学派批判理论都属于西方马克思主义，是否所有西方马克思主义都属于马克思主义？"这一问题做出的回答并不是肯定的。就是说，法兰克福学派并非铁板一块，批判理论并非整齐划一，而是存在着众多差异、矛盾甚至对立。在几十年的历史演变过程中，批判理论经历了三期的发展，即从老批判理论到新批判理论再到后批判理论。就与马克思主义的关系而言，批判理论第一期发展以霍克海默、阿多诺、马尔库塞等人为代表，与传统马克思主义"渐行渐远"；批判理论第二期发展以哈

第三章 批判理论语境中的马克思主义

贝马斯的历史唯物主义重建为代表,被重建后的历史唯物主义已经"面目全非";批判理论第三期发展以维尔默、霍耐特等人对马克思的重新诠释为代表,被重新诠释后的马克思已经成为"另一个马克思"。因而,批判理论第三期发展已经不再属于传统西方马克思主义,而是已经进入与当代西方哲学主流话语对话的语境中;即使是早期批判理论,也不再属于传统马克思主义。从总体上看,法兰克福学派三代批判理论家对待马克思主义的态度经历了从欣赏、信奉到怀疑、批判,再到超越、重建的过程。

第一节 批判的马克思主义

那么,批判理论与马克思主义究竟是一种什么关系呢?这首先需要考察第一代批判理论家——霍克海默、阿多诺、马尔库塞等——是如何对待这个问题的。

一、霍克海默视域中的马克思主义

作为法兰克福学派第一代体制掌门人,霍克海默在 20 世纪 20 年代初是苏维埃政权的坚定支持者——他和弗里德里希·波洛克(Friedrich Pollock)的一个共同的好朋友、一个狂热的共产党人格美娜·克鲁尔(Gemeina Kruer),"不是由于个人原因"成为布尔什维克政权的反对者,遭到了霍克海默的批评:反对苏维埃模式的人,在道德上是值得怀疑的。20 年代末到 30 年代初,霍克海默阅读了《资本论》《〈政治经济学批判〉序言》等著作,并开设了"历史唯物主义问题""近代哲学史中的唯物论与观念论""黑格尔与马克思"等课程;尤为重要的是,在"跨学科的唯物主义"框架中,霍克海默将马克思的经济基础与上层建筑关系原理运用到哲学、道德、科学等领域,并将马克思哲学视为对在资本主义阶段具有价值的形而上学观念,以及人的性格、道德和价值进行的批判。① 当然,霍克海默区分了马克思学说与马克思主义,并对列宁主义与卢卡奇式的西方马克思主义进行了批判性阐释。在这个时期,

---

① M. Horkheimer. Gesammelte Schriften. Bd. 2. Frankfurt/M.:S. Fischer,1987:312.

按照麦克莱伦（McLellan）的说法，霍克海默至少在观念上是信奉革命实践的，但由于"跨学科的唯物主义"框架强调对社会进行整体性研究，从而妨碍了对具体政治问题的关注；霍克海默虽然钦佩卢森堡的思想和活动，但却未与"最接近他们的整体性观点的政治活动家"柯尔施保持沟通；霍克海默关于理论家（知识分子）与被压迫阶级（无产阶级）关系的看法不同于列宁主义观点，缺乏与工人阶级政治组织的有效联系；霍克海默对斯大林主义感到绝望，从而不能接受德国共产党，甚至不能接受奥地利共产党反对派；在迁居美国之后，霍克海默完全脱离了工人阶级的革命活动，这就更加滋长了他在政治上无可奈何的悲观主义情绪。①

如果说20世纪20—30年代霍克海默基本上是站在"批判的马克思主义"的立场上，那么到《新艺术与大众文化》（1941），尤其是在《启蒙辩证法》（1947）中，霍克海默则转向了悲观主义的文化批判。在《启蒙辩证法》中，霍克海默揭示了进步与退步相交织、文明与野蛮相伴生的过程，因而已经放弃了革命的诉求与解放的向往。马克思思想不仅有着革命的诉求与解放的向往，而且还存在着工具理性的成分，但在论述"启蒙的自我毁灭"时，霍克海默则阐明了价值理性为工具理性所吞噬。因而，这时"阶级斗争和政治经济学已退居第二位，而让位于对人与自然的关系的堕落方式做出更为广泛的探讨"②。

在1956—1958年的笔记中，霍克海默谈到了"马克思的三个缺陷"：一是将欧美几个资本主义国家经济进步的历史视为整个社会经济进步的历史；二是认为在迄今为止的历史中，被人所塑造的物质关系（归根到底是经济关系）决定的意识，是"自由的"；三是认为人不仅是自己的主人，而且成为自然的主人。③ 到《批判理论》（1968）"序言"中，霍克海默强调《批判理论》不过是给人们提供一部记录：拒绝观念论，运用历史唯物主义，但隐藏着形而上学的悲观主义。因而，不能教条主义地运用批判理论。霍克海默明确指出，今天，无产阶级反抗并没有出现，反而被整合进资本主义体系中去了。因而可以说，马克思学说

---

① 麦克莱伦. 马克思以后的马克思主义. 李智，译. 北京：中国人民大学出版社，2004：285-286.

② 同①289.

③ M. Horkheimer. Gesammelte Schriften. Bd. 6. Frankfurt/M.：S. Fischer, 1991：269.

第三章　批判理论语境中的马克思主义

的某些结论明显不能成立。① 由此可以看出，霍克海默对待马克思学说的态度，是从欣赏、信奉转变为怀疑、批判——从"批判的马克思主义"转变为"批判"马克思主义。

二、阿多诺视域中的马克思主义

作为法兰克福学派第一代学术领袖，阿多诺思想的前后一贯性是我们有目共睹的：一生都在阐发否定辩证法。那么，如何看待否定辩证法与马克思主义的关系？一派认为"保留了太多的马克思主义"；另一派认为"够不上马克思主义，或许根本就不是马克思主义"。

实际上，马克思主义始终是阿多诺的重要思想来源之一。就像马丁·杰（Martin Jay）所说，在阿多诺思想"星丛"中有五种基本要素：一（首要要素）是马克思主义，更准确地说，是非正统的西方马克思主义；二是美学现代主义；三是上流社会的文化保守主义，即复古浪漫的反资本主义倾向和深刻的悲观主义潜流；四是犹太情感使他没有完全接受上流社会的价值观念；五是源自法国结构主义的解构主义，最明显的表现是他们都欣赏尼采。② 按照詹姆逊的说法，《启蒙辩证法》（1947）、《否定辩证法》（1966）、《美学理论》（1970）同步完整地展现了阿多诺体系的组成部分。从中可以看出，阿多诺本质上是马克思主义的——预先设定了马克思式的价值规律，以及总体性概念工具。因而，阿多诺的哲学前设"不仅仅是马克思主义的，它们经常反映了相当旧式的马克思主义，这特别是在文化与意识形态领域中……比传统马克思主义更马克思主义"③。这样，阿多诺的辩证法（以及所谓的西方马克思主义）就能被理解为特有的和有局限的第一世界的马克思主义。此外，詹姆逊还指出，尽管必须承认在阿多诺那里至少有某种后现代的可能，但这是建立在其音乐作品［如《新音乐的哲学》（1949）］而非其权威性著作之上。尽管《否定辩证法》也有这种随机的或侥幸的风格，但与那些将阿多诺视为后期浪漫派的描述相比，也没有发现将阿多诺视为后现代主义

---

① M. Horkheimer. Traditionelle und Kritische Theorie. Frankfurt/M.：Suhrkamp，2005，Vorrede.

② 马丁·杰.法兰克福学派的宗师：阿道尔诺.胡湘，译.长沙：湖南人民出版社，1988；7-16.阿道尔诺即阿多诺.

③ 杰姆逊.晚期马克思主义：阿多诺，或辩证法的韧性.李永红，译.南京：南京大学出版社，2008；256-257.杰姆逊即詹姆逊.

者的描述更令人信服。詹姆逊认为，阿多诺关于总体体系的预言，即"整体是不真实的"（Das Ganzeist das Unwahre）①，注定以完全未曾预料的方式变成现实。在他看来，"阿多诺确实不是 30 年代的哲学家（我担心回过头看，海德格尔不得不被认定为是 30 年代的哲学家）；也不是 40 年代或 50 年代的哲学家；甚至不是 60 年代的思想家——那些分别被认为是萨特和马尔库塞；并且我已经说过，在哲学上和理论上，他的老式辩证话语在 70 年代是不合时宜的。但还是有机会证明他是我们自己时代的分析家……阿多诺的马克思主义，它在先前阶段中并没有多大帮助，可能恰是我们今天所需要的东西"②。总之，阿多诺从未放弃信仰马克思主义，相反，他是 20 世纪最伟大的马克思主义哲学家之一。

马丁·杰和詹姆逊的这些看法，在一定程度上揭示了阿多诺与马克思主义、后现代主义的关系。不过，我们并不完全认同这些看法。在笔者看来，"马克思思想"、"马克思主义"或"西方马克思主义"是阿多诺思想的要素之一，但却不是其首要要素（这从阿多诺与马克思、卢卡奇的关系中就可以看出）；阿多诺是马克思主义者，但不是传统意义上的马克思主义者。就像 G. 施威蓬豪伊塞尔（Gerhard Schweppenhäuser）所说，阿多诺的批判理论主要立足于"内在批判"，而不是关注当代社会变化。诚然，当他谈论"社会"概念（在他那里，"社会"主要是一个结构概念，而不仅仅是一个功能概念），尤其是社会本质的否定性时，最初利用的是马克思的价值理论，甚至可以说，马克思的经济理论的核心部分即剩余价值理论，对阿多诺的社会批判理论至关重要；或者说，阿多诺以某种独立于马克思的价值理论的方式接受了马克思的价值理论。然而，阿多诺虽然承认"阶级"概念作为社会经济的诊断手段是不可废弃的，但否认无产阶级意识仍然存在——他断言马克思的阶级斗争理论不可简单地应用于当代，因为它以阶级意识为核心；对于马克思过于乐观的革命理论，阿多诺也持批评态度。

毫无疑问，否定辩证法是在批判传统辩证法的基础上形成的。在阿多诺看来，从柏拉图到黑格尔甚至包括马克思的辩证法，都是肯定的辩

---

① T. Adorno. Minima Moralia：Reflexionen aus dem beschäftigten Leben. Frankfurt/M.：Suhrkamp，1951：57.
② 杰姆逊. 晚期马克思主义：阿多诺，或辩证法的韧性. 李永红，译. 南京：南京大学出版社，2008：256-257.

证法。不过，正如詹姆逊所说，在阿多诺那里具有后现代因素，甚至可以将阿多诺视为后现代主义思想的先驱之一；但无论如何，阿多诺不是后现代主义者。阿多诺反对观念论，反对主体主义，反对虚假的、抽象的主体，强调客体优先性，但也反对客体第一性/首要性。因而，阿多诺虽然具有唯物论倾向，但却不是传统的唯物主义者。耶格尔（Jaeger）说，在20世纪30年代中期，阿多诺还自称正统的列宁主义者，并将曼海姆（Mannheim）贬为"工人阶级的叛徒"；到30年代末期，他就试图使马克思主义理论脱离社会主义和工人运动，批判斯大林主义"背叛了革命"，并与霍克海默一起将《社会研究杂志》引向同斯大林主义有着距离的方向。这与布洛赫、艾斯勒①、布莱希特、本雅明是不同的。

三、马尔库塞视域中的马克思主义

与阿多诺的"专一"相比，马尔库塞最大的特点就在于"善变"。在《历史唯物主义现象学文献》（1928）、《论具体哲学》（1929）中，马尔库塞考察了马克思主义的基本状况、《存在与时间》中"此在"的历史性；在此基础上，他阐发了辩证的现象学构想，以及历史唯物主义现象学尝试，目的在于构建现象学马克思主义，准确地说，构建海德格尔主义的马克思主义。② 因此，哈贝马斯称马尔库塞为"第一位海德格尔主义的马克思主义者"。

20世纪30—40年代，马尔库塞成为黑格尔主义的马克思主义者。在以下五篇文章③，即《关于辩证法问题Ⅰ》（1930）、《关于辩证法问题Ⅱ》（1931）、《先验的马克思主义》（1930）、《历史现实性问题》（1931）、《历史唯物主义基础的新源泉》（1932），以及《理性和革命——黑格尔和社会理论的兴起》（1941）中，马尔库塞围绕着马克思主义与哲学的关系，尤其是马克思理论与黑格尔辩证法的关系，将马克思主义阐释为人道主义，或者黑格尔主义。

譬如，《1844年经济学哲学手稿》（1932）第一次全文公开发表后

---

① 汉斯·艾斯勒（Hanns Eisler，1898—1962），民主德国作曲家、音乐理论家、社会活动家，德意志民主共和国国歌《从废墟中崛起》的作曲者。
② H. Marcuse. Schriften. Bd. 1. zu Klampen Verlag，2004：347.
③ 同②407.

不久，马尔库塞立即撰写了《历史唯物主义基础的新源泉》一文对之进行阐释。在这篇分为六部分、近50页的文章中，马尔库塞高度评价了《1844年经济学哲学手稿》在马克思研究史上的重要地位，并将马克思提出的"人的理论"当作马克思政治经济学批判乃至整个马克思学说的理论基础，从而把马克思学说解释为一种人道主义。

在马尔库塞看来，《1844年经济学哲学手稿》的出版，"必将成为马克思研究史上的一个决定性事件。该手稿将关于历史唯物主义的起源、原初意义，即整个'科学社会主义'理论的讨论置于一个新基础上；它也使人们能够以更有成效、更有前景的方法提出马克思与黑格尔的实际关系这个问题"①。

从表面上看，《1844年经济学哲学手稿》似乎是一部国民经济学著作，但实质上是一部哲学著作，因为它涉及国民经济学的哲学批判与作为一种革命理论的国民经济学基础。之所以说《1844年经济学哲学手稿》是一种哲学批判，是因为马克思理论的基本范畴（如劳动、对象化、异化、扬弃、占有等）都是在与黑格尔哲学的激烈论争中产生的。就是说，马克思在与黑格尔哲学基础问题的论争中形成了自己的理论基础。当然，不能说这个基础经历了从哲学基础到经济学基础的转变；也不能说在后期马克思理论（经济学）形态中，哲学被克服了抑或一劳永逸地"完成"了；毋宁说，"在马克思理论的所有阶段，他的理论基础都包含着哲学基础"②。这一点不会因为这个事实而改变，即马克思理论的意义和目标根本不是纯粹哲学的，而是实践的、革命的：通过无产者的经济斗争和政治斗争推翻资本主义社会。

马尔库塞指出，马克思本人将政治经济学批判视为《1844年经济学哲学手稿》的任务，尽管这是一种实证批判，但"国民经济学的实证批判也作为政治经济学批判的基础"③。在政治经济学批判中，马克思分析了"外化"（Entäußerung）、"异化"（Entfremdung）、"物化"（Verdinglichung），尤其是分析了异化劳动，并通过分析异化劳动揭示了人的本质异化。马尔库塞力图阐明，马克思政治经济学批判的基本概念（异化劳动和私有财产）从一开始就并不是简单地作为经济学概念，

---

① H. Marcuse. Schriften. Bd. 1. zu Klampen Verlag，2004：509.
② 同①510.
③ 同①511.

而是作为在人的历史中一个决定性的发生概念被接受、被批判的。与之适应，私有财产的"积极的扬弃"作为人的现实的真正占有，使人类历史革命化。"人在其真正占有中复归，就是在其社会本质中复归，就是社会解放。"①

由此可见，在马尔库塞的视域中，《1844年经济学哲学手稿》作为政治经济学批判的哲学基础，就是关于人的本质（异化与复归）的理论。这不仅是青年马克思思想的基础，而且是成熟马克思思想的基础。这就意味着，青年马克思与成熟马克思是统一的，统一于《1844年经济学哲学手稿》中的人道主义。在这里，马克思给人下了一个明确的定义：人的粗略的规定，即人的存在的总体性……这足以清楚地表明马克思批判的真正基础。②

如果说《历史唯物主义基础的新源泉》试图对马克思主义进行人道主义阐释的话，那么《理性和革命——黑格尔和社会理论的兴起》则试图对马克思理论进行黑格尔主义阐释。《理性和革命——黑格尔和社会理论的兴起》在哲学领域得到了广泛承认，它可以与洛维特③的《从黑格尔到尼采》（1941）媲美（哈贝马斯语）。从逻辑结构来看，该书分为三个部分：(1)"黑格尔哲学的基础"，详细分析了黑格尔体系的形成与结构，阐明了黑格尔观念与马克思理论发展之间的关联；(2)"社会理论的兴起"，阐明了黑格尔哲学的基本观念，它的批判倾向、理性主义，尤其是否定辩证法，必然与占支配地位的社会现实冲突，因而它不仅不是"民族社会主义"（Nationalsozialismus）④的思想根源，反而与那些导致民族社会主义理论和实践的实证主义的肯定的哲学、非理性主义对立；(3)"黑格尔主义的终结"，批评了英国新黑格尔主义和意大利法西斯主义的新黑格尔主义对黑格尔哲学的阐释，以及第二国际修正主义和列宁主义对马克思主义的阐释，强调黑格尔哲学的现代继承者是马克思的社会理论。

在马克思学说与黑格尔哲学的关系问题上，正统马克思主义存在着

---

① H. Marcuse. Schriften. Bd. 1. zu Klampen Verlag，2004：540.
② 同①521.
③ 卡尔·洛维特（Karl Löwith，1897—1973），德国哲学家，胡塞尔与海德格尔的学生。
④ Nationalsozialismus，指希特勒法西斯主义，国内学界一般译为"国家社会主义"。笔者认为，无论从字面还是内涵来说，译为"民族社会主义"都更恰当一些；"国家社会主义"比较确切的用法应该是"Staatssozialismus"。

三个方面的错误：（1）将黑格尔哲学视为马克思主义的理论来源之一，而非视为其直接的、主要的理论来源；（2）突出了两者之间的差异性，而忽视了两者之间的同一性；（3）将两者之间的同一性仅仅理解为"马克思主义吸收了黑格尔辩证法的合理内核"，将两者之间的差异性说成"马克思主义剥掉了黑格尔哲学观念论外壳"①。马尔库塞认为，这两者之间的"同一性"和"差异性"均不在这里。

马尔库塞说，从黑格尔到马克思的过渡，在每一个方面都是向一种本质上不同的真理形态的过渡，这个过渡不能用哲学概念来阐释。"我们看到，马克思理论的所有哲学概念都是社会的、经济的范畴，而黑格尔的所有社会的、经济的范畴都是哲学概念。即使马克思早期著作也不是哲学的。这些著作表达了对哲学的否定——尽管这些著作还使用了哲学语言。"② 可是，黑格尔的一些基本概念确实保留在从黑格尔到费尔巴哈再到马克思的发展过程中，但对马克思理论的研究不能只是阐明古老的哲学范畴的形变。马克思理论的每一个概念都有不同的事实基础，正如一门新理论具有不能从先前理论中获得的新概念结构一样。就是说，黑格尔的理论是蕴含着社会内容和经济内容的哲学理论，马克思理论是以哲学理论为基础的社会理论。因而，从黑格尔到马克思的过渡是从哲学理论到社会理论的过渡。

当然，这个过渡并不足以说明两者之间内容上的对立。事实上，马克思学说深深植根于黑格尔哲学中。马尔库塞指出，黑格尔主义者（不论右翼还是左翼）、新黑格尔主义者，都没有继承黑格尔哲学的真正历史遗产；相反，"黑格尔辩证法以完全不同的方式成为马克思理论及其列宁主义阐释之不可分割的组成部分"③。所以，黑格尔哲学对社会理论的作用，只有在黑格尔哲学及其批判倾向的充分表现形式中才能得到理解，因为它已经成为马克思的社会理论的重要组成部分。

马克思不仅继承了黑格尔辩证法，而且还接受了黑格尔的社会理论，在马克思与黑格尔之间存在着一种根本的连续性。虽然黑格尔辩证

---

① 马尔库塞. 理性和革命：黑格尔和社会理论的兴起. 程志民，等译. 上海：上海人民出版社，2007：8-10.

② H. Marcuse. Vernunft und Revolution. Hegel und die Entstehung der Gessellschaftstheorie. zu Klampen Verlag，2004：223.

③ 同②.

第三章　批判理论语境中的马克思主义

法中有着神秘的要素，但重要的在于它的理性方面，黑格尔辩证法具有理性的批判功能，它的目的就在于说明理性的批判性与否定性。"黑格尔哲学的批判倾向为马克思的社会理论所接受和进一步发展。"① 所以，马克思学说与黑格尔哲学的"同一性"就在于，两者都从理性中获取了自己的力量，要求世界服从理性。如此说来，马克思从黑格尔那里继承的就是体现黑格尔哲学革命性的理性主义；或者说，黑格尔理性主义就是马克思辩证的社会理论的基础。马尔库塞指出，马克思与黑格尔都注重这个事实："内在的否定实际上就是'运动的和创造的原则'，辩证法就是'否定辩证法'。"② 马克思的辩证法与黑格尔辩证法一样，作为一种历史方法，它包含着普遍的否定性，从而包含着自身的否定。换言之，在总体的辩证法中，每一个概念都包含着对现存东西的否定和毁灭。从总体上看，辩证法也就是这样一种思想，即存在的一切形式都为一种本质的否定性所渗透，这种否定性决定了它们的内容和运动。辩证法反对任何形式的实证主义。

不过，马克思的辩证法与黑格尔辩证法之间存在着根本的差别。在马尔库塞看来，两者之间的关键性差别就在于：黑格尔体系中的所有范畴都终止于现存秩序，而马克思体系中的所有范畴都触及对现存秩序的否定。正是在这个意义上，马尔库塞将马克思理论称为"批判"，而认为黑格尔哲学不过是市民社会原则最先进、最广泛的表述。与卢卡奇一样，马尔库塞认为，在马克思那里，辩证的原则并不是一种可以应用于任何主题的一般性原则，它不是一种普遍适用的世界观，而只能被限制在社会历史领域。如果认为辩证法既存在于社会历史又存在于自然界，那必定导致类似绝对精神那样的绝对"实体-主体"存在，也就必然否定人的主体地位。因而，辩证的方法，就其实质而言，乃是一种历史的方法，自然辩证法是根本不存在的；而且，它只适用于历史过程的某个特殊阶段，并不适用于所有社会形态。这样，就能确定从黑格尔哲学到马克思批判的社会理论的过渡也包含着一种实践意图，它致力于对异化的、压抑性的社会现实进行破坏，以便为实现真正自由和幸福的社会而斗争。因而，并不是马克思简单地否定了黑格尔哲学，而是"历史和社

---

① H. Marcuse. Vernunft und Revolution. Hegel und die Entstehung der Gessellschaftstherorie. zu Klampen Verlag，2004：224.
② 同①249.

会现实从自身出发'否定'了哲学。社会批判不能通过哲学学说有效地完成,而是社会历史实践的任务"①。

由此可见,在《理性和革命——黑格尔和社会理论的兴起》中,马尔库塞在重新阐释黑格尔哲学的基础上,强调马克思学说与黑格尔哲学之间的连续性就在于理性的批判性,并将马克思理论阐释为批判理论,而批判理论就是辩证的社会理论。不仅如此,马尔库塞还站在黑格尔主义的马克思主义立场上,强调辩证法的否定性,认为辩证法从本质上说只能是否定的,它不过是一种适用于社会历史领域、适用于某个特殊阶段的社会历史方法,而不是一种普遍有效的世界观,更不包括什么"自然辩证法"。

20世纪50—60年代,在《爱欲与文明》(1955)中,马尔库塞既反对新弗洛伊德主义,又不同意赖希(Reich)的性革命理论,而是试图用弗洛伊德心理分析学说来补充马克思主义,从而成为弗洛伊德主义的马克思主义的主要代表人物。这个时期,马尔库塞不同于霍克海默、阿多诺,没有走向悲观主义,而是走向激进乐观主义的乌托邦。在《单向度的人》(1964)中,他因为对发达工业社会意识形态单向度性的卓越分析,而成为"发达工业社会最重要的马克思主义理论家"。不过,麦克莱伦指出,在《单向度的人》中,《爱欲与文明》中的乐观主义让位于一种深沉的悲观主义;《单向度的人》对发达工业社会的判断与分析,与《启蒙辩证法》中的表述完全一致,它标志着传统马克思主义观念的一个根本性转变。当然,与霍克海默、阿多诺不同,马尔库塞仍然坚持被他们抛弃的激进主义。"马尔库塞是法兰克福学派最著名的代表,也是其中唯一没有放弃自己早年革命观点的创始成员。"②

在这里,特别值得一提的是《苏联的马克思主义社会学说》(1958)、《艺术的恒久性:对某种马克思主义美学的驳斥》(1977)。《苏联的马克思主义社会学说》是根据英文第2版(1961)译出的,收入《马尔库塞哲学著作》第6卷。英文第1版出版于1958年,原书名为《苏联的马克思主义——一种批判性分析》。从逻辑结构来看,该书除"导言"外,

---

① H. Marcuse. Vernunft und Revolution. Hegel und die Entstehung der Gessellschaftstherorie. zu Klampen Verlag, 2004:32.

② 麦克莱伦. 马克思以后的马克思主义. 李智, 译. 北京: 中国人民大学出版社, 2004:293.

第三章 批判理论语境中的马克思主义

正文分为两个部分：第一部分源自 1952—1953 年马尔库塞在哥伦比亚大学俄罗斯研究所时的研究成果；第二部分源自 1954—1955 年马尔库塞在哈佛大学俄罗斯研究中心时的研究成果。

在"导言"中，马尔库塞指出，该书试图"在'内在批判'的意义上评价苏联马克思主义的几个主要趋势，即从苏联马克思主义理论前提出发，阐发其意识形态的和社会学的结论，并在这些结论中创新性地检验其理论前提。就是说，为了澄清马克思主义在苏联社会及其历史活动中的现实基础，这个批判运用了马克思主义的概念工具"①。这包含着双重假定：（1）苏联马克思主义不仅是克里姆林宫为使其政策合理化并为之辩护的纯粹意识形态，而且是苏联现实发展之不同形式的表达；（2）历史运动发展之固定的、客观的趋势构成了历史过程的内在合理性，这很容易用黑格尔的历史形而上学来理解，即相信客观的历史规律。然而，马克思保留了黑格尔的这种基本观念，但也做了决定性改造：对于黑格尔来说是历史的东西，对于马克思来说只是史前史。②

第一部分"政治学原理"共有 8 章。其中，第 1 章"马克思的向社会主义过渡的概念"，不仅描述了马克思的原初构想，而且分析了列宁对马克思学说的修正，即提出"社会主义可以在一国内首先实现"的学说。第 2 章"苏联马克思主义——基本的自我解释"，主要考察了列宁主义遗产、关于当代资本主义的分析，以及"普遍危机"与西方无产阶级等问题，这里涉及苏联马克思主义与经典马克思主义的关系，以及列宁主义、斯大林主义、后斯大林主义的关系；涉及自由资本主义与垄断资本主义、国家资本主义与国家垄断资本主义、帝国主义与社会主义的关系。第 3—5 章，即"新的合理性""一国社会主义""苏维埃国家的辩证法"，揭示了苏联马克思主义，特别是斯大林主义的主要特征与苏联社会主义建设的基本方向问题。第 6 章"基础与上层建筑：现实与意识形态"，从现实与意识形态两个层面分析了经济基础与上层建筑的关系。第 7 章"辩证法及其变迁"指出，作为批判思维方式的辩证法，到苏联马克思主义那里，则变成了无所不包的"世界观"与带有严格规则和法则的方法论。第 8 章"从社会主义向共产主义的过渡"强调，自斯大林主义后期以来，苏联马克思主义对辩证法的阐释像所有意识形态的

---

① H. Marcuse. Schriften. Bd. 6. zu Klampen Verlag，2004：23.
② 同①185.

追求一样，集中体现在从社会主义向共产主义过渡的问题上。总之，第一部分分析了苏联马克思主义与苏联社会发展的关系，并得出了这样的结论，即在与西方世界对抗性竞争中实现的工业化本身之具体条件和目标，规定着苏联马克思主义的理论特征。①

第二部分"伦理学原理"共有 5 章。其中，第 9 章"西方伦理学与苏联伦理学：它们的历史关系"，刻画了西方伦理学的基本特征，分析了西方伦理学与苏联伦理学之间的历史关系。第 10 章"苏联伦理学：价值的外在化"指出，苏联伦理学的基本特征就是价值的外化，断定"苏联伦理学是政治工具主义"②。第 11 章"共产主义道德原则"，根据苏联伦理学来阐释在道德哲学两个层面上的期待：一是人类道德基本原则独立于阶级内容；二是只有在"共产主义道德"中，这个原则才能得到贯彻和具体实施。③ 第 12 章"伦理学与生产力"，分析了斯大林主义时期，通过苏联伦理学强化了个体道德对生产力发展的屈从。第 13 章"共产主义道德趋向"指出，苏联伦理学的技术-经济基础使它朝着下述方向发展，即消灭自主的资产阶级个体，使自我瘫痪于大众生产和大众垄断中，走向对其物质需要和精神需要的行政管理控制。④

《艺术的恒久性：对某种马克思主义美学的驳斥》（1977）被收录在《马尔库塞哲学著作》第 9 卷。该卷分为三个部分：第一部分"反革命与造反"（1972），包括"面对反革命的左派""自然与革命""艺术与革命""结论"；第二部分"时代诊断"（1975），包括"马克思主义与女性主义""理论与实践""新左派的失败？""美国：组织问题与革命主体"；第三部分"艺术的恒久性：对某种马克思主义美学的驳斥"（1977）。在这篇近 50 页的文章（德文版出版于 1977 年；英文版出版于 1978 年）中，马尔库塞明确指出，此文试图对占支配地位的正统马克思主义美学观念提出质疑，以便对马克思主义美学做出贡献。所谓正统马克思主义美学观念，就是指在现存生产关系的关联中阐释艺术作品的性质与真实性，而且将艺术作品塑造成或多或少是为一定社会阶级的利益服务的。⑤

---

① H. Marcuse. Schriften. Bd. 6. zu Klampen Verlag, 2004：185.
② 同①206.
③ 同①216.
④ 同①240-241.
⑤ H. Marcuse. Schriften. Bd. 9, zu Klampen Verlag, 2004：195.

第三章　批判理论语境中的马克思主义

马尔库塞宣称，他自己是立足于马克思本人的理论对这种正统观念进行批判的，因为马克思也是在社会关系的关联中看待艺术的，并承认艺术的政治地位与政治潜能。与正统马克思主义美学不同，马尔库塞认为艺术的政治潜能在于艺术本身，即作为审美形式的艺术内容；这种审美形式与社会关系对立，在很大程度上它是自主的。"艺术通过超越而抗议这些社会关系。"①

由此可见，马尔库塞对苏联马克思主义及其美学进行了激进的批判，并试图阐发一种"批判的马克思主义"。这种"批判的马克思主义"尽管不同于传统马克思主义，但仍然是马克思主义的一种表现形式。

第二节　重建的马克思主义

1945 年，希特勒政府垮台时，哈贝马斯刚刚 16 岁；但这时，他就在家乡小镇德国共产党开办的书店里接触到了马克思列宁主义的书籍。② 1953 年，哈贝马斯第一次阅读了《历史与阶级意识》，对物化理论激动不已。后来，他回忆说，洛维特与卢卡奇是他学习、研究青年马克思的引路人。1956 年，哈贝马斯第一次到了法兰克福大学，成为阿多诺的学术助手。从此以后，哈贝马斯就与法兰克福学派批判理论结下了不解之缘，并对现实政治产生了浓厚的兴趣。③ 不过，与第一代批判理论家对马克思主义从欣赏、信奉走向怀疑、批判，"从革命的马克思主义"走向"批判的马克思主义"不同，与第二代批判理论家施密特（Schmidt）试图捍卫早期批判理论"跨学科的唯物主义"的基本立场不同，作为第二代批判理论家的哈贝马斯对待马克思主义的态度，经历了从怀疑、批判到超越、重建的过程，这主要体现在《理论与实践》（1963）、《认识与兴趣》（1965）、《作为"意识形态"的技术与科学》（1968）、《重建历史唯物主义》（1976）等文本中。

---

① H. Marcuse. Schriften. Bd. 9, zu Klampen Verlag, 2004：195.

② Interview mit Jürgen Habermas am 23. März 1979 in Sternberg//Horster D. Habermas zur Einführung. SOAK Verlag Hannover, 1980：72.

③ Bunte und Arno Widmann. Jürgen Habermas in Gespräch mit Axel Honneth, Eberhard Knödler. Ästhetik und Kommunikation, 1981 (45/46)：127.

一、马克思理论是"革命的"历史唯物主义与历史辩证法

在《理论与实践》中,有两篇文章主要讨论马克思与马克思主义问题,即《马克思和马克思主义哲学讨论综述》,以及《介于哲学与科学之间:作为批判的马克思主义》;此外,有四篇文章涉及马克思与马克思主义问题,即《向唯物主义过渡的辩证的唯心主义——从谢林的上帝观念的收缩中得出的历史哲学结论》《社会学的批判任务和守旧使命》《独断论、理性与决断——科学化文明世界中的理论与实践》《科技进步的实践后果》。

在《理论与实践》"第一版前言"中,哈贝马斯说,该书是"对社会科学中理论与实践的关系进行系统考察之历史的早期研究"①;在"新版前言"中,哈贝马斯认为,关于下述两个问题的讨论已经超出了1963年(第一版)时的情况,即关于黑格尔之后的理论与实践的关系问题,以及关于马克思的价值学说与危机理论的基础问题的讨论。"不过,这两个问题还没有得出令人满意的结论。"② 在"新版导论"中,哈贝马斯进一步阐发了理论与实践的关系问题。他指出,马克思的社会理论,即历史唯物主义,从两个方面看是反思的:一是理论形成关联的反思;二是理论应用关联预期的反思。哈贝马斯说,批判的社会理论借助理论形成关联的反思区别于科学和一般哲学,借助理论应用关联预期的反思区别于霍克海默所说的"传统理论"。在批判的社会理论那里,有效性要求只有在成功的启蒙过程中,即有关参与者的实践话语中才能呈现出来,它拒绝独自地建立起来的沉思要求。"从这个方面看,历史唯物主义可以被理解为在实践意图中构思的社会理论。这种理论避免了传统政治学和现代社会哲学相互补充的缺陷,将科学性要求与关涉到实践的理论结构联结在一起。"③ 就是说,在实践意图中构思的社会理论与其他渊源的理论划清了界限。

(一)对马克思与马克思主义的"正确理解"

在20世纪50年代的综述性文章,即《马克思和马克思主义哲学讨

---

① J. Habermas. Theorie und Praxis. Sozialphilosophische Studien. Frankfurt/M.:Suhrkamp,1978:8.
② 同①.
③ 同①10.

论综述》中,哈贝马斯还试图通过阐发马克思与黑格尔的关系、马克思与恩格斯的关系、马克思主义与西方马克思主义(卢卡奇、阿多诺、萨特、梅洛-庞蒂)的关系,以及马克思主义与东欧新马克思主义的关系来"正确地理解"马克思与马克思主义。

1. 如何理解马克思与马克思主义

哈贝马斯指出,"马克思主义的本体论解释"将马克思主义还原为"纯粹的"哲学,就像将马克思主义还原为"纯粹的"科学一样,是不正确的,这导致了对马克思主义的明显歪曲。在这里,哈贝马斯试图从马克思与黑格尔的关系来谈论马克思主义的"哲学的"倾向问题。

我们知道,在《〈黑格尔法哲学批判〉导言》中,马克思在批判青年黑格尔派时,涉及哲学的批判与理论的解放、哲学的扬弃与实践的解放、世界的哲学化与哲学的世界化等问题。那么,马克思为什么要扬弃哲学呢?

按照哈贝马斯的理解,在马克思那里,不仅黑格尔哲学,而且哲学本身根本上都是错误的;哲学原则上只能在抽象概念而非现实中解放人。因而,哲学不能成为它要求成为的东西——人的解放。"马克思既想实现同时又想扬弃的哲学,绝对不是不可触及的黑格尔体系;毋宁说,它是被转化为批判的,因而作为哲学是已经被消解的,它关涉被建立起来的理论与实践相统一的新的反思阶段,不论在系统原则上还是在构成要求中,它都是革命的哲学。"① 无论是唯物论还是观念论,在马克思看来都是抽象的。马克思的"唯物论"首先关涉辩证法的历史化,它不决定观念或物质的本体论的首要性,但却决定哲学与"历史法则"的关系。当然,不能由此将马克思说成观念论者——兰德格里伯②的看法是正确的。

毫无疑问,黑格尔的逻辑学知识对于《资本论》的研究来说是有益的。就像列宁所说:"不钻研和不理解黑格尔的**全部**逻辑学,就不能完全理解马克思的《资本论》,特别是它的第 1 章。因此,半个世纪以来,没有一个马克思主义者是理解马克思的!!"③ 不过,波皮茨④认为,马

---

① J. Habermas. Theorie und Praxis. Sozialphilosophische Studien. Frankfurt/M.：Suhrkamp, 1978：407.

② 路德维希·兰德格里伯 (Ludwig Landgrebe, 1902—1991),奥地利现象学家。

③ 列宁全集：第 55 卷. 北京：人民出版社,2017：151.

④ 海因里希·波皮茨 (Heinrich Popitz, 1925—2002),德国社会学家。

克思将黑格尔的逻辑学当作自己的批判的先决条件——若从传记学、认知心理学上讲是正确的，但从体系上讲则是错误的。哈贝马斯指出，将马克思的辩证法与黑格尔辩证法错误地同一化，会产生两个后果：一是把马克思主义"哲学"与"科学要素"（如经济学要素）分离开来；二是将马克思的批判还原为黑格尔哲学的神学解释。"我们认为，马克思的辩证法与黑格尔辩证法，除了本质上的同一化之外，还有超出黑格尔辩证法的要素。这些要素作为哲学上未解决的非理性要素，与神秘的或宗教的范型的非理性要素处于关联中。"①

那么，究竟应该如何理解马克思与马克思主义呢？哈贝马斯认为"巴黎手稿"的解释是非常关键的一环。在这里，哈贝马斯概述了三种关于"巴黎手稿"的不同解释：其一，在联邦德国，从政治性讨论到学术性研究——1933年之前，基本上是一种"政治性讨论"，尽管马尔库塞将它视为"马克思研究史上的一个决定性事件。该手稿将关于历史唯物主义的起源、原初意义，即整个'科学社会主义'理论的讨论置于一个新基础之上；它也使人们能够以更有成效、更有前景的方法提出马克思与黑格尔的实际关系这个问题"②。但20世纪40年代之后，关于"巴黎手稿"的解释，以及关于马克思与黑格尔的关系问题的研究，则变成一种"马克思主义学术研究"，例如《从黑格尔到尼采》《理性和革命——黑格尔和社会理论的兴起》等。其二，在法国，既有科尔纽③的正统马克思主义解释，又有科耶夫④的非正统马克思主义解释。其三，在民主德国，直到1955年"巴黎手稿"才与读者见面；但关于科学社会主义与人道主义的共产主义之争，影响了波兰等国家。

哈贝马斯总是站在双重立场上理解马克思主义：作为政治现实、作为想从整体上改变现实的理论。他说，只要马克思主义讨论将自身理解为马克思主义的，它就"不仅仅"是哲学的，甚至在马克思主义作为马

---

① J. Habermas. Theorie und Praxis. Sozialphilosophische Studien. Frankfurt/M.：Suhrkamp，1978：417.
② H. Marcuse. Schriften. Bd. 1. zu Klampen Verlag，2004：509.
③ 奥古斯特·科尔纽（Auguste Cornu，1888—1981），法国马克思主义哲学家、马克思学家。
④ 亚历山大·科耶夫（Alexandre Kojéve，1902—1968），俄裔法国哲学家、新黑格尔主义者。

克思主义及其他的自我理解被拒绝的地方，它也"不仅仅"是哲学的。哲学批判家也要批判这种理论的实践形式及其对实践的作用。在哈贝马斯看来，"马克思主义"最迟随着《反杜林论》(1878) 由革命理论变成实在论的本体论——新经院哲学。就是说，在《反杜林论》中，恩格斯确立了正统马克思主义观念，即辩证唯物主义与自然主义形而上学；但恩格斯没有意识到这个转变与历史唯物主义之间的鸿沟。哈贝马斯指出，"历史唯物主义"的原初形态，既非 18 世纪百科全书派"自然主义"意义上的"唯物主义"，或者 19 世纪末一元论的"唯物主义"，也不是它所要求的绝对的世界解释；毋宁说，它应该被理解为历史哲学与革命理论的统一、一种革命的人道主义：开端是异化分析，目标是现存社会关系的实践的革命化，为的是消除与现存社会关系同时存在的全部异化。"历史唯物主义本质上是革命的理论"①，"革命的理论是批判的范畴学说，批判必须是科学的"②。

2. 如何理解马克思主义与西方马克思主义的关系

在马克思主义与西方马克思主义的关系问题上，哈贝马斯赞同阿多诺对"始源哲学"（Ursprungsphilosophie）所进行的唯物论批判，断定只有理论与实践的统一才能撕破意识形态的面纱，因为理论与实践的统一表征着被确立的真理，也表征着理性的最高标准。理性是朝向未来真理前进的通道，因而，批判应该用理性来衡量，在这个意义上，理性就是方法。然而，哈贝马斯批评步恩格斯《反杜林论》之后尘的卢卡奇。

哈贝马斯说，马克思哲学"唯物主义"可能是由许多要素构成的，但卢卡奇却不能理解为什么它是辩证的，为什么想成为一种最终哲学的哲学是实践的。"《反杜林论》的恩格斯、《历史与阶级意识》的卢卡奇，必须表现为（错误的）唯物辩证法的两个唯一可能的代表：恩格斯的辩证法是机械论地解决的，卢卡奇的辩证法被理解为阶级意识辩证法，因此被理解为根本的意识辩证法。这样，马克思相应地被分成了两个：卢卡奇更喜欢谈青年马克思，恩格斯更喜欢谈老年马克思。"③ 辩证法是客观的，同时又是主观的：只要自然强制贯穿于辩证法，就像贯穿于所

---

① J. Habermas. Theorie und Praxis. Sozialphilosophische Studien. Frankfurt/M.：Suhrkamp，1978：397.
② 同①412.
③ 同①439.

有逻辑中一样，它就是客观的；只要辩证法既关注自然强制的不平衡性，又关注个体性需求，它就是主观的。在辩证法最为反思的形态即黑格尔的逻辑学中，辩证法重复了这两个要素。

正如阿多诺在《黑格尔哲学诸方面》(1956)中所说，观念论是错误的。因而，辩证法对于唯物主义来说，只能被视为严格意义上的历史辩证法。但辩证法并未在整体上占有历史：辩证法不是历史的逻辑，而是历史中的逻辑痕迹；被贯彻的辩证法就是被抛弃的辩证法。哈贝马斯断言，历史辩证法本质上不是阶级意识辩证法，历史唯物主义不等于青年卢卡奇对历史唯物主义的解释。阶级作为已经完成的历史主体-客体，在历史唯物主义中没有位置。只有在卢卡奇的新黑格尔主义中，才有作为历史主体-客体的阶级与个人团结的位置。①

3. 关于马克思主义内部对马克思主义的批判问题

在马克思主义内部对马克思主义的批判问题上，哈贝马斯特别提到了科拉科夫斯基（Kolakowski）、梅洛-庞蒂、萨特与马尔库塞。作为东欧新马克思主义代表人物、波兰意识形态批判家，科拉科夫斯基对马克思主义的"教条主义化"进行了"修正主义"批判；区分了"知识界的马克思主义"（方法论的理性主义）与制度的马克思主义（斯大林主义）；认为在社会科学中不存在马克思主义与非马克思主义的界限。哈贝马斯说，精神科学左派代表着对现存事物不断的修正主义行为，精神科学右派代表着对现存事物不断的机会主义行为。

哈贝马斯高度评价梅洛-庞蒂用实践观点将马克思主义重建为历史哲学，声称在对马克思主义进行的哲学解释中，最接近马克思"实践"意图的，除了梅洛-庞蒂之外，几乎没有第二人。② 但哈贝马斯批评萨特将哲学与革命同一化，将马克思主义还原为革命人类学，他认为，西方马克思主义（例如，萨特、马尔库塞）对马克思主义的批判，表现在对"唯物主义"的误解上：其一，马克思的经济理论应受到批驳，只有作为哲学才值得讨论；其二，哲学与社会科学的关系得不到说明，卢卡奇、柯尔施尽管试图进行弥补，但却将马克思主义黑格尔主义化。哈贝马斯指出，通过对萨特的《唯物论与革命》一文的分析可以说明：为什么历

---

① J. Habermas. Theorie und Praxis. Sozialphilosophische Studien. Frankfurt/M.：Suhrkamp，1978：442-443.

② 同①428.

第三章　批判理论语境中的马克思主义

史唯物主义在无产者已经掌权的情况下,为了理解与发挥作用,就失去了其原初形态,变成了官方的辩证唯物主义的"唯物论神话"。哈贝马斯最后谈论马尔库塞的分析,不仅是为了在当今情况下表征人的自我意识问题,而且是为了证明:历史唯物主义哲学开端,如何在与经验研究的结合中证明自己的有效性。"批判必须进入关于事情本身的社会学讨论。"①

(二)对马克思主义的"重新解释"

在《介于哲学与科学之间:作为批判的马克思主义》一文中,尽管哈贝马斯指出了"反对马克思主义的四个事实",但从总体上看,他是从不同侧面将马克思主义解释为历史哲学,即历史唯物主义与历史辩证法。

在"关于马克思主义的辩论"中,哈贝马斯首先列举了关于苏联马克思主义的不同理解,关于马克思主义(从哲学上、神学上的)辩论,对始源哲学(包括对马克思主义的本体论的错误理解)的批判;然后对马克思主义进行了分类,认为在马克思主义那里至少存在着政治经济学批判、意识形态批判、文化批判(不明显的正统派)、马克思学家(摇摆不定的正统派)。在"马克思正统派"(Marxorthodoxie)与"马克思历史主义"(Marxhistorismus)之间摇摆的是科学-政治活动,几乎停止了与马克思主义经济学、社会学的讨论;也许,只有斯威齐、巴兰、多布、米克②是例外。

马克思确信,行为方式的物化被迫追溯到交换关系的扩展,最终被迫追溯到资本主义生产方式。但在施泰因③时代,全部的国家科学都非常关注社会生活关联——这并不是马克思主义的特权。例如,在《行政学》(1865)中,施泰因试图将社会需求、社会利益、社会问题状况与政治制度的控制能力之间的错综复杂关系变得具有可操作性,反对将国家观念的普遍性与社会利益的特殊性对立起来,主张从法治国家变为福利国家,以此解决工业社会危机。因而,哈贝马斯说,社会学家作为科学家与政治家必须区分以下两个问题:其一,在对解释问题的追随中,

---

① J. Habermas. Theorie und Praxis. Sozialphilosophische Studien. Frankfurt/M.：Suhrkamp, 1978：456.

② 保罗·斯威齐(Paul Sweezy, 1910—2004),美国马克思主义经济学家;保罗·巴兰(Paul Baran, 1910—1964),美国马克思主义经济学家;莫里斯·多布(Maurice Dobb, 1900—1976),英国马克思主义经济学家;罗纳德·米克(Ronald Meek, 1917—1978),英国马克思主义经济学家。

③ 施泰因(Lorenz von Stein, 1815—1890),德国经济学家、社会学家、哲学家。

从经验上-理论上获得的对技术问题的回答；其二，在对规范问题的追随中，从传统哲学上占有的对伦理-政治问题的回答。然而，今天的社会学很大程度上成为行政管理的辅助学科。① 在哈贝马斯看来，马克思使理性与自然的统一、主体与客体的统一失去了观念论的根基。主体-客体的统一——既非作为精神的人，也非作为自然存在的人——不是生来就有的，而是通过实践形成的。因此，马克思主义理论只是形式上表明，它"介于"哲学与实证科学之间。"我们能够肯定地将马克思主义理论结构表述为明确地以政治意图构思出来的，同时在科学上又是可以被证伪的历史哲学。我们可以利用后继者的机会大胆地说，我们能够比马克思更好地理解马克思。"②

在这里，哈贝马斯谈到了唯物主义历史哲学的先决条件。历史哲学大约始于18世纪初维柯（Vico）关于"真理与事实相通"的著名论断。维柯的历史哲学将所有人都说成是"天命"（Vorsehung）之合法的参与者，历史哲学只是更多地要求历史理性的自然源泉。但他避而不谈（到他那个时候）已经支配世界一百年的进步构想。就是说，维柯的历史哲学总是"向后看"（retrospektiv），即以18世纪形成的那种全球性统一意识为前提的历史循环模式。哈贝马斯认为，历史哲学的困难的任务就是按照进步法则来建构未来，并对其预见性成就进行认识批判。这两个问题在18世纪都未得到真正解决。康德仍然坚信直线进步构想，因而，他在自己的历史哲学框架内根本无法解决关于历史主体与历史发展动力的问题。所以，这个问题——人类既是历史主体又不是历史主体——就留给了黑格尔，但黑格尔的历史哲学（历史辩证法）如同维柯的历史哲学一样，仍然是"向后看"。只有马克思主义历史哲学在回顾历史与展望历史时，将精力放在生产实践与革命实践上，断言"历史主体们是历史主体，但并未成为历史主体"，这样，沉思就变成了批判。不过，马克思不再将他的"批判"理解为哲学，而是理解为对哲学的克服。这样，马克思就通过被黑格尔扬弃了的维柯，从而与康德达成了和解：他们都将维柯的认识公理当作预见性历史哲学的基础。"众所周知，马克思不仅将他的批判给予了无产阶级，而且还对从无产阶级的发展史

---

① J. Habermas. Theorie und Praxis. Sozialphilosophische Studien. Frankfurt/M.：Suhrkamp，1978：240.

② 同①244.

中得出来的这种立场做了认识论的辩护……然而，马克思说必须以完全批判的态度对待资本主义体系，并将它视为历史上已经过时了的体系——不是从当年的阶级斗争状况扩展到整个历史结构上。"①

哈贝马斯总结道，历史哲学有两个先决条件：一是世界的统一；二是历史的可创造性。这样，哈贝马斯就得出了两个结论：一是历史发展的表征性趋势不断强化；二是从哲学上将历史假想为总体的目的论概念框架是可疑的。

在《社会学的批判任务和守旧使命》一文中，哈贝马斯指出，同无产阶级革命行为一起，马克思也把政治实践引入理论中。他以这种方式思考通过政治实践的政治技术中介，并给社会学提出了批判的任务，即将社会学变成实践的力量。在《独断论、理性与决断——科学化文明世界中的理论与实践》一文中，哈贝马斯说，在霍尔巴赫（Holbach）、费希特之后，马克思这位坚定的启蒙主义第三代代表人物之一，在通过黑格尔而得以拓宽了的讨论水平上，阐发了理性的内在性与反对独断论思维的批判性在历史上是如何从教化过程中产生的。但在哈贝马斯看来，"费希特比霍尔巴赫、马克思比费希特更加强化了独断论"②。

由此可见，在《理论与实践》中，哈贝马斯力图将理论与实践、主体与客体、事实与价值统一起来，将马克思主义视为具有实践意图的历史哲学，即历史唯物主义与历史辩证法；并批判恩格斯的自然辩证法和苏联教条主义的马克思主义，反对对马克思主义做本体论的、纯粹哲学的解释，将马克思主义解释为"革命的人道主义"。诚然，虽然在这个阶段，哈贝马斯对马克思学说与马克思主义的理解就已经存在着这样或那样的问题，但从总体上看，哈贝马斯对马克思理论的批判性反思是富有启发意义的，对恩格斯开启的正统马克思主义的批评也不无道理，至少在许多方面是中肯的。

二、历史唯物主义是"批判的"社会理论

早在《介于哲学与科学之间：作为批判的马克思主义》一文中，哈贝马斯就在讨论"批判与危机"的基础上，分析了马克思主义理论与政

---

① J. Habermas. Theorie und Praxis. Sozialphilosophische Studien. Frankfurt/M.：Suhrkamp，1978：276.

② 同①314.

治经济学批判、意识形态批判的内在关联。

(一)《理论与实践》

在希腊文中,批判的判断隶属于作为急需对法律争执做出决断的危机,即批判本身是客观危机关联中的一个要素。到 18 世纪的历史哲学中,当批判有了科学形态时,它就变成了主观能力。这时,批判不再将自己理解为危机的对应物。19 世纪的世界性危机超越了纯粹的主观批判,就是说,批判本身只有使决断成功地扎根于实践,才能成为真正的批判。黑格尔将犹太教、新教关于危机的神秘图式合理化为作为危机的世界历史的辩证逻辑,即作为危机的世界哲学——黑格尔辩证法内含着神秘的实质,但并不使自身隶属于危机,而是理解为危机的解决:哲学不再是批判,而是综合。

哈贝马斯认为,马克思与客观精神范畴是系统地联系在一起的,他假定伦理就是作为总体性的社会概念。因而,作为总体性的社会之真正实现要用伦理概念来衡量,而且能够被视为破碎世界的非伦理关系。我们知道,马克思用生产资料私有制条件下的异化劳动来分析客观的经济危机,但在异化劳动辩证法中的批判的洞见,是否不仅产生于客观的危机关联,而且直至发展出实践的有效性,马克思始终没有明确说明。哈贝马斯说:"马克思以政治经济学批判的形式考察资本主义体系,政治经济学批判也是天生理解中的危机理论。"[①] 真正的批判是以唯物辩证法为立足点的,政治经济学批判并未意识到它作为批判的特殊能力,它尽管与实证科学有差别,但却宣称它们是一回事。

在始于商品拜物教性质论证的《资本论》中,剩余价值学说始于一种简单的思考,即 G-W-G' 这种关系的分析,并不具有道德判决书的性质。在马克思的视域中,资本主义体系危机必然产生于价值增值过程,是从剩余价值的占有这种基本关系中产生的——这就是历史唯物主义意识形态学说。实际上,马克思是用社会劳动辩证法唯物主义地理解危机关联,换言之,作为危机关联的世界,只能从经济上阐释——这就是政治经济学的危机理论。

在哈贝马斯看来,从经济上阐释作为危机关联的世界,必然产生以下三个问题。

[①] J. Habermas. Theorie und Praxis. Sozialphilosophische Studien. Frankfurt/M.:Suhrkamp,1978:250.

1. 关于"利润率趋向下降规律"问题的论争

哈贝马斯指出,"利润率趋向下降规律"问题历来存在着论争。例如,在《马克思的体系》[N. 莫斯科夫斯卡(N. Moskovska),1929]、《马克思的利润率趋向下降规律的现代批判》[R. 罗斯多尔斯基(R. Rosdolsky),1956]中,作者们直接否认这个"规律":所谓的"利润率趋向下降规律"并非历史规律,而是动力学规律。这个规律并非证实"利润下降"这个事实,它表述的仅仅是剩余价值率与利润率之间的相互依存关系。哈贝马斯指出,在《政治经济学批判》中,马克思曾经提出一个非常有趣的想法,但后来抛弃了这个"修正的"思想。① 在那里,马克思曾经将科学技术生产力发展视为可能的价值量,即对劳动价值论的前提——"被使用的劳动是财富生产的决定性要素"——加了一个限制:随着大工业发展,现实财富的创造较少地依赖于劳动时间与被使用的劳动量,而是取决于一般科学水平与技术进步,即科学在生产上的应用。② 这样,"剥削"就有了不同的方式,即强制性的肉体劳动、劳动组织合理化、生产过程机械化。这意味着,劳动价值论、剩余价值学说会受到某些限制。

2. 关于生产率提高的问题

根据马克思的看法,在生产机械化、劳动生产率提高的过程中,利润率趋向下降与剩余价值率上升趋势必然长期存在。但哈贝马斯指出,根据经典的劳动价值论的前提,事实上的价值增长显然难以得到令人满意的解释。马克思对不断的自动化生产做了这样的解释:价值的创造将从直接的生产劳动转移到科学技术上。因而,"价值规律"在经典形式中只能适应于技术生产力的既定水平,为了把握技术生产力本身的发展与增长,需要通过借助价值表达的剩余价值率与利润率在功能上的关联来补充技术劳动力的提高。哈贝马斯说:"总是按照19世纪中期英国工人的生活水平来评估劳动力的价值是没有意义的;同样,用发达资本主义文化的平均水平来衡量劳动力的价值,而不明确地将'历史的道德因素'纳入劳动力的价值规定中,也是没有意义的。"③

---

① J. Habermas. Theorie und Praxis. Sozialphilosophische Studien. Frankfurt/M.:Suhrkamp,1978:256.
② 马克思恩格斯全集:第46卷(下). 北京:人民出版社,1980:217.
③ 同①260.

3. 关于劳动价值论基础的修正问题

哈贝马斯认为，劳动价值论基础的修正，不仅对于直接与利润率趋向下降相联系的危机类型来说，而且对于现实的危机理论来说，都具有极大的适应性。不过，在修正了的劳动价值论先决条件下，用政治来调节分配关系与以利润化为取向的生产条件是不相容的。哈贝马斯高度评价 J. 斯特雷奇①，因为他分析了被马克思主义者一再忽视的民主的经济效果，强调了民主社会主义的重要性。"不过，出于完全不同的理由，积累的经济动机越来越被纳入政治动机中。在这种关系中，马克思主义假定的政治行为对经济效益的依赖性也就成了问题。"②

哈贝马斯不仅分析了马克思主义理论与政治经济学批判的内在关联，而且分析了马克思主义理论与意识形态批判的内在关联，讨论了意识形态批判与传统观念的批判性占有。哈贝马斯说，由于上层建筑因素被引入经济基础，政治对经济的依赖关系就遭到了打击。马克思并未系统地评估资本主义的这个变化。这样，意识形态学说的基础就是成问题的，它的正统表述就受到作为科学的批判之自我误解的影响。"只要历史唯物主义不再把自己包括在客观危机关联中，只要历史唯物主义将批判仅仅理解为实证科学，并将辩证法对象性地理解为世界的法则，意识的意识形态性就必然是形而上学的。"③ 哈贝马斯认为，布洛赫的希望哲学超越了"费尔巴哈提纲"的意识形态批判。因为布洛赫的兴趣不是国家，而是国家的传说；不是有效的法律规范，而是关于正义的理论。阿多诺则将现代艺术视为（与科学认识有差别的）批判认识的合法源泉，但马克思似乎从来也不同意批判需要这种文学源泉。

总之，在《理论与实践》中，哈贝马斯试图从各个方面阐明理论与实践的关系：一是后期资本主义体系中科学、政治、公共意见之间的经验方面；二是认识与兴趣关联的认识论方面；三是承担"批判"角色的社会理论的方法论方面。但在"新版导论"中，哈贝马斯坦然承认，"在关于理论与实践的社会哲学文献中，没有系统地处理认识论问题。从严格意义上说，我在《认识与兴趣》以及同名就职演说的问题史语境

---

① J. 斯特雷奇（J. Strachey，1901—1963），英国政治学家、社会主义意识形态家。

② J. Habermas. Theorie und Praxis. Sozialphilosophische Studien. Frankfurt/M.：Suhrkamp，1978：264.

③ 同②266.

中，也没有达到这一步"①。

（二）《认识与兴趣》

《认识与兴趣》，严格地说，是指哈贝马斯1965年6月28日在法兰克福大学的就职演说，最初发表在1965年12月的《水星》上，后来被收录在1968年出版的《作为"意识形态"的技术与科学》一书中；宽泛地说，是指哈贝马斯1968年出版的一部专门论述认识论的著作。这部著作问世后，在欧美哲学社会科学界引起了强烈的反响。

在《认识与兴趣》中，哈贝马斯非常明确地以《欧洲科学的危机与先验现象学》（1936）为出发点。在《欧洲科学的危机与先验现象学》中，胡塞尔对纯粹理论进行了批判：反对科学的客观主义；为意义奠基的主体性成就随着客观主义的自我理解而消失；理论并不脱离生活。为了阐发认识与兴趣的关系，哈贝马斯高度评价胡塞尔对客观主义的批判，认为胡塞尔正确地批判了客观主义的表象（理论陈述如果朴素地关涉事态的立场，那就被称为"客观主义的"），这种表象用合乎法则的、结构化的事实的自在假装成科学，并遮蔽这些事实的建构，由此无法使人们意识到认识与生活世界兴趣的交织。"如果说，纯粹存在的同一性作为客观主义的表象已经被看穿，那么自我的同一性就不可能依赖于纯粹存在的同一性而形成。兴趣受到排挤，乃是兴趣本身的事情。"②

在《认识与兴趣》中，哈贝马斯不仅高度评价了胡塞尔对客观主义的批判，而且还谈到了三类认识兴趣与三种科学的关系问题。哈贝马斯指出，在引导认识的兴趣概念中已经包含着人们应当阐释它们关系的两个要素，即认识与兴趣。"技术的认识兴趣包含在经验分析科学路径中，实践的认识兴趣包含在历史解释科学路径中，解放的认识兴趣包含在以批判为取向的科学路径中。"③ 在此基础上，哈贝马斯得出了五个基本论点：(1) 先验主体的成就在人类自然史中有自己的基础；(2) 认识既超越了纯粹的自我保护，又在同等程度上成为自我保护的工具；(3) 引导认识

---

① J. Habermas. Theorie und Praxis. Sozialphilosophische Studien. Frankfurt/M.：Suhrkamp，1978：15.

② J. Habermas. Technik und Wissenschaft als "Ideologie"，20. Auflage Frankfurt/M.：Suhrkamp，2014：154.

③ 同②155.

的兴趣在劳动、语言和统治媒介中形成;(4)在自我反思的力量中,认识与兴趣是一个东西;(5)认识与兴趣的统一性在这种辩证法中得到保障,这种辩证法从被压抑的对话的历史痕迹中重构被压抑的东西。①

从逻辑结构来看,《认识与兴趣》一书分为3章12节。其中,第一章"认识批判的危机",包括"黑格尔的康德批判:认识论的极端化或扬弃""马克思对黑格尔的批判的批判:通过社会劳动的综合""作为社会理论的认识论观念";第二章"实证主义、实用主义、历史主义",包括"孔德和马赫:旧实证主义的意图""查理·山德尔斯·皮尔士的研究的逻辑:从语言逻辑上加以更新的普遍实在论的困境""自然科学的自我反思:实用主义的思想批判""狄尔泰的表达(对异己者的)理解的理论:自我同一性和语言交往""精神科学的自我反思:历史主义的思想批判";第三章"批判是认识与兴趣的统一",包括"理性与兴趣:回顾康德和费希特""作为科学的自我反思:弗洛伊德的心理分析的思想批判""元心理学的唯科学的自我误解。论一般解释的逻辑""心理分析与社会理论——尼采对认识兴趣的归纳"。②

从基本内容来看,《认识与兴趣》讨论了马克思的认识批判与黑格尔的反思经验,以及康德的先验逻辑的关系,对实证主义、实用主义、历史主义进行了批判性反思,强调批判是认识与兴趣的统一。就像哈贝马斯所承认的那样,黑格尔的《精神现象学》(1807)构成了《认识与兴趣》一书的基准点。因为《精神现象学》的"反思经验"模型,有助于哈贝马斯对现代实证主义前史进行历史性重构,并形成社会批判理论的恰当的自我理解,这里涉及以批判的手段为社会学奠基和为认识论辩护的问题。③ 在《认识与兴趣》的"前言"中,哈贝马斯指出,该书试图通过现代实证主义前史的历史性重构,系统地分析认识与兴趣的内在关联,并由此得出下述结论:"彻底的认识批判只有作为社会理论才是可能的。这个观念内含在马克思的社会理论中,即使在马克思的和马克思主义的自我理解中也找不到这个观念。"④ 按照哈贝马斯的说法,批

---

① J. Habermas. Technik und Wissenschaft als "Ideologie",20. Auflage Frankfurt/M.:Suhrkamp,2014:161-164.
② 哈贝马斯.认识与兴趣.郭官义,李黎,译.上海:学林出版社,1999:目录1-2.
③ 同②2.
④ J. Habermas. Erkenntnis und Interesse. Frankfurt/M.:Suhrkamp,1973:9.

第三章 批判理论语境中的马克思主义

判的分析既是回顾性的又是预见性的,因而只能将实践理论意义上的历史维度揭示出来,但批判的分析又依赖于社会科学,"批判理论在哲学与实证主义之间拥有特殊地位"①。

总之,哈贝马斯围绕着认识与兴趣的关系,对马克思与德国古典哲学以及现代实证主义的关系问题进行了批判性反思,借此重新理解马克思学说与马克思主义。

1. 从认识批判的视角分析了黑格尔对康德先验逻辑的批判、马克思对黑格尔反思经验的元批判,试图论证马克思的认识论是"批判的"社会理论

众所周知,现代哲学讨论的根本问题是:可靠的认识是如何可能的?但认识论并不将自己变成科学理论(即经验科学知识的阐释)。由于康德提出了先验逻辑问题,认识论才有了独特的维度。就是说,康德通过认识批判第一次使认识论成为独立的哲学领域,但批判哲学的先验性经受不住黑格尔的批判。哈贝马斯指出,只有当认识批判通过坚定的自我反思经受住元批判时,只有当黑格尔对康德的先验逻辑的问题提法进行批判时,才导致这个悖谬的结果:哲学不仅要转变对待科学的态度,而且要根本改变对待科学的态度。"因此,我想提出这个观点,即在康德之后,科学并未在哲学上得到严肃理解。"②

19世纪中期以来,继承了认识论遗产的科学理论变成了"唯科学主义"(Szientismus)理解中的方法论。实证主义以令人瞩目的精确性与无可争议的成就完成了下述任务:科学不再被理解为一种可能的知识形式,而必须将知识与科学同一化。这样,实证主义就可以建立纯粹方法的绝对主义。今天,对科学知识兴趣基础的系统研究,不能抽象地重建认识论,而必须返回到黑格尔首先开启的、后来被歪曲的认识论的彻底批判维度上。哈贝马斯指出,为了反对康德,黑格尔将对知识的现象学的自我反思证明为认识批判之必然的彻底化,简言之,黑格尔用现象学的自我反思取代认识论。不过,黑格尔只是通过同一性哲学的先决条件,斤斤计较于自我反思,并未始终如一地进行自我反思。在哈贝马斯看来,黑格尔正确地批判了那些得不到赞同的认识论的先决条件,只是

---

① J. Habermas. Theorie und Praxis. Sozialphilosophische Studien. Frankfurt/M.:Suhrkamp, 1978:20.

② J. Habermas. Erkenntnis und Interesse. Frankfurt/M.:Suhrkamp, 1973:12.

他提出的对这些先决条件进行批判的要求与无条件的怀疑策略是一致的。因此，他的论证不仅未能限制批判主义的怀疑，反而将这种怀疑彻底化，内在批判变成了抽象否定。"《精神现象学》的歧义性，削弱了黑格尔对康德批判的力量；为了坚持反思的认识论，黑格尔似乎需要这种力量：局限在先验哲学上的认识论，经不住其实证主义对手的批判。"① 就是说，黑格尔强调认识主体的历史性是正确的，但绝对精神哲学的独断性不是发展了而是取消了认识论；同时他也无法抵抗实证主义科学概念。

黑格尔对"认识工具论"（认识通过可能的认识手段先验地确立）的批判不是内在的：他对认识工具论的指责，正是以工具论本身提出的问题（绝对知识的可能性）为前提的。当然，黑格尔的批判也有合理的要素，即批判、绝对怀疑这些理性主义的基本预设，在今天不再具有说服力。在今天，批判、绝对怀疑至多具有认知心理学的作用，而"理性主义"不过是一种见解，甚至是一种信仰。实际上，关于认识论的先决条件，例如规范的科学概念、规范的自我概念（成熟的认识主体），在黑格尔看来都是成问题的；抽象的认识批判那个最终的先决条件，即理论理性与实践理性、自我意识统一体的自我与自由意志的自我，也是靠不住的。哈贝马斯说："黑格尔之所以把认识批判路径彻底化，是因为他将认识批判的先决条件归属于自我批判，由此他毁坏了先验意识的可靠基础。"②

在《精神现象学》的结尾处，黑格尔强调批判意识是绝对知识；但他并未兑现这个断言，甚至他根本不能进行论证，因为他没有通过自然史去满足现象学发展的形式条件。哈贝马斯说："黑格尔关于精神现象学的自我理解与我们的解释是不同的：黑格尔的精神现象学③研究不是

---

① J. Habermas. Erkenntnis und Interesse. Frankfurt/M.：Suhrkamp，1973：18.
② 同①29.
③ 在精神现象学与逻辑学的关系问题上，黑格尔是矛盾的：(1) 现象学在任何可能的科学面前都必须是科学，即"现象学"作为哲学的先导，是作为"科学体系"第一部分出版的。(2) 现象学不是精神发展过程，而是用意识去占有这个过程；这种意识本身必须借助反思经验从外在的具体性中解放出来而成为纯粹知识。这样，"现象学"就不再被纳入"科学体系"。在《哲学全书》中，黑格尔用逻辑学的"前概念"(Vorbegriff)代替了"现象学"(Phänomenologie)。(3) 在《精神现象学》第2版（1831）中，"现象学"仍然归属于整个体系。由此可见，"现象学"在黑格尔那里始终具有歧义。（同①32-34）

第三章 批判理论语境中的马克思主义

将认识批判路径彻底化,而是使之成为多余的;我们则赞同黑格尔对康德进行内在批判立场的论证。"① 只有在认识批判彻底化道路上才能产生的绝对知识的立足点,被现象学假定为不确定的;但它又把绝对知识假定为确定的——因为它相信,自己一开始就超越了认识批判。"康德的认识批判假定当时物理学形态中的经验科学概念,并从中获得了全部可能的科学标准;黑格尔放弃了这个假定,并在同一性哲学前提下将认识批判相对化,从反思经验中得出思辨科学概念。"② 黑格尔强调哲学是真正的科学,因而根本没有讨论哲学与科学的关系。这样,在黑格尔那里就出现了一个灾难性的"误解":似乎理性反思反对抽象的知性思维所提出的要求,就是作为万能科学的哲学取代独立的科学。

哈贝马斯强调,实证主义是在科学进步的基础上建立起来的,似乎只有马克思才能战胜实证主义。因为马克思"追随黑格尔对康德的批判,但却没有接受——妨碍黑格尔将认识批判明确地彻底化的——同一性哲学基本假定"③。就是说,只有马克思对黑格尔的元批判,才真正向前推进了黑格尔的自我反思过程。例如:在《1844 年经济学哲学手稿》的最后一部分,马克思对黑格尔的精神现象学进行了分析,尤其是对"绝对知识"进行了研究。在精神与自然的关系问题上,马克思批判了黑格尔的客观观念论,并提出了这种看法:"类"(Gattung)的历史与科学技术自动转化为控制社会物质生活过程的主体自我意识联系在一起。在这里,马克思用政治经济学批判取代了观念论的形式逻辑批判,并将社会劳动再生产过程视为人的内部自然与外部自然的中介,这是马克思对认识论的最大贡献。

哈贝马斯认为,马克思最初只是更新费尔巴哈的人类学自然主义,后来断言人是"能动的自然存在",但仍然强调有机体的肉体属性对环境自然的依赖,因而马克思总是受自然主义观念的束缚。《关于费尔巴哈的提纲》第一条摆脱了这种束缚,断言人是一种对象性的存在,但这没有人类学意义,只有认识论意义。在马克思那里,"对象性活动"有双重含义:一是指先验的成就;二是指这种先验的成就奠基于现实的劳动过程。但在马克思眼里,建构世界的主体根本不是先验意识,而是在

---

① J. Habermas. Erkenntnis und Interesse. Frankfurt/M.: Suhrkamp, 1973: 30.
② 同①35.
③ 同①35.

自然条件下再生自身生活的具体的人。因为环境自然只有在与人的主观自然的中介中，通过社会劳动过程才能建构成对于我们而言的客观自然，但"劳动"不仅是人类学的基本范畴，而且是认识论的基本范畴。就是说，劳动是比纯粹自然过程更为复杂的自然过程，它调节着物质变换并建构世界。因而，在马克思的唯物主义中，劳动具有综合的价值。

尽管马克思认为劳动过程非常有意义，但他从未将劳动过程理解为建构可能的社会生活世界不变的意义结构的基础；只有当社会劳动作为客观自然与主观自然的中介范畴时，它才是基础的。社会劳动表征着人类历史发展的机制，不仅通过劳动过程改变了被加工的自然，而且经过劳动产品也改变了劳动着的主体本身的需求属性。哈贝马斯说，"客观自然"对于一定的社会主体来说是既定的，"主观自然"是通过社会劳动结果而形成的。唯物主义的历史研究指向——既规定着实际生活过程又规定着生活世界建构的先验条件——社会范畴。在马克思那里，社会劳动＝人与自然（客观自然＋主观自然）的综合。当然，唯物主义的"综合"有别于观念论的"综合"：它不是先验意识的成就，不是绝对自我的设定，甚至不是绝对精神的运动，而是历史自我创造着的"类主体"（Gattungssubjekt）的既先验又经验的成就。哈贝马斯说，如果综合不在思维媒介中出现，而像马克思所说的那样，是在劳动媒介中出现，那么综合赖以形成的基础就是社会劳动系统，而非符号关联。所以，重构综合成就的出发点就不是逻辑学而是经济学——综合不是思维活动，而是物质生产。这样，马克思就用政治经济学批判取代了观念论的形式逻辑批判。

就是说，通过社会劳动的综合，既不能建立逻辑的关联，也不能建立人与自然的绝对的统一。在"综合"问题上，马克思与康德的真正差别在于，劳动过程与认识过程的差别。在马克思的认识构想中，工具行为的功能范围确定的"类"（即人）对环境自然的不变关系——（这种观念）是康德的；社会主体的同一性随着他们的技术自然支配力量而变化——（这种观念）是非康德的。哈贝马斯认为，对于社会劳动的综合概念之康德要素，可以用工具主义认识论加以阐发（工具主义认识论是黑格尔阐释康德理性批判的主导线索，成为对实用主义立场的惊人洞见；马克思、皮尔士、杜威是工具主义认识论的主要代表）；对于社会劳动的综合概念之非康德要素，费希特已经在对康德的"统觉"（Apperzepition）之原初综合统一性概念的阐释中阐发了这个要素。费希特对康德的纯粹统觉的独特阐释，给予了唯物主义所理解的社会劳动主体的同一性一束亮光。一方面，与周围环境对立的社会劳动主体，同以往的全部生产过程、再生产过程相联系；另一方面，使主体得以修复的生产力，能够使主体改变他所面对的自然，并形成自己的同一性。哈贝马斯指出，意识的统一性（康德理解为先验意识的统一性）是通过社会劳动而获得的同一性，它不是直接的综合能力，即纯粹统觉，而是费希特意义上的自我意识行为。但马克思与费希特不同，马克思将非我与自我的无意识的生产仅仅同人类的历史世界联系起来，即把费希特的绝对自我限制在人类的自我生产活动上。因此，唯物主义的"综合"是一种与世界历史领域相关的活动。马克思将人类历史理解为自然史的一个现实的部分，但并未说明如何将历史理解为自然史的继续，即没有解决自然史的生产与社会生产的关系问题。[①] 与观念论者不同，马克思不是在主体范畴下理解自然，而是在自然范畴下理解主体。所以，马克思不想把只能由一个主体建立的（自然与主体的）统一理解为绝对的统一，而是理解为主体在某种程度上征服自然的统一。在马克思那里，作为社会劳动的相关者，客观自然面对支配它的主体保留了两个特性："独立性"（Selbständigkeit）与"外在性"（Äußerlichkeit）。前者表明，只有当人们服从自然过程时，人们才能学会自然支配的过程；后者表明，无论人们将技术自然支配力量扩大到何种程度，它总是有一个不断向人们开启的实质内核。

哈贝马斯总结说，唯物主义的通过社会劳动的综合概念，表征着马克思的"类历史"构想在从康德出发的思想运动中采纳的立场。在由费希特规定的特有的转向中，马克思接受了黑格尔指责康德认识批判路径的意图；同时他也激烈地反对抽掉了认识论基础的同一性哲学。社会劳动的综合不是绝对的综合，因为绝对的综合只有在同一性哲学的先决条件下才是可以理解的。就像施密特所说，在康德与黑格尔之间，马克思占有一个难以确定的中间位置。[②] 这种唯物主义哲学基础证明，它不足以确立一种毫无保留的关于知识现象学的自我反思。因而，不能避免认识论萎缩为实证主义。简言之，在马克思那里，尽管已经出现了通过黑

---

① J. Habermas. Erkenntnis und Interesse. Frankfurt/M.：Suhrkamp，1973：35.

② A. Schmidt. Der Begriff der Natur in der Lehre von Karl Marx. Europäische Verlagsanstalt Humburg，1993：10.

格尔对康德的批判而彻底化的认识批判的所有要素，但马克思还没有建构唯物主义认识论①，甚至马克思由于"误解了"黑格尔的构想从而肢解了认识论。

之所以出现这种情况，哈贝马斯认为内在原因在于，马克思将类的自我创造行为还原为劳动。诚然，在马克思的社会理论路径中，除了接受包括生产工具在内的生产力之外，也接受了制度框架。所谓制度框架，作为僵化的生活形式之抽象——用黑格尔的话说，就是显现出来的意识的一种形态，它并不直接体现技术发展阶段，而是体现社会力量关系，即体现为一个社会阶级对另一个社会阶级的权力的生产关系。尽管马克思的社会理论并未抹杀以符号为中介的互动与实践的关联，以及仅仅从统治与意识形态出发来理解的文化传统的作用，但实践的这些方面并未进入哲学参考系中。然而，正是在这个与工具行为不同的维度中，跳动着现象学的经验。"在现象学的经验中，出现了被马克思称为意识形态的各种意识形式；在无声的反思力量下，物化在现象学的经验中得到了消解；马克思用反思为康德的批判恢复了名誉……但唯物主义的'综合'概念远不足以解释马克思在充分理解的意义上彻底化的那种认识批判的意图，甚至阻碍马克思在这种立场下去理解他的经验方式。"②

马克思对《精神现象学》所做的阐释的关键，包含着对反思概念工具主义翻译的使用。在哈贝马斯看来，马克思用来正确地批判黑格尔的那种观点，却反过来阻碍他恰当地理解自己研究的意图——这具有讽刺意味；马克思揭示了黑格尔的反思经验中的进步机制，即生产力的发展，但却忽视了反思本身——马克思将反思还原为劳动，将反思过程还原到工具行为层面，即按照生产模式来理解反思，因而没有区分自然科学的逻辑状况与批判的逻辑状况。

在《政治经济学批判》中，马克思这样说，随着大工业的发展，现实财富的创造较少地依赖于劳动时间与已经消耗的劳动量，而是依赖于科学的一般水平与技术进步，或者说，依赖于科学在生产上的应用。这样，劳动就不再像从前那样被包括在生产过程中，而是表现为人以生产过程的监督者和调节者的身份同生产过程本身发生关系；工人不再是生产过程的当事人，而是站在生产过程的旁边。在这个转变过程中，表现

---

① J. Habermas. Erkenntnis und Interesse. Frankfurt/M.：Suhrkamp，1973：58.
② 同①59.

第三章 批判理论语境中的马克思主义

为生产、财富宏大基石的,既非人本身完成的直接劳动,也不是人从事劳动的时间,而是对人本身的一般生产力的占有,是人对自然的理解,以及通过社会体的存在对自然的支配,一句话,即社会的个体发展。于是,以交换价值为基础的生产崩溃,直接的物质生产过程本身也摆脱了贫困性和对抗性的形式,个体性得到了自由发展。①

从前面的引述可以看出,马克思理论中有一个尚未解决的问题,即劳动(工具行为)与互动(交往行为)的关系问题。哈贝马斯认为,只有将社会实践的这两个范畴结合起来,才能使马克思在阐释黑格尔时所说的"类的自我创造行为"成为可能。尽管马克思在社会劳动系统中看到了这两个范畴确立的内在关联:生产活动与生产关系,只是作为同一过程的不同要素出现。但是,在《〈政治经济学批判〉导言》中,马克思将社会实践还原为两个要素中的一个,即劳动。在马克思那里,劳动总是拥有社会劳动形式;工具行为模式是劳动的抽象,它总是将不同的劳动设施在互动框架内联结在一起;社会生产也可以按照工具行为模式来理解;甚至全部社会生活(生产、分配、交换、消费)也可以用生产观点来理解。

哈贝马斯批评说,马克思的"生产"(Produktion)概念被如此宽泛地理解,以至于"生产关系"(Produktionsverhältnisse)也内含在其中,这就使马克思有可能坚持这样的观点:生产也创造了生产赖以进行的制度框架。这就意味着,制度框架的变化依赖于生产力发展;反过来说,生产过程的发展也依赖于生产关系。然而,将社会实践的所有要素带入生产概念下的尝试,也不能掩盖这个事实:马克思必须考虑到生产的社会先决条件,不是劳动资料、劳动工具、劳动能力、劳动组织等直接隶属于劳动过程的要素,而是制度框架②,即所有制关系。哈贝马斯进一步批评说,马克思曾经徒劳地在生产力与生产关系的辩证法中理解技术上有用的知识与显现出来的意识的自我反思之间的相互依存。之所以说他"徒劳地",是因为只要人与自然综合的唯物主义概念被限制在生产范畴框架中,这种辩证法的意义就必然是解释不清楚的。如果人类自然史的自我建构观念应将这两个要素(一是通过生产活动的自我创造;二是通过批判的-革命的活动的形成)统一起来,那么"综合"概

---

① 马克思恩格斯全集:第46卷(下). 北京:人民出版社,1980:217-219.
② J. Habermas. Erkenntnis und Interesse. Frankfurt/M.:Suhrkamp,1973:59.

念就必须接纳第二个维度。这样，只将康德和费希特巧妙地统一起来就是不够的。因为通过劳动综合而确立的主体与客体之间的理论-技术关系，不同于通过斗争综合而确立的主体与客体之间的理论-实践关系：在劳动综合中，形成生产知识；在斗争综合中，形成反思知识。只有在黑格尔那里，才可以发现为这种斗争综合提供的唯一的模型：伦理辩证法。

具体地说，在青年时期的神学著作中，在法兰克福时期的政治哲学著作中，在耶拿时期的精神哲学著作中，黑格尔都阐发了伦理辩证法，但未形成一个体系。在黑格尔那里，"伦理"具有广泛的含义，哈贝马斯将它界定为：在文化传统中建构的制度框架，但却只是为生产过程建构的制度框架。哈贝马斯说，马克思在社会劳动基础上完成的伦理辩证法，被他转变为某些派别之间显著冲突的运动法则。伦理辩证法，作为阶级对抗运动与社会劳动系统的发展联结在一起。抽象对抗的扬弃，即相互异化的派别之批判的-革命的和解，只有同生产力发展状况相适应才能成功。阶级对抗的辩证法是一种反思活动，不同于通过社会劳动的综合，因为相互对立的主体之间被重新确立的伦理关系是逻辑关系与实践关系的统一，这是黑格尔在"为承认而斗争"标题下阐发的伦理关系辩证法。马克思对社会形态的分析，不是在直接的政治依赖性与社会暴力的形态中使阶级对抗制度化，而是将阶级对抗固定在使商品形式掩盖生产活动的自由的劳动契约制度中。"劳动商品形式是意识形态，因为它既阻止又表达着非强制的对话关系的压抑。"[①] 在马克思看来，劳动商品形式的奥秘在于，使生产者与全部社会劳动之间的社会关系回归为外在于生产者的对象之间的社会关系，即商品形式本来是人与人之间的社会关系，却采取了物与物之间的虚幻形式——这就是"拜物教"（Fetischismus）[②]。根据马克思的看法，资本主义的显著特征就是，它将意识形态从成熟的统治与暴力的合法性的天空降到社会劳动系统中。在自由主义社会里，统治的合法性是从市场合法性（等价交换的

---

① J. Habermas. Erkenntnis und Interesse. Frankfurt/M.：Suhrkamp，1973：82.

② Fetischismus，源自葡萄牙文 feitico，意谓巫术，是原始宗教信仰形式之一。1760 年，法国历史学家德布罗斯（Charles de Brosses，1709—1777）在《论物神崇拜》中首次将"拜物教"一词用于比较宗教学。非宗教意义上的"拜物教"，按马克思的说法，就是人们想象中的"可感觉而又超感觉的物或社会的物"（马克思．资本论：第 1 卷．北京：人民出版社，2004：89），喻指对某种物品的盲目崇拜，例如商品拜物教、货币拜物教、资本拜物教等。

第三章　批判理论语境中的马克思主义

"公正性")中派生出来的。这样,阶级意识辩证法就成为马克思的社会理论的核心。① 阶级意识形态是在反思过程中形成的,但不是在观念论的绝对精神的自我运动中形成的,而是在唯物主义地客观占有外部自然的基础上形成的。因而,社会理论的方法论价值有两个方面:一是人的科学与显现出来的阶级意识的自我反思紧密联系在一起;二是人的科学知道将自己包括进自己所经历的形成过程中。

尽管马克思的社会理论仍然囿于《精神现象学》框架,但它在唯物主义先决条件下接受了意识形态批判形式——在马克思那里,人的科学就是批判,并且始终是批判。哈贝马斯说:"人的科学概念似乎应该接受黑格尔对康德认识论的主体主义的批判,并且唯物主义地超越黑格尔的批判——这似乎是说:彻底的认识批判最终只有在'类的历史'的重构形式中才能进行;反之,在类以社会运动与阶级斗争为媒介的自我建构视角下,社会理论只有作为认识着的意识的自我反思才是可能的。"② 哲学只有作为批判的科学才能得到保证;哲学除了批判之外,没有任何权利;哲学想成为普遍的科学,必然遭到批判的判决。然而,马克思并没有阐发这种"人的科学"概念。实际上,马克思并未完全否定(工具意义上的)自然科学与(意识形态批判意义上的)人的科学之间的区别。当马克思对自然科学进行认识论辩护时,他站在康德一边反对黑格尔,但并未将自然科学与全部科学视为同一。对于马克思和康德来说,判定科学的科学性标准,是从方法论上得到保障的认识的进步,但马克思并不明确假定认识进步,而是以自然科学信息即技术上有用的知识在多大程度上进入生产循环来衡量。这样,马克思就将社会理论与自然科学等量齐观,认为自然科学与人的科学是一门科学。

哈贝马斯说,马克思对"人的自然科学"(即经济学)提出的这种早已带有实证主义色彩的要求令人惊讶。因为人的科学只要是对人的建构的分析,就必然包括对科学的认识批判的自我反思,但作为"人的自然科学"(即经济学)却抹杀了这一点。在劳动维度中,反思知识转变为生产知识,凝结为技术的自然知识,最终转化为对社会过程的控制,这与自然科学转化为技术支配力量没什么两样。马克思将批判与自然科学等量齐观,从而取消了"人的科学"观念。

---

① J. Habermas. Erkenntnis und Interesse. Frankfurt/M.：Suhrkamp,1973：83.
② 同①86.

2. 通过对实证主义、实用主义、历史主义的批判性反思，阐明取代认识论的科学理论应该走出唯科学主义的客观主义方法论，走向科学的自我反思

第一，老实证主义者的意图及唯科学主义批判。大家知道，实证主义表征着认识论的终结，科学理论取代了认识论："认识论"（Erkenntnistheorie）研究可能知识的条件这个先验逻辑问题；"科学理论"（Wissenschaftstheorie）研究科学的意义问题，即"事实"的意义问题。老实证主义者孔德认为，科学理论取代认识论表明，认识着的主体不再被描述为参考系。就是说，科学理论剥离了认识主体问题，直接指向科学。

实证主义最初是以新的历史哲学形式出现的，这是一个悖谬；但只要看穿老实证主义者的意图（伪科学地鼓吹科学的知识垄断），这个悖谬就消解了。哈贝马斯认为，认识论不能直接被科学理论替代，因为如果这样，认识论的哲学概念就被取消了。倘若实证主义不赋予科学历史哲学的意义，那么科学的意义就成了非理性的。在孔多塞[①]、圣西门的基础上，孔德提出了个体与人类精神发展的"三阶段说"，即神学阶段、形而上学阶段、实证精神阶段。所谓"实证精神"，就是用"关系"概念代替"实质"概念，用"相对"概念代替"绝对"概念。简言之，关于"事实"与"想象"的对立，成为严格区分科学与形而上学的标准：前者追求确定性、精确性、有用性，后者追求"第一本原""最终规定"；不过，科学知识是相对的，形而上学是关于本原的知识。哈贝马斯分析道，老实证主义者在将形而上学立场解释为无意义的同时，又被迫徘徊于本质与现象、世界总体性及其绝对知识与偶然的多样性及其相对知识之间的形而上学对立中。形而上学批判并未导致对伟大哲学原理富有内容的论争——拒斥形而上学、回到事实本身，老实证主义的意识形态批判是无意义的责难。孔德的三阶段说"从历史哲学上引入了规范的科学概念，它使科学理论代替认识论成为可能——这被描述为一种'隐形意识形态'（Hinterdrundideologie）"[②]。甚至可以说，孔德的三阶段说在科学概念方面没有独到见解，在方法论方面是老生常谈、折中主义。

---

① 孔多塞（Marie Caritat de Condorcet，1743—1794），法国哲学家、数学家。
② J. Habermas. Erkenntnis und Interesse. Frankfurt/M.：Suhrkamp，1973：104.

第三章　批判理论语境中的马克思主义

如果说，在孔德那里局限于方法论的科学理论只描述"事实"，那么，马赫在"要素说"基础上阐发的、从根本上重新阐释"事态的事实性"（Faktizität von Taschen）的科学理论，则将这个学说推向了极端。就是说，马赫的要素说试图将世界解释为"事态"的总概念，并将事态解释为现实性的本质。在马赫看来，"要素/因素"（Elemente）在与自我的关联中就是"感觉"（Empfindungen），但在"关系"中又显示出"身体"（Körpern）的特征；"自我"是感觉的复合体，主体是由感觉构成的。可见，在马赫那里，"要素"与"感觉"是作为同义词使用的。科学的世界观只是认识事态以及事态的关系，认识着的意识（主体）本身也必须在世界观下。这样，马赫就取消了现象与本质之间的差别：无论现象还是本质，都是"事态"。这同他抹杀主体性是一致的：只有"事态"才存在。因为客观领域（"事态的总体性"）的规定性，足以作为科学与形而上学的划界标准。哈贝马斯指出，马赫的要素说为现实性提供了一个宽泛的阐释，同时又满足于知识最低限度的规定——这是自相矛盾的：要素说是科学的反思形式，但却禁止任何超越科学的反思形式。因此，要素说只有在"事态本体论"的路上，才能走向对科学的唯科学主义论证，但唯科学主义论证又将任何形式的本体论都当作无意义的排除掉。然而，"实证主义的'事实'概念，只有在承担起批判形而上学的'本质世界'的重任时，才能获得本体论的尊严"[①]。

第二，皮尔士的"研究逻辑"及实用主义意义批判。实用主义奠基人皮尔士认为，现代科学知识的进步是无可争议的；所有有价值的观点都是对现实的真正的陈述；方法论不应用来解释科学理论的逻辑构造，而应用来解释方法的逻辑。哈贝马斯说，皮尔士的这个洞见，既区别于老实证主义，又区别于新实证主义；尤其是未陷入老实证主义的客观主义立场中，是第一个涉及自我反思的科学理论。在皮尔士那里，科学是一种生活形式。因而，皮尔士的科学理论必须被理解为解释科学进步逻辑的尝试：皮尔士以逻辑研究方式来研究科学理论，同时以独特的方式运用逻辑概念——皮尔士的"逻辑"是指关于真理性质以及发现真理方法的学说。这样，他的"研究逻辑"就仿佛处于符号形式逻辑与先验逻

---

① J. Habermas. Erkenntnis und Interesse. Frankfurt/M.：Suhrkamp，1973：104.

辑之间：一方面，研究逻辑分析并不指向分析先验知识的成就，而是指向肩负着整个研究过程的主体的成就，指向试图交往地解决他们共同任务的研究者共同体；另一方面，由于研究逻辑将研究过程理解为建构世界的生活实践，所以它又为先验逻辑立场负责。事实上，皮尔士既反对经验主义的本原思维，又反对理性主义的本原思维，认为不以先前的知识为中介的知识是不存在的，因为所有的认识都是推导性的，所以不能跳出中介维度来思维。

在区分语言/思维的三种功能的基础上，皮尔士又区分了推论的三种形式。所谓语言/思维的三种功能，即意蕴（想象）、指示（符号）、纯质；所谓推论的三种形式，即演绎、归纳、外展。在皮尔士看来，"演绎"是从原因、规则到结果，这属于"分析"，是不重要的；而"归纳""外展"都属于"综合"，是重要的——不同的是，"归纳"是从原因、结果到规则，"外展"是从结果、规则到原因；但它们都是生活过程的功能。在皮尔士那里，逻辑规则的有效性问题，不能直接地从经验上得到回答，而首先要求一种先验逻辑的回答。当然，不是在康德的参考系中重复康德的问题：皮尔士不探究"先天综合判断是如何可能的"问题，而是探究整个综合思维的可能性问题。然而，皮尔士从综合知识中推出事实的存在——在哈贝马斯看来——不过是同义反复；皮尔士建立的陈述，从根本上说是独白的。

在研究逻辑中，皮尔士还区分了四种研究方法，其中顽固的、权威的、先天的——这三种研究方法，都不是科学的；只有第四种方法，即科学的方法，才是皮尔士钟情的。在皮尔士那里，真理概念不是产生于研究过程的逻辑规则，而是产生于客观的生活关联，即目的合理性行为的功能范围。"一种信念是一种行为规则，但不是通过习惯规定的行为本身。"① 因而，"实用主义"（Pragmatismus）的意义标准在于，思想的唯一意义倾向于从相应的实践准则中获得有效性；"实效主义"（Pragmatizismus）不涉及意义标准的推导问题，而是涉及研究逻辑的核心问题——科学进步是如何成为可能的？

"研究逻辑的'实在'（Realität）概念，既远离了康德的先验的自然概念，又远离了孔德的实证主义的事实世界概念。"② 因为在皮尔士

---

① J. Habermas. Erkenntnis und Interesse. Frankfurt/M.：Suhrkamp，1973：153.
② 同①122-123.

第三章　批判理论语境中的马克思主义

那里,"实在"是指所有可能的真实陈述的相关物,即一般关系存在。"普遍实在论"(Universalienrealismus)就是要研究这个一般关系的存在。哈贝马斯说,尽管皮尔士否定了先验哲学的"自在之物",但从语言逻辑上更新的普遍实在论就是方法论问题的本体论化。这种理论内含着"现象主义"(Phänomenalismus)——是康德的现象主义,而非休谟的现象主义。于是,皮尔士不得不将普遍实在论同研究逻辑转向的先验哲学坚持的基本原理结合在一起;但他用语言逻辑上限定的实在概念代替研究逻辑的出发点,并满足于这个论断,即现实性是在普遍陈述的语法形式条件下建构起来的。在这个先决条件下,普遍实在论的形而上学版本似乎异变为元语言学版本。这样,皮尔士的"范畴学说就悄无声息地离开了先验路径,并几乎毫不掩饰地更新了本体论"①。也就是,以研究逻辑方式提问题的语言逻辑文本形成了通往本体论化的桥梁。

皮尔士用进化论解决普遍实在论遇到的难题,导致了沉思的知识概念的回归。这样,认识进步的动机就在于理论上的创新者。于是,这种重建的普遍实在论就与客观主义的知识概念——理论只有通过自身才得以说明——对立。在实用主义那里,"物质"(Materie)至多是事件的总概念,"精神"(Geist)至多是观念的总概念。为了揭露"精神"概念的所有形而上学表象,皮尔士将涉及经验事件关联的、确信的东西置于经验事件层面;至于对"事实的事态"的理解,似乎是经验条件下出现的"事件"。哈贝马斯断言,这种客观主义与马赫的要素说几乎没有区别,它毁坏了研究过程的整个主体("研究者共同体")分析的基础。所以说,实用主义最终是隐蔽的、顽固的实证主义。哈贝马斯强调,任何交往都不是对独白的默默屈从,任何对话都是在交往主体相互承认的基础上展开的;科学进步是通过研究者共同体的交往取得的。因此,对研究者共同体的反思似乎必然冲破实用主义框架。

第三,狄尔泰的表达理解理论及历史主义意义批判。毫无疑问,皮尔士看不到区分以符号为中介的互动层面与工具行为层面的必要性;但在狄尔泰看来,一切可能的研究过程的亚文化背景都只能被描述为无所不包的生活关联的一个部分,科学体系就是作为精神科学客观领域的生

---

① J. Habermas. Erkenntnis und Interesse. Frankfurt/M.：Suhrkamp,1973：142.

活关联的一个要素。

"精神科学",是19世纪中期从德国历史学派的研究中形成的。狄尔泰试图论证精神科学之方法论的独特地位。起初,他试图通过重新解释"自然事实"与"灵魂生活"这两个对象领域来区分自然科学与精神科学;但后来他认为两者的区分在于认识着的主体对待客体的态度:经验与理论的不同情况(建构/换位);认知成就的不同(阐释/理解);排除经历着的主体/主体地位以经验不受强制为特征。在狄尔泰那里,在"经历""客观化""理解"的关系中,精神科学的逻辑处于核心地位;精神科学是在生活、表达、理解中建立起来的。不过,解释学的浪漫主义传统推动着狄尔泰对"移情理论"(Einfühlungstheorie)进行了第一次修正,即心理主义批判:狄尔泰用从反思哲学借来的模型取代幼稚的移情理论。当然,狄尔泰对心理学不感兴趣,而是对人的表达的解释学感兴趣。在他看来,经历的表达比日常语言的符号表达、交往行为的符号表达更接近生活关联。因此,它的客观程度比其他表达的客观程度更低。在社会生活关联的框架中,日常语言交往从来都不孤立于通常的互动,以及相伴随的或断断续续的经历表达。日常语言的反思性基础在于,日常语言的"语法"不仅确定着语言内部关系,而且调节着命题、行为、经验的全部交往关系,即社会生活实践。交往行为是相互期待基础上的互动行为。哈贝马斯说,"理解"在生活实践中的功能,与皮尔士为经验分析的研究所做的论证,地位价值是相似的。就是说,在实践的生活关联与科学客观性的对比中,狄尔泰贯彻了一种秘密的实证主义。①

狄尔泰区分了历史的精神科学与系统的精神科学。在他看来,作为一种经验形式,同时作为一种语法分析形式,解释学是历史的精神科学的基础;但这并不意味着,系统的精神科学以这种解释学为参考,并假定:系统的精神科学可以摆脱一般与个别的辩证法。这样,精神科学逻辑的基本特征就是:因为认识着的主体同时分有他的认识对象的生产,所以,"历史的一般综合判断"也是可能的。然而,这使狄尔泰陷入了循环论证。哈贝马斯指出,在由实证主义规定的19世纪后期,狄尔泰无论回到意识哲学的思维模型,还是期待仅仅从现象上论证的此在分

---

① J. Habermas. Erkenntnis und Interesse. Frankfurt/M.:Suhrkamp,1973:226.

析，都不能为精神科学的理论辩护；就像皮尔士在普遍实在论中的本体论借口（也不能为研究逻辑辩护）一样。"这个从传统那里借来的阐释模式使狄尔泰像皮尔士一样，误入了客观主义。这种客观主义阻碍他们一以贯之地对他们的意义批判的研究逻辑进行加工。只有那种不是过急地超越了方法论问题的科学反思，才能在实证主义层面更新抑或返回到康德之后的那种意识批判要求。"①

如果说，在皮尔士那里，实验共同体承担的整个研究过程构成了自然科学的客观框架，那么，在狄尔泰那里，生活统一性的共同性则构成了精神科学的客观框架。因为在狄尔泰看来，对于在同一种语言中相互交往的主体群体来说，"共同性"（Gemeinsamkeit）意味着符号之主体间性的约束性。这种语言结构上的共同性有一个特点：个人在共同性中交往。哈贝马斯指出，只有建立在语言符号主体间性意义基础上的共同性，才有可能使两个要素合而为一：相互同一化与保持一个人同其他人的非同一性。自我同一性与日常语言交往是互补概念：在相互承认的基础上，两者从不同的方面提出互动的条件。哈贝马斯说，以皮尔士、狄尔泰为代表的自然科学、精神科学的自我反思，只是中断了却并没有阻止实证主义的胜利进程。因为皮尔士、狄尔泰将自然科学、精神科学的方法论阐发为研究的逻辑，总是从客观的生活关联出发来理解研究过程。这样，科学逻辑就重新获得了被实证主义科学理论放弃的认识论维度。但无论是皮尔士的分析的推论模型，还是狄尔泰的循环阐释活动，在形式逻辑的观点下，都不能令人满意。简言之，无论是皮尔士还是狄尔泰，都没有将他们的方法论研究理解为科学的自我反思。现代实证主义是在心理主义批判的基础上，以逻辑经验主义形式建立起来的，至今仍然规定着科学的唯科学主义的自我理解。然而，不能从再现的认识论出发来有效地克服实证主义的客观主义，而只能从超越了其局限性的方法论出发来克服。在皮尔士、狄尔泰那里，出现了科学的自我反思的萌芽。实用主义的意义批判形成于自然科学方法论的内在关联，历史主义的意义批判形成于精神科学方法论的内在关联，但它们以各自的方式处于实证主义的魔力圈中，因而最终未能完全从客观主义中走出来，不能理解它们所追求的引导认识的兴趣的基础。②

---

① J. Habermas. Erkenntnis und Interesse. Frankfurt/M.：Suhrkamp，1973：190.
② 同①90.

3. 通过讨论心理分析的意义批判与元心理学的唯科学主义的自我误解，以及尼采对认识兴趣的还原，不仅试图阐发一般阐释的逻辑，而且试图讨论心理分析与社会理论的关系

第一，心理分析的意义批判。"心理分析"（psychoanalyse）[①] 起初是作为特别的阐释形式出现的，目的是为符号关联的解释提供理论观点和技术规则。心理分析作为要求从方法论上自我反思的科学的唯一成熟的例子，对于我们来说是至关重要的。随着心理分析的形成，弗洛伊德揭开了由研究逻辑本身开辟的、从方法论上通向被实证主义隐藏的那个维度的可能性；但这种可能性并没有被实现，因为弗洛伊德本人引发了对心理分析的自我误解，从而扼杀了这种可能性。[②]

早期弗洛伊德致力于神经病理学研究，分析了神经官能症的三个维度，即语言表达（强制性观念）、行为（重复性强制）、与肉体相联系的经历表达。1884 年，弗洛伊德就对心理分析产生了兴趣，之后与约瑟夫·布洛伊尔（Josef Breuer）合作出版了《歇斯底里症研究》（1895），这为心理分析奠定了基础。哈贝马斯说，心理分析力图解决的问题可以用不同的形式来表达，但按照其本质来说是等值的，即消除健忘症，或者说，消除痛苦的条件就是消除一切压抑。实际上，弗洛伊德心理分析理论的出发点是抵抗经验，即与被压抑内容之自由的、公开的交往对立的阻挡经验。[③] 在弗洛伊德看来，一切社会化过程都必然是反常的。

后期弗洛伊德心理分析的基本假说是人格结构理论。事实上，人格结构理论与梦的解析、心理层面理论是交相呼应的。在弗洛伊德那里，梦被分为三个层面，即梦的最深层面（梦的真正符号/象征）、梦的第二层面（未完成的白日梦）、梦的最外层面（梦的外观）；心理也被分为三个层面，处于最深层的是无意识/潜意识/下意识，处于表层的是意识，介于两者之间的是前意识。与之对应，人格结构也分为三个层面：本我（Id/Es）、自我（Ego/Ich）、超我（Superego/Überich）——它们是在梦的解析、心理分析性对话中出现的，并非偶然地产生于反思经验。本我、自我概念建构，产生于心理分析家对病人抵抗经验的阐释。其中，

[①] psychoanalyse，国内学界一般译为"精神分析"，但无论是从词根还是词义来说，都应该译为"心理分析"。

[②] J. Habermas. Erkenntnis und Interesse. Frankfurt/M.：Suhrkamp, 1973：262 - 263.

[③] 同②281.

第三章 批判理论语境中的马克思主义

本我是通过防御而存在着的自我部分；自我产生于本我，在超我的保护下完成了测试现实与本能稽查任务。超我是内心延长了的社会权威，是自我的一部分，始终与自我相连。因此，超我与本我具有亲缘性，两者都是无意识的；不过，内在化与防御处于互补中。

一般说来，解释者的任务是沟通两个使用不同语言的人之间的交往。精神科学的解释学模型，对于心理分析的解释工作来说是没用的。因为心理分析的解释，与精神科学的解释学不同，它不指向整个符号关联的理解，它所导向的理解行为是自我反思。就是说，尽管狄尔泰与弗洛伊德都估计到了主观回忆的不可靠性和混乱性，都看到了批判的必要性，但语言学批判不同于心理分析批判。语言学批判追溯到占有客观精神的道路上，追溯到作为最终经验基础的主观中介物的意向关联中。因此，语言学批判对"疏漏"（Auslassung）和"曲解"（Entstellung）的补救，没有系统的价值；相反，心理分析批判对疏漏与曲解的补救，具有系统的价值。所以，弗洛伊德的"深层解释学"（Tiefenhermeneutik）与狄尔泰的语言解释学对立。心理分析具有直接的治疗结果；由医生诱导的病人的认识过程，应被理解为自我反思。下面三个特性证明心理分析认识是自我反思：（1）心理分析的认识包含着认知要素与情感动机要素。心理分析的认识内含着消解教条主义立场的心理分析的力量，在这个意义上，它就是批判。批判如果不为批判的激情所推动，那就不拥有打断虚假意识的力量。（2）弗洛伊德强调，心理分析的治疗应当在禁欲条件下进行。（3）弗洛伊德强调，处于心理分析治疗中的病人，不可以像对待肉体痛苦那样对待他们的疾病。

哈贝马斯说，弗洛伊德根据逃离反应模式来理解内心防御过程导致的这个表述，令人惊奇地与心理分析的解释学洞见一致：逃离着的自我，不再能够从外部现实中抽身，又必须在自身面前隐藏自己。这样，弗洛伊德就在结构模型的理论表达中阐释了医生的解析工作。由此最初在心理分析技术视角下描述的交往，似乎从理论上得到了理解。实际上，这个理论描述并没有超越先前心理分析技术所描述的因素。"一句话，反思运动不会在自我功能下出现在元心理学层面。"[①] 在哈贝马斯看来，心理分析的认识也是一种伦理洞见，因为在自我反思运动中，理

---

① J. Habermas. Theorie und Praxis. Sozialphilosophische Studien. Frankfurt/M.：Suhrkamp，1978：300.

论理性与实践理性的统一仍然未被扬弃。

第二，元心理学的唯科学主义的自我误解。早在青年时期，弗洛伊德对"人的关系"的科学兴趣就超过对"自然客体"的科学兴趣，但他又将人文科学视为自然科学，从不怀疑心理学是一门自然科学。事实上，弗洛伊德并不惧怕将心理分析与自然科学等同的结论，他将心理分析技术视角从自我反思范畴框架中解脱出来，并用能量分配模型代替结构模型。这时，心理分析不再是被操控的自然过程，而是医生与病人在日常语言的主体间性层面的自我反思运动。哈贝马斯说，由于弗洛伊德从一开始就囿于唯科学主义的自我理解，所以他陷入了客观主义。这种客观主义从自我反思阶段直接返回到同时代的马赫类型的实证主义。"弗洛伊德的元心理学论断具有方法论的意义，而非仅仅具有心理学研究的意义。他的理论形成与自我反思具有内在关联。"[①] 不过，只有在严格的经验科学范畴框架中重新表述心理分析假设的尝试，才提供了替代性选择：（1）在行为主义确立的学习心理学框架中重新表述的原理，经受住了一般程序的测试；（2）使用作为调节系统的现代功能主义手段重构从自我心理学上得到完善的、但却是从本能动力学上得到论证的个性模型。

这样，弗洛伊德就悄无声息地将元心理学描述为能量分配模型的经验科学的严格表述。当然，他对元心理学的态度并非没有矛盾。为了元心理学的发展，也为了理论的价值，弗洛伊德毫不动摇地坚持将心理分析的谈话当作唯一的经验基础。因此，元心理学不是一种经验理论，而是一种元理论，或者说，是一种元解释学，它阐明心理分析认识的可能性条件，即阐发心理分析的谈话状况中的阐释逻辑。于是，"元心理学与自然科学、精神科学的方法论都处于同一层面。不过，在自我反思的阶段，它们的逻辑是不同的"[②]。

第三，心理分析与社会理论。弗洛伊德将社会学理解为应用心理学，或者说，正是心理分析问题将他引入了社会理论领域。关于文化理论的研究，则是弗洛伊德的心理分析通往社会理论的关键。在哈贝马斯看来，弗洛伊德的社会理论，一方面与马克思对类历史的重构惊人的一

---

① J. Habermas. Theorie und Praxis. Sozialphilosophische Studien. Frankfurt/M.：Suhrkamp，1978：307.

② 同①310.

第三章　批判理论语境中的马克思主义

致,但另一方面也以特殊方式显示出其新观点的价值:正如马克思将"社会"视为人类超越动物的生存条件一样,弗洛伊德将"文化"视为人类超越动物的生存条件。然而,"任何人都可能是文化的敌人"这个用法已经表明了弗洛伊德与马克思之间的差异:马克思将制度框架理解为利益的调节;相反,弗洛伊德在与本能压抑的关联中理解制度框架。因此,捍卫文化就必须反对个人,而且文化设施、文化制度、文化禁忌都服务于这个任务。

一方面,马克思从两个维度阐发了"人类"(Menschengattung)的自然历史的自我建构、自我创造过程、形成过程;另一方面,马克思未能对应该重构作为类的自我建构批判的科学状况给予说明,因为他的人与自然综合的唯物主义概念局限于工具行为框架中(在这个框架中,生产知识而非反思知识得到了辩护)。另外,这个模式也不适合对统治与意识形态进行重构。与此相反,弗洛伊德在元心理学中获得了一种可以使人们理解统治与意识形态的被扭曲了的交往行为框架,这样,弗洛伊德就能够描述马克思没有看穿的关联。马克思不能看穿作为被扭曲了的交往的统治与意识形态,他的兴趣点是创造、使用工具的动物;弗洛伊德的兴趣点是本能上被压抑的、同时幻想着的动物。这样,在弗洛伊德那里,统治与意识形态就获得了与在马克思那里不同的地位价值,即更实质的价值。不过,在哈贝马斯看来,"弗洛伊德对统治与意识形态评价太低,这是他的理论优点。但弗洛伊德又以悖谬的方式误入客观主义的历史建构——这使弗洛伊德落后于马克思达到的反思阶段,并妨碍他从社会理论上阐发其心理分析的基本观点"①。马克思将类的自我建构同社会劳动机制联系在一起,所以他从未将历史发展动力与作为主体的类的活动分开,从未在自然进化范畴中理解历史发展动力。但马克思继承了观念论传统的遗产,悄无声息地将"综合"确立为参照点——部分主观自然与客观自然的综合作为参照点,同时将敞开的自在的自然视为综合的有限条件。

自然科学研究过程是在工具行为的先验框架中被组织起来的(皮尔士);精神科学研究过程是在交往行为的先验框架中进行的(狄尔泰);在心理分析中,研究过程受心理分析的对话条件影响(弗洛伊德)。在

---

① J. Habermas. Theorie und Praxis. Sozialphilosophische Studien. Frankfurt/M.: Suhrkamp, 1978: 345-346.

弗洛伊德看来，世界的本质问题，如果离开了实践兴趣，就是一个空洞的抽象。尼采看到了认识与兴趣的内在关联，同时将它心理学化，因此，使这种关联成为用元批判方法消解认识论的基础。在尼采的视域里，无论是康德、黑格尔还是叔本华，无论是怀疑主义的保留态度还是历史主义的悲观主义态度，都有道德的起源。为了拒绝进入认识论，尼采以黑格尔为基础反对康德使用的论据；此外，尼采的"科学"概念是实证主义的，因为根据实证主义观点，不存在一种超越经验科学方法论认识的认识，尼采承认这个论断。不过，尼采接受的实证主义科学概念具有自相矛盾的特征。在尼采那里，科学理论是批判的也是解构的。科学使之成为可能的启蒙过程是批判的；但仅仅批判地消解教条，并不能使之得到解放。因此，批判的消解不是解放的，而是虚无主义的。哈贝马斯指出，"尼采在精神科学中遇到的困境与在自然科学中遇到的困境一样：他不能抽走实证主义科学概念的要求，也不能丢掉对生活具有意义的苛求的理论概念。当尼采想将实证主义与伟大哲学之不能统一的遗产统一起来时，他被迫内在地批判作为错误自我理解的科学客观主义，为的是揭示它与生活实践隐蔽的关联"①。

在尼采看来，科学的客观主义迷误产生的原因在于：哲学对科学实证主义的自我误解。但尼采始终受实证主义束缚，甚至固守着实证主义基本信念，以至于他不能将科学的客观主义自我理解视为认识批判，因而他必然自然主义地误解他所遇到的引导认识的兴趣。这样，尼采就被迫对引导认识的兴趣做经验主义解释，并否定反思。不过，尼采对反思的否定与实证主义对反思的否定是不同的：尼采不是借助于科学的客观主义来否定反思，而仅仅是用反思本身来否定反思的批判力。总之，作为否定自我反思的大师，尼采阐发了认识与兴趣的关联，但对这种关联做了经验主义的错误解释，这样就为现代实证主义做了证明。

4. 从兴趣概念出发，分析了认识与兴趣的关系，强调兴趣在认识过程中的引导作用；在区分不同的认识兴趣与不同的科学理论的基础上，强调作为认识与兴趣之统一的批判

第一，兴趣与理性兴趣。哈贝马斯指出，追溯到康德，尤其是费希特的"理性兴趣"（Vernunftinteresse）概念，可以澄清方法论上出现

---

① J. Habermas. Theorie und Praxis. Sozialphilosophische Studien. Frankfurt/M.：Suhrkamp，1978：358-359.

第三章 批判理论语境中的马克思主义

的认识与兴趣的内在关联,并避免对之进行错误解释。然而,与反思哲学的历史联系还不足以为自我反思维度恢复名誉。弗洛伊德为被毁坏的、偏离方向的自我反思的形成过程阐发了一个解释框架,但无论在理论上还是在方法论上,他都将心理分析理解为经验科学、分析技术。所以,弗洛伊德的自我反思理论令人费解。尼采的方法论观察的意义与自我反思能力联系在一起,但这位反启蒙的辩证法家却极力以自我反思形式否定自我反思的力量,从而让心理主义支配引导认识的兴趣。

从根本上说,"兴趣"(Interesse)就是乐趣,它与某个对象或某个行为存在的观念相关联。在康德那里,兴趣是任何情感都具有的能力,即原则。在康德的先验哲学中就已经出现过"理性兴趣"概念,但只有在费希特使理论思维隶属于实践理性之后,"理性兴趣"这个概念才得到阐发,即解放的行为理性本身固有的兴趣概念。

在《伦理形而上学的奠基》(又译为《道德形而上学原理》,1785)最后一部分,康德明确阐发了"纯粹实践理性兴趣"概念的价值。康德认为,纯粹兴趣(理性兴趣)只有在下述条件下才是可以理解的:理性在同等程度上,既引起愉悦的感觉,又追求一种本身总是与直接的癖好不同的倾向——促使理性现实化的本能直接蕴含在理性中,但这在先验规定性下是不可思议的。哈贝马斯说,康德所承认的所有实践哲学的极限,不过是以纯粹兴趣的名义表达的、由道德情感保证的理性与感性之间因果关系的不可思议性。当然,在康德的理论体系内部,纯粹兴趣概念具有独特的价值,它规定着这个事实:这个事实能够支持我们确定实践理性的现实性。不过,这个事实不是在通常的经验中被给定的,而是通过道德情感确证的。因此,纯粹兴趣是个极限概念,它将经验表达为不可理解的。

在《判断力批判》(1790)中,康德更加明确地将兴趣区分为经验兴趣和纯粹兴趣。前者作为感性兴趣,是对行为对象的病态的兴趣,即感兴趣的是行为或对象带来的乐趣,意志由于癖好的呼唤而遵循理性本身的原则;后者作为理性兴趣,只对行为的实践感兴趣,即感兴趣的是行为本身,意志对理性本身原则具有依赖性。当然,并非所有兴趣都可以作为认识的基础,都能引导认识。只有理性兴趣才是引导认识的兴趣,才能作为认识的基础,从而作为一切科学认识的基础。除此之外,康德还讨论了兴趣与需要的关系:要么兴趣产生于需要,要么兴趣产生需要。与舒服或有用联系在一起的感官的（病态的）兴趣产生于需要，与善联系在一起的理性的（实践的）兴趣唤醒需要；渴望能力通过癖好而被激发，理性兴趣通过理性的基本原则而被规定。在"自由是如何可能的"问题中，康德阐发了意志自由与因果性（包括理性因果性）的关系，认为自由的原因不是经验的，但也不仅仅是理智的；人们能够将这个原因表征为但不能理解为事实。作为更高秩序的事实，理性的事实为理性原则奠定基础。理性的基础在纯粹兴趣（理性兴趣）中得到确证，但却脱离人的认识。人的认识要达到理性兴趣，就既不能仅凭经验认识，又不能仅凭纯粹认识，而必须凭两者。

哈贝马斯指出，康德将兴趣追溯到原则，这就撇开了理性内含着的事实性要素。事实上，在康德那里，任何兴趣，不论经验兴趣还是纯粹兴趣，不论思辨理性兴趣还是实践理性兴趣，最终都是实践的。① 只有当理论理性与实践理性结合成"一种认识"时，才能谈论严格意义上的思辨理性兴趣。在实践意图中合法地使用理论理性时，纯粹的实践理性兴趣就发挥着引导认识的作用。只有当思辨理性兴趣被严格地当作纯粹的实践理性兴趣时，理论理性才失去其独立于理性兴趣的功能。费希特将理性行为，即"理智直观"（intellektuelle Anschauung）理解为返回到自身的反思行为，并将实践理性首要性转变为这个基本原理：康德的纯粹思辨理性与纯粹实践理性偶然结合成"一种认识"，为费希特的思辨理性对实践理性原则上的依赖性所取代。在阐发纯粹理性的自主时，康德将以不同方式引导独断论者与经验论者的兴趣称为独断的。费希特也批判独断论与观念论：独断论是虚假意识，尤其是谬误和不自由的存在，独断论既是一种道德缺失又是一种理论无能；观念论讽刺性地凌驾于独断论之上，而必须对之进行澄清，使自己处于危险中。哈贝马斯说："从康德到费希特的理性兴趣概念，开辟了一条从通过实践理性给出的、对自由意志行为的兴趣概念到在理性本身中起作用的、对自我的独立性的兴趣概念之路。"② 在费希特那里，理性兴趣作为一种自由行

---

① 在理论理性与实践理性的关系问题上，康德的立场是不一致的：一方面说，理论理性与实践理性，两者不是一回事；但另一方面又说，理论理性与实践理性，"归根到底只有一个理性，只是在运用方面有所不同罢了"（康德. 道德形而上学原理. 苗力田，译. 上海：上海人民出版社，1986：40）。

② J. Habermas. Theorie und Praxis. Sozialphilosophische Studien. Frankfurt/M.：Suhrkamp, 1978：15.

为先于自我反思，正如它在自我反思的解放力量中得到实现一样。自我反思是直观与解放、洞见与从独断的依赖性中解放出来的统一。黑格尔将显现出来的意识阶段视为反思阶段。

然而，哈贝马斯既不遵循费希特的知识学意图，也不遵循黑格尔的现象学意图，因为在哈贝马斯看来，人类的形成过程绝不像费希特的自我之绝对自我设定或黑格尔的精神之绝对运动那样，是无条件的，而是依赖于主观自然与客观自然的有限条件。只要理性兴趣指向以符号为中介的互动与工具行为诸条件的满足，它就会采纳实践的认识兴趣与技术的认识兴趣之限制形式。也就是说，需要以唯物论方式重新解释观念论引入的理性兴趣：解放的认识兴趣依赖于可能的主体间性的行为取向的兴趣与可能的技术支配兴趣。哈贝马斯断言，在"解放行为"，即与反思活动一致的行为范畴中，能够清楚地说明认识与兴趣的交织关系。

哈贝马斯断言，"认识兴趣的含义既非认知心理学的，又非知识社会学的，也不是严格意义上的意识形态批判的，因为它是不变的"[①]。因而，"兴趣"既非单纯的经验兴趣又非纯粹的理性兴趣，兴趣的满足是靠被成功控制的行为的合理性来衡量的。如果认识过程直接就是一个生活过程，那么认识引导的兴趣的满足就必然导致需要的直接满足。然而，被满足的兴趣并不直接导向享受，而是导向成功。因此，"兴趣"既不与动物的行为控制（本能）处于同一阶段，又不能完全脱离生活过程的客观关联。[②] 哈贝马斯指出，"兴趣"这个概念，不应将先验逻辑规定性自然主义地追溯到经验逻辑规定性，反而要避免这种还原。"引导认识的兴趣"使人类自然史与人类形成过程的逻辑互为中介，但它不能要求将逻辑追溯到任何自然基础。"我将'兴趣'称为与人类可能的再生产以及人类自我建构联系在一起的一定的基本条件，即同劳动与互动联系在一起的基本趋向。因此，这些趋向并不指向直接的经验需求的满足，而是指向根本的系统问题的解决。"[③] 也就是说，"认识兴趣"是一个独特的范畴，它既不服从经验规定性与先验规定性，或事实规定性

---

① J. Habermas. Theorie und Praxis. Sozialphilosophische Studien. Frankfurt/M.：Suhrkamp，1978：15.
② J. Habermas. Erkenntnis und Interesse. Frankfurt/M.：Suhrkamp，1973：172-173.
③ 同②242.

与符号规定性之间的区别,又不服从认知规定性与动机规定性之间的区别。皮尔士、狄尔泰都遇到了科学认识的兴趣基础问题,但他们都没有对之进行反思,因而没有形成"引导认识的兴趣"概念,根本不理解这个概念所追求的东西。哈贝马斯说,反思过程表现为解放运动,理性同时处于理性兴趣下。所以,人们能够说,理性遵循指导反思过程的解放的认识兴趣。技术的认识兴趣与实践的认识兴趣,只有在与理性反思之解放的认识兴趣的关联中,即不陷入心理学化或新客观主义中时,才能不被误解地理解为引导认识的兴趣。

哈贝马斯认为,理性与兴趣是相互蕴含、统一的。理性兴趣是进步的、批判的、革命的,但却是以试验的方式实现人类伟大幻想的力量。自我保护的兴趣在理性兴趣中延续。理性兴趣之所以对认识具有引导作用,是因为理性兴趣本身必然包含着适合于它们的认识范畴。早在《理论与实践》中,哈贝马斯就指出,认识与兴趣就处于独特的交织关系中:一方面,兴趣依赖于认识和行为;另一方面,兴趣又是认识和行为的基本要素。"认识兴趣可以追溯到具体的内驱本能的生物学遗产上,因为它是抽象的;毋宁说,它产生于和劳动、语言联结在一起的社会文化生活形式的绝对命令。"[①]

第二,在区分不同的认识兴趣与不同的科学理论的基础上,强调马克思主义的批判性。哈贝马斯将认识兴趣分为三类,即技术的认识兴趣、实践的认识兴趣、解放的认识兴趣,它们分别通过劳动媒介、语言媒介、支配媒介而形成。在《认识与兴趣》中,哈贝马斯首先分析了实践的认识兴趣以及相应的解释学,与技术的认识兴趣以及相应的经验分析科学之间的不同。他指出,与技术的认识兴趣不同,实践的认识兴趣并不指向客观现实的把握,而是指向相互理解的主体间性的维护("现实"只有在这个视域中才作为某种东西显现出来);技术的认识兴趣规定着经验分析科学层面,实践的认识兴趣先天地规定着解释学层面;经验分析科学注重工具行为的功能范围,解释学则注重以日常语言为中介的互动——尽管两者都受植根于生活世界关联的认识兴趣的引导,但当经验分析方法指向用可能的技术支配(现实)的先验观点来揭示与把握现实时,解释学方法则指向用共同的规范保证的日常语言交往行为中的

[①] J. Habermas. Theorie und Praxis. Sozialphilosophische Studien. Frankfurt/M.:Suhrkamp,1978:16.

第三章 批判理论语境中的马克思主义

相互理解的主体间性。①

更进一步地说，经验分析研究是累积性学习过程的系统性继续，这个过程是在工具行为的功能范围内前科学地实现的；解释学研究将理解（和自我理解）过程带入方法论形式中，这个过程是在以符号为媒介的互动传统关联中前科学地实现的。经验分析研究关涉技术上有用的知识的创造，解释学研究关涉实践上有效的知识的说明；经验分析科学出现在工具行为的先验条件下，解释学产生在交往行为层面上。② 反过来说，经验分析科学（如旨在取得探索性认识的自然科学）具有因果解释形式，或具有关涉可观察结果的有条件的预测形式，它们关联着一种技术的认识兴趣，以成功地自然支配为目的；历史解释科学（如旨在对结构进行解释的系统的行为科学，即经济学、政治学、社会学）具有传统意义关联的解释形式，它们关联着一种实践的认识兴趣，以取得人与人之间可能的共识为目的；批判的社会科学（如心理分析、意识形态批判）具有批判性反思的哲学形式，它们关联着一种解放的认识兴趣，以自我解放为目的。

换言之，经验分析科学归纳的进步，只有在前先验的说明与理论语言普遍表达相适应的基础上才是可能的；相反，历史解释科学之准归纳的进步，建立在日常语言的特殊成就基础上，它使一般范畴的价值在具体的生活关联中有可能进行间接的传达。③ 尽管解释学处理问题的方法，不像经验分析科学那样令人信服，但历史解释科学与经验分析科学一样，目标都在于确立规律性的知识。然而，批判的社会科学（包括马克思主义）对此并不满足，它要努力检验理论陈述何时能够从根本上掌握社会行动的不变的规律性，它们作为批判理论是最高类型的认识。因此，如果将批判理论降低到与具体科学同等的位置，那就会使其变成不能对活动的价值和目标进行独立选择的"社会技术主义"。

在《理论与实践》的"新版导论"中，哈贝马斯说，当科学不能将事先就把理论形成关联与理论应用关联联结起来的基本兴趣纳入自己方法论的自我理解中时，马克思的社会理论、弗洛伊德的元心理学（作为旨在自我反思的语言分析），就将一种超越了技术的认识兴趣、实践的

---

① J. Habermas. Erkenntnis und Interesse. Frankfurt/M.：Suhrkamp, 1973：221-223.
② 同①235-236.
③ 同①206.

认识兴趣之解放的认识兴趣纳入自我理解中。因此,对于弗洛伊德理论本身来说,理论与治疗的关系,恰如理论与实践的关系对于马克思理论来说一样,是结构性的。①

从对批判类型的理论(结构的)形成关联与(潜在的)应用关联的反思状况出发可以得出:理论与实践关系之方法论的内在表现,仿佛也就是变化了的理论与经验的关系。"批判的社会学"(Kritische Soziologie)同四种与之竞争的理论之间存在着区别,这四种理论就是:严格的行为科学的客观主义,精神科学的解释的观念论,无所不包的系统理论的普遍主义,历史哲学的教条主义遗产。

哈贝马斯指出:"甚至马克思也没有说清楚:归属于社会阶级的诸种属性(例如,阶级意识、阶级利益、阶级行为),并不意味着,从个体意识层面向集团意识层面的简单的转化;毋宁说,这些属性是共同生活着的个体,在主体间性的协商与合作中确立的。"② 哈贝马斯并不像马克思那样,在辩证逻辑中以某种方式为在实践意图中构思的社会理论寻找规范基础。哈贝马斯说,每个理解都保证一个理性的共识;否则,它就不是真正的理解。有能力的言说者知道,每个实际上获得的共识都可能是欺骗;但人们总是将理性的共识概念当作欺骗的(或仅仅强制的)概念的基础。"我们的出发点:语言行为赖以交流的功能性的语言游戏,建立在'背景共识'(Hintergrundkonsensus)之上。这种共识是在至少四种有效性要求的相互承认中形成的。"③ 这四种有效性要求就是:真实性、正当性、真诚性、可理解性。事实上的承认,在任何情况下,甚至在错误的情况下,都依赖于以对话方式兑现所提出的诉求的可能性。"话语"(Diskurs)就是我们用来论证认知性表达的言辞的活动。只有交往的这种原本非现实的结构,才能确保通过对话而获得的(被视为理性的)共识的可能性。因而,真理共识论应当说明:为什么不能从含义上要求一种不依赖于对话的真理标准。

哈贝马斯说,他可以在行为话语的参考系中,对理论与实践的关系这个规范问题给出令人惊讶的描述性转向。一方面,那种在只有通过话

---

① J. Habermas. Theorie und Praxis. Sozialphilosophische Studien. Frankfurt/M.:Suhrkamp, 1978:17.
② 同①.
③ 同①24.

语才能兑现的、仅在实际上得到承认的有效性要求的假定，是令人信服的；另外表明，我们若想进行对话，就必须相互假定一个理想的言谈情景。因此，对于交往行为来说，话语有着根本意义。另一方面，在历史上，话语只是到后来才失去了其个别特征。在话语制度化过程中，有一些典型的事例：例如，古代雅典哲学路径、现代经验科学路径，以及现代公共领域＋政府代议制形式，即资产阶级民主。"政治话语在公共领域中、在政治与社团中、在议会中，纯粹是表象；并且在所有可以想象的情况中，也始终是表象。利益妥协屈服于权力与通过反权力而平衡权力的逻辑。合理化对它是无关紧要的。"① 在这里，哈贝马斯力图阐明：资产阶级革命观念为什么必然是虚假意识？为什么是意识形态？他指出，马克思批评争取资产阶级民主的天真要求，也毫不掩饰地废除资产阶级观念。因为在他看来，民主作为资产阶级民主是不可能实现的。"这个洞见奠基于将自身理解为意识形态批判的政治经济学批判。共产主义者的使命，就是将这个批判变成实践活动。无产阶级先锋队掌握着两种武器：武器的批判与批判的武器。"②

三、历史唯物主义需要"重建"

早在《介于哲学与科学之间：作为批判的马克思主义》一文中，哈贝马斯就说过，在马克思主义理论，尤其是被斯大林法典化的辩证唯物主义世界观的接受中，有四个不可逾越的"反对事实"：（1）在自由资本主义阶段，国家与社会的"分离"是典型的；到有组织的资本主义阶段，国家与社会相互交织。这时，国家与社会就不再处于上层建筑与经济基础的古典关系中了。（2）在发达资本主义国家中，甚至广大居民阶层，生活水平大幅度提高，以至于对解放的兴趣不能直接在经济中表现出来。"异化"失去了其经济上的贫困形态，"拒绝"更加隐秘；统治关系不再是赤裸裸的暴力关系；"服务者"在社会技术垄断下被很好地整合为顺从者。（3）未来社会主义革命被指定的承担者，即无产阶级，作为一个阶级消失了；阶级意识，尤其是革命意识，即使在工人阶级核心层也难以得到确认（波皮茨语）；任何革命理论都缺乏接受人；不过，

---

① J. Habermas. Theorie und Praxis. Sozialphilosophische Studien. Frankfurt/M.：Suhrkamp，1978：17.
② 同①.

在各国内部已经平息了的阶级斗争,在资本主义与社会主义阵营之间的国际层面仍有再生。(4)俄国革命与苏维埃制度最终确立,这个事实使关于马克思主义的讨论处于瘫痪中;由脆弱的无产阶级发动的,由小资产阶级与前资产阶级的农民群众代表的反封建运动,并没有直接的社会主义目标;相反,从功能性的干部统治走向了官僚主义,美国的"新资本主义"(new capitalism)通过自我约束有了自我调节的可能性。[①] 可见,这里已经蕴含着这样的思想,即经济基础与上层建筑的关系理论、阶级意识与阶级斗争概念、革命主体与社会主义学说,不再能够无条件地适应了。

在《作为"意识形态"的技术与科学》中,哈贝马斯不仅进一步阐发了科技意识形态论,对科学技术的社会效应进行了批判性反思;而且提出了政治科学化构想,试图协调政治家与技术专家的关系;更重要的是,他用劳动与互动来论证后期资本主义生产力与生产关系新格局形成的合理性,并在分析发达资本主义两种新趋势的基础上,重新解释马克思理论。

《作为"意识形态"的技术与科学》,从狭义上讲,是指哈贝马斯为纪念马尔库塞诞辰七十周年而撰写的近60页的文章,最早发表在《水星》1967年第7期、第8期合刊上;从广义上讲,是指哈贝马斯1968年出版的一部文集。该文集除"前言"外,收录了5篇文章,即《劳动和相互作用——评黑格尔耶拿时期的〈精神哲学〉》(1967)、《作为"意识形态"的技术与科学:纪念H.马尔库塞诞辰七十周年》(1968)、《技术的进步和社会的生活世界》(1966)、《科学化的政治和公共领域》(1964)、《认识与兴趣》(1965)。

自19世纪最后25年以来,在发达资本主义国家出现了两种引人瞩目的趋势:一是为了保证资本主义体系的稳定性,国家干预性活动增强;二是科学研究与技术的相互依存增强,从而"使科学成为第一生产力"[②]。哈贝马斯指出,这两种趋势毁坏了制度框架与目的合理性行为子系统之间的原有格局,从而使马克思根据自由资本主义正确地提出的

---

① J. Habermas. Theorie und Praxis. Sozialphilosophische Studien. Frankfurt/M.：Suhrkamp,1978：32 – 33.

② J. Habermas. Technik und Wissenschaft als "Ideologie",20. Auflage Frankfurt/M.：Suhrkamp,2014：74.

政治经济学的重要适用条件消失了,所以马克思对自由资本主义的分析不能不根据实际情况的变化而运用到后期资本主义。

(一)劳动价值论和剩余价值学说,"失去了"其应用条件

在自由资本主义社会,通过技术引入提高劳动生产率的制度压力始终存在,但这时的技术创新是零星的、自发的。在后期资本主义社会,随着大规模的工业研究,科学、技术及其应用就结成一个系统,技术与科学成为第一生产力。这样,对于马克思的劳动价值论来说,其应用条件就失去了。"当科技进步成为剩余价值的一个独立来源时,马克思通过考察所得出的剩余价值来源——直接生产者的劳动力,就越来越不重要了。"[1]

在《后期资本主义的合法性问题》(1973)中,哈贝马斯也有类似的说法。他指出,在自由资本主义中,当绝对剩余价值提高达到极限后,资本家就想方设法提高相对剩余价值;在后期资本主义中,除了进一步提高相对剩余价值之外,资本家还试图通过反思性劳动来创造"间接剩余价值"。所谓"反思性劳动"(reflexive Arbeit),就是指与提高劳动生产率目标联系在一起、应用于自身的劳动,首先能够被视为集体的自然用品。今天,它已经内化到经济循环过程中。哈贝马斯说,人们如果坚持教条主义概念策略,将反思性劳动理解为(马克思意义上的)非生产性劳动,那就会不考虑这种劳动对价值增值过程的特殊功能。在直接创造剩余价值的意义上,反思性劳动不是生产性的,但也不是非生产性的。不然的话,它对剩余价值生产就不会有这么大的作用。这些思考一方面说明,经典的价值理论的基本概念不足以用来分析国家的教育政策、技术政策、科学政策;另一方面说明,剩余价值生产的新形式是否能够补偿利润率下降趋势,即是否能够阻止经济危机,这是一个经验问题。[2]

不过,在《后期资本主义的合法性问题》中,哈贝马斯对马克思的劳动价值论的态度是辩证的:一方面,他承认劳动价值论对阶级统治的意识形态批判作用。哈贝马斯指出,马克思对价值形式的理论分析(劳

---

[1] J. Habermas. Technik und Wissenschaft als "Ideologie", 20. Auflage Frankfurt/M.: Suhrkamp, 2014:80.

[2] J. Habermas. Legitimationsprobleme im Spätkapitalismus. Frankfurt/M.: Suhrkamp, 1973:81-82.

动既创造使用价值又创造交换价值）具有双重任务：既服务于阶级统治的意识形态批判——通过证明劳动市场上根本不存在等价交换，揭示阶级统治对资产阶级意识本身的蒙蔽；又服务于经济系统的功能分析。[①]另一方面，他又揭示劳动价值论在后期资本主义时期遇到了困难。哈贝马斯说，尽管价值理论应当履行拜物教批判以及从市民社会中派生出来的文化现象批判的任务，但它直接从事的是对经济再生产过程的系统分析。因此，从策略上看，价值理论的基本概念是这样确定的，以至于从矛盾着的资本积累理论中产生出来的命题，可以转变为阶级理论的行为理论假定。所以，马克思保留了这种可能性，即把（在阶级结构界限内运行的）资本增殖的经济过程重译为阶级之间的社会过程，但"这种经济分析内含着的社会学重译，在有组织的资本主义变化了的条件下遇到了诸多困难"[②]。例如，在有组织的资本主义社会中，资本主义社会的基本矛盾是否仍然有效？或者说，危机逻辑是否已经发生改变？资本主义是否从根本上转变为克服了充满危机的经济增长运行形式的"后资本主义社会形态"（nachkapitalistische Gesellschaftsformation）？

（二）阶级斗争和意识形态范畴，"必须限定"其适应范围

哈贝马斯指出，在资本主义社会，"必须限定"阶级斗争和意识形态的适用范围，以至于马克思理论的两个关键范畴，即阶级斗争和意识形态，不再能够不根据具体情况而被到处使用。他说，社会阶级斗争首先在资本主义生产方式基础上建构起来的、公开的阶级对抗对系统产生了种种危害；后期资本主义通过避免冲突的政策，平息了阶级冲突。在后期资本主义社会系统中，那些同维护生产方式固定在一起的利益，不再作为"具有明显局限性的"阶级利益；但这并不意味着阶级对立的扬弃，而是意味着阶级对立的潜伏。阶级差别仍然存在于生活水平、生活习惯以及政治立场方面，仍然存在更易被不平等现象打击的雇佣劳动者阶级，以及维护系统普遍化的特权阶层。就是说，冲突领域从阶级范围内转移到没有特权的生活领域内，绝不意味着严重的冲突潜能的克服。

当然，国家调节的资本主义的政治统治，本身也包含着一种超越了潜在阶级界限的、对维护分配者补偿部分的兴趣。"无论如何，在后期

---

① J. Habermas. Legitimationsprobleme im Spätkapitalismus. Frankfurt/M.：Suhrkamp，1973：43.

② 同①49.

第三章 批判理论语境中的马克思主义

资本主义社会中，只要下层群体、没有特权的群体，从根本上说还具有群体特征，还没有成为居民知晓的范畴，下层群体与特权群体之间的对立就不再表现为社会经济阶级之间的对立。因而，在所有传统社会中存在着的并出现在自由资本主义中的那种基本关系，即处于经济剥削、政治压迫关系中的阶级对立，将成为次要的关系。"[1]

在《后期资本主义的合法性问题》之"后期资本主义的描述模型"中，哈贝马斯谈到了公共领域的去政治化、康采恩与工会就工资谈判达成的准政治的妥协，以及阶级妥协问题。

他说，在去政治化的公共领域中，合法性要求萎缩成两个残余的需要：（1）公民的"精致利己主义"（Privatismus），即与职业晋升取向、闲暇取向、消费取向处于紧密联系中的政治冷漠，促进了适应和顺从系统而获得补偿的期待；福利国家的补偿纲领考虑到了这种精致利己主义，也吸收了教育系统承载的绩效意识形态部分。（2）结构上的去政治化本身需要辩护，或者通过民主精英理论，或者通过技术统治系统理论。前者可追溯到熊彼特（Schumpeter）、M. 韦伯，后者可追溯到"制度主义"（Institutionalismus），或曰"制度学派"（Institutionalschool）。[2]

在传统社会中，生产关系的政治形式允许统治集团毫无困难地同一化。自由资本主义社会宣称的统治，为匿名的私人主体之政治暴力所取代。在有组织的资本主义社会中，由于市场在功能上暴露出许多弊端，市场调控机制在功能失调情况下也带来了许多负效应。因此，资产阶级"公平交换"的基础意识形态也崩溃了。经济系统与政治系统重新结合，在某种程度上使生产关系再政治化，但阶级关系的政治统治形式并未因此而重新确立起来；相反，阶级统治的政治匿名化为社会匿名化所取代。在这种关联中，康采恩与工会就工资谈判达成了准政治的妥协；在

---

[1] J. Habermas. Technik und Wissenschaft als "Ideologie", 20. Auflage Frankfurt/M.：Suhrkamp，2014：88.

[2] "制度主义"（Institutionalismus），或曰"制度学派"（Institutionalschool），是19世纪末20世纪初在美国形成的并非严格统一的经济学派。第一阶段（20世纪初—20年代），即旧制度学派时期，主要代表人物有T. 凡勃伦（T. Veblen）、J. R. 康芒斯（J. R. Commons）、W. C. 米切尔（W. C. Mitchell）等；第二阶段（20世纪30—50年代），即从旧制度学派向新制度学派过渡时期，主要代表人物有G. C. 米恩斯（G. C. Means）、A. 伯利（A. Berle）、C. E. 艾尔斯（C. E. Ayres）等；第三阶段（20世纪60年代至今），即新制度学派时期，主要代表人物有加尔布雷思（Galbraith）、海尔布隆纳（Heilbroner）、包尔丁（Boulding）、华尔德（Walder）等。

垄断部门与公共部门中，劳资双方甚至找到了一个更大的妥协领域。哈贝马斯说，自二战以来的几十年里，最发达的资本主义国家在核心领域都成功地将阶级冲突（尽管有法国五月风暴）保持在潜在状态；成功地延长了经济景气周期，将周期性的资本贬值转变为比较缓和的通货膨胀的持续危机，并广泛地过滤了经济危机带来的功能紊乱的负效应。借此，消解了社会认同，并使阶级意识碎片化。"后期资本主义结构中接纳的'阶级妥协'（Klassenkompromiß），使得（几乎）所有人既成为参与者又成为当事人。"①

在《后期资本主义的合法性问题》之"普遍利益的压抑模型"中，哈贝马斯首先区分了可以辩护的规范与稳定暴力关系的规范。他指出，如果规范表达普遍利益，那它们就以理性的共识为基础；如果规范不能调节普遍利益，那它们就以暴力或规范权力为基础。然而，如果规范权力能够被间接地辩护，那这就是妥协。就是说，在参与者各方权力平衡的条件下，特殊利益之间的规范平衡就可被称为妥协。在哈贝马斯看来，分权是一种旨在保证特殊利益领域权力平衡的秩序原则，因此妥协是可能的；另一种秩序原则是在资产阶级私法中实现的，资产阶级私法为策略地追求个体利益的自主行为领域划定了界限，它预先设定了个体之间的权力平衡，从而使关于非普遍利益的妥协成为没有必要的。在这两种情况下，资产阶级都运用了能够加以辩护的普遍主义原则，但条件是受到调节的利益的普遍化是不容否定的。这又只能在话语中加以检验。因此，分权与民主并不是同等权益的政治秩序原则。②

（三）生产力与生产关系的关系必须用劳动与互动的关系来代替，经济基础与上层建筑的关系也已经发生变化

"与科技进步连在一起的生产力的制度化增长，打破了所有的历史比例关系。制度框架从中产生了它的合法性机会。那种认为生产关系能够用发展了的生产力潜能来衡量的思想——由于现存生产关系表现为合理化社会技术上必要的组织形式——变成了不可能的。"③哈贝马斯指

---

① J. Habermas. Legitimationsprobleme im Spätkapitalismus. Frankfurt/M.：Suhrkamp，1973：58.

② 同①153－154.

③ J. Habermas. Technik und Wissenschaft als "Ideologie"，20. Auflage Frankfurt/M.：Suhrkamp，2014：51.

第三章 批判理论语境中的马克思主义

出,对于意识形态概念与阶级理论来说,如果应当确证其应用范围的相对化,那么,马克思阐发的历史唯物主义基本假设的范畴框架就需要进行新的表述,即生产力与生产关系的关系,似乎应该由"劳动"(Arbeit)与"互动"(Interaktion)之间更加抽象的关系来代替。因为某些论证表明,在人类历史上,目的合理性行为只有通过与其他互动之间相互联系的真实形成过程,才能说明自己的动机;另外,同制度框架相比,文化具有某种独立性。人类社会发展模式从一开始就受两个因素影响:一是人类对自身的外部生存条件日益增长的技术支配力量;二是制度框架对扩大了的目的合理性子系统或多或少地被动适应。

哈贝马斯认为,资本主义提供的合法性基础源自社会劳动,甚或交往行为关系。因而,在资本主义社会,制度框架的合法性直接与社会劳动系统联结在一起,所有制从一种政治关系变为一种生产关系(即经济关系);它依靠市场的合理性即交往社会意识形态而合法化,不再依靠一种合法的统治秩序。这样,"社会制度框架只有在间接的意义上才是政治的,在直接的意义上是经济的(作为'上层建筑'的资产阶级法治国家)"[1]。

由于发达资本主义社会两种引人瞩目的发展趋势,马克思从理论上揭露公平交换的"基础意识形态"(Basisideologie)实际上已经瓦解。私人经济的资本增殖形式,只有通过国家对周期性稳定作用的社会政策、经济政策的修正才能维持。社会制度框架再政治化,今天它不再直接同生产关系,即不再同保障资本主义经济交往及其相应的资产阶级国家的一般秩序一致。因此,经济系统与统治系统的关系发生了变化。政治不再仅仅是一种上层建筑现象。如果社会不再是作为先于国家并为国家奠定基础的领域,通过"自主地"自我调节而存在,那么,国家与社会的关系也就不再处于马克思理论所规定的经济基础与上层建筑的关系中了。这样,批判的社会理论就再也不能采用政治经济学批判的唯一形式了(在马克思那里,政治经济学批判,只有作为意识形态批判,才是市民理论)。

鉴于此,在《后期资本主义的合法性问题》中,哈贝马斯谈到了国家对经济系统的控制,以及国家机器履行着经济系统的众多职责。根据

---

[1] J. Habermas. Technik und Wissenschaft als "Ideologie", 20. Auflage Frankfurt/M.: Suhrkamp, 2014: 70.

加尔布雷思、奥康纳等人的"三部门模型",在竞争部门,劳动密集型工业占支配地位,私有经济的生产以市场为取向,其中,部分还受竞争的调节。在垄断部门和公共部门,资本密集型工业占支配地位。例如,军火工业、航天工业的大公司不考虑市场,由国家直接控制或靠政府订单生存。这样,国家机器就履行着经济系统的众多职责。例如,国家机器用总体计划来调节整个经济循环过程,或者创造和改善利用剩余资本的条件,这实际上也取代了市场机制。[1] 哈贝马斯说,在后期资本主义社会,国家机器增加了用行政管理手段处理社会事务的功能,这就增加了合法性要求。那种将进行资本主义民主视为资产阶级进行统治的上层建筑的教条主义观念,也忽视了"今天必须用政治民主来满足合法性要求"这个特殊问题。由于国家在某种程度上不再单纯是非政治的阶级关系的上层建筑,所以,获取合法性的形式民主手段就是非常有限的。合法性问题不能归结为资本的价值增值问题,因为阶级妥协一致被视为再生产的基础。

在《理论与实践》的"新版导论"中,哈贝马斯指出,只要未对后期资本主义理论的萌芽进行加工,那么对后期资本主义社会系统中科学、政治、公共意见之间的经验联系的所有考察都是不能令人满意的。因而,这个理论的形成必须以下面三个核心问题为出发点:其一,为什么在发达资本主义社会中,合法性的获得成了最重要的系统问题?国家计划控制带来的种种冲突能够被转移到政治系统中吗?政治危机理论必定能够代替经济危机理论吗?其二,新的以失去动机和抗议倾向而表征的、受到亚文化支持的冲突潜能与冷漠潜能,能够导致危及系统程度的拒绝吗?能够以被动方式质疑重要的系统功能完成的那些群体,与那些在危机状况中在政治上自觉地采取行动的群体是同一的吗?能够导致功能上从必要的支配合法性与效能动机逐步消失的侵蚀过程,同时就是获得行为化潜能的政治过程吗?其三,迫使工人组织起来并建构自身的工人阶级意识,今天在多大程度上还是从为政治所中介的雇佣劳动关系得出的?在产业工人内部,会产生/接纳出于结构性原因,接受政治启蒙并为了非经济目标而被争取过来的其他派别吗?政治意识形成的动机,已经从生产劳动领域转移到其他就业领域

---

[1] J. Habermas. Legitimationsprobleme im Spätkapitalismus. Frankfurt/M.:Suhrkamp,1973:51-54.

第三章　批判理论语境中的马克思主义

了吗?① 所有这些问题，都对传统历史唯物主义提出了挑战。

到《重建历史唯物主义》中，哈贝马斯试图运用社会进化论来全面重建马克思主义。从形式来看，《重建历史唯物主义》是一部文集；从逻辑结构来看，《重建历史唯物主义》可分为四个部分：第一部分"哲学的前景"，阐发了"历史唯物主义和规范结构的发展""哲学在马克思主义中的作用"；第二部分"同一性"，阐发了"道德的发展和自我同一性""复合的社会能够建立一个理性的同一性吗？"；第三部分"进化"，阐发了"社会学中的理论比较——以进化论为例""重建历史唯物主义""历史和进化""对现代法律的进化论价值的思考——辅导课提纲"；第四部分"合法性"，阐发了"现代国家中的合法性问题""何谓今日之危机？——论后期资本主义中的合法性问题""简述合法性概念和答 W. 法赫先生""关于实际对话的两点意见——纪念 P. 洛伦岑诞辰 60 周年"。② 从基本内容来看，第一、三部分与马克思主义的关系非常密切，涉及历史唯物主义评价、社会进化的动力、社会制度的生命力、话语在社会进化中的作用等问题。哈贝马斯说，迄今为止还没有哪种理论能够解释社会进化，或仅仅是相应的构想的现实化。对于能够相互竞争的理论比较来说，必要的先决条件在这个领域还不满足。因而，包括历史唯物主义在内的社会理论都只能说明社会的某个领域。③

在哈贝马斯看来，历史唯物主义至少存在三个方面的问题：一是非反思的历史客观主义。哈贝马斯说，在追溯到马克思的理论传统中，当人们倾向于压抑哲学提问方式而有利于唯科学主义的科学理解时，滑入坏的哲学的危险就特别大。"即使在马克思那里，有时也会出现历史哲学遗产不加反思就起作用的现象；这种历史客观主义主要贯穿在第二国际的进化论中，如在考茨基那里，以及在辩证唯物主义中。"④ 因此，今天重新接受历史唯物主义关于社会进化的观点时，需要特别谨慎。二是马克思的社会理论缺乏明确的规范基础。哈贝马斯认为，马克思在立

---

①　J. Habermas. Theorie und Praxis. Sozialphilosophische Studien. Frankfurt/M.：Suhrkamp，1978：14.

②　哈贝马斯. 重建历史唯物主义. 郭官义，译. 北京：社会科学文献出版社，2013：目录 1-2.

③　J. Habermas. Zur Rekonstruktion des Historischen Materialismus. Frankfurt/M.：Suhrkamp，1976：129.

④　同③10.

足于存在与意识的关系来批判资产阶级理论的规范内容,即现代自然法和国民经济学时,也否定了资产阶级理论的内在规范价值。三是只注重生产力而忽视道德规范在社会进化中的作用。"当马克思将释放出划时代发展动力的、与进化相适应的学习过程,仅仅局限于技术知识和组织知识、工具行为和策略行为的客观思维维度,简言之,生产力维度时,人们就有充分的理由赞同这个假定:在道德洞见维度中,即在实践知识、交往行为,以及行为冲突的共识调节维度中,也存在着学习过程,它沉淀于纯粹的社会整合形式中,在新的生产关系中,并有可能成为生产力的替代品。"①

哈贝马斯指出,科学技术的巨大发展导致后期资本主义社会经济结构、政治结构、文化结构发生了巨大变化,从而使马克思根据自由资本主义创立的历史唯物主义基础消失了,历史唯物主义的许多基本原理也就过时了。要想使历史唯物主义成为具有普遍生命力的社会进化论,就必须对之进行重建。"重建"(Rekonstruktion)既不是"复辟"(Restauration),也不是"复兴"(Renaissance)。"'复辟'似乎意味着回到目前已经腐败了的原初状态,但我对马克思恩格斯的兴趣不是教条的,也不是历史-语言学的;'复兴'似乎意味着对目前已经被抛弃的传统的更新:马克思主义没有必要复兴。在我们的语境中,'重建'意味着将一种理论拆开,再用新形式重新组合,为了更好地达到这种理论所确立的目标:这是对待在某些方面需要修正但仍具有内在潜力的理论的规范立场,从而也是对待马克思主义的规范立场。"②

正因如此,历史唯物主义需要借助交往理论进行重建,这主要体现在以下四个方面:

第一,生产力与生产关系范畴应该用劳动与互动范畴替代。哈贝马斯认为,生产力并不是由劳动者、劳动资料、劳动对象构成的,而是由作为劳动力的生产者、能转化为生产技术的知识与组织生产过程的知识这三者构成的。生产关系也不是指人们在生产与再生产过程中结成的社会物质关系,而是指既调节对生产资料的支配、对劳动力的控制、对财富的分配,又规定同生产资料的支配结合在一起的机构和组织的制度结

---

① J. Habermas. Zur Rekonstruktion des Historischen Materialismus. Frankfurt/M.: Suhrkamp, 1976: 11 - 12.
② 同①9.

第三章　批判理论语境中的马克思主义

构、社会交往形式。因此，生产关系并不是劳动过程的直接结果。与此同时，在后期资本主义社会，科学技术成为第一生产力。这样，生产力的发展就仅仅依赖于能使认识潜能增长的学习机制，而不依赖于生产关系的改变。鉴于此，生产力与生产关系的关系似乎应该由劳动与互动之间更加抽象的关系来代替。前者是指一种目的合理性行为，"在工具行为的功能范围内，我们遇到的对象是运动着的物体——在这里，我们使与物、事件、状态连在一起的经验，原则上成为可操控的"[①]；后者是一种交往行为，"在互动（或可能理解的主体间性）层面，我们遇到的对象是能说话的、能行动的主体——在这里，我们使与人格、表达、状态连在一起的经验，成为根本上可用符号构成的、可理解的"[②]。运用目的合理性行为与交往合理性行为这两个基本概念，就能产生出社会理论的基本前提。

第二，经济基础与上层建筑范畴只能相对地区分。哈贝马斯指出，将经济基础与经济结构等同起来，可能会产生这样一种认识：似乎经济基础领域与经济系统始终是一致的。不过，这只适应于资本主义社会。马克思的上层建筑依赖经济基础的理论，在后期资本主义社会是不适用的。因为在这里，科学技术不仅成为第一生产力，而且变成意识形态；同时国家干预强化，对经济发展过程进行持续性调控，使经济系统与政治系统发生了变化。这时，政治就不再仅仅是一种上层建筑现象，有时政治、法律、意识形态等现象在一些关系中起着基础作用。就是说，由于上层建筑要素进入了经济基础本身，传统理解的政治对经济的依赖关系就被打破了。这样，对于社会解放来说，经济基础就已不再起决定性作用，而上层建筑的批判和改变则具有新的决定性意义。

第三，划分社会形态的标准和社会进化的动力，不是生产方式而是社会组织原则。哈贝马斯断言，生产力的发展管理是社会发展的一个重要尺度，但对于社会发展分期来说却不起决定性作用；而直接用生产关系来确定不同生产方式和依据社会生产方式去分析社会的复杂变化则更有教益。就是说，与以重大技术发明作为划分社会形态的方法相比，直

[①] J. Habermas. Theorie und Praxis. Sozialphilosophische Studien. Frankfurt/M.：Suhrkamp，1978：15.

[②] 同[①].

接通过生产方式的不同来分析社会形态的复杂变化，不失为一个更能说明问题的方法，但仍然存在着许多困难。他说，为了触及社会发展水平的普遍性，生产方式这个概念还不够抽象。因此，必须用抽象性程度更高的社会组织原则代替生产方式作为划分社会形态的标准，并以此来解释社会进化。① 因为在现代社会，生产力与生产关系无论如何变化，都根源于知识的发展，以至于知识的内在增长成为社会进化的必要条件。于是，依靠道德-实践知识的增长就能解决威胁后期资本主义社会制度的种种问题。

第四，阶级斗争理论和意识形态学说"再也不能到处搬用"，劳动价值论和剩余价值学说"也已经过时"。哈贝马斯说："无论马克思恩格斯，还是马克思主义理论家，或者在工人运动史上，历史唯物主义从来都没有被理解。因此，我不将历史唯物主义当作启迪学来对待，而是当作一种理论，而且是一种社会进化论来对待。"② 由此可见，经过哈贝马斯的"全面重建"，历史唯物主义已经变得"面目全非"。在哈贝马斯的视域中，在后期资本主义社会，马克思的许多理论已经过时，例如生产力与生产关系、经济基础与上层建筑、生产方式、劳动价值论与剩余价值学说、阶级斗争理论与意识形态学说。不过，这是哈贝马斯 20 世纪 60—70 年代对待马克思主义的态度。苏东剧变后，哈贝马斯也像詹姆逊、德里达等人一样，又宣称"马克思主义没有过时"。

然而，在维尔默看来，哈贝马斯理论最终并不意味着对批判理论历史视域的重新占有，而是意味着历史可能性视域的开启。诚然，哈贝马斯理论与早期批判理论联系在一起，但它通过吸收语言哲学、结构功能主义社会学、M. 韦伯的合理化理论，而被赋予了不同于早期批判理论和马克思主义传统的规范意义。这样，哈贝马斯的"新批判理论"就开辟了走出辩证法的否定主义绝境之路，也没有必要回到伪辩证法的实证主义绝境中。然而，在维尔默看来，哈贝马斯试图论证"早期批判理论中存在着的现代世界不同有效性领域区分、系统区分的过程，以及个体越来越物化的过程，不仅是历史的、经验的关联，而且是理论的关联。

---

① J. Habermas. Zur Rekonstruktion des Historischen Materialismus. Frankfurt/M.：Suhrkamp，1976：167-168.

② 同①144.

这与谈论'启蒙辩证法'并没有什么两样!"①

第三节 政治经济学批判需要道德维度补充

一、功能主义还原论批判

在《权力的批判：批判社会理论反思的几个阶段》(1985)中，霍耐特对批判理论的关键问题进行了澄清。除"前言""后记"外，这本书的正文分为两个部分。其中，第一部分"社会分析的无能：批判理论的疑难"包括3章，即"霍克海默最初的思想：批判理论的社会学欠缺""《启蒙辩证法》的历史哲学转向：对支配自然的批判""阿多诺的社会理论：对社会的最终排斥"；第二部分"福柯和哈贝马斯对社会的重新发现"包括6章，即"福柯的历史话语分析：从符号学着手的知识史的矛盾""从话语分析到权力理论：斗争作为社会的范式""福柯的社会理论：《启蒙辩证法》的一种系统论的解决""哈贝马斯的认识人类学途径：认识兴趣的学说""两种竞争的人类历史的建构：作为社会范式的相互理解""哈贝马斯的社会理论：《启蒙辩证法》的一种交往理论的转型"。②

霍耐特指出，出现于20世纪30年代的批判理论，试图将哲学的时代诊断意图与经验的社会分析结合起来，跨学科地研究当代资本主义危机的结构条件与行为后果，因而可以将早期批判理论理解为历史变化条件下马克思意图的继续，即生产力历史哲学"代表了马克思主义历史理论未中断的变种"③。20世纪70年代以来，批判理论两个最有影响的新开端，即福柯的权力理论与哈贝马斯的交往理论，应该被视为批判理论主题的竞争性继续。福柯以历史研究为基础的权力理论、哈贝马斯以交往理论为基础的社会理论，都能被理解为以新的方式阐释启蒙辩证法的

---

① A. Wellmer. Endspiele. Die unversöhnliche Moderne. Frankfurt/M.：Suhrkamp，1999：229.

② 霍耐特. 权力的批判：批判社会理论反思的几个阶段. 童建挺，译. 上海：上海人民出版社，2012：目录1.

③ A. Honneth. Die zerrissene Welt des Sozialen. Sozialphilosophische Aufsätze. Frankfurt/M.：Suhrkamp，1999：30.

尝试。"如果批判的社会理论的历史在这个观点上被重构，那么，福柯的权力理论就表现为对霍克海默、阿多诺用历史哲学分析文明过程导致的困境之'系统理论解决'；哈贝马斯的社会理论则表现为对这个困境的'交往理论转换'。"①

从思想渊源和理论取向来看，哈贝马斯不像早期批判理论家那样，直接源自对青年马克思思想的继承改造；毋宁说，在哈贝马斯思想发展过程中，盖伦（Gehlen）的哲学人类学、美国实用主义、哲学解释学，以及奥斯汀（Austin）等人的言语行为理论都起着重要作用。霍耐特指出，在哈贝马斯那里，最终不是通过阿伦特（Arendt）的实践哲学，而是通过哲学解释学才能在人类学层面看到人类行为的交往理解维度。"这在很大程度上就为把哈贝马斯的社会理论从整体上理解为批判的马克思主义的'交往理论转向'奠定了基石。"②

例如，在《劳动与互动》（1967）一文中，哈贝马斯试图通过批判马克思的生产劳动范式，与历史哲学基本预设划清界限，并拓展社会行为理论构想。在《论社会科学的逻辑》（1967）中，他不仅谈到了主体间性理解、互动理论、社会权力、道德共识形成等问题；而且在与卢曼（Luhmann）关于"系统理论还是批判的社会理论"的论争中，第一次重构了社会发展内在逻辑的两个维度（逻辑学与动力学）。在《重建历史唯物主义》中，他发掘出社会发展的三个维度，即目的合理性调控能力提高、道德体系结构转型、个体自我游戏空间拓展。这与《后期资本主义的合法性问题》中的说法有所不同——在那里，哈贝马斯揭示了社会进化的三个维度，即生产力提高、系统自主性增强、规范结构变化，但仍然将工具行为而非交往行为视为社会发展的动力。这就是说，哈贝马斯虽然强调交往维度，但并未放弃工具理性维度，这与早期批判理论家是不同的。继《对实践话语的两个说明》（1975）之后，在《什么是普遍语用学？》（1976）中，哈贝马斯不仅区分了四种言语行为类型，而且更加明确地提出了四种有效性要求。这样，哈贝马斯就使服务于交往行为的语言内部结构进一步明朗化，并开辟出交往理论的语言分析方向，目的是用普遍语用学为批判理论奠定规范基础。与此同时，他还区

---

① A. Honneth. Kritik der Macht: Reflexionsstufen einer kritischen Gesellschaftstheorie. Frankfurt/M.: Suhrkamp, 1989: 7.
② 同①245.

分了话语理解的三种合理性形式,即目的合理性、交往合理性、审美合理性。到《交往行为理论》(1981)中,哈贝马斯把言语行为理论进一步发展为社会行为理论,并将社会行为也区分为四种类型,它们具有不同的核心概念,对应于不同的世界,具有不同的有效性要求与不同的价值取向。①

总之,哈贝马斯的社会理论中一直存在着劳动与互动、工具行为与交往行为、目的合理性行为子系统与社会制度框架、工具合理化与交往合理化、系统与生活世界的对立,简言之,规范调节行为与非规范调节行为的对立;并将告别马克思主义传统的生产劳动范式视为克服早期批判理论困境的基本路径;不过,也存在着行为理论解释限度以及系统理论的不可放弃性问题。因而,霍耐特试图恢复被哈贝马斯切断的行为理论与社会劳动的联系,但这并不意味着要回到马克思主义传统的生产劳动概念,而是使劳动概念中立化,同时又不使其失去道德体验中心源泉的含义,目的是进一步肯定劳动与承认的关系。

由此可见,霍耐特对批判理论的批判性反思,包含着对马克思主义的功能主义还原论、生产劳动范式,以及历史哲学框架的批评。

二、从历史哲学路径到人类学路径

正如前文所说,在霍耐特的视域里,社会哲学,从肯定意义上说是对成功社会生活方式的反思,从否定意义上说是对社会病态的时代诊断。但无论是在马克思或尼采那里,还是在普莱斯纳或阿伦特那里,社会哲学都主要关涉(异化的或无意义的、物化的或完全病态的)社会状况的批判。因此,社会哲学只能被说成社会病理学。

霍耐特指出,在后期黑格尔的社会哲学构想中,由经济贫困化现象决定的社会生活图景只处于边缘地位;但在马克思的著作中,这种图景则处于核心地位。因而,经济贫困化感受与社会混乱体验就成为马克思理论发展的推动力。不过,青年马克思并非简单地将使之愤怒的社会现象描述为道德不公正的结果,而是像卢梭、黑格尔一样,将这种批判取向解释为与人的自我实现目标对立的社会发展。在霍耐特看来,青年马克思的社会异化批判,植根于卢梭的文明批判中阐发的异化解释模型。

---

① 王凤才. 蔑视与反抗:霍耐特承认理论与法兰克福学派批判理论的"政治伦理转向". 重庆:重庆出版社,2008:115-117.

当然，两者只是形式上相似，在内容上还是有差别的。到《詹姆斯·穆勒〈政治经济学〉一书摘要》（写于1844年，发表于1932年）中，马克思关于异化状态的规定尽管有细微变化，但仍然保留着这个视角——经济贫困化仅仅是社会生活方式的外在表达，它使人与他自身的潜能相异化。就是说，政治经济学批判科学纲领的转换，并未导致马克思放弃资本主义批判性分析的社会哲学取向。在《资本论》中，异化批判构想就为物化批判模型所代替，并将物化过程视为美好生活的障碍、主体自我实现的阻力。霍耐特正确地肯定，马克思的物化批判模型在20世纪得到了强有力的阐发，迄今为止都没有失去光芒。例如，在《历史与阶级意识》中，青年卢卡奇就意识到，政治经济学批判同时包含着对资本主义的社会哲学解释。

霍耐特认为，马克思关于社会阶级斗争的划时代规定至今仍有重要影响，不仅为青年黑格尔的"为承认而斗争"模式增加了新洞见，而且是规定着"我们事后阐发道德进步承认理论构想"传统中的组成部分。然而，马克思并没有为这个构想的系统发展做出贡献。因为他始终徘徊于道德冲突模式与利益冲突模式之间，从来没有把社会阶级斗争理解为具有道德动机的冲突形式。

（一）青年马克思"把黑格尔的'为承认而斗争'模式的生产美学狭隘化，从而割裂了主体间性承认的所有方面"[①]

霍耐特说，在马克思的理论中，浪漫主义的人类学传统、费尔巴哈的"爱"概念、英国国民经济学以非常可疑的方式汇合在一起。在马克思之后，出现了告别马克思方法的理论转向：劳动既不能被理解为内在本质力量的对象化过程，又不能被理解为主体间性承认的完全实现过程。在霍耐特看来，马克思尽管掌握了《精神现象学》，但却没有掌握"耶拿实在哲学"，所以，在"巴黎手稿"中，马克思只是在主奴辩证法的狭隘语境中理解"为承认而斗争"。这样，在马克思早期著作中就已经具有成问题的趋向：承认诉求的多样性被还原为劳动中的自我实现维度。不过，马克思将劳动概念建立在原始人类学的基础上。在整个劳动过程中，自身能力的对象化体验就与可能消耗的精神透支交织在一起，个体只有通过消费才能获得主体之间传达的自我价值感。

---

① A. Honneth. Kampf um Anerkennung: Zur moralischen Grammatik sozialer Konflikte. Frankfurt/M.: Suhrkamp, 2003: 235.

到《詹姆斯·穆勒〈政治经济学〉一书摘要》中，马克思强调，资本主义社会制度摧毁了以劳动为中介的人与人之间的承认关系，因为随着与生产工具的分离，工人失去了自主控制生产过程的可能性，而这是他们在社会生活关系中相互承认合作伙伴的前提。霍耐特说，如果资本主义社会组织的后果是对以劳动为中介的承认关系的摧毁，那么迄今为止的历史冲突就可以被理解为"为承认而斗争"。青年马克思追随黑格尔的主奴辩证法，把他那个时代的社会冲突解释成引导被压迫工人为重建完全社会承认的可能性而引起的道德冲突。这样，马克思在对历史哲学前提的解释中就具有了思辨特征。到关于资本主义的科学分析中，这种思辨特征只是有所弱化，并未完全消失。因为在人类学的劳动概念中，马克思把个体自我实现与主体间性承认视为直接同一的。这样，人类主体结构就被理解为：在生产过程中，他不仅通过个体能力逐步对象化而实现自我，而且由于把交往伙伴预设为具有共同需要的主体而对所有交往伙伴进行情感承认。但在同一生产活动过程中，人类主体结构由于资本主义生产关系而又一次遭到破坏。如此一来，就必须将在劳动中为自我实现而斗争同时理解为对重建相互承认关系的贡献。

主体间性承认关系不是直接产生于自我管理的合作劳动，而是产生于社会道德冲突的多样性，并且被确定为创造性自我实现目标的秘密所在。霍耐特分析道，马克思借助植根于社会历史哲学的异化劳动概念，第一次从理论上开启了这样一种可能性：社会劳动本身被理解为承认的媒介，并揭示可能的蔑视领域。但"为承认而斗争"的道德冲突模式的生产美学狭隘化，妨碍马克思从理论上对主体间性承认关系网络中的劳动异化诊断进行恰当定位，从而不能揭示他那个时代社会道德冲突的价值。事实上，从一开始马克思就将社会斗争视为功利主义思想动机的入口，并在资本分析过程中放弃了从费尔巴哈那里吸收来的思想：每个非异化劳动行为都必须被理解为对所有其他类主体需要的充分爱的认同。这样，马克思就从"为承认而斗争"的道德冲突模式转向功利主义的利益冲突模式。

（二）马克思成熟的著作中两种冲突模式并存，但它们之间未建立起系统的联系

霍耐特指出，马克思早期的著作中就包含着向功利主义的利益冲突模式转变的可能，因为马克思认为工人的社会斗争目标产生于无产阶级

客观的利益状况；到政治经济学批判中，几乎再也看不到下述描述了：与生产过程相联系的是从地位认同诉求的失望中产生的道德体验。这时，马克思已经不再根据黑格尔的承认理论模型将社会阶级斗争描述成"为承认而斗争"，而是根据马基雅维利、霍布斯传统模型将社会阶级斗争理解为为自我保护而进行的经济斗争。这样，从相互承认前提毁坏中产生的道德冲突模式，就为由制度结构规定的利益冲突模式所代替。

就是说，到《资本论》中，利益冲突模式占据了主导地位。因为马克思确信，资产阶级的自由平等观念更多地服务于资本主义经济合法性诉求，而非指向承认斗争的法律方面。不过，马克思成熟的著作中仍然包含着功利主义取向与表现主义取向的两难选择。例如，在不是致力于形成经济学理论，而是致力于政治历史分析的著作，如《1848年至1850年的法兰西阶级斗争》《路易·波拿巴的雾月十八日》中，马克思引出了与《资本论》中利益冲突模式对立的社会冲突模式——在接近赫尔德[①]的意义上，将不同社会群体的文化传统生活方式纳入其中。霍耐特强调，根据这种新模式，政治冲突行为本身必须这样来解释：如果它是给社会事态与社会匮乏体验打上烙印的文化传统生活方式的话，那么在政治冲突中不同社会群体应该追随哪些目标，就不再是由纯粹利益权衡决定的了；毋宁说，政治冲突行为依赖积淀于文化传统生活方式中的价值观念。所以，有理由认为，在《1848年至1850年的法兰西阶级斗争》《路易·波拿巴的雾月十八日》关于政治历史研究中出现的冲突模式，最早被描述为表现主义的——在社会斗争中，相互对立的群体或阶级，为了捍卫或贯彻自己认同的价值观念而斗争。这就与《资本论》完全不同，在政治历史研究中马克思把阶级斗争解释为伦理分裂。这样，马克思就反对自己的功利主义倾向，又一次接近了黑格尔的"为承认而斗争"模式。当然，马克思并没有解释：这种斗争在多大程度上包含着与承认关系结构相关联的道德诉求。

总之，马克思成熟的著作中始终并存着两种冲突模式，即功利主义的利益冲突模式和表现主义的文化冲突模式（接近道德冲突模式）；但他却不能在它们之间建立起系统的联系。霍耐特认为，在马克思阶级斗争学说中，从青年黑格尔而来的道德理论意图是用功利主义理解的最矛

[①] 赫尔德（Johann Gottfried Herder，1744—1803），德国哲学家、路德派神学家、诗人。

盾综合的张力域；马克思"从来没有系统地把构成自己理论核心的社会阶级斗争理解为具有道德动机的冲突形式"①。

由此可见，霍耐特对社会哲学的重构中透露着对马克思主义历史哲学路径的逃离，以及对人类学路径的选择，从而贬抑利益冲突模式，高扬道德冲突模式。

三、利益冲突模式应该让位于道德冲突模式

在"再思马克思：哲学、批判、实践——缺少什么？"国际学术研讨会（柏林，2011）上，霍耐特指出，在历史文献和政治文献中，马克思设想的具体的社会群体或主体，在历史发展过程中是变化的；但《资本论》缺乏道德维度，马克思的"主体"仅仅是经济目的合理性的行为主体，包容占据支配地位的资本主义自我增殖过程的线性膨胀和愚蠢的现实的力量。这样，历史过程的变化实际上就是不可能的。因而，政治经济学批判必须考虑到社会学或政治学维度。

霍耐特说，我们从马克思关于资本主义利润追求独立化趋向的分析中，可以看出许多很有价值的洞见。这归功于马克思对劳动力市场的讨论主要是围绕着这些事实展开的：马克思相信，那些除了拥有自己的劳动力而不拥有任何其他商品的市场参与者（即劳动者），能够被置入具有平等权利的契约伙伴状况中。他们对相应的商谈条件的同意可以被视为自愿的；毋宁说，马克思更确信，生产资料占有者（即资本家），鉴于他们的垄断地位而总是拥有足够的权力手段，迫使劳动者或生产者接受他们的劳动契约条件。马克思认为，工资不论多高都不能偿付那些雇佣劳动者的实际贡献，因为劳动者的劳动被描述为经济价值创造的唯一源泉。这样，所有关于公正的或公平的劳动力价格的讨论，对于他来说似乎都纯粹是宣传，只是为掩盖资本主义剥削的一种更深层的事实。②但在霍耐特看来，既然目前还看不到切实可行的替代市场经济的调控手段，那么就应该从马克思资本主义批判的滥用转移到黑格尔、涂尔干的道德经济主义视域中：既非剥削问题又非强制性契约问题，应该被理解

---

① A. Honneth. Kampf um Anerkennung: Zur moralischen Grammatik sozialer Konflikte. Frankfurt/M.: Suhrkamp, 2003: 241.

② A. Honneth. Das Recht der Freiheit: Grundriß einer demokratischen Sittlichkeit. Berlin: Suhrkamp, 2013: 353-354.

为只有超越资本主义市场经济才能克服的结构性欠缺,而是通过它自身的规范承诺造成了这些欠缺,因而最终只有在自身中才能克服这些挑战。我们如果将市场理解为社会自由领域,那么就必须给出市场经济秩序能够无阻碍发展的社会条件。"所有这些成为资本主义经济体系本身制度前提的难题,是马克思在逻辑上已经初步研究过的问题;因为这些问题涉及:经济市场是否实际描述了一种纯粹的强制关系,因而排除了个体自由的任何形式?只有事先弄清楚应当如何恰当地描述新经济体系,才能从根本上回答这些问题。"[1]

总之,不论在早期的《为承认而斗争:论社会冲突的道德语法》(1992)中,还是在近期的《自由的权利:民主伦理大纲》(2011)中,霍耐特都强调道德的作用:前者将人际关系道德重建确立为承认理论目标;后者试图用黑格尔、涂尔干的道德经济主义补充马克思的政治经济学批判。在《自由的权利:民主伦理大纲》中,霍耐特指出,除了黑格尔、涂尔干的道德经济主义之外,那些可以追溯到马克思的批判传统,成为占支配地位的市场经济意识形态的第二种替代性选择。不过,对马克思的观点的指责历来不少。例如,第一个指责:对资本主义生产性劳动必然存在剥削的断言,在今天连马克思主义者也有所怀疑。不仅劳动价值论的前提被视为极端可疑的,而且马克思如何获得这些论据所要求的标准也是不清楚的;并且,为什么服务性的、管理性的、科学性的劳动,在经济价值创造中不起作用,也是一个谜。第二个更为严重的指责针对的是马克思的这一断言:资本主义体制不允许绝大多数民众使用参与市场的消极自由权利。第一个指责的背后存在一个纯粹经验性命题:在资本主义企业中,每个雇佣都必然内含着对工人自身劳动力的剥削;要想考量这个经验性命题的真实性,就需要解答下述这个事先不能确定的问题——依靠资本再投资获取的那部分利润,是否可以无根据地将它归于工人和职员创造的?不难看出,第二个指责将理论思考与经验考虑混为一谈了。如果涉及理论方面的问题,那就应该是:什么东西能够被视为实现契约自由的充分条件?马克思从雇佣劳动者除了出卖自身劳动力之外就无法生存这个绝对的生存境况出发,揭示出他们实际的不自由。

---

[1] A. Honneth. Das Recht der Freiheit: Grundriß einer demokratischen Sittlichkeit. Berlin: Suhrkamp, 2013: 331.

第三章　批判理论语境中的马克思主义

综上所述，本章考察了批判理论与马克思主义之间不断变化的关系：从"批判的马克思主义"到"重建的马克思主义"，从"政治经济学批判"到"道德维度补充"。这就深化了对批判理论与马克思主义的关系问题的理解。这里涉及许多问题。例如，在早期批判理论家那里，"批判的马克思主义"对传统马克思主义既有坚持又有"批判"。在哈贝马斯那里，马克思主义是"革命的"历史唯物主义与历史辩证法，历史唯物主义是"批判的"社会理论，历史唯物主义需要"重建"。霍耐特不仅批判了传统马克思主义以及早期批判理论的功能主义还原论和生产劳动范式，主张从历史哲学路径走向人类学路径，而且强调政治经济学批判必须用道德维度加以补充，要求利益冲突模式让位于道德冲突模式。由此可见，法兰克福学派三代批判理论家对马克思主义的态度经历了从欣赏、信奉到怀疑、批判，再到超越、重建马克思主义的过程。

第四章　批判理论的"政治伦理转向"

"法兰克福学派"因法兰克福大学社会研究所而得名,以批判理论闻名于世;但这三者之间并不是完全对应的,而是存在着错综复杂的关系。换言之,社会研究所是法兰克福学派的大本营,批判理论是法兰克福学派的标志性贡献;但并非所有社会研究所成员都是法兰克福学派代表人物,并非所有社会研究所理论成果都属于批判理论。例如,在格律贝格[①]时期,既没有法兰克福学派,也没有批判理论;但他奉行的超党派学术立场、跨学科研究方法,为法兰克福学派真正创始人、批判理论真正奠基人霍克海默所继承和发展。法兰克福学派并非铁板一块,批判理论并非整齐划一,而是存在着众多差异、矛盾,甚至对立。尽管第一代批判理论家内部有着这样或那样的差异,但他们的理论总体上都属于"老批判理论"(ältere Kritische Theorie),体现着批判理论第一期的发展。尽管第二代批判理论家内部有着三条不同的研究路径,但与"老批判理论"相比,他们的理论基本上都属于"新批判理论"(jüngere Kritische Theorie)[②],体

[①] 卡尔·格律贝格(Carl Grünberg,1861—1940),又译格律恩堡,奥地利马克思主义之父,维也纳大学政治学教授,法兰克福大学社会研究所第一任所长(1924—1929)。

[②] 这里倾向于用"新批判理论"而非"新法兰克福学派"来指称哈贝马斯等人的批判理论。"新法兰克福学派"(Neue Frankfurter Schule)概念出现于1981年,它是指讽刺杂志《宽恕》(Pardon)的作家、插图家自1979年与讽刺杂志《泰坦尼克》(Titanic)主编产生冲突后形成的一个群体。这个群体的基本理念、讽刺意识完全源于"老批判理论",但与社会研究所并没有体制上的关联。1994年,美国哲学家希拉里·普特南(Hilary Putnam)使用"新法兰克福学派"来指称哈贝马斯、阿佩尔等人。其实,哈贝马斯与阿佩尔是先验语言学方面的"对话者",而非法兰克福学派的"同路人"。

现着批判理论第二期的发展。尽管第三代批判理论家有着不同的学术路向，但他们的理论总体上属于批判理论第三期的发展，标志着批判理论的最新发展阶段——"后批判理论"（post-Kritische Theorie），体现着批判理论的最新发展趋向（"批判理论的'政治伦理转向'"）。

第一节　从社会哲学到批判理论

一、社会哲学与批判理论

（一）社会哲学的理解路向①

第一，本体论路向（典型形式是传统的马克思主义哲学）认为，旨在从最抽象层面解决思维与存在关系问题的辩证唯物主义是该哲学的核心，由此而派生的历史唯物主义则是其社会哲学。当代西方许多哲学流派，在一些根本问题上与马克思主义哲学存在着深刻的分歧，但在将哲学当作关于实在的认识形式问题上，则与其是一致的。它们对社会哲学的理解，基本上也属于本体论路向。

第二，认识论路向（典型代表是分析哲学和科学哲学）认为，社会哲学探讨各种不同的关于理想的社会制度或社会本质的观点；有时也提出一些关于美好生活或理想社会是由什么构成的设想；通常也关心关于各种政治意识形态的价值及其特征的评价，以此作为赞扬（有时仅仅是修辞学上的）某种社会措施或社会计划有价值的理由。这一路向理解的社会哲学类似于政治哲学、道德哲学。

第三，社会理论路向（典型代表是社会科学家而非专业哲学家）认为，应该用"社会理论"概念取代"社会哲学"概念，并强调社会理论不能归属于任何一门特殊学科；相反，它涵盖了所有的社会科学和人文科学。因而，社会哲学问题亦即社会科学和人文科学的一般理论问题，是对社会现象进行的哲学反思。

在霍克海默看来，"社会哲学"（social philosophy/Sozialphilosophie）的最终目标是，对作为社会共同体成员（而并非仅仅作为个体）的人的

---

① 苏国勋. 当代西方著名哲学家评传：第10卷. 济南：山东人民出版社，1996：1-4.

命运进行哲学阐释。因此，它主要关心那些只有处于人类社会生活关系中才能理解的现象，即国家、法律、经济、宗教。简言之，社会哲学从根本上关心人类的全部物质文化和精神文化。① 就是说，社会哲学意味着要对人类文明进行反思、对社会现实进行批判、对人类命运进行关注。霍克海默关于社会哲学的这种广义理解，尽管并不被社会研究所成员完全认同，但即使在批判理论后来的发展过程中，也贯穿了其基本精神。

（二）批判理论的三层含义

第一，广义的"批判理论"是指人们对（包括理性在内的）文明历史、社会现实进行批判性反思而形成的理论学说，既包括古希腊传统的文化批判模式，又包括康德传统的内在批判模式，更包括马克思传统的社会现实批判模式，以及形而上学批判与社会现实批判相结合的模式。例如：评判的艺术/批评的艺术、康德的纯粹理性批判＋形而上学批判、马克思的政治经济学批判＋意识形态批判、法兰克福学派批判理论、东欧马克思主义文化批判理论，甚至包括后现代批判理论，等等。

第二，中义的"批判理论"是指法兰克福学派批判理论在世界范围内的传播与发展。例如：批判理论在欧陆国家（德国、法国、意大利、西班牙等）的传播与发展，批判理论在英语国家（英国、美国、加拿大、澳大利亚等）的传播与发展，批判理论在原苏东国家（苏联、东欧国家）的传播与发展，批判理论在亚非拉国家（中国、日本，以及非洲国家、拉丁美洲国家）的传播与发展。

第三，狭义的"批判理论"，即法兰克福学派以"辩证哲学与政治经济学批判为基础"的社会哲学理论，即批判理论在德国的传承与发展。

二、"批判理论第一期发展"的理论贡献

（一）确立了社会哲学研究方向，确定了批判理论基本纲领

格律贝格领导的法兰克福大学社会研究所致力于社会主义史与工人运动史研究，对批判理论构建并没有什么实质性贡献；当然，他为社会研究所规定的超党派学术立场、跨学科研究方法，成为社会研究所的一笔宝贵精神财富，并为法兰克福学派批判理论的真正奠基人霍克海默以及所有批判理论家所继承。然而，早在《社会哲学的现状与社会研究所

---

① M. Horkheimer. Gesammelte Schriften. Bd. 3. Frankfurt/M.：Fischer，1988：20.

的任务》(1931)① 就职演说中,霍克海默就力图改变格律贝格"重史轻论"的学术路向,并将社会哲学确立为社会研究所的研究方向。他认为,社会哲学既不是一种阐释具体社会生活意义的价值哲学,又不是各种实证社会科学成果的综合,而是关于个体与社会的关系、文化的意义、共同体形成的基础、社会生活的整体结构的思想。社会哲学的最终目标是,对作为共同体成员(而并非仅仅作为个体)的人的命运进行哲学阐释。因此,它主要关心那些只有处于人类社会生活关系中才能理解的现象,即国家、法律、经济、宗教。简言之,社会哲学从根本上关心人类的全部物质文化和精神文化。② 到《社会研究杂志》创刊号(1932)"前言"中,霍克海默又强调社会哲学研究要与具体科学研究、一般哲学研究、纯粹经验描述、当代形而上学主流精神、世界观和政治考虑区分开来,但要与社会学研究叠合在一起,通过对历史、现实和未来进行跨学科研究,揭示整个社会、个人心理与文化变化的关系,从而在总体上把握整个人类文明。

事实上,霍克海默不仅为社会研究所确立了社会哲学研究方向,而且还与马尔库塞一起确定了批判理论基本纲领。在《传统理论与批判理论》(霍克海默,1937)、《哲学与批判理论》(霍克海默、马尔库塞,1937)中,他们认为,"批判理论"(Kritische Theorie)并非在观念论的纯粹理性批判意义上使用的,而是在政治经济学的辩证批判意义上使用的。这意味着,法兰克福学派批判理论不是康德意义上的纯粹理性批判理论,而是青年马克思意义上的政治经济学批判理论,因而又被称为"批判的社会理论""批判的马克思主义"。

例如,在《传统理论与批判理论》中,霍克海默从各个方面阐述了传统理论与批判理论之间的对立:(1)从理论基础来看,传统理论是以笛卡尔的《方法谈》(即《正确运用自己的理性来追求真理的方法》,1637)奠立的科学方法论为基础的,它只研究命题之间以及命题与事实之间的相互关系,从而把理论视为外在于社会历史的;而批判理论则是以马克思的政治经济学批判为基础的,它关注包括人在内的社会整体,并对之进行具体的、历史的分析。(2)从理论性质来看,传统理论是超

---

① 霍克海默. 社会哲学的现状与社会研究所的任务. 王凤才,译. 马克思主义与现实,2011(5).

② M. Horkheimer. Gesammelte Schriften. Bd. 3. Frankfurt/M.: Fischer, 1988: 20.

然物外的知识论，是缺乏批判维度和超越维度的顺从主义；而批判理论则是批判社会的激进思想，是具有批判维度和超越维度的批判主义。(3) 从理论目标来看，传统理论仅仅是在认同、顺从、肯定社会现实中追求知识的增长；而批判理论则是在批判、反叛、否定社会现实中追求社会的公正合理，以求得人的解放和人的幸福。[①]

（二）系统阐发了否定辩证法，试图为早期批判理论奠定规范基础

早期批判理论到底有没有规范基础？如果有，它是什么？如果没有，又意味着什么？这个问题历来是有争议的，不过有一点倒是很明确：尽管早期社会研究所核心成员[②]的观点有所不同，但他们却有一个共同点，那就是都赞同否定辩证法。是否可以这个角度将否定辩证法视为早期批判理论的规范基础？为了回答这个问题，首先需要弄清"否定辩证法"是什么。

众所周知，传统辩证法（不论是柏拉图、黑格尔，还是马克思）认为矛盾双方存在着对立统一关系，认为否定是包含着肯定因素的辩证的否定，否定之否定就是肯定。但在阿多诺看来，矛盾就意味着非同一；否定辩证法是一以贯之的非同一性意识。因而，"否定辩证法"（Negative Dialektik）摒斥"否定之否定"这个传统辩证法图式，它应该摆脱同一性的还原主义传统，用非同一性原则代替同一性。"改变概念性的方向，使之转向非同一物，这是否定辩证法的关键。"[③] 阿多诺认为，任何概念都不能与自身对象完全同一，因为概念本身已经包含了非概念的东西，即否定自身的非同一的东西。因而，否定辩证法必须努力"通过概念来摆脱概念"[④]，从根本上清除对概念的崇拜。这样，否定辩证法真正感兴趣的东西就是，黑格尔与传统一致地宣布不感兴趣的东西，即非概念的东西、个别的东西、特殊的东西。阿多诺从这种否定辩证法出发，对包括体系哲学、二元论哲学、本体论哲学在内的传统同一性哲学，尤其是对黑格尔的辩证法和海德格尔的"基础本体论"（Funda-

---

① M. Horkheimer. Traditionelle und Kritische Theorie. Frankfurt/M.：Suhrkamp，2005：205 - 259.

② 从与批判理论之关系的角度看，笔者将霍克海默、阿多诺、马尔库塞、利奥·洛文塔尔（Leo Löwethal）、波洛克等人视为早期社会研究所核心成员，而将本雅明、弗洛姆（Fromm）、诺伊曼（Neumann）、基希海默（Kirchheimer）等人视为早期社会研究所外围人员。

③ T. Adorno. Negative Dialektik. Frankfurt/M.：Suhrkamp，1975：24.

④ 同③27.

mentalontologie）进行了内在批判，并严厉批判了基础主义和形式主义、相对主义和绝对主义、主体主义和客观主义。当然，"对本体论的批判，并不想走向另一种本体论，即使非本体论的本体论"①。因而，否定辩证法既非方法又非实在，而是一种"反体系"②。

那么，这样一种否定辩证法能否成为早期批判理论的规范基础呢？我们认为，否定辩证法作为法兰克福学派的共同思想，肇始于阿多诺的《哲学的现实性》（1931）一文③，经过《理性和革命——黑格尔和社会理论的兴起》和《启蒙辩证法》，最终完成于《否定辩证法》。因而，否定辩证法是阿多诺对批判理论的最大贡献。事实上，自《理性之蚀》（霍克海默，1947；即德文版《工具理性批判》，1967）、《启蒙辩证法》以来，早期批判理论家就将"理性"局限于"工具理性"，并对工具理性进行了严厉批判，这就放弃了将理性作为批判理论的规范基础的可能。不过，《否定辩证法》使之极端化而已。就是说，否定辩证法以非同一性为理论基础，以反概念、反体系、反传统为基本特征，以"被规定的否定"（bestimmte Negation）为核心，最终陷入了"瓦解的逻辑"④。从这个意义上说，否定辩证法不仅不是早期批判理论的规范基础，反而解构了它，并由此成为后现代主义的理论渊源之一。⑤ 这样说来，哈贝马斯、霍耐特、S. 本哈比（S. Benhabib）等人的看法就是有根据的。他们认为，早期批判理论的缺陷之一就是，规范基础缺乏理论论证，或者说根本缺乏规范基础。于是，批判理论的规范基础问题就成为阿多诺之后的批判理论家急于解决的问题，哈贝马斯如此，维尔默也不例外。

（三）全方位批判现代工业文明，使批判理论系统化并加以运用

1. 启蒙理性批判

《启蒙辩证法》的核心问题就是试图阐释：为什么在科学技术进步、

---

① T. Adorno. Negative Dialektik. Frankfurt/M.：Suhrkamp, 1975：140.
② 同①10.
③ 该文是阿多诺于1931年在法兰克福大学的就职演说。在该文中，他不仅力图避免普遍性概念，还极力清除自我满足的精神总体性观念，并提出了否定性、辩证的否定等概念，强调哲学应该严格排斥所有传统意义上的本体论问题，认为哲学问题集中在具体的内在于历史的复杂性中。由此可以断定，该文应该被视为"否定辩证法"的萌芽。王凤才的译文载于《国外社会科学》2013年第1期。
④ 同①148.
⑤ 王凤才. 阿多尔诺：后现代主义的思想先驱. 山东大学学报（哲学社会科学版），2002（5）. 阿多尔诺即阿多诺.

工业文明发展似乎可以给人们带来幸福的时候，在理性之光普照世界大地的时候，"人们没有进入真正的人性完善状态，而是深深地陷入了野蛮状态"①？在这里，霍克海默、阿多诺以人与自然的关系为主线，以神话与启蒙的关系为核心，对启蒙理性进行了深刻的批判。他们不仅揭示了"神话已经是启蒙，启蒙倒退为神话"的过程，而且阐明了启蒙精神的实现过程就是进步与倒退相交织、文明与野蛮相伴生的过程。因此，霍克海默、阿多诺断定，启蒙精神最终走向了自我毁灭。

那么，启蒙理性批判究竟是一种什么性质的批判？哈贝马斯说，《启蒙辩证法》"没有充分注意到文化现代性的本质特征……根本没有告诉我们如何才能摆脱目的理性的神话暴力"②。所以，启蒙理性批判是一种带有悲观主义色彩的文化批判。但霍耐特指出，在《启蒙辩证法》中，霍克海默、阿多诺从自然史而非社会史出发重构了欧洲文明过程。③因而，启蒙理性批判并不是一种纯粹的文化批判，而是一种自然支配模型批判，一种开放的社会批判，其中贯穿着病理学诊断。维尔默认为，《启蒙辩证法》的不寻常之处在于，它试图把两个互不相容的传统，即启蒙理性批判传统与资本主义批判传统融合起来。④

在笔者看来，所谓启蒙理性，就是一种以征服、支配自然为出发点，以科学知识万能、技术理性至上为特征，以人类中心主义为核心，以历史进步为目标的文明乐观主义。简言之，启蒙理性的核心价值就是技术理性主义、个体中心主义、文明进步主义。因而，对启蒙理性的批判需要从三个方面加以分析：其一，这个批判虽直接针对启蒙理性，但实际指向工业文明，甚至整个人类文明史。不过，需要纠正一个流传甚广的误读，即法兰克福学派否定科学技术，否定理性，甚至否定文明本身。事实上，他们只是想矫正科学技术滥用、工具理性膨胀带来的工业文明弊端。当然，在这个过程中确实存在着情绪化和片面化的倾向。其二，需要纠正一个较为普遍的看法，即法兰克福学派只是致力于文化和

---

① M. Horkheimer. Theodor Wiesengrund Adorno. Dialektik der Aufklärung. Frankfurt/M.：Fischer，1988：1.

② 哈贝马斯．现代性的哲学话语．曹卫东，等译．南京：译林出版社，2004：131.

③ A. Honneth. Kritik der Macht：Reflexionsstufen einer kritischen Gesellschaftstheorie. Frankfurt/M.：Suhrkamp，1989：49.

④ A. Wellmer. Zur Dialektik von Moderne und Postmoderne. Vernunftkritik nach Adorno. Frankfurt/M.：Suhrkamp，1985：10.

意识形态批判，不太注重经济学分析。事实上，尽管早期批判理论确实以文化和意识形态批判为核心，但并没有忽视，反而比较重视经济学分析。按照霍耐特的理解，在早期批判理论的历史哲学框架中，经济学解释模型、社会心理学解释模型、文化理论解释模型是相互补充的。① 其三，这个批判的核心在于对技术理性主义、人类中心主义、文明进步主义的批判。它尽管是带有浓厚浪漫主义色彩的悲观主义文化批判，但却是发人深省的，实际上是对工具理性霸权、价值理性被贬抑的强烈抗议。这种批判立场，上承卢梭等人的浪漫主义、尼采等人的非理性主义、卢卡奇等人的早期西方马克思主义，下启福柯等人的后现代主义。因而可以说，无论在西方马克思主义发展史上，还是在现当代西方哲学史上，它都占有十分重要的地位。

2. 文化工业批判

早期批判理论家对大众文化/文化工业的态度有所不同，但否定性批判倾向占据支配地位，这在阿多诺那里表现得尤为突出。在《启蒙辩证法》的《文化工业：作为大众欺骗的启蒙》一文中，阿多诺指出，一切文化工业都是相似的，无论从微观角度还是宏观角度看，文化工业都表现出齐一性，从而使个性成为虚假的；文化工业产品作为一种特殊商品，只注重经济效益，并导致人格异化；文化工业通过广告诱导消费者，并通过娱乐活动或不断地向消费者许诺公开欺骗消费者。总之，"整个世界都经过了文化工业的过滤"②。

到《再论文化工业》（1963）③ 中，尽管阿多诺有限度地承认文化工业的作用，但仍然像在《文化工业：作为大众欺骗的启蒙》中一样，强调必须用"文化工业"（Kulturindustrie）概念来代替"大众文化"（Massenkultur）概念，因为文化工业并不是从大众自身中自发成长起来的、服务于大众的通俗文化，也不是大众艺术的当代形态，而是为大众消费量身定制的，并在很大程度上规定着消费本身的文化工业产品；是技术化、标准化、商品化的娱乐工业体系；具有重复性、齐一性、欺

---

① A. Honneth. Die zerrissene Welt des Sozialen: Sozialphilosophische Aufsätze. Frankfurt/M.: Suhrkamp, 1999: 32 - 36.

② M. Horkheimer. Theodor Wiesengrund Adorno. Dialektik der Aufklärung. Frankfurt/M.: Fischer, 1988: 134.

③ 阿多尔诺. 再论文化工业. 王凤才，译. 云南大学学报（社会科学版），2012（4）.

骗性、辩护性、强制性等特征；本质上是为了经济利益（即利润）人为制造出来的。因而，它试图通过人为刺激的虚假消费满足给人们带来虚假幸福，最终成为一种消除人的反叛意识、维护现存社会秩序的意识形态，从而阻碍了个性形成发展和人的解放。由此可见，阿多诺对文化工业的态度总体上是否定的。阿多诺的文化工业批判理论尽管有过激和片面之嫌，但无疑是阿多诺对批判理论的又一重要贡献；不仅是对西方文化危机振聋发聩的反思，而且对当代文化研究也产生了重要影响。

3. 压抑性文明批判

像霍克海默、阿多诺一样，马尔库塞也对工业文明进行了激烈的批判。他在《爱欲与文明》《单向度的人》等著作中指出，文明产生于"基本压抑"（basic repression），即为了维持文明延续而不得不对性本能进行的必要压抑；工业文明产生于"额外压抑"（surplus repression），即为了使文明永续而对性本能进行的附加压抑。这样，工业文明就是一种压抑性文明，而发达工业文明则是压抑性文明的顶峰。因为随着科学技术进步，文明不断发展，文明发展必然伴随着沉重的代价。就是说，文明发展并没有给人们带来自由和幸福，而是带来了全面压抑和精神痛苦。可悲的是，人们在物质享受的虚假满足中丧失了痛苦意识而充满了幸福意识，心甘情愿地成为发达工业文明的奴隶。然而，尽管"发达工业文明的奴隶是升华了的奴隶，但他们仍然是奴隶"[①]。

与霍克海默、阿多诺的悲观态度不同，马尔库塞试图在改造弗洛伊德压抑性文明论的基础上重建非压抑性文明。为了重建非压抑性文明，必须重建新文明观念，确立新文明目标。为了达到此目的：一是要超越现实原则，重建现实原则与快乐原则的关系，协调感性力量与理性力量的关系；二是要将工作转变为游戏，消除一切异化劳动和异化现象；三是要将性欲转变为爱欲，重建爱欲与文明的关系，通过性文化革命改变现存社会秩序，重建人与自然的和谐、人与人的和谐，实现非压抑性升华。当然，重建非压抑性文明并不意味着回归原始自然状态，而是寄希望于文明的进一步发展。可见，马尔库塞对待未来文明的态度是相对乐观的，但最终没有摆脱悲观主义结局："批判的社会理论并不拥有能够

[①] H. Marcuse. Der eindimensionale Mensch. München: Deutscher Taschenbuch Verlag GmbH & Co. KG, 1998: 53.

消除当代与未来之间鸿沟的概念;它不承诺任何东西,不显示任何效果,它保留的只是否定。因而,它想忠诚于那些自身生活毫无希望,正在和将要献身于大拒绝的人们。"①

尽管马尔库塞对发达工业文明的批判有过激之嫌,但他不仅揭示了发达工业社会的某些新特点,而且提出了某些令人深思的问题与合理的见解。正如李小兵所说,作为反潮流的思想家,马尔库塞的思想是偏激的,其思想中的空想成分俯拾皆是;但他捍卫知识价值、艺术价值、精神价值、人的价值。"马尔库塞的思想,表现出他作为当代思想家的独创个性:不是社会现实的建设者和辩护者,也不是人类原初精神家园的追忆者和眷恋者(像他的先师海德格尔那样)。毋宁说,马尔库塞是一位面向未来的预言家。"② 我们认为,从根本上说,马尔库塞的非压抑性文明论是一种爱欲解放论。尽管马尔库塞极力反对将它理解为性解放论,但它对性解放确实起到了推波助澜的作用;而且它试图通过性文化革命来反叛现存社会秩序的观点也具有空想性。不过,马尔库塞的非压抑性文明论,以西方发达工业社会压抑性文明批判为核心,以重建非压抑性文明、实现人的爱欲解放为目标,尤其是重建感性与理性的关系、爱欲与文明的关系、人与自然的关系、人与人的关系的构想,对克服工业文明的弊端、实现科学精神与人文精神的融合具有重要的启发意义。

第二节 从批判理论到新批判理论

一、对早期批判理论进行批判性反思

对早期批判理论进行批判性反思,这是阿多诺之后的批判理论家首先要做的事情,哈贝马斯可谓开风气之先。在 20 世纪 80 年代初的一次学术访谈中,当被霍耐特等人问到"早期批判理论的不足之处在哪里?"时,哈贝马斯回答说,早期批判理论的缺陷主要体现在:一是局限于工具理性批判,而没有对复杂的社会现实进行经验分析,由此陷入了抽象的文化哲学批判

---

① H. Marcuse. Der eindimensionale Mensch. München: Deutscher Taschenbuch Verlag GmbH & Co. KG, 1998: 268.

② 马尔库塞. 审美之维. 李小兵, 译. 桂林: 广西师范大学出版社, 2001: 译序 20.

中，从而缺乏规范基础；二是未能扬弃黑格尔的理性概念，不能真正把握理性的含义；三是未能认真对待资产阶级民主，不能客观地评价"后期资本主义"（Spätkapitalismus）① 社会福利政策所取得的成就。总之，早期批判理论仍然以马克思的历史哲学为根据，始终未跳出主体哲学的窠臼。然而，运用主体哲学范式反思现代文明问题已经进入死胡同，所以需要转变哲学范式：从侧重于主体与客体的关系、崇尚主体性的"主体哲学"，转向侧重于语言与世界的关系、崇尚主体间性的"语言哲学"，从传统批判理论转向交往行为理论。

二、创立交往行为理论，重建批判理论的规范基础

早期批判理论家试图修正马克思的某些预测，但并没有打算彻底告别马克思。就像德国政治哲学家 H. 杜比尔（H. Dubiel）所说，20 世纪 30 年代，他们还从历史哲学角度对理性抱有部分信任；但到了《启蒙辩证法》中，这种信任就消失殆尽了，他们反对将理性作为意识形态批判的有效基础，认为意识形态批判应该让位于总体性批判。哈贝马斯认为，《启蒙辩证法》应更多地归功于尼采，因为在阿多诺的《美学理论》之前，尼采第一个使审美现代性概念化，并将意识形态批判转向了谱系学批判，因而可以说，"尼采的知识批判与道德批判也预设了霍克海默、阿多诺用工具理性批判形式所阐述的思想"②。在启蒙传统中，启蒙理性总是被理解为神话的对立面，但霍克海默、阿多诺强调启蒙与神话的共谋关系，并告诫人们不要对启蒙的拯救力量抱有任何希望。这样，"他们就从早先对实证主义科学观的批判，转变为对被工具理性同化的整个科学的不满；并从元伦理道德阐释的批判，转向对道德怀疑主义的赞同"③。当然，哈贝马斯的这种解读并不完全符合实际情况。

在哈贝马斯看来，从 M. 韦伯、卢卡奇一直到早期批判理论家，现代性概念的立足点就是"被总体管理的社会"（totale verwaltete Sozial）与"被伤害的个体主体"（verletzte individuelle Subjekt）之间的对立；

---

① 在西方学界，"Spätkapitalismus" 概念为阿多诺、曼德尔（Mandel）、哈贝马斯、詹姆逊等人所使用，国内学界一般译成"晚期资本主义"。笔者以为，结合现代资本主义的实际情况，以及他们使用这个概念的语境，译成"后期资本主义"或许更恰当一些。
② 哈贝马斯. 现代性的哲学话语. 曹卫东，等译. 南京：译林出版社，2004：141.
③ 同②128-129.

但霍克海默、阿多诺把 M. 韦伯的"铁的牢笼"主题重新解释为黑格尔主义的马克思主义的历史哲学语言，并将现代性批判还原为工具理性批判。因而，他们只是对工具理性进行了内在批判，而没有说明这种内在批判的根据何在，所以没有为批判理论奠定坚实的规范基础。为了重建批判理论的规范基础，哈贝马斯从 20 世纪 60 年代就开始酝酿交往行为理论，至 80 年代初得以完成，从而实现了批判理论的"语言哲学转向"。在哈贝马斯那里，所谓"交往行为"（kommunikativen Handelns），就是指至少两个具有语言能力和行为能力的主体通过语言或其他媒介所达到的相互理解与协调一致的行为，实质上是主体之间以语言或其他符号为媒介，通过没有任何强制性的诚实对话而达成共识、和谐的行为。交往行为的三个有效性要求，即断言的"真实性"（Wahrheit）、规范的"正当性"（Richtigkeit）、表达的"真诚性"（Wahrhaftigkeit），是交往合理性得以重建的前提条件。交往行为理论作为哈贝马斯理论的核心，主要探讨交往合理性问题。因而，在一定意义上，交往行为理论就是交往合理性理论。哈贝马斯相信，交往合理性理论可以摆脱主体哲学前提，能够对黑格尔的"伦理"（Sittlichkeit）进行重建，并可以从中归纳出一种新古典主义的现代性概念，即交往合理性概念，以便作为批判理论的规范基础。

三、现代性话语的批判与重建

与某些后现代理论家试图"告别现代性"不同，哈贝马斯把现代性视为一项未完成的规划，认为现代性还要继续发展，但是必须用政治意志和政治意识加以引导，因而需要对现代性话语进行批判与重建。

在《现代性的哲学话语》（1985）中，哈贝马斯将笛卡尔确立的主体性原则视为现代性的基本原则，同时断定这个原则使现代世界进步与异化并存。所以，关于现代性的最初探讨中就包含着对现代性的批判。在这个意义上可以说，席勒（Schiller）的《审美教育书简》（1795）是现代性审美批判的第一部纲领性文献。因为在这本书中，席勒批判了异化劳动、官僚政治，以及远离日常生活问题的知性科学，强调艺术是通过教化使人达到真正政治自由的中介。18 世纪末，黑格尔首先提出了现代性的自我批判与自我确证问题，创立了启蒙辩证法原则。而一旦有了这个原则，现代性的自我确证问题就能做到万变不离其宗。所以，尽管黑格尔不是第一位现代哲学家，但"却是第一个意识到现代性问题，并清楚阐释现代性概念的哲学家"①。在黑格尔之后，现代性话语出现了三个视角，即黑格尔左派、黑格尔右派和尼采。

然而，无论是黑格尔还是其嫡传左派或右派，都未曾对现代性成就提出过严肃质疑。只有尼采试图打破西方理性主义框架，认定人们对现代性已经无可奈何，因而放弃了对主体理性的再修正，并放弃了启蒙辩证法原则。换言之，尼采依靠超越理性视域的激进的理性批判，最终建立起权力理论的现代性概念。哈贝马斯指出，随着尼采进入现代性话语，整个讨论局面发生了天翻地覆的变化。从此以后，现代性话语不再坚持解放内涵，并在两个方向上被发扬光大：一是从海德格尔到德里达；二是从巴塔耶到福柯。"如果说尼采打开了后现代的大门，那么海德格尔与巴塔耶则在尼采的基础上开辟了两条通往后现代的路径。"②

在"尼采讲座"③中，海德格尔继承了黑格尔以来构成现代性话语的主题动机，但却独创性地将现代主体统治落实到形而上学历史中，贯穿于现代时间意识中。如果说尼采曾经希望通过瓦格纳歌剧回到古希腊悲剧中"未来的过去"，那么海德格尔则希望从尼采权力意志形而上学回到前苏格拉底。然而，海德格尔在拒绝主体哲学本体论化的过程中，仍然拘泥于主体哲学的提问方式。因此，除了抽象否定之外，海德格尔也没有给出打破主体哲学牢笼的途径，最终还在否定意义上坚持了主体哲学的基础主义，譬如，《存在与时间》（1927）就流露出空洞抉择的决定论倾向。哈贝马斯认为，在《存在与时间》中，海德格尔尽管通过对"此在"（Dasein）的生存论分析为走出主体哲学框架做出了许多努力，但没有从交往行为理论角度回答"此在为谁"的问题；他尽管已经意识到自己走出主体哲学的努力失败了，但还没有意识到这是追寻存在意

---

① 哈贝马斯. 现代性的哲学话语. 曹卫东，等译. 南京：译林出版社，2004：51.
② 同①121.
③ 1936—1942年，海德格尔在弗莱堡大学做了六个尼采专题讲座，依次为：（1）《尼采：作为艺术的权力意志》（1936—1937年冬季学期）；（2）《西方思想中尼采的形而上学基本立场：相同者的永恒轮回》（1937年夏季学期）；（3）《尼采的第二个不合时宜的考察》（1938—1939年冬季学期）；（4）《尼采关于作为认识的权力意志的学说》（1939年夏季学期）；（5）《尼采：欧洲虚无主义》（1940年第二个三分之一学年）；（6）《尼采的形而上学》（1941—1942年冬季学期，已预告而未做成）。[海德格尔. 海德格尔文集：尼采（下）. 孙周兴，译. 北京：商务印书馆，2015：1225]

第四章 批判理论的"政治伦理转向"

问题的必然结果。在后期海德格尔那里,出现了从基础本体论到"思"(Denken)的转向。这体现在三个方面:一是放弃了形而上学提出的自我确证要求;二是拒绝了存在本体论的自由概念;三是否定了还原到第一原则的基础主义思想。哈贝马斯说,这本来可以作为走出主体哲学死胡同的出路,但是海德格尔断然拒绝这种做法。当然,后期海德格尔用"事件"(Ereignis)取代"此在","超越了尼采的形而上学分析,而且事实上也脱离了现代性话语"①。

德里达沿着海德格尔的路径,试图与胡塞尔的"在场形而上学"划清界限。在《声音与现象》(1967)中,德里达反对胡塞尔的意义理论,并揭露现象学的形而上学特征。他说,胡塞尔放任自己为西方形而上学基本观念所蒙蔽,即理想的自我认同的意义只能由活生生的在场加以保证。在《论文字学》(1967)中,德里达把"文字学"称为形而上学批判的科学导言,因为它深入模仿声音的文字的根源中。哈贝马斯指出,尽管可以将德里达的解构主义与阿多诺的否定辩证法视为对同一问题的不同回答,但阿多诺的否定辩证法与海德格尔的形而上学批判一样不能令人满意;而德里达试图颠覆逻辑学优于修辞学的传统,让修辞学成为逻辑学的基础,并解构哲学与文学、文学与文学批评的差异,这固然受到了罗蒂(Rorty)的追捧,但却是一种错误的诉求。哈贝马斯说,尽管德里达摆脱了后期海德格尔的隐喻学,并超越了海德格尔试图颠覆的基础主义,从而他的语音中心论批判可以被视为超越始源哲学之过程的关键一环,但是德里达最终未能挣脱海德格尔的束缚,因而也未能摆脱主体哲学的窠臼。

哈贝马斯指出,巴塔耶与海德格尔一样,致力于打破现代性牢笼,并试图打开西方理性的封闭空间,但与后者有着不同的人生取向和政治选择,这主要是基于两种不同的体验:超现实主义审美体验和左翼激进主义政治体验。"他们之所以有如此巨大的差异,原因在于巴塔耶在攻击理性时并没有触及认知合理性的基础,即科学技术客观化的本体论前提,而是关注伦理合理性的基础。虽然巴塔耶给现代性的哲学话语指出的方向与海德格尔的方向相似,但他选择了另外一种完全不同的途径来告别现代性。"② 就是说,巴塔耶继承了萨德(Marquis de Sade)的黑

---

① 哈贝马斯. 现代性的哲学话语. 曹卫东, 等译. 南京: 译林出版社, 2004: 186.
② 同①248.

色写作风格，并试图继承尼采作为意识形态批判家留下的遗产，从而表现出与尼采的亲缘性，这主要表现为对审美自由概念以及超人自我的捍卫。因而，哈贝马斯断言，尽管巴塔耶与青年卢卡奇、早期批判理论家有相似之处，但他思考的问题根本不是物化理论，而是关于排挤的历史哲学，关于不断剥夺神圣的治外法权的历史哲学，最终是用人类学来扬弃经济学的消极的形而上学世界观。

诚然，作为"纯粹历史学家"、哲学家的福柯与作为人类学家、社会学家的巴塔耶根本不属于同一传统中成长起来的人，但巴塔耶反对启蒙的性话语非自然化，并试图恢复性放纵、宗教放纵的色情意义，这深深地吸引了福柯。所以说，尼采的理性批判主题是经过巴塔耶而非海德格尔传给了福柯。福柯在《词与物》（1966）中指出，现代性的特征在于主体具有自相矛盾的、人类中心的知识型。在尼采的影响下，福柯从20世纪60年代末开始就力图将历史学与人文科学对立起来。哈贝马斯说："海德格尔和德里达想沿着解构形而上学的思路把尼采的理性批判纲领推向前进，福柯则想通过解构历史学实现这一目的。海德格尔和德里达用超越哲学的思想来超越哲学，福柯则用以反科学形式出现的历史学来超越人文科学。"① 但是，福柯一直没有弄清楚话语与实践的关系。直到70年代初，他才力图将知识考古学与权力谱系学区分开来，在方法论上告别解释学，并试图抛弃现代性的在场时间意识，从而把普遍历史推向了终结。这样，福柯就遇到了三个难题：一是没有认识到人文科学考古学与海德格尔的形而上学批判之间的亲缘性；二是福柯与结构主义之间的亲缘性是成问题的；三是仅用知识考古学手段来研究人文科学的发生，最终陷入了尴尬境地。总之，福柯无法用从主体哲学中获得的权力概念来消除他所批判的主体哲学的种种困境。

综上所述，从黑格尔到马克思，经过尼采到海德格尔和德里达，或巴塔耶和福柯，对现代性的批判最终都没有摆脱主体哲学的窠臼，没有走出主体理性批判模式。但主体理性以及自我意识结构只是理性的一个侧面，而非全部理性。

四、揭露现代文明危机根源，寻找通往未来文明之路

在这里，哈贝马斯主要做了三个方面工作。其一，划分后期资本主

---

① 哈贝马斯.现代性的哲学话语.曹卫东，等译.南京：译林出版社，2004：300.

义危机类型：一是经济危机，即以利润率下降为特征的经济系统的持续性危机；二是合理性危机，即由合理性欠缺导致的政治系统的产出危机，它是一种被转嫁的系统危机；三是合法化危机，即由合法性欠缺导致的政治系统的投入危机，它是一种直接认同危机；四是动因危机，即由合作动机欠缺导致的文化系统的产出危机。[①] 其二，揭露现代文明危机根源。他指出，自19世纪最后25年以来，后期资本主义社会出现了两个巨大变化：一是国家强化了对经济生活的干预；二是科学技术成为第一生产力，并变成了意识形态。这两个变化使交往合理性与工具理性的关系发生紊乱，从而导致了"生活世界殖民化"（Kolonialisierung der Lebenswelt），即作为现代文明系统的市场经济系统和官僚政治系统，借助于货币媒介和权力媒介，侵蚀了原本非市场与非商品化的私人领域和公共领域，从而导致生活世界意义和价值的丧失；同时，现代技术进步服务于生产力发展，放逐了早期市民社会的自由、平等、正义这些价值观念，从而使文化世界荒芜，最终导致了文明危机。其三，寻找摆脱文明危机的途径和通往未来文明之路。他认为，既然后期资本主义文明危机根源于生活世界殖民化，那么摆脱文明危机的途径就在于对生活世界殖民化的克服。为了达到此目的，必须重新协调系统（包括经济系统和政治系统）与生活世界的关系，平衡工具理性与交往合理性的关系，重建交往合理性。所谓"交往合理性"（kommunikative Rationalität），就是交往主体以语言或其他符号为媒介，通过没有任何强制性的诚实对话，达到相互理解，获得共识的理性。因此，交往合理性本质上是对话性的。只有重建交往合理性，才能实现社会合理化。所谓"社会合理化"（soziale Rationalisierung），就是借助于普通语用学来改变社会舆论结构，创造理想言谈情境，使所有对某一情境不满的人自由地进入讨论该问题的话语结构中，经过协商达成普遍共识；在此基础上，实现个人与社会的协调一致。

由此可见，和早期批判理论家一样，哈贝马斯也对现代工业文明进行了批判，不仅区分了文明危机类型，而且揭露了文明危机根源。但在摆脱文明危机的途径、通往未来文明之路的问题上，哈贝马斯与早期批判理论家是不同的：霍克海默、阿多诺对工业文明只是激进地批判，而

[①] J. Habermas. Legitimationsprobleme im Spätkapitalismus. Frankfurt/M.：Suhrkamp，1973：73–128.

没有找到摆脱文明危机的途径，也没有指出通往未来文明之路——要么在对早期资本主义文明的认同中自我安慰（霍克海默），要么在对现代资本主义文明的否定中自我折磨（阿多诺），马尔库塞则在对非压抑性文明的憧憬中自我陶醉；而哈贝马斯对现代工业文明则表现出辩护倾向，并试图在对现代工业文明的校正中重建后期资本主义文明。他主张用理解、宽容、和解的态度来处理不同信仰、不同价值观、不同生活方式、不同文化传统之间的关系，以及人际关系和国际关系，因为只有话语民主才是社会交往、文化交流的行为准则，是建立理想、公正、稳定的社会秩序的前提条件，是社会文明合理性的基础，是社会合理化的根本标志，是未来文明的发展方向。

第三节　从新批判理论到后批判理论

批判理论第三期的发展，实现了批判理论的"政治伦理转向"。所谓"转向"，一是指研究思路、基本观点的转变，例如，康德的"哥白尼式的革命"，近代哲学的"主体主义转向"；二是指研究领域、研究侧重点的转变，例如，这里所说的"政治伦理转向"。它意味着，在这之前，政治伦理向度在批判理论中至多处于边缘地位；在这之后，政治伦理向度在批判理论中处于核心地位。从这个角度看，早期批判理论中确实存在着政治伦理向度，但它只处于边缘地位而非核心地位。这有两层意思：一是该向度为社会研究所外围人员所拥有；二是该向度在社会研究所核心成员那里只处于边缘地位。

尽管在 20 世纪 60—70 年代，哈贝马斯就讨论了政治哲学、道德哲学问题。例如，在《公共领域的结构转型》（1962）中，他不仅讨论了公共领域的历史形成与构想，而且分析了公共领域的社会结构及其转型，并试图在新的理论框架下考察政治公共领域及其功能转型等问题[①]；在《理论与实践》中，他分析了古典政治学说与现代社会哲学的关系、自然法与政治革命的关系，以及黑格尔的政治哲学等问题；在《后期资本主义的合法性问题》中，他讨论了道德发展与自我认同等问

---

① J. Habermas. Strukturwandel der Öffentlichkeit. Frankfurt/M.：Suhrkamp, 1990：11-50.

第四章 批判理论的"政治伦理转向"

题,尤其考察了后期资本主义合法化危机问题。然而,所有这些在前期哈贝马斯的视域中都处于边缘地位;创立交往行为理论、试图为批判理论奠定规范基础,才是前期哈贝马斯的工作重心之所在。应该说,批判理论的"政治伦理转向"始于后期哈贝马斯,维尔默、克劳斯·奥菲(Claus Offe)进一步推动了这个转向,霍耐特则最终完成了这个转向。

一、后期哈贝马斯的话语伦理学与协商政治理论开启了批判理论的"政治伦理转向"

交往行为理论,即交往合理性理论,是话语伦理学的理论基础,话语伦理学是交往行为理论在伦理学领域的拓展。因而,理解交往行为就成为理解话语伦理学的前提。在哈贝马斯那里,交往行为的三个有效性要求,即断言的真实性、规范的正当性、表达的真诚性,是重建交往合理性的前提。交往合理性与工具理性本质上是不同的,它不仅注重交往行为的有效性要求,而且遵守道德规范要求。这样,交往合理性就不仅是交往行为理论的核心概念之一,而且是话语伦理学的核心概念之一。

如果说,交往合理性理论是话语伦理学的基础,那么U原则与D原则就是话语伦理学的基本原则。在《后期资本主义的合法性问题》中,当讨论"实践问题的真诚性"时,哈贝马斯就指出,"规范有效性要求的基础,不是缔约双方的非理性意志行为,而是由合理性动机诱发的对规范的承认。所以,规范的认知要素并不局限于规范行为期待的命题内涵;毋宁说,规范有效性要求本身在假定意义上是认知的,这种规范有效性要求是通过话语来兑现的,即存在于参与者通过论证获得的共识中"[①]。就是说,由于所有参与者原则上都有机会参与实际协商,所以这种话语意志形成的理性就在于:被提高为规范的行为期待,在没有欺骗的情况下使被确定下来的共同利益具有正当性。到《道德意识与交往行为》(1983)、《话语伦理学解说》(1991)中,哈贝马斯又详细阐发了U原则和D原则。U原则,即"普遍化原则"(Universalisierungsprinzip),是指"每个有效规范都必须满足这些条件,即对该规范的普遍遵守所产生的预期效果与附带效果,对于每个具体的人的利益满足来

---

① J. Habermas. Legitimationsprobleme im Spätkapitalismus. Frankfurt/M.:Suhrkamp,1973:144.

说，能够被所有参与者非强制地接受"①。D 原则，即"话语伦理原则"（Diskursethischer Grundsatz），是指"每个有效规范都将得到所有参与者的赞同，只要他们能参与实践话语"②。

1903 年 G. E. 摩尔（G. E. Moore）提出"元伦理学"（meta-ethics）与"规范伦理学"（normative ethics）的划分，宣告了元伦理学时代的到来。从此以后，元伦理学就成为与规范伦理学对立的当代西方最重要的伦理学说。在当代西方元伦理学中，尽管 R. M. 黑尔（R. M. Hare）力图将普遍主义与规定主义结合起来，创立一种普遍的规定主义伦理学，使事实、逻辑、价值统一起来，从而使元伦理学从非认知主义、反规范主义转向认知主义、价值规范科学，但从总体上看，当代西方元伦理学，如 G. E. 摩尔的价值论直觉主义、S. W. D. 罗斯（S. W. D. Ross）的义务论直觉主义、C. L. 史蒂文森（C. L. Stevenson）的情感主义、S. E. 图尔敏（S. E. Toulmin）的规定主义，或多或少都与道德怀疑主义有牵连——或者本身就是道德怀疑主义，或者最终滑向了道德怀疑主义。在这种背景下，哈贝马斯的话语伦理学强调实践话语普遍化、话语伦理普遍性、道德规范有效性，可以被视为继罗尔斯的《正义论》（1971）之后，道德普遍主义的又一次高扬。有些西方学者，如 A. 阿拉托（A. Arato），将哈贝马斯的话语伦理学归结为政治伦理学未必完全正确，但是话语伦理学成为后期哈贝马斯的政治哲学即协商政治理论的一个基准点，则是确定无疑的。

协商政治理论作为话语理论的拓展和运用，主要体现在《事实与价值：关于法权的和民主法治国家的话语理论》（1992）、《包容他者：政治理论研究》（1997）、《后民族结构：政治文集》（1998）等著作中。

（一）《事实与价值：关于法权的和民主法治国家的话语理论》对于批判理论的"政治伦理转向"的贡献

《事实与价值：关于法权的和民主法治国家的话语理论》，作为后期哈贝马斯最重要的法哲学著作，对于批判理论的"政治伦理转向"的贡献在于：

第一，将交往行为理论当作法权话语理论的基础，揭示触及交往行

---

① J. Habermas. Moralbewußtsein und Kommunikatives Handeln. Frankfurt/M.：Suhrkamp，1983：131.
② 同①132.

第四章 批判理论的"政治伦理转向"

为理论基础的事实与价值之间的张力,并试图澄清常常被人忽视的"交往行为理论的文化多元主义特质"①。在这里,哈贝马斯不仅讨论了作为事实与价值之社会媒介范畴的法权,而且讨论了社会学的法权构想与哲学的正义构想。他指出,法权话语理论就是要重构现代道德实践的自我理解,以便保护自己的规范内核,使之既能够抵制科学主义的还原,又能够抵制审美主义的同化。

第二,用话语伦理学阐发法权话语理论的内容,揭示法权本身蕴含的事实与价值之间的张力,并重新阐释道德规范与法律规范的关系。在这里,哈贝马斯在法权话语理论框架内,不仅讨论了法权体系和法治国家原则,而且讨论了法权的不确定性与判决的合理性,以及宪法判决的作用与合法性问题,尤其是重新阐释了道德规范与法律规范的复杂关系。哈贝马斯指出,道德规范与法律规范都是用来调节人际关系冲突的,它们都应平等地保护所有参与者及其自主性,但两者的调节对象和外延是不同的:前者保护个体的人格完整,后者保护法权共同体成员的人格完整。但在后形而上学论证的基础上,道德规范与法律规范应该协调一致。

第三,在澄清"协商政治"(deliberative Politik)内涵的基础上,从社会学视角检视对复杂的社会权力循环过程进行法治国家调节的条件,并从合法性视角讨论话语民主理论,最终提出程序主义的法权模型。② 在这里,哈贝马斯讨论了经验民主模型、规范民主模型以及程序民主概念,并讨论了公民社会与政治公共领域的作用。他指出,在复杂的社会中,要在素不相识的人之间建立具有道德法则性质的相互尊重关系,法律仍然是唯一的媒介。

当然,对社会秩序建构这个"霍布斯难题",无法用个别行为者合理抉择的偶然聚合做出满意解释。在语言学转向之后,康德的道德义务论获得了话语理论理解。由此,契约模型就为话语模型所取代:法权共同体是由协商达成的共识构成的,而非由社会契约构成的。这样,哈贝马斯就将话语伦理学的普遍化原则发展为话语民主理论的协商原则。所谓"协商原则"(deliberativer Grundsatz),是指"只有那些所有可能的

---

① J. Habermas. Faktizität und Geltung: Beiträge zur Diskurstheorie des Rechts und des demokratischen Rechtsstaats. Frankfurt/M.: Suhrkamp, 1992: 9.
② 同①10.

相关者（作为合理协商参与者）都可能同意的行为规范才是有效的"①。在此基础上，哈贝马斯提出了超越自由主义与共和主义的程序主义法权模型。在这个模型中，富有生机的公民社会与健全的政治公共领域必须能够承担相当部分的规范期待。

(二)《包容他者：政治理论研究》对于批判理论的"政治伦理转向"的贡献

作为后期哈贝马斯的政治哲学、道德哲学文集，《包容他者：政治理论研究》论述的核心问题是：在今天，共和主义的普遍内涵究竟带来了什么后果？在这里，哈贝马斯试图从文化多元主义社会、跨民族国家、世界公民社会三个视角加以论述。② 该文集对批判理论的"政治伦理转向"的贡献在于：

第一，进一步阐发"对差异十分敏感的道德普遍主义"，它要求"每个人相互之间都平等尊重，这种尊重就是对他者的包容，而且是对他者的他性的包容，在包容过程中既不同化他者，也不利用他者"③。因而"包容他者"意味着：道德共同体对所有人开放，包括那些陌生人或想保持陌生的人；要求平等尊重每个人，包括他者的人格或特殊性；要求所有人团结起来，共同为他者承担义务。

第二，与罗尔斯的政治自由主义相比，话语理论更适合把握道德直觉观念。哈贝马斯高度评价了罗尔斯的《正义论》，认为它是当代实践哲学里程碑式的著作，因为它恢复了长期以来备受压抑的道德问题作为哲学研究对象的地位。但是，哈贝马斯怀疑罗尔斯是否始终如一地以最有说服力的方式运用自己的直觉观念。因而，在肯定罗尔斯的《正义论》的基础上，哈贝马斯批评罗尔斯的政治自由主义，并力图将它与自己康德式的共和主义区分开来。哈贝马斯认为，与罗尔斯的政治自由主义相比，他自己的话语理论更适合把握他们共同关注的道德直觉观念。

第三，进一步拓展了公民身份与民族认同观念，并探讨全球范围内以及一国范围内的人权承认问题。哈贝马斯指出，在整个世界已经成为"风险共同体"（Risikogemeinschaft）的背景下，公民身份与民族认同

---

① J. Habermas. Faktizität und Geltung: Beiträge zur Diskurstheorie des Rechts und des demokratischen Rechtsstaats. Frankfurt/M.: Suhrkamp, 1992: 459.
② J. Habermas. Die Einbeziehung des Anderen. Frankfurt/M.: Suhrkamp, 1997: "Vorwort".
③ 哈贝马斯. 包容他者. 曹卫东，译. 上海：上海人民出版社，2002: 43.

问题日益成为需要予以关注的迫切问题，国际人权承认问题日益凸显，主流政治文化压制少数民族文化的倾向遭到了抵制。因而，承认政治应当能够保障不同亚文化、不同生活方式在一个法治国家内平等共处，即使没有共同体的权利与生存保障，承认政治也应该能够贯彻下来。

第四，在论述三种民主规范模式的基础上，再次论述法治国家与民主的内在关联，进一步完善协商政治理论。在哈贝马斯看来，自由主义与共和主义的主要分歧在于：对民主进程作用的理解不同，导致了对公民地位、法律观念、政治意志形成过程的不同理解。他认为，实际上，自由主义与共和主义各有优缺点，而自己的协商政治理论吸收了两者的优点，将民主程序与规范内涵融合了起来。就是说，这种程序主义的民主理论在协商、自我理解话语以及正义话语之间建立起了内在关联。这样，协商政治理论作为民主与法治国家的基本观念，就有助于揭示人民主权与人权同源同宗这一事实。

（三）《后民族结构：政治文集》对于批判理论的"政治伦理转向"的贡献

《后民族结构：政治文集》作为后期哈贝马斯的政治哲学文集，围绕着"在超越民族界限的情况下，社会福利国家的民主如何能够持续和发展？"这个核心问题，表达了他对当前德国政治与国际政治等问题的看法。[①] 因而，该文集对批判理论的"政治伦理转向"的贡献在于：

第一，从不同视角讨论了民族结构，分析了从文化民族概念到民族国家概念的转变，认为"德国的政治统一可以被描述为长期以来形成的文化民族统一体的过时的完成……在民族国家中，语言共同体必须与法权共同体一致，因为每个民族似乎从一开始就有政治独立权利"[②]。

第二，探讨了民主合法性与社会正义的关系。哈贝马斯指出，"没有社会正义就没有民主合法性"，这是保守主义的基本原则之一。但是，他既不认同保守主义，又对超越新自由主义和社会民主主义的"第三条道路"不抱任何希望，至少对"超越左和右"的乌托邦设计持怀疑态度。因为在他看来，革命派与保守派之间存在着角色互换的可能。

第三，在欧盟实现联邦制的基础上，在未来可以建立一种既能够保持差异性，又能够实现社会均衡的新世界秩序。"对于每个社会的和文

[①] J. Habermas. Die Postnationale Konstellation. Frankfurt/M. : Suhrkamp, 1998;"Vorwort".
[②] 同①23.

化的暴力驯化来说，欧洲既要保护自己不受后殖民主义侵蚀，又要不退回到欧洲中心主义中。"[1] 就是说，即使对关于人权的文化间性话语，也能够保持这种充分"解中心化的"（dezentrierte）视角。

二、维尔默的政治伦理学与奥菲的福利国家危机理论进一步推动了批判理论的"政治伦理转向"

（一）维尔默的政治伦理学对于批判理论的"政治伦理转向"的贡献

毫无疑问，维尔默与第一代批判理论家，尤其是与第二代批判理论家有着直接的学术传承关系。尽管一般将维尔默划归为第三代批判理论家，但实际上他是介于法兰克福学派第二代与第三代之间的过渡性人物，是批判理论第二期发展与第三期发展之间的中介人物，在批判理论发展史上具有承前启后的作用。可以说，维尔默的政治伦理学介于批判理论与后批判理论、现代主义与后现代主义、自由主义与社群主义、普遍主义与特殊主义之间，它对批判理论的"政治伦理转向"做出了重要贡献。

1. 批判理论的规范基础重建：政治伦理学的理论背景

正如前文所说，哈贝马斯、S. 本哈比、霍耐特等人认为，早期批判理论的缺陷之一，就是缺乏对规范基础的理论论证，或者说根本缺乏规范基础。那么，早期批判理论到底有没有规范基础？这历来是有争议的问题。实际上，从霍克海默等人的启蒙辩证法，到阿多诺的否定辩证法，再到哈贝马斯的交往合理性理论，都是构建批判理论的规范基础的尝试。为了阐发政治伦理学，维尔默首先必须解决"规范基础"这个前提性问题。我们认为，在批判理论的规范基础重建问题上，维尔默与哈贝马斯有四个共同点：一是都认为早期批判理论只是致力于纯粹批判——或者是悲观主义文化批判，或者是启蒙理性批判与资本主义批判的结合，从而缺乏规范基础；二是都认为早期批判理论仍然处在主体哲学框架中，沉溺于工具理性批判，从而不能正确对待现代性；三是都认为现代性哲学话语需要引入新的思维范式，用语言交往哲学代替主体哲学；四是都强调维特根斯坦语言哲学在重建现代性哲学话语中的作用。如果说有什么不同的话，那就是哈贝马斯试图用交往合理性来重建批判理论的规范基础，而维尔默则试图用"多元的、公共的合理性"来重建

---

[1] J. Habermas. Die Postnationale Konstellation. Frankfurt/M.：Suhrkamp，1998：9.

批判理论的规范基础。但从总体上看,维尔默并没有跳出哈贝马斯的思维框架。

2. 后形而上学现代性理论:政治伦理学的理论视域

在现代性与后现代性的关系问题上,哈贝马斯作为"最后一个现代主义者",坚决捍卫现代性,强烈批评后现代主义。他认为,现代性是一项未完成的规划,现代性还要继续发展;但他并非一味赞同现代性,而是认为现代性的发展,需要用政治意志与政治意识加以引导。与哈贝马斯不同,维尔默试图在现代性与后现代性之间寻找某种平衡。一方面,在后形而上学现代性语境中,维尔默划分了主体理性批判的三种形式,即总体化理性的心理学批判、工具理性的哲学-心理学-社会学批判、自明理性及其意义-构成主体的语言哲学批判,论述了"理性的他者",并断定现代性的政治道德基础已经被毁坏了,"以至于决胜局变成了玩火的游戏"[①]。这表明了他对现代性的不信任以及对后现代性的同情。另一方面,他又反对被理性批判夸大了的怀疑主义,并指出后现代性的局限性;此外,他以詹克斯[②]的建筑美学为例,阐发了现代性与后现代性辩证法。维尔默指出,"后现代性,正确地理解,或许是一个规划;而后现代主义,就它确实不仅仅是一个纯粹的模型、倒退的表达或新的意识形态而言,最好被理解为寻找记录变革痕迹并使这个规划的轮廓更加凸显出来的尝试"[③]。简言之,后现代主义不过是后形而上学现代主义,是主体理性批判的最高形式,"后现代主义可以理解为对启蒙理性的极端批判,同时它也是对现代性批判的自我超越"[④]。然而,捍卫形而上学终结概念,并不意味着告别理性与现代性,而是理性批判与现代性批判的自我肯定。

我们认为,就后形而上学现代性理论而言,维尔默与哈贝马斯有两个共同点:一是都对现代性哲学话语进行批判性反思;二是都看到了后现代主义的两面性。在维尔默那里,现代主体理性批判被划分为三种形

---

① A. Wellmer. Revolution und Interpretation. Assen:Van Gorcum,1998:10.
② 查尔斯·詹克斯(Charles Jencks,1939—2019),美国后现代建筑理论家,后现代主义奠基人之一。
③ A. Wellmer. Zur Dialektik von Moderne und Postmoderne. Frankfurt/M.:Suhrkamp,1985:109.
④ 维尔默. 论现代和后现代的辩证法:遵循阿多诺的理性批判. 钦文,译. 北京:商务印书馆,2003:1.

式：一是以弗洛伊德为代表的总体化理性的心理学批判；二是以尼采、霍克海默、阿多诺、福柯为代表的工具理性的哲学-心理学-社会学批判；三是以后期维特根斯坦为代表的自明理性及其意义-构成主体的语言哲学批判。维尔默说，前两种批判形式尽管功不可没，但总体上没有摆脱主体哲学框架；只有第三种批判形式才真正突破了主体哲学限制，为重建后形而上学理性观和后形而上学主体概念提供了出路。在这个问题上，维尔默与霍耐特有所不同：后者将现代主体性批判分为心理学批判与语言哲学批判两条路径。尽管第三代批判理论家之间有这样或那样的差异，但他们都受到了哈贝马斯的较大影响，就是试图用当代语言哲学的成就避免第一代批判理论家工具理性批判的片面性，重建现代性的哲学话语。当然，与哈贝马斯基本否定后现代性、试图拯救现代性不同，维尔默和霍耐特试图协调现代性与后现代性的关系。因而可以说，维尔默是介于现代性与后现代性之间的批判理论家。

3. 共同体主义政治哲学：政治伦理学的理论基础

第一，在讨论现代自由的两种模式，即（消极的）个体自由与（积极的）共同体自由的基础上，阐发了自由平等与合理性原则、自由民主与政治合法性问题，并分析了自由主义与社群主义之争，以及自由与民主的相互交织。

众所周知，在现代政治哲学中，自由主义（或个体主义）与社群主义（或共同体主义）对自由的理解构成了现代自由的两种模式，即（消极的）个体自由与（积极的）共同体自由。维尔默说，如果现代世界自由包括（消极的）个体自由与（积极的）共同体自由之间的二元论，那么普遍自由概念就内含着个体主义与共同体主义之间的张力。与自由主义者不同，维尔默不是强调个体自由，而是强调共同体自由；与社群主义者也有所不同，维尔默并不完全否定个体自由，而是主张对个体自由进行共同体主义阐释。正是在这个意义上，维尔默自称"共同体主义者"，或"自由的社群主义者"——与桑德尔（Sandel）的"社群的自由主义"不同。

在维尔默看来，尽管自由主义与社群主义存在着根本差异，即对待欧美自由民主社会的态度不同，但在很大程度上，它们是共同的价值取向内部的不一致，即它们强调同一传统内部的不同方面：自由主义强调自由的基本权利及其非欺骗性；社群主义更喜欢与美国早期"公民共和主义"即与共同体的民主自治传统联系在一起。这样,它们之间的不一致就可以这样来描述:自由主义的兴趣在于自由的基本权利。对于自由主义来说,个体的自由权利构成自由民主传统的规范内核;而社群主义则试图证明,只有在共同体的生活方式中,自由的基本权利才能获得合法意义。因而,自由主义与社群主义之争仍然是自由民主社会内部之争,其根本差异仅仅在于善与正义的优先性问题。事实上,自由与民主无论如何都能够联结成自由民主的政治共同体。

第二,在阐发人权普遍主义与公民权特殊主义的基础上,讨论了人权与政治自由的关系,以及公民权、人民主权与民主合法性问题。

维尔默指出,在人权与公民权之间,不仅存在着内在关联,而且存在着特有的张力关系。因而,人权不能化约为公民权,但人权可以作为公民权。这样,人权与公民权之间的张力关系,就作为公民权阐释与对这些阐释进行道德批判之间的张力关系出现。换言之,自由民主主义者借助于普遍主义道德理解,将作为公民权的人权承认为道德的或以道德为基础的法律诉求。这样,在法律体系中发生的人权侵犯,同时就被描述为对公民权的侵犯,如果有关法律体系容许这样的侵犯的话。正是在这种语境中,维尔默乐观地肯定,在非西方社会也有可能实现人权,尽管很难给出正义与非正义的标准。不过,一方面,将对文化认同的破坏、对宗教认同的破坏,以及对传统的破坏描述为伤害,也许是没有问题的;另一方面,如果完全没有这样的伤害,那就不可能在世界范围内形成广泛的自由民主共识。

在维尔默的视域里,公民权与民主话语的双重关系不可避免地存在着"解释学循环",即人权承认不仅是政治自由、民主话语的前提,而且是政治自由、民主话语的结果。因而,通过公民权与民主话语的解释学循环,可以回到民主法律体系的内在关联中。这种内在关联,对于民主法权共同体来说是结构性的。这样,在一定程度上,民主话语就只能进行双重解码。就是说,民主合法性原则的两个层面能够相互阐发:一方面,民主合法性原则作为正义原则,要求所有参与者都有可能实际参与民主话语;另一方面,民主合法性原则作为平等的参与权和交往权,包括参与民主话语要求。

4. 普遍主义伦理学重构:政治伦理学的理论前奏

第一,在重构康德形式主义伦理学的基础上,论述从形式主义伦理学向话语伦理学过渡的必要性。维尔默指出,对于康德的伦理学重构来说,大致有三种可能的选择:第一种方案承认,不同的"理性的存在者"能够期待以完全不同的行为方式成为普遍的(道德普遍主义);第二种方案试图论证"最低限度伦理学"(阿多诺);第三种方案是对康德的道德原则进行话语伦理学拓展(哈贝马斯、阿佩尔)。维尔默认为,只有第三种方案才能被视为对康德的实践理性恢复名誉的尝试,它既无条件地捍卫道德规范的可辩护性,又无条件地捍卫道德"应当"的合理内涵。因而,像哈贝马斯、阿佩尔一样,维尔默也看到了从形式主义伦理学向话语伦理学过渡与从主体哲学向语言哲学过渡的内在关联;但是,这个关联使康德的伦理学需要用对话式理解的普遍主义来重新规定。

为了达到此目的,维尔默区分了"对话的伦理学"(dialogische Ethik)与"对话伦理学"(Ethik des Dialog):在前者那里,对话原则代替道德原则;在后者那里,对话原则处于道德原则的核心位置。按照维尔默的理解,康德对内在性的思考,尽管不是关于"对话的伦理学"的思考,但也许是关于"对话伦理学"的拓展。"就康德的伦理学所要求的情境阐释与对话阐释的关系而言,对自我的需要视角与价值视角进行交往式理解是可能的。因为拒绝对话的标准,在矛盾的要求、需要或情境阐释相互抵触的情况下,在康德意义上是非普遍的。但在这个意义上引出的'对话原则'(Dialogprinzip),主要并不涉及准则普遍性问题,而涉及情境阐释与自我理解恰当性问题;尤其是在涉及对他人的需要视角与价值视角的正确理解时起作用。"[①] 维尔默认为,就话语伦理学在"准康德主义"框架中发挥的作用而言,哈贝马斯、阿佩尔的"话语伦理学一方面还是康德的,另一方面又不够是康德的"——这就是维尔默对话语伦理学与康德的伦理学之关系的基本界定。由此可见,维尔默的基本立场倾向于康德的伦理学,而批评话语伦理学。

第二,在批评话语伦理学的两个前提,即真理共识论和最终论证要求的基础上,对话语伦理学的基本原则,尤其是 U 原则进行了重构。维尔默将 U 原则不是视为合法性原则,而是视为道德原则,并认为 U 原则是对绝对命令的话语伦理学重述。他认为,如果将 U 原则理解为合法性原则,就会产生下述困难,即 U 原则没有解决这个问题。我

---

① A. Wellmer. Ethik und Dialog. Frankfurt/M.:Suhrkamp,1986:48.

第四章 批判理论的"政治伦理转向"

"能够非强制地承认"普遍遵守一个规范,对于每个具体的人来说意味着什么?因而也没有解决这个问题:在这个意义上,所有人能够承认一个规范意味着什么?为了解决这个问题,维尔默对 U 原则重新进行了解读:(U1)一个规范,如果被所有利益相同的参与者普遍遵守,那就是有效的;(U2)一个规范,如果能够被所有利益相同的参与者非强制地承认,那就存在于所有参与者的共同利益中;(U3)在 Sh 情境(Situation handlung)中被做的事情,在道德上是被正确地禁止的,如果相应的行为方式被理解为普遍的,并考虑到每个具体的、利益相同的参与者能够非强制地承认其预期后果的话;(U4)在 Sh 情境中被做的事情,在道德上是被正确地禁止的,如果所有利益相同的参与者能够(非强制地)期待,相应的行为方式(考虑到它对于每个具体的、利益相同的参与者来说的预期后果)成为普遍的。由此可见,在这个问题上,维尔默的阐释与哈贝马斯的阐释是相似的:通过有效性标准,道德规范有效性的意义被理解为以语言为中介的主体间性的普遍结构。因而,U 原则作为对绝对命令的话语伦理学重述,现在似乎可以被说成:如果一个行为被理解成普遍的,对于所有参与者来说是可承认的,那么它就是正确的。

5. 民主伦理学构想:政治伦理学的理论核心

第一,在讨论政治哲学与道德哲学的关系时,维尔默做出了三个区分:首先,"是"与"应当"的区分。他指出,尽管"是"与"应当"的区分以规则和规范的存在为前提,但对规则和规范的承认内含着"是"与"应当"的区分。这个区分是伦理学的前提,"欧洲道德哲学,就是从个体伦理学和政治哲学两个维度对这两个问题的加工处理"[1]。黑格尔哲学则是为重新统一这两个相互分离的领域所进行的最后的伟大尝试。然而,即使不是在马克思那里,也可能是在马克思主义传统中仍然重复着"将是还原为应当、将应当还原为是"的错误。其次,法律规范与道德规范的区分。这个区分表明,法律规范与道德规范的对立将成为有效的或失效的;法律规范与道德规范的对立是结构性的;法律规范通常与外部认可的法律威胁联系在一起。不过,维尔默对法律规范与道德规范的区分,并没有注意到传统社会的具体伦理。在向后传统道德的

---

[1] A. Wellmer. Endspiele. Die unversöhnliche Moderne. Frankfurt/M.:Suhrkamp,1999:96.

过渡中，道德的去习俗化意味着法律的习俗化，即在某种程度上，法律规范被自由支配，即使屈从于道德规范的限制。最后，道德原则与民主合法性原则的区分。维尔默在谈到这个区分时指出，道德成为凌驾于法律之上的审判机关；道德论证逻辑是通过普遍主义道德原则确定的；若道德话语的不同维度能够获得共识，那么道德冲突一般都可以得到解决；道德规范论证问题具有应用问题的特征。

第二，在谈到法哲学与伦理学的关系时，维尔默说："为了阐明道德原则与法律原则如何相关联，我想直接引用它们之间的一致与差异。"① 他指出，在将它们表述为规范的普遍化原则时，法权学说与伦理学说是一致的。其结构性一致就在于，它们固有的共识原则或对话原则最终都被压抑了。在这个意义上，康德的形式法概念直接反映了绝对命令范畴的形式主义特征。他说，在最坏的意义上，法权学说与伦理学说之所以是"形式主义的"，是因为康德使实践理性概念中固有的"程序形式主义"，在关键点上停留在逻辑语义学的形式主义上。"通过对康德、黑格尔、马克思关于自然法的接受与批判的概述表明，关于自然法的合理内核问题，他们当中没有一个人能够找到令人满意的答案。"②

第三，民主伦理是如何可能的？这是政治伦理学的核心问题。维尔默指出，后期黑格尔曾经试图为现代社会构建普遍的"民主伦理"（demokratische Sittlichkeit），并将它作为伦理的立足点；但他并没有说明民主伦理形式是如何对待传统的、前现代社会的伦理实质的。就是说，黑格尔（包括马克思在内）并没有真正解决作为私人自主与公共自主之中介的民主伦理问题；相反，托克维尔（Tocqueville）试图解决如何构建民主伦理的问题。维尔默认为，民主伦理是如何可能的，是政治伦理学的核心问题。"民主伦理概念并不规定美好生活的某些内容，而是规定相互修正的善概念之平等的、交往的、多样的共生形式。"③ 然而，民主伦理概念的悖谬性似乎在于，它不是被"实体性地"，而是被"形式性地"（即"程序性地"）规定的。因而，根本不存在民主话语的伦理实体，因为民主话语条件规定着民主伦理内核。这样，在公民共和主义的意义上，民主伦理与公民德性再次聚合为实体的整体是不可

---

① A. Wellmer. Endspiele. Die unversöhnliche Moderne. Frankfurt/M.：Suhrkamp，1999：107.
② 同①152.
③ 同①69.

第四章 批判理论的"政治伦理转向"

能的。

在维尔默看来,民主伦理构想的目标是建立世界公民社会。所谓"世界公民社会"(Weltzivilgesellschaft),标志着人权与公民权之间差异的扬弃,标志着现代世界和平的文化多元主义条件,标志着从人权的幻想概念向纯粹道德的或纯粹经济学的状态过渡,但是并不意味着民主政治的终结,而是作为新的情况下现代民主需要进一步发展的生存条件。由此可见,维尔默的民主伦理概念试图将托克维尔与黑格尔融合在一起,将个体主义与共同体主义整合在一起。

6. 艺术崇高与审美救赎:政治伦理学的理论向往

第一,在继承与超越康德美学、阿多诺美学的基础上,围绕着"真实、表象、和解之间的内在关联"这个核心问题,维尔默阐发了自然美与艺术美、艺术真实与审美体验、艺术与崇高的关系,提出美是"和解"的乌托邦,美是神圣功能与世俗功能的统一,只有审美综合("真实Ⅰ")才是对现实("真实Ⅱ")的艺术认知,审美体验是某种精神可能性;并论述了审美表象辩证法,主张将崇高嫁接到艺术中,因而认为崇高是艺术的基本结构,断言艺术崇高是对"和解"的彻底否定,崇高意味着审美的强化,等等。

第二,从现代艺术的二律背反出发,对现代-后现代艺术进行了批判性反思。维尔默认为,现代艺术的二律背反结构,一开始就存在于图像与符号、非概念综合与概念综合的分离中,即使在发达的工具理性条件下,它也与现代艺术一起成为自我意识。因而,尽管功能主义曾经起过一定的历史作用,但其缺陷在于,它是一种与技术理性至上精神一致的、形式化的、简化了的机械主义,它没有对功能与目的的关系进行恰当反思;只有从这个反思出发,人们才能有效地进行生产和建造,而且只有这样,粗俗的功能主义才能持续地服务于现代化进程。

第三,在更广阔的视野中,对现代-后现代美学进行了批判性反思。维尔默指出,尽管利奥塔(Lyotard)的崇高美学与阿多诺的否定美学之间存在着某些不一致,但在他们那里,理性批判与语言批判的深层逻辑的共同性,表现为同一性思维批判与表现符号批判之间的结构同质性。此外,阿多诺关于"真实、表象、和解之间的内在关联"的描述——否定美学概念——又出现在卡尔·海因茨·伯勒尔(Karl Heinz Bohrer)的突发性美学、汉斯·罗伯特·姚斯(Hans Robert Jauss)的接受美学中。在维尔默看来,技术可以被区分为两类:一是以人的需要、人的自主性、交往合理性为取向的技术;二是着眼于资本利用的行政管理技术或政治操纵技术。因而,与20世纪初不同,在这里出现了生产美学对实用美学的让位。实用美学关系到体现在日常生活世界中可理解的目的关系的审美质量。

第四,大众艺术批判与审美乌托邦向往。维尔默既肯定阿多诺对文化工业之批判的合法性,也指出他忽视了大众艺术隐藏着民主潜能与审美想象力;既肯定本雅明关于机械复制艺术暗示着现代大众艺术潜能的分析,也指出他对大众艺术的评价不同于阿多诺的根本动机在于审美政治化。总之,维尔默对审美乌托邦怀着深深的向往,但对通俗艺术也并非完全否定,而是适度地肯定。

(二)奥菲的福利国家危机理论对于批判理论的"政治伦理转向"的贡献

作为法兰克福学派第三代主要代表人物之一,奥菲的政治社会学思想,尤其是福利国家危机理论也对推进批判理论的"政治伦理转向"做出了重要贡献。奥菲的福利国家危机理论,既受到了美国社会学家、经济学家奥康纳的国家财政危机论的影响,又受到了哈贝马斯的合法化危机论的影响;反过来,奥菲关于国家批判的系统分析,又影响了哈贝马斯的"系统-生活世界"理论。奥菲强调,福利国家必须在维持、促进资本积累的同时,保障民主合法性;只有这样,才能保证整个资本主义系统,即经济系统、政治系统、社会文化系统的正常运转。然而,这样,福利国家的矛盾就使经济危机倾向可能在财政危机之中达到顶峰。在他看来,福利国家的矛盾就在于:"后期资本主义系统既不能与福利国家共存,又不能没有福利国家。"[①] 就是说,尽管福利国家对资本主义积累的影响很可能是破坏性的,但废除福利国家所带来的影响将是毁灭性的。

三、霍耐特的承认理论、多元正义构想以及民主伦理学标志着批判理论的"政治伦理转向"最终完成

作为法兰克福学派第三代核心人物、批判理论第三期发展关键人

---

① C. Offe. Contradictions of the Welfare State. Cambridge: The MIT Press, 1984: 153.

第四章 批判理论的"政治伦理转向"

物,霍耐特最终完成了批判理论的"政治伦理转向",主要体现在四个方面:

第一,对传统批判理论进行批判性反思,阐明批判理论的"承认理论转向"[①]的必要性。为了避免早期批判理论社会规范的缺失,又防止F. v. 弗里德堡(Ludwig von Friedeburg)经验情结的误区,霍耐特从梳理社会哲学的两条路径(即历史哲学路径与人类学路径)出发,对从霍克海默到哈贝马斯的传统批判理论进行了批判性反思。其一,早期批判理论试图把哲学的时代诊断与经验的社会分析融合在一起,但从一开始就陷入了困境:从霍克海默批判理论的社会性缺失,到《启蒙辩证法》的支配自然批判的历史哲学模型的局限性,直至后期阿多诺批判理论对社会性的最终排斥。其二,尽管自20世纪70年代以来,批判理论的两个最有影响的分支(即福柯的权力理论与哈贝马斯的交往行为理论)可以被视为早期批判理论历史哲学模型所导致困境的两种不同的解决方式,但福柯和哈贝马斯试图通过告别劳动范式来解决早期批判理论困境的努力并不成功,即使交往行为理论也没有为批判理论奠定规范基础。其三,批判理论的规范基础只能到人类学中去寻找。为此,必须走规范研究与经验研究相结合之路,即必须走出交往范式的狭义理解,从语言理论转向承认理论。"交往范式不能理解为语言理论……而只能理解为承认理论。"[②]

第二,从社会冲突的两种模式(即"为自我保护而斗争"与"为承认而斗争")出发,霍耐特借助于G. H. 米德(G. H. Mead)的社会心理学对青年黑格尔的承认学说进行重构,从而使黑格尔的承认观念实现了自然主义转化,以此阐明批判理论的"承认理论转向"的可能性;并以承认与蔑视的关系、蔑视与反抗的关系为核心,建构了承认理论的基本框架。在霍耐特的视域中,三种主体间性承认形式,即情感关怀或爱(Liebe)、法律承认或法权(Recht)、社会尊重或团结(Solidarität),分别对应自信(Selbstvertrauen)、自尊(Selbstachtung)、自豪(Selbstschätzung)这三种实践自我关系;个体认同遭遇的三种蔑

[①] N. Fraser, A. Honneth. Umverteilung oder Anerkennung? Eine politisch-philosophische Kontroverse. Frankfurt/M.: Suhrkamp, 2003: 148.

[②] A. Honneth. Kritik der Macht: Reflexionsstufen einer kritischen Gesellschaftstheorie. Frankfurt/M.: Suhrkamp, 1989: 230.

视形式，即强暴（Vergewaltigung）、剥夺权利（Entrechtung）、侮辱（Entwürdigung），摧毁了个体基本自信，伤害了个体道德自尊，剥夺了个体自豪感；蔑视体验（Erfahrung der Mißachtung）是社会反抗的道德动机，因而必须在社会冲突中重建道德规范，并将人际关系道德重建视为承认理论的目标。

第三，阐明承认与再分配、承认与正义、承认与道德的关系，提出以一元道德为基础的多元正义构想，并试图建构以正义与关怀为核心的"政治伦理学"。（1）在进一步拓展承认理论的过程中，霍耐特首先将黑格尔法哲学重构为规范正义理论；通过分析承认与再分配的关系，断定分配冲突是承认斗争的特殊形式，并考虑到文化承认作为第四种承认形式的可能性；针对南希·弗雷泽（Nancy Fraser）的指责，霍耐特强调自己的承认理论并非"文化主义一元论"，而是"道德一元论"。（2）在此基础上，试图建构以一元道德为基础的多元正义构想。霍耐特多元正义构想的三个核心命题在于：从多元的社会正义构想出发是正确的；社会承认关系质量应该成为社会正义构想的立足点；社会理论命题，而非道德心理学，被描述为获得社会正义规定性的关键。（3）在与当代实践哲学对话的语境中，明确提出了"政治伦理学"（politische Ethik）概念，并围绕着承认与正义的关系、承认与道德的关系，阐发了自由、民主、人权、共同体、正义、关怀等问题，而且试图建构以正义（平等对待）与关怀（道德关怀）为核心的"政治伦理学"。我们认为，强调"后现代伦理学与话语伦理学基本一致"，是霍耐特政治伦理学的立足点；论证"平等对待与道德关怀存在相互包容关系"，是霍耐特政治伦理学的核心；断定"承认道德介于康德传统与亚里士多德传统之间"，是霍耐特政治伦理学的定位；断言"形式伦理是人格完整的主体间性条件"，是霍耐特政治伦理学的目标。

第四，建构以自由与正义为主线的民主伦理学。近年来，霍耐特又出版了一系列著作，不仅对批判理论做了进一步的批判性反思，如《阿多诺：否定辩证法》（合著，2006）、《批判理论关键词》（合著，2006）、《理性的病理学：批判理论的历史与当前》（2007）、《批判的创新：与霍耐特谈话》（合著，2009），而且进一步发展了承认理论及其多元正义构想，如《正义与交往自由：对黑格尔结论的思考》（合著，2007）、《厌恶、傲慢、仇恨：敌对情绪现象学》（合著，2007）、《从个人到个人：

人际关系的道德性》(2008)、《我们中的自我：承认理论研究》(2010)，还试图构建民主伦理学，如《自由的权利：民主伦理大纲》(2011)。

《我们中的自我：承认理论研究》包括霍耐特近年来已经发表和未发表的14篇论文或讲演稿，主要有四部分内容：其一，进一步拓展和重构黑格尔的承认学说，强调《精神现象学》(1807)、《法哲学原理》(1821)对承认理论的重要性，这与在《为承认而斗争：论社会冲突的道德语法》中强调黑格尔的《伦理体系》(1802—1803)、《思辨哲学体系》(1803—1804)、《耶拿实在哲学》(1805—1806)等"前精神现象学"著作明显不同；其二，进一步阐发劳动与承认、承认与正义的关系，强调道德与权力的内在关联；其三，重新规定社会化与个体化、社会再生产与个体认同形成的关系，强调社会哲学规范问题的解决必须包容经验追求；其四，从心理分析视角进一步拓展承认理论，既涉及心理分析的承认理论修正，又分析了"我们中的自我：作为群体驱动力的承认"等问题。总之，该书是霍耐特对承认理论的进一步思考，不仅修正、深化了早年的某些观点，而且开辟了新的研究领域，并试图为正义理论提供一个新的文本。

在《自由的权利：民主伦理大纲》中，霍耐特试图以黑格尔的《法哲学原理》为范本，在社会分析形式中阐发社会正义原则，并致力于阐发民主伦理学。从基本结构来看，该书包括三个部分：(1)自由的权利历史回顾。在这里，霍耐特主要阐发消极自由及其契约结构、反思自由及其正义构想、社会自由及其伦理学说。(2)自由的可能性，从此在基础、局限性、病理学三个层面阐发法律自由与道德自由。(3)自由的现实性，讨论个人关系中的"我们"（友谊、私密关系、家庭），市场经济行为中的"我们"（市场与道德、消费领域、劳动市场），民主意志形成中的"我们"（民主公共领域、民主法权国家、政治文化展望）。[①]

霍耐特认为，在当代西方政治哲学中，占支配地位的康德、洛克自由主义传统的正义理论，属于"制度遗忘的正义理论"（institutionenvergessene Gerechtigkeitstheorie），它尽管具有道德理性但却缺乏社会现实性。新黑格尔主义者试图按照黑格尔的意图来建构正义理论，以及社群主义者M.沃尔泽（M. Walzer）、A.麦金泰尔（A. MacIntyre）等

---

① A. Honneth. Das Recht der Freiheit: Grundriß einer demokratischen Sittlichkeit. Frankfurt/M.: Suhrkamp, 2011: 5-6.

人试图超越纯粹的规范正义理论并重新接近社会分析的努力，离黑格尔的《法哲学原理》的意图尚有很大距离：黑格尔的思路是将道德理性与社会现实结合起来。诚然，在今天简单复活黑格尔的意图和思路是不可能的。尽管如此，再次运用黑格尔的《法哲学原理》的意图，重构一种从当代社会结构前提出发的正义理论，即作为社会分析的正义理论，还是有意义的。①

应该说，《自由的权利：民主伦理大纲》在霍耐特思想发展过程中占有非常重要的地位，其学术地位足以和《为承认而斗争：论社会冲突的道德语法》媲美。如果说，《为承认而斗争：论社会冲突的道德语法》标志着霍耐特的承认理论框架基本形成，《正义的他者：实践哲学文集》（2000）、《再分配或承认？哲学-政治论争》（2003）等标志着霍耐特的承认理论进一步完善与多元正义构想和政治伦理学初步建构，那么，《自由的权利：民主伦理大纲》则意味着霍耐特的民主伦理学基本形成。到此为止，霍耐特的思想体系已臻完善，足以和哈贝马斯比肩——在哈贝马斯那里，有交往行为理论、话语伦理学、协商政治理论；在霍耐特这里，则有承认理论、多元正义构想、民主伦理学。正是借助于此，霍耐特最终完成了批判理论的"政治伦理转向"，为批判理论第三期发展做出了决定性贡献；标志着批判理论的最新发展阶段，即从批判理论转向后批判理论；体现着批判理论的最新发展趋向，即从语言交往哲学转向政治道德哲学（"政治伦理学"）；并已经进入与当代实践哲学主流话语对话的语境中，成为当代最重要的实践哲学家之一。然而，霍耐特尽管徘徊于批判理论与后批判理论、现实主义与理想主义、一元主义与文化多元主义之间，但最终从前者走向了后者。因此，与其将霍耐特称为批判理论家，倒不如称他为后批判理论家。

综上所述，批判理论第一期发展（从20世纪30年代初到60年代末，以霍克海默、阿多诺、马尔库塞、洛文塔尔、波洛克等人为代表）致力于批判理论构建与工业文明批判；批判理论第二期发展（从20世纪60年代末到80年代中期，以前期哈贝马斯、施密特、F.v.弗里德堡等人为代表）致力于批判理论重建与现代性批判；批判理论第三期发展（从20世纪80年代中期至今，以后期哈贝马斯、霍耐特、维尔默、

---

① A. Honneth. Das Recht der Freiheit: Grundriß einer demokratischen Sittlichkeit. Frankfurt/M.: Suhrkamp, 2011: 14-17.

奥菲等人为代表），完成了批判理论的"政治伦理转向"。概言之，"批判理论三期发展"意味着：从古典理性主义到感性浪漫主义再到理性现实主义，从激进乐观主义到激进悲观主义再到保守乐观主义，从文化主体哲学到语言交往哲学再到政治道德哲学（"政治伦理学"），从"老批判理论"到"新批判理论"再到"后批判理论"。"后批判理论"标志着批判理论的最新发展阶段，它不再属于传统的西方马克思主义范畴，而是已经进入与当代实践哲学主流话语对话的语境中。

第五章 政治哲学视域中的意识形态领导权

意识形态领导权理论是意大利无产阶级革命家葛兰西的核心思想，也是西方马克思主义政治哲学的重要内容，这一理论对西方马克思主义产生了深远影响。结构主义的马克思主义者（阿尔都塞、普兰查斯）、新葛兰西主义者（拉克劳、墨菲）都是从这一理论出发构建他们的政治哲学理论的；就是说，葛兰西、阿尔都塞、普兰查斯、拉克劳、墨菲存在着传承关系。然而，学界对意识形态领导权理论的政治哲学意义及其影响的系统研究并不多见。本章立足于意识形态领导权理论这条主线，系统地勾勒了从葛兰西到新葛兰西主义者的政治哲学发展脉络，揭示了这些理论之间的内在传承关系，并断定从葛兰西到新葛兰西主义者的政治哲学丰富和发展了马克思主义政治哲学思想，为建构当代中国马克思主义政治哲学提供了重要的思想资源。

第一节 意识形态领导权的原生逻辑

作为西方马克思主义的奠基人之一，葛兰西强调意识形态的创造性、能动性。首先，意识形态与文化连在一起，它存在于学校、教会、工会、各种传媒等机构中，从本质上看是物质的，而不只是观念的。就是说，学校、教会、工会、各种传媒已经成为意识形态国家机器，是宣传和传播统治阶级的世界观、价值观的重要阵地。其次，意识形态是主体产生的前提。就是说，主体是意识形态的主体，离开了意识形态，主

第五章 政治哲学视域中的意识形态领导权

体就成为无源之水。因而,意识形态是理解主体的重要条件。再次,意识形态是一个实践的、战斗的领域。就是说,意识形态构成了社会生活领域,在这个领域中,人们生活着、工作着,从而获得关于自身地位的识见。最后,葛兰西打通了意识形态与权力的内在关系。在他看来,意识形态本质上是权力,因此,经济、政治、文化、制度、话语也是权力。就是说,权力支配着我们这个社会的一切。这也就是所谓的"意识形态领导权"。"意识形态领导权"概念散见于葛兰西的全部著作中,尤其在《狱中札记》《狱中书简》中,它是葛兰西政治哲学的一条主线;意识形态领导权理论是葛兰西对马克思主义的划时代贡献。不过,葛兰西并没有集中地、系统地论述这一理论,这就需要我们首先对作为《狱中札记》《狱中书简》主题的意识形态领导权概念进行考察。

一、hegemony:"霸权"还是"领导权"?

学界一般都将"hegemony"译成"霸权",这样翻译有一定的道理,在某些方面表达了葛兰西的意思,但也存在着自身的局限性。这就需要我们进一步从学理和现实的角度加以澄清,从而为我们的研究打下坚实的基础。出于这样的考虑,我们认为,从葛兰西的整体思想出发,纵观葛兰西的整个思想历程,将"hegemony"译为"意识形态领导权"比较确切,主要理由如下:(1)意大利语 egemonia、英语 hegemony 一词的希腊文和拉丁文形式是 egemon 和 egemonia。根据雷蒙·威廉斯(Raymond Williams)的考证,hegemony 的本义是指一个国家的领导人或统治者,但在传统上这个词主要用来表示国与国之间的政治统治关系,同中国古代政治思想中的"霸"概念有些类似,都含有以实力迫使别国臣服的意思。因此,该词在中文里常常被译为"霸权"。(2)葛兰西反对将意识形态视为经济基础的附带现象或虚假观念的堆积,而视为一种在艺术、法律、经济行为中以及在所有个体和集体生活中显露出来的世界观、价值观;或者说,意识形态是人们活动、斗争的场所,是一定社会集团的世界观、价值观的体现。(3)意识形态领导权是策略,也是权力;知识的获得、文化的形成和习惯的塑造等都是在历史中形成的,并逐渐被内化为"常识"。(4)从中国的文化传统来看,霸权、文化霸权均含有贬义,这与葛兰西的思想是不符的;意识形态领导权是中性的,葛兰西正是在这个意义上使用这个概念的。

我们认为,在翻译葛兰西的"hegemony"时,既要表达出葛兰西的思想,同时又要符合中国的实际。因而,意识形态领导权是理想的表达。这里需要说明的是,这一表达也不是完美无缺的,因为在葛兰西那里,这个词的意思是非常丰富的。"领导权"并非仅指意识形态领导权,而是包含着经济领导权、政治领导权;当然,它主要是指意识形态领导权。

二、"意识形态领导权"概念的特征

意识形态领导权是葛兰西思想的核心,它似一根红线贯穿其中。在《狱中札记》《狱中书简》中,葛兰西描述过"意识形态领导权"这个概念的特征,揭示过这个概念的含义,却没有给它下过一个完整的定义。葛兰西指出,在封建社会后期,西方国家的主要统治方式不再是直接使用暴力;国家统治出现了新形式,即暴力因素越来越少,而非暴力因素越来越多。在这里,葛兰西把现代国家视为意识形态领导权和政治治理权的有机结合。意识形态领导权是自发的赞同,这种赞同不是少数人的赞同,而是多数人的赞同,是对处于统治阶级地位的总体地位的赞同。[①] 意识形态领导权有以下四个特征:

第一,意识形态与领导权的有机统一。在葛兰西看来,意识形态与领导权具有发生学的关系,是内在地统一在一起的,是一枚硬币的两面。这就赋予了意识形态新的内涵,使意识形态具有基础意义。也就是说,意识形态领导权成为解释社会现象的基础。第一次世界大战后,资本主义国家重新获得了生命力,第二国际马克思主义的经济决定论无法解释这种情况。在此背景下,葛兰西提出意识形态领导权概念来破解资本主义社会存在之谜,认为资本主义社会之所以能在战后摆脱危机,仍然具有生命力,根本原因之一就在于它掌握着意识形态领导权,这是维护资本主义社会统治的"看不见的保护神"。

第二,意识形态领导权的普遍性。统治阶级的世界观、价值观成为整个社会的意识形态。也就是说,统治阶级的世界观、价值观已构成整个社会的核心价值体系。全体社会成员从内心里信仰这种核心价值体系,因为这种核心价值体系是他们的生存方式的展示。这种核心价值体

---

① 季广茂.意识形态.桂林:广西师范大学出版社,2005:66.

系通过各种方式（公共领域与私人领域的传播），使全体社会成员"心悦诚服"地信仰它。一言以蔽之，意识形态领导权成了整个社会的精神支柱，具有普遍性内涵。这样就能够明白，资本主义社会为什么能在一次次的危机中生存下来，原因之一就是它从根本上掌握着意识形态领导权。

第三，意识形态领导权的合法性。意识形态领导权问题从根本上说是合法性问题。统治阶级对社会的统治，除了强制的方式外，更重要的是靠文化和意识形态等软的手段。现代国家更加注重这种软的手段，并且将其视为综合国力的重要组成部分。事实上，文化和意识形态是统治阶级获得其统治的合法性基础，因为文化和意识形态为统治阶级做价值辩护，使其统治具有合法性功能。这样，就从根本上巩固了统治阶级的统治地位。说得更明白一点，意识形态领导权是统治阶级的合法性基础，从文化和意识形态上维护统治阶级的统治。

第四，意识形态领导权的认同性。意识形态领导权开辟了认同政治的新领域。统治阶级的政治统治获得被统治阶级的认同，靠的是意识形态领导权。只有被统治阶级认同了统治阶级的统治，统治阶级才能巩固其统治地位。如果被统治阶级不是从内心里认同统治阶级的意识形态领导权，那么统治阶级的统治地位就不可能牢固。质言之，统治阶级的统治主要依靠的是文化和意识形态，就是说，文化和意识形态构成了整个社会认同的基石。

三、作为理论的意识形态领导权

在葛兰西那里，意识形态领导权理论与市民社会理论是密切联系在一起的。在一定意义上甚至可以说，意识形态领导权理论就是市民社会领导权理论。这正是葛兰西理论的独创性。因此，全面考察意识形态领导权与市民社会的关系是十分必要的。

正是在马克思的影响下，葛兰西发展了市民社会理论；不过，他强调市民社会的上层建筑的维度。这与葛兰西所面对的问题有关。与马克思一样，葛兰西也是无产阶级革命家；不同的是，马克思致力于资本主义批判，而葛兰西则要破解资本主义长期存在之谜，"在今日议会制的传统领域，'规范地'行使领导权是以强制力同自愿相结合为特征的，二者相互平衡，强制力的一面并不过分地盖过自愿的一面。的确，社会总是想办法让人确信，诉诸强制力似乎建立在所谓舆论机构（报纸、社团）表达出的多数人同意的基础上。因此，在某些情况下，舆论工具就人为地膨胀起来"①。

应当肯定，葛兰西与马克思在对市民社会的看法方面有一致的地方，正如拉克劳等人指出的："葛兰西与马克思一致而反对黑格尔，他把社会分析的重心从国家移到市民社会之上——任何'普遍阶级'都从后者诞生，而不是从建立在市民社会之上的独立领域中产生。"② 然而，葛兰西的"市民社会"概念非常混乱——有时指经济关系或经济结构；有时从属于上层建筑。即使在上层建筑范畴内，用法也不统一：有时，他把上层建筑分为两个层面，即市民社会（通常被称为民间社会组织）和政治社会或国家。这样，葛兰西就将市民社会与政治社会或国家并列起来，使它们隶属于上层建筑的不同组成部分。但有时，他又把市民社会纳入国家范畴："值得一提的是，对国家的基本认识离不开对市民社会的认识（因为人们可以说国家＝政治社会＋市民社会，即强制力量保障的霸权）。"③ 王凤才认为，尽管葛兰西"市民社会"概念的用法很不一致，但从总体上看，他的"市民社会"是介于国家与经济之间的全部领域，主要指从属于上层建筑的文化、伦理和意识形态领域，既包括民间社会组织代表的社会舆论领域，也包括官方意识形态领域。就是说，"国家＝政治社会＋市民社会"这个公式，核心在于霸权。在这里，葛兰西强调社会权力的非经济性。④

在葛兰西眼里，市民社会存在于上层建筑中，它是意识形态领导权存在的场所。"领导权在文化上和意识形态上的运作，要通过市民社会的各种机构，这构成了成熟的、自由-民主的、资本主义社会的特征。那些机构包括教育、家庭、教会、大众媒介、通俗文化等。市民社会是葛兰西把文化和意识形态的地位放到社会中去的途径，而领导权则是他试图理解它们如何起作用的途径。从葛兰西的观点看，通俗文化和大众

---

① 麦克莱伦. 马克思以后的马克思主义. 李智, 译. 北京：中国人民大学出版社, 2004：207.
② 巴特勒, 齐泽克, 拉克劳. 偶然性、霸权和普遍性：关于左派的当代对话. 胡大平, 高信奇, 蒋桂琴, 等译. 南京：江苏人民出版社, 2004：46.
③ 葛兰西. 狱中札记. 曹雷雨, 姜丽, 张跣, 译. 北京：中国社会科学出版社, 2000：218.
④ 王凤才. 葛兰西国家概念的政治伦理学诠释. 学习与探索, 2012（10）.

媒介必须根据领导权概念来理解和解释。"① 显然，葛兰西把市民社会视为上层建筑的一部分，这是其理论的新颖之处。在《狱中札记》中，他这样写道："现在我们可以确定两个巨大的上层建筑层面——一个层面可以称之为'市民社会'，即通常称作'私人的'有机体的总和；另一个是'政治社会或国家'层面。这两个方面中的一个方面符合于统治集团对整个社会行使的'领导权'功能，另一个方面则符合于通过国家或'法律上的'政府行使的'直接统治'或'指挥'。"②

众所周知，经济基础与上层建筑的关系是马克思唯物史观的一个重要维度。出于19世纪那个时代的需要，马克思着重论述了经济基础的作用，但对上层建筑却没有进行详细的论述。后来的马克思主义教科书体系将经济基础与上层建筑的关系理解为教条的、僵化的关系。真正开了关于马克思上层建筑研究先河的是葛兰西。在《意识形态》一书中，季广茂指出，马克思并没有独立地探讨上层建筑的每个因素，也没有把上层建筑视为一个整体而予以系统的解释。葛兰西超越了上层建筑的单向度存在，赋予它形式与质料，并在很大程度上获得了成功。葛兰西相信，上层建筑在规模和复杂性方面的变革，必然导致经济领域在规模和复杂性方面的增长。"这样的上层建筑当然依赖于经济基础（或葛兰西所谓的'结构'），但它并不必然直接回应每一次经济变迁。"③可见，经济基础与上层建筑不是简单的决定论关系，而是一种能动的辩证关系，两者保持必要的张力，这就深化了马克思主义的历史唯物主义。

意识形态领导权理论是葛兰西立足于西方发达资本主义社会现实而做出的理论思考。他认为，工业文明发展，以及资产阶级独立和发达的商品经济，使西方国家的市民社会很强大，也造就了西方国家浓厚的民主传统。当然，这种民主本质上是虚假的，因为民主是对于资产阶级而言的，广大人民并不享有。而东方国家没有经过工业文明的洗礼，封建专制占据统治地位，例如，"在俄国，国家就是一切，市民社会还处于初生混沌状态；而在西方，国家和市民社会之间存在着一种恰当的关系，当国家发生动摇时，市民社会稳定的结构就立即显现出来。国家只

---

① 斯特里纳蒂. 通俗文化理论导论. 阎嘉，译. 北京：商务印书馆，2001：187.
② 葛兰西. 狱中札记. 曹雷雨，等译. 北京：人民出版社，1983：425.
③ 季广茂. 意识形态. 桂林：广西师范大学出版社，2005：70.

不过是外围的一条壕沟，它后面还屹立着坚固的堡垒和工事群"①。因而，葛兰西指出，西方发达国家的无产阶级革命首先夺取文化和意识形态领域的领导权，然后才能夺取政治领导权，因为西方国家有非常强大的市民社会。科拉科夫斯基说，无论如何，在葛兰西的理论中，这是一个重要的论点，即无产阶级只有在获得"意识形态领导权"后，才能获得政治上的权力。政治领导权的本质是强制，意识形态领导权的本质是"教育"。因而，"发挥积极的教育功能的学校和发挥约束与消极功能的法庭，是最重要的国家的行为，但实际上，为了达到同样的目的，还有许多其他的所谓民间的活动和创举，它们合在一起构成统治阶级的政治的和文化的领导权的工具"②。这样，无产阶级要获得意识形态领导权，就必须建立自己的文化组织，培养自己的知识分子。葛兰西强调，知识分子在形成和传播无产阶级意识形态领导权中起着重要的作用，因为知识分子是无产阶级政党的中坚力量，是宣传和传播无产阶级世界观、价值观的中流砥柱。因此，无产阶级政党必须大力培养自己的知识分子，只有这样，才能从根本上形成自己的意识形态领导权。

第二节 意识形态领导权的次生逻辑

众所周知，葛兰西的意识形态领导权理论在阿尔都塞那里得到了系统的发展。沿着葛兰西之路，阿尔都塞对马克思主义意识形态理论提出了新见解，从而深化和发展了马克思主义政治哲学，尤其是国家理论。因此，下面将主要阐发阿尔都塞与葛兰西的政治哲学之间的传承关系，以及阿尔都塞对马克思主义意识形态理论和马克思主义政治哲学的重大贡献。

一、阿尔都塞对葛兰西的意识形态领导权理论的继承与发展

有人认为，阿尔都塞的理论远离社会现实。其实，这个说法是不正

---

① 麦克莱伦. 马克思以后的马克思主义. 李智, 译. 北京：中国人民大学出版社, 2004：210.

② 俞吾金, 陈学明. 国外马克思主义哲学流派新编：西方马克思主义卷（上册）. 上海：复旦大学出版社, 2002：124.

第五章 政治哲学视域中的意识形态领导权

确的。因为阿尔都塞与葛兰西一样,非常关注社会现实问题。我们知道,葛兰西是在反对第二国际教条主义的马克思主义、总结西欧无产阶级革命失败的教训中提出他的意识形态领导权理论的;阿尔都塞同样也反对教条主义的马克思主义、书本的马克思主义。阿尔都塞受惠于葛兰西,同教条主义的马克思主义做斗争,从不断发展着的马克思主义中寻找问题的答案。在葛兰西看来,马克思主义的历史观、社会观本身是政治的、现实的,而非抽象的、思辨的;阿尔都塞对葛兰西所强调的历史现实性大加赞赏。葛兰西的历史主义是对贵族思想家的理论的强烈抗议。

第一,阿尔都塞高度赞扬葛兰西的历史主义,认为这种历史主义是批判的、革命的,蕴含着马克思的辩证法精神,与教条主义的马克思主义、书本的马克思主义是格格不入的。书本的马克思主义脱离社会现实,只是抽象的哲学;从根本上说,它是反马克思主义的。阿尔都塞指出,政治与社会现实是密切相关的,所有政治活动都是社会现实的注解。社会现实生活处于能动的、生动的变动中。社会现实生活已经发生了很大变化,教条主义的马克思主义不可能对现实生活有任何指导意义,而只能阻碍人们对社会现实形成正确的认识。这样说来,阿尔都塞的见解在今天仍然具有重大现实意义。

第二,阿尔都塞强调,葛兰西的实践哲学是面向现实、面向政治、面向实践、改造世界的哲学。在《关于费尔巴哈的提纲》中,马克思明确指出,以往的哲学都是解释世界的哲学,而问题在于改变世界。这就告诉我们,面向现实,改造社会,关注人的自由和解放始终是马克思哲学的价值指向。葛兰西正确地领悟了马克思主义的真谛,这使他与教条主义的马克思主义划清了界限。阿尔都塞批判了教条主义的马克思主义脱离社会现实的现象,一针见血地指出,"必须发展马克思主义哲学:在理论上和政治上这都是当务之急……在马克思主义理论上,哲学已经落后于历史科学"[①]。由此可以看出,阿尔都塞与葛兰西在理论上的相通性。

第三,阿尔都塞的意识形态国家机器理论也受惠于葛兰西的意识形态领导权理论。阿尔都塞通过葛兰西继承和发展了马克思主义意识形态

---

① 阿图塞.列宁和哲学.杜章智,译.台北:远流出版事业股份有限公司,1990:21.阿图塞即阿尔都塞。

理论。在西方，葛兰西被称为上层建筑理论家，他是第一个强调物质载体的马克思主义理论家，甚至可以说，他在意识形态理论上实现了"哥白尼式的革命"，发展了马克思主义意识形态理论。阿尔都塞之所以能够在意识形态方面提出原创性见解，葛兰西的意识形态领导权理论的影响是不应忽视的。正是在葛兰西的意识形态领导权理论的影响下，阿尔都塞才阐发了独具特色的意识形态国家机器理论。

在葛兰西那里，市民社会作为上层建筑的一个领域，是阶级斗争的场所，也是政治斗争的地方，意识形态生产主体。阿尔都塞将意识形态视为人与世界之间的"活生生的"关系，实际上表达了意识形态是阶级斗争的有组织的部分，"在意识形态中……人们表达自己……他们正是以此种方式体验了他们与其生存条件的关系：这既预设了真实关系，又预设了'想象性'关系、'活生生'的关系"①。在阿尔都塞看来，人们无法超越自己生活的那个时代，实际上是无法超越自己生活的那个时代的意识形态。人自出生以来，不但吸收物质的空气，而且吸收意识形态的空气。事实上，人已经变成了社会存在物，也就是意识形态的存在物。人们在将要离开这个世界时忽然醒悟，发现这一辈子虚度了，连自己都没有明白自己，因为人们生活在意识形态编织的网中。阿尔都塞的这些说法无疑受到了葛兰西的意识形态领导权理论的影响。

在葛兰西那里，文化和意识形态是密切相关的，这就和观念论有着根本区别。在这一点上，阿尔都塞同样也受到了葛兰西的影响。阿尔都塞指出，在学校讲授的"文化"充其量不过是二度的文化，它面向该社会中多数或少数的个人，并结合某些特殊对象（美学、文学、艺术、逻辑、哲学等），"培养"了与那些对象相关的技艺；这种技艺，作为实践手段，向那些个人反复灌输着与该社会的制度和"价值"，以及与其中发生的事件有关的实践行为方面的明确规范。"文化是既定社会中的精英和/或大众意识形态。不是真正的群众的意识形态（因为，作为阶级对立的结果，在文化内部存在着不同的倾向），而是统治阶级直接或间接地通过教育或其他手段试图向他们统治的群众反复灌输的意识形态，并且这种灌输以歧视为基础（一种文化给精英，一种文化给群众）。我们这里正在谈及一桩领导权性质的事业（葛兰西）：通过意识形态的传

---

① 季广茂. 意识形态. 桂林：广西师范大学出版社，2005：80.

第五章 政治哲学视域中的意识形态领导权

播（通过对文化的介绍和反复灌输）以获取群众的同意。占统治地位的意识形态总是被强加给群众，来对付他们自身文化中的某些倾向，这些倾向虽然得不到识别和认可，但它们始终在反抗。"[1]

第四，阿尔都塞的国家理论是对葛兰西的意识形态领导权理论的发展。在传统马克思主义那里，国家是阶级统治的暴力工具，是镇压性的国家机器；无产阶级革命就是夺取国家政权。但十月革命的胜利以及西方发达国家无产阶级革命的失败，使葛兰西认识到，在西方发达资本主义国家，无产阶级革命仅仅依靠夺取国家政权是远远不够的，首先必须夺取文化和意识形态领导权。葛兰西认为，传统马克思主义国家理论太狭隘了，没有将意识形态领导权理论考虑进去。他指出，"一般认为国家是政治社会——即用以控制民众使之与一定类型的生产和经济相适应的专政或其他强制机构——而不把它视为政治社会和市民社会之间的平衡力，我指的是通过教会、工会或学校等所谓民间组织行使的、某一社会集团对整个国家的领导权"[2]。作为最早接受意识形态领导权理论的马克思主义理论家之一，阿尔都塞高度赞扬葛兰西的原创性，认为他提出了一个"令人惊奇"的国家理论。在承认葛兰西国家理论原创性的同时，阿尔都塞并没有局限于葛兰西理论，而是指出他的不足之处："令人遗憾的是，葛兰西没能把这些机构系统化。他的有关文字，仅是一些精辟却不完整的笔记。"[3]

不过，阿尔都塞的意识形态国家机器理论，与他对葛兰西的意识形态领导权理论的深刻体悟是分不开的。阿尔都塞将意识形态国家机器与葛兰西的领导权巧妙地连接起来。他指出，意识形态国家机器的本质就在于将"暴力"与"强制"隐藏起来，使统治者感到没有被"宰制"，因为"任何一个阶级，如果不同时在意识形态国家机器中并对之行使领导权，就不能长期地掌握国家权力"[4]。简言之，阿尔都塞的意识形态国家机器理论是对葛兰西的意识形态领导权理论的发展，从而丰富了马

---

[1] 阿尔都塞．哲学与政治：阿尔都塞读本．陈越，编．长春：吉林人民出版社，2003：33.

[2] 葛兰西．葛兰西文选：1916—1935．中共中央马克思恩格斯列宁斯大林著作编译局，国际共运史研究所，编译．北京：人民出版社，1992：574.

[3] 阿图塞．列宁和哲学．杜章智，译．台北：远流出版事业股份有限公司，1990：142.

[4] L. Althusser. Lenin and Philosophy, and Other Essays. New York: Monthly Review Press, 1971: 139.

克思主义国家理论。就像郁建兴所说,"阿尔都塞的意识形态国家机器理论和葛兰西的意识形态领导权理论可以说如出一辙,两者都重视意识形态在国家政权维持中发挥的功用,都揭示了意识形态教育是统治合法化的真实来源。这与马克思强调统治阶级利用意识形态消除政治与经济的联系,从而确立国家的自主性理论保持着内在的一致性。他们对意识形态做出的具体而细微的分析无疑丰富和发展了马克思主义的国家自主性学说,并且开辟了一个关于意识形态研究的新领域"①。

从根本上说,阿尔都塞的问题域和葛兰西的是相同的:都批判教条主义的马克思主义,捍卫马克思主义的真精神;都对当代资本主义制度进行深刻批判,建构未来的社会主义;都立足于意识形态领导权理论而探索他们的马克思主义政治哲学理论。当然,这并不是说他们的理论是完全相同的,也不表明他们的理论没有缺陷。对此,我们要有清醒的认识。

二、阿尔都塞的意识形态国家机器理论的内涵特征

阿尔都塞讨论意识形态国家机器理论的主要目的在于:一是批判当代资本主义社会现实;二是建构马克思主义政治哲学。该理论的内容极为丰富,具有四个主要特征。

(一)结构性:"意识形态无意识"

在一般人看来,意识形态作为一种观念,是对世界的虚假的、歪曲的反映(更准确地说,是对事实真相的掩盖)。葛兰西将意识形态与领导权结合起来,实现了意识形态理解上的根本转向。就是说,意识形态不仅仅是一种观念,更是一种文化价值观;意识形态与领导权有机地结合在一起,因而是物质性的存在。资本主义社会之所以能够度过一次次的危机,根本原因之一就是它掌握着意识形态领导权。阿尔都塞不仅将意识形态视为知识,视为虚假的、错误的,而且还视为人类社会生存与发展中必不可少的。"应该注意,我们实际上运用的意识形态概念隐含着双重关系:一方面与知识相关,另一方面与社会相关。"② 显然,阿尔都塞进一步深化了葛兰西的意识形态领导权理论。同葛兰西一样,阿

---

① 郁建兴. 马克思国家理论与现时代. 上海:东方出版中心,2007:165.
② G. Elliot. Philosophy and the Spontaneous Philosophy of the Scientists. London:Verso,1990:23.

第五章　政治哲学视域中的意识形态领导权

尔都塞讨论意识形态国家机器理论是为了解开资本主义社会存在之谜。在葛兰西眼里，统治阶级为了巩固自己的统治地位，不但掌握着政治领导权，而且还牢牢掌握着意识形态领导权，并且统治已经变成了权力，"当既定权力关系是'系统地不对称'时，那就是说，当特定代理人或代理人团体被长期赋予其他代理人团体被排除的以及很大程度上得不到的权力（不论这种排除的基础何在）时，我们就谈到'统治'"①。阿尔都塞不仅指出了意识形态"维护或掩盖社会矛盾以利于统治阶级的统治，而且指明了意识形态发挥社会职能的特殊性——很强的隐蔽性、潜移默化性、无意识性"②，就是说，统治阶级采用各种方式强化意识形态，使人们不知不觉地从内心里赞同这种统治方式。由此可以看出，阿尔都塞的意识形态国家机器理论深化了葛兰西的意识形态领导权理论，从而也深化了马克思主义意识形态理论。

再进一步说，在葛兰西那里，意识形态是文化价值观，它已经成为常识深深地植根于人们的信仰中。"意识"是意识形态的表现形式，但阿尔都塞却说意识形态"无意识"。乍一看，两者是矛盾的。实际上，在阿尔都塞这里是有深意的。他所要表达的是，意识形态是客观存在的结构，不管人们是否感觉到，它都是作为结构而存在并影响着人们的。阿尔都塞指出，"即使意识形态以一种深思熟虑的形式出现（如马克思以前的哲学），它也是十分无意识的。意识形态是个表象体系，但这些表象在大多数情况下和'意识'毫无关系；它们在多数情况下是形象，有时是概念。它们首先作为结构而强加于人，因而不通过人们的'意识'。它们作为被感知、被接受和被忍受的文化客体，通过一个为人们不知道的过程而作用于人……因此，意识形态根本不是意识的一种形式，而是人类'世界'的一个客体，是人类世界本身"③。

阿尔都塞强调，意识形态"无意识"正是意识形态灵活多变的彰显，因为"意识形态在理论上是封闭的，同时在政治上又是灵活的。它

---

① 汤普森. 意识形态与现代文化. 高铦, 文涓, 高戈, 等译. 南京: 译林出版社, 2005: 60.
② 孟登迎. 意识形态与主体建构: 阿尔都塞意识形态理论. 北京: 中国社会科学出版社, 2002: 118.
③ 阿尔都塞. 保卫马克思. 顾良, 译. 北京: 商务印书馆, 1984: 202-203.

可以适应时代的需要，但是它满足于通过自身内在关系的某些不明显的变化而不是通过表面的运动来反映它负责领会和掌握的历史变化"①。显而易见，阿尔都塞将意识形态提升到了政治哲学高度。正是由于阿尔都塞的意识形态国家机器理论对葛兰西的意识形态领导权理论的深化发展，我们才说阿尔都塞的意识形态国家机器理论是葛兰西的意识形态领导权理论的"次生逻辑"。

（二）非历史性："意识形态没有历史"

阿尔都塞认为，"意识形态没有历史这个论点是一个纯否定的论点，因为它同时意味着：（1）意识形态是虚无的东西，因为它是一个纯粹的梦……（2）意识形态没有历史，这显然并不意味着在意识形态中没有历史……而是意味着它没有自己的历史"②。在他看来，在各个领域中生产出来的意识形态和各个阶级的意识形态是有历史的；而"意识形态一般没有历史"。相应于历史变化而出现和消失的是个别的、具体的、各个理论家创造的意识形态，意识形态一般则是存在于任何社会、任何历史时代的。在这里，阿尔都塞区分了具体的意识形态和一般的意识形态——前者是各个时代的意识形态，它具体存在于各个具体的历史阶段，因而是有历史的；后者显然是作为结构和功能而存在的意识形态，它是不变的。阿尔都塞指出，"意识形态的特殊性在于，它被赋予了一种结构和功能，以至于变成了一种非历史的现实，即在历史上无所不在的现实，也就是说，这种结构和功能是永远不变的，它们以同样的形式出现在我们所谓历史的整个过程中，出现在《共产党宣言》所定义的阶级斗争的历史（即阶级社会的历史）中。如果真是这样，那么意识形态没有历史这个提法就具有了肯定的意义"③。他进一步指出，正是由于意识形态没有自己的历史，才使意识形态对现实的遮蔽功能得到了有力的确证。在这里，阿尔都塞更加凸显了意识形态的特殊功能。"意识形态没有历史"是指意识形态没有自己独立发展的历史，因为意识形态是社会现实生活的产物。随着社会现实生活的变化，意识形态也必然改变

---

① 阿尔都塞. 读《资本论》. 李其庆，冯文光，译. 北京：中央编译出版社，2001：157.
② 阿尔都塞. 哲学与政治：阿尔都塞读本. 陈越，编. 长春：吉林人民出版社，2003：350 - 351.
③ 同②351.

第五章　政治哲学视域中的意识形态领导权

其存在形式。

事实上,"意识形态没有历史"这个说法,并不是阿尔都塞的独创,而是借用了马克思恩格斯在《德意志意识形态》中的说法。那么,阿尔都塞的意识形态国家机器理论与马克思的意识形态理论是什么关系呢?

马克思的意识形态理论是从历史唯物主义出发的,或者说,马克思的意识形态理论建立在历史唯物主义基础之上。在《德意志意识形态》中,马克思恩格斯这样写道:"我们的出发点是从事实际活动的人,而且从他们的现实生活过程中还可以描绘出这一生活过程在意识形态上的反射和反响的发展。甚至人们头脑中的模糊幻象也是他们的可以通过经验来确认的、与物质前提相联系的物质生活过程的必然升华物。因此,道德、宗教、形而上学和其他意识形态,以及与它们相适应的意识形式便不再保留独立性的外观了。它们没有历史,没有发展,而发展着自己的物质生产和物质交往的人们,在改变自己的这个现实的同时也改变着自己的思维和思维的产物。"① 这就告诉我们,社会现实生活是意识形态产生的源泉,离开了社会现实生活,意识形态就成了无源之水、无本之木,即使是虚幻的意识形态,也是社会现实生活的产物。社会现实生活处于生动的变化中,意识形态是社会现实生活的产物。正如马克思所指出的:"无论思想或语言都不能独自组成特殊的王国,它们只是现实生活的**表现**"②;"意识……在任何时候都只能是被意识到了的存在……而人们的存在就是他们的现实生活过程。如果在全部意识形态中,人们和他们的关系就像在照相机中一样是倒立成像的,那么这种现象也是从人们生活的历史过程中产生的,正如物体在视网膜上的倒影是直接从人们生活的生理过程中产生的一样"③。

张一兵认为,马克思对意识形态理论的重要贡献不是指出意识形态的虚假本质,而是指出意识形态发生的历史无意识。意识形态的本质是阶级无意识。④ 我们认为,这种看法是中肯的。正是"意识形态的历史无意识"凸显了意识形态的政治哲学意蕴。阿尔都塞强调这一点,显然深化了马克思的意识形态理论。伊格尔顿的说法也是值得关注的:"阿

---

① 马克思恩格斯选集:第1卷.北京:人民出版社,2012:152.
② 马克思恩格斯全集:第3卷.北京:人民出版社,1960:525.
③ 同①.
④ 张一兵.问题式、症候阅读与意识形态.北京:中央编译出版社,2003:144.

尔都塞提出了几个挑战性的论点：意识形态与虚假无关；它的无意识性超过意识性；它是主体性中介；它是一个仪式实践问题，而不是意识教条；它在时间上是'永恒的'，在结构上是不变的。"① 当然，阿尔都塞与马克思是不同的：马克思是站在历史唯物主义立场上，阿尔都塞是站在结构主义立场上。

（三）主体性："意识形态召唤主体"

阿尔都塞认为，主体是构成意识形态的基本范畴，意识形态的功能就在于把具体的个人建构成主体。"你我作为主体这件显而易见的事情——以及它的无可置疑——本身是一种意识形态的后果，基本的意识形态的后果。把显而易见的事情当作显而易见的事情强加于人（而又不动声色，因为这些都是'显而易见的事情'），恰恰是意识形态的一种特性。"② "将意识形态作为一种行为手段或一种工具使用的人们，在其使用过程中，陷进了意识形态中并被它们所包围，而人们还自以为是意识形态的无条件的主人。"③ 因而，从根本上说，意识形态是资产阶级制造合法性、巩固自己统治的"依据"。如果没有这种统治的合法性，资产阶级根本就不能巩固自己的统治。事实上，资产阶级在说服他人相信他们的神话之前，自己一定先相信了这种神话，因为他们看到，他们的意识形态就是对真实生活条件的想象的依附关系，这种关系使他们能够对自己施加影响（赋予自己法律的和伦理的意识，以及自由经济的法律条件和伦理条件），并对他人（即现在受限制的人和即将受他们剥削的"自由劳动者"）施加影响，以便担负和完成作为统治阶级的历史作用。"在这种关于自由的意识形态中，资产阶级当然看到了他们自己对存在条件的依附性，即真实关系（资本主义自由经济的权利），是被包裹在一种想象关系（人人都是自由的，包括自由劳动者在内）中的。他们的意识形态是关于自由的游戏，这场游戏既暴露出资产阶级为了驾驭他们的自由的被剥削者，决心用自由的讹诈来欺骗他们，也反映着资产阶级需要被剥削者体验自由那样去体验自己的阶级统治。"④ 意识形态之所

---

① 伊格尔顿. 历史中的政治、哲学、爱欲. 马海良，译. 北京：中国社会科学出版社，1999：94.

② 阿尔都塞. 哲学与政治：阿尔都塞读本. 陈越，编. 长春：吉林人民出版社，2003：362.

③ 阿尔都塞. 保卫马克思. 顾良，译. 北京：商务印书馆，1984：203.

④ 同③204.

以能欺骗人们,是因为人们自己在这里用想象的世界来代替现实世界,并渴求生活在一种想象的世界中,仿佛在想象的世界中生活才是唯一的真实的生活。"人生活在异己状态中,人却以为自己是最快乐的。由于这个社会异化了,我们的生活异化了。异化的生活成为我们最快乐的生活。我们在虚假的满足中感到自己无比快乐。"①

黑格尔说过,人出生时是自然存在物,通过后天的教化成为社会存在物。但阿尔都塞认为,人从来都不是自然存在物,甚至在未出生时就是社会存在物了,因为自己的父母已经给自己规划好了未来。即使人的感觉,也是意识形态的实践。他举例说,我们都有一些朋友,当他们来敲门时,我们隔着门问"谁呀",回答是"我",于是我们认出"是他"或"她"。我们开了门,"没错,真的是他或她"。"你我从来都是主体,并且就以这种方式不断地实践着意识形态承认的各种仪式;这些仪式可以向我们保证,我们的确是具体的、个别的、独特的、(当然也是)不可替代的主体。我目前正在从事的写作和你目前正在进行的阅读,在这方面也都是意识形态承认的仪式,我思考中的'真理'或'谬误'或许就会随着这里所包含的'显而易见的事情'强加在你的头上。"② 阿尔都塞强调,意识形态已经渗透入人类生活的方方面面。个人处处把自己视为"主体"并陷入自己是无限自由的幻觉中,试图从这样的幻觉出发去理解自己与他人和世界之间的关系,但实际上他们始终居留于、归属于某种意识形态,并成为它的忠实的"臣民"。在英语中,"subject"这个词有双重含义,在哲学范畴内,它的含义是"主体",在社会学范畴内,它的含义是"臣民"。从表面上看这两种含义是矛盾的,实际上,"这两种含义正以辩证的方式统一在个体与意识形态的关系中"③。对此,阿尔都塞指出,"这件好像发生在意识形态之外(确切地说,发生在街上)的事,实际上发生在意识形态内部。因此,的确发生在意识形态内部的事,也就好像发生在它之外。这正是那些待在意识形态内部的人总是凭定义相信自己外在于意识形态的原因:意识形态的后果之一,

---

① 王晓升.意识形态就是把人唤作主体:评阿尔都塞对意识形态的四个规定.福建论坛(人文社会科学版),2006(2):49.
② 阿尔都塞.哲学与政治:阿尔都塞读本.陈越,编.长春:吉林人民出版社,2003:363.
③ 俞吾金.阿尔都塞意识形态理论新探.江西社会科学,2004(3):29.

就是在实践上运用意识形态对意识形态的意识形态特性加以否认。意识形态从不会说：'我是意识形态'。必须走出意识形态，进入科学知识，才有可能说：我就在意识形态内部（这是相当罕见的情况）；或者说：我曾经在意识形态内部（这是一般的情况）。谁都知道，关于身处意识形态内部的指责从来（都）是对人不对己的（除非有人是真正的斯宾诺莎主义者或马克思主义者，在这个问题上，两者完全可以是一回事）。这等于说，意识形态没有（自身的）外部，但同时又恰恰是（科学和现实的）外部"①。英国学者贝内特（Bennett）强调，在阿尔都塞看来，意识形态是用主体中心结构提供的思想生产工具加工社会关系原料的一种实践。意识形态在加工过程中，它对社会关系进行改造，然后以"想象性"的关系再现在人们面前；这种"想象性"的关系规定我们与社会存在状况关系的"生活"地位，诱使我们对这种社会存在状况产生"误认"。② 我们认为，贝内特的评判是中肯的，他正确地指出了阿尔都塞的意识形态国家机器理论的实质。

（四）物质性："意识形态国家机器"

正如前文所说，葛兰西将意识形态与领导权结合起来，强调意识形态作为意识形态领导权，是物质性的载体，这就实现了意识形态问题史上的根本转向，因为他将意识形态与社会现实生活紧紧地结合在了一起。阿尔都塞的意识形态国家机器理论，进一步发展了葛兰西的意识形态物质载体观念。在阿尔都塞那里，意识形态绝不单单是一种观念体系，还是一种以现实存在表现出来的特殊的非强制国家机器。阿尔都塞指出，一种意识形态总是存在于某种机器中，存在于这种机器的实践或各种实践中，这种存在就是物质的存在。当然，"意识形态在某种机器及其实践当中的物质存在，与一块铺路石或一支步枪的物质存在有着不同的形态"③。

三、阿尔都塞的意识形态国家机器理论对马克思主义国家理论的拓展

马克思的国家理论是马克思主义政治哲学的核心，它散见于马克思

---

① 阿尔都塞.哲学与政治：阿尔都塞读本.陈越，编.长春：吉林人民出版社，2003：365.
② 贝内特.科学、文学与意识形态：路易·阿尔都塞的文学理论.寿静心，译.辽宁大学学报（哲学社会科学版），1994（4）.
③ 同①356-357.

第五章　政治哲学视域中的意识形态领导权

的各种著作中,并没有得到系统的论述;但关于国家问题,马克思却有着深刻和独到的见解。正如列斐伏尔所说,如果有人想在马克思的著作中寻找一种国家理论,也就是说想寻找一种连贯和完全的国家学说体系,我们可以毫不犹豫地告诉他,这种学说体系是不存在的。反之,如果有人认为马克思忽视了国家,我们也可以告诉他,国家问题是马克思经常关注的问题。在马克思的著作中,有关于国家的一系列论述和一种已然确定了的方向。这就意味着,"对马克思来说,没有什么比一种包含着它的产生、它的历史、它的形成和它的发展的国家理论更为重要的了"[①]。

那么,阿尔都塞为什么阐发意识形态国家机器理论,或者说,为什么阐发马克思主义政治哲学?因为在他看来,"哲学家无路可走。只要他为了党去讲哲学和写哲学,他就只能人云亦云,只能对著名的引言在党内提出一些微不足道的不同见解。我们在哲学界没有听众……有些马克思主义哲学家,为了让别人起码能够听得下去,不得不把自己乔装打扮起来——他们这样做完全出自本能,而不怀有任何策略的考虑——他们把马克思装扮成胡塞尔、黑格尔或提倡伦理和人道主义的青年马克思,而不惜冒弄假成真的危险……我想说的是,马克思主义哲学的地位是何等的岌岌可危"[②]。所以,阿尔都塞强调必须发展马克思主义政治哲学,他说:"我终于开始懂得马克思、列宁和葛兰西伟大的理论:哲学基本上是政治的。"[③] 这表明,阿尔都塞是在马克思和葛兰西的基础上发展马克思主义政治哲学的。下面将阐发阿尔都塞的意识形态国家机器理论对马克思主义国家理论的拓展,这主要体现在三个方面。

(一) 在马克思主义国家理论基础上区分国家机器与国家政权

在阿尔都塞看来,国家机器可以长期存在,即使国家政权不存在了,国家机器仍然存在。当然,"不仅必须考虑到国家政权与国家机器的区分,而且还必须考虑到另一种现实——它显然是和(镇压性)国家机器并立的,但一定不能与后者混为一谈。我用一个概念把这种现实叫做意识形态国家机器"[④]。意识形态国家机器与强制性国家机器是不同

[①] 列菲弗尔.论国家:从黑格尔到斯大林和毛泽东.李青宜,等译.重庆:重庆出版社,1988:122-123.列菲弗尔即列斐伏尔.
[②] 阿尔都塞.保卫马克思.顾良,译.北京:商务印书馆,1984:8.
[③] 阿图塞.列宁和哲学.杜章智,译.台北:远流出版事业股份有限公司,1990:20.
[④] 阿尔都塞.哲学与政治:阿尔都塞读本.陈越,编.长春:吉林人民出版社,2003:334.

的，它是以一些独特和专门机构的形式直接呈现在观察者面前的现实。在阿尔都塞那里，"意识形态国家机器的本质恰恰在于成功地掩盖起自己的统治意图，让被统治者真的相信统治不是奴役而是合法的民主和自由！这种民主和自由是通过法理来实现的"①。这样，正是通过国家机器与国家政权的区分，阿尔都塞向前推进了马克思主义国家理论的发展。

（二）将国家机器分为镇压性国家机器和意识形态国家机器

镇压性国家机器包括政府、行政机关、军队、警察、法庭、监狱等，它主要通过暴力和强制的方式发生作用；意识形态国家机器包括宗教的、教育的、家庭的、法律的、政治的、工会的、传播的和文化的意识形态国家机器。阿尔都塞还指出意识形态国家机器主要通过意识形态的形式发生作用。具体地说：

第一，镇压性国家机器只有一个，而意识形态国家机器却有许多。"即使我们假定存在着一个由许多意识形态国家机器构成的统一体，这个统一体也不是直接可以看出的。"②"被推翻了的统治阶级失去了镇压性国家机器，却能够在意识形态国家机器中长时期地保持自己的牢固阵地；被剥削的阶级虽然尚未取得镇压性的国家机器，却能够在意识形态国家机器中找到表现自己的手段和机会。"③

第二，镇压性国家机器属于公共领域，而意识形态国家机器属于私人领域。之所以说意识形态国家机器属于私人领域，是因为，在西方，教会、党派、工会、家庭、某些学校、大多数报纸、各种文化投机事业等都是私人性的，这些是意识形态国家机器的重要领域，这些领域是宣传和传播资本主义核心价值体系的重要领域，是资本主义国家看不见的保护层。在这里，阿尔都塞的独特贡献就在于，把上层建筑视为国家机器，那些看似是上层建筑领域，实际上是国家机器的重要组成部分。这就深化了马克思主义国家理论，国家不仅具有镇压性，而且还具有"非镇压性"，并且"非镇压性"起的作用越来越大。

第三，镇压性国家机器主要通过暴力与强制的方式发挥功能，而意

---

① 张一兵. 问题式、症候阅读与意识形态. 北京：中央编译出版社，2003：161-162.
② 阿尔都塞. 哲学与政治：阿尔都塞读本. 陈越，编. 长春：吉林人民出版社，2003：336.
③ 陈炳辉. 西方马克思主义的国家理论. 北京：中央编译出版社，2004：58.

识形态国家机器主要通过意识形态,即赞同与同意的方式发挥功能。那么,镇压性国家机器和意识形态国家机器是否泾渭分明呢?答案是否定的。事实上,在社会现实生活中,镇压性国家机器和意识形态国家机器是相互作用的。一方面,"(镇压性)国家机器大量并首要地运用镇压(包括肉体的镇压)来发挥功能,而辅之以意识形态。(根本不存在纯粹的镇压性机器。)例如,军队和警察为了确保它们自身的凝聚力和再生产,也要凭借它们对外宣扬的'价值',运用意识形态发挥功能"[1]。另一方面,"意识形态国家机器就其本身而言大量并首要地运用意识形态发挥功能,但是,即使在最后关头(也只有在最后关头),它们也会辅之以镇压——这种镇压是相当削弱和隐蔽的,甚至是象征性的。(根本不存在纯粹的意识形态机器。)例如,学校和教会就使用适当的处罚、开除、选拔等方法,既'规训'它们的牧人,也'规训'它们的羊群"[2]。

(三)每个社会中都有一种起主要作用的意识形态国家机器

例如,在资本主义社会中,教育是最重要的意识形态国家机器。阿尔都塞说,在占据前台的政治意识形态国家机器的幕后,资产阶级建立起来的占统治地位的意识形态国家机器就是教育的机器。学校不仅传授知识,更主要的是对人进行意识形态教化,"在资本主义社会形态中,没有任何别的意识形态国家机器能够有全体儿童每周五六天,每天八小时来充当义务的(部分还是免费的)听众"[3]。不过,在阿尔都塞眼里,无论是镇压性国家机器还是意识形态国家机器,本质上都是一样的,即都用来维护资产阶级统治关系。与葛兰西一样,阿尔都塞也强调意识形态领导权的重要性。他指出,"据我所知,任何一个阶级如果不在掌握政权的同时对意识形态国家机器并在这套机器中行使其领导权的话,那么它的政权就不会持久"[4]。事实上,意识形态国家机器是"'政治无意识'所依附的真正的物质基础,是对个体进行体制化规训和'合法化生产'的领地,是一套看似温和却弥漫着神秘暴力的社会调控工具"[5]。

前文已经指出,阿尔都塞的意识形态国家机器理论的重要特色在

---

[1] 阿尔都塞. 哲学与政治:阿尔都塞读本. 陈越,编. 长春:吉林人民出版社,2003:337.
[2] 同[1].
[3] 同[1]346.
[4] 同[1]338.
[5] 汪民安. 文化研究关键词. 南京:江苏人民出版社,2007:440.

于，将意识形态与国家机器有机地结合起来。他认为，人们常说的"主体"是历史主体，它是在意识形态中形成的。因为"主体"从来都是关系主体，也就是政治主体。显然，阿尔都塞在这里回应了亚里士多德的说法：人天生是政治动物。在阿尔都塞那里，政治意识形态的最大特点就是"无意识"，正是这种"无意识"主体的存在，才使人们缺乏创造性、主动性，因为他们都生活在意识形态中，他们的思想、看法早已被意识形态教化了。就是说，人们生活在意识形态包围中，大部分人是无法走出意识形态包围的，只有少数人能冲出这种包围。这样，阿尔都塞的主体就是意识形态的主体，是政治主体。在阿尔都塞看来，资本主义社会之所以能够度过危机，是因为资产阶级意识形态已经把资本主义社会的人们"教化"成为资本主义国家所需要的"公民"。因而，无论发生什么样的事情，资本主义社会都会"安然无恙"，因为资本主义社会的意识形态国家机器经过长时间的发展已形成一种完备的"政治无意识"，这就是资本主义社会存在之谜。

应该指出的是，将历史唯物主义理解为经济决定论，这种做法是错误的。实际上，恩格斯已经指出："如果巴尔特认为我们否认经济运动的政治等等的反映对这个运动本身的任何反作用，那他就简直是跟风车作斗争了。他只需看看马克思的《雾月十八日》，那里谈到的几乎都是政治斗争和政治事件所起的**特殊**作用，当然是在它们**一般**依赖于经济条件的范围内。"① 不难发现，阿尔都塞的意识形态国家机器理论深化了历史唯物主义。在承认经济基础对上层建筑起决定作用的同时，阿尔都塞强调上层建筑的作用，赋予意识形态物质性的存在。在他那里，意识形态与国家政权密切相关。那些看似远离意识形态的家庭、教会、教育、工会、艺术、体育等，实际上也是意识形态国家机器，对经济基础起着重要的作用。资产阶级正是依靠意识形态国家机器来强化他们的统治的，这就揭示了当今资本主义社会能够存在的原因。

在马克思眼里，统治阶级总是把自己的利益说成普遍利益，实际上是把"利益"抽象化了。阿尔都塞说："一切都仍然是抽象的（比片面更糟：是歪曲）。"② 这是统治阶级制造的"意识形态幻觉"，使人们感

---

① 马克思恩格斯选集：第4卷．北京：人民出版社，2012：613．
② 阿尔都塞．哲学与政治：阿尔都塞读本．陈越，编．长春：吉林人民出版社，2003：321．

到"希望总在",总有一天会实现。就是说,国家的实质就是使这种抽象的利益"合法化"。阿尔都塞的意识形态国家机器理论揭示了"意识形态幻觉"的实质,从而深化了马克思主义意识形态批判理论。更进一步地说,阿尔都塞强调国家不仅具有镇压功能,而且还具有意识形态功能,正是这两种功能的相互作用、相互影响、相互支持,才使资本主义社会能持续地巩固自己的统治地位。

毫无疑问,阿尔都塞的上述理论洞见,是对历史唯物主义的进一步深化与发展,不仅继承和发展了葛兰西的意识形态领导权理论,而且丰富和深化了马克思主义国家理论,并对普兰查斯以及新葛兰西主义者(拉克劳、墨菲)等产生了重要影响。

第三节 意识形态领导权的再生逻辑

一、普兰查斯对葛兰西、阿尔都塞的意识形态领导权理论的继承与超越

英国学者乔治·拉雷恩(Jorge Larrain)指出,"在政治科学领域,普兰查斯、拉克劳、墨菲在涉及意识形态概念的时候,都是以阿尔都塞的前提为出发点"[①]。或者说,在意识形态理论的后现代转向中,阿尔都塞起了重要作用。作为阿尔都塞之后法国重要的马克思主义政治哲学家,普兰查斯在许多方面继承并超越了葛兰西和阿尔都塞的意识形态领导权理论。

第一,普兰查斯认为,由葛兰西提出的,并被阿尔都塞进一步发展了的两种国家机器理论是不完善的。事实上,这两种国家机器很难分开,而且忽略了国家的其他领域。普兰查斯告诉我们:"这些机器一方面包括严格意义上的压迫性的国家机器(repressive state apparatus in the strict sense)和它的部门——军队、警察、监狱、法院系统、内务部;另一方面也包括意识形态的国家机器(the ideological state apparatus):教育机器、宗教机器(各种教会)、信息机器(无线电、电视和

---

① 拉雷恩.意识形态与文化身份:现代性和第三世界的在场.戴从容,译.上海:上海教育出版社,2005:91.

新闻系统)、文化机器(电影院、剧院和出版系统)、阶级合作的工会机器以及资产阶级和小资产阶级的政党等,在某种意义上,至少是在资本主义的生产模式中,也包含着家庭。但是,正如存在着国家机器一样,就下面这一术语的最严格的意义而言,也存在着经济机器,'商业'或'工厂'作为人们占有自然的一种中心的事业,物质化和具体化了它们在与政治的-意识形态的关系相结合中的经济关系。"①

这段论述蕴含着两层意思:(1)葛兰西从上层建筑领域理解市民社会,把国家视为政治社会与市民社会的统一;在葛兰西理论的基础上,阿尔都塞提出国家包括镇压性国家机器与意识形态国家机器;普兰查斯进一步提出国家不仅包括镇压性国家机器与意识形态国家机器,而且还包括经济机器,这就进一步深化和发展了国家理论。正如麦克莱伦所指出的:"在《意识形态和意识形态国家机器》这篇论文中,阿尔都塞在国家的镇压机器与工会、教会、学校等国家的意识形态机器二者之间作出了区别,并且分析了后者作为阶级斗争的重要场所的作用。当然,把阿尔都塞的思想应用于阶级和国家的努力主要体现在普兰查斯的著作中。"② (2)在普兰查斯看来,国家机器包括镇压性国家机器、意识形态国家机器和经济机器,而且它们处在相互统一的关系中——说得更明确些——就是镇压性国家机器也执行意识形态国家机器和经济机器的功能,而意识形态国家机器也执行镇压性国家机器和经济机器的功能,总而言之,它们三者之间是"一而三,三而一"的关系。

第二,普兰查斯认为,葛兰西对国家空间的论述扩大了国家作用的范围,把私人机构也纳入统治阶级领导权范围内,从而强调了国家的意识形态作用,阿尔都塞发展了葛兰西的这一思想,但无论是葛兰西还是阿尔都塞,都把国家作用的范围限定在"消极"方面,把国家仅仅视为预防者、排斥者和操纵者。这就给我们留下了有限的国家概念。据此,国家的行动是单向的,国家机构本身没有冲突和矛盾。③ 但普兰查斯认为,国家不是

---

① 俞吾金,陈学明.国外马克思主义哲学流派新编:西方马克思主义卷(下册).上海:复旦大学出版社,2002:494.

② 麦克莱伦.马克思以后的马克思主义.李智,译.北京:中国人民大学出版社,2004:337.

③ 周穗明.20世纪西方新马克思主义发展史.北京:学习出版社,2004:576-577.

第五章 政治哲学视域中的意识形态领导权

"消极的",而是"积极的","国家也发挥积极的作用,创造、改造、制造现实"①。在阿尔都塞那里,国家通过镇压性国家机器与意识形态国家机器来维护统治阶级的统治,而且能够调解社会矛盾、保持各阶级之间的平衡。普兰查斯发挥了阿尔都塞的这一思想,认为国家是阶级斗争的场所。② 不仅如此,普兰查斯还断定革命的动力在人民同盟中。他把革命理论赋予各个阶级,尤其是给予当代新生阶级更为准确的定位,以便通过人民同盟与国家政权组织起来的权力集团之间的政治斗争,使资产阶级国家的实质发生根本变化,为过渡到社会主义创造条件。

第三,普兰查斯的思考体现了他试图将阿尔都塞与葛兰西进行有机结合。与葛兰西、阿尔都塞一样,普兰查斯不是在流俗的意义上看待意识形态——意识形态不仅仅是观念,更是物质载体;但与葛兰西、阿尔都塞不同的是,普兰查斯不同意将意识形态视为社会统一的"堡垒",也不赞成阿尔都塞的主体意识形态概念,而是强调意识形态的调和功能。他认为,意识形态既是现实关系,也是想象关系,它主要执行"调和"职能。作为一定的生产方式和社会形态的一个重要方面,意识形态以特定的方式即意识形态领导权方式维护着这种社会制度的存在。作为马克思主义政治哲学家,普兰查斯关注社会主义和无产阶级的命运,批判资本主义社会的"虚假性"。他指出,资本主义社会通过意识形态的作用,使被统治阶级感到没有阶级统治。"资本主义国家具有这样一种特性,即在其实际机构中无论哪里都不会有这种严格的政治统治形式,也就是以统治阶级与被统治阶级之间的政治关系的形式出现。在这种国家机构中,一切行事看起来好像并没有阶级'斗争'存在。"③ 从表面上看,没有阶级斗争存在,实际上是意识形态起的调和作用所致。

普兰查斯认为,意识形态通过各种办法来化解社会矛盾和冲突,从而达到社会稳定。具体说来,普兰查斯的意识形态理论包括以下三个方面④:

---

① N. Poulantzas. State, Power, Socialism. London: Verso, 1980: 30.
② 尹树广. 20 世纪 70 年代以来西方马克思主义国家批判理论. 哈尔滨:黑龙江人民出版社,2003:52.
③ 波朗查斯. 政治权力与社会阶级. 叶林,王宏周,马清文,译. 北京:中国社会科学出版社,1982:204. 波朗查斯即普兰查斯。
④ 在这里,笔者参考、借鉴、吸收了姚大志教授的研究成果,特此致谢! 参见姚大志. 西方马克思主义意识形态理论//复旦大学当代国外马克思主义研究中心. 当代国外马克思主义评论:第 1 辑. 上海:复旦大学出版社,2000:100-101。

（1）意识形态功能事实上执行的是国家的功能，国家通过各种方式将意识形态上升为国家的思想，意识形态使国家表面看来代表全体人民的利益。因而，只有维护国家利益，才能维护全体人民的根本利益；与国家作对就是与人民作对。实际上，人民不可能与国家作对，因为人民通过意识形态的"教化"已经从内心认可了国家。（2）由于意识形态的调和功能上升为国家的普遍调和功能，问题就转化为国家的普遍调和功能是如何运行的。普兰查斯强调国家的政治功能，认为国家的一切功能都可以转化为政治功能。政治功能具有根本性、始源性的意义。正是在此意义上，国家的调和功能具体地可分为经济功能、政治功能与意识形态功能，但经济功能、意识形态功能从根本上说都是在执行政治功能，因为意识形态如何发挥调和功能完全服从于政治上的需要。（3）意识形态的调和功能本身也是政治的合法性问题。在《政治权力与社会阶级》(1968)中，普兰查斯这样写到：我们可以用政治结构和机构的合法性，标明它们与一种社会形态中占统治地位的意识形态的关系，尤其是占统治地位的意识形态特有的政治影响所附加的合法性。简言之，"合法性一般是指这个制度的代理人接受那种政治结构的方式"①。这就表明，政治合法性与意识形态息息相关，合法性就是人们接受政治统治的方式，同时也体现了占统治地位的意识形态的政治影响力。

由此可见，普兰查斯既继承了又超越了葛兰西提出的，并被阿尔都塞进一步发展了的意识形态领导权理论。正如郁建兴、肖扬东所指出的那样，在分析资本主义国家的功能时，普兰查斯拓展了葛兰西的意识形态领导权思想；普兰查斯尽管采用结构主义的理论框架，但并不完全赞同阿尔都塞的立场；普兰查斯采用结构主义的马克思主义理论框架，主要是为其政治和国家部门理论辩护，其主要观点源自对法律及政治制度的分析，同时与马克思、列宁、葛兰西对资本主义社会中政治阶级斗争的分析紧密连接；也就是说，普兰查斯在分析作为历史动力的阶级斗争时较多体现葛兰西因素，在分析资本主义制度机体时较多体现阿尔都塞主义因素。② 就是说，普兰查斯既传承了葛兰西、阿尔都塞的理论，同时又超越了他们的理论视域，在许多方面发展了葛兰西、阿尔都塞的意

---

① 波朗查斯. 政治权力与社会阶级. 叶林, 王宏周, 马清文, 译. 北京：中国社会科学出版社, 1982：242-243.

② 郁建兴, 肖扬东. 论葛兰西与新葛兰西主义的国家理论. 社会科学辑刊, 2006(6).

第五章 政治哲学视域中的意识形态领导权

识形态领导权理论。

应该承认,普兰查斯的理论贡献在于:(1) 普兰查斯结合当代资本主义社会的新变化,对资产阶级统治方式从意识形态上进行思考;而且,与一般的西方马克思主义者不同,普兰查斯是从整体视角探讨意识形态的,就是说,普兰查斯将意识形态、经济与政治放在内在统一关系中进行思考,这使得他提出了与众不同的见解。在普兰查斯眼里,"领导权"意味着统治阶级政治利益的形成过程,并最终成为政治实体普遍利益的代表;还意味着统治阶级内部如何形成一个权力集团并控制国家,意识形态对此发挥了至关重要的作用。[①](2) 普兰查斯根据当代资本主义社会新变化,对马克思主义阶级理论做出了新的阐释。许多西方马克思主义理论家都认为马克思主义阶级理论"已经过时",因而很少关注马克思主义阶级理论;而普兰查斯则对马克思主义阶级理论有独创性的识见。他指出,在划分阶级的标准中,经济不是唯一的标准,政治与意识形态也是划分阶级的标准。正是立足于这个标准,普兰查斯对当代资本主义社会的阶级做出了独特的阐释,从而深化和发展了马克思主义阶级理论。(3) 普兰查斯对马克思主义国家理论做出了新的阐释。他指出,马克思恩格斯在他们的政治著作中研究并分析了资本主义国家的特征;但这些著作中关于国家问题的论述并不总是很明确。"正像谈到权力集团那样,马克思恩格斯往往在分析历史现实时,明确地提到一些概念,但是他们的解释不够清楚。"[②] 在普兰查斯看来,国家并不直接代表统治阶级的经济利益,而是代表统治阶级的政治利益,正是从这个意义上说,国家是自主的;同时,它又具有协调阶级冲突的功能,还表现为一种社会关系。所有这些都表明,国家是统治阶级利益的保护者,归根结底是为统治阶级服务的。显而易见,普兰查斯的这些见解丰富和深化了马克思主义国家理论。在一篇纪念普兰查斯的文章中,法国学者德拉康帕涅(Delacompagne)这样写到:从《政治权力与社会阶级》(1968)到《国家、政权与社会主义》(1978),普兰查斯在不断加深他对政治权力的分析。继阿尔都塞之后,普兰查斯提出了这样的原则:"国家不可能是一种完全独立的权力,因此应该在经济方面寻找它的基

---

① 周穗明.20世纪西方新马克思主义发展史.北京:学习出版社,2004:577.
② 波朗查斯.政治权力与社会阶级.叶林,王宏周,马清文,译.北京:中国社会科学出版社,1982:287.

础。然而，为了不致陷入经济主义的泥潭，他借助于'多元决定作用'概念来考察这种'相对自主性'。按照他的看法，这种'相对自主性'正是国家权力机构的特点。"①

事实上，正如我们反复强调的那样，普兰查斯的意识形态理论、阶级理论与国家理论，始终是一个有机整体。正是在这个意义上，普兰查斯进一步发展了马克思主义政治哲学。就像拉雷恩所说，普兰查斯、M. 戈德利尔（M. Godelier）、麦弗姆（Mepham）等理论家，"他们终其一生，在分析中接受并多少一致地坚持马克思主义路线。他们都接受了阿尔都塞的若干基本前提，但也对马克思有深入的了解和研究，因此既能对马克思的著作作出自己独立的阐释，也能在这一基础上作出实质性的理论贡献。普兰查斯提出了阶级和国家的理论，而且更概括地提出了关于当代发达资本主义社会的政治和意识形态领域的理论"②。

当然，我们也应该看到，普兰查斯的意识形态理论也有其局限性：（1）普兰查斯过于强调意识形态的作用，忽视了经济基础的作用。事实上，要想推翻资本主义制度，仅靠意识形态革命是不行的，而必须摧毁意识形态产生的物质基础。（2）尽管当代资本主义社会与马克思所处的时代发生了重大变化，但资本主义社会的根本矛盾并没有改变。普兰查斯只强调统治阶级的意识形态，而没有给予无产阶级的阶级意识应有的地位。诚然，无产阶级已经发生了很大变化，但从实质上看并没有变，他们的经济地位、政治地位仍处于资产阶级之下。在这里，必须牢记马克思的话。马克思告诉我们："无论哪一个社会形态，在它所能容纳的全部生产力发挥出来以前，是决不会灭亡的；而新的更高的生产关系，在它的物质存在条件在旧社会的胎胞里成熟以前，是决不会出现的。所以人类始终只提出自己能够解决的任务，因为只要仔细考察就可以发现，任务本身，只有在解决它的物质条件已经存在或者至少是在生成过程中的时候，才会产生。"③

即便如此，普兰查斯对马克思主义意识形态理论、阶级理论和国家

---

① 波朗查斯. 政治权力与社会阶级. 叶林，王宏周，马清文，译. 北京：中国社会科学出版社，1982：译者的话 2.

② 拉雷恩. 意识形态与文化身份：现代性和第三世界的在场. 戴从容，译. 上海：上海教育出版社，2005：94.

③ 马克思恩格斯文集：第 2 卷. 北京：人民出版社，2009：592.

理论都做出了重大贡献,也就是对马克思主义政治哲学做出了重大贡献;同时,还对新葛兰西主义产生了重大影响。

二、新葛兰西主义者对葛兰西的意识形态领导权理论的阐释与发展

毫无疑问,拉克劳、墨菲的新领导权理论直接受惠于葛兰西的意识形态领导权理论,所以拉克劳、墨菲的后马克思主义被称为新葛兰西主义。正是在继承和超越葛兰西的意识形态领导权理论的基础上,新葛兰西主义者才提出了他们的新领导权理论,以此完成了意识形态领导权理论的"后现代转向"。事实上,阿尔都塞、普兰查斯已经对意识形态领导权理论的"后现代转向"做出了重要贡献,就像拉雷恩所说:"结构主义对包括人类学、符号学、文化研究和马克思主义在内的许多学术领域都有影响。它最重要的贡献是认为语言是理解文化和社会生活的关键。它的主要问题是忽视历史,而且倾向于把社会生活消解为话语,这导致了后结构主义和后现代主义的产生。"[①] 在此基础上,拉克劳、墨菲立足于当代资本主义社会的新情况、新变化,尤其是国家功能与以前相比发生的转换,开始了他们的理论探索。就是说,当代资本主义社会的现实情况,尤其是当代西方世界变化了的政治格局,是他们的理论探索的现实基础,而葛兰西的意识形态领导权理论则是他们的理论探索的理论基础。不过,与阿尔都塞、普兰查斯不同的是,拉克劳、墨菲将一切都视为话语建构的,故话语领导权是他们考察一切的根本。拉克劳、墨菲的新领导权理论主要体现在《领导权与社会主义的策略:走向激进民主政治》(1985)中。

(一)新葛兰西主义对葛兰西的意识形态领导权理论的阐释

拉克劳、墨菲指出,葛兰西的意识形态领导权理论从根本上改变了经典马克思主义观念,这主要体现在三个方面的"置换":(1)对意识形态概念的置换。在他们看来,葛兰西这一置换的意义是巨大的,这又体现在:一是对传统马克思主义的"经济基础决定上层建筑,上层建筑反作用于经济基础"这一理论的反思。意识形态不是经济基础的"副现象",而是一种现实的物质力量,换言之,意识形态决定着经济基础,

---

① 拉雷恩. 意识形态与文化身份:现代性和第三世界的在场. 戴从容,译. 上海:上海教育出版社,2005:80.

也支配着上层建筑。二是与一般的看法不同,葛兰西把市民社会视为上层建筑领域,这样,意识形态就获得了另外的意义,排除了对意识形态的上层建筑式的理解。(2)对总体性范畴的置换。在他们看来,通过对历史集团概念的新见解和作为有组织的意识形态的阐发,新的总体性范畴使我们获得了这样的识见:一方面,打破了传统的经济基础与上层建筑的两分法,即经济基础与上层建筑是一个内在的、有机的整体;另一方面,意识形态领导权仍然有可能被阶级的所有附属阶层理解为领导权阶级意识形态的灌输,引入总体性的新见解就不会产生这种情况。(3)最重要的置换,即结束意识形态还原论。墨菲说:"葛兰西并不满足于批判副现象的观念,他继续深入前行,对那种将意识形态当成主体阶级地位之功能的观点发出了质问。毫无疑问,正是在这里,葛兰西贡献的最重要、最新颖之处被发现。"① 拉克劳、墨菲指出,对于葛兰西来说,政治主体严格地说不是阶级,而是合成的"集体意志";因而,领导权阶级构建的意识形态要素没有必然的阶级属性。

(二)新葛兰西主义的新领导权理论的思想渊源与理论主题

第一,从社会背景来看,当代资本主义社会发生了新变化,与马克思所面临的自由资本主义社会是不同的:自由资本主义社会的阶级矛盾并不复杂,主要表现为无产阶级与资产阶级的矛盾,而当代资本主义社会的阶级结构发生了变化,马克思所说的"工人阶级"已不存在。在这种背景下,如何消解阶级主体、使马克思主义走向当代,就成了拉克劳、墨菲要考虑的问题。在他们看来,主体并不是阶级主体,而是多元的;不是预先设定的,而是建构的。这样一来,就使马克思主义在当代仍然具有解释力。尽管学界对新葛兰西主义的看法是不同的,但这一理论视角对于我们发展马克思主义具有重要的借鉴意义。需要指出的是,新葛兰西主义仍然关注马克思主义的未来问题,"后马克思主义如今是一种业已确立的理论立场,就像在拉克劳、墨菲这样重要的理论家的著作中所表现的那样,它试图在作为全球文化与政治力量的马克思主义于 20 世纪后期的崩溃中挽救马克思主义思想中的许多方面,并对它重新进行调整定位,使之在迅速改变的文化潮流中呈现出新的意义"②。

---

① C. Mouffe. Gramsci and Marxist Theory. Abingdon:Routledge,1979:188.
② S. Sim. Post-Marxism:An Intellectual History. London and New York:Routledge,2000:1.

第五章　政治哲学视域中的意识形态领导权

第二，从思想渊源来看，拉克劳、墨菲的新领导权理论从葛兰西、阿尔都塞的意识形态领导权理论中吸收灵感，并利用维特根斯坦、德里达、福柯与海德格尔的理论资源，反对传统马克思主义的经济决定论、阶级还原论，赋予马克思主义多样化的内涵。正如英国学者尼尔·柯里（Neil Curry）所说，拉克劳的"哥白尼式的革命"带动了领导权理论的发展，这种思想已经超越了葛兰西设想的范围，包含了在发达资本主义社会中将要出现的新的扩大化的对抗。拉克劳、墨菲正在执行着由葛兰西在对其领导权理论的实践中发起的任务。而葛兰西的理论使马克思主义的范畴向偶然性和重新表达的可能性敞开，不过他并没有充分地进行下去，而是上溯领导权理论的发展轨迹，说葛兰西对拉克劳、墨菲有着决定性影响是正确的，但阿尔都塞也起着至关重要的作用。当然这不是表明阿尔都塞与葛兰西之间没有关系。① 在这里，尼尔·柯里正确地指认了拉克劳、墨菲与葛兰西、阿尔都塞之间的关系。由于阿尔都塞的意识形态国家机器理论也是源自葛兰西的意识形态领导权理论，所以可以说，葛兰西的意识形态领导权理论是拉克劳、墨菲的新领导权理论产生的思想酵素。在这个意义上，拉克劳、墨菲的新领导权理论被称作新葛兰西主义是合适的，它是对葛兰西的意识形态领导权理论以及阿尔都塞的意识形态国家机器理论的继承和超越。

第三，从理论主题来看，意识形态领导权理论是葛兰西始终关注的理论主题，它似一条红线贯穿于《狱中札记》中；新葛兰西主义同样关注新领导权理论，即话语领导权理论，它是《领导权与社会主义的策略：走向激进民主政治》一书的主题。从这个意义上讲，葛兰西的意识形态领导权理论在新葛兰西主义这里发生了转向。值得指出的是，新葛兰西主义是面对当代资本主义社会的新变化、新情况、新特征所做的理论思考，目的是使马克思主义在当代具有强大的生命力。就像詹姆逊所指出的，"只有那些认为马克思主义已经'死亡'，或以为马克思主义只是以一种蜕化的形式残存于世的人，才会对这种现象感到吃惊。但是庆贺马克思主义死亡正像庆贺资本主义取得最终胜利一样是不能自圆其说的。因为马克思主义是关于资本主义的唯一科学；其认识论方面的使命在于它具有描述资本主义历史起源的无限能力。这就是为什么后现代的

---

① 柯里. 超越马克思主义与后马克思主义的对立. 强东红，译. 马克思主义与现实，2005（3）.

资本主义必然导致与自身相对立的后现代马克思主义的原因所在"①。

(三) 新葛兰西主义的新领导权理论的基本观点

第一，在拉克劳、墨菲那里，领导权不是预先设定的，而是话语建构。在这个意义上，新领导权就是话语领导权，质言之，话语领导权与新领导权是一枚硬币的两面。新领导权理论强调，社会是多元的、差异的、偶然的、不确定性的，社会是一个充满矛盾和对抗的领域；社会主体不是唯一的阶级主体，而是多元的，环保主义、生态主义、同性恋、女权主义等都是社会的主体；主体是身份认同，这种身份认同不是一元的，而是多元的。这样，新葛兰西主义就解构了传统马克思主义的阶级主体理论。

第二，在新葛兰西主义者看来，现实生活世界不是现成的，而是话语建构的；话语不仅是言语，而且是物质实践，话语具有本体论内涵；说得明确点，话语是沟通现实社会的桥梁，只有通过话语，社会现实才有获得索解的可能。新葛兰西主义者的这种见解是与他们对当代资本主义社会的认识有关的。当代资本主义社会的经济结构、政治结构、阶级结构发生了重大变化，马克思主义理论已不适应解释资本主义社会的新情况，因为当代资本主义社会充满着差异性、多样性。因此，马克思主义要保持对现实的解释力，就必须根据时代的变化而发展。

第三，话语领导权的根本问题是政治问题，"我们的论点是，只有当民主话语能够表述不同形式的反压迫的时候，反抗各种形式的不平等的斗争才会获得可能性……但为了朝这个方向发展，自由平等的民主原则必须首先使自己成为社会想象的新母体……西方社会的政治想象早在两百年前就发生了决定性的转变……我们来谈谈'民主革命'。我们将以此作为不平等的等级制社会终结的标志，这个社会受神学-政治法则的支配，社会秩序建立在神的意志之上……民主革命开始的关键时刻可以追溯到法国大革命"②。

第四，领导权关系具有普遍性维度，但它是非常特殊的普遍主义形式。所谓特殊的普遍主义形式，是指它不是契约决定的结果，因为领导权关系转变成了领导权主体的同一性。拉克劳、墨菲认为，与马克思主

---

① 俞可平.全球化时代的"马克思主义".北京：中央编译出版社，1998：84-85.
② 拉雷恩.意识形态与文化身份：现代性和第三世界的在场.戴从容，译.上海：上海教育出版社，2005：140.

义的作为普遍阶级的无产阶级概念不同，因为它并不来源于国家消亡和政治终结带来人类的最后解放，恰恰相反，领导权建构是根本性的政治。"某个特殊性得以成为它自己完全无法与之相比的普遍性的代表所凭借的关系，就是我们所说的领导权关系。结果，它的普遍性是被损害了的普遍性，在这个普遍性之上，（a）生活处在普遍与特殊之间不可消除的紧张中，而且（b）它的领导权普遍性功能并不是永远可以得到的，相反，总是可以消除的。"①

在拉克劳、墨菲看来，当代资本主义社会与马克思的时代相比发生了重大变化。马克思立足于那个时代的社会现实，赋予无产阶级先进性、革命性，但历史发展进程表明，马克思的预言并没有实现。今天，冷战已经结束，苏联已经解体，社会的经济结构、政治结构与阶级结构都发生了重大变化。因此，要使马克思主义适应于当代，发挥马克思主义对现实社会的解释力，就必须解构传统马克思主义范畴，赋予马克思主义新的内涵。在这个前提下，拉克劳、墨菲构建了他们的新领导权理论，进而建构了新葛兰西主义的政治哲学。新葛兰西主义的政治哲学主要包括三个方面：其一，提出多元激进民主构想。对拉克劳、墨菲而言，社会主义运动不再是无产阶级反对资产阶级的斗争，而是通过多元激进民主来克服资本主义的压迫与剥削制度，消除资本主义社会的等级制度，最终实现社会主义。②正如墨菲所指出的，"我们的目标是将社会主义诸目标再一次纳入多元民主的框架中，并坚持认为必须使这些目标与政治自由主义制度结合成一个有机整体"③。其二，赋予政治本体论内涵。政治是话语建构的因素，政治分析的核心范畴是领导权。拉克劳、墨菲从新领导权理论出发，实现了从阶级政治向身份（认同）政治的转变，"政治并不简单地是现存利益的表现，而是在塑造政治主体的过程中扮演了至关重要的角色"④。其三，提出国家理论新见解。拉克劳、墨菲的国家理论与他们的新领导权理论密切相关，他们反对把国家视为自主性的，认为国家与话语建构有关，说得明确点，国家是权力关系。正如

---

① 拉克劳，墨菲. 领导权与社会主义的策略：走向激进民主政治. 尹树广，鉴传今，译. 哈尔滨：黑龙江人民出版社，2003：第二版序言 8.
② 陈炳辉. 西方马克思主义国家理论. 北京：中央编译出版社，2004：262.
③ 墨菲. 政治的回归. 王恒，臧佩洪，译. 南京：江苏人民出版社，2001：103.
④ 同①第二版序言 13.

杰索普（Jessop）所说，"当我们关注社会形态层面上的国家权力，而非关注生产方式层面上的国家机器，那么，引入复杂的、可以组织我们对国家权力的社会基础以及政治危机之性质分析概念体系就极其必要"①。

毫无疑问，新葛兰西主义的政治哲学是马克思主义政治哲学当代发展的一条重要脉络，它丰富和深化了马克思主义政治哲学，显示了马克思主义政治哲学在当代的生命力。如果说，葛兰西的意识形态领导权理论属于意识形态领导权的"原生逻辑"，阿尔都塞的意识形态国家机器理论属于意识形态领导权的"次生逻辑"，那么，从普兰查斯到新葛兰西主义者的新领导权理论，就可以被看作意识形态领导权的"再生逻辑"。

第四节 意识形态领导权理论的启示

众所周知，意识形态领导权是政治哲学的重要概念。立足于意识形态领导权理论的形成、发展与后现代转向，可以探讨从葛兰西到新葛兰西主义者的政治哲学的逻辑发展。在前面，我们系统地考察了从葛兰西到新葛兰西主义者的领导权理论发展的内在逻辑及其蕴含的政治哲学意义。我们的探讨表明，从葛兰西到新葛兰西主义者的政治哲学构成了马克思主义政治哲学在当代发展的一条重要线索。这就启示我们：从葛兰西到新葛兰西主义者的政治哲学探索，对丰富与发展马克思主义政治哲学具有极为重要的理论意义和现实意义；从葛兰西到新葛兰西主义者的政治哲学研究，对我们正确理解马克思主义的真精神，建构当代中国马克思主义政治哲学具有深远的理论价值和现实价值。历史和实践雄辩地证明，从葛兰西到新葛兰西主义者的理论探索正是展示马克思主义生命力的生动体现。

一、意识形态领导权的主要特征

意识形态领导权具有五个主要特征：

第一，意识形态领导权的非强制性。在葛兰西那里，意识形态领导

---

① B. Jessop. The Capitalist State: Marxist Theories and Methods. Oxford: Basil Blackwell, 1982: 142.

权存在于上层建筑、市民社会领域。西方国家有很强大的市民社会，它是传播与宣传资产阶级文化和意识形态的重要阵地；学校、家庭、教会、私人电台、网络、媒体等都是意识形态领导权存在的领域；正是意识形态领导权在这些领域的长期传播，使广大民众（被统治阶级）从内心里心悦诚服地信仰这种世界观、价值观。因而，意识形态领导权的基本特征就是非强制性。

第二，意识形态领导权的无意识性。意识形态领导权之所以具有非强制性，是因为它的无意识性。正是意识形态领导权的无意识性，才使它的非强制性能从根本上得到保证。

第三，意识形态领导权的阶级性。阶级性是意识形态领导权的本质特征之一，但意识形态领导权却不是以阶级形式表现出来，而是以"普世价值"形式出现。

第四，意识形态领导权的权力性。意识形态领导权问题从根本上说是权力问题。"权力"是当代社会的基础，在解释社会一切现象时，具有奠基性的作用。"权力"问题说到底是政治问题，政治问题从根本上说是意识形态问题，因此，物质权力、政治权力与意识形态权力是内在地关联在一起的，在实际生活中是无法分开的。

第五，意识形态领导权的政治性。意识形态领导权的政治性也是意识形态领导权的重要维度，"政治不能局限为一种制度，也不能被设想成仅仅构成了特定的社会领域或社会阶层。它必须被构想为内在于所有人类社会，并决定我们真正的存在论条件的一个维度"①。

二、意识形态领导权的当代价值

进而言之，意识形态领导权既是理论又是方法。目前，意识形态领导权的主要价值体现在两个方面：

第一，意识形态领导权已经成为体现一个国家综合国力的重要组成部分。当前，国与国之间的竞争更加激烈，不但表现在经济领域、政治领域，而且表现在意识形态领域。争夺意识形态领导权，将意识形态作为综合国力的重要组成部分成了各国必须考虑的因素。实际上，国家的强盛与否，不仅表现在经济领域、政治领域，而且表现在文化和意识形

---

① 墨菲.政治的回归.王恒，臧佩洪，译.南京：江苏人民出版社，2001：3.

态领域，它们相互支撑、一脉相承，构成一个有机的统一整体。

第二，切实掌握社会主义意识形态领导权，有助于防止资本主义国家的文化和意识形态渗透。今天，正处于经济全球化、信息化的时代，资本主义国家与社会主义国家争夺意识形态领导权的斗争非常激烈。马克思说过，"资本主义生产是在矛盾中运动的，这些矛盾不断地被克服，但又不断地产生出来。不仅如此。资本不可遏止地追求的普遍性，在资本本身的性质上遇到了界限，这些界限在资本发展到一定阶段时，会使人们认识到资本本身就是这种趋势的最大限制，因而驱使人们利用资本本身来消灭资本"[①]。因此，我们必须始终保持头脑清醒，切实掌握社会主义意识形态领导权，牢牢掌握马克思主义话语权，始终把握住马克思主义的真精神，马克思主义是我们看清问题实质的锐利武器。

三、加强社会主义意识形态领导权建设

由于意识形态领导权具有重要价值，所以我们必须加强社会主义意识形态领导权建设，可以采取以下四个方面的举措：

第一，必须从思想上重视、从制度上完善先进文化建设。先进文化建设是社会主义生命力的重要彰显，不仅要从思想上重视，更重要的是要落实在行动上。在当代中国，社会主义核心价值观，不仅是官方的宣传，而且是民间的自发传播，并达到内心里真正的信仰。要做到这一点，必须切实关心人民的利益，真正做到以人民为中心。就当前而言，要切实关心弱势群体，坚决废除特权阶层；兼顾效率与公平，实行分配正义；解决好先富、后富、共同富的关系，最终实现共同富裕。只有这样，我们才能把国家的价值体系落实为全体人民心悦诚服地信仰的价值体系。

第二，社会主义国家必须实行真正的民主，把每个人的利益放在重要地位，始终关心每个人的生存与发展。社会主义与民主息息相关，没有民主就没有社会主义，没有社会主义就没有真正的民主。葛兰西反复告诫我们，民主是社会主义的生命，其现实意义是巨大的。这就启示我们，必须把政治体制改革放在重要位置上，切实实行民主政治。只有这样，社会主义事业才能从根本上得到巩固。当前，首先要关心人民的具

---

① 马克思恩格斯全集：第46卷（上）. 北京：人民出版社，1979：393-394.

第五章　政治哲学视域中的意识形态领导权

体的利益，而不是抽象的利益；尤其要关心弱势群体、下岗职工、农民工，切实保障他们的经济利益、政治利益和社会利益，让他们能感受到社会主义制度的优越性。

第三，必须推动文化和意识形态的创新。历史与实践表明，革命战争年代，无产阶级为了取得革命胜利，实现了意识形态的创新，赋予了意识形态新的内涵，为革命胜利奠定了思想基础。在今天，历史与现实都发生了重大变化，意识形态仍然是一个非常重要的问题，正如美国学者迈克尔·亨特（Michael Hunt）所指出的那样，"意识形态很重要，因为它们构成一个框架，政策制定者在这个框架内处理特定的问题，公众也在这个框架里去理解这些问题"[①]。在今天中国特色社会主义现代化建设中，实现文化和意识形态的创新是社会主义现代化建设的价值支撑，这要求我们必须在意识形态上实现创新。

第四，必须巩固马克思主义意识形态领导权地位，从根本上维护人民的根本利益。无产阶级政党在获得政权之后，只有始终坚持马克思主义的意识形态领导权，才能将人民的利益上升为执政党的利益，而不是把执政党的利益抽象为人民的利益，从而防止执政党变成特权利益阶层，保证执政党能够切实地将人民的利益放在第一位，并能够从思想上、行动上、制度上真正做到这一点，而不是陷入抽象化、原则化、理论化。因此，必须巩固马克思主义意识形态领导权地位，而且使之内化于文化，使马克思主义成为人们的价值理念和行动指南，从而能够从根本上维护人民的根本利益。

无论是当今世界还是当代中国，政治生活都在发生剧烈的变化，这就要求政治哲学，尤其马克思主义政治哲学对这种政治变化做出全面深入的思考。意识形态领导权理论对当代政治哲学有哪些启发意义？或者说，意识形态领导权理论如何推动政治哲学，尤其是马克思主义政治哲学的创新？意识形态领导权理论在当代中国有什么实践意义？这些都是政治哲学要研究的问题。通过上述探讨可以看出，意识形态领导权理论促进了国外马克思主义政治哲学的发展，对当代中国马克思主义政治哲学的创新有着重要的启发意义。

---

① 亨特. 意识形态与美国外交政策. 褚律元，译. 北京：世界知识出版社，1999：8.

第六章　文化马克思主义新进展

从广义上说,文化马克思主义是指20世纪兴起于欧美国家的一种以文化问题为主要研究对象的马克思主义思潮。在欧洲大陆,文化马克思主义始于以卢卡奇、柯尔施、葛兰西等人奠基的早期西方马克思主义,主要是指以霍克海默、阿多诺、马尔库塞、哈贝马斯等人为代表的法兰克福学派。在英国,文化马克思主义主要是指二战后以伯明翰大学当代文化研究中心为阵地的伯明翰学派,例如,霍加特(Hoggart)、霍尔(Hall)、威廉斯、E.P.汤普森(E.P. Thompson)、伊格尔顿等左翼马克思主义者。在美国,文化马克思主义受到了法兰克福学派与伯明翰学派的双重影响,以詹姆逊、米尔顿·费斯克(Milton Fisk)等人为代表。在这里,我们主要讨论狭义上的文化马克思主义即英美文化马克思主义新进展,尤其是文化马克思主义的发展脉络、理论聚焦、发展前景。

第一节　文化马克思主义的发展脉络

在英国,文化马克思主义是一批左翼马克思主义者在试图回应与解答时代问题时,秉承本国的文化与学术传统,借鉴与吸纳来自外部主要是欧陆国家的思想和理论资源,逐步兴起与发展起来的。二战后,世界政治风云激荡,以苏联与美国为首的东西方被划分为两个阵营,不管哪个阵营,其内部都面临着诸多来自内外的时代议题的拷问。例如:1956

第六章 文化马克思主义新进展

年的苏伊士运河和匈牙利事件、20 世纪 50 年代末 60 年代初的新左派运动和核裁军、1968 年的反正统文化政治活动和学生政治运动、20 世纪 70 年代的女性主义政治运动和反种族主义政治活动，等等。在这种时代背景下，英国文化马克思主义试图重新定义社会斗争，阐明与发达资本主义社会中民主的和社会主义的政治相适应的新的抵抗形式，选择将"文化"作为理解政治斗争的主要场所与载体，以跨学科和理论上兼收并蓄的研究策略，对媒体、青年亚文化、文学生产、当代工人阶级、种族和性的文化建构、大众文化和意识形态的性质等问题进行了批判性理解与研究。① 从 20 世纪 50 年代末 60 年代初以来，以文化与非文化因素的关系探讨为主线，文化马克思主义大致经历了三个发展阶段：文化主义阶段、结构主义阶段、后马克思主义阶段。

一、文化主义阶段

长期以来，英国的马克思主义者是正统马克思主义的坚定支持者与拥护者。然而二战后，由于受 1956 年苏伊士运河和匈牙利事件、国内工党选举失败以及英国社会生活开始"美国化"的影响，一些青年左翼学者聚集在一起，开始质疑正统社会主义。他们强调，在承认新的消费社会与福利国家的广泛影响的前提下，"必须创制一种建立在人民日常生活经验基础上的社会主义政治"②。正是在趋向这一目标的过程中，英国新左派登上了历史舞台，文化马克思主义逐步形成。1964 年伯明翰大学当代文化研究中心成立，标志着文化马克思主义研究进入了新阶段。霍尔认为，霍加特的《识字的用途》（1957）、威廉斯的《文化与社会》（1958）和《漫长的革命》（1961）、E. P. 汤普森的《英国工人阶级的形成》（1963）为英国文化研究的奠基之作，它们的主题是通过对正统马克思主义文化观念和刘易斯文化精英主义的抵制与批判，强调文化主体和文化生产在当代社会中的决定作用。因此，霍尔称之为"文化主义"，即"把论辩的全部基础从文学或道德的文化定义转变为一种人类学的文化意义，并把后者界定为一个'整体的过程'。在这一过程中，意义和习俗都是社会性建构和历史性变化的，文学和艺术尽管是受到特

---

① 德沃金. 文化马克思主义在战后英国：历史学、新左派和文化研究的起源. 李凤丹，译. 北京：人民出版社，2008：导言 3.
② 同①81.

殊重视的社会传播形式,但仅仅只是其中一种"①。

按照正统马克思主义的观点,在社会历史发展过程中,经济基础起着一种决定性的作用,而文化作为一种上层建筑,处于被决定的地位,是第二位的。文化马克思主义质疑正统马克思主义的经济决定论观点,认为文化是日常生活和经验的表现,有其独立性。为此,威廉斯提出了"文化唯物主义"概念。在他看来,文化作为整体生活方式的表现,本身就是一种物质性存在,"但随着文化概念化和理想性的发展过程,物质逐渐被抛离出文化的场域之外,文化成了一个远离物质世界的精神性存在"②。因而,文化不是一种由基础决定的上层建筑,它本身就是基础的一部分。文化生产其实就是一种物质生产,在传播技术和文化产业具有巨大经济意义的发达资本主义社会,更是如此。这样,文化就不只是由精英主义创造的,也是由包括工人阶级在内的所有社会成员共同创造、共同享有的。③ 与威廉斯一样,E.P. 汤普森也对"基础-上层建筑"的二分进行了批判。他说,对文化不能从直观的、被决定的角度来理解,而必须从人的实践的观点来理解,即超越"基础-上层建筑"的截然二分,从社会存在与社会意识的辩证互动来理解。社会的存在不只是经济的,也包括一种特定的不知不觉进入生产过程的人的关系。④ 这样,文化作为人、作为阶级的构成,就参与到了生产方式的变革中。因而,文化就不只是一种被决定的因素,也有其独立性。据此,E.P. 汤普森指出,"工人阶级的形成不仅是经济史上的,而且是政治史和文化史上的事实。它不是工厂制的自发产物,也不应当想象有某种外部力量(即'工业革命')作用于一种'新人类'"⑤。

虽然 E.P. 汤普森认同威廉斯将文化理解为整体生活方式之表现的积极意义,即克服了对文化理解的经济还原论问题,但威廉斯没有从"文化"与"非文化"的辩证关系的视角来理解文化,忽视了不平等、剥削、权力关系等对文化的重要影响,这注定威廉斯在资本主义社会寻

---

① 李凤丹. 英国文化马克思主义的逻辑与意义. 北京:人民出版社,2016:79.
② 乔瑞金,等. 英国的新马克思主义. 北京:人民出版社,2013:158.
③ 麦克盖根. 文化民粹主义. 桂万先,译. 南京:南京大学出版社,2001:26.
④ E. Thompson. The Poverty of Theory and Other Essays. New York: Monthly Review Press, 1978: 294.
⑤ 汤普森. 英国工人阶级的形成:上册. 钱乘旦,等译. 南京:译林出版社,2001:211.

求共同文化的理想是不可能实现的,因为资本主义文化生产必然造成阶级冲突的强化。为此,E. P. 汤普森将文化视为一种整体斗争方式,强调从经济、政治与文化之间的斗争关系来理解文化的本质。在我们看来,将文化视为整体生活方式抑或整体斗争方式,标明了文化主义内部之间的分歧,也成为早期文化马克思主义探讨的焦点问题。

二、结构主义阶段

20 世纪 60 年代后期至 70 年代初期,由于受阿尔都塞结构主义的马克思主义的影响,英国马克思主义文化研究经历了一场结构主义转向,转向后的文化研究由于伯明翰大学当代文化研究中心主任的变动(1969 年霍加特离开伯明翰大学当代文化研究中心后,由霍尔代理中心主任)而得以加强。这一时期的代表人物除了霍尔之外,还有 T. 杰斐逊(T. Jefferson)、J. 克拉克(J. Clarke)、I. 钱伯斯(I. Chambers)等人。

按照威廉斯与 E. P. 汤普森的文化主义研究路径,文化不再是基础的一种反映性存在,作为人的一种实践,文化本身也是基础的一部分,也就是说,在文化研究中,他们消解了基础与上层建筑的区分。正如威廉斯所说,"人的创造性是他的个性与社会性的根基;其既不能囿于艺术也不能游离于决定(政治)与维持(经济)系统之外"[1]。与此不同,在结构主义的马克思主义看来,虽然正统马克思主义的基础与上层建筑的截然二分是不可取的,但这并不意味着要消除基础与上层建筑模式,而是应该将两者统一起来。按照结构主义的马克思主义的看法,"文化或者意识形态不仅是活生生的经验的表现,而且是经验的前提条件,是意识与主体性的基础"[2],也就是说,文化不是文化主义所理解的经验概念化,作为社会结构的一部分,它本身就塑造着人在社会中的各种活动。

结构主义对英国的文化研究产生了巨大的吸引力,就像英国学者 C. 斯帕克斯(C. Sparks)所说,20 世纪 60 年代后期,符号学与结构主义被引入伯明翰大学当代文化研究中心之后,从 1969 年到 1971 年,

---

[1] R. Williams. The Long Revolution. Harmondsworth: Penguin Books, 1961: 115.
[2] 德沃金. 文化马克思主义在战后英国:历史学、新左派和文化研究的起源. 李凤丹,译. 北京:人民出版社,2008:197.

该中心的研究人员开始寻求一种替代性的问题与方法,包括现象学、符号互动论、结构主义与马克思主义。在这个转向的背景下,霍尔指出,文化不是表达或经验的内容,而是编码、目录、分类法,它为思想/意识提供了框架和基础。在《编码/解码》(1973)一书中,霍尔运用结构主义的马克思主义方法,对媒体话语中编码/解码的模式进行了阐释。他认为,编码具有优先意义,它体现着生产者对先在条件的认可;而解码具有一种可能的意义,即"受众根据他们自己来解释这些信息,他们阐明的策略来源于他们的社会地位和经验"[①]。这样,文化和意识形态、语言等上层建筑作为第二位的要素,就不仅是一种结构性的存在,而且是由社会经济过程构成的。先于个人并构成个人出生于其中的社会形式和条件的决定性的一部分,文化赋予人们的活动意义,规制着人们的文化生产与文化消费。

伯明翰学派的成员除了将结构主义方法运用于媒体文化研究之外,还将其运用到青年亚文化、女性主义等研究中。例如:P.科恩的《亚文化冲突与工人阶级共同体》(1972),D.赫伯迪格(D. Hebdige)的《亚文化:风格的意义》(1972),J.克拉克、霍尔、T.杰斐逊等的《亚文化、文化与阶级:理论概要》(1976),J.克拉克的《光头仔与共同体的魔法恢复》(1978),S.罗博特姆(S. Rowbotham)的《女人、反抗与革命》(1972)、A.默克罗比(A. McRobbie)与J.加伯(J. Garber)的《女孩与亚文化》(1978),等等。在他们看来,因为社会的阶级结构问题,青年与女性的生活和文化兴趣一直处于第二位即被忽视的地位。

三、后马克思主义阶段

后马克思主义并不是独立于西方马克思主义之外的思潮或运动,它不过是借助于后结构主义来解构和重建马克思主义的西方马克思主义流派。因而,像其他西方马克思主义流派一样,后马克思主义继承了马克思主义批判精神,肯定社会主义价值目标,是批判资本主义的新左翼思潮。然而,后马克思主义和其他西方马克思主义流派的不同之处在于它对马克思主义的立场、观点、方法的解构,在于它离马克思主义的距离更远。在这个意义上,只有拉克劳、墨菲的激进多元民主才是典型的后

---

① 李凤丹.英国文化马克思主义的逻辑与意义.北京:人民出版社,2016:191.

马克思主义。① 拉克劳、墨菲将葛兰西的文化霸权理论作为主要思想来源，认为在资本主义社会，革命主体已经发生了改变，马克思主义的阶级政治已经不适应当代，因而必须去中心化，去主体化，从宏观政治分析转向微观政治分析，通过广泛的社会问题研究与当代政治批判，倡导一种激进民主政治。

我们之所以将20世纪70年代末以来伯明翰学派的文化研究称作后马克思主义阶段，是因为该学派的思想来源、理论策略与后马克思主义高度契合，该学派对待马克思主义的态度也是相似的，即不再过于纠结是否要遵从马克思主义理论。作为伯明翰学派的领军人物，霍尔在20世纪80年代初就写过"没有担保的马克思主义"；20世纪80年代末到90年代初，他又说马克思主义的元素已或多或少被遗弃了。可见，从20世纪70年代末到20世纪末，伯明翰学派的文化研究处于一种倡导多元化和微观分析范式的后马克思主义阶段。

20世纪70年代末到80年代初，工人阶级在政治上的衰退，英国制造业的失速以及撒切尔主义的广受欢迎，理论上葛兰西的文化霸权理论（或曰意识形态领导权理论）受重视等原因，使文化马克思主义研究从阿尔都塞的结构主义转向了对葛兰西文化霸权理论的借鉴与吸收。针对葛兰西思想的积极作用，埃德加（Edgar）与塞奇维克（Sedgwick）写道："霸权理论对英国文化研究（尤其是伯明翰学派）的发展至关重要。它促进了分析亚群体积极抵抗和回应政治与经济支配的方法。亚群体不应仅仅被视为占统治地位的阶级及其意识形态的被动愚弄者。"② 霍尔则说，葛兰西在很大程度上纠正了非历史的、高度抽象的形式主义和结构主义理论的运作水平，"为我们提供了马克思主义结构主义的有限性案例"③。

在葛兰西看来，资产阶级对民众的统治不仅依赖于使用国家的强制性力量，如军队、警察、监狱、镇压等暴力机关与措施，而且也使用一

---

① 王凤才. 继承与超越、解构与重建：后马克思主义与马克思主义关系阐释//复旦大学当代国外马克思主义研究中心. 当代国外马克思主义评论：第6辑. 北京：人民出版社，2008：100-101.

② A. Edgar, P. Sedgwick. Cultural Theory: The Key Concepts. New York: Routledge, 2005: 165.

③ S. Hall. Encoding and Decoding in the Television Discourse. Birmingham: Centre for Contemporary Cultural Studies, 1973: 36.

些温和的措施来获得被压迫阶级的同意与认可,文化渗透、意识形态教育等同样可以作为统治手段,使被统治阶级向其妥协、与其结盟。因而,我们不能再像正统马克思主义那样从一般的、抽象的层面来理解阶级之间的对立,民众的日常生活中处处存在着隐形的统治,文化就是争夺霸权的重要场地之一。这意味着,我们需要从宏观层面转向微观层面来思考阶级之间的对立与斗争。对此,S. 拉什写道:"在霍尔、赫伯迪格和默克罗比的作品中,流行文化脱颖而出……葛兰西赋予此的是同意和文化的重要性。如果说正统马克思主义从阶级与阶级的对立中看待权力,那么葛兰西则给了我们一个阶级联盟的问题。"① 在葛兰西思想的影响下,伯明翰学派成员从结构主义的迷雾中走了出来,开始关注性别、种族、认同、后殖民文化、媒体文化、全球化等带来的文化交流等问题。在对这些问题的研究中,他们逐步摆脱了结构主义研究范式,即"从一种传播模式(生产-文本-消费,编码-解码)向一种语境化理论转化,给出了理解文化研究应该如何去做的一种方法论框架"②。

这一时期的代表作主要有:F.C. 莫特(F.C. Mort)的《女人的问题:女人服从的维度》(1978)、默克罗比的《对亚文化进行结算:女性主义批判》(1980)、H. 卡比(H. Carby)的《帝国反击:1970 年代的英国种族与种族主义》(1982)、霍尔的《文化研究:两种范式》(1980)和《艰难的复兴之路:撒切尔主义与左派危机》(1988);等等。在《艰难的复兴之路:撒切尔主义与左派危机》中,霍尔认为撒切尔主义的胜利,正是其利用政治与经济改革,"建构了一个赞同而不是反对权力集团的平民主义的政治主体"③,而这些措施赢得了工人阶级的认同。可以说,撒切尔主义的胜利正体现了葛兰西文化霸权理论的正确性。这也可以看出,葛兰西的文化霸权理论对霍尔文化研究转向的重要影响。

总的说来,英国的文化马克思主义研究自 20 世纪 50 年代末 60 年代初兴起以来,经历了以本土经验为主的文化研究到结构主义转向、再到后马克思主义转向两次范式转换,采用全球化、文化消费、文本概念

---

① S. Lash. Power After Hegemony: Cultural Studies in Mutation?. Theory, Culture & Society, 2007, 24 (3): 68-69.
② 李凤丹. 英国文化马克思主义的逻辑与意义. 北京:人民出版社,2016:168.
③ 同②171.

分析等方法与策略，探讨了大众文化、女性主义、性别、种族、认同、媒体文化等议题，密切关注与回应时代的变化，学术性与现实性兼顾，拓展与丰富了西方马克思主义文化研究的内涵和外延。在这里，我们借用 Z. 萨德尔（Z. Sardar）《文化研究导论》（1999）中的研究成果，可以将 20 世纪英国文化马克思主义研究的特点概括如下：(1) 文化研究的目的是考察文化实践及其与权力之间的关系。例如，亚文化研究（伦敦的白人工人阶级青年问题等）会考虑到主流文化的社会实践（伦敦的中产阶级和上流社会所控制的政治部门与金融部门，制定政策影响伦敦的白人工人阶级青年的幸福）。(2) 文化研究的目标包括理解文化的各种复杂形式，分析文化在社会语境和政治语境中的表现。(3) 文化研究既是研究/分析的场所，也是政治批评/行动的场所。例如，一个文化研究者不仅要研究一个对象，而且要把这个研究与一个更大的、进步的政治项目联系起来。(4) 文化研究试图揭示与调和那些声称以自然为基础的知识划分。(5) 文化研究致力于对现代社会进行伦理评估，并采取激进的政治行动。①

四、英国文化马克思主义的国际扩展

在后马克思主义阶段，对种族、性别、后结构主义、全球化等议题的关注，使英国文化研究迅速获得了国际性影响。20 世纪 80 年代中期，英国文化研究跨过大西洋影响到了美国。文化研究传播到美国之初，许多学科吸收了英国文化研究成果，开始了对社会身份政治与文化表达形式的研究。例如，在媒介文化研究中，开始关注受众民族志研究，以及媒介文本在创建大众文化形式中的作用研究，等等。很快，文化研究在美国的大学里被专业化并迅速扩展到了传媒、教育、社会学、文学等学科领域；然而，由于受研究专业化的影响，美国文化研究不再过多地关注现实社会中的政治与文化运动，英国文化研究所关心的，诸如权力和政治、阶级和知识分子构成等在美国失去了重要性。与此同时，由于受法国后现代哲学家利奥塔的影响，马克思主义在美国文化研究中丧失了重要性，因为它的"宏大叙事"（grand narratives）而被拒斥。②

---

① Z. Sardar. Introducing Cultural Studies. London：Icon Books，1999：9.
② 同①57 - 60.

重新理解马克思

作为美国文化批判理论的最重要的代表人物，詹姆逊坚持用马克思主义理论和方法进行文学与文化批判理论研究。詹姆逊早期受萨特的存在主义的影响，之后，在萨特思想的影响下开始关注马克思的文学理论，并吸收了西方马克思主义者如阿多诺、英国新左派如威廉斯等人的思想，最终形成了自己独特的马克思主义文化思想。《政治无意识》（1981）一书，是其最重要的作品。在该书中，詹姆逊建构了自己的马克思主义文学批评理论，"在从总体上考察了文学形式的发展历史之后，通过对意识形态和乌托邦的'双重阐释'（坚持乌托邦的同时对意识形态进行批判）的论述，确立了真正的马克思主义的解释方法。受卢卡奇启发，詹姆逊利用历史叙事说明文本何以包含着一种'政治无意识'，或被理解的叙事和社会经验，以及如何以复杂的文学阐释来说明它们"[1]。《理论的意识形态》（1988）是一部论文集，收录了詹姆逊1971—1986年发表的文章。在该书中，詹姆逊通过对科幻小说、音乐、诗歌、文本、马克思主义、唯物主义、文化研究等议题的探讨，阐明了意识形态的无处不在性，及其所具有的教导性与塑造性力量，也表现出由意识形态分析转向日常生活现象描述的倾向，并对理论作为对经验论与观念论哲学的批判进行了一系列论证。《后现代主义，或晚期资本主义的文化逻辑》（1991）一书，是由1984年发表在《新左派评论》上的一篇文章扩展而成的。詹姆逊反对后现代主义宣扬的"基础主义危机"与真理问题的相对主义化。在他看来，社会、政治、文化、经济以及社会各阶级之间的差别与作用并不会被"基础主义危机"消除，也不会变成一种相对主义的真理，它们只有在现代性框架内才能被理解。后现代主义只是"资本主义新阶段的组成部分"，"后现代的每一种理论，都隐含着一种历史的断代，以及'一种隐蔽或公开的对当前多国资本主义立场'"[2]。

其实，英国文化研究不仅传播到美国，而且甚至早在20世纪80年代前后就已经扩展到了澳大利亚、加拿大等英语国家。不同于英美的文化研究，澳大利亚与加拿大的文化研究更多从本国经验出发进行探究。就像萨德尔所说，在澳大利亚，文化研究试图通过关注当地的文本、制

---

[1] 詹姆逊. 詹姆逊文集：第4卷 现代性、后现代性和全球化. 王逢振，王丽亚，等译. 北京：中国人民大学出版社，2004：前言5-6.

[2] 同①前言6.

度和话语，来质疑电影、历史和文学理论中"民族性格"概念。尽管澳大利亚文化研究承认澳大利亚身份属于民族概念，认为不是只有从阶级概念或英国的亚阶级概念来分析才有意义，但是研究者仍然从英国文化研究中吸取了主要的理论与分析范畴。同样，在加拿大，文化研究也侧重于加拿大议题。众所周知，加拿大地广人稀，有讲英语、法语、当地少数民族语等三种不同语言的族群，又与南方强大的美国毗邻，因而，民族认同、文化多元主义、抵抗美国文化帝国主义等问题，成为加拿大文化研究的核心议题。①

第二节 文化马克思主义的理论聚焦

2002年之后，伯明翰大学当代文化研究中心已不复存在，但它开创的文化马克思主义研究并未销声匿迹，而是在新的时代背景下形成了多学科交叉、多议题齐进，并相互涵摄的发展趋向。下面，我们将以研究议题为线索，讨论21世纪英美文化马克思主义的理论聚焦。

一、社会性别研究

社会性别研究（Gender Studies）议题包含妇女研究、男性研究、酷儿研究（Queer Studies）等，其中，妇女研究中的女性主义问题一直是伯明翰大学当代文化研究中心关注的重要议题。21世纪以来，社会性别研究依然强势发展，呈现出多议题、多文本、跨学科、多地域的特点。例如，2005年，由P. 伊赛德（P. Essed）等人编辑出版的《布莱克维尔社会性别研究指南》（2005），就以跨学科（inderdisciplinarity）、重新定位（re-positionings）、管辖权（jurisdictions）、非主流（nonconformity）、流动性（mobility）、亲缘性（familiality）、身体性（physicality）、空间性（spatiality）、反射性（reflectivity）为纲要，展现了21世纪以来社会性别研究的基本格局与发展态势。在这种研究态势下，出现了一批有影响的研究成果。例如，W. 法雷尔（W. Farrell）的《男性权力神话：为什么男人是一次性的性别》（2001）、《女性主义

---

① Z. Sardar. Introducing Cultural Studies. London: Icon Books, 1999: 61-65.

歧视男性吗？一个辩论》（2007），R. 戴尔（R. Dyer）的《酷儿文化》（2002），黑莉（Healey）的《种族、种族划分、性别和阶级：群体冲突和变化的社会学》（2003），J. 巴特勒的《消解性别》（2004）、《主体的感知》（2015），默克罗比的《女性主义的后果：性别、文化与社会变迁》（2009）、《充满创意：在新的文化产业中谋生》（2016），R. 坎特（R. Cante）的《男同性恋和当代美国文化形式》（2008），S. 平克（S. Pinker）的《性别悖论：有麻烦的男人、有天赋的女孩和真正的性别差异》（2008），T. 里泽（T. Reeser）的《理论中的男性气质：引论》（2010），等等。

　　作为后马克思主义的女性主义者，J. 巴特勒在其性别研究三部曲之一《消解性别》中实现了其性别理论研究的转向，即"从抽象的性别操演转而进入性别的政治实践领域"①。在该书中，J. 巴特勒以专题论文形式探讨了各种女性主义对人的性别认知与认同的影响，并指出影响的背后其实是各种政治势力的角逐。因而，性别主义者必须思考自己的这一要求即"注重不同群体的性别要求"被政治规范化与合法化之后所带来的消极影响。例如，同性恋的合法化一方面可被视为性别主义者的胜利，因为它使同性恋群体能够获得一些原来没有的权利；另一方面也会带来一些"麻烦"，它可能会排除一些性体验，"换言之，就是把同性恋多种性体验纳入社会基本的亲缘关系——家庭，同时也意味着国家规范律法对性的粗暴控制，而那些'不遵循婚姻规范的性关系则被看成是非法的或是低下的规范'，甚至'不以婚姻纽带为基础而建立亲缘关系的尝试变得不可以实现'"②。在 J. 巴特勒看来，社会政治规范带给人的迫害并不因一些措施的实施而得以永恒消解，任何一种性别理论主张都对社会政治规范具有有效的影响，同时也必然会产生一些负面的影响。因而，对性别的关注不能追寻一种普遍理论，而是要回到性别研究的初衷，时刻警醒。因为正如其性别操演理论所讲的那样，性别问题不是固化的，而是在人的社会实践中形成的，人的实践在继续，性别政治也不会永恒消解。

　　在女性主义研究中，后女性主义是值得关注的问题之一。在英国文化马克思主义者 R. 吉尔（R. Gill）和 C. 沙尔夫（C. Scharff）看来，

---

① 费雪莱. 朱迪斯·巴特勒性别理论研究. 武汉：湖北大学博士学位论文，2016：80.
② 同①80-81.

"后女性主义"(post-feminism)有四种不同的使用方式:(1)它被理解为一种分析视角,标志着女性主义从基础主义向反基础主义的转变。反基础主义运动包括后结构主义、后现代主义、后殖民主义,这种转向意味着女性主义内部认识论上的一种断裂,也标志着学院派女性主义研究的成熟。(2)它被理解为第二波女性主义运动高潮之后的历史转向;有时,在美国也被理解为第三波女性主义运动,指一个不是追求女性主义本身的时代,而是追求女性主义活动的特定时刻(通常指20世纪70年代)。(3)它被用来意指"反女性主义",反女性主义话语采取许多自相矛盾的形式,例如,一方面宣称女性所有的不幸都是因为女性主义,另一方面宣称女性主义赢得了一切,就像文化马克思主义在美国被称为"政治正确"一样,女性主义也是一种暴政。(4)按照默克罗比的观点,它是指女性主义既被关注又被排斥的文化想象,是批判理论考察的对象。这种含义的后女性主义被吉尔等人定义为"感受性"(sensibility)。[1]

在《女性主义的后果:性别、文化与社会变迁》一书中,默克罗比使用摄影、电视、生活消费等多种文本分析方法,分析了女性生活中的各种社会文化现象。她抛弃了从前持有的女性主义已经胜利的乐观态度,认为在后女性主义社会中,女性参与了霍尔所讲的"新的性契约形式"(new form of sexual contract)。为了成为平等的、引人注目的年轻女性,她们充分利用学习以及获得资格证书和工作的机会;但作为交换条件,她们必须控制自己的生育能力,探索自己的性取向并参与消费文化。在这种背景下,女孩不再被认为是福柯意义上的"规训性主体"(disciplinary subject),而是以"发光潜能"(luminous potential)的形式出现,这就导致一种可以影响阶级、种族以及族性的新的性别阶层形成。据此,不同种族的女性可以通过发光的方式找到自己的阶级认同,从而应对新全球经济管理的要求。[2] 在默克罗比看来,这种后女性主义的社会特征,既有利于女性主义的实现,也有利于女性主义的破灭,因为女性被赋予特定的自由、权力和选择,是以女性主义政治和变革作为

---

[1] R. Gill, C. Scharff. New Femininities: Postfeminism, Neoliberalism and Subjectivity. London and New York: Palgrave Macmillan, 2011: 3-4.

[2] A. McRobbie. The Aftermath of Feminism: Gender, Culture and Social Change. London: Sage Publications Ltd, 2009: 7.

交换条件或作为替代品的。吉尔对默克罗比的研究持肯定态度。她说，将后女性主义视为一种批判对象，而非一种理论趋向，为思考社会结构、阶级、不平等议题提供了新的视角。①

二、文化的反思性研究

文化的反思性研究是指以文化本身为研究对象，从本体论层面追问文化是什么的研究范式。21 世纪英美文化马克思主义对文化的反思性研究，主要体现在文学、社会学、人类学等跨学科文化研究中。

在阐发文学批评理论的基础上，英国文学批评家、文化理论家伊格尔顿对文化的本质进行了创造性阐释，提出了马克思主义的文化辩证法思想。继出版《希思克利夫与大饥荒：爱尔兰文化研究》（1995）、《爱尔兰的真相》（1999）、《疯狂的约翰与主教：爱尔兰文化论集》（1998）、《19 世纪爱尔兰的学者与反叛者》（1999）这四部文学理论研究著作之后，伊格尔顿又出版了《文化的观念》（2000）一书。该书从马克思主义哲学角度对文化的本质、文化危机、文化研究的可行路径进行了深刻的思考。《理论之后》（2003）、《人生的意义》（2008）、《理性、信仰与革命：关于上帝论争的反思》（2009）、《论恶》（2010）、《文学事件》（2012）等多部著作都贯穿着马克思主义的文化辩证法思想。

我们知道，伊格尔顿是从马克思主义的经济基础与上层建筑的关系出发来建构文化辩证法思想的。在伊格尔顿看来，文化首先是自然的，是人类在实践中对自然进行改造、规约而形成的集体意识。因而，文化根源于自然，受制于自然。他说，文化是一个自然将多种严格限制强加在其身上的历史剧，然而，文化并不是由自然决定的；作为人的一种实践活动，文化体现着人的主观性、目的性与价值性，"'文化'这个字眼本身包含着制造与被制造、合理性与自发性之间的一种张力"②。因此，只有深刻理解文化与自然之间的这种辩证关系，才能理解文化的双重效用：教化与颠覆。因为文化是一种社会集体意识，所以文化具备一种教化人性的作用，使社会政治得以建立。然而，文化蕴含的主体性又使文化具有一种颠覆性，它在对传统的不断反叛与修正中确立自身。于是，

---

① R. Gill, C. Scharff. New Femininities: Postfeminism, Neoliberalism and Subjectivity. London and New York: Palgrave Macmillan, 2011: 4.
② 陈慧平. 伊格尔顿的文化辩证法探要. 哲学动态, 2013 (11): 17.

伊格尔顿也将文化视为一种治疗。文化效用之教化与颠覆的对立统一，构成了文化自身的矛盾发展历程。文化危机是在文化不断地解构与颠覆自身中产生的。面对现代文化的种种趋向，要想克服文化危机，首先要克服对文化的幻象性理解，回归对文化的本质的理解。根据伊格尔顿的说法，就是"为了重振文化，不是要使文化脱离自然，而是要穿越传统文化的迷雾，使文化重新回归自然和物质世界，在此基础上超越主体形而上学眼界，重建新文化"①。

在《内聚性文化：社会理论、宗教与当代资本主义》（2010）一书中，英国文化社会学家 S. 拉什提出了"内聚性文化"（intensive culture）概念，以此阐明了马克思的资本主义理论所具有的集约型、内聚性文化特质，并对当今资本主义进行新的政治经济学批判。② 按照 S. 拉什的说法，"外延性文化"（extensive culture）"是一种同质文化，一种等价文化；而内聚性文化是一种差异性文化，一种非等价文化"③。在外延性文化中，事物与存在是等价的，由等价的单元构成。例如，在资本主义社会，作为一种外延性存在，商品是由等价的劳动时间构成的。但是，在内聚性文化中，事物与存在是由差异来标识的，是单数的。例如，"耐克"作为一个品牌，区别于其他品牌，有其独特的内在价值与文化，具有唯一性。在 S. 拉什看来，当代资本主义文化总是不断地扩张，不断地向外延展，从而使整个世界变成了一种同质性的文化存在。麦当劳、好莱坞、现代化的摩天大楼出现在世界的每一个角落。全球化与现代科技发展通过缩小空间差异使空间同质化，也使时间与商品的价值变得同质化。不过，在外延性文化肆虐的同时，内聚性文化正在变得越来越重要。药物体验、性体验、人们（通过脸书、智能手机、视频网站）的交流、工作场所、生活方式等都可生成一种内聚性的文化体验。马克思的资本主义理论也一直是外延性的，它强调劳动价值论，即商品的价值在于工人无差别的劳动时间，商品是没有差别的等价物；但现在变得越来越具有内聚性，越来越重视生产与消费的差异性和个体体验，马克思强调的劳动过程已被"设计过程"（design-process）接

---

① 陈慧平. 伊格尔顿的文化辩证法探要. 哲学动态，2013（11）：22.
② S. Lash. Intensive Culture: Social Theory, Religion and Contemporary Capitalism. London: Sage Publications Ltd, 2010: 100.
③ 同②3.

续。"如果外延性资本主义是通过外展的外延性来生产,那么内聚性资本主义就是通过内聚的内聚性来生产。"① 用莱布尼茨哲学来讲,外延性资本主义的原则是,所有原子都是无差别的"原子论";而内聚性资本主义的原则是,每一个单子都是唯一的"单子论"。S. 拉什指出,鉴于当代资本主义生产性质的改变,必须运用新的理论对资本主义进行政治经济学批判,马克思的劳动价值论不只可以从外延性文化视角进行理解,还可以从内聚性维度进行阐释。这样,发掘与分析马克思的劳动价值论中的内聚性文化思想,就可以为当代资本主义批判提供新的思想武器。

从文化人类学视角对"物质文化"进行建构与重新阐释,是 21 世纪文化研究的重要议题之一。"物质文化"是最近 30 年来在欧美学界兴起的一个热点话题,意在重新考察和思考在物质消费盛行的时代,物与人、客体与主体,以及它们之间的关系在消费中是如何体现的问题。在出版了《物质文化与大众消费》(1987)一书之后,英国文化人类学家戴维·米勒又相继出版了《舒适物》(2008)、《物品》(2009)、《消费及其后果》(2012)等颇具影响力的著作,进一步深化与拓展了物质文化和消费文化等方面的思想。

长期以来,"物"被思想家视为一种被动的、客观化的存在;对物的追求、痴迷与崇拜,被贬义地理解为商品拜物教,这是人的一种异化现象。与之相反,戴维·米勒认为,人们对消费领域中的"物"的理解是有缺陷的。其实,大众对物的消费,不仅是布尔迪厄(Bourdieu)所说的在不停地重塑着阶级的划分与差别②,也不仅是鲍德里亚所说的现代人处在"'消费'控制着整个生活的境地"③,而且也体现着大众对物的创造性使用。因而,物本身就是一种文化,是体现着主体性存在的一种客体性存在。这样,大众的消费文化就不再纯粹是一种体现着主导性意识形态的低级文化。通过人类学田野调查方法,戴维·米勒考察了日常生活中人与物的互动问题,例如在对物的购买、摆放、使用、改造过

---

① S. Lash. Intensive Culture: Social Theory, Religion and Contemporary Capitalism. London: Sage Publications Ltd, 2010: 99.

② 张进, 王垚. 论丹尼尔·米勒的物质文化研究. 西北师大学报(社会科学版), 2018(2): 40.

③ 波德里亚. 消费社会. 刘成富, 全志钢, 译. 南京: 南京大学出版社, 2000: 6. 波德里亚即鲍德里亚。

程中人所展现的思想与价值观念,以及在此过程中的文化建构。戴维·米勒指出,"传统的人类学通过考察日常生活的细微之处来理解人类作为一个整体如何成为人类。物质文化研究却旨在探寻与确认现代世界的本质是微小的事物和亲密的关系充实着普通人的生活"[①]。在这里,戴维·米勒消除了对物质进行主客分离的二元思维范式,并从实践视角、主体维度考察消费文化所具有的积极内涵与意义。这就丰富和发展了马克思的实践唯物主义思想,为我们理解文化的本质提供了一个新视角。

三、媒介文化研究

20世纪70年代以来,媒介文化的学院化研究从无到有、从英国起源到向外辐射已经成为全球性现象。正如英国学者J.柯伦(J. Curran)和D.莫利(D. Morley)在《媒介与文化理论》(2006)一书的"导言"中所说的,在英国,媒介与文化研究直到20世纪70—80年代才第一次作为本科学位课程被引入;但到了2004年,它们则已经在多数英国大学被讲授。这些学科在英国的扩张与它们在欧洲、拉丁美洲、非洲、大洋洲和亚洲大部分地区(中国是目前增长最快的地区之一)的扩散大致同步。从研究现状与发展趋势来看,尽管媒介文化被限制在学科范式研究下,但研究的专业化促使研究者突破了媒介与文化研究的文本限制,通过借用其他学科领域的概念与方法来深入思考媒介文化所拥有的多个向度。因而在当代,媒介文化研究已经与跨国主义、族性研究、性别主义、性研究、传播技术、新社会运动的社会学、全球政治经济学、新"电子经济学"、区域研究、文化史等思潮与学科交融在一起。[②]

2001年,美国"9·11"事件之后,媒介文化研究者开始关注在全球化加速的时代背景下,媒介在恐怖主义、文化生产、民族认同、文化传播等方面所起的作用。这方面的著作有D.莫利的《媒介、现代性和科技:"新"的地理学》(2007)、《传播与流动:移民、手机和集装箱》(2017),刘易斯(J. Lewis)的《语言战争:媒介与文化在全球恐怖主义和政治暴力中的作用》(2005),J.柯伦等人的《文化战争:媒介与

---

① 张进,王垚. 论丹尼尔·米勒的物质文化研究. 西北师大学报(社会科学版),2018(2):42.

② J. Curran, D. Morley. Media and Cultural Theory. London and New York: Routledge, 2006:3.

英国左派》(2018)，等等。

作为霍尔的弟子，D. 莫利曾是伯明翰学派的成员，现为伦敦大学媒介文化研究领域的教授。D. 莫利早期因袭霍尔在《编码/解码》一书中倡导的思想，运用民族志方法，对传媒中的"受众"问题进行了创造性研究，这被 J. 科纳（J. Corner）称为"新受众研究"（New Audience Research）；D. 莫利的《举国上下》(1980) 一书被奥利弗·博伊德-巴雷特（Oliver Boyd-Barrett）视为"新受众研究"的开端。①

20 世纪 90 年代以来，将积极受众研究方面的著作视为"无意义的民众主义"观点，以及要求抛弃受众研究的民族志方法的声音泛起。面对这种简单文化帝国主义思想回潮以及对新受众研究的批判，D. 莫利重申了他的观点，即受众在媒介面前不是如简单文化帝国主义所预想的那样消极被动地接受被传达的东西，而是在不断有意识地进行解码；他指出意识形态领导权的实现将会付出一定的代价，美国非正式帝国的兴起与新自由主义市场霸权也不例外。D. 莫利说："斯图亚特·霍尔曾正确地指出了英语为其世界霸权所付出的代价：它被不断转化为各种'混杂形式'，如'新加坡英语''西班牙英语''全球英语'等。"② 在 D. 莫利看来，虽然出现了"新媒介"（如数字媒介），但这并不意味着旧媒介及其研究方式会彻底改变，它们会与新媒介构成一种共生模式。因而，试图使媒介理论研究回到简单文化帝国主义所倡导的"皮下注射"式的技术决定论是荒谬的。与此同时，D. 莫利也没有墨守成规，而是主张应该对媒介理论研究的一些新成果（例如，景观/述行范式）与新视角持一种积极的态度；当然，也不能过于乐观、喜新厌旧，而应该像霍尔那样坚持"创造性折中主义"（eclecticism）模式，即"选择性、综合性的包容模式，可以从各种各样的学术传统中选择最合适的东西，然后利用这些因素达到更新的综合"③。

在《语言战争：媒介与文化在全球恐怖主义和政治暴力中的作用》一书中，澳大利亚文化研究者刘易斯对媒介、语言、文化、全球恐怖主义与政治暴力的关系进行了分析性建构。刘易斯指出，"9·11"事件、

---

① 曹书乐，何威. "新受众研究"的学术史坐标及受众理论的多维空间. 新闻与传播研究，2013（10）：24.
② 莫利. 媒介理论、文化消费与技术变化. 张道建，译. 文艺研究，2011（4）：101.
③ 同②104.

第六章 文化马克思主义新进展

巴厘岛暴恐、伊拉克与阿富汗入侵等一系列恐怖主义袭击和政治暴力事件，已经不是简单地以意识形态之争、文明与非文明或西方文化与东方文化冲突之类的区分就可以说清楚的事情，而是一种语言战争，是作为文化生产者、传播者与调节者的媒介引起的冲突。在他看来，语言是指一切意义建构的系统，例如影像、语词、声音等。文化是这些意义建构的整合，媒介不仅是一种意义传播的中介与工具，而且其本身定义了意义的建构、争斗与解构的动力发生学。与 D. 莫利的新受众研究相似，刘易斯认为受众在对媒介传播内容的阅读过程中，并不是消极被动地接受，而是通过自己的文化资源主动地且有创造力地阅读，"这种'阅读'实际上通过想象、对话、玩耍或其他表达活动构成了一种新的文本创作"①。这样，真实发生的现象与它们的影像之间就不是"两种实在"（two realities）的关系，而是以主体为连接点的现象、主体、影像三者之间的关系。以此理论为基点，刘易斯以电视传媒为案例，分析了媒介在全球恐怖主义与政治暴力事件中的重要作用。

在市场自由主义时代，如何理解媒介与文化理论，也成为当代文化研究者重新思考与争论的议题。近 30 年来，新自由主义观点在西方资本主义国家占据了统治地位，它倡导的市场自由主义使媒介与文化研究抛弃了传统马克思主义以社会阶级冲突来分析媒介传播实质以及批判资本主义文化霸权或意识形态领导权的做法，转而以个体微观政治代替组织宏观政治作为理论研究的主要视角与理论范式，将赢得社会承认而非国家再分配作为主要理论诉求。例如，女性主义者将性别、种族作为媒介与文化研究的主题，谋求社会各阶层之间的平等，获得政治上的认同。在他们的意识中，全球化加剧、市场自由化不断增强使当代社会结构与形态发生了根本性变化。资本主义社会已经变成一个开放的流动的社会，社会已经变成个人的聚集而非抽象的社会群体。在这里，个体价值被高度重视，努力、天赋、进取心等成为一个人成功的重要因素，你只要肯付出，就会在市场中得到回报。在《媒介与文化理论》中，J. 柯伦和 D. 莫利认为，割裂媒介与文化研究同社会政治之间的关系，关注理论叙事的内部范式转换与更新的研究思路是不得要领的。在当今的西方资本主义国家，社会阶级差异仍然强烈地影响着人们在生活机会、

---

① J. Lewis. Language Wars：The Role of Media and Culture in Global Terror and Political Violence. London and Ann Arbo MI：Pluto Press，2005：7.

经验与报酬方面的分配。例如，在美国，最富的 20% 的人所挣的工资比最穷的 20% 的人要多九倍之多，而且阶级差异还会导致其他方面的不平等。在英国，从事非技术性和半技术性工作的人比从事管理和专业工作的人更容易早死、失去工作、成为犯罪的受害者。事实上，美国、英国、欧盟国家也不是一个开放的流动的社会，各个阶层之间的流动并不是那么频繁，处于底层的工人比中产阶层的子女更难过上中产生活。因而，J. 柯伦和 D. 莫利强调，媒介与文化研究不应为市场自由主义话语所引诱而排除阶级视角，成为掩盖与生俱来的特权与不平等的同谋。[①]

四、文化多元主义研究

自 20 世纪 50—60 年代以来，文化多元主义成为一种流行的价值观念，其理论核心是"双承认理论"：承认种族差异和承认差异平等，试图用各种不同的文化、身份、种族以及性别特征来消解阶级存在，以此拒绝阶级层面产生合作意识。因而，文化多元主义宣扬国家的超阶级性，实则成为维护资本主义统治的意识形态。21 世纪以来，文化多元主义由于种族问题、移民问题以及恐怖主义问题而遭到社会质疑，陷入严重的理论危机之中。在这种情形下，西方马克思主义者揭示了它所面临的主要问题，并试图对之进行"重新解释"，以挽救它的命运；或者对它进行批判，以揭露它的意识形态本质。

21 世纪以来，西方资本主义社会问题频发，冲突不断，对文化多元主义造成了重大消极影响，尤其是 2001 年美国的"9·11"事件、2008 年的全球金融危机、2015 年的《查理周刊》事件导致了民粹主义崛起，严重冲击了多元文化的差异、宽容与平等原则，从而使文化多元主义陷入危机之中。西方马克思主义者在考察文化多元主义理论观点的基础上，结合当前的现实问题，剖析了当今文化多元主义的理论困境。

第一，文化多元主义面临着内外两个方面的严峻挑战。文化多元主义过分强调不同文化之间的差异，忽视文化共性的重要性，无原则地追求多元化与宽容化，从而导致社会差异丛生，对立不断。今天，文化多元主义面临着两个方面的挑战："一方面是宗教间、民族间和族群间不断升级的冲突；另一方面是宗教、民族和族群内部对持对立立场的个体

[①] J. Curran, D. Morley. Media and Cultural Theory. London and New York: Routledge, 2006: 142-144.

的压制。"① 这种挑战使文化多元主义处于内外交困的境地。

第二，文化多元主义只关注文化差异问题，而忽略了真正的平等问题。霍尔指出，当前，文化多元主义忽视了少数族裔的不平等问题与承认问题，"一方面，急切需要社会的公平公正来保护少数民族者；另一方面，也需要认清这其中承认政治的作用，种族身份是被承认与否塑造的"②。这些问题影响了文化多元主义的形象。威尔·金里卡（Will Kymlicka）指出，文化多元主义由于没有很好地解决社会平等与融合问题而受到了严厉的批判：文化多元主义（a）完全忽视了经济和政治不平等问题；（b）集中于颂扬每个群体所独有的具体而正宗的文化实践，这种做法也具有潜在的危险性并且误导人；（c）最终造成少数群体内部权力不平等和文化限制性的加剧。③

第三，文化多元主义不能消除文化内部的负面价值，反而强化了负面文化存在的效应。尤其是在移民文化中，少数民族文化内部的落后文化观念并未得到有效的纠正，其消极作用反而更加鲜明。S. 宋（S. Song）在考察移民文化演变过程中指出，文化多元主义受到了主流文化的控制与选择，从而使移民文化服务于主流文化的逻辑，"少数群体文化中重男轻女的传统得到了主流规范的支持，因此同化过程中涉及少数群体文化中重男轻女传统的内容得到了保留"④。而西方之所以这样做，是为了树立一个参照物，从而减轻和转移人们对西方社会性别不平等的批评。

第四，文化多元主义只是一种政府控制手段，没有真正的独立性与自我主导性。众所周知，人权观念是文化多元主义的重要范畴之一，但这个概念却不是自足的，而是具有价值偏向性的。在 N. 史蒂文森（N. Stevenson）看来，人权概念之最大的问题"仍然在于它们是如何表达的，它们为谁的利益服务。这种说法对赋予人权的必要性至关重要"⑤。也

---

① 考尔. 多元文化主义与多元主义的挑战. 冯红，译. 国外理论动态，2014（8）：40.
② 霍尔. 多元文化问题. 肖爽，译. 上海文化，2016（4）：46.
③ 金里卡. 多元文化主义的兴衰？关于多样性社会中接纳和包容的新争论. 焦兵，译. 国际社会科学杂志（中文版），2011（1）：103.
④ S. Song. Justice, Gender and the Politics of Multiculturalism. Cambridge：Cambridge University Press，2007：6.
⑤ N. Stevenson. Human（e）Rights and the Cosmopolitan Imagination：Questions of Human Dignity and Cultural Identity. Cultural Sociology，2014，8（2）：188.

就是说，人权作为意识形态概念，只是维护政府统治的工具。S. 杜林（S. During）进一步指出，不仅人权概念，而且整个文化多元主义都是一种意识形态，"文化多元主义是一种管理差异的政府工具……当一个国家包含不同种族的非霸权和少数民族社区时，文化多元主义不仅是一种管理单一文化主义的手段，而且也是一种管理种族主义的手段"[①]。

为了解决多元文化主义面临的危机，某些西方马克思主义者试图重新建构文化多元主义理论，以此挽救并推动文化多元主义的进一步发展。这主要体现在以下三个方面：

第一，强调文化的辩证性。S. 宋指出，文化是一个复杂的理论综合体，不仅内部充满着斗争，而且与其他文化形式之间也充满着互动，它们处于一种紧张的辩证关系之中；文化对话的起点是充满争议的文化实践，而不是充满差异的多元文化。因此，要真正解决文化融合中的各种问题，就必须建构一种整体性的分析方法，综合多方面的因素来解决文化中的问题。就涉及少数族群与女性不平等问题而言，我们"必须认识到少数群体妇女处于多重社会身份的交汇点，她们不仅在性别方面，而且在种族、族裔、阶级、性取向和其他社会身份等方面都处于边缘地位"[②]。传统的文化多元主义只集中于单一身份的方法，根本无法解决这种交互影响的问题。金伯利·克伦肖（Kimberle Crenshaw）也提出了"交叉性"理论，强调文化内部与文化之间的辩证关系，认为社会压迫是多重身份范畴的交叉，某种身份范畴的受害者可能是另一种身份范畴的受益者，交叉性概念试图为所有形式的压迫找一个公约数，从个人或群体的特殊体验中抽象化出一个普遍的反抗理论，以解决文化多元主义无法解决的文化内部不平等问题。

第二，反思文化的政治性。文化多元主义受到政治的制约与影响，成为政府统治的工具，从而导致了其地位的弱化。针对这种政治化情况，西方马克思主义者试图重新建构文化与政治的关系，以此纠正长期以来文化多元主义对政治权力的依附。前面说过，在文化多元主义那里，人权问题始终是一个政治问题，因为它是西方国家进行统治的工

[①] S. During. Cultural Studies：A Critical Introduction. London and New York：Routledge，2005：156.

[②] S. Song. Justice，Gender and the Politics of Multiculturalism. Cambridge：Cambridge University Press，2007：8.

具。鉴于此，N. 史蒂文森强调，必须将人权问题从简单的政治设定中解脱出来，"人员不仅要与政治界定相关，更要与人的需求和体面的生活相连"①。S. 杜林则指出，文化多元主义中身份政治的关键不是利益，而是身份，尤其是边缘人员的身份，通过身份政治以求得身份承认与平等，"身份政治是指代表具有特定身份的人参与的政治，而不是基于个人利益而组织的社会政策或哲学"②。霍尔指出，多元文化中的种族问题也是一个政治问题，这种政治表现为一种认同政治，"种族问题不是人类学问题而是政治学问题……因此，民族国家不仅是公民政治实体，也是想象的共同体，它处于文化表征系统之内，是一种集体认同"③。

第三，重构文化多元主义的内涵。针对人们对文化多元主义的批评，一些西方马克思主义者试图重构文化多元主义的内涵，以此促进文化多元主义的创新与发展。威尔·金里卡将文化多元主义与人权革命联系起来，"更具体地说，可以将多元文化主义视为族群和种族多样性方面一场更大的人权革命的一部分"④。在文化多元主义旗帜下，被压迫群体在反抗外部文化压迫的同时也反对自身文化内部的压迫，以此改变不公正的社会关系，从而促进了整个人类的发展与进步。沃尔克·考尔则认为传统的文化多元主义由于强调共同体忠诚而导致了文化之间的冲突，导致了文化多元主义的狭隘性。因而，要改变这种状况，就需要一种个体忠诚，其本质"在于我们不会将我们的价值观强加给那些赞同多元文化事业但却持有不同于我们的价值观的个体"⑤，以此来消除文化冲突，实现真正的文化宽容与和谐。

此外，面对文化多元主义的问题，一些西方马克思主义者着重揭露文化多元主义的意识形态性，以此批判文化多元主义与资本主义统治的共谋性。文化多元主义表面上尊重差异性，提倡平等性，强调多种文化之间的宽容，但实际上是以文化问题来取代阶级问题，从而转移劳动人

---

① N. Stevenson. Human (e) Rights and the Cosmopolitan Imagination: Questions of Human Dignity and Cultural Identity. Cultural Sociology, 2014, 8 (2): 183.

② S. During. Cultural Studies: A Critical Introduction. London and New York: Routledge, 2005: 147.

③ 霍尔. 多元文化问题. 肖爽, 译. 上海文化, 2016 (4): 46.

④ 金里卡. 多元文化主义的兴衰？关于多样性社会中接纳和包容的新争论. 焦兵, 译. 国际社会科学杂志（中文版），2011 (1): 104.

⑤ 考尔. 多元文化主义与多元主义的挑战. 冯红, 译. 国外理论动态, 2014 (8): 38.

民的反抗焦点。事实上，就像巴迪欧所说的那样，文化多元主义是在资本主义框架内追求差异性、多元性、平等性，根本不会突破资本主义的底线去追求真正的解放。因而，它本质上是保守的，而不是革命的。在《新的旧世界》(2009)中，佩里·安德森也说，文化多元主义讲究一种无对抗性的多元性，以文化冲突、民族冲突、宗教冲突来取代阶级对抗，从而导致工人将矛头转向工友，而不是联合起来反抗资本家。① 实际上，传统的文化多元主义已经成为破坏无产阶级意识形态统一性的理论工具。卡尔·拉特纳（Carl Ratner）断言，资本主义霸权是不容置疑的，而文化多元主义能够在资本主义社会合法地存在与发展，是由于其与资本主义具有内在一致性，"美国支持多元文化主义的真正原因在于它和霸权主义的兼容性"②。这种兼容性表明文化多元主义是资本主义文化霸权的一部分。齐泽克则一针见血地指出："就当今多元文化主义者对生活模式多样性的颂扬而言，各种差异的繁荣是依赖于一种根本的'一'（One）：彻底抹除'差异'（Difference）和对抗的裂口……当我们说到'繁荣的多元'，我们事实上说的正是它的反面：根本的无所不在的'同一'。"③ 就是说，在文化多元主义的背后恰恰是资本主义的"一元性"，它要消除的正是那些反抗资本主义统治的异质文化，以维护资本主义的统治。

五、全球化背景下的文化研究

20世纪90年代，随着冷战结束，"历史终结"，以美国为主导的自由主义市场经济及其价值观念在全球范围内加速扩展。至今，世界各民族国家在经济、政治与文化等方面或深或浅地被卷入全球化体系中。全球化浪潮自然也影响到了英语世界的文化马克思主义研究。英语世界的文化马克思主义研究者开始思考全球化背景下文化研究的新方式与新特点，出现了全球化中的媒介文化、文化多元主义、民族身份认同及种族问题研究，等等。

S. 杜林指出，今天"全球化"已经取代"后现代"这个概念，被

---

① P. Anderson. The New Old World. London and New York：Verso，2009：537.
② 拉特纳. 美国多元文化主义的实质. 刘子旭，译. 世界社会主义研究，2016（1）：88.
③ S. Žižek. Did Somebody Say Totalitarianism?. London and New York：Verso，2001：238.

用来命名、解释、指引现时代社会与技术的转变①，就是说，全球化已经成为文化研究的一种方法论范式。通过前面我们对媒介文化、文化认同等方面研究的讨论已经可以看出，全球化已经融合在文化研究的各种议题中；与此同时，当代文化研究者也一直在思索全球化的本质是什么，在全球化背景下我们忽略了什么，全球化带来的文化结果是什么，以及应该采取怎样的文化策略。

关于"全球化"，目前有许多定义。在通常意义上，全球化是指全球联系不断增强，人类在全球规模的基础上生存和发展，及其全球意识崛起；国与国之间在经济贸易上互相依存。因而，全球化亦可被解释为世界的压缩和视全球为一个整体。按照马克思主义理论，全球化意味着资本主义在全球范围内的扩张。哈维与沃勒斯坦（Immanuel Wallerstein）沿用了马克思的观点，认为全球化就是资本主义，而资本主义是这样一种生产方式：它吞噬掉其他所有的生产方式，并且限制在其中的人们的生活。在当代，美国作为世界上最强大的资本主义国家，被认为是全球化的主要推动者与获利者。基辛格直言，全球化是美国作为主导力量的另一个名字；霍布斯鲍姆则将我们生活的时代视为"美国与其生活方式的全球胜利"②。事实上，当代左翼文化研究者大都将全球化视为以美国为主导的新自由主义在全球的推行与扩张。在他们眼里，这种全球化的过程必然压制差异，使全球趋向一致。例如，在经济上推行自由资本主义市场经济，在政治上倡导民主政体，在文化上压缩本土文化的发展空间、宣扬消费主义文化。

在《文化研究：批评导论》（2005）一书中，S. 杜林总结了全球化带来的文化结果："（1）虽然全球化导致了跨民族文化交流的增多与文化出口重要性的增强，但在全球层面上基本没有大众文化，如果有的话，也只是可口可乐；（2）文化生产的全球化重构了文化产业；（3）全球化增加了国家文化和媒体政策的重要性，并引发了文化贸易放松管制者（主要是美国和日本，后者也是一个主要的文化出口国）与那些希望保护当地产业和文化形态的人之间的争论；（4）地方文化明显不愿意全盘引进外来文化；（5）区域间流动的增加正在提高英语作为世界语言的

---

① S. During. Cultural Studies: A Critical Introduction. London and New York: Routledge, 2005: 81.

② T. Miller. A Companion to Cultural Studies. Oxford: Blackwell, 2001: 490.

地位;(6)全球城市已经成为文化和经济影响力(而不是政治的或管理性控制)的地方,不仅在全国范围内,而且在地区范围内,无论是金融产业中心还是文化中心,或者两者兼而有之;(7)全球化加剧了移民危机;(8)全球化确实需要一种跨越距离的精神联系的新形式。"①

当然,当代文化研究者也注意到了全球化追求的一致性背后,本土的差异性并没有完全被挤压与消除。例如,互联网等通信技术在全球范围内的使用,在助力全球化时也使本土文化得以在世界范围内传播;文化消费形式的一致并不意味着所有民族与地域中的人获得的体验都是一致的,因为他们有不同的文化传统与生活环境。这种观点正如亨廷顿在《文明的冲突》(1996)中主张的那样,文明的冲突在于不同民族与文化之间的冲突,而文化传统并不会因全球化而丧失其作用与价值;美国文化作为一种文化形态,"并没有扎根于永恒的人性,而是文化的特质,是诸多价值中一些价值(如美国的价值)的特殊的聚合的表现"②。S.杜林指出,随着世界各地交流的改善和文化形式的日益共享,世界正在进入一个差异化的网络。因而,全球化的文化研究方法需要抵抗上述策略,即必须强调本土文化的差异性,关注它在全球化过程中的变异及在世界体系中如何维持的问题。③

詹姆逊强调,全球化研究不能关注全球化的结果,而应动态地关注全球化的发展过程,将发展过程中的各种因素联系起来考虑,从而提出一种文化与政治对抗策略。他指出,全球化的核心问题既是文化的标准化问题,也是经济和社会问题;文化问题消融弥散在经济和社会问题之中。美国文化在世界范围内的流行,不只是一种文化现象,其背后体现的是本土文化产业因美国的竞争而衰败的现象,是本民族生活方式可能被解构与被遗弃的问题。这样,对全球化的政治抵抗,就只能限于民族国家框架范围内。民族国家的特殊性诉求与普遍性诉求的内在矛盾,使对美国全球化的抵抗又陷入扭曲之中,间接地变成对美国倡导的普遍主义的保护。例如,"为劳动保护法进行斗争,反对全球自由市场的压力,

---

① S. During. Cultural Studies: A Critical Introduction. London and New York: Routledge, 2005: 92-94.

② 詹姆逊. 詹姆逊文集:第4卷 现代性、后现代性和全球化. 王逢振,王丽亚,等译. 北京:中国人民大学出版社,2004: 375.

③ 同①88-92.

或者以民族文化'保护主义'为名的政治的对抗，或对专利法的保护，反对美国的'普遍主义'——这种'普遍主义'破坏地方和民族医药工业，以及一切仍然有效的福利保障体系和社会化的医疗制度"①，转变为对美国倡导的人权以及福利国家的保护。文化层面的政治抵抗表现为采取一种消极性的纲领，即揭示文化帝国主义的形式，使它对人们日常生活的破坏性力量被人们看见。然而，由于日常生活难以描述与难以被感知，对它的肯定和保护又会走向对宗教或文化传统的执拗。按照詹姆逊的观点，全球化过程中的经济、政治、文化对抗最后必然会转向社会领域，扎根于社会共同体的根基中。因而，在对全球化有效的政治回应中，"确认社会的集体性是最重要的核心"②。

第三节 文化马克思主义的发展前景

21世纪以来，随着全球化与反全球化斗争的加剧，新的通信技术以及新媒介的发明与应用，"9·11"恐怖袭击以及美国主导的伊拉克和阿富汗战争等事件的发生，文化马克思主义者在延续传统的基础上做出了一些探索，呈现出一些新的特点与发展趋向。

一、马克思主义的回归

1999年，英国广播公司利用互联网主办了"千年思想家"评选活动，结果是马克思位居第一。马克思被评为"千年思想家"，说明马克思的思想并没有因时代变化而过时，马克思主义在当代仍然具有巨大的生命力。新千年伊始，一些文化马克思主义者也开始反思受葛兰西文化霸权理论以及后现代思想影响而回避马克思主义文化研究路径所带来的问题。

自20世纪70年代末伯明翰学派接受葛兰西的文化霸权理论以后，传统马克思主义的基本观点和分析方法逐渐被当代文化研究者抛弃，即使一些赞同马克思主义分析方法的研究者，例如，道格拉斯·凯尔纳

---

① S. During. Cultural Studies: A Critical Introduction. London and New York: Routledge, 2005: 381.
② 同①384.

(Douglas Kellner)与尼格拉斯·加纳姆(Nicholas Garnham)——他们致力于对文化进行政治经济学研究——也被迫不再提起马克思主义的字眼。在英国,霍尔在20世纪80年代初曾经写过"没有担保的马克思主义";在20世纪80年代末到90年代初,他又写到,马克思主义元素已或多或少被遗弃了。在美国,迈克尔·丹宁(Michael Denning)指出,文化研究不再需要宏大的理论,马克思主义提倡的"还原论"与"决定论"将一切文化现象最终归为阶级分析,就是从总体性角度思考问题,这不利于对主体性、种族、性别等议题进行微观多元化阐释,当代文化研究可以被视为马克思主义发展的"替代品"。[1]

P. 史密斯(P. Smith)指出,这种抛弃马克思主义理论策略的做法是有问题的,它抛弃了威廉斯所强调的决定论的重要性——总有这样一种决定的次序是不容置疑的,这是真正认识不同社会秩序之必要性的理论基础——致使在研究中选择的各种文化元素被彼此割裂开来,被视为与生产方式无关的分散性实体。P. 史密斯认为,文化现象不是一种自主的文本,而是受制于总体性逻辑;以总体性方法研究文化问题必然会诉诸马克思主义,因为它作为一种总体性哲学对文化、社会、政治、经济做出了一种整体性阐释。然而,"文化研究从来没有设法填补它在忽略马克思主义时所造成的空白;没有其他可行的理论形式来做马克思主义曾经做过的工作与文化研究一直声称想做的工作。恢复一套与马克思主义有关的思想方法,并不能使文化研究本身成为马克思主义的。但这将意味着,文化研究再也不用担负对马克思主义理论的反感,这种对马克思主义理论的反感使它进入了无数的死胡同和危机"[2]。对此,詹姆逊批评说,文化研究回避经济与整个决定论的问题,无疑是"一种对待事物的无政府主义立场"。J. 克拉克也断言,这种文化研究是要在文化研究中"抛弃客观性"本身。

在《文化的观念》一书中,伊格尔顿运用马克思主义唯物辩证法思想对文化的本质、文化的冲突以及解决途径的细致分析及建构性思考,让当代文化研究者重新意识到马克思主义理论与方法的重要性。2011年,伊格尔顿又出版了《马克思为什么是对的》,以一种通识的方式,反驳了认为马克思与马克思主义在当代已经过时的种种错误观点。他指

---

[1] F. Jameson. The Ideology of Theory. London and New York:Verso,2008:610.
[2] T. Miller. A Companion to Cultural Studies. Oxford:Blackwell,2001:337-339.

出，让马克思主义失去信心的是这样一个事实，即资本主义制度仍按照以前的方式运行，并没有做任何改进。在西方，马克思主义被边缘化，原因在于它所对抗的资本主义社会秩序不仅丝毫没有软化，反而变本加厉地越发无情和极端。正是因为如此，马克思对资本主义制度的批判才更加中肯。伊格尔顿说，当今资本主义社会倡导的生活方式，不仅会滋生种族主义，散播愚民文化，迫使人们相互争战，驱赶人们进入劳动营，还具有了将人类从这个星球上彻底抹去的能力。在这生死攸关的紧要关头，伊格尔顿借用詹姆逊的名言，旗帜鲜明地指出"马克思主义必将重现人间"①。

詹姆逊是运用马克思主义来研究文化问题的力行者。在《理论的意识形态》（2008）一书中，他运用马克思的阶级理论来分析种族问题的形成原因与解决途径。他指出，在马克思的阶级冲突二分法概念中可能预见到现代种族冲突问题；在马克思那里，种族冲突问题可以"用阶级形成的问题来加以澄清"②。完全实现的阶级，即在其自身或为其自身中的阶级，"潜在的"或结构性的阶级，最终都通过各种复杂的社会历史过程，形成了我们通常所说的"阶级意识"。因而，种族冲突作为单子式的群体之间的冲突，也能够发展与扩展为阶级冲突。种族问题上升为阶级问题之后，其不是以谁战胜谁的方式来解决，而是通过超越来解决，不像阶级冲突一样最终是以消灭阶级来解决的。③ 佩里·安德森同样用马克思的阶级分析方法来批判文化多元主义，认为这种文化多元主义实际上已经成为破坏无产阶级意识形态统一性的理论工具。S. 拉什试图通过发掘马克思劳动价值论中的内聚性思想来为其内聚性文化理论做论证等，都说明马克思主义在文化研究领域被重新聚焦，再次显现出其思想力量。

二、多元性研究与跨学科研究涵摄并存

威廉斯将文化视为一种整体生活方式，文化研究对象是整体生活方式中各种元素之间的关系。与威廉斯不同，霍尔没有以确定的方式来为

---

① 伊格尔顿. 马克思为什么是对的. 李杨，任文科，郑义，译. 北京：新星出版社，2011：13.
② F. Jameson. The Ideology of Theory. London and New York：Verso，2008：618.
③ 同②618-619.

文化做出界定，他说："在这里，没有唯一的、完善的文化定义能被找到。这个概念仍然是一种复合体——一个兴趣的会聚之地，而不是一个逻辑上和概念上清楚的概念。"① 霍尔对待文化的这种开放的方式，使以他为首的伯明翰学派不再受制于学科壁垒的限制，而是灵活地分析日常生活中发生的文化现象，形成了文化研究的多元性态势。《文化研究》（1992）一书的"编者导言"以更强烈的方式表述了文化研究在方法上的灵活性与研究对象的多元性特点，"文化研究并不能保证在特定语境中提出什么问题是重要的，或如何回答这些问题；因此，任何方法都不能被特权化，甚至不能被完全安全而有信心地暂时使用，也不能被立即弃用"②。进入21世纪，文化研究沿袭了这种多元性态势。对此，凯尔纳总结道："文化研究的主要学派致力于将社会理论、文化批判、历史、哲学分析和特定的政治干预联合起来，通过克服专门化而超越了通常的学术分工。所谓专门化，是由人为的学术分工而武断地制造出来的。因此，文化研究运用跨学科观念，兼收了社会理论、经济学、政治学、历史学、传播学、文学和文化理论、哲学以及其他众多理论话语——这是法兰克福学派、英国文化研究和法国后现代主义理论的共同做法。"③

文化研究的这种多元化路径决定了具体研究之间的相互涵摄。例如，女性主义研究大多涉及媒介文化研究，并运用哲学、社会学等学科的一些概念与方法来分析女性日常文化现象，以表达一些特定的女性政治诉求。因而，文化研究的相互涵摄决定了多元性的具体研究中有一些共性。文化政治学研究与文本研究法可以说是文化研究之差异中的共性。

文化政治学研究是指将文化问题政治化，将政治问题置于文化问题的发展逻辑中。自20世纪70年代末文化马克思主义研究实现了"后马克思主义转向"以来，文化的政治学批判路径被研究者普遍采用。P. 史密斯曾直言不讳地讲："文化研究工作似乎通常假定从事文化分析和评论等同于从事政治分析甚至政治干预。"④ J. 巴特勒在《消解性别》中实现了其性别理论的转向，即从抽象的性别操演转而进入性别的政治

---

① S. Hall. Cultural Studies: Two Paradigms. Media, Culture and Society, 1980 (2): 59.
② L. Grossberg, C. Nelson, P. Treicher. Cultural Studies. New York: Routledge, 1992: 2.
③ 凯尔纳. 文化马克思主义和文化研究. 张秀琴，王葳蕤，译. 学术研究，2011 (11): 13.
④ T. Miller. A Companion to Cultural Studies. Oxford: Blackwell, 2001: 335.

第六章　文化马克思主义新进展

实践领域。在《内聚性文化：社会理论、宗教与当代资本主义》中，S. 拉什主张，鉴于当代资本主义生产性质的改变，必须运用新的理论对资本主义进行政治经济学批判。针对文化多元主义的局限性，卡尔·拉特纳（Carl Ratner）批判文化多元主义与资本主义的内在一致性，公开说美国支持文化多元主义的原因在于它与霸权主义的兼容性。文化政治学批判，足以说明文化政治分析是文化研究最主要的特征之一。

文本分析法是指文化马克思主义借用符号学的"文本"概念，将其用于文化研究的一种方法。在这里，"文本"不仅指书面语言，而且包括电视节目、电影、相片、时装、发型等，可以说，文化研究的"文本"包括了所有文化的人造物。文化研究的文本分析方法就是通过使用强有力的解释技巧与政治语境概念对文本进行分析，从而揭示文本蕴含的政治意蕴。按照刘易斯的说法，"'文本研究'采用复杂而困难的启发式方法，既需要强有力的解释技巧，又需要微妙的政治语境概念……文化分析的任务是接触知识系统和文本，观察和分析两者相互作用的方式。这种接触代表了分析的批判性维度与阐明给定文本及其话语内部和周围层面结构的能力"[①]。就近 20 年文化研究的现状来看，文本分析法仍然是文化马克思主义研究常用的方法之一。例如，戴维·米勒通过观察人们在生活中对消费品的购买、使用、处理等细微之处，来揭示普通民众对文化的消费是在不断强化阶级差别，大众的消费文化不再纯粹是一种体现着主导性意识形态的低级文化，也是一种体现着大众创造性的文化。

综上所述，在文化研究实现"后马克思主义转向"以来的多元性研究路径基础上，21 世纪英美文化马克思主义进一步深化和拓展，在多领域呈现出一些新的开创性的研究成果。同时，在全球化加速、新的数据媒体被广泛使用、恐怖袭击与政治暴力频发的新时代，后现代哲学理念也受到了质疑，马克思主义开始重新回到了研究者的视野，文化政治学批判与文本分析法仍然在文化研究中占据着重要地位。21 世纪，借用凯尔纳等人的话讲，文化研究不单是"'别样的'学术时尚，而且能成为人们为更美好的社会和生活而努力奋斗的资源"[②]。

[①] Cultural Studies. Wikipedia, https://en.wikipedia.org/wiki/Cultural_studies.
[②] 凯尔纳. 文化马克思主义和文化研究. 张秀琴，王葳蕤，译. 学术研究，2011（11）：13.

第七章　分析的马克思主义新阐释

在原初意义上，以"九月小组"为平台的分析的马克思主义始于 20 世纪 70 年代末，其标志性事件是 1978 年出版的三部著作，即 G. A. 科恩的《卡尔·马克思的历史理论———一种辩护》、乔恩·埃尔斯特的《逻辑与社会———矛盾与可能世界》，以及威廉姆·H. 肖（William H. Shaw）的《卡尔·马克思的历史理论》，这三部著作的共同点就是都试图运用分析哲学方法重新解释马克思主义。"分析的马克思主义"（Analytical Marxism）这一术语是埃尔斯特于 1981 年第一次公开使用的，那是他在芝加哥大学开设的一门课程的名称。约翰·罗默主编的《分析的马克思主义》(1986) 出版后，这个于 1981 年正式成立的"分析的马克思主义小组"[1] 才为世人所知。从兴起至今，分析的马克思主义已有 40 多年的历史，其研究风格以及探讨的问题在英美马克思主义研究中，乃至在当代西方马克思主义发展中都产生了重要影响，一度被视为继批判理论和阿尔都塞的马克思主义之后的第三个重要演变。[2] 学界一般将

---

[1] 自 1979 年起，作为"自我认同的"学术团体，分析的马克思主义在三个创立者的组织下对剥削、阶级、资本主义批判与替代等一系列重要理论问题展开了探讨，被称为"非胡说的马克思主义"。截至 1993 年，"九月小组"的成员基本上是稳定的，包括 G. A. 科恩、罗默、R. 布伦纳（R. Brenner）、E. 赖特（E. Wright）、菲利普·范·帕里斯（Philippe Van Parijs）、R. 范德文（Robert Van Der Veen）、普拉纳布·巴德汉（Pranab Bardhan）、H. 斯坦纳（H. Steiner）、S. 鲍尔斯（S. Bowles）九位学者。E. Wright. Interrogating Inequality: Essays on Class Analysis, Socialism and Marxism. London: Verso, 1994: 180.

[2] B. Hindess. Marxism//E. Robert, G. Pettit, T. Pogge. A Companion to Contemporary Political Philosophy. Malden MA: Blackwell, 2007: 388.

G. A. 科恩、埃尔斯特、罗默、E. 赖特视为分析的马克思主义的主要代表人物。分析的马克思主义研究的主题非常广泛，主要分为三大类：一是经验理论研究，主题是历史唯物主义、阶级等，以 G. A. 科恩和 E. 赖特为代表；二是规范理论研究，主题是剥削、平等、公平分配等，以 G. A. 科恩和罗默为代表；三是方法论研究，主题是功能解释、方法论个人主义、博弈论或更广泛意义上的理性选择理论等，以 G. A. 科恩和埃尔斯特为代表。下面，我们主要探讨三个方面的问题，即分析的马克思主义对历史唯物主义的辩护与批评、分析的马克思主义的理论聚焦，以及分析的马克思主义的当代阐释。

第一节 对历史唯物主义的辩护与批评

一、G. A. 科恩对历史唯物主义的开创性辩护和系统性重构

G. A. 科恩早期的开创性工作是围绕着历史唯物主义展开的，他对历史唯物主义的阐释与辩护最早可以追溯到《关于历史唯物主义的若干批评》（1970）一文。在该文中，G. A. 科恩力图回应约翰·普拉梅纳茨（John Plamenatz）和 H. B. 阿克顿（H. B. Acton）等人对历史唯物主义的挑战。该文的核心思想预示了后来 G. A. 科恩在《卡尔·马克思的历史理论——一种辩护》一书中对历史唯物主义的"系统性重构"。①

（一）直面历史唯物主义阐释的"中心困境"

阿克顿和普拉梅纳茨以马克思的《〈政治经济学批判〉序言》为文本依据，对马克思主义的历史唯物主义提出了尖锐批评。阿克顿将历史唯物主义误读为一种"反形而上学的实证主义"。他认为，历史唯物主义涉及生产力、生产关系、政治法律上层建筑与意识形态上层建筑等概念和要素之间的"彼此区分"，其中，生产力与生产关系是最基本和最重要的概念。但问题在于：根据观察，这些要素从来都不是相对独立的，由此历史唯物主义观念的各要素不仅在"思想上"不能区分开来，而且在"事实上"也不能区分开来。按照阿克顿的看法，如果基本概念

---

① G. Cohen. Lectures on the History of Moral and Political Philosophy. Princeton：Princeton University Press，2014：329.

之间不是"一致的",那么历史唯物主义理论就不可能是连贯的。同样,普拉梅纳茨也指出,马克思在生产力、生产关系、政治法律制度、意识形式四个方面所做的区分以及其"依赖性次序"是难以理解和成立的。① 澳大利亚马克思主义学者伊安·亨特(Ian Hunt)指出,阿克顿、普拉梅纳茨这样的批评者所制造的"对马克思的基本概念之间区分的拒斥",已经成为对马克思理论的哲学批判的"中心困境"。②

面对历史唯物主义阐释的"中心困境",G. A. 科恩要为"技术决定论"版本的历史唯物主义辩护,这体现为两个核心命题:一是"首要性命题",强调生产力的首要性,即"生产力对生产关系的首要性,或者说对由生产关系构成的经济结构的首要性"③;二是"发展命题",即认为生产力之发展趋向贯穿整个历史。在 G. A. 科恩看来,"发展命题"是"首要性命题"成立的逻辑前提,但又有赖于"理性前提"的论证。理性前提的论证由三个相关的命题构成:(1) 人的特性是有理性的;(2) 人的历史境遇是匮乏的;(3) 人具有一定的才智,会利用各种机会变革生产力,从而改善自己的境遇。④ 由于这种理性前提的论证受到了广泛的批评,G. A. 科恩便从《卡尔·马克思的历史理论——一种辩护》中的"强发展命题"——生产力之发展趋向贯穿每一个社会,退而坚守《历史、劳动和自由》(1988)中的"弱发展命题"——生产力总体上趋向发展,即便并非每个社会都拥有这一趋向。⑤

G. A. 科恩为历史唯物主义所做辩护的独特之处在于,他将分析哲学清晰严密的标准运用于对马克思文本的阐释,将功能解释方法运用于解决历史唯物主义的论争难题。

(二) 以分析哲学方法澄清历史唯物主义的基本概念

G. A. 科恩对历史唯物主义的辩护,首先体现在对历史唯物主义基本概念的澄清和界定上。由于生产力与经济结构在马克思历史理论中居

---

① 齐艳红. 分析马克思主义方法论研究. 北京:中国社会科学出版社,2012:43-47.

② I. Hunt. Analytical and Dialectical Marxism. Aldershot, Hants, England Brookfield, Vt., USA: Avebury, 1993:11.

③ 科恩. 卡尔·马克思的历史理论:一种辩护. 段忠桥,译. 北京:高等教育出版社,2008:163.

④ 同③182.

⑤ G. Cohen. History, Labour and Freedom: Themes from Marx. Oxford, New York, Toronto: Oxford University Press, 1988:27.

第七章 分析的马克思主义新阐释

于核心位置，因而 G. A. 科恩的首要任务就是澄清对生产力与经济结构等概念的种种混淆和误解。

G. A. 科恩首先驳斥了关于生产力与经济结构等概念之间关系的流行性错误见解。G. A. 科恩发现，人们普遍接受了一个貌似有道理实际却错误的命题——生产力如果在解释上是基础的，那就是经济基础的组成部分；这一命题之所以错误，是因为它以对"基础"这一术语的模糊使用为前提，即混淆了"基础"一词的两种含义：(1) x 是 y 的基础意味着 x 是 y 的一部分，y 的其余部分基于其上，例如地基与房子的关系；(2) x 是 y 的基础意味着 x 外在于 y，y 的全部基于 x 之上，例如雕塑的基座与雕塑的关系。

对于生产力与经济结构的关系而言，在基础 (2) 的意义上，"生产力的确是经济基础，但它们不属于经济基础"①。许多人因为没有区分"基础"的含义，所以误将 (2) 意义上的"基础"理解为 (1) 意义上的"基础"，由此导致了对生产力与经济结构的关系的错误阐释。

G. A. 科恩不但坚持认为生产力不属于经济结构，而且还探索了生产力与经济结构之间存在区分的深层理论依据。在他看来，历史唯物主义之更为根本的区分乃是物质性（生产的物质关系）和社会性（生产的社会关系）的区分。他说："马克思经常关注明确区分什么是和什么不是经济的或社会的特征（此语境中的社会特性主要指经济特性）。"② 通过考察马克思的四个典型论述③，G. A. 科恩确认，在马克思那里存在着以下两种不相容的表述方式（其中第二种表述方式是正确的）：(1) x 是 y 和 z 的关系；(2) x 是什么取决于它与 z 的关系。

针对"社会性"和"物质性"的区分，G. A. 科恩又通过辨析马克思断言中包含的不同表述，揭示了"社会性"的正确表述形式，即"m 只有在一定关系中才是 s**"。这意味着，社会性不能从物质性中推论出来。

---

① 科恩. 卡尔·马克思的历史理论：一种辩护. 段忠桥, 译. 北京：高等教育出版社, 2008：47.
② 同①109.
③ (1) 黑人就是黑人。只有在一定的关系下，他才成为奴隶。(2) 机器正像拖犁的牛一样，并不是一个经济范畴。机器只是一种生产力。以应用机器为基础的现代工厂才是社会生产关系，才是经济范畴。(3) 从社会的角度看，并不存在奴隶和公民；两者都是人。其实正相反，在社会之外他才是人。(4) 但资本不是物，而是一定的社会的、属于一定历史社会形态的生产关系，它体现在一个物上，并赋予这个物特有的社会性质。（同①109）

事实上，G.A.科恩通过考察马克思的文本以及表述方式，想要说明的是，马克思关于"生命的生产的自然关系和社会关系"的区分以及关于"商品的生产的物质转换过程和社会过程"的区分，乃是一般社会的内容和形式之间的区分。人和生产力是内容，生产关系是形式。由此，生产力与生产关系的区分也是以社会的物质性和社会性的区分为基础的。

（三）运用功能解释论证历史唯物主义基本命题的逻辑一致性

对于G.A.科恩来说，分析和澄清基本概念，是为了构建"功能解释的历史理论"。而诉诸功能解释，是为了论证历史唯物主义基本命题的逻辑一致性。G.A.科恩论证道，功能解释是说明马克思对生产力与生产关系、经济基础与上层建筑等多个二项关系的解释的最好方式，原因是："把他（马克思）的解释构建为功能解释，有利于被解释现象的构成原因的能力与它们在解释顺序中的第二的地位之间的和谐共存。"[①]

G.A.科恩发现，在《〈政治经济学批判〉序言》中，马克思总是用"同……物质生产力的一定发展阶段相适合的生产关系""竖立其上"之类的表述方式去说明生产力与生产关系、经济基础与上层建筑的关系。而马克思本人对生产力与生产关系之间的解释结构并未加以说明，这为任意解释他的思想留下了空间。一种看法主张，将这里的"适合"一词意指的关系视为对称性关系；另一种看法主张，这里的生产力与生产关系之间具有对等的相互作用。对此，G.A.科恩都进行了反驳，他认为生产力与生产关系之间既不是"对称的"关系，也不是"对等的"相互作用的辩证关系。他指出，"适合"一词指称的关系不总是对称的，"适合"的大体意思是指"由……来解释"，它表达的关系"是单向的，而不是对称的"[②]。这意味着，功能解释是历史唯物主义的基本解释形式。那么，什么是功能解释呢？

从逻辑形式上看，功能解释的依据是后果解释和后果规律，但后果规律并不是用结果来解释原因。G.A.科恩指出，在社会科学中，某种社会现象的特征或存在由这种特征的有益后果来解释，这是一种具有合法性的解释形式。例如，鞋厂之所以大规模经营，是由于大规模经营带来了经济效益。在这种情况下，鞋厂大规模经营都具有特定的结果或影

[①] 科恩.卡尔·马克思的历史理论：一种辩护.段忠桥，译.北京：高等教育出版社，2008：317.

[②] 同[①]165.

响，并且由这一事实——它们具有那种结果或影响——来解释。从解释结构上看，功能解释虽然是一种因果解释，但其特殊性在于它是一种后果解释，而且是后果解释的一种变形。G. A. 科恩强调："值得注意的是，解释形式不是：由于 f 发生了，e 才发生。如果是那样，功能解释就恰好与日常因果解释相反，并且它将产生致命的缺陷，即它表示用一个后出现的事件来解释一个时间在先的事件。功能解释的形式也不是：'e 发生了，因为它导致了 f 发生'。在解释与时间顺序规则之间的类似的局限也显露出来：在 e 导致了 f 发生的时候，e 已经发生了，因而 e 导致了 f 发生这一事实并不能解释 e 的发生。我选择的形式是：e 发生了，因为它将导致 f 发生；或者一种虽不简洁却更恰当的表达乃是，e 发生了是因为如下情形，即像 e 一样的事件将会导致像 f 一样的事件发生。"①

按照功能解释的结构，生产力与生产关系、经济基础与上层建筑之间的"非对称性"不会导致两对命题之间的矛盾。生产力与生产关系之间的解释关系就是功能解释——生产关系由生产力来解释，反过来就不成立。由此，功能解释的历史理论的主要论点是：生产关系具有自身具有的特征，是因为它们依靠促进生产力的发展而具有这一特征；上层建筑具有自身具有的特征，是因为它们依靠使生产关系具有稳定性而具有这一特征。之所以如此，根本原因在于上层建筑的性质由经济基础的本性来解释，经济基础的性质由生产力的本质来解释。② G. A. 科恩指出，将马克思的历史理论的主要命题构建为功能解释，会使对马克思的历史理论的阐释更加合理和清晰。G. A. 科恩相信，功能解释是历史唯物主义不可或缺的思想方法，"对马克思的主要的解释性主张具有功能解释的特征这一观点，不存在令人信服的替代性方案"③。

（四）由 G. A. 科恩的辩护和重构引发的新论争

毫无疑问，G. A. 科恩赋予了功能解释在历史唯物主义阐释中的关键作用，但也正是他对功能解释作用的这种估计，导致了不同学者的诸

---

① G. Cohen. History, Labour and Freedom: Themes from Marx. Oxford, New York, Toronto: Oxford University Press, 1988: 8.
② 同①8-9.
③ 科恩. 卡尔·马克思的历史理论：一种辩护. 段忠桥，译. 北京：高等教育出版社, 2008：318.

多批驳。可以说，G. A. 科恩对历史唯物主义的辩护和重构在当代英美学界引发了一场新论争。

从内容上说，G. A. 科恩辩护的观点即技术决定论版本的历史唯物主义遭到了其他学者的质疑。例如，R. 布伦纳通过援引直接的历史证据表明：在从封建主义向资本主义的具体转变过程中，不是生产力的发展而是阶级斗争处于历史解释的中心地位。就是说，历史发展不是由生产力决定的，而是由生产关系决定的；生产关系或财产关系的变革最终是由作为历史事实的阶级斗争决定的。由此，G. A. 科恩所支持的"首要性命题"就是错误的。① R. W. 米勒（R. W. Miller）试图将 G. A. 科恩的"首要性命题"的阐释与 R. 布伦纳注重阶级斗争的历史意义的阐释结合起来，支持生产方式决定论的解释。R. W. 米勒说，历史发展是由"生产关系、合作形式以及生产物质商品的技术"② 共同构成的生产方式自我变化趋势推动的，因而"将马克思的总体历史观与他的几乎所有的具体历史说明结合起来，以这种方式进行解释当然比将两者分开取其一种的方式更可取"③。埃尔斯特则更为彻底地拒斥 G. A. 科恩的技术决定论阐释，他所依据的方法论个人主义认为，历史不是生产力的发展的历史，而是个体按照其意向行为所造成的无意识后果。

从方法论视角看，G. A. 科恩运用功能解释为历史唯物主义辩护，遭到了埃尔斯特、罗默等人的质疑。埃尔斯特和罗默都批判马克思思想中的辩证法，认为这是一种目的论，无法给出历史和社会发展的内在机制与微观基础。在此前提下，他们坚持方法论个人主义，拒斥整体主义、功能主义解释。埃尔斯特认为，G. A. 科恩的最大成就就是使命题（a）一个社会的生产力的发展水平解释了其经济结构的本质，与命题（b）一个社会的经济结构促进其生产力的发展以"功能解释的方式"协调一致；然而，G. A. 科恩运用功能解释对马克思的生产力首要性的辩护，则是应该被拒绝的。即便面对马克思本人明示任何生产力的变化都将导致生产关系的变化的文本时，埃尔斯特仍然说："我不相信这是他的本意。"④ 威

---

① 齐艳红. 分析马克思主义方法论研究. 北京：中国社会科学出版社，2012：122.
② R. W. 米勒. 分析马克思：道德、权力和历史. 张伟，译. 北京：高等教育出版社，2009：160.
③ 同②197.
④ J. Elster. Making Sense of Marx. Cambridge：Cambridge University Press，1985：271.

第七章 分析的马克思主义新阐释

廉姆·H. 肖虽然支持对历史唯物主义的技术决定论阐释，但却反对 G. A. 科恩的功能解释。他断言，功能解释是一个无用的"赘物"，历史唯物主义本身的科学性无须借助功能解释来辩护。① R. W. 米勒将 G. A. 科恩和威廉姆·H. 肖的技术决定论解释的缺陷追溯到实证主义，并指出，"荒谬的是，技术决定论处于优势地位的另一个主要原因是绝对抽象性和方法论上的。实证主义的解释概念和证实概念使马克思主义技术决定论具有了科学假说的身份，但同时它也剥夺了生产方式理论的这种身份"②。

为了回应各种批评和指责，在《卡尔·马克思的历史理论——一种辩护》出版 10 年后，G. A. 科恩出版了《历史、劳动和自由》一书。在该书中，首先，G. A. 科恩进一步阐述与回应了 A. 莱文（A. Levine）和 E. 赖特对发展命题"理性适应性实践"（Rational Adaptive Practice）观点的质疑，以及 J. 科恩（J. Cohen）对发展命题"循环论证"的质疑。③ 其次，G. A. 科恩批判性地反思了马克思的哲学人类学的片面性以及马克思的哲学人类学与历史唯物主义的关系，驳斥了那种将历史唯物主义建立在哲学人类学基础之上的理解。最后，为了回应那些借助于马克思的哲学人类学中的宗教和民族主义现象来指责历史唯物主义是错误的观点，G. A. 科恩区分了"受到限制的历史唯物主义"和"包含一切的历史唯物主义"。前者主要是一种关于物质发展过程本身的理论，它不涉及物质发展过程以及其他发展过程之间的关系："受到限制的历史唯物主义没有说精神存在的主要特征由物质或经济过程来解释。它对精神现象的要求只是它们不会破坏独立决定的物质和经济序列。"④ 这种版本的历史唯物主义为解释精神现象的自主性留有一定空间。后者则断言那些处于生产和经济领域之外的活动的发展，就其大的线索而言，是由物质的和/或经济的变化来解释的。这意味着，重要宗教变革的主要特征或大部分特征是由核心的即具有优先解释地位的过程来解释的。⑤

---

① 余文烈. 分析学派的马克思主义. 重庆：重庆出版社，1993：55.

② R. W. 米勒. 分析马克思：道德、权力和历史. 张伟，译. 北京：高等教育出版社，2009：255.

③ G. Cohen. History, Labour and Freedom: Themes from Marx. Oxford, New York, Toronto: Oxford University Press, 1988: 83-88.

④ 同③159.

⑤ 同③159.

G. A. 科恩认为马克思恩格斯似乎支持"包含一切的历史唯物主义",但他本人却支持"受到限制的历史唯物主义",因为他坚信这种狭义的历史唯物主义版本会受到最低程度的挑战。在《卡尔·马克思的历史理论——一种辩护》一书完成之后,尽管历史唯物主义受到各种挑战,G. A. 科恩不再确信如何阐明历史唯物主义是正确的,但这些并未打破G. A. 科恩消灭现存资本主义、构想未来美好社会的信念。他这样说:"从历史唯物主义退却的政治意义不应该被夸大。对资本主义的主要罪恶的理解,它的非正义性,它对个人能力发展的阻碍,以及它对自然和人为环境的贪婪破坏,并不依赖于关于整个人类历史的野心勃勃的论题。"① 这促使 G. A. 科恩后来转向规范政治哲学研究。

二、埃尔斯特对历史唯物主义的重构和批评

埃尔斯特认为,马克思本人并没有对历史唯物主义的基本概念如生产力、生产关系以及两者之间的关系给予细致而精确的说明,因而"这些术语的意义以及它们的关系理论的意义必须从马克思写作的时间跨度长达 30 年的零散文本中得以重构"②。埃尔斯特试图重构历史唯物主义,实际上却走向了对历史唯物主义的批评。

(一) 生产方式的一般理论与对特殊生产方式的说明之间是"冲突的"

埃尔斯特将马克思在《〈政治经济学批判〉序言》中关于唯物史观的"经典表述"称为"生产方式的一般理论"③。尽管 G. A. 科恩为这个"一般理论"提供了一种标准解释,但埃尔斯特认为 G. A. 科恩的辩护是站不住脚的。因为生产方式的一般理论,对前资本主义社会发展动力的论述——对从封建主义到资本主义的过渡、对资本主义发展,以及对从资本主义到共产主义的过渡——是"不适应"的。这意味着,马克思关于生产力与生产关系的一般理论同他对特殊生产方式的说明之间是"冲突的"。④

在埃尔斯特看来,三种前资本主义生产方式,即亚细亚生产方式、

---

① G. Cohen. History, Labour and Freedom: Themes from Marx. Oxford, New York, Toronto: Oxford University Press, 1988: 132.
② J. Elster. Explaining Technical Change. Cambridge: Cambridge University Press, 1983: 210.
③ 埃尔斯特. 理解马克思. 何怀远,等译. 北京: 中国人民大学出版社, 2008: 234.
④ 齐艳红. 分析马克思主义方法论研究. 北京: 中国社会科学出版社, 2012: 98 - 113.

第七章 分析的马克思主义新阐释

古代奴隶制生产方式、封建制生产方式的内在结构和动力都是不同的。就亚细亚生产方式而言，马克思本人认为，生产力的发展处于停滞状态。G. A. 科恩将灌溉技术与集权科层的关系视为生产力首要性的一个例证，这在埃尔斯特看来是错误的，理由有三个：（1）这种提议不符合一般理论，在这种生产力与经济结构的关系中不存在动力成分，即使在静态意义上采取解释的首要性，也不必然能够获得；（2）马克思说在东方对水的需要使政府在经济上的干预成为"必要"时，存在着其他的意指，即马克思可能只是意指一个集权的权威对灌溉是一个必要条件，而不意指将这个集权制度的存在归为这种对灌溉的需要；（3）在这种生产方式中，甚至人口增长也没有像在其他生产方式中那样发挥破坏作用，所以这种生产方式似乎是"历史的死胡同"。据此，埃尔斯特指出，马克思对这种特殊生产方式的说明并不符合生产方式的一般理论。

第一，就古代奴隶制来说，马克思的论述都不能指向一般理论中"根据其对生产力的影响来解释其生产关系"的断言；而且在解释这种制度的起源时，"人口增长"又作为一种基本机制在其中起作用。"似乎一种合理的解读就是：奴隶制生产关系在双重意义上与生产力相关。首先，人口增长——作为外延意义上的生产力的发展——必然是征服的，并且因此使奴隶制通过创造大量廉价的奴隶劳动力而成为一种可能的选择。其次，生产力的特征决定了是否选择那种会被采取的东西。注意后一关联与奴隶制能够在内涵上发展生产力没有任何关系。马克思的一般理论在他的历史运用中还是没有得到证明。"[1] 此外，马克思对封建制生产方式更是"沉默的"。"手磨和封建主"的相关论述是很难被认真对待的。[2] 经过这番考察，埃尔斯特得出结论：马克思的生产方式的一般理论与前资本主义社会动力的解释之间的冲突是"真实的"，因为"在马克思关于前资本主义社会的分析中，没有为一般理论所断言的从符合到矛盾的变化留有任何空间"[3]。这个不一致的责任者是马克思本人，

---

[1] J. Elster. Making Sense of Marx. Cambridge：Cambridge University Press，1985：277.

[2] 埃尔斯特认为，马克思详尽讨论了"磨"的发展阶段："**中世纪**。**手磨、畜力磨和水磨**。"（马克思恩格斯文集：第 8 卷. 北京：人民出版社，2009：335）但是，这不能说明"手磨是封建主义或封建主的特征。马克思的这些从技术变革的历史所做的观察是吸引人的，但不是关于"封建的生产关系及其对生产力的影响的理论说明"（同[1]278）。

[3] J. Elster. Explaining Technical Change. Cambridge：Cambridge University Press，1983：211.

而不是标准解释者。

第二，关于从封建主义向资本主义的过渡，埃尔斯特认为马克思提供了一种"极为复杂的说明"。但无论说明如何复杂，似乎世界市场的确立以及传统农业的转变所创造的工业生产的资本主义制度，以及为其进一步发展提供条件的内部市场，在说明这种新的生产关系兴起是如何被生产力进一步发展、最优发展所要求时，仍是不清楚的，也就是说，"这如何符合一般理论的要求，还是非常不清楚的"[①]。说它不清楚的理由在于，埃尔斯特要求马克思必须对一般理论给出一种具体发生过程机制的确切解释，而这种机制在任何马克思文本的片段中，即便是《资本论》第1卷论述资本主义起源的片段中都是找不到的。说它不清楚的理由还在于，马克思的另一些文本暗示了不同于一般理论的解释图景，即更关注复杂的历史特殊性。埃尔斯特说："我已经论证，生产力的变化率在马克思对资本主义生产关系出现的解释中并不起作用。可以理解的是，马克思并没有发现他的一般理论——生产力的变化率处于真正的核心——借以生效的具体机制。资本主义生产关系的兴起必须通过它被引入时创造的所得来解释，而不能通过生产率中后来的所得来解释，因为这不一定是可预见的，甚至肯定是不可预见的。无论如何，它太遥远以至于不能激励那些追逐利润的个人，此外，它也不能受各种各样的搭便车问题的支配。"[②] 事实上，埃尔斯特已经表明，在关于资本主义形成的解释中，个人追逐利润的最大化才具有核心的解释地位，那么一般理论的生产力解释自然就受到质疑。

第三，就从资本主义向共产主义的过渡来说，埃尔斯特的主张是：理论不能证明一种似乎可能的情况。这一过渡不是历史分析的目标，而是政治斗争的目标。由此，埃尔斯特勾画了一种向共产主义过渡的形式模型。根据他的理解，马克思在论述资本主义生产关系时，倾向于混淆"生产力的发展"和"生产力的使用"。在马克思那里，下述两种观点之间存在着张力：其一，由一般理论所承诺的观点，即当且仅当资本主义生产关系与共产主义生产关系相比，变得次优促进生产力的发展时，共产主义革命将会发生；其二，资本主义生产关系因为它对生产力的次优运用而崩溃。在埃尔斯特看来，"使用"与"发展"是两个完全不同含

---

① J. Elster. Making Sense of Marx. Cambridge：Cambridge University Press，1985：278.
② 同①286.

义的概念,"人们不能将符合解释为生产力的适当发展,而同时将矛盾解释为生产力的次优使用"①。所以,标准解释在做出同样混淆式的理解并暗示资本主义条件下技术进步呈下降趋势时是错误的;而且,一般理论的强版本和弱版本都是"不合理的"②。不仅如此,埃尔斯特还表明,从资本主义向共产主义的过渡,只有在同时具备客观条件和主观条件时才是可能的。生产力的最优发展是客观条件,资本主义发展为人们创造的废除它的动机是主观条件。在这里,埃尔斯特反对任何用共产主义的客观条件代替主观条件的论证,并提供了一种似乎可行的综合:资本主义生产关系对生产力的发展是次优的时候也正是它们变得日益对人的使用是次优的时候。前者保证了共产主义的切实可行,后者保证了共产主义革命的动机。然而,即便如此,这一"综合"和"假定"——生产力的发展将会使贫困差距日益增大以及将会激励工人采取行动——"仍有缺陷",并且"内在不合理"③。在这种意义上,从资本主义向共产主义的过渡就不可能是历史分析的目标,而只能是政治斗争的目标。

(二) 基于生产活动中的"意图"来解释历史的历史分期理论

埃尔斯特认为,马克思不仅持有关于每一种生产方式的内部动力学理论,而且持有"世界历史理论"。这种理论似乎认为生产方式在历史上是依次更替的。对于生产方式的历史演进,埃尔斯特既不赞同那种线性的进步观的理解,也不赞同基于辩证法的理解。他说:"在把这种演绎拒斥为一种神秘的和误导的演绎之后,我评论道,它最好被理解为一种由一般的因果过程而非辩证法所导致的历史顺序。"④ 因而,埃尔斯特阐述了马克思基于生产活动中"变化着的意图"来解释历史的历史分期理论。

在马克思那里,生产方式的演进次序有三个阶段:第一个阶段,为使用而生产;第二个阶段,为交换而生产;第三个阶段,为剩余价值而生产。从第一个阶段到第二个阶段的中介是"对外贸易",从第二个阶段到第三个阶段的中介是"内部贸易"。这可以通过五个连续的阶段得到更

---

① J. Elster. Explaining Technical Change. Cambridge:Cambridge University Press,1983:215.
② J. Elster. Making Sense of Marx. Cambridge:Cambridge University Press,1985:288.
③ 同②294.
④ 埃尔斯特. 理解马克思. 何怀远,等译. 北京:中国人民大学出版社,2008:289.

为明确的说明：在第一个阶段，生产的出现仅仅是为了满足生产者的"生存需要"；在第二个阶段，出现了不同的共同体之间的贸易；在第三个阶段，共同体之间的贸易从"偶然"的现象转变为"规则性"的现象，用于交换的物品变成了商品；在第四个阶段，商品生产被普遍化了，不仅有了共同体之间的交换，也有了共同体内部的交换，商业资本随之出现了；在第五个阶段，生产中出现了剩余价值。通过上述阐释和分析，埃尔斯特得出这一结论："除了关于生产方式的线性理论之外，马克思还根据生产活动之变化着的目的或意图提供了关于世界历史的一种循环分期。为了直接生存的生产转变成了交换的生产，又转变成了剩余价值的生产。经历了这一行程之后，奴隶制、农奴制终结，这也标志着第二个行程的开始。宽泛地说，第一个行程符合亚细亚和古代的生产方式，第二个行程则符合封建主义和资本主义的生产方式。在马克思的著作中，这为他在奴隶制和资本主义之间的频繁比较，以及在亚细亚的生产方式和封建的生产方式之间的（不那么频繁的）比较提供了理论基础。"①"这一过程的动力因素既不是阶级斗争，也不是生产力的发展，而是外部贸易和内部贸易。"②

由此可见，与其说埃尔斯特对历史唯物主义进行了重构，不如说他对历史唯物主义提出了全面批评。在他看来，历史唯物主义关于生产力与生产关系的一般理论不能为特殊生产方式提供说明，马克思既不能清晰地说明封建主义向资本主义的过渡，也不能清晰地说明资本主义向共产主义的过渡。因此，作为生产方式的一般理论的历史唯物主义是"死的"；马克思的经济学部分提出的"劳动价值论""利润率趋向下降规律"等，在现实的经济分析中也逐渐失去了有效性；马克思以阶级斗争为背景的功能解释也使他的国家理论是"失之偏颇的"。如果说马克思思想中仍然有有价值的东西，那就是两个规范性观念，即对异化和剥削的批判。

三、罗默对历史唯物主义的"承认"与"超越"

众所周知，剥削理论和阶级理论是历史唯物主义的重要内容，也是

---

① J. Elster. Making Sense of Marx. Cambridge: Cambridge University Press, 1985: 316-317.
② 同①317.

经典马克思主义对资本主义社会进行批判的理论基石。剥削理论的基础无疑是劳动价值论。D. 戈登（D. Gordon）深刻地认识到了劳动价值论与马克思的剥削理论之间的内在关联。他认为，在关于马克思主义理论的概述中，整个大厦的关键就是劳动价值论。这一建构是剥削观念的基础，这一观念在马克思主义关于历史的每一阶段的分析中都至关重要。"没有劳动价值论，就没有剩余价值；没有剩余价值，就没有剥削；没有剥削，就没有资本主义的衰落。"① 正因为如此，对劳动价值论的批判和质疑就成为人们对马克思主义经济理论进行批判和质疑的中心。

分析的马克思主义者在某种程度上接纳了现代经济学家对马克思劳动价值论的批判。他们不仅拒斥劳动价值论，而且拒斥利润率趋向下降规律；并希望借助于现代经济学来推进对马克思主义经济理论的重构。例如罗默认为，马克思主义在现代经济学中缺乏影响的原因之一就是，"马克思主义所捍卫的一些关键的经济模型和理论，例如劳动价值论和利润率下降理论，是完全错误的。劳动价值论声称，市场价格应与生产商品要求的劳动时间成比例，但这种情况根本不存在。利润率下降理论声称，理性的资本家进行的竞争性的技术革新将导致资本密集型技术，这将引起竞争性的利润率下降。这种情况也不存在，在标准的竞争模型中恰恰相反的情况才是真实的，后者在马克思生活的时代是看不到的"②。在这种情形下，罗默将新古典主义经济学理论应用于马克思主义理论的研究并对剥削理论进行重构，力图基于历史唯物主义而"超越"历史唯物主义。罗默的见解，在英美学界无疑产生了重要的影响。

（一）历史唯物主义的三个主要命题及其遭受的"挑战"

在肯定 G. A. 科恩对历史唯物主义所做辩护的基础上，罗默承认历史唯物主义的基本主张：历史发展的根本动力是生产力的发展，经济结构是与生产力的发展水平相适应的，也与政治法律上层建筑相联系。历史唯物主义的三个主要命题被罗默概括为：（1）生产力在历史上趋于发展，是人们力求"改善其境遇的活动"的结果；（2）在特定的生产力条件下，生产关系经由其组织经济活动的"功效"来说明；（3）政治法律

---

① D. Gordon. Resurrecting Marx：The Analytical Marxists on Exploitation，Freedom and Justice. New Brunswick：Transaction Books，1990：13.

② 罗默. 在自由中丧失：马克思主义经济哲学导论. 段忠桥，刘磊，译. 北京：经济科学出版社，2003：2.

上层建筑经由其使现存的经济结构"稳定与合法"的效果来说明。

然而，这三个主要命题均受到了强有力的挑战。反对者指出：命题（1）是以欧洲为中心而得出的一种结论。在亚洲，长期以来，生产力处于停滞状态，因为经济结构"成功地束缚了"生产力的发展。命题（2）是不成立的，因为特定的生产力条件，如技术与生产者的技术知识的发展方式并不决定生产关系，而是相反，它们在很大程度上为生产关系所决定。命题（3）所强调的从经济结构到上层建筑的因果关系是"错误的"，上层建筑的从属性是有问题的。实际上，"政治的和法律的上层建筑对财产关系的性质具有巨大影响"[①]。

在罗默看来，历史唯物主义的"生产关系或经济结构是生产力的发展的桎梏"这一命题可以对资本主义的产生和封建主义的灭亡提供一种合理的解释。他强调，"作为一种论述从封建主义向资本主义转变的理论，历史唯物主义是最好的。但也许它与这一重要的历史事件结合得过于紧密，以至于它无法成为一个普遍的理论"[②]。即便如此，历史唯物主义却没有为从资本主义向社会主义转变提供令人信服的解释。这就意味着，历史唯物主义即使在逻辑上是一致的，也未能准确地描述实际的历史发展。

（二）历史唯物主义的"理论逻辑"及其问题

罗默承认，G. A. 科恩关于历史唯物主义的阐释为历史唯物主义的"理论逻辑"提供了一种辩护。这种理论逻辑的一致性，既体现在"经济结构适应于生产力的发展水平"和"阶级斗争是马克思主义的核心"并不矛盾上，又体现在对经济结构与生产力、经济基础与上层建筑的"功能解释"上。然而，这种辩护在罗默看来却是存在问题的。

针对阶级斗争的作用问题，罗默极为重视 R. 布伦纳对历史唯物主义关于经济结构与生产力的关系命题的挑战，认为这是来自"经济史的挑战"。R. 布伦纳基于对现代欧洲初期的经济发展状况指出，"一种作为封建的或作为资本主义的（或作为一种以独立存在的农民为特征的）农业财产关系的经济结构的实现，不仅取决于像生产力的发展水平那样的经济因素，而且还直接取决于阶级斗争，取决于'竞争者的

---

① 罗默. 在自由中丧失：马克思主义经济哲学导论. 段忠桥，刘磊，译. 北京：经济科学出版社，2003：124.

② 同①128.

相对力量'"①。

很多马克思主义者在做功能解释时存在的一个主要问题是，他们在证据不足以支持某种功能解释的情况下对该解释不加批判地信赖。针对功能解释，罗默提出了一些"反例"：(1) 资本主义社会的国家行为问题。根据功能解释，资本主义社会的国家行为是由它们维持资本主义秩序的功能来解释的，即使某些看上去是为了工人利益的行为也是如此。但罗默举例说，关于8小时工作制法的制定，一种直接解释就是，大规模工人运动迫使资本主义国家制定这个法，然而这种解释并没有表明这个行为对资本主义的生存在功能上是必需的。(2) 资本主义社会存在种族主义的问题。关于种族主义的功能解释是，种族主义在资本主义社会存在，是因为它强化了资本的力量。但罗默断言，功能解释并不清楚，因为还存在着"经济学方面的论证"，即竞争将消除种族主义，或至少消除歧视性的工资差别。进而，罗默通过把1988年以前的南非作为例子论证道，在自由资本主义的民主政治中，种族主义的存在也许是因为它倾向于增加利润和使资本主义更加稳定；当然，这需要细致的材料表明这一机制的实际情况是"可信的"②。(3) 美国工人阶级儿童的教育问题。依据功能解释，美国工人阶级儿童的教育质量低——罗默认为这是一种"随意的"解释。与功能解释不同，罗默的结论是："历史唯物主义被设想为一种解释某些大规模历史变革的理论；如果它是有说服力的，那这是因为有历史证据证实了它的结论。但也正是由于这一原因，功能解释，作为一种对很多以前被观察到的事例的归纳，也才可能被证明是有理的。"③

(三) 历史唯物主义与剥削的历史演进

"剥削"是历史唯物主义的重要主题。罗默认为，无论是G. A. 科恩从生产力角度来解释财产关系转变，还是R. 布伦纳基于阶级斗争来解释财产关系转变，都不能恰当地说明生产者受到的不公正对待（剥削）与财产关系转变之间的关系。他指出，"有关不公正的思想实际上也许是作为那种现存的财产关系的一个结果而出现的；但至少在马克思

---

① 罗默. 在自由中丧失：马克思主义经济哲学导论. 段忠桥，刘磊，译. 北京：经济科学出版社，2003：132.

② 同①131.

③ 同①.

主义的论证中,它们不是那些财产关系转变的原因"①。为此,罗默拒斥马克思的剩余价值理论,从分配正义视角解读剥削,把剥削视为财产关系变化的结果,从而根据财产关系变化对剥削概念进行界定,重构了剥削的演进形式。

罗默指出,马克思在自由资本主义时代确立的剥削理论是以劳动价值理论为基础的。剥削被视为对被剥削者在剩余劳动时间创造的剩余价值的剥夺,这种剥夺又是以"生产资料的私人占有"为前提的。然而,这种对剥削的技术意义的理解并不包含道德的意蕴。所以说,马克思通过剩余价值来研究剥削的方法是不成功的,只有把剥削视为"对生产资料的不公正的不平等分配"时,剥削才是不正义的。罗默强调,"这就是对剥削的财产关系的定义,它与基于剩余价值的定义相对立,因为它不涉及包含劳动价值,而只涉及我们关注的根本性问题,即那种在收入或商品的最终分配上由可转让资产所有权的不平等分配所导致的结果"②。

与马克思揭示资本主义剥削的特殊性不同,罗默断言:在任何社会都会存在剥削;基于财产关系来理解剥削,对于所有社会的剥削都具有"适用性"。根据罗默的剥削的博弈论模型,假定存在社会 N 以及某集团 S,那么,在满足且唯有满足以下三个条件的情况下,才可以说集团 S 受到了剥削:(1)设想存在一种可行的选择,做出这种选择后,S 将会比当前状态中的境况更好;(2)S 做出这种选择后,S 的对应方,即 N−S=S',将会因此而比当前状态中的境况更差;那么,(3)相对于 S 而言,S' 处于支配地位。③

根据剥削的博弈论模型,罗默分别探讨了封建剥削、资本主义剥削、社会主义剥削等不同剥削形式的历史演进,并认为这是与历史唯物主义一致的。封建剥削的不平等特性是由封建领主对农奴劳动的拥有权导致的;资本主义剥削是由可转让的生产性资产造成的。到了社会主义社会,生产资料的私有制被废除后,剥削仍然存在:一方面,人们在"技能"上存在着重大差异,这是造成剥削的重要原因;另一方面,人

---

① 罗默.在自由中丧失:马克思主义经济哲学导论.段忠桥,刘磊,译.北京:经济科学出版社,2003:136-137.
② 同①147.
③ John Roemer. A General Theory of Exploitation and Class. Cambridge:Harvard University Press,1982:194-195.

们之间地位的差异造成了"地位剥削"。罗默总结道：每种经济结构都有一种与其相伴随的不平等形式或剥削形式，它来源于体现某一经济结构特性的那种财产权。也就是说，它是一种与其他经济结构相区别的不平等形式。封建剥削是那种与封建领主占有农奴劳动的财产权相联系的不平等形式，但它不是那种与这两个阶级不同的物质财富相联系的不平等形式。资本主义剥削是那种可归因于对经济中可转让生产性资产的不同所有权的不平等形式，但它不可归因于成员的不同技能。社会主义剥削是那种在可转让资产的私人占有被废除后与不同的技能相联系的不平等形式。[①]

罗默发现，剥削形式的历史演进，使封建剥削被资本主义剥削取代，资本主义剥削最终被社会主义剥削取代。但历史唯物主义认为，从动态的观点来看，每一种剥削形式对特定时期都是"社会必要的"。这应该如何理解呢？在这里，罗默提出"社会必要剥削"概念，这被视为"罗默剥削理论的精华"[②]。他说，根据历史唯物主义，资本主义初期存在的资本主义剥削就是社会必要剥削，因为历史唯物主义假定资本主义是当时发展生产力的"最优经济结构"。"要是资本主义由于某种原因被消灭了，那就会出现技术发展停滞，工人的境况很快就会比他们在具有生机勃勃技术进步倾向的资本主义枷锁下的境况更糟。"[③] 罗默断定，社会必要剥削理论与历史唯物主义是一致的。"历史唯物主义从来没有抽象地谴责资本主义，批判一切剥削，而是主张要历史地看待生产方式的发展。历史唯物主义认为资本主义生产方式包括其包含的剥削关系都有其存在的必然性，并且都有其发生、发展和没落的过程。"[④]

四、E. 赖特对历史唯物主义与规范性关系的新阐释

E. 赖特等人对分析的马克思主义关于历史唯物主义的阐释做出了概括性梳理，在此基础上，他们对历史唯物主义与规范性关系重新进行了深刻的反思。

[①] 罗默. 在自由中丧失：马克思主义经济哲学导论. 段忠桥，刘磊，译. 北京：经济科学出版社，2003：158.
[②] 余文烈. 分析学派的马克思主义. 重庆：重庆出版社，1993：76.
[③] 同[①]159.
[④] 王坤. 分析的马克思主义的剥削理论研究. 天津：南开大学出版社，2018：69.

E. 赖特等人讨论了四种类型的历史唯物主义：（1）强的历史唯物主义；（2）弱的历史唯物主义；（3）包含一切的历史唯物主义；（4）受到限制的历史唯物主义。他们认为，这些历史唯物主义阐释类型的变化，一方面是沿着"生产力与生产关系"之间联系的说明展开的，另一方面是沿着"生产关系或经济结构以及非经济结构"之间联系的说明展开的。强的历史唯物主义认为，生产力的发展水平在功能上决定了"唯一的经济结构"；弱的历史唯物主义认为，生产力只是决定了"生产关系可能系列的范围"；包含一切的历史唯物主义认为，经济结构决定了"非经济制度的所有重要属性"；受到限制的历史唯物主义认为，经济结构"只是"解释那些与经济结构本身再生产有关的非经济制度。基于上述概括性梳理，E. 赖特等人认为，马克思本人，以及大多数马克思之后的马克思主义者都支持一种强的、包含一切的历史唯物主义，但这种历史唯物主义阐释在今天是站不住脚的。因而，"弱的、受到限制的历史唯物主义是一种更为合理的所有历史唯物主义都清楚表达的核心洞见"①。

与 G. A. 科恩等人将规范性问题剥离于历史唯物主义的阐释不同，E. 赖特等人则认为当代马克思主义者必须重新聚焦于规范性阐明。他们说："如果一种重构的历史唯物主义比传统观点呈现出更复杂的路标，那么对规范性论证的需要就更是迫在眉睫。对于它来说，从规范性上反思后资本主义的社会与政治安排就变得尤为关键。"② 这种对历史唯物主义的新阐释促使 E. 赖特等人将马克思主义视为一种解放理论。E. 赖特等人进一步指出，作为马克思主义解放工程之基础的核心规范性理想是"无阶级"（classlessness）或涉及支配社会的生产性资源和社会剩余生产的激进平等主义。这个理想蕴含在马克思关于共产主义社会中社会产品分配将会按照"各尽其能、各取所需"进行的断言中。这里的本质性观念是，阶级的存在是对人类自由的系统伤害，因为它剥夺了大部分人对自身命运的控制权，无论是作为个人还是作为集体成员。"根据这些术语，一般的阶级关系以及资本主义特殊的阶级关系，违背了民主的价值，因为阶级的存在阻碍了共同体以其认为恰当的方式配置社会资

---

① E. Wright, A. Levine, E. Sober. Reconstructing Marxism: Essays on the Explanation and the Theory of History. London and New York: Verso, 1992: 97.
② 同①100.

源,并且违背了个体自由和自我实现的价值,因为阶级不平等剥夺了个体获得必要资源追求其生活计划的机会。"①

更为重要的是,E. 赖特在坚持历史唯物主义与规范性论证"兼容"的基础上,批判了马克思唯物史观的历史维度,但"阐扬"了其社会维度。E. 赖特明确指出,马克思的历史轨迹理论有许多弱点,"四个问题潜在地破坏了传统马克思主义理论建构一种资本主义替代性方案的理论的充分性:资本主义的内在危机似乎并没有变得更加激烈;阶级结构日益变得更为复杂,没有通过无产阶级同质化的过程变得简单化;在成熟的资本主义社会,工人阶级集体挑战资本主义结构权力的能力随着成熟资本主义的到来而日趋下降;社会转型的决裂策略即便能够推翻资本主义国家,也没有为可持续的民主实验提供一种社会政治环境"②。

具体地说,(1)就资本主义经济危机理论来说,同许多理论家一样,E. 赖特认为资本主义自我崩溃理论是可疑的,最重要的理由有两个:其一,虽然资本主义包含各种倾向于周期性经济毁灭的过程,但马克思和许多后继的马克思主义者都低估了国家干预能够显著缓和这些倾向的程度;其二,利润率下降趋势的"概念基础"是有问题的。"最根本的就是,这种规律建立在劳动价值论基础之上,而劳动价值论甚至受到那些对马克思主义的规范性和解释性目标持有同情态度的经济学家的广泛批评。"③ 所以,E. 赖特认同大多数分析的马克思主义者的判断,认为劳动价值论应当被拒斥,由此日益增长的资本集中导致利润率减少的结论就不再成立。(2)从"无产阶级化"(proletarianization)过程来看,E. 赖特依据其阶级分析理论认为,在发达资本主义国家并没有出现无产阶级化以及阶级的同质化过程,而是出现了阶级结构的复杂化趋势。例如,在阶级关系中存在着"矛盾位置",这种矛盾位置表明有的阶级位置兼具资本家和工人双重属性;出现了不同于工人阶级的自我雇佣者和小雇主阶层;随着女性进入劳动力市场,出现了交叉阶级家庭以及工人阶级内部的分层化。(3)从工人的"阶级能力"(class capacity)

---

① E. Wright, A. Levine, E. Sober. Reconstructing Marxism: Essays on the Explanation and the Theory of History. London and New York: Verso, 1992: 188-189.

② E. Wright. Envisioning Real Utopias. London and New York: Verso, 2010: 65.

③ 同②66.

来看，在发达资本主义国家，工人阶级挑战资本主义的能力出现了"下降"趋势。究其原因，部分是因为当今发达资本主义社会阶级结构的复杂化，部分是因为资本主义的制度约束。考虑到上述因素，E. 赖特得出结论说，致力于推翻当今资本主义的革命性转变是不大可能的，相反，"建构替代性的、解放制度的理论依赖于普通民众在民主协商和制度建构过程中积极的、创造性的赋权参与"①。据此，E. 赖特指出，如果马克思关于资本主义必然灭亡的理论是无法令人信服的，那么一种可供选择的策略就是转向"结构可能性理论"。"一种结构可能性理论，不试图去预测时间中的发展过程，而只是绘制在不同社会条件下制度变化的可能性范围。"② 基于这种理解，E. 赖特将从事解放式的替代性方案视为一种超越资本主义的规范性生活洞见，一个有用的"社会主义指南"。在 E. 赖特这里，历史唯物主义的历史向度被抛弃了，历史唯物主义从而成为一种脱离了历史视域的唯物主义社会学理论。

概言之，分析的马克思主义一方面拒斥劳动价值论，另一方面又试图基于新的方法论来重构马克思的剥削理论和阶级理论。可以说，分析的马克思主义对剥削理论和阶级理论的重构主要基于这样一种努力：为马克思的宏观社会理论确立微观基础和微观机制。这主要体现为罗默在经济领域所做的工作，以及 E. 赖特等人在阶级理论方面所做的贡献。基于新古典主义经济学的博弈论工具，罗默利用"合作博弈"模型重新界定了"剥削"概念，确立了剥削与阶级对应的原理，重构了关于剥削与阶级的一般理论；E. 赖特等人则从"阶级的新含义"入手，重新构建了能够容纳资本主义社会新阶层的阶级理论。在他们眼里，剥削问题与道德和正义问题密切相关，但马克思对"剥削是什么"以及"剥削与正义的关系到底是怎样的"这些问题都没有做出明确的回答，所以，围绕着马克思思想中的社会正义问题，分析的马克思主义者又展开了激烈的论争：A. W. 伍德（A. W. Wood）、罗默、G. A. 科恩等人都参与了讨论，构成了分析的马克思主义的"内部之争"，这无疑对马克思主义政治哲学的发展起到了推动作用。③

---

① E. Wright. Envisioning Real Utopias. London and New York：Verso，2010：69.
② 同①70.
③ 曹玉涛. 剥削与正义："分析马克思主义"的理论分歧及问题辨析. 湖南师范大学社会科学学报，2007（4）.

第七章　分析的马克思主义新阐释

第二节　分析的马克思主义的理论聚焦

21世纪以来，分析的马克思主义并没有局限于历史唯物主义研究，而是逐渐转向规范政治哲学的研讨，关注了剥削、正义、平等、民主，以及当代资本主义批判和替代性方案等议题。不过，学界关于分析的马克思主义的界定和所指是存在争议的——狭义的分析的马克思主义就是指"九月小组"成员；广义的分析的马克思主义则涵盖至今仍活跃在英美学界的某些理论家。① 鉴于此，我们将讨论广义的分析的马克思主义在21世纪探讨的主要议题。这有助于我们更加全面地把握分析的马克思主义所讨论的问题，从更广阔的视野评估分析的马克思主义的理论贡献。

一、A. W. 伍德命题及其相关论争

在英美学界，关于"马克思与正义"的关系问题的广泛讨论，最初是由"塔克-伍德命题"引发的。R. G. 佩弗指出，"那种马克思并未以不正义来谴责资本主义或以正义来赞扬社会主义的总体观点，以及与此相关的（隐含的）认为马克思主义者如果这样做就是背离原则的那些主

---

① R. G. 佩弗（R. G. Peffer）为分析的马克思主义学派提供了一种界定，并认为分析的马克思主义包括一些英美的社会科学家，如罗默、R. 布伦纳、E. 赖特、奥菲、亚当·普泽沃斯基（Adam Przeworski）、巴德汉、范·帕里斯等，以及一些哲学家，如 G. A. 科恩、埃尔斯特、R. W. 米勒、A. W. 伍德、费斯克、德里克·P. H. 艾伦（Derek P. H. Allen）、乔治·布伦克特（George Brenkert）、杰弗里·莱曼（Jeffrey Reiman）、约翰·麦克默特里（John McMurtry）、威廉姆·H. 肖、弗兰克·坎宁汉（Frank Cunningham）、丹尼尔·利特尔（Daniel Little）、罗伯特·韦尔（Robert Ware）、诺曼·杰拉斯（Norman Geras）、安东尼·斯基伦（Anthony Skillen）、安德鲁·科利尔（Andrew Collier）、戴维·施韦卡特（David Schweickart）、艾里斯·马里昂·扬（Iris Marion Young）、罗杰·格特里（Roger Gottlieb）、劳伦斯·克洛克（Lawrence Crocker）、朱利叶斯·森萨特（Julius Sensat）、加里·杨（Gary Young）、南希·霍姆斯特罗姆（Nancy Holmstrom）、R. 阿内森（R. Arneson）和乔治·帕里卡斯（George Panichas）等。此外，还包括罗伯特·保罗·沃尔夫（Robert Paul Wolff）、斯蒂芬·卢克斯（Stephen Lukes）、凯·尼尔森（Kai Nielsen）、诺曼·丹尼尔斯（Norman Daniels）、艾伦·E. 布坎南（Allen E. Buchanan）和 A. 莱文。(R. G. Peffer. Marxism, Morality and Social Justice. Princeton, N. J.：Princeton University Press, 1990：9)

张，就逐渐被公认为'塔克-伍德命题'"①。R. 塔克（R. Tucker）认为，资本主义的分配和交换因为内在于资本主义经济体系而是正义的，这一观点得到了 A. W. 伍德的赞同和阐发。在《马克思对正义的批判》（1972）一文中，A. W. 伍德明确提出了"马克思并不认为资本主义是不正义的"命题。此后，这个命题在英美左翼学者中引起了长达 30 多年的有关马克思与正义理论的讨论。② "马克思与正义"的关系问题，实际上涉及一系列相关问题：马克思的剥削概念是描述性的科学概念还是道德概念？马克思是否依据道德价值来谴责和批判资本主义？马克思的观点中是否容纳一种规范的正义理论？概括地说，围绕着这些问题，存在着两种截然对立的解读：一种以 A. W. 伍德为代表，认为马克思并不基于正义来批判资本主义；另一种则以诺曼·杰拉斯和 G. A. 科恩为代表，认为马克思确实把资本主义谴责为不正义的。③

A. W. 伍德之所以得出"马克思并不基于正义来批判资本主义"的结论，直接根源于他对历史唯物主义的特定阐释以及对正义概念的定位。在 A. W. 伍德看来，马克思的正义概念是一种司法和权利概念，而这一概念则属于马克思的历史唯物主义的"上层建筑"，总是可以在现存的经济生产关系中找到根据和标准。A. W. 伍德指出，马克思没有为他的正义观念做出论证，理由在于："历史唯物主义认为，正义概念在社会上是重要的和有效的，这是因为正义标准支持或认可那些与一个社会的现存生产力状态相符合的生产关系。它也认为，恰好是因为其支持或认可流行的特定的生产形式，所以这些正义标准在既定时刻具有它们的内容。"④ 就是说，在一种特定的生产方式中，正义或分配正义的观念总是与该社会的政治和法律制度相适应；一个社会的制度、政治形式和宗教意识形态都通过维持其现存生产方式或有助于其历史发展的功能而得到解释。由此可以说，在马克思那里并不存在普遍有效的、超越现存生产方式的正义观念。尽管 A. W. 伍德从马克思的历史唯物主义出发来解读马克思的正义观点，但他并不否认马克思是批判资本主义

---

① 佩弗. 马克思主义、道德与社会正义. 吕梁山，李旸，周洪军，译. 北京：高等教育出版社，2010：320.
② 李惠斌，李义天. 马克思与正义理论. 北京：中国人民大学出版社，2010：1.
③ 李旸. 分析的马克思主义的政治哲学转向. 重庆：重庆出版社，2020：69.
④ A. Wood. Karl Marx. New York and London：Routledge，2004：134.

的。在区分"道德的善"和"非道德的善"的基础上，A. W. 伍德认为，马克思不是基于"道德的善"（正义和权利）而是基于"非道德的善的挫败"对资本主义的压迫和剥削进行了批判，他说："这些社会关系一直是马克思批判的首要目标，但他始终在非道德的基础之上展开批判，因为它们对工人施加了非道德的恶（贫困、异化、不自由）。无疑，内在于资本主义关系中的'压迫''剥削'甚至'抢劫'，是马克思攻击的最突出的目标。然而，没有迹象表明马克思把关于资本主义的这些特征看成道德上错误的或不正义的，它们是错误的或不正义的恰好是马克思一贯加以否定的。"①

在诺曼·杰拉斯和 G. A. 科恩看来，虽然马克思可能不自知，但他确实认为资本主义制度是不正义的。诺曼·杰拉斯和 G. A. 科恩指出，"把权利和正义的概念归结为司法性的概念是过于狭隘的。权利和正义的概念可以独立于强制性的国家制度及其法律体系而加以构思；事实上，当它们被用来评判社会的基本结构及基本的制度安排时，它们就是这样被构思的"②。诺曼·杰拉斯和 G. A. 科恩主要依据的文本是马克思的《哥达纲领批判》，他们相信马克思既用按需分配原则来批判资本主义，也用按需分配原则来揭示社会主义按劳分配原则的缺陷。这就意味着马克思实际上"假设了一种客观的、非历史性的正义标准"。因此，基于正义概念和其他概念对资本主义所做的道德批判始终是马克思思想的一部分。

无论是 A. W. 伍德命题还是诺曼·杰拉斯和 G. A. 科恩的观点，都是偏颇的。有学者对 A. W. 伍德关于道德的善与非道德的善的划分提出了批评。例如，凯·尼尔森指出，"正如他在回应胡萨米的那篇文章以及在《卡尔·马克思》这部书中合理地清晰表述过的那样，A. W. 伍德相信马克思把所有专门的道德观念都视为意识形态的。但奇怪而且事实上荒诞的是，A. W. 伍德却没有把那些有关剥削、非人道和奴役的讨论视为对专门的道德观念的讨论。在这里，我们至少再次面对某种纯粹语词方面的问题，对'道德'实际包含哪些内容的语词规定，A. W. 伍德做出了不着边际的界定"③。罗尔斯对 A. W. 伍德与诺曼·

---

① A. Wood. Karl Marx. New York and London: Routledge, 2004: 153.
② 罗尔斯. 政治哲学史讲义. 杨通进, 李丽丽, 林航, 译. 北京: 中国社会科学出版社, 2011: 356.
③ 尼尔森. 马克思主义与道德观念: 道德、意识形态与历史唯物主义. 李义天, 译. 北京: 人民出版社, 2014: 208-209.

杰拉斯和 G. A. 科恩的对立进行了解读，他说："双方无疑都认为马克思谴责资本主义。这一点是明显的，而且遍布《资本论》一书。问题在于马克思谴责资本主义时所依据的特定价值观：那些价值观是否包括了一种正当与正义的观念，或者这些价值观是不是通过其他一些价值——例如自由、自我实现和人道——来加以表达的。"① 应当说，正是从对A. W. 伍德命题的讨论和反驳出发，当代大多数英美学者或从分配正义或从剥削理论或从异化理论维度阐发了马克思具有何种意义上的正义理论问题。

二、平等主义正义论

在政治哲学转向之后，分配正义成为分析的马克思主义者重点关注的问题之一，G. A. 科恩、罗默、R. 阿内森（R. Arneson）等人对平等主义正义论做了多维度阐发。

（一）G. A. 科恩的平等主义正义论

英国政治哲学家 J. 沃尔夫（J. Wolff）指出，"在近二十年间，两部尖锐对立的著作一直支配着分析政治哲学中所发生的论战，一部是约翰·罗尔斯的《正义论》，另一部是罗伯特·诺齐克（Robert Nozick）的《无政府、国家与乌托邦》"②。在当代政治哲学中，罗尔斯和诺齐克的理论构成了自由主义政治哲学的中轴线。G. A. 科恩以诺齐克和罗尔斯等人为对手，力图驳斥和批判自由主义政治哲学，为社会主义的平等主义辩护，这构成了他左翼政治哲学的重要一极。G. A. 科恩的这些工作体现在《自我所有、自由和平等》（1995）、《拯救正义与平等》（2008）、《为什么不要社会主义？》（2009）、《论平等主义正义的通货及政治哲学其他论文》（2011）等著作中。

促使 G. A. 科恩转向政治哲学研究的"最初动因"之一，是回应诺齐克对社会主义的挑战。G. A. 科恩发现，诺齐克的自由至上主义的核心原则是"自我-所有权"，而马克思主义用以谴责资本家对工人剥削的基础似乎也是"自我-所有权"，即工人是其劳动时间的"正当所有者"，资本家剥削工人实质上就是"盗窃"工人的劳动时间。这种说法让马克

---

① 罗尔斯. 政治哲学史讲义. 杨通进，李丽丽，林航，译. 北京：中国社会科学出版社，2011：349.
② 沃尔夫. 诺奇克. 王天成，张颖，译. 哈尔滨：黑龙江人民出版社，2002：1.

思主义者陷入了窘境:马克思主义者如果"继续坚持从'自我-所有权'原则出发谴责资本主义剥削,那就很难表明福利国家的做法是正义的而资本家的做法是非正义的;而要放弃这一原则,他们就必须表明他们谴责资本主义剥削非正义的依据是什么"①。这使G. A. 科恩意识到,对于马克思主义者来说,必须提出自己赞同的理论主张,否则就难以击败自由主义理论。

1. G. A. 科恩对罗尔斯正义论的批判,目标就是拯救正义与平等

在对罗尔斯正义论进行批判的过程中,G. A. 科恩明确提出要拯救这样一个平等命题:"在一个分配正义占据主导地位的社会中,民众期望能够在物质方面大体上平等;分配正义不能容忍由为处境好的人提供经济激励而产生的严重不平等,罗尔斯及其追随者认为这样的严重不平等是一个公正社会的表现。"②

首先,G. A. 科恩通过考察激励论证和帕累托论证来驳斥罗尔斯的差异原则对不平等的辩护。在G. A. 科恩看来,罗尔斯的差异原则试图通过激励那些生产能力更高的人以促使他们生产得更多,以此来改善社会最不利群体的境况,实际上是为一些不平等的正当性做辩护。在为不平等进行论证的方式上,尽管左翼自由主义与右翼自由主义和中间派自由主义不同,但它们实际上共享一个大前提:"各种不平等之所以是正当的,是因为它们尽可能地改善了穷人的境况。"③罗尔斯主义者认为,与激励机制相关联的不平等"符合差异原则",但G. A. 科恩指出,如果不平等通过熟悉的激励机制而有利于贫穷者,那么不平等就被证明是正当的;我相信,(至少)在激励不再借助于应得和资格的时候,它才产生出一种支持不平等的论证,而这种不平等要求一种违反共同体的基本条件的社会模式。他说,在一个"辩护性的共同体"(justificatory community)中,"如果当一项政策生效的时候,某些人所愿意去做的是那项政策正当性证明的部分原因,那么让他们证明相关行为是正当的就被认为是恰当的;而且,当他们不能证明的时候,就减损了辩护性共同体"④。

---

① 段忠桥. 为社会主义平等主义辩护: G. A. 科恩的政治哲学追求. 北京: 中国社会科学出版社, 2014: 54.
② 科恩. 拯救正义与平等. 陈伟,译. 上海: 复旦大学出版社, 2014: 2.
③ 同②24.
④ 同②38.

因此，给予有才能者的激励与罗尔斯极为重视的共同体的"友谊"价值是不一致的，如果接受罗尔斯激励的不平等，实际上预设了一种"非共同体"的社会模式。就是说，罗尔斯的激励论证"没有提供'一个公共基础'，'依据这个公共基础，公民就能够互相证明他们的共同机构是正当的'；因此，这个正当性证明与罗尔斯所说的'公民友谊的纽带'是不相容的"①。

进一步说，不平等也不能仅仅依据它所导致"帕累托改进"而被判定是正义的。G. A. 科恩指出，帕累托论证是由罗尔斯提出并为 B. 巴里（B. Barry）所详细阐述的对不平等的辩护。帕累托论证分为两个阶段：从机会平等到平等、从平等到差异原则。帕累托改进的不平等分配指的是受差异原则支配的分配，即在这种分配下，所有的人，特别是现在处于社会底层的人们，都比他们在最初的平等状态中的境况更好。② 在概述罗尔斯和 B. 巴里的论证过程之后，G. A. 科恩提出了自己的关键主张：两阶段论证的"不一致"。G. A. 科恩说："我对帕累托论证的异议的实质是，对帕累托论证第一个步骤的基本原理的一贯坚持使其第二个步骤存有疑问：我将主张，任何人只要相信不平等可能的来源是道德上的任意性故而一种原初的平等是表面上的公正，那么就没有任何理由相信所推荐的帕累托改进维持了正义，即使那个改进因为其他的理由而应该被接受。"③ 由此，G. A. 科恩认为帕累托论证没有确立罗尔斯的不平等的正义性。

其次，G. A. 科恩不仅批评罗尔斯的差异原则的适用领域，而且批判差异原则本身。针对罗尔斯把差异原则应用于社会基本结构的做法，G. A. 科恩强调，"正义原则不仅适用于强制性规则，而且适用于人们的（在法律上的）非强制性选择中的模式"④。在 G. A. 科恩看来，社会正义不仅是强制性规则的功能，也涉及人们在日常生活中的个人选择；一个在差异原则支配下是正义的社会不仅需要正义的强制性规则，还需要一种能够影响人们个人选择的社会正义风尚。"如果我们关心社会正义，那么我们不得不考虑四种东西：强制性结构、其他结构、社会

---

① 科恩. 拯救正义与平等. 陈伟，译. 上海：复旦大学出版社，2014：40.
② 同①80.
③ 同①81-82.
④ 同①128.

风尚和个体的选择,对其中最后一项的评判必须贯穿地意识到其他几项的影响力。"①

G. A. 科恩指出,差异原则不是一个合格的正义原则,因为它支持那些在"道德上具有任意性的"不平等的不正义。罗尔斯自己认为,他的差异原则与对有才能者给予特殊激励而产生的不平等之间是一致的,但在 G. A. 科恩看来,罗尔斯的立场中存在着模糊之处和自相矛盾的地方。他说:"当罗尔斯式正义忠实于它自身时,它就会谴责这样的激励;并且,如果一个社会的成员自身明确地信奉差异原则,那么这个社会就没有必要使用特殊的激励来激发有才能的生产者。"② 实际上,罗尔斯的差异原则蕴含着两种不相容的解读,即严格的解读和松散的解读——前者是指只有当激励的不平等"与人们的选择意图无关"时,差异原则才把这些不平等当作必要的,后者是指差异原则也支持"与意图有关的"不平等的必要性③;前者对经济生活中公民的动机做出了规范性要求,后者实际上为那些有才能的生产者追逐私利的最大化动机留有空间。G. A. 科恩认为,罗尔斯关于良序社会的公民不仅在正式制度而且在日常生活中根据正义原则所贯穿的正义感去行动的观点支持他对差异原则的严格的解读,但罗尔斯对激励的不平等的认可似乎肯定了对差异原则的松散的解读,这种松散的解读是违背罗尔斯主张的博爱和普遍尊重的价值的。这样,罗尔斯就必须两者择一:"要么必须放弃对才能发挥的各种激励的支持,要么必须放弃他的尊严、博爱和完全实现人的道德本性这些理想。"④ 故而将罗尔斯的差异原则描述为正义的一个"基本原则",在 G. A. 科恩看来是可疑的。

最后,G. A. 科恩还力图从罗尔斯的"建构主义实践"中拯救出正义概念。所谓建构主义方法,是指"一个原则通过作为一个正确选择程序的产物而获得其规范性凭证"⑤,罗尔斯的正义两原则正是通过建构主义方法而推导出来的。在 G. A. 科恩看来,建构主义方法错误地描述了"正义","既因为它将正义看作对某类事实敏感的,又因为它没有在

---

① 科恩. 拯救正义与平等. 陈伟,译. 上海:复旦大学出版社,2014:129.
② 同①62.
③ 同①62.
④ 同①73.
⑤ G. Cohen. Rescuing Justice and Equality. Cambridge, Massachusetts, London and England: Harvard University Press, 2008:274.

正义和其他价值之间做出区分"①。进而，G. A. 科恩基于两种区分对罗尔斯的建构主义提出了批评。第一种区分是基本规范原则与调节规则之间的区分——前者不是从其他规范原则中派生出来的原则；后者或是通过国家秩序而获得的规则，或是在社会规范形成过程中获得的规则。以这种区分为基础，还应当区分两种提问——关于"调节规则是什么"的社会学问题，以及关于"正义是什么"的哲学问题。因而，第二种区分是正义与其他价值之间的区分。这意味着"表达或服务于正义价值的原则"与"表达或服务于其他价值的原则"（例如，人类福利、自我实现或知识的促进）之间的区分。G. A. 科恩的看法是，罗尔斯把对"正义是什么"问题的回答，等同于他设计的原初状态中选择主体对"一般社会调节规则的选择"问题的回答。因而，罗尔斯在这里犯了双重混同的错误：基本原则与调节规则的混同，以及正义原则与其他原则的混同。G. A. 科恩指出，"这里的正义原则无论它们是表达正义的基本原则还是通过原则（尽量是可能并合理地）服务于实现正义的调节规则，其他原则也无论它们是基本原则还是各自表达与服务于其他价值的调节规则。结果是，非常普遍地把正义的基本原则错误地等同于最优的调节规则"②。G. A. 科恩之所以在基本规范原则与调节规则以及正义与其他价值之间做出区分，根源于他对规范原则与事实之间关系的独特理解。G. A. 科恩不同意大多数哲学家关于规范原则与事实之间关系的看法，他的基本观点是："一个原则能够反映或者对一个事实有反应，只是因为它也对一个不对事实反应的原则有反应。换句话说，为了反映事实，反映事实的原则必须反映那些不反映事实的原则。"③ 这意味着，终极原则是不敏于事实的。据此，G. A. 科恩断定，罗尔斯所说的——各方在原初状态中决定的原则就是正义原则——是错误的。这是因为，在原初状态中的各方允许关于"人性和非正义的价值"（包括公共性、效率和稳定性）影响他们的协商。因此，罗尔斯的原则不是正义原则，而是"最优的调节规则"④。

---

① G. Cohen. Rescuing Justice and Equality. Cambridge, Massachusetts, London and England: Harvard University Press, 2008: 275.
② 科恩. 拯救正义与平等. 陈伟，译. 上海：复旦大学出版社，2014：255.
③ 同②214.
④ 同②253.

2. G. A. 科恩的运气平等主义观念，是介入"关于'什么的'平等"论争的成果

我们知道，正是由于 G. A. 科恩在《伦理学》杂志上发表了题为《论平等主义正义的通货》（1989）一文，关于"平等主义正义的通货"问题才为人所知。G. A. 科恩对德沃金（Dworkin）将选择、责任与平等观念结合在一起的理论努力给予了高度认可，这使得这种理论作为"敏于责任的平等主义"或"运气平等主义"观念流传开来。G. A. 科恩赞同德沃金对福利平等观的批评，认为福利平等的确无法成功地说明平等主义目标；但却不同意德沃金由于批评福利平等而推出资源平等是对平等主义目标的恰当说明。G. A. 科恩相信，德沃金在资源与选择之间制造"分裂"是不恰当的，一个人应该为他的所有选择和偏好负责并不必然为真。① G. A. 科恩明确指出，"我赞同的观点，可称之为优势机会平等，或更可取地称之为优势可及平等，它矫正了福利机会平等不敏感的那些不平等"②。值得注意的是，充分理解 G. A. 科恩优势可及平等观的意蕴不仅需要看到 G. A. 科恩对德沃金资源平等观的批评，而且需要考虑到 G. A. 科恩对阿马蒂亚·森（Amartya Sen）的可行能力平等观和福利平等观的批评。这意味着，在 G. A. 科恩这里，首先，"优势"是一个比资源或幸福更为根本的"通货"，且是异质性的群集；其次，G. A. 科恩之所以选择用"优势获取平等"或"优势可及平等"，而不用"优势机会平等"来表达自己的观点，是因为他批评阿马蒂亚·森的能力平等"低估了"不能被能力涵盖的一种"中间状态"，即"促成有价值的活动和合意的状态的实现"③。因此，G. A. 科恩主张平等主义的恰当目标是对所有的非自愿不利都给予补偿，并强调唯有如此才是正义的。

3. G. A. 科恩从社会主义的平等主义立场出发，运用优势可及平等观论证社会主义的可欲性问题

G. A. 科恩论证说，正是野营旅行假想试验背后起作用的两个原

---

① 齐艳红. 需要原则主导还是应得原则主导：对柯亨与德沃金关于分配平等问题争论的一种考察. 马克思主义与现实, 2017（4）.

② G. Cohen. On the Currency of Egalitarian Justice//G. Cohen. On the Currency of Egalitarian Justice and Other Essays in Political Philosophy. M. Otsuka, ed. Princeton and Oxford: Princeton University Press, 2011：13.

③ 段忠桥. 论科恩的"优势获取平等"主张. 哲学研究, 2021（5）.

则——平等主义原则和共同体原则（共享原则）——使得这种组织模式是有吸引力的。如果将这两个原则推广到大规模社会，那么社会主义的理想就是"可欲的"。G. A. 科恩本人支持和认可的正确的平等主义原则乃是"激进的机会平等原则"，即社会主义的机会平等原则。这个原则的正确性是在与资产阶级机会平等和左翼自由主义机会平等的比较中得到说明的。资产阶级的机会平等消除了由社会造成的地位和身份限制；左翼自由主义的机会平等超越了资产阶级的机会平等，是对"社会的不利条件"的矫正；社会主义的机会平等则超越了资产阶级的机会平等和左翼自由主义的机会平等，这是因为它不仅消除了对人们生活机会的"身份限制"，矫正了不利的"社会境况"，而且还力图矫正"所有非选择的不利"。因而"一旦社会主义的机会平等得以实现，结果的差异反映的就只是爱好和选择的差异，而不再是自然和社会的能力与权力的差异"[1]。这意味着，社会主义的机会平等与优势可及平等观是内在一致的。然而，在 G. A. 科恩那里，社会主义的机会平等与三种形式的不平等是相容的：（1）人们对生活方式的偏好和选择的多样化导致的不平等；（2）因使人悔恨的选择而产生的不平等；（3）选择的运气差别导致的不平等。G. A. 科恩指出，选择的运气差别导致的不平等不仅涉及一次性的赌博的运气，而且涉及市场机制，所以是"真正有问题的"。他强调说，虽然第二、三种形式的不平等不受正义的谴责，但"一旦它们在足够大的范围得以流行，它们仍会使社会主义者反感，因为那时它们将与共享相矛盾；一旦大范围的不平等得以流行，共享就被置于严重考验之下"[2]。G. A. 科恩把共享模式分为两种，第一种共享的相互关心模式对社会主义的机会平等原则产生的不平等提出了"限制"："某些不能以社会主义的机会平等的名义加以禁止的不平等，却应以共享的名义加以禁止。"[3] 第二种共享的相互关心模式是反市场的共同互惠模式："在共同互惠中，我是以对我的人类同胞做奉献的精神去生产的：我希望在被他们服务的同时也服务于他们，我从这种平衡的每一方面得到满足。"[4] 在 G. A. 科恩看来，这种模式虽然不是严格的平等要求的，但

---

[1] 科恩. 为什么不要社会主义？. 段忠桥，译. 北京：人民出版社，2011：27.
[2] 同[1]39.
[3] 同[1]41.
[4] 同[1]44.

却是社会主义最为重要的。

(二) 罗默的平等主义正义论

分析的马克思主义在重建剥削问题上存在着不同路径,但在某种意义上都以对马克思的政治经济学批判的特定认识和理解为前提。马克思的劳动价值论和剩余价值论对论证剥削问题是否有效?马克思的剥削理论具有规范内涵吗?剥削究竟错在哪里?在这些问题上,分析的马克思主义内部存在着广泛争议。① 其中,罗默对剥削理论的重构具有代表性,他基于新古典经济学方法试图从初始资源分配不平等视角揭示剥削的规范内涵。

概括地说,从方法论视角看,罗默基于个体的最优化将阶级和剥削概念模式化,从受约束的主体的理性选择中推导出社会阶级与剥削结构,从而为马克思理论奠定了微观基础。从内容上看,罗默拒斥马克思基于劳动价值论对剥削的界定,否认马克思将剩余价值视为相关的规范性范畴,而是把资本主义剥削源头归结于"生产性资产的支配",以及由此导致的福利不平等。他说,从对生产资料的私人所有权的替代性分配方式——平等主义分配——这个角度出发来描述资本主义剥削,就准确地把握了马克思的剥削含义。不过,罗默从重建剥削转向关注平等主义分配,并不是用平等主义理论取代剥削理论,而是进一步把平等主义作为马克思的剥削理论的伦理规范。在《社会主义的未来》(1994)一书中,罗默进一步强调:"我在以前的论著中曾坚持认为,对资本主义的道德谴责应该置于马克思主义对剥削的谴责的基础上,这种道德谴责实际上是以生产资料所有权的不公正的不平等分配为基础的谴责。因此,我认为这一部分的这种平等主义哲理化不是对马克思的剥削理论的替代,而是需要使其在伦理上具有说服力的一个组成部分。"②

在分配正义领域,罗默通过剖析罗尔斯以来的各种平等主义和分配正义论,批判性地检视了罗尔斯、阿马蒂亚·森和德沃金的平等观,发展了 R. 阿内森的福利主义平等观,从而推进了分配正义领域福利平等主义的回归和发展。这与罗默对机会平等的支持是契合的。在《社会主义的未来》一书中,罗默断定社会主义者需要三种机会平等:一是自我实现和福利机会平等;二是政治影响机会平等;三是社会地位机会平等。

---

① 李旸. 分析的马克思主义的政治哲学转向. 重庆:重庆出版社,2020:87-88.
② 罗默. 社会主义的未来. 余文烈,译. 重庆:重庆出版社,2010:14.

在这里，自我实现是指个人才能的发展和运用是以使生活有意义的方式进行的；福利机会平等不是福利的平等，或者说，不是福利分配的结果平等而是机会平等。罗默说："在非常普遍的意义上讲，机会平等要求对那些由于自身无法控制的因素引起不利条件的人给予补偿。"① 基于此，罗默相信"社会主义唯一正确的伦理学论据是一种平等主义的论据"②。

从《修正社会主义》（2017）一文中，我们能够更加清楚地看到罗默关于剥削、分配正义与社会主义的机会平等之间内在关联的思考。基于20世纪新社会主义实践以及对市场社会主义模式的反思，罗默明确提出"修正社会主义的伦理目标问题"。罗默指出，马克思几乎没有写过任何关于社会主义的东西，他把革命之后的社会主义经济如何组织的细节问题留给了后来的马克思主义者。事实上，在马克思之后，社会主义一方面从实证性上被界定为一种"确保社会的生产性资产归集体所有"的财产关系，另一方面从规范性上被界定为一种"消除剥削"的生产方式。③但在罗默看来，与自罗尔斯的《正义论》以来的平等主义正义论的发展成果相比，马克思将分配不正义的特征描述为"剥削"，这在两种方式上是"错误的"：在资本主义条件下，一些重要的分配不正义的案例并不涉及剥削；而马克思主义者所说的某些"剥削"案例不应该被视为"不正义"。因此，罗默力图论证社会主义的伦理特征应当被重新阐述为消除分配不正义，而不再是消除剥削；换言之，罗默试图在G. A. 科恩之后将社会主义的机会平等观念重新阐述为社会主义的伦理目标。④

社会主义的机会平等观念，产生于自罗尔斯以来关于平等主义正义论的讨论中。因而，罗默首先对平等主义正义论谱系中各个理论家的贡献和不足进行了分析与评论。大体说来，O. 兰格（O. Lange）和 J. 米德（J. Meade）讨论了"在社会主义条件下运用市场的可能性"，以及考虑到"不借助于国家拥有的资本所有权的平等化机制"；罗尔斯在分配正义的伦理层面做出了贡献，提出用以取代"作为剥削的分配不正义观念"的差异原则。罗默指出，"罗尔斯的一个重要贡献就是将其理论

---

① 罗默. 社会主义的未来. 余文烈，译. 重庆：重庆出版社，2010：10.
② 同①16.
③ J. Roemer. Socialism Revised. Philosophy & Public Affairs，2017，45（3）：262.
④ 同③263.

建立在这样一个前提之上,即人们的许多特性'在道德上是任意的',这意味着人们拥有这些特性是运气的结果,并且因这些运气而受益或受损是不应得的。我相信,罗尔斯的这一前提是他为差异原则进行论证的核心原则"[1]。然而,罗尔斯利用原初状态为差异原则所做的论证充满了"错误":例如,不允许契约各方的偏好透过无知之幕;不允许契约各方的偏好和道德上任意的特征的分配等,这与罗尔斯主张的人应当为其偏好负责的观点不符。德沃金继承了罗尔斯关于个人出生的家庭、智力和一般资源的分配在道德上是"任意的"以及人们应该为其偏好负责的观点。罗默评论道,德沃金的资源平等理论具有两面性:一方面,他将责任观念注入关于平等主义政治哲学的讨论中是值得肯定的;另一方面,他的理论也存在着若干错误,致使 R. 阿内森和 G. A. 科恩都对德沃金的资源平等方案提出了批评,但 R. 阿内森和 G. A. 科恩在福利机会平等与优势可及平等之间也产生了论争。G. A. 科恩强调平等主义的真正动机是"消除非自愿的不利",并将恰当的切割点置于"选择与运气"之间。罗默高度重视 G. A. 科恩的这个观点,并肯定 G. A. 科恩的重要贡献是精炼了平等主义伦理中"在某人应该获得补偿的特性"与"某人不应该获得补偿的特性"之间的区分;实际上,运气与选择而非偏好与资源才是"恰当的二分法"。

当然,对于罗默来说,"分析与评论"并不是目的;他的目的是将 G. A. 科恩的研究纳入对社会主义伦理原则的"修正"中。[2] 正如前文所说,G. A. 科恩将平等主义原则和共同体原则视为社会主义的两个原则,并由此断定社会主义的机会平等原则或优势可及平等消除了任何源自"运气"的收入差别,但允许那些源自"选择"的收入差别。对此,罗默做出了自己的解释。罗默发现,G. A. 科恩并没有将有关社会主义的讨论与"剥削的消除"关联起来,因为在《为什么不要社会主义?》一书中他似乎已经解决了"消除剥削"问题:"一旦社会主义的机会平等实现,那么要求消灭剥削是否多余?"这意味着,G. A. 科恩的优势可及平等观"蕴含着剥削的消除"[3]。在罗默看来,即使源自运气的不

---

[1] J. Roemer. Socialism Revised. Philosophy & Public Affairs,2017,45 (3):280.
[2] 齐艳红. 21世纪分析的马克思主义的理论建构及缺陷. 天津社会科学,2020 (2):28.
[3] 同[1]305.

平等被消除，但只要源自不同选择的不平等仍然存在，那么某些类型的马克思主义的"剥削"在社会主义中就没有被禁止。罗默进一步指出，尽管 G. A. 科恩并没有明说，但他似乎认为在马克思的"剥削的不正义"阐述中存在着"误报信息"的错误。故罗默断言："首先由 O. 兰格、进而由 J. 米德在他们的经济设计中做出的禁止马克思的剥削的挑战，最终在 G. A. 科恩的社会主义的机会平等观念中获得了完整的谱系，因此我认为，社会主义的机会平等允许以获取利润为目的的雇佣关系。"①

基于对 G. A. 科恩工作的评估，罗默进一步阐明了自己的社会主义的机会平等主张。针对 G. A. 科恩关于共同体的两个界定，即"彼此关心"意义上的利他主义和"彼此服务"意义上的互惠，罗默抛弃了前者而肯定了后者，并认为"合作与团结"是社会主义的伦理精神。在这里，罗默认为人与人之间合作的基础是"团结"，团结是指一个群体/团体成员之间的"意图、赞同和利益的联合"。这种意义上的"团结"类似于"市场互惠"，而非 G. A. 科恩所说的基于奉献和服务的"共同互惠"。罗默指出，"我认为详细说明一种作为社会主义原则的行为伦理精神是必需的，因为没有恰当的伦理精神，任何规则和规定都可以被规避与破坏。诚然，这是困扰我在《社会主义的未来》一书中关于市场社会主义图景的主要弱点：那个时候我认为有恰当的规则和规定足以产生一种社会主义社会，使人们或多或少地成为他们今天所成为的那样"②。罗默的结论是，社会主义的伦理目标是"综合性的机会平等"分配正义与通过团结精神而实现的合作的结合。社会主义的机会平等并未消除人与人之间巨大的收入差异，这方面的差异甚至可以在一种社会主义的机会平等的体制中正当地产生出来；但为了确保社会主义行为的合作与团结精神，必须对巨大的收入差异进行限制。

（三）R. 阿内森的运气平等主义观念

如果说，G. A. 科恩、罗默等人关于平等主义正义论的讨论是在核心意义上的分析的马克思主义框架内进行的，那么，R. 阿内森关于"修正的福利平等"观念的阐述，以及对剥削问题的进一步反思，则是在拓展意义上的分析的马克思主义框架内展开的。

---

① J. Roemer. Socialism Revised. Philosophy & Public Affairs, 2017, 45 (3): 306.
② 同①307.

第七章 分析的马克思主义新阐释

1. R. 阿内森以福利机会平等观念回应德沃金对福利平等观的批评

在当代平等主义论争中，尤其是在关于"平等主义正义的通货"的论争中，R. 阿内森针对左翼自由主义者德沃金对福利平等观的批评提出了"反批评"，主张"修正的福利平等"观念。根据福利平等观，只有当物品在人们中间进行分配，直至每个人都达到相同的福利水平时，才算得上是平等的分配。但在德沃金看来，福利平等观面临的一个反直觉困难即是"奢侈偏好"问题。举例说明，设想有一个按照福利平等观实施分配的特殊社会，假设该社会起初已经实现了每个人财富的平等分配，再假设有一个人路易开始自觉地培养他之前没有的奢侈偏好，一旦这个奢侈偏好被培养出来，按照福利平等观，除非路易得到更多的财富，否则他就不再享有和他人一样多的福利。德沃金说："福利平等似乎是在建议，喜欢喝香槟的人应当有更多的收入，这仅仅是因为他们若想达到跟那些有着花钱不多的嗜好的人相同的福利水平，就需要更多的收入。"① 由此德沃金断定，福利平等观的缺陷是显而易见的，资源平等观才是更合格的平等观。

针对德沃金的论证，R. 阿内森认为，德沃金由于忽略了福利机会平等这一方案，实际上混淆了两个相对独立的重要区分：一是直接平等和机会平等；二是作为衡量分配份额平等的恰当基础的福利和资源。② 这两个区分实际上构成了四种立场：福利平等、资源平等、福利机会平等和资源机会平等。在 R. 阿内森看来，德沃金的资源平等方案不过是资源机会平等的另一个版本。对此，J. 沃尔夫评论指出，R. 阿内森论证道，德沃金从他的例子中得出了错误的结论。R. 阿内森暗示，德沃金已经把福利后果平等与资源机会平等进行了比较。奢侈偏好论证表明，福利后果平等是不可接受的，但这是接受机会观念而非资源观念的一个理由。③

确如 J. 沃尔夫所言，在 R. 阿内森看来，对福利平等的拒斥并非导向对资源平等的接受，而是指向了福利机会平等。福利机会平等要求，

---

① 德沃金. 至上的美德：平等的理论与实践. 冯克利, 译. 南京：江苏人民出版社，2012：44.

② 理查德·阿内逊. 平等与福利机遇的平等. 葛四友, 译//葛四友. 运气均等主义. 南京：江苏人民出版社，2006：86. 理查德·阿内逊即 R. 阿内森.

③ J. Wolff. Equality: The Recent History of an Idea. Journal of Moral Philosophy, 2007, 4 (1): 131.

就其提供的偏好满足的前景而言,每个人必须面临着与任何他人相等的"选项排列"。这里的偏好主要是指理性的和深思熟虑的偏好。R. 阿内森引入"决策树"加以说明:"我们构建一个决策树来给出个人的可能的完备的生活历史。然后我们把每个可能的生活历史的偏好满足期望相加。这样做时,我们将把每个人在决策点遇到的特定范围的选项所考虑的那些偏好纳入考虑。当所有人面临等价的决策树时,福利机遇是平等的。"① 但 R. 阿内森又说,仅有相等的选项排列仍然不能实现福利机会平等,只有在如下状况为真的条件下,人们才面临"有效相等的选择":(1)选项是有效相等的,并且人们在协商这些选项的能力方面是大致相当的;或(2)选项不是相等的,但却以这样一种方式确切地抵消了人们在协商选项能力方面的任何不平等;或(3)选项是有效相等的,并且任何人们协商选项能力的不平等都是由让人们自己恰当地为之负责的原因导致的。R. 阿内森断言,此时当所有人面临有效的同等的选项排列时,就可以实现福利机会平等。②

在当代平等主义理论中,一条线索是沿着对德沃金资源平等的批评而发展出 R. 阿内森的修正的福利机会平等方案和范·帕里斯的无条件基本收入平等理论;另一条线索则是沿着对平等主义的批评而聚焦于"平等自身是否有价值"的问题,从而发展出哈里·G. 法兰克福(Harry G. Frankfurt)的优先论和德里克·帕菲特(Derek Parfit)的充足论观点。③ 从后一条线索来看,罗尔斯的正义论是否应当被视为一种平等理论是不清楚的。在《机会平等:派生的而非根本的》(2013)一文中,R. 阿内森考察了两种机会平等理论并进一步表明了自己的立场。她认为,罗尔斯坚持实质的机会平等原则,即"公平的机会平等"原则;这一原则允许职位向所有"有才能的人"开放,这种机会平等规范与平等的基本自由原则,以及调节社会经济不平等的差异原则是一致的。除了罗尔斯的实质的机会平等观念之外,还有一种优先论的机会平等观念,这是一种要求"最大限度地实现最高道德目标"的正义观念;其道德目

---

① 理查德·阿内逊. 平等与福利机遇的平等. 葛四友,译//葛四友. 运气均等主义. 南京:江苏人民出版社,2006:85.
② 同①.
③ J. Wolff. Equality: The Recent History of an Idea. Journal of Moral Philosophy,2007,4(1):132.

标就是要促进人们生活质量的改善或者说增进人们的福祉。R. 阿内森说，如果个体生活质量即福利越好，那么人们在自己的生活中获得的善"客观清单"里的项目就越多。"最高道德目标"在"增加个人福利的聚合"与"使人际的福利分配更加公平"这两个关注点之间实现了平衡。因此，机会平等规范也能够依据其促进或妨碍最高道德目标的实现程度或被肯定或被否定。第二种机会平等观念，乃是 R. 阿内森本人支持和为之辩护的。[1]

2. R. 阿内森在运气平等主义范围内再次讨论剥削问题

在思考"剥削错在哪里"这个问题时，早期 R. 阿内森与罗默等人一样，主张把剥削与不平等分配联系在一起。在《剥削、支配、竞争性市场和不公正的分配》（2016）一文中，R. 阿内森关心的是：在什么条件下，哪种参与彼此有益的自愿交往（如市场交换活动），才能被指控为道德上不正当的剥削？

针对"如果剥削在道德上是错误的，那么它错在哪里"这个问题，R. 阿内森进一步驳斥了以下三种观点。

其一，以 A. W. 伍德和 N. 韦尤萨利斯（N. Vrousalis）为代表的观点。关于"剥削到底错在哪里"的问题，A. W. 伍德认为，剥削的不正当性在于某人利用他人的脆弱性并使自己获利，这违背了对他人的恰当尊重。N. 韦尤萨利斯对 A. W. 伍德的观点做了进一步详细的阐述，断言剥削就是为了自我获利而进行的支配，在本质上并不涉及分配不公平问题。R. 阿内森批评道，A. W. 伍德的观念实质上是主张剥削与利益分配的公正与否无关，它只是一种"支配，即对他人不正当地运用权力"[2]。R. 阿内森举出许多例子表明，在剥削中人们利用了他人的脆弱性，必然导致不公平的利益分配。但 R. 阿内森承认，A. W. 伍德- N. 韦尤萨利斯的剥削阐释以及对剥削的批判有助于阐明"民主的平等"观念，这一观念是 E. 安德森（E. Anderson）和 S. 舍夫勒（S. Scheffler）等人主张的关系平等主义观点的核心。

其二，A. 韦特海默（A. Wertheimer）支持的观点。A. 韦特海默

---

[1] R. Arneson. Equality of Opportunity: Derivative not Fundamental. Journal of Social Philosophy, 2013, 44 (4): 316-330.

[2] R. Arneson. Exploitation, Domination, Competitive Markets and Unfair Division. Southern Journal of Philosophy, 2016, 54: 12.

区分了背景的不公正和交易的不公正,并认为当人们在完全竞争的市场中自愿交换商品和服务时,这种互动就不是剥削性的。这意味着,A. 韦特海默坚持认为完全竞争市场消灭剥削。在 R. 阿内森看来,一方面,A. 韦特海默试图通过完全竞争的市场价格为非剥削性的交易提供基准的观念反映出他实质上接受了"剥削是为了自我牟利而进行的支配"观念;另一方面,人们在一个完全竞争的市场中获得的收益可能不符合根据合理的分配正义原则享有的东西或应得,因此一个完全竞争的市场中的交易者这一事实并没有排除交易者受到道德上不正当剥削的可能性。此外,R. 阿内森也论证道,将完全竞争的价格视为一种理想也是不合理的。①

其三,以罗默和 G. A. 科恩为代表的纯粹运气平等主义观点。罗默和 G. A. 科恩坚持认为,资本家与他们的雇佣工人之间的自愿交换是不是剥削性的,取决于财产和资源分配背景是否公平。简言之,这种观点认为"假设初始分配是公平的,财产所有权的进一步转移是通过不公平的交换进行的,一直延续到正在讨论的交易。这项交易如果符合上述条件,就不是剥削,也不是不公平。马克思主义的独特立场是,实际上资本家的所有获利都是剥削性的,这一立场将建立在对资源进行公平初始分配的特定原则之上"②。针对这种观点,R. 阿内森认为,人们在生活中面临着各种各样的风险行为,或道德高尚的或合理的或邪恶的,这些行为均具有道德内涵。如果从公平的份额开始,一个人通过选择有风险的行为而遭受了糟糕的结果,运气平等主义拒绝对这个人给予补偿,那就是做出了不恰当的道德回应。例如,冲进火海去救人的"鲁莽的英雄"的例子就能表明纯粹运气平等主义的缺陷。因而,即使接受关于分配正义的运气平等主义解释,也应该以一种有限制的形式而不是无条件的形式接受这一观点。

(四)平等主义正义论的拓展:全球正义

在全球正义问题上,关于全球贫困的责任问题是广义的分析的马克思主义展开论争的重要问题之一。在《全球化的正义:贫困与权力的伦理学》(2010)一书中,基于对跨国权力滥用而导致的跨国交往关系的

---

① R. Arneson. Exploitation,Domination,Competitive Markets and Unfair Division. Southern Journal of Philosophy,2016 (54):16.

② 同①21.

分析，R.W. 米勒阐发了一种新的全球正义理论。在该书"导论"开篇，R.W. 米勒明确指出要为下述观点进行论证，即"发达国家中的人们对帮助发展中国家的人们负有巨大的、在很大程度上未达到的责任。这种政治义务的履行将为全球的贫困人口带来益处，但是发达国家将为此付出高昂代价"①。

为什么发达国家的人们"有责任"帮助全球的贫困人口？对于这个问题，实际上存在着两种理论进路：一是以 P. 辛格（P. Singer）为代表的"一般慈善"路径。P. 辛格从关于"营救落水儿童"的日常观点推导出了关于牺牲的一般性原则："如果我们有能力阻止某种不好的事情发生，而不会让我们因此做出任何在道德上的重大牺牲，那么我们在道德上就应该那样做。"② 这个一般原则与进一步的前提相结合，便产生了一种严格的义务要求，即每个人都有义务不在奢侈品上浪费金钱，并将这些由于节制而获得的存款用于帮助那些急需的人。可见，P. 辛格将这个一般原则运用于解决如何消除全球贫困的问题，并主张发达国家的富裕公民负有帮助发展中国家穷人的道德责任。支持这种进路的人一致认为，帮助发展中国家的穷人的道德责任就建立在"回应贫困"的一般原则之上，而无须考虑帮助者与贫困者之间的关系。就是说，每个人都应当通过充分反思最初作为道德判断材料的可靠信念而受到"行善原则"的引导。③ 二是以 C. 贝茨（C. Beitz）、T. 博格（T. Pogge）等人为代表的世界主义观念。"从这种世界主义视角看，我们帮助我们国家内部的不利群体的潜在的严格义务也把我们同世界范围内的不利群体联系起来，即要求帮助贫困同胞的政治义务是对经济上相互依存的伙伴的公平责任；因此，在一个经济上独立的政治社会中塑造对贫困同胞责任的那些原则已经通过全球商业被延伸到全世界。"④ 这种观点被称为基于经济相互依赖性的世界主义。

R.W. 米勒驳斥了上述这两种全球正义观念。在他看来，所谓发达国家的富裕公民负有的消除全球贫困的"全球责任"不是一种基于"对

---

① R. Miller. Globalizing Justice：The Ethics of Poverty and Power. Oxford and New York：Oxford University Press，2010：1.
② 同①10.
③ 同①2.
④ 同①31.

贫穷者友善"的责任,而是发达国家"避免利用发展中国家人们"的责任。换言之,"如果一个人在双方都参与的交往中从对方的困难中获益,那么他就在利用对方,在这个过程中,他就没有充分尊重对方的利益和选择能力,没有赋予对方的利益和选择能力同等的道德重要性"①。R.W. 米勒指出,发生在发达国家与发展中国家的不公正的跨国交往包括许多形式,例如,跨国经济剥削、国际贸易协议的不平等、对气候伤害的忽略,以及帝国式的支配等。由于这些不公正的跨国交往形式是由发达国家引发的,所以发达国家应该主动承担起"全球责任"。实际上,合理地论证发达国家的人对帮助发展中国家的人们负有政治责任是一回事,而找到一种合理的说服方法促进这些责任的落实则是另外一回事。为此,R.W. 米勒强调,通过改变那些能够塑造外交政策战略考虑的全球化的社会民主形式,对减少"跨国不负责任"应该是具有潜力的。

与 R.W. 米勒的认识一样,在讨论全球贫困的责任问题上,戴维·米勒也不满意以 P. 辛格为代表的"一般慈善"路径与以 T. 博格为代表的世界主义路径。不过,与 R.W. 米勒主要基于经验证据进行分析不同,戴维·米勒主要从规范性上探讨了该问题。在戴维·米勒看来,P. 辛格从"路人对营救落水儿童负有补救责任"的例子思考和推论全球贫困责任问题是"误入歧途的",原因如下:(1) 全球贫困的责任问题是极为复杂的,关于救助的优先次序以及责任的指派是其中最重要的问题;但在 P. 辛格"路人营救落水儿童"的最初案例中并没有呈现出来。(2) 改善全球穷人的生活是一个宏观层面的问题,它涉及改变穷人生活于其中的社会的一般条件、国内背景和国际背景;而在 P. 辛格的案例中只涉及对一次性事件的道德反应。(3) 对帮助全球贫困者应该采取双重视角,既要把这些伙伴视为有能力对其行为后果负责的行动者,又要把他们视为在没有人帮助下就不能过上体面生活的脆弱而贫困的存在者;P. 辛格"路人营救落水儿童"的案例却忽视了第一种视角。② 与此同时,戴维·米勒也指出,T. 博格关于全球贫困问题

---

① R. Miller. Globalizing Justice: The Ethics of Poverty and Power. Oxford and New York: Oxford University Press, 2010: 60.
② 戴维·米勒. 民族责任与全球正义. 杨通进,李广博,译. 重庆: 重庆出版社, 2014: 232 - 234.

的解决路径也是有问题的——T.博格虽然看到了"后果责任",但却认为发达国家的富裕公民对消除全球贫困负有"补救责任",这是因为 T.博格坚信全球贫困是"全球制度的产物",而发达国家的富裕公民对这种制度和国际秩序负有"集体责任"。也就是说,T.博格虽然不否认全球贫困的直接原因在于某些国家的国内经济政治体制,但却认为导致贫困的国内根源基本上可以依据这些贫穷国家所处的国际背景来解释,这是因为富裕国家的政府及公民潜在"维持"了盛行的国际秩序,所以富裕国家的政府及公民对全球贫困负有主要责任,并且也只有富裕国家的政府及公民才有能力对全球秩序做出改变。①

戴维·米勒论证说,T.博格关于全球贫困之国内因素与国际秩序之间关系的解释是难以令人信服的:(1)就全球贫困的后果责任来说,关于现存国际秩序下不同社会的经济发展的不同速度问题,任何恰当的解释都需要考虑三种因素——物理因素、国内因素和外部因素,这意味着不能将那些仍然没有发展的社会的后果责任简单地归于维护国际秩序的富裕社会。(2)就富裕国家及其公民的补救责任来说,T.博格批评"解释性民族主义",并赋予国际秩序和全球因素在解释全球贫困问题中的优先地位,认为"国际秩序对以极度贫困形式表现出来的对人权的侵犯负有责任"②,这在戴维·米勒看来是不成立的。戴维·米勒指出,与 P.辛格不同,"我认为,在没有首先考虑后果责任问题——贫困是如何和为什么发生的——的情况下,把对贫困的补救责任指派给富裕国家的公民是没有道理的。与 T.博格不同,我认为,他的这种尝试——把对贫困的后果责任指派给国际秩序,并通过国际秩序指派给富裕国家的公民和政府——也是不能令人信服的"③。(3)在此基础上,戴维·米勒勾勒了解决全球贫困问题的更为复杂的路径。戴维·米勒解释道,对全球贫困的补救责任并非简单明了,而是必须考虑各种各样的复杂因素,确认贫困的后果责任。采取这种复杂的路径有两个主要原因:一是简单的路径可能会引导出糟糕的政策选择,从而偏离最终解决或从根本上减轻贫困问题的"制度变革";二是对全球贫困必须做出"有差别的

---

① 戴维·米勒.民族责任与全球正义.杨通进,李广博,译.重庆:重庆出版社,2014:236.
② 同①239.
③ 同①241-242.

回应","因为我们需要确定优先顺序：我们需要探讨，哪种情形要求我们优先提供资源，我们需要在全球正义的要求与国内之社会正义的要求之间做出权衡"[①]。

此外，还有一些学者也讨论了全球贫困和全球正义问题。例如，在《财富与贫困的悖论：全球发展的伦理困境图谱》（2003）一书中，丹尼尔·利特尔（Daniel Little）从经济层面和道德层面关注了全球经济发展过程中的"极端富裕与大众贫困"这一矛盾现象。丹尼尔·利特尔强烈诉诸平等，他的许多论证和观念都旨在创造社会全方位的更大平等。在他看来，公正总是意味着平等——收入平等、资产平等、机会平等、教育平等、健康医疗平等以及其他平等。在《全球化与正义》（2003）文集中，凯·尼尔森力图为一种"全球正义的世界主义"解释做辩护。他指出，根据世界主义观点，个体无论是何种公民身份或国籍都有资格得到平等的考虑，并且全球制度应该以给予每个人的利益平等考虑的方式进行安排。

三、转型正义与民主理论

尽管埃尔斯特和普泽沃斯基于1993年退出了"九月小组"，但考虑到他们的思想最初促进了分析的马克思主义的发展，以及他们在某种程度上依然坚持以分析方法对民主和正义等当代政治哲学的核心问题进行探讨，因而，把握他们的思想在21世纪的新发展，对把握整个分析的马克思主义的发展趋向有重要意义。在转型正义与民主理论领域，埃尔斯特、普泽沃斯基、J. 科恩等人提出了独到的见解。

第一，在出版《理解马克思》（1985）一书之后，埃尔斯特从经验实证角度重点研究了"局部正义"和"转型正义"问题。为此，先后出版了《局部正义》（1992）、《合上书本：历史视角中的转型正义》（2004）两部著作。

在局部正义问题上，埃尔斯特对正义概念的阐释主要是解释性的而非规范性的，其目的是建构一个用以描述与解释社会机构如何分配稀缺资源和必要负担的理论框架。在埃尔斯特看来，所谓局部正义包括三个层面的含义：一是不同机构和部门使用的分配原则不同，这些原则有贡

[①] 戴维·米勒. 民族责任与全球正义. 杨通进，李广博，译. 重庆：重庆出版社，2014：253.

第七章　分析的马克思主义新阐释

献原则和需要原则；二是不同国家和地区的分配原则与实践也是不同的；三是关于分配的决定是"局部的"。因而，与整体正义不同，局部正义有三个特征：（1）局部正义采取的原则是通过相对自主的社会机构决定的；（2）局部正义并非补偿性的，或仅仅部分是补偿性的；（3）局部正义关注物品、实物或负担而非金钱的分配。① 换言之，在埃尔斯特眼里，局部正义问题主要是各种社会机构和部门根据不同的分配原则如何对具有稀缺性、异质性等属性的物品进行公平分配的问题。依据主体行为意向性解释，埃尔斯特在分析大量分配正义实践案例的基础上，推进了吉多·卡拉布雷西（Guido Calabresi）、菲利普·博比特（Philip Bobbitt）等人的"二级行为人"局部正义解释框架，建构了一个主要由一级决定者（当权者）、二级决定者（分配者）、三级决定者（接受者）三个分配主体层次和作为半个决定者的"公共舆论"构成的局部正义总体框架。②

在转型正义问题上，埃尔斯特基于对从古典时代到现代社会的转型正义案例的描述和分析，展开了他关于转型正义的结构分析。埃尔斯特并不想建构一种转型正义理论，而是试图结合具体情境对转型正义做出解释性说明。埃尔斯特明言，《合上书本：历史视角中的转型正义》一书的主要任务就是"讨论为什么转型正义过程在不同的转型中具有不同的形式，以及为什么这些转型正义过程在有时会不发生。这是一个实证的或解释性的任务"③。所谓"转型正义"，就是指从一个政治体制向另一个政治体制转型之后的审判、清算和赔偿（reparations）过程。④ 埃尔斯特指出，"将正义的制度概念化为连续统，纯粹法律正义在一端，纯粹政治正义在另一端。行政正义更接近这个范围的法律正义一端还是更接近政治正义一端，则取决于从正当程序受益而惩戒官员的程度"⑤。在这里，埃尔斯特主要讨论了纯粹的政治正义和纯粹的法律正义。他认

---

① 袁久红，荣耀华. 论埃尔斯特的局部正义理论："分析马克思主义"政治哲学新发展研究之一. 东南大学学报（哲学社会科学版），2009（5）：15.
② 朱菊生. 分配正义的微观基础与行动逻辑：埃尔斯特的局部正义观. 学海，2018（5）：143.
③ J. Elster. Closing the Books: Transitional Justice in Historical Perspective. New York: Cambridge University Press, 2004: 79.
④ 同③1.
⑤ 同③84.

为，在连续统的一端，"当新政府（或占领国）的行政部门单方面且在不允许上诉的情况下指定违法者并决定如何处置他们时"①，"纯粹的政治正义"就发生了。当然，埃尔斯特认识到，纯粹的政治正义也可能采取"审判秀"形式，但此时法律的外观仅仅是一个虚构，因为结果已成定局。在连续统的另一端，纯粹的法律正义有四个典型特征：(1) 法律应该尽可能地清楚明确，以便减少司法解释的范围；(2) 司法应该同政府其他部门相隔绝；(3) 法官和审判员在解释法律时不应该带有偏见；(4) 法律正义应当坚持正当程序原则。② 埃尔斯特认为，现实社会中的情形在多大程度上接近上述法律正义的标准和"理想"，取决于特定社会的类型和具体情形的性质。在正常的守法的社会，违反上述标准的情况极为罕见；但在法制不健全的社会或在特殊情况下，违法行为会频繁出现。政治转型就属于特殊情况（战时也是如此）。诚然，偶尔（有时）存在违反上述标准的情况是可能的，但当许多违反上述标准的行为累积起来或当核心标准被违反时，就会出现"法律正义被政治正义取代"的情况。由于行政正义位于由政治正义和法律正义构成的连续统范围内，故行政正义即"公共行政中的清算"。若指控能够上诉到法庭，那行政正义就接近法律正义。此外，埃尔斯特区分了转型正义的四个层次：个人、团体行动者、国家和超国家实体。③

第二，为了回应当代民主的危机问题，普泽沃斯基探讨了代议制民主的合法性问题。在《民主和自治的局限》（2010）一书中，他试图为"民主是重要的"这一观点辩护，并揭示"民主的概念化"对当代民主经验分析的意义。在普泽沃斯基看来，民主之所以重要，是因为它作为一种关注程序的政治方法，安全地确保了代议制；代议制良好运行的最终含义是："如果败选，任职者离开岗位。"然而，当代代议制民主面临着四种"无能力"的挑战：平等、参与、主体/代表、自由。普泽沃斯基说："我最关心的是民主的局限性：民主在多大程度上能够产生经济的和社会的平等？它如何能够有效地促进各种参与？它如何能够有效地促使政府按照公民的最佳利益行动，以及使政府受到公民的控制？它如

---

① J. Elster. Closing the Books：Transitional Justice in Historical Perspective. New York：Cambridge University Press，2004：84.
② 同①86-88.
③ 同①93.

何能够在保护每个人不受他人支配的同时保护每个人不受政府支配？我们对民主的期望应该有哪些？哪些梦想是现实的，哪些是无意义的？"①通过认真地考察这些挑战，普泽沃斯基揭示了"自治"的局限性。他指出，尽管当代民主在实现完全的经济平等、有效参与、完全主体和自由方面是有限的，但没有任何一种政治制度形式能够有助于我们实现全部价值。因此，竞争性选举具有正当性，这是因为相对于所有其他政治安排来说，这套代议制民主制度在确保广泛的代表和利益的平等方面是"更好的"。鉴于此，普泽沃斯基支持一种最低限度的民主的概念化，强调应该通过在何种程度上进行竞争性选举而识别它是不是民主。

第三，作为西方左翼民主理论家，J. 科恩于1996年加入"九月小组"，在20世纪80年代兴起的西方协商民主理论发展过程中起了重要作用，对一些分析的马克思主义者（如 E. 赖特）的民主思想产生了重要影响。具体地说：（1）J. 科恩明确论述了协商民主的形式和内容，为民主的合法性奠定了基础。他指出，协商民主观念植根于一种关于社会秩序形式的直觉观念，在这种社会秩序中，联合条款的合法性辩护是通过公民之间的公共论证进行的。协商民主是其基本制度体现那种观念的一种社会秩序。在协商民主中，成员通过公共推理共享对集体选择问题的方案，把他们的基本制度视为合法的，起码他们为自由的公共协商确立了一个框架。②（2）J. 科恩通过勾勒一种理想的协商程序，提出了更具实质内容的协商民主理论，使协商民主在规范性上被视为由自由平等的公民之间通过理性论证对公共事务达成合理共识的理想。理想的协商包括四个主要方面：议程的设定；为议程中的问题提出可供选择的方案；给出支持那些方案的理由；通过确定某些方案得出结论。"民主观念就凭借给这些程序设定的要求表现出来。特别是，当且仅当结果是平等各方通过自由而合理的协商达成的共识时，结果才具有民主合法性。"③（3）J. 科恩持续地致力于推进协商民主观念与社会实践的结合。例如，在《哲学、政治学与民主：选集》（2009）一书中，J. 科恩运用

---

① A. Przeworski. Democracy and the Limits of Self-Government. New York：Cambridge University Press，2010：2.
② J. Cohen. The Economic Basis of Deliberative Democracy. Social Philosophy & Policy，1989，6（2）：30.
③ 同②32.

从罗尔斯那里继承而来的公共理性观念，力图将政治自由主义方法、参与的多头政治和协商民主方法统一起来。在 J. 科恩眼里，公共理性是一种发生在道德异质性或文化多元主义语境中的政治实践，人们总是基于"他人能够合理地接受的理由"为公共善的观点提供辩护。虽然人们不必同意这些理由，并因此多数选举可能是一个合法的决策规则，但人们必须为自己的建议提供有理由的辩护。在《道德世界的弧线与其他论文》(2010) 中，J. 科恩以某种方式讨论了政治正义的本质和作用，以及政治正义与民主自治观念之间的关系问题；他不仅分析了民主的自治本质，而且分析了"民主社会"的内涵，并对新近的民主理论进行了评估。

四、阶级分析、当代资本主义批判和替代性方案

关于当代资本主义批判和替代性方案的思索，也是分析的马克思主义的核心任务之一。这不仅体现在 G. A. 科恩对社会主义的平等主义的规范性辩护上，也体现在罗默关于市场社会主义模式的探索上，更鲜明地体现在 E. 赖特前期关于阶级分析的理论建构和后期对从资本主义向社会主义转型的探讨上。在 E. 赖特的思想变化发展过程中，有两个重要理论贡献：一是从马克思主义阶级理论出发，结合当代资本主义的阶级经验对阶级概念进行了重构；二是坚持从规范性上阐明资本主义的弊端，并给出了从资本主义向社会主义转型的民主路径和策略。

（一）E. 赖特的阶级分析理论

20 世纪 70—90 年代，E. 赖特的工作重心是对马克思主义阶级分析理论进行重构。经典马克思主义预言，工人阶级队伍会不断壮大，组织会愈加严密，不安全感会逐步增强，阶级矛盾会趋于激化。然而，当代资本主义社会阶级关系并没有走向两极分化，相反，在发达资本主义国家，从经验统计意义上看，拥有生产资料（自我雇佣）的人在总人口中所占的比例下降了，而且由于工薪收入者的专业和技术岗位增加，以及大型企业和政府内管理阶层扩张使得新兴中间阶级出现，两极分化结构产生了巨大的变化。E. 赖特说，如果资本主义社会阶级结构日趋两极分化的观点不再被普遍接受，要避开在抽象的和两极分化的阶级关系概念同阶级构成和阶级斗争之复杂的具体模式之间的断裂这一理论问题就变得更加困难。实际上，我们不能再假定历史将逐步消除这一理论问

题。这一问题的解决已经成为过去 20 年来复兴马克思主义阶级分析所关注的焦点问题之一。①

E. 赖特指出，虽然阶级概念在马克思著作中居于核心地位，但马克思本人从未对阶级概念进行系统的定义和详细的说明。问题在于，马克思在《资本论》中关于阶级概念和阶级问题留下了两条线索：一是对阶级关系的抽象结构构图的描述，这是阶级结构分析；这种方法倾向于把阶级理解为简单的、两极分化的，这贯穿于《资本论》对资本主义生产方式的大多数分析中。二是对阶级作为行为主体的具体事态构图的分析，这是阶级构成分析；这种方法主要见之于马克思的政治和历史著作，在这些著作中马克思试图弄清有组织的群体性社会力量之间的相互作用，以解释特定的历史变革。例如，在《路易·波拿巴的雾月十八日》中，马克思至少谈到了多种社会角色（资产阶级、无产阶级、大土地所有者、金融寡头、农民、小资产阶级等）之间的冲突。E. 赖特指出，在马克思著作中，"我们看到的是由阶级关系而产生的两极分化了的'空白位置'的抽象概念和阶级斗争中具体角色的描述性的复杂构图，这两者之间并没有系统的联系"②。由此，E. 赖特力图在马克思主义传统范围内重构阶级理论，弥合马克思关于两种阶级分析线索之间的"断裂"，重新解释资本主义的阶级结构。

在马克思主义阶级概念四个基本结构属性的约束下，E. 赖特探讨了"中间阶级"的阶级定位问题，建构了以剥削为核心的阶级概念。这四个基本结构属性包括："各阶级之间是相互联系的；这种关系是对抗性的；这种对抗性是来源于剥削的；剥削是基于社会生产关系的。"③第一个结构属性强调，各阶级只能根据与其他阶级的关系得到界定，这不同于在等级意义上对阶级的界定；第二个结构属性强调，界定阶级的社会关系本质上是对抗性关系，而非对称性关系，且这种对抗主要是指利益冲突；第三个结构属性强调，阶级之间对抗的客观基础是剥削；第四个结构属性强调，剥削根植于生产的社会组织关系。针对新兴中间阶级问题，E. 赖特意识到马克思主义之抽象的两极对立模式的阶级构图无法解释现实资本主义社会的阶级经验，因而他提出借以恰当描述中间

---

① 赖特. 阶级. 刘磊，吕梁山，译. 北京：高等教育出版社，2006：10.
② 同①9.
③ 同①37.

阶级的"对立的阶级关系中的矛盾定位"概念,其中两个关键词是"对立的阶级关系"和"矛盾定位"。前者是指资本主义社会的基本阶级关系是资本家与工人之间的关系,两者的客观物质利益内在冲突;后者是指"矛盾定位之所以是矛盾的,就在于它们同时分享了这两方面的固有地对立着的利益"①。

基于对"对立的阶级关系中的矛盾定位"概念的自我反思,同时由于深受罗默剥削概念的影响,E. 赖特在修正罗默思想的基础上阐明了自己关于剥削和阶级的观点。我们知道,罗默首先论证了"以市场为基础的剥削"和相应的"阶级关系"直接来源于生产资料所有权分配的不平等;进而借助于理性选择方法和博弈策略阐述了四种剥削类型——封建剥削、资本主义剥削、社会主义剥削以及地位剥削。对此,E. 赖特的认识是:(1)罗默因为否定劳动价值论而拒绝用剩余劳动来解释剥削,通过博弈的退出规则来阐释剥削只是给出了一种经济压迫形式,但对于马克思主义的剥削来说,"正是经济压迫和无偿占有的相互结合,使得剥削成为物质利益的客观对抗性的基础"②。(2)因而,必须用"组织资产剥削"取代罗默用"地位剥削"对苏联社会主义国家存在着的技术不平等的解释。在这里,E. 赖特将"组织资产"界定为生产过程中的组织、协调和管理的权力或能力,并将"组织资产剥削"作为界定处于"矛盾地位"的中间阶级理论的基础之一。在《阶级》(1985)一书的结论中,E. 赖特坦言:借助于罗默的相关成果对阶级概念的重建,解决了其先前在阶级结构研究中的困难;现在自己的看法是:"资本主义社会中的阶级应该被视为根植于三种剥削形式的相互交织:以资本资产的所有权为基础的剥削、以对组织资产的控制为基础的剥削和以对技术或资格证书资产的占有为基础的剥削。"③

在《阶级分析方法》(2005)一书中,作为主编的 E. 赖特更加明确地概述了以"剥削与统治"为基础的马克思主义阶级分析方法。他认为,在马克思主义传统内部,阶级仍然具有特殊的重要性。在阶级问题上,马克思主义与其他理论传统区分开来的最主要的概念是剥削。以剥削为核心的阶级概念,仍然是研究当今社会一系列问题的有力理论工

---

① 赖特. 阶级. 刘磊,吕梁山,译. 北京:高等教育出版社,2006:47.
② 同①80.
③ 同①287.

具。首先，E. 赖特指出，马克思主义阶级分析的特征在于它所隐含的激进平等主义规范，这一规范可以用三个命题来表述：(1) 激进平等主义命题——人类的物质生活条件必将通过一种激进的平等主义分配方式而得到提高；(2) 历史可能性命题——在经济水平高度发达的条件下，通过物质资源激进而持续的平等主义分配方式来组织社会便具有物质上的可能性；(3) 反资本主义命题——"资本主义阻碍了物质资源的激进平等主义分配方式的达成"[①]。其次，E. 赖特主张依据"剥削过程"和"把阶级概念关联于可选择的经济关系体制"来定义马克思主义阶级概念。他认为，"剥削"意味着个体之间在物质上的相互依赖性的一种特殊形式，它满足以下三个标准：(1) 逆向相互依赖的福利原则，这不仅意味着剥削者与被剥削者之间的利益冲突，而且意味着剥削者利益的实现就是对被剥削者的伤害；(2) 排他性原则，即被剥削者没有获得其他生产资料来源的可能性；(3) 占有原则，即剥削者占有被剥削者的劳动成果。基于此，E. 赖特指出，剥削揭示了从生产资料权利上的不平等到收入不平等的作用过程：至少从部分上说，剥削者——根据他们对资源占有的排他性权利——一旦占有了被剥削者的劳动剩余，不平等就产生了。[②] 可见，在这里，E. 赖特将剩余劳动的转移纳入对剥削的定义中，这显然与罗默的观点存在着差异。

根据上述三个原则，E. 赖特进一步区分了非剥削性经济压迫与剥削性经济压迫：在非剥削性经济压迫中，优势群体福利的实现是对弱势群体福利的伤害，这种反向依赖关系是以经济资源的所有权和控制权为前提的。不过，这里既没有对劳动力的占有，也没有劳动成果的转移。在剥削性经济压迫中，剥削者与被剥削者之间存在持续的相互依赖，而且两个群体之间存在劳动力的占有和劳动成果的转移。E. 赖特指出，剥削与统治共同界定了阶级关系中的结构性互动特征。在这里，E. 赖特还对马克思主义与 M. 韦伯的阶级分析进行了比较，并认为 M. 韦伯的阶级分析导向关于人们生活机会的差异分析，这与马克思主义的"剥削与统治"的阶级分析模式不同，尽管两种阶级分析都是从分析社会关系问题开始的，但 M. 韦伯的阶级分析策略是嵌入马克思主义模型之中的。受 M. 韦伯的影响，E. 赖特后期力图整合马克思和 M. 韦伯的阶级理论。在阐述

---

① 赖特. 阶级分析方法. 马磊, 吴菲, 等译. 上海：复旦大学出版社, 2011: 4-5.
② 同①25.

依据剥削和支配、"机会储存机制"(opportunity-hoarding approach)以及个人生活机会所进行的阶级分析基础上,他明确宣称其目标就是整合马克思主义和非马克思主义的阶级分析方法。E. 赖特强调,阶级是在三种方法所确定的不同机制的"复杂相互作用"中生成的,这三种机制分别是马克思主义阶级分析的剥削与统治机制、M. 韦伯阶级分析的机会储存机制以及社会学家用以分析阶级的个人属性和生活条件机制。[①]

(二)E. 赖特的"解放的社会科学"与资本主义批判和替代性方案

从 20 世纪 90 年代至《展望现实的乌托邦》(2010)出版,E. 赖特主要围绕着当代资本主义批判和替代性方案问题展开"现实的乌托邦工程"研究。苏东剧变后,在欧洲和北美左翼知识分子中间充斥着一种关于社会主义方案的悲观主义观念,面对这种状况,E. 赖特通过研究各种在历史上与社会主义观念根本不同的制度和社会关系,力图反驳上述悲观主义,重建解放的社会变革的理性基础;并将"参与式城市预算""维基百科""蒙德拉贡工人合作社""无条件的基本收入"作为"现实的乌托邦"之典型案例。在 E. 赖特那里,社会主义不是被视为一种具体的经济制度,而是被认为蕴含着一种拓展和强化民主的意义,是民主的平等主义目标的实现。

通过搭建"现实的乌托邦"理论框架,E. 赖特希望促进一种新类型的社会科学发展,即"解放的社会科学"。正如 T. 迈耶(T. Mayer)所说的那样,解放的社会科学"避免主流社会科学的虚假的价值中立性,旨在明确产生一种对人类压迫的挑战者有用的知识,E. 赖特把这种新的社会科学称为'解放的社会科学',并且规定了它的三个主要任务:批判现存社会;展望可行性选择;分析实现可行性选择的策略。这三个任务实际上界定了 E. 赖特的《展望现实的乌托邦》一书的基本结构"[②]。在《展望现实的乌托邦》一书中,E. 赖特首先致力于对"作为经济制度的资本主义"进行批判,这种批判首先涉及对资本主义社会压迫的诊断;而这种诊断又是以社会正义和规范理论作为基础的。E. 赖特借以诊断和批判资本主义制度的规范基础是一种"激进的民主平等主义"正义观念,这一观念是平等主义的社会正义与激进民主的结合。[③]

---

① E. Wright. Understanding Class. London and New York:Verso,2015:12 – 13.
② T. Mayer. Envisioning Real Utopias. Critical Sociology,2015,41(6):921 – 928.
③ 齐艳红. 21 世纪分析的马克思主义的理论建构及缺陷. 天津社会科学,2020(2):32.

在此基础上，E. 赖特阐述了 11 条对资本主义的核心批判，包括持续的人类苦难、违背社会正义、消费主义的偏见、对环境的破坏、战争和帝国主义、民主的局限等。①

基于"社会权力"(social power)概念，E. 赖特阐述了资本主义替代性方案。E. 赖特首先区分了社会权力、国家权力、经济权力，进而提出了社会主义、资本主义和国家主义的类型学。社会权力就是指基于调动市民社会中的人们进行各种各样合作性的、自愿的集体行动能力的权力；国家权力就是基于对领土的规则制定和实施能力控制的权力；经济权力就是对经济资源的所有权和控制权力。在此基础上，E. 赖特对民主与社会主义的关系做了进一步思考。他指出，民主观念可以被设想为一种将社会权力与国家权力结合起来的具体方式。民主观念中，国家权力完全从属于社会权力并对社会权力负责。"由人民统治"这一表达不是意指由孤立的、分离的个人组成的"原子化聚合体"来统治，而是指由各种联合形式的集体组织（政党、社区、工会等）来统治。因此，从根本上说，民主是一种深刻的社会主义原则。如果"民主"是国家权力从属于社会权力的标签，那么"社会主义"就是经济权力从属于社会权力的术语。② E. 赖特由此强调，基于社会权力的社会主义观念不同于传统的社会主义理解：(1) 这里的"社会主义"概念被奠定在关于国家权力与社会权力、国家所有权与社会所有权相区分的基础之上；(2) 这里的"社会主义"定义"没有排除市场能够在协调归社会所有和支配的企业的活动中起着一种实质性作用的可能性"③。那么，问题就在于：市民社会中哪些类型的社团或协会对于社会赋权来说是核心主体？如果从传统马克思主义的阶级视角来看，那么显然工人阶级协会或组织是核心主体。但 E. 赖特的看法是，社会赋权是一个比单纯工人阶级赋权更为广阔的概念，它包括一系列更广的协会/社团和不依赖阶级结构的集体行动者。在这种意义上，社会主义不再等于由工人阶级通过集体联合控制生产资料，"毋宁说，经济上的社会赋权意指基础广泛的包容性的经济民主"④。

---

① E. Wright. Envisioning Real Utopias. London and New York: Verso, 2010: 24-25.
② 同①79-80.
③ 同①80.
④ 同①81.

在从资本主义向社会主义转型的策略问题上，E. 赖特分析了三种分别关联于革命的共产主义、无政府主义和社会民主主义的转型策略："决裂的"转型策略、"空隙的"转型策略、"共生的"转型策略。在这里，E. 赖特尤其反对决裂的转型策略，认为应该用"一个社会体制中由小的转变不断积累产生质的转变的变形过程"取而代之。这种替代性策略有两种基本类型："空隙的策略"是在国家之外和远离国家工作；"共生的策略"则试图运用现存国家产生进步的社会变化。E. 赖特承认，单独依靠共生的策略不可能变革资本主义社会，只有"共生的策略与空隙的策略相结合"，才能使资本主义不断向社会主义方向转变。

第三节 分析的马克思主义的当代阐释

如前文所述，分析的马克思主义自产生之日起，内部就存在着争议。一方面，在分析的马克思主义内部，各个代表人物之间对"何谓分析的马克思主义"有着完全不同的认识和理解。例如，罗默主编的《分析的马克思主义》文集收录了 A. W. 伍德的论文，A. W. 伍德并不属于"九月小组"成员，却被美国学者 R. G. 佩弗归为广义的分析的马克思主义者。另一方面，在许多学者眼中，分析的马克思主义并不是一个自我认同的团体或严格意义上的学派，即使在同一主题下，学者们的研究路径也是不同的。例如，T. 迈耶在《分析的马克思主义》（1994）一书中，将戴维·米勒的《市场、国家与共同体：市场社会主义的理论基础》（1989）当作分析的马克思主义的理论成果，而戴维·米勒本人则否认自己是一个分析的马克思主义者。国外学界对分析的马克思主义进行了持续的关注和研究，至今仍然如此。[①] 根据现有的资料，我们大致上可以从总体性研究和专题性研究两个层面来梳理与概括国外学界关于分析的马克思主义的当代阐释。

从总体上研究分析的马克思主义的著作主要有：D. 戈登的《复活

[①] 在牛津大学访学期间，笔者曾就"分析的马克思主义的最新发展"问题求教于 J. 沃尔夫、E. 赖特和戴维·利奥波德（David Leopold）教授，他们给出了不同的回答和线索，但他们的一致看法是，罗默、E. 赖特、R. 布伦纳等核心意义上的分析的马克思主义的工作在继续推进，扩展意义上的分析的马克思主义仍然在发展。

第七章 分析的马克思主义新阐释

马克思：分析的马克思主义论自由、剥削以及正义》（1990）、T. 史密斯（T. Smith）的《辩证的社会理论及其批评：从黑格尔到分析的马克思主义和后现代马克思主义》（1993）、伊安·亨特的《分析的和辩证的马克思主义》（1993）、T. 迈耶的《分析的马克思主义》（1994）、M. 罗伯茨（M. Roberts）的《分析的马克思主义：一个批判》（1997）、A. 莱文的《马克思主义的未来：阿尔都塞、分析的转向和社会主义理论的复兴》（2003）、N. 莱文（N. Levine）的《不同的路径：马克思主义和恩格斯主义中的黑格尔》（2006）等。

D. 戈登、T. 迈耶、M. 罗伯茨的著作主要阐释了分析的马克思主义对历史唯物主义、阶级、理性选择理论、剥削、自由、国家、革命等问题的看法；T. 史密斯、伊安·亨特、N. 莱文的著作侧重于对分析的马克思主义的方法论进行批判；A. 莱文的著作则从重构社会理论的意义上揭示了分析的马克思主义的积极意义和前途。这些著作主要体现为对分析的马克思主义在转向规范政治哲学之前的思想的研究。与上述著作不同，威尔·金里卡在《当代政治哲学》（1991）中注意到了分析的马克思主义的规范政治哲学工作，他认为分析的马克思主义是一种规范政治理论的马克思主义，作为一种新趋势，其根本目标就是批判并取代自由主义正义论。

另外一些学者却提出了不同的看法。有的从方法论视角对分析的马克思主义做出定位并加以反思。有的对分析的马克思主义的规范政治哲学走向提出了批评，认为在平等、正义等规范性问题上，分析的马克思主义与平等自由主义出现了"趋同"。例如，克里斯托弗·伯特伦（Christopher Bertram）指出，G. A. 科恩转向规范政治哲学后，他的思想与自由平等主义思想产生了某种"相互渗透"；同样，罗默也游离在马克思主义的"正统"思想之外。因而可以说，"分析的马克思主义保留了马克思的平等主义和民主价值观念，但他们正在放弃马克思对资本主义社会分析的细节、方法和对未来社会的描绘"[①]。F. 塔里（F. Tarrit）在考察了 G. A. 科恩的思想转向之后，认为分析传统对辩证法的先验拒斥严重地影响了 G. A. 科恩的马克思主义。关于剥削和正义问题的理解在分析的马克思主义那里远离了马克思主义，这

---

① 贝塔姆. 剖析分析的马克思主义. 刘斌，译. 现代哲学，2003（4）：37. 贝塔姆即伯特伦.

使分析的马克思主义无法从整体上理解马克思思想。① P. 布莱克利奇 (P. Blackledge) 在《G. A. 科恩与分析的马克思主义的局限性》(2015) 一文中考察了 G. A. 科恩的思想以及分析的马克思主义更为一般地朝向自由平等主义的演化过程,并对 G. A. 科恩以及分析的马克思主义的道德视角提出了批评。②

21 世纪以来,国外学界从多个维度对分析的马克思主义进行研究,这不仅体现在分析的马克思主义内部不同学者之间的论争上,而且体现在外部学者们对分析的马克思主义理论的反思和批判上。其中,一些典型的问题和阐释有:关于分析的马克思主义方法论的研究;关于 G. A. 科恩的平等主义正义论的研究;关于罗默的剥削理论的研究;关于范·帕里斯的分配正义论的研究;等等。

一、关于分析的马克思主义方法论的深入辨析

如前面所说,分析的马克思主义最初质疑传统马克思主义方法论的独特性,这体现在两条拒斥辩证法的进路上。一条进路以 G. A. 科恩为代表,拒斥辩证法,主张以分析哲学方法和功能解释方法为历史唯物主义辩护;另一条进路则以埃尔斯特、罗默和 E. 赖特等人为代表,拒斥辩证法和功能主义,坚持方法论个人主义。"这两条进路之争"就构成了广义的分析的马克思主义内部的方法论之争。③ 其中,后一条进路认同"马克思应当追求一种真正的社会科学地位"这一观念。例如,E. 赖特指出,从一般意义上说,大多数分析的马克思主义者接受那种可以被宽松地描述为科学的实在论观点。这涉及如下科学事业的基本观点:科学力图识别出那些产生经验现象的机制,这些经验现象是我们在真实的生活中所经历的。E. 赖特认为,观察不是"理论中立的",科学不可能仅仅是原始事实的"归纳性概括"。当然,观察也完全是由思想范畴构成的。"科学的理论力图基于真实的机制而建构解释,这些真实的机制独立于我们的理论而存在于世界中,即使对那些机制及其后果的观察

---

① 塔里. 柯亨与马克思主义. 吕增奎,译. 马克思主义与现实,2017 (6):79-86.
② P. Blackledge. G. A. Cohen and the Limits of Analytical Marxism//J. Michael, E. Thompson. Constructing Marxist Ethics: Critique, Normativity, Praxis. Leiden, Boston: Brill, 2015: 296-297.
③ 齐艳红. 分析的马克思主义方法论研究. 北京:中国社会科学出版社,2012:60.

的选择也部分地依赖于理论自身。"① 在对"科学"的含义进行解释的基础上,E. 赖特总结道,分析的马克思主义倾向于强调"经验研究与系统的理论模型加以结合"对发展科学知识的重要性。这就意味着,后一条进路虽然没有完全排除"矛盾观念、辩证法"在其论证中的作用,但却表明了这些复杂的观念是如何被转译为一种关于"因果、机制和后果"的语言的。②

鉴于分析的马克思主义方法论的重要性和争议性,R. 韦内齐亚尼(R. Veneziani)依据分析的马克思主义的广泛文献,从定义上和实质内涵上严格地区分"分析的马克思主义"(AM)与"理性选择的马克思主义"(RCM),从而为分析的马克思主义的"马克思主义维度"进行辩护。在他看来,分析的马克思主义的"严格界定"是由 E. 赖特的定义提供的:C1. 对传统科学规范的承诺;C2. 强调系统概念化的重要性;C3. 关注相对详尽的理论论证;C4. 注重个体意向行动的价值。而理性选择的马克思主义的定义则是由罗默和埃尔斯特提供的,除了 C2 和 C3 以外,还包括:C1'. 运用分析哲学的技术方法和实证主义社会科学方法(罗默);C4'(i)所有的社会现象,即结构和变化在原则上都可以通过个人——属性、信念、目标和行动——而得到解释(埃尔斯特);C4'(ii)理性选择的解释认为,行动是理性的,以及由于它是理性的,该行动得到执行;该行动是主体实现其计划或欲望的最佳方式;理性的行动伴随着某种最大化的行为(埃尔斯特)。因而,理性选择的马克思主义的定义中内在包含着某种"还原论立场",这并不是所有分析的马克思主义者都接受的。③ 基于此,R. 韦内齐亚尼认定,分析的马克思主义的发展前景是广阔的。

在几十年的发展进程中,分析的马克思主义提供了一种最有影响力的马克思主义论题分析,提供了许多重要的洞见和经典的分析,例如:罗默在经济剥削方面的分析,G. A. 科恩、埃尔斯特和罗默在政治哲学领域的分析,R. 布伦纳在历史理论方面的分析,E. 赖特在阶级理论领

---

① E. Wright. Interrogating Inequality: Essays on Class Analysis, Socialism and Marxism. London: Verso, 1994: 183.

② 齐艳红. 当代英美马克思主义关于辩证法与形式逻辑问题的争论:以乔·埃尔斯特和伯特尔·奥尔曼为例. 学习与探索, 2015 (5): 9-15.

③ R. Veneziani. Analytical Marxism. Journal of Economic Surveys, 2012, 26 (4): 652, 655.

域的分析，等等。

二、关于 G. A. 科恩的平等主义正义论的当代阐释

应当说，G. A. 科恩对当代自由主义政治哲学的挑战以及他的社会主义的平等主义思想在国外学界产生了广泛而深远的影响。迄今为止，除了大量的书评以外，G. A. 科恩思想的各个方面几乎都得到了学者的重视和讨论，特别是 G. A. 科恩在《论平等主义正义的通货》一文中关于"由运气导致的有差别的劣势是不正义的"运气平等主义观念，在《拯救正义与平等》一书中"对罗尔斯正义论的批判和拯救"，以及在《为什么不要社会主义？》一书中对社会主义可欲性的论证，都是近年来国外学者关心和热议的问题。例如，2006 年和 2009 年分别出版了研究 G. A. 科恩思想的文集《平等主义的良心——向 G. A. 科恩致敬的文集》《正义、平等与建构主义：G. A. 科恩〈拯救正义与平等〉文集》；2011 年在法兰克福大学召开了"G. A. 科恩与社会主义"的专题研讨会①；2015 年出版了系统研究 G. A. 科恩政治哲学的著作《G. A. 科恩的政治哲学：返回社会主义的根本》一书；等等。可以说，这些成果在一定意义上反映了国外学者对 G. A. 科恩思想的重视程度和研究水平。学者们一方面尝试从不同角度阐述 G. A. 科恩对当代政治哲学的贡献和意义，另一方面也试图揭示 G. A. 科恩理论的局限性。

（一）关于 G. A. 科恩对自由至上主义的批判以及自我所有权问题的研究

聚焦于这个问题的主要学者有 J. 沃尔德伦（J. Waldron）和 H. 斯坦纳。J. 沃尔德伦运用"摩根先生的游艇"②这一案例探讨了 G. A. 科恩关于"个人财产与自由"的关系问题。G. A. 科恩用这个案例说明许多人在思考个人财产与自由的关系问题时出现了"混淆"，认为私有财产制度是一种自由的制度，由此国家对私有财产的干预就是对"自由的限制"。这是自由至上主义的观点，其背后的假定似乎是，私有财产权

---

① M. Ronzoni, Z. Stemplowska. Introduction to Symposium on G. A. Cohen and Socialism. Politics Philosophy & Economics, 2014, 13 (2)：117 - 118.
② "摩根先生的游艇"是 G. A. 科恩用来论证人们将财产关系和自由相混同的一个例子，这个例子说的是摩根先生可以自由地使用自己的游艇，因为法律规定阻止他人去跟摩根先生争夺游艇的使用权，他的自由是凭借使我们不自由的法律而获得的。

本身不会限制自由。G. A. 科恩认为这是错误的。① 实际上，自由至上主义是以自由的名义支持一种私有化经济。J. 沃尔德伦肯定了 G. A. 科恩的观点，认为所有的财产都限制了自由；但 J. 沃尔德伦又说，G. A. 科恩的这个案例也表明：我们不必抛弃"自由的消极概念"来表明财产对自由的限制。与此同时，J. 沃尔德伦也有一个疑问——G. A. 科恩的论证最终与自由至上主义论证的差异究竟有多大。② H. 斯坦纳认为，G. A. 科恩关于自我所有权的理解存在着例外，这可以在某些"征兵"（conscription）服役的例子中找到根据。在他看来，G. A. 科恩关于道德的自我所有概念不够全面，因为的确存在着一些服务于他人与自我所有权相容的情况，这些服务能够防止或矫正对他人道德权利的违背。H. 斯坦纳的看法是，自我所有权能够承载非契约的正义征用责任，因此并非所有为他人的服务都被自我所有禁止。③

（二）关于 G. A. 科恩的运气平等主义观念的研究

运气平等主义的支持者有德沃金、托马斯·内格尔（Thomas Nagel）、G. A. 科恩、罗默、拉里·特姆金（Larry Temkin）等，运气平等主义有强版本和弱版本：强版本主张，"那些人并非由于自己的过错或选择而导致其处境变得比他人的处境更糟糕的不平等的不正义和不公平应当完全被消除"；弱版本则主张，"那些人并非由于自己的过错或选择而导致其处境变得比他人的处境更糟糕的不平等的不正义和不公平尽管不能完全消除，但是应当得到缓解"④。R. 阿内森、T. 斯坎伦（T. Scanlon）等人对这个问题进行了讨论。

R. 阿内森从总体上评估和驳斥了 G. A. 科恩对运气平等主义理论的辩护。在 R. 阿内森看来，运气平等主义是一种社会正义理论，该理论认为如果一些人不是因为自己的过错或选择而导致自己的处境变得比他人的处境更差，那么这在道德上是坏的和不公平的。当然，R. 阿内森也看到了运气平等主义理论所面临的批评，认为其中有两个批评是重

---

① J. Waldron. Morgan's Yacht//C. Sypnowic. The Egalitarian Conscience：Essays in Honour of G. A. Cohen. New York：Oxford University Press，2006：154.
② 同①174.
③ H. Steiner. Self-Ownership and Conscription//C. Sypnowic. The Egalitarian Conscience：Essays in Honour of G. A. Cohen. New York：Oxford University Press，2006：101.
④ R. Arneson. Rethinking Luck Egalitarianism and Unacceptable Inequalities. Philosophical Topics，2012，40（1）：154.

要的和恰当的。第一个批评认为，运气平等主义"把每个人的条件相同看作道德上好的或可欲的"出发点是不恰当的；第二个批评认为，运气平等主义对那些做出错误选择、遭受坏运气并因此使其境况变得糟糕的人所应得的后果的判决过于严苛。例如，根据强运气平等主义的观点，如果一个司机因为酒驾出了车祸而导致残疾从而使其境况变得比他人的境况更差，这并非不道德的不正义，不应当对这种因自己的过错而导致的状况进行补偿。面对上述两个批评，运气平等主义似乎在从强版本向弱版本"后退"。然而，R. 阿内森发现，后期 G. A. 科恩的运气平等主义并没有出现这种后退状况。由于 G. A. 科恩为运气平等主义所做的辩护成功与否关涉到整个运气平等主义立场能否得到辩护，所以 R. 阿内森对后期 G. A. 科恩关于运气平等主义和社会主义的平等主义理想进行了考察与评估。

　　R. 阿内森指出，G. A. 科恩在《为什么不要社会主义？》一书中提出了两个原则：一是社会主义的机会平等原则，这实质上是"强运气平等主义"的规范；二是倡导人们彼此关心的共同体原则，由团结和互惠两个要素构成。对此，R. 阿内森的理解是，G. A. 科恩把强运气平等主义当作一种社会正义理论的看法是正确的，但仅有强运气平等主义还不能达到对社会正义的完整说明，还需要补充一个非正义原则，即共同体原则。显然，G. A. 科恩做出这样的构想与强运气平等主义遭受的两个批评密切相关，尤其是第二个"过于严苛"的批评。针对第二个批评，G. A. 科恩认为，虽然拒绝向因自己的过错或选择而遭受坏运气的人提供进一步的帮助（如那个因酒驾而出车祸致使其境况变得比他人的境况更糟糕的司机）并非不正义，但道德本身却要求帮助他，也就是说，共同体原则要求我们为这样的人提供帮助。因此，"G. A. 科恩的回应相当于做出了一个区分，即正义是一种严厉的美德，它要求我们补偿他人不受控制的不幸，而不补偿他人主动追求的不幸"①。R. 阿内森确信，G. A. 科恩的这种回应是不合理的，原因在于：如果考虑选择赌博这类狭隘的例子，G. A. 科恩的看法似乎是合理的，但还存在着其他类型的例子。对一个做出道德上高尚的、合理的和自我牺牲选择的人，追究其起源并让这个人为自己的坏运气而负责和受苦就是不公平的。例

---

① R. Arneson. Rethinking Luck Egalitarianism and Unacceptable Inequalities. Philosophical Topics, 2012, 40 (1): 157.

如，一个人冲进变成火海的大楼去营救他人，直接结果却是被严重烧伤，从此过着悲惨的生活。G. A. 科恩的回应并没有充分考虑到这一问题。对于强版本的第一个批评，R. 阿内森的看法是，虽然 G. A. 科恩肯定条件平等本身具有道德价值，并且也认为应该促进其他方面的平等，但 G. A. 科恩并没有论证这一点，而只是坚持他的观点。总之，G. A. 科恩力图用共同体规范补充运气平等主义，以期用共同体的团结去促进平等，但这个"补充并没有修复"运气平等主义的缺陷。她说："G. A. 科恩的混合的观点错误地否认在如下情况中存在着公平问题，即当问题发生时，我们是否应该为那些自愿做出好的、坏的或丑的选择并因此给他们带来不幸的人提供进一步的帮助。G. A. 科恩的共同体的团结倾向错误地把它的范围限制在那些能够促进平等而帮助他人的情况，并强化了我们应该对本身具有道德价值的条件平等以及正义要求的关注。甚至连 G. A. 科恩促进平等的责任规范也是可疑的。"①然而，R. 阿内森论证道，G. A. 科恩的运气平等主义在伦理上是站不住脚的。

  T. 斯坎伦认为，在"个人是否为其偏好和嗜好负责"问题上，G. A. 科恩与罗尔斯存在着分歧：根据罗尔斯的善的首要标准，个人是否为其选择负责与他如何运用这些善品相关，而与偏好的满足与否没有关系；而 G. A. 科恩的目标则是对"所有可及的优势"进行平等化，这意味着，虽然 G. A. 科恩的"优势"观念并非纯粹福利主义的，但是"偏好的满足与受挫状态"在其中起着重要作用。T. 斯坎伦认识到，由于 G. A. 科恩承认应用的实践问题可能会损害平等主义原则，尽管他的平等主义在理论层面更为激进，但在实践层面与罗尔斯可能没有什么不同。②在《公正、尊重和修正的平等主义精神》(2010) 一文中，J. 沃尔夫对运气平等主义提出了批评，认为运气平等主义的公正标准破坏了公民之间的相互尊重关系，并将自己的论证定位于与 R. 阿内森和 E. 安德森相关的视野中。J. 沃尔夫的结论是：贯彻"理想的"平等理论

---

① R. Arneson. Rethinking Luck Egalitarianism and Unacceptable Inequalities. Philosophical Topics，2012，40 (1)：162.
② T. Scanlon. Justice, Responsibility, and the Demands of Equality//C. Sypnowic. The Egalitarian Conscience：Essays in Honour of G. A. Cohen. New York：Oxford University Press，2006：87.

恰好会伤害平等理论想要帮助的那些人。①

（三）关于 G. A. 科恩对罗尔斯正义论之批判的相关研究

P. 汤姆林（P. Tomlin）概述了 G. A. 科恩在《拯救正义与平等》一书中从三个层面对罗尔斯正义论的批判。首先，G. A. 科恩对罗尔斯正义原则的"适用范围"进行了批判，指出正义原则适用于超出基本结构的个人选择领域；其次，G. A. 科恩提出一种可以替代罗尔斯正义观念的理论，认为正义的分配不是尽可能地改善不利群体的处境，而是任何不平等都可以追溯到个人选择而非运气；最后，G. A. 科恩对罗尔斯的正义概念提出批评，强调罗尔斯的"正义"不过是一种社会调节规则，而"纯粹正义"最好被理解为不依赖于事实的（fact-independent）价值。P. 汤姆林指出，"G. A. 科恩的每一个批判都产生了热烈的讨论并且受到了详细的考察和批判"②。

正如 P. 汤姆林所说，一些学者围绕着 G. A. 科恩的具体论点展开了讨论。例如，针对 G. A. 科恩批评罗尔斯的正义原则仅仅适用于社会基本结构的论证，S. 舍夫勒和 C. 斯宾威治（C. Sypnowich）做出了评论。S. 舍夫勒的观点是，无论人们是否同意罗尔斯关于把什么视为正义主体的观点，G. A. 科恩对这种结果的理解——要么理解为无价值的再分配标准，要么理解为容忍了对自私利益的追求——都是错误的。C. 斯宾威治则论证道，G. A. 科恩如果呼吁将正义的范围扩展到个人领域这一点得到认真对待的话，那么就会呼吁人们"慷慨地对待"大街上的行乞者。然而，正义原则事实上反对给予这些人"救济金"。她得出结论说，乞讨现象恰好产生了被要求"给予不利地位的人帮助"的那些境况好的人的"摇摆不定"③。再如，针对 G. A. 科恩的"拯救正义"工作，R. 阿内森等人提出了批评。在《正义不是平等》（2009）一文中，R. 阿内森说自己完全赞同 G. A. 科恩的如下看法，即任何一个社会有资格被视为理想的正义社会，不仅依赖于这个社会的制度结构，而且依赖于其社会成员的性情与行为；但 G. A. 科恩的错误在于把"正义等同于平

---

① J. Wolff. Fairness, Respect and the Egalitarian Ethos Revisited. The Journal of Ethics, 2010, 14 (3/4): 335-350.

② P. Tomlin. Internal Doubts about Cohen's Rescue of Justice. The Journal of Political Philosophy, 2010, 18 (2): 229.

③ C. Sypnowich. Begging//C. Sypnowic. The Egalitarian Conscience: Essays in Honour of G. A. Cohen. New York: Oxford University Press, 2006: 193.

等",所以他对罗尔斯正义论的批判性"拯救"并不成功。基于此,R. 阿内森还反驳了 G. A. 科恩对罗尔斯差异原则的批判。在 G. A. 科恩眼里,罗尔斯从平等的条件出发,但在对差异原则的论证中由于容许"道德任意性"而背离了平等要求,这是不一致的。在 R. 阿内森看来,罗尔斯假定平等的初始条件与他将差异原则当作分配正义的核心原则之间并不存在"理论上的前后矛盾"[①]。在《G. A. 科恩的拯救》(2010)一文中,J. 纳维森(J. Narveson)赞同 G. A. 科恩的下述看法,即罗尔斯在既定的基础上无法证明"不平等是正义的"观点;但却不同意 G. A. 科恩对罗尔斯的指责,即正义的基本原则必须是"对事实不敏感的"。J. 纳维森认为 G. A. 科恩的这一要求本身就是错误的,这表明 G. A. 科恩实际上持有一种认为基本的道德断言超出理性论证的"道德直觉主义"立场。J. 纳维森指出,G. A. 科恩"在'敏于事实'和'不敏于事实'的道德主张之间做出的有意义的、重要的区分,其效果是证明基本的道德原则超越了基于任何种类事实的论证。我认为这是一个根本性的错误"[②]。T. 博格则论证道,罗尔斯认为正义的基本道德原则是对事实敏感的,G. A. 科恩力图"拯救"罗尔斯的正义概念,认为正义的基本原则通常是"对事实不敏感的";而且,任何对事实敏感的原则都可以"被追溯到"对事实不敏感的原则。在区分内部事实敏感性与外部事实敏感性的基础上,T. 博格指出,G. A. 科恩本人似乎认可内部事实敏感的基本原则,这导致 G. A. 科恩持有的道德原则带有"柏拉图主义"色彩。[③]

与上述对 G. A. 科恩具体论点的考察和评估不同,P. 汤姆林倾向于关注 G. A. 科恩不同论点之间的关系问题。P. 汤姆林指出,"到目前为止,这是一个尚未受到足够重视的领域。G. A. 科恩本人并没有考察他的各种批判要素之间的关系,也没有像检视罗尔斯的工作那样,在同等力度和强度上考察自己在这些批判元素中做出的主张"[④]。因此,P. 汤姆林论证道,G. A. 科恩批判的某些部分的观点与其他部分的主张是

---

① R. Arneson. Justice is not Equality//B. Feltham. Justice, Equality and Constructivism: Essays on G. A. Cohen's Rescuing Justice and Equality. Chichester: Wiley-Blackwell, 2009: 18.
② J. Narveson. Cohen's Rescue. The Journal of Ethics, 2010, 14 (3/4): 333.
③ T. Pogge. Cohen to the Rescue!. Ratio (new series) XXI, 2008, 21 (4): 454.
④ P. Tomlin. Internal Doubts about Cohen's Rescue of Justice. The Journal of Political Philosophy, 2010, 18 (2): 229.

"不相容的",恰当理解 G. A. 科恩批判的不同部分之间的关系对理解 G. A. 科恩的完整思想,以及对检验 G. A. 科恩批判的效力是至关重要的。

三、关于罗默的剥削理论的当代阐释

在《剥削和阶级的一般理论》(1982)一书中,罗默对马克思的经济理论做出了原创性阐发。罗默的理论工作,尤其是拒斥劳动剥削论,主张财产关系剥削论,不仅影响了 E. 赖特的阶级理论和后期 G. A. 科恩对社会主义的辩护,而且得到了西方学者的广泛响应。西方学者对罗默的个体主义方法论、罗默基于生产性资产的不同所有权对马克思剥削理论的阐释,以及罗默的剥削理论模型都进行了研究或提出了批评,产生了大量文献成果。① 其中一些讨论是较为重要的,举例如下。

(一)对罗默剥削理论的批评与剥削概念的发展

G. 斯基尔曼(G. Skillman)从马克思的剥削理论视角,对罗默的一般剥削和阶级理论与《资本论》中关于利润和剥削的观点进行了比较。G. 斯基尔曼认为,罗默在理性的最优化主体与均衡市场框架中对马克思关于资本主义利润和剥削的处理,"丢掉了"资本主义对生产的直接控制在马克思关于剩余价值的说明中的关键作用,但罗默对马克思的这种"偏离"究竟是本质区别还是程度差异,这一点完全不清楚。无论如何,"无法获得劳动力"破坏了罗默对一般化的商品剥削原理的积极意义的理解。② 国外学者不仅对罗默的一般剥削理论进行了批评,而且还讨论了罗默的剥削理论模型,在此基础上推进了对剥削问题的研究。例如,R. 韦内齐亚尼将罗默关于生存经济的静态分析模型扩展到真实的"跨时情境"(intertemporal context)中。他论证道,在动态的框架中会出现两个界定剥削与阶级的标准:一个聚焦于主体在他生命之中每一个阶段的状况;另一个聚焦于主体的整体生活。这两个标准在一种次优的均衡中大体相当,更一般地看,罗默的模型可以被视为跨时模

---

① R. Veneziani. Exploitation and Time. Journal of Economic Theory,2007,132(1):190.

② G. Skillman. Marx's Capital through the Lens of Roemer's General Theory (and vice-versa). Social Choice & Welfare,2017,49:423-443.

型的一个特殊情况。在这里，R. 韦内齐亚尼力图阐发一种关于可持续的资本主义利润和剩余价值的独特的历史唯物主义说明，这样的说明没有单纯基于"外生的个人偏好"而预设均衡利润和剥削的持续存在。①此外，R. 韦内齐亚尼还对罗默基于分配正义的剥削概念提出挑战，强调权力或支配关系是界定剥削的本质要素。他说，剥削概念是马克思主义社会理论的基石，也是左翼政治的核心，但剥削概念却处于广泛的争议中，"在剥削关系的最基本特征问题上，几乎没有共识，并且关于剥削的定义及其规范性内容也是有争议的"②。R. 韦内齐亚尼处理了分配和压迫或权力关系在剥削中的作用问题，在他看来，对这个问题的开创性回答是由罗默做出的，罗默建构的财产关系的剥削定义使马克思主义的分配正义论聚焦于"不平等的禀赋分配"。R. 韦内齐亚尼的观点是，纯粹的剥削的分配定义"无法把握剥削关系的信息基础，并且无法同其他不正义或不正当的形式区分开来"③。

（二）关于罗默的剥削理论的持续争议

发达国家日益严重的财富和收入的不平等促进了分配正义问题复兴，T. 皮凯蒂（T. Piketty）的《21世纪资本论》（2014）一书就聚焦于这个问题。有学者指出，马克思与罗默对利润和剥削问题的解释，特别是关于利润的确定、资本积累的影响以及财富不平等的规范内涵等问题的解释，对皮凯蒂工作所提出的问题是"核心性的"④。此外，罗默对传统马克思主义剥削概念的挑战也激发了国外学界对剥削的定义和规范性特征的持续研究。从规范性层面说，N. 韦尤萨利斯对罗默和G. A. 科恩将剥削等同于以财产分配不正义为基础的交换观念提出了批评，阐发了一种以对自我完善的支配为核心的"关系性的剥削观念"，这种意义上的剥削不依赖于关于潜在的财富分配的正义判断。通过对有关剥削的最新文献的梳理和评论，N. 韦尤萨利斯区分了三种不同的剥削理论，即以目的论为基础的阐释（包括伤害和互利）、以尊重为基础

---

① R. Veneziani. Exploitation and Time. Journal of Economic Theory, 2007, 132 (1): 191.
② R. Veneziani. Exploitation, Inequality, and Power. Journal of Theoretical Politics, 2013, 25 (4): 527.
③ 同②529.
④ G. Skillman. Marx's Capital through the Lens of Roemer's General Theory (and vice-versa). Social Choice & Welfare, 2017, 49: 441.

的阐释（包括手段、力量、权利和公正）、以自由为基础的阐释（包括脆弱和支配），并揭示了各自的意蕴。① 总之，"30年前罗默提出的实证的和规范性的问题仍然推动着当代研究"②。

四、关于范·帕里斯的分配正义论的当代阐释

在《所有人的真实自由》（1995）一书中，范·帕里斯不仅界定了"真实自由"（real freedom），即人们在服从与他人权利相关的法律条款限制下，应该有机会去做任何他们想要做的事情，而且基于机会平等原则提出了"无条件的基本收入"概念，并将这种方案作为建构自由社会的"必要条件"，宣称一个自由的社会就是一个"正义的社会"。范·帕里斯还运用他的正义理论为资本主义的合法性进行辩护。范·帕里斯的观点在西方引起了很大反响，引起了诸多争议。《评估真正的自由意志主义：范·帕里斯之后的政治理论》（2003）文集集中体现了国外学界对范·帕里斯"真实的自由"思想的当代阐释。《关于正义的论证：范·帕里斯文集》（2014）是为庆祝范·帕里斯60岁生日而编写的，该文集围绕着范·帕里斯的广泛工作展开了思考和探索，涉及许多问题。

（一）对真实的自由和基本收入的评估

例如，B. 巴里批判性地考察了范·帕里斯对"所有人真实的自由"要求最高的可持续基本收入观念的论证，揭示了这一方案的困难。首先，他比较了"帕累托最优"与"真实的自由"，强调后者隐秘地建立在"福利主义前提"假定之上，因为对真实的自由的衡量如果离开了"真实的收入"观念，就不可避免地引入一种违背整个真实的自由观念的福利主义观念。③ 在 B. 巴里看来，"真实的自由"没有对"帕累托最优"进行改善，因为它排除了一个人的实际需求相对于其潜在需求的优先性，这就使这个定义不可能衡量可替代的社会安排之间的差异。B. 巴里还指出，范·帕里斯将"真实的自由"等同于"正义"，但却没有提供关于正义的定义和相关论证。B. 巴里说，范·帕里斯或许想要我

---

① N. Vrousalis. Exploitation, Vulnerability, and Social Domination. Philosophy & Public Affairs, 2013, 41 (2): 131-157.

② G. Skillman. Marx's Capital through the Lens of Roemer's General Theory (and vice-versa). Social Choice & Welfare, 2017, 49: 442.

③ B. Barry. Real Freedom and Basic Income//A. Reeve, A. Williams. Real Libertarianism Assessed: Political Theory after Van Parijs. Palgrave: Macmillan, 2003: 59.

们理解他把正义视为最重要的价值（无论可能是什么）的观点，"在这种情况下，说正义通过'真实的自由的最大化'（maximin real freedom）而实现只是在说真实的自由的最大化是最重要的价值。但我们仍然需要一个支持那个命题的论证。唯一可能的选择就是要求'正义'具有某种独立地得到界定的内容，借此它能够被视为最重要的价值。一旦'正义'的含义得到详细说明，我们就需要某种导向真实的自由的最大化是正义的最佳实现这一结论的论证链条。既然范·帕里斯没有提供相关论证，那么我不得不说，我们缺乏理由来接受真实的自由的最大化'是社会正义的全部'这个观念"①。与 B. 巴里的理解不同，R. 范德文力图为范·帕里斯的观点辩护，为此他关注了 B. 巴里据以批评范·帕里斯观点的两个论证——"基于带来真实的自由的最大化而为最高的、可行的基本收入进行辩护""没有为社会正义的标准提供好的辩护"，并指出第一个论证建立在"错误的"基础之上，第二个论证是"多余的"。②

（二）关于真实自由和基本收入方案的替代性问题

S. 怀特（S. White）讨论了范·帕里斯的基本收入方案如何能够回应剥削异议，并且是不是一种能够实现公平互惠的手段问题。③ 在他看来，范·帕里斯以普遍的真实的自由为基础论述的"无条件的基本收入"方案遭受的批评之一就是，它容许公民在生产性工作上"搭便车"从而共享社会成果，这使搭便车者剥削（不公正地利用）了其他对生产做出贡献的公民。面临剥削异议，范·帕里斯的"外部资产论证"和"原生运气论证"是不足的。S. 怀特认为，剥削异议似乎诉诸一种共同体的互惠原则，而互惠原则与团结伦理承诺的结合则构成一种更加彻底的分配正义原则，即"公平互惠"（fair reciprocity）。S. 怀特力图把基本收入与公平互惠协调起来以克服"纯粹基本收入"的剥削异议，他认为三种修正的基本收入方案，即共和主义的基本收入、选择

---

① B. Barry. Real Freedom and Basic Income//A. Reeve, A. Williams. Real Libertarianism Assessed: Political Theory after Van Parijs. Palgrave: Macmillan, 2003: 70-71.

② J. Robert, V. Veen. Real Freedom and Basic Income: Comment on Brian Barry//A. Reeve, A. Williams. Real Libertarianism Assessed: Political Theory after Van Parijs. Palgrave: Macmillan, 2003: 81.

③ S. White. Fair Reciprocity and Basic Income//A. Reeve, A. Williams. Real Libertarianism Assessed: Political Theory after Van Parijs. Palgrave: Macmillan, 2003: 137.

性的基本收入和受时间限制的基本收入方案,既能够促进公平互惠又确实诉诸基本收入。①

(三) 关于自我所有权的相关评估

P. 瓦伦泰恩(P. Vallentyne)具体考察了范·帕里斯对"自我所有权"观念的独特运用,他从范·帕里斯那里识别出三种自我所有权形式:(1)"支配的自我所有权"(control self-ownership),即是说,在没有做出事先承诺或不当行为的状况下,每一个在心理上自主的行为主体都有支配自己身体的"道德权利";(2)"休闲的自我所有权"(leisure self-ownership),是指每个人都有在工作和休闲之间进行选择的道德权利,不对个人的禀赋(技能和能力)进行征税是"正当的";(3)"非原生运气收入的自我所有权"(non-brute luck income self-ownership),这意味着,对那些由个人选择产生的收入征收再分配税是不合法的,除非是为了消除原生运气导致的不平等的程度。② 上述三种自我所有权的结合就是"有限的自我所有权"。P. 瓦伦泰恩认为,范·帕里斯主张在有限的自我所有权的约束下,应当通过制定税收政策来促进平等;然而,有限的自我所有权无法有效涵盖一些重要的和合理的自我所有权要素,因此范·帕里斯实际上认可了不合理的税收(illegitimate taxation)。③ K. 韦德奎斯特(K. Widerquist)论证道,"真实的自由"概念太脆弱,以至于无法支撑一种为无条件的基本收入进行的论证,应该用一种"作为有效控制自我-所有权的自由"(freedom as effective control self-ownership)概念取而代之。K. 韦德奎斯特认为,虽然一种"无条件的基本收入"方案是必要的,但后一种自由概念对"基本收入为什么必须是普遍的、无条件的以及必须最大限度满足一个人的基本需求"的解释力是更强的。④

---

① S. White. Liberal Equality, Exploitation, and the Case for an Unconditional Basic Income. Political Studies, 1997, 45 (2): 325.

② P. Vallentyne. Self-Ownership and Equality: Brute Luck, Gifts, Universal Dominance and Leximin//A. Reeve, A. Williams. Real Libertarianism Assessed: Political Theory after Van Parijs. Palgrave: Macmillan, 2003: 31-34.

③ 同②35.

④ K. Widerquist. Why We Demand an Unconditional Basic Income: The ECSO Freedom Case//A. Gosseries, Y. Vanderborght. Arguing about Justice: Essays for Philippe Van Parijs. Presses universitaires de Louvain, 2011: 387.

此外，还有一些学者利用一系列经验案例论证了无条件的基本收入的"优越性"。例如，E. 苏普利西（E. Suplicy）对巴西发放救济的社会补贴项目的发展进行了反思，总结了许多重要案例，支持和论证了"现实的无条件的基本收入"方案。[①] B. 阿克曼（B. Ackerman）、E. 本戴维（E. Bendavid）、J. 科恩、K. 霍夫曼（K. Hoffmann）和 T. 威诺格拉德（T. Winograd）等人围绕着范·帕里斯的实践工作，讨论了可能的公共政策或者非政府组织的解决方案等具体问题，致力于促进范·帕里斯"真实的自由"的实现。

五、关于分析的马克思主义的发展前景的问题

关于分析的马克思主义的发展前景的问题，国外学者也非常关注。例如，L. 雅各布斯（L. Jacobs）在广义上将罗默、范·帕里斯、E. 赖特、伯特尔·奥尔曼（Bertell Ollman）等人在 20 世纪 90 年代中期前后关于剥削、分配正义、平等、市场社会主义、辩证法等方面的研究工作视为分析的马克思主义的"第二波"，认为他们的主要贡献在于探讨了两个议题：平等主义正义的本质，以及民主和解放。[②] R. 韦内齐亚尼从构建解放的社会理论视角区分了分析的马克思主义与理性选择的马克思主义，认为分析的马克思主义在经济理论、历史理论、阶级理论、政治哲学、政治理论等方面都提供了经典的分析，未来批判的社会理论工作还将在 R. 布伦纳、凯·尼尔森、E. 赖特的方向上进一步延展。应当说，这些看法是中肯的。从目前的发展状况来推断，未来分析的马克思主义依然会在平等主义正义论、自由和解放的社会主义理想追求，以及对资本主义的批判和完善上继续前行。

另外，关于 E. 赖特阶级理论的研究，关于 R. 布伦纳命题即"从封建主义到资本主义的过渡"的研究，以及关于凯·尼尔森的激进平等主义的社会正义论的研究，都是 21 世纪国外分析的马克思主义学界仍在探讨的问题，并出现了大量的研究成果，在某种程度上激励了"社会

---

① E. Suplicy. Towards an Unconditional Basic Income in Brazil?//A. Gosseries, Y. Vanderborght. Arguing about Justice：Essays for Philippe Van Parijs. Presses universitaires de Louvain，2011：337.

② L. Jacobs. The Second Wave of Analytical Marxism. Philosophy of the Social Sciences，1996，26（2）：279-292.

学的马克思主义""政治的马克思主义"等方面的研究。①

综上所述,分析的马克思主义经过几十年的变化,在 21 世纪的发展呈现出多元化趋势,但核心主题仍然是平等主义正义论和解放的社会理论。分析的马克思主义更加注重从西方社会的现实问题出发,或对资本主义社会的主要矛盾进行反思和批判,或积极地寻求资本主义的替代性方案;或将平等主义正义观念推广到全球正义讨论中,或为社会主义辩护。在今天,尽管分析的马克思主义作为统一的学术活动不复存在,再加上由于意识形态等原因,国外学者们也日益缺乏自我认同感。但正如 J. 沃尔夫所暗示的那样,在马克思或马克思主义的激发下,核心意义上的分析的马克思主义的问题和精神被保留了下来,扩展意义上的分析的马克思主义特别是平等主义正义论的研究仍然活跃。虽然国外学界关于分析的马克思主义的研究取得了重要进展,但在"分析的马克思主义"的概念界定、基本特征以及是否终结等问题上存在的争议,使他们没有对分析的马克思主义在 21 世纪的新发展做出系统的梳理,特别是关于分析的马克思主义政治哲学观念的总结性研究尚未出现。因而,对分析的马克思主义的研究还存在不足之处:(1)关于"分析的马克思主义"的内涵和外延缺乏清晰的界定;(2)关于历史唯物主义与规范政治哲学的关系问题,只是遵从分析的马克思主义的个别代表人物的看法,并未对分析的马克思主义政治哲学的前提进行深入分析;(3)规范政治哲学转向是不是分析的马克思主义的主题,是否还属于马克思主义,它与自由主义政治哲学的关系如何,这些问题都没有得到系统澄清。所以说,对分析的马克思主义的研究任重而道远。

---

① E. 赖特在《展望现实的乌托邦》的"前言"中论及他与迈克尔·布洛维(Michael Burawoy)合作为一本社会学理论和思想手册写的一篇文章,其核心论证是"马克思主义传统之最强健的和持久的方面就是阶级分析,并且围绕着阶级分析可以建构一种广泛的社会学的马克思主义"。他们当时计划将这篇文章扩展为"社会学的马克思主义研究"项目,但未能完成,后来其核心部分被整合到了《展望现实的乌托邦》一书中。

第八章 西方马克思主义的空间批判理论

空间问题及其概念化由来已久。近 20 年来，跨学科的空间研究在世界马克思主义和激进左翼思潮中日益凸显，并形成了一种新的理论气象，许多学者将理论关切诉诸空间问题，形成了多维的空间话语。可以说，空间问题在社会理论和日常生活建构中的意义已不容小觑。空间研究升温有其特定的现实语境，即当代人空间生产的深刻变革，从全球化、城市化到各种虚拟空间，空间正在塑造人类新的存在样态。交通和通信技术的发展使地理距离不再成为问题，人们将最远的距离丢在了后面，呈现在我们面前的是一个全球意义上的普遍交往的时代，一个共时性的时代，建构在这种共时性基础上的世界经验在我们的经验体系中日益占据主导地位，各种在以往的时代坚不可摧的空间壁垒正在不断被消解。空间实践的丰富性为拓展当代人的生命体验提供了诸多可能，相应地，人们越来越关注不同场所和政治文化环境的空间特质，并将之视为全球性和地方性的社会行动的基本参量。

在当代社会科学的"空间转向"中，西方马克思主义是一支重要的理论力量，空间是当代西方马克思主义对经典马克思主义进行再阐释的一个基本视角，从列斐伏尔、哈维、詹姆逊，到苏贾、卡斯特、鲍曼，尽管他们的空间视野各有不同，但都从不同路径展现了当代空间生产的诸种样貌，都试图将空间作为一个积极因素整合进马克思主义理论体系中，共同建构了西方马克思主义的空间批判话语——列斐伏尔的空间生产理论、哈维的空间生产的政治经济学、詹姆逊的后现代主义空间理论、苏贾的后现代地理学、卡斯特的流动空间及其生产理论，以及鲍曼的全球空间生产理论。限于篇幅,本章将主要讨论列斐伏尔、哈维、詹姆逊的空间批判话语,并对西方马克思主义的空间批判进行总体评价。

第一节 列斐伏尔的空间生产理论

列斐伏尔是最早对空间问题进行理论阐释的西方马克思主义者,他的《空间的生产》(1974)长期以来被奉为空间分析的经典著作。列斐伏尔将空间分析与全球化、城市化、日常生活等问题结合在一起,开辟了空间研究的新视野。值得注意的是:列斐伏尔对空间的分析是从对马克思思想的研究出发的,其空间生产理论也贯穿着马克思主义方法论。在此以前,还没有马克思主义学者对空间的社会性以及资本主义空间生产给予重视。因而,系统研究列斐伏尔的空间生产理论对于重新认识马克思思想的空间维度及其当代价值具有重要意义。苏贾是这样评价列斐伏尔的:"在20世纪的马克思主义所有伟大的人物中,列斐伏尔也许是最不为人所了解,也是最被人误解的人物。他卓尔不群,是后现代批判人文地理学的滥觞,是攻击历史决定论和重申批判社会理论空间的主要源泉。他这种坚定不移的精神引发了一大群人开展其他形式的空间化,如萨特、阿尔都塞、福柯、普兰查斯、吉登斯、哈维和詹姆逊等人。即便在今天,他依然是富有原创性和最杰出的历史地理唯物主义者。"[①] 安迪兹·热兰尼(Andrzej Zieleniec)也指出:"列斐伏尔作品的意义在于,它凸显了空间在社会关系中的作用,并提供了一个理论与范畴基础,其他社会理论家发现,以此为基础和路径可以分析、研究空间对社会关系的重要性,并通过空间发现社会关系的形态。"[②]

一、空间的复杂性与社会性

在当代西方社会科学的"空间转向"中,列斐伏尔可以说是一个开创者,他敏锐地注意到历史和社会生活的空间性长期以来被湮没在

[①] 苏贾. 后现代地理学:重申批判社会理论中的空间. 王文斌,译. 北京:商务印书馆,2004:42.

[②] A. Zieleniec. Space and Social Theory. London:SAGE Publications,2007:93.

第八章 西方马克思主义的空间批判理论

人文社会科学编织的时间-历史维度中,空间仅仅是一个外在于社会历史进程的容器和社会关系变革的被动载体。与此相应,空间也只是某些空间学科,如建筑学、地理学、城市研究的主题,这些学科把空间当作一种纯粹的科学对象,而忽略了其丰富的社会内涵。列斐伏尔认为,空间研究的问题域远远跨越了这些空间学科,而渗透到人类社会生活的方方面面。因此,空间在马克思主义社会学家眼中不应只是充当一种辅助物或背景,恰恰相反,它本身就是主角;空间研究是可以将经济子系统、政治子系统、文化子系统加以重新辩证整合的一个新视角。

在列斐伏尔那里,空间不是抽象的自然物质或外在于人类活动的静止的"平台",它产生于有目的的社会实践,是社会关系的产物。"空间从来就不是空洞的;它往往内含着某种意义"①;"人们在空间中看到了社会活动的展开"②。列斐伏尔将空间理解为"社会秩序的空间化"(the spatialisation of social order)③,这种空间化涉及社会关系的重组与建构。

首先,列斐伏尔区分了自然空间与社会空间。其中,自然空间在深度上具有无限性,虽然它是社会历史进程的源头,在人们利用和改造自然的过程中也不会完全消亡,但在与社会的对抗中,它总体上还是被击败了。④ 因此,主宰人类生活的显然不是自然空间而是社会空间。"社会空间"已经不是"自在的自然",它的母体是社会关系,"生产的社会关系是一种社会存在,或者说是一种空间存在;它们将自身投射到空间里,在其中打上烙印,与此同时,它们本身又生产着空间"⑤。如此说来,"社会空间"包含着社会关系的生产,并赋予这些社会关系合适的场所。可见,列斐伏尔将社会关系视为一种空间化的社会存在,"每一个特定的社会、生产模式或生产关系都会生产出自己特殊的空间"⑥。在这个意义上,我们可以说,空间是一种社会产品,而其一经形成又制

---

① H. Lefebvre. The Production of Space. Malden MA: Blackwell Publishing, 1991: 154.
② 勒菲弗. 空间与政治. 李春,译. 上海: 上海人民出版社,2008: 39. 勒菲弗即列斐伏尔.
③ 同①154-155.
④ 同①30-31.
⑤ 同①129.
⑥ 同①31.

约着社会关系的发展。"任何一个'社会存在'在成为现实的过程中，如果没有同时生产出自己的空间，它就是一个古怪的实体。"① 基于空间的内在过程性和复杂动态性，列斐伏尔提出了空间生产（the production of space）概念。

其次，列斐伏尔又区分了"感知空间""构想空间""生活空间"。其中：（1）"感知空间"（the perceived space）是具有物理形态的社会空间，例如城市的道路、网络、工作场所等，这个空间是空间学科的研究对象，它可以借助于一定的仪器和工具进行量化的精确测量、描绘与设计。（2）"构想空间"（the conceived space）是"概念化的空间"，它体现着现实生产关系的要求，本质上是被某些科学家、城市规划者和政客建构出来以维护现存统治秩序的抽象空间；就是说，"构想空间"是现实生产关系建构自己的空间秩序的过程，这种空间秩序生产出相应的空间语言符号系统，后者通过控制空间的知识体系成为一种隐性的空间权力，干预并控制着现实的空间建构。例如，社会精英阶层与平民阶层的"构想空间"是不同的，而且在两者的博弈中后者常常处于弱势地位。（3）"生活空间"（the lived space）是艺术家、作家和哲学家视域中想象的、虚构的、象征性的空间，它"是一个被动体验的或从属的空间，是被想象力改变和占有的空间。物理空间在其中被遮蔽了，它借助于象征手法来作用于其他事物"②。与"构想空间"不同，"生活空间"是一个"被统治的空间"，也是为了斗争、自由与解放而选择的空间——列斐伏尔称之为"反空间"（count-space）的领域。这种反抗体现在它对从属的、外围的、边缘化的空间的再现，以及对处于空间秩序底层的人的关注。列斐伏尔说，"构想空间"是以人们现实生活体验为基础的真实空间；它是鲜活的、能动的，从自我、床、卧室、住宅到房屋，再从广场、教堂到墓地都可以成为虚假的"生活空间"的现实载体，这些空间在现实的生活情境中能动地建构关系；它既可以是环境性的空间，也可以是关系性的空间。③

最后，列斐伏尔将社会空间历史沿革划分为六种类型：（1）绝对空间，主要是基于特定自然位置和自然属性而被人们发现与利用的自然空

---

① H. Lefebvre. The Production of Space. Malden MA：Blackwell Publishing，1991：53.
② 同①40.
③ 同①42.

间。(2)以希腊神庙为代表的神圣空间。(3)以政治国家为代表的历史空间,它是政治力量占据和塑造的空间。在这个空间中,空间生产者、管理者、组织者属于不同阶层。(4)以资本主义政治经济体系为代表的抽象空间,是被资本支配的空间,这是列斐伏尔空间分析的重点。(5)矛盾空间,体现着当代资本主义众多社会空间的矛盾性。(6)差异化空间,是以现实生活体验和感受为基础的空间,这个与同质化空间对立的空间,是列斐伏尔空间分析的理论归宿。

二、对资本主义空间生产的政治经济学批判

列斐伏尔认为,当代资本主义的生产重心正在从物的生产转移到"空间本身的生产",资本主义的生产已经成为一个不断超越地理空间限制,从而实现"空间自我生产"的过程。在这个过程中,具体的自然空间,如土地、空间甚至光线都具有交换价值,并被纳入资本主义剩余价值的生产体系中。在这里,列斐伏尔从全球化、城市化和日常生活三个维度对资本主义空间生产进行了批判。

首先,全球化是当代资本主义空间生产的第一个维度。在列斐伏尔的视域中,全球化是当代资本主义发展的重要特征和最新趋势,全球空间生产是资本主义能够存活到 20 世纪的基本手段,空间也成为全球化资本主义的重要统治对象。从本质上讲,全球化是无休止的资本积累空间实践的必然结果,资本主义通过遍及全球的生产和销售网络将体现资本逻辑的空间秩序覆盖到全球,从而实现抽象空间的生产和整合。在这个过程中,与资本主义相关的各种形式的社会空间组织在世界范围内形成并不断扩张,并对所有的空间进行抽象,从而为资本流通实现全球化创造了现实条件,例如遍及全球的银行、商业系统、交通体系,能源、原材料、信息的全球流动,以及全球范围内众多生产中心的建立。因而,对资本主义的当代审视必须与资本主义的全球空间生产的现实语境结合在一起。当然,全球化并不意味着"区域化"的终结,而是始终伴随着不同层面的"区域化"的抵抗。当前发生在世界各地的民族战争、民族国家之间的矛盾、国家和区域之间的不平衡发展等无不是这种抵抗的现实反映。这种抵抗反映的是空间的同质化与碎片化之间的矛盾,这种矛盾使资本主义的全球空间生产从来都不是一个平衡结构。"如果空间已经成为生产关系再生产的场所,那么它事实上也开始成为众多矛盾

丛生之地。"① 可以说，区域化与全球化之间错综复杂的关系是二战后资本主义全球发展的一个突出特点，而空间的重组则是二战后资本主义全球发展的一个核心问题。与此同时，不容忽视的是，在全球化进程中国家的作用不可小视，资本积累的全球化及其带来的社会空间重组仍然主要是在国家范围内实现的，而对全球空间的占有和控制也成为当代资本主义国家利益的重要内容。

其次，城市化是当代资本主义空间生产的第二个维度。列斐伏尔注意到，工业社会向城市社会的转变是20世纪资本主义发展的一个重要方面，他称之为"城市革命"。"工业化的方向和目标，就是在探索中形成城市社会"②，"未来的社会，将不再是'工业社会'，而是'城市社会'"③。在列斐伏尔看来，城市空间组织和空间形态是资本主义生产方式的产物，城市的物理形态直接体现资产阶级意识形态，因此，城市空间不是一个中立的物质环境，而是有意识、有目的地被建构出来的，它维护和体现着主导性社会空间，并直接服务于资本主义生产、流通、交换和消费，是资本主义现实政治实践的舞台。资本主义空间生产过程中的基本矛盾体现为空间的资本化与人的社会空间需要之间的矛盾，即空间的交换价值与使用价值之间的矛盾。通过对城市建成环境的考察，列斐伏尔指出当代资本主义为了获取更高利润，将投资转向城市建成环境领域，从而造成资本在建成环境领域的集中，而后者往往具有较长的投资周期，这就使资本经常不断在摧毁旧的城市建成环境与建造新的城市建成环境之间举棋不定，最终导致城市建成环境听命于资本积累的指挥棒而失去稳定性。一方面，大量新建成的城市建筑被闲置；另一方面，许多城市商业建筑在仍具有使用价值的时候被推倒。这样，城市空间就在不断地被破坏、被开发和被扩建中成为资本的权力场；城市建成环境经历的这种不断重构的过程，就是资本统治的内在逻辑的体现。此外，城市中心区商业功能的凸显，居住空间的不断郊区化，工作场所和生活场所的分离，休闲空间的商业化，以及中心区与边缘区之间的统治与从属关系都是资本主义空间生产的重要内容。

---

① H. Lefebvre. The Survival of Capitalism: Reproduction of the Relation of Production. London: Allison & Busby, 1976: 85.
② 勒菲弗. 空间与政治. 李春, 译. 上海: 上海人民出版社, 2008: 3.
③ 同②89.

第八章　西方马克思主义的空间批判理论

最后，日常生活空间是当代资本主义空间生产的第三个维度。在列斐伏尔的视域中，日常生活并不是每天的平常生活，或者说不是一种"日常性"（the everydayness）生活，而主要是指一种单调乏味、缺乏意义的生活和生存状态；换言之，是一种被异化的"日常性"生活，相当于马克思所说的总体性的生产方式的产物。"生产方式作为生产者和日常生活作为产物彼此显现着对方"①，因此，日常生活并不是一个完全的私人领域，而是抵抗与更新社会生活的基础。在《现代世界中的日常生活》（1967）中，列斐伏尔指出，日常生活在前资本主义社会以及资本主义社会初期还主要是一个被忽略的、未被组织的边缘领域，但随着资本主义的发展，它被系统纳入资本主义的生产与消费的总体，并从边缘走向了中心，成为资本主义生产关系存续的主战场。因而，日常生活对资本主义空间生产的意义在于："日常生活是一切活动的汇聚处，是它们的纽带，是它们共同的根基。也只有在日常生活中，造成人类的和每个人的存在的社会关系总和，才能以完整的形态与方式体现出来。"②

可见，列斐伏尔赋予了日常生活丰富的社会空间含义。他认为资本主义不断生产同质化的社会空间与制度化、程序化的空间秩序，并将一切价值都还原为抽象的交换价值。个体被安置在这种空间秩序的特定位置，统治这一空间秩序的是社会官僚阶层，普通民众对这种空间秩序只能被动地接受。显然，这种空间秩序是对日常生活的一种宰制。在资本家不断建成更多高楼的同时，城市公共建筑和普通民众的居住空间却面临不断地被支离化、破碎化的危险，个体的日常消费为无孔不入的媒体、广告和专家系统所左右，日常生活日益为完美无缺的现代消费体系所套牢和侵蚀，最终使日常生活变成一个被组织的和受控的领域。日常生活空间的丰富性、差异性为资本的同质化所吞噬，变为一个事实上被压抑的空间，一个任何元素都可以转化为交换价值的商品化、均质化的社会空间，一个让人无法忍受的警察空间——列斐伏尔称之为"日常生活空间的殖民化"。然而，一方面，当这种抽象的空间试图同质化地控制每个个体的日常生活时，与这种同质化空间对抗的差异化空间必将崛起，这就使城市空间危机爆发不可避免，这种危机反映的是资本主义统

---

① H. Lefebvre. Critique of Everyday Life: Volume III. London and New York: Verso, 2005: 11.

② 同①97.

治与社会生活之间的矛盾。就是说，资本主义生产关系的生产场所已经从企业、厂房扩展到人的日常生活空间，这是资本主义社会空间秩序不断强化的体现。另一方面，日常生活日益被边缘化所导致的人口分散化，使中心权力的集中实施面临着一定的挑战。

三、对马克思主义的空间化改造

首先，尽管两者存在着某种理论上的断裂，但马克思主义的确是列斐伏尔空间生产理论的一个重要的方法论基础。事实上，列斐伏尔对空间的分析是从马克思的《资本论》中找到灵感的，他尤其关注马克思关于资本发展日益造就"用时间去消灭空间"的趋势这个观点。在这种不断"消灭空间限制"的资本运动中，列斐伏尔找到了空间分析的切入点，因为"消灭空间"同时也就意味着生产出新的空间。不过，列斐伏尔也指出，尽管马克思已经意识到了土地问题——例如在《资本论》第3卷的结尾部分土地问题已经凸显出来了，但马克思对空间的重视还是不够的，因为《资本论》主要探讨剩余价值的榨取和流通的时间性，物质生产的空间维度并未充分展现出来。一个明证就是马克思对工业化进程中的空间因素，包括土地、农业、地租以及土地利用中的阶级关系没有给予足够的重视，而是倾向于揭示资本主义生产关系的若干二元对立（例如，资本与劳动、资产阶级与无产阶级，以及利润与工资，等等），从而一定程度上忽视了对作为第三类因素的空间的关注。在列斐伏尔看来，土地的作用在由农业社会向工业社会的转变中并没有消失，相反，它很快被整合到新的社会关系的生产体系中，并作用于资本主义的城市化和全球化进程，资本主义在这种扩张中摧毁着旧的社会空间，同时建构着新的空间生产体系。与此相适应，马克思主义辩证法也主要是社会-历史维度的，对人类生活空间批判性思考的缺失在一定程度上影响着马克思主义的活力。

其次，列斐伏尔认为，马克思的历史辩证法的核心是生产关系的生产，而生产关系的生产与空间生产联系紧密。生产关系本身就是一种社会空间。这样，列斐伏尔就将空间引入马克思的历史辩证法中，试图建立一种"时间-空间-社会"的三元辩证法。在这种辩证法中，空间不再是外在于生产关系的，其本身就是生产关系的现实载体，于是空间生产与社会形态演变之间就有了内在联系。列斐伏尔强调，"三元辩证法"

第八章 西方马克思主义的空间批判理论

不同于马克思主义辩证法从肯定、否定到否定之否定的三个阶段,在这里,"否定之否定"是一个辩证的综合;而"三元辩证法"旨在打破历史辩证法将一切形式还原为二元对立的思维模式,这种二元化倾向把对象分解为两个范畴之间的对立,例如主体与客体、中心与边缘。列斐伏尔认为这种二元对立结构是不够的(这显然存在着对马克思主义的误读)。在《在场与缺席:再现理论导论》(1980)中,列斐伏尔指出,"长期以来,反思性哲学一直注重二元关系。例如,干与湿、大与小、有限与无限、主体-客体、连续性-非连续性、开放-封闭、能指与所指、知识与非知识、中心与边缘……(但)难道永远只是两个项的关系吗?其实,始终有三项关系,始终存在他者"[1],"既然两个项是不够的,那么终究有必要引入第三个项"[2]。于是,列斐伏尔就引入了空间这个关键性的"他者"。在这里,空间不是时间和社会的简单叠加,而是与时间和社会不可分离的、并存的第三个维度。这种被列斐伏尔改造过的、空间化了的辩证法试图建构一种开放的结构,以打破传统历史辩证法囿于历史性、历史时间以及时间性结构的状况。作为对二元逻辑的历史话语的一种解构,"三元辩证法"在列斐伏尔的空间分析中占有重要地位。

最后,列斐伏尔秉承了马克思对资本主义的批判立场,将资本主义空间生产批判作为其空间生产理论的中心议题。在列斐伏尔看来,二战后资本主义发展的一个重要变化就是空间重组,这种重组在全球化、城市化以及日常生活层面都引起了深刻变革;这种空间重组并不是无意识的偶然行为,而是当代资本主义谋求转嫁危机的必然之道。列斐伏尔指出,古典资本主义的"空间中的生产"正在向当代资本主义的空间生产转变。在这种转变中,空间既是手段又是目标,资本主义的空间技术意识形态在全球扩散,空间已经成为当代资本主义发展的一个基本向度。如果说马克思对资本主义的批判主要立足于19世纪生产力与生产关系之间的矛盾,而随着空间引起的资本积累方式的变革,当代资本主义已经通过不断的空间拓展在一定程度上缓解了这一矛盾。他说:"现在我们获得了一个重要观点:占有空间并将空间整合进资本逻辑是资本主义得以存续的重要手段,空间本身现在已经成为一种工具,尽管空间以往只被

---

[1] 索杰. 第三空间:去往洛杉矶和其他真实和想象地方的旅程. 陆扬,刘佳林,朱志荣,等译. 上海:上海教育出版社,2005:67. 索杰即苏贾.

[2] 同[1].

作为一种被动的地理环境或者几何学意义上的空洞背景。"① 空间拓展已经成为当代资本主义转嫁资本过度积累危机、维系资本主义生产关系再生产的重要方式。在这个进程中，空间已经成为一种商品，它可以被生产、转让和消费。这样，空间就从原来的消费和使用的空间转变为生产和交换的空间，资本通过对空间的统治来维护和巩固资本主义生产关系。

以城市空间生产为例，这种生产每天都在进行，而且以资本逻辑的方式在进行。不仅城市空间面貌为资本所塑造，更重要的是，日常生活也为资本主义生产关系所统治，资本主义通过扩展到所有空间而获得了一种总体性的统治。相应地，资本主义生产关系的生产已经从作为特定的物质生产场所的工厂、企业转向作为一种整体空间的城市和日常生活。空间生产给资本集团带来了现实的利益，也成就了作为城市规划者的官僚和技术专家的统治。"空间一向是被各种历史的、自然的元素模塑铸造，但这个过程是一个政治过程。空间是政治的、意识形态的。它真正是一种充斥着各种意识形态的产物。"②

四、"差异化空间"生产与社会主义空间的可能性

差异化空间是资本主义空间生产批判的理论归宿。通过引入"差异化空间"，列斐伏尔讨论了一种新的空间生产和政治秩序的可能性。

首先，"差异化空间"生产是新的政治实践的重要内容。列斐伏尔指出，"差异必须成为社会与政治实践的背景，这种实践与空间分析相连，这是关于（社会）空间的（社会）生产的分析。或更准确地说，它就是认识"③。换言之，"差异化空间"首先是一个重估差异性与生活经验的未来空间，"资本主义和新资本主义的空间，乃是量化与愈形均质的空间，是一个各元素彼此可以交换因而能互换的商业化空间；是一个国家无法忍受任何抵抗与阻碍的警察空间。因此，经济空间与政治空间倾向于汇合（在）一起，而消除所有的差异"④。而"差异化空间"旨在打破抽象的权力空间对私人领域的控制和对同质化空间的压制，从而

---

① H. Lefebvre. The Survival of Capitalism: Reproduction of the Relation of Production. London: Allison & Busby, 1976: 262.
② 包亚明. 现代性与空间的生产. 上海：上海教育出版社，2003：62.
③ 索杰. 第三空间：去往洛杉矶和其他真实和想象地方的旅程. 陆扬，刘佳林，朱志荣，等译. 上海：上海教育出版社，2005：43.
④ 同②55.

真正"恢复差异的权利"。在列斐伏尔看来,"差异化空间"的建构是与对同质化空间的抵抗联系在一起的,"今时更甚以往,阶级斗争介入了空间的生产。只有阶级冲突能够阻止抽象空间蔓延全球,抹除所有的空间性差异。只有阶级行动能够制造差异,并反抗内在于经济成长的策略、逻辑与系统"①。在这里,"差异化空间"生产与总体性革命联系在一起,一种政治体系的生命力与其生产、吸纳和组织社会空间的能力息息相关。因而,"差异化空间"的建构不仅是民族国家层面的,更是世界全球层面的,这使当代社会政治运动从某种意义上具有一种"空间审判"的意味。

列斐伏尔进一步指出,在经典马克思主义视域中,空间主要表现为政治冲突和政治行动的场所,而当今政治实践正在与空间生产以及空间的控制和争夺紧密结合在一起,"解放政治"所谋求的政治制度和意识形态的变革只有与"差异化空间"生产结合在一起才能真正实现,而马克思主义政党必须对这种"空间政治学"有足够清醒的认识。就是说,一种基于"反空间"的阶级斗争必须关注被资本主义空间统治剥夺的、边缘化的城市群体——这种关注在发达资本主义国家表现为城市革命和新的日常生活建构,在广大的"第三世界"国家则表现为对发达国家主导的国际政治经济秩序的抵抗。

其次,城市是"差异化空间"生产的现实载体。列斐伏尔指出,工业化曾经孕育和推动了城市化,但到20世纪,作为城市化母体的工业化却反过来开始为城市化所塑造和制约,人类社会空间正经历着深刻的重组。与此相应,城市在资本积累和社会关系再生产中占有越来越重要的地位,资本主义把不平等的剥削和统治关系隐藏在城市意识形态的面纱背后,并通过城市空间的同质化、分离化、工具化为资本主义生产和再生产创造条件,这就使城市成为资本主义抽象的空间统治最集中的地方,也是社会空间矛盾最突出的领域。在这一语境下,"差异化空间"生产就必须与城市空间生产结合起来。列斐伏尔强调,只有在城市的背景下,与资本主义体系对立的"差异化空间"才能被保存、捍卫,并最终得以拓展。基于此,列斐伏尔提出了"城市革命"主张,其中包含着"差异化空间"生产的要求。"城市革命"将导致城市社会的到来,城乡

---

① 包亚明.现代性与空间的生产.上海:上海教育出版社,2003:50.

之间的差别和对立在城市社会中将不再重要,城市将成为社会空间生产和变革的真正发源地,成为城市问题与更为隐蔽的文化问题的结合场所。对于人类的自由解放来说,城市社会提供了一种广阔的前景,但它的实现有赖于"差异化空间"生产对同质化空间生产的取代。城市空间是城市物质形态、城市社会关系、城市日常生活的统一体,只有这三个层面摆脱资本逻辑的宰制,"差异化空间"生产才有可能。

最后,日常生活是"差异化空间"建构的基石。列斐伏尔认为,日常生活是各种社会活动与社会制度结构的社会基础,也是总体性革命的发源地。众所周知,列斐伏尔被誉为"日常生活批判理论之父"。在他之前,卢卡奇从异化视角肯定了日常生活的批判功能和革命力量,海德格尔开启了日常生活现象学,而列斐伏尔则将日常生活批判转向空间政治学。列斐伏尔指出,抽象权力空间对现代日常生活的控制已经渗透到所有细节中,其直接后果就是日常生活的全面异化,日常生活最终沦为资本主义社会意识形态的共谋者。换言之,日常生活正在取代生产场所成为政治斗争和社会变革的主要领域,现代日常生活已经取代经济而占据着优势地位,这一变化迫使人们不得不突破传统的经济意识形态的狭隘视野,重新界定社会变革,在其中,对日常生活的研究就必须提上议事日程。作为"差异化空间"建构基石的新的日常生活应该是一个多元的、丰裕的、休闲的、人们可以自由选择的社会空间,是一个体现主体性的社会空间。在对不同社会形态下的日常生活进行比较之后,列斐伏尔指出,在日常生活的生命力和丰富性这一点上,现代日常生活并不比古代好。他以古希腊、罗马为例,说明日常生活的每一个细节(言语、工具、习俗、住所、邻里、环境等)都有一种鲜明的风格,古代日常生活较好地体现了伦理学和美学、实践和认识的统一。相比之下,现代日常生活变成了同质的、程式化的、乏味的,日常生活文化意蕴的缺失使所有生存的诗意都被清除了。因此,列斐伏尔主张节日和风格的回归,并呼吁:"让生活成为艺术行为!让技术为日常生活服务。"[①] 就是说,"差异化空间"的建构必须恢复人的主体性。在这个意义上,"差异化空间"对日常生活的关注就是对现实的人的关注,人必须首先变成"日常的人",然后才能是完全的人。

---

① H. Lefebvre. Everyday Life in the Modern World. New York: Harper & Row, 1971: 204.

第八章 西方马克思主义的空间批判理论

第二节 哈维的空间生产的政治经济学

作为当代美国具有国际影响力的左翼学者，哈维以其在空间研究领域的卓越成就，成为 21 世纪西方马克思主义空间研究的又一领军人物。综观哈维的学术思想历程，他早年成名于地理学界，其《地理学中的解释》(1969) 被视为实证主义地理学的标志性文本；此后，哈维从知识论层面对纯粹实证主义方法进行深刻反思，其理论研究发生了"马克思主义转向"，这种转向绝非偶然。从 20 世纪 70 年代开始，哈维开始系统研究并讲授《资本论》及其手稿，40 余年持之以恒，这种坚持既使哈维能够从马克思主义视角介入当代许多理论领域，也为他从空间维度重新阐释马克思思想提供了契机。在他看来，马克思提供的丰富概念体系不仅没有过时，反而在当代彰显出勃勃生机。哈维的"马克思主义转向"既体现了其理论旨趣，又承载了他的现实关怀；哈维身上兼具地理学家与城市学家的理论素养，这也使他能够游刃有余地驾驭各种复杂的空间问题，并造就了他在当代空间研究领域的独特性。

从具体阐释路径来看，哈维的空间批判理论既有对马克思空间观的再阐释，也有结合新的历史地理状况对马克思空间观的发展；既有空间生产的一般理论建构，也有对特定空间问题的关注。其中，主要涉及以下六个主题。

一、从历史唯物主义到历史-地理唯物主义

对于历史唯物主义而言，空间是一个有待植入的可能的外部变量，抑或历史唯物主义体系本身内含地理维度？历史-地理唯物主义（historical-geographical Materialism）作为哈维空间批判理论的一个核心范畴，对待空间的态度与历史唯物主义是不同的。

历史-地理唯物主义的提出，一是源于哈维对地理学的知识论重建。哈维曾对实证主义地理学研究方法进行过理论反思，认为在地理学的知识传统中对价值的顽强抵抗只会使地理学与真正意义上的科学精神渐行渐远，因此，他试图寻求一种辩证、综合、人文的视野。哈维强调地理学的知识论重建必须关注历史实践及其衍生的相关问题，地理实践必须

重新面对自己的历史学，哈维将这条重建路径概括为"地理学"向"历史地理学"（historical geography）的转向，后者指涉一种新的地理解释学，即"地理学的现状以及重建地理学的方案都必须牢牢奠基于对历史的认识"①。这不仅意味着对地理的多维阐释必须关注空间生产的"具体历史性"，更意味着走向未来的地理学之路必须回归对持续变迁的社会需求和时代境遇的关注。"历史地理学"不仅要关注历史进程中的空间生产，更要致力于探讨特定历史过程的空间诉求和空间构型，即地理学的知识论框架必须引入历史经验和历史想象。二是源于哈维对马克思主义空间化改造的努力。这种努力体现在对蕴含于历史唯物主义中的空间-地理维度的重申，以及对马克思主义空间探索传统的积极重建，超越包括历史决定论在内的各种僵化范式，建构一座沟通历史与地理之间辩证联系的桥梁，开启对历史进程中多样性地理事实的关注，在此基础上开辟一种后马克思主义的表达。

长期以来，历史唯物主义被认为是一种湮没了地理想象的历史叙事，空间在其勾画的世界图景中被抽象化为一种被动的地理容器，与之相应，历史唯物主义阐发的历史规律也主要体现为一种线性的决定论以及对"差异化空间"的抵抗。这种对历史唯物主义的"误读"充斥在当代各种反马克思主义话语中和哈维所说的"庸俗马克思主义历史观"中。诚然，《资本论》，尤其是其第1—2卷，主要体现为一种封闭的民族经济和本质上无空间的资本主义分析框架；但在马克思"六本书计划"②中，世界市场、国际贸易、殖民主义，以及国家的作用这些隐含着空间问题的内容被列入其中，不过这项计划最终未能完成。

那么，如何理解历史唯物主义视域中的"历史"？空间是否游离在历史之外？哈维的思考总体上可以分为三个层面：

首先，空间内在于历史唯物主义的总体视域中。哈维指出，马克思承认空间和地理的重要性，这主要体现在马克思对城乡对立、生产力向城市的空间聚集、分工的地域性、价值规律运作的地理差异，以及世界

---

① D. Harvey. Spaces of Capital：Towards a Critical Geography. Edinburgh：Edinburgh University Press，2001：108.
② 1858年4月2日，马克思在致恩格斯的信中提出《政治经济学批判》"六本书计划"：(1) 资本；(2) 地产；(3) 雇佣劳动；(4) 国家；(5) 国际贸易；(6) 世界市场。其中，"资本"又分为四篇：(a) 资本一般；(b) 竞争；(c) 信用；(d) 股份资本。（马克思恩格斯全集：第29卷. 北京：人民出版社，1972：299）

第八章　西方马克思主义的空间批判理论

市场等问题的关注；或者说，城市化、全球化、地理转型在历史唯物主义探讨中占据着显著位置。就是说，马克思关注资本积累与空间拓展、阶级斗争与空间策略、物质生产与空间资源、空间差异与殖民统治等空间议题。有些议题虽未系统展开，但马克思的文本中蕴含着巨大的空间分析张力，这一点值得认真发掘和系统梳理。例如，从马克思阐发历史唯物主义的经典文本《共产党宣言》中，哈维也"读出了"的空间和地理学议题，认为关于地理转型、"空间修复"（spatial fixes）和不平衡地理发展在资本积累的漫长历史中的作用，《共产党宣言》包含了一个独特的论证。① 在哈维看来，《共产党宣言》详细阐发了资本主义是如何生产出自己的历史地理学的——资本主义矛盾最初体现为一个特定地理范围内的资本过度积累，为了缓解过度积累危机，资本主义求助于"空间修复"，将无法释放的资本向更大的地理空间转移。在这一过程中，不同地区和社会形态不平衡地嵌入资本主义世界市场进程，资本积累的"地域历史地理学"开始向"全球历史地理学"转变，资本主义的基本矛盾也开始跨越地理和文化的特殊性在全球空间带来危机的普遍性。质言之，《共产党宣言》关于"共产主义"的探讨，正是着眼于确定一个摆脱这种普遍性危机的共同革命议程，"共产主义"本身就指涉着一种新的"历史地理学"。

其次，"历史"内含在马克思主义的实践视域中。马克思的社会空间分析内含着实践视角，借助于这一视角马克思能够将空间融入资本主义社会，从而开启了对空间进行社会建构的可能性。哈维将实践作为马克思最鲜明的理论旨趣，指出"马克思洞察到在他之前的所有人都未能洞察到的问题，那就是困扰西方思想界的无数的（人与自然、价值与事实、主体与客体、自由与必然、心灵与身体、思想与行动之间的）二元对立，只有而且必须通过作为人类实践的形成物才能够得到解决"②。历史唯物主义视域中的"历史"是作为人的实践活动产物的历史。这样，"时间-历史"维度与"空间-地理"维度就是人类实践活动的两个基本维度。前者关涉实践活动的历时性，后者关涉实践活动的共时性。因此，以实践为基石的历史认识论与单向度的历史决定论是相悖的，它始终面对的是正在形成中的历史，马克思警惕和质疑对历史的普遍性阐

---

① 哈维. 希望的空间. 胡大平，译. 南京：南京大学出版社，2006：23.
② D. Harvey. Social Justice and the City. Oxford：Basil Blackwell Publishers，1998：287.

释。其实，在历史认识论中一直存在着两个向度：一个是历时性的过程，另一个是作为这一过程空间投射的共时性结构。两者在马克思的实践视域中不是割裂的，而是辩证统一的，其现实路径是在历史再现中融入空间变迁，将空间多元性引入总体性的历史审视。

最后，空间分析在历史唯物主义中是不充分的、待发展的。哈维认为，在历史唯物主义中存在着空间分析被对社会过程的关注遮蔽的风险，就是说，马克思的文本虽然内含着敏锐的空间视角，但缺乏对社会过程中多样化空间及其生产过程的深入探讨。马克思的社会空间分析主要集中于资本主义的历史地理学，虽然提出了一些有洞见的论断，但总体上缺乏空间分析的元理论支撑。由于时代状况不同，马克思的社会空间分析受到了他所处时代的具体历史地理性的制约。例如，《共产党宣言》关于"野蛮民族"和"文明民族"的划分存在着忽略民族国家空间多元性的倾向；关于资本积累的"中心-外围"模式探讨一定程度上忽视了地理不平衡发展与资本积累的内在联系。此外，在资产阶级权力与地缘政治策略、资本积累与"领土构型"（territorial configuration）、现代性与空间生产、政治行动与地理重构等方面，历史唯物主义的阐述尚待深化，这正是哈维历史-地理唯物主义致力于发展的重要领域。

哈维关于历史-地理唯物主义的探讨与关于"过程辩证法"的阐述是联系在一起的，两者互为表征。他指出，作为历史唯物主义基石的"历史辩证法"是一种"过程辩证法"，因而，历史唯物主义作为社会过程的理论表征，是社会过程的历时性结构化的产物，它体现着特定的社会关联模式。其中，生产关系、资本、阶级、需求作为历史唯物主义的核心范畴，本质上都体现为一种社会过程的建构物。哈维指出，"马克思理论是一种整体论，它尤其关注部分如何与整体产生关联。整体并非其成分的加总，也不具有独立于其部分之外的某种意义，整体是'具有内在关联的各部分的整体'，各部分可以作为'一种可以拓展的关系，每个完全的部分都可以代表整体'"①。我们知道，马克思对辩证法的思考始于黑格尔，通过对黑格尔辩证法进行彻底的唯物主义改造，成功地将辩证法注入实践之流，实践导向的不是某种僵化结构，而是一种不断

---

① D. Harvey. Spaces of Capital：Towards a Critical Geography. Edinburgh：Edinburgh University Press，2001：75.

形成的过程，本体论与认识论、可能与现实、历史与地理等内在于其中，彼此紧密联系，不可分割，它们的并存与统一体现了辩证法的特有张力。基于过程辩证法内含的时空维度，可以说，时间和空间同时植根于过程中，而每一种特定的过程本身都会生产不同的时空属性。

在对传统的历史叙事话语进行重构的基础上，哈维指出，相对于对历时性的时间维度的强调，历史唯物主义在今天更需要认真对待"共时性"的空间问题。就是说，空间、位置、规模、环境等地理学范畴，应当成为今日历史唯物主义了解世界的核心，诚如列斐伏尔所说："今日的辩证法已不再拘泥于历史的真实性和历史的时间，也不再受制于'正题-反题-合题'或者'肯定-否定-否定之否定'这样的时间结构，要认识空间，认识空间里所发生的事情及其意图，就要恢复辩证法，这种分析将会揭示有关空间的诸种矛盾。"①

二、对资本主义的历史地理学阐释

对资本主义的历史地理学阐释关涉历史-地理唯物主义之特殊的资本主义。哈维认为，马克思的历史唯物主义致力于揭示资本主义在人类总体性的社会空间演进中的特定"位置性"，以及由这种"位置性"赋予的张力及其限度。

（一）关于资本历史生成的地理学

首先，哈维将"地理大发现"视为与资本原始积累有深刻关联的地理事件。地理大发现直接推动了西欧商业体系的革命性变革，马克思恩格斯在《德意志意识形态》中对这一过程进行了深入阐释，这种变革首先体现为中世纪以后商人阶层的出现，原来没有经济往来的各个地理空间开始建立起经济联系，伴随这种经济联系的是新的生产工具和技术手段的空间推广，生产和商业之间建立起能动的相互作用，各个分散的地理空间之间开始形成新的分工模式，经济交往扩大最终使经济活动的地域性限制逐渐消失。地理大发现开辟了新的市场需求，占领空间意味着对资源的占有、劳动力的开发和持续生产能力的建立。此后，工场手工业获得了长足发展，资本主义关系得以真正确立。地理大发现使人类的

---

① H. Lefebvre. The Survival of Capitalism: Reproduction of the Relation of Production. London: Allison & Busby, 1976: 17. 译文参见：苏贾. 后现代地理学：重申批判社会理论中的空间. 王文斌，译. 北京：商务印书馆，2004：67。

贸易联系首次达到全球规模，有力地推动了生产力变革和"以地方为限"（place-bound）的封建主义解体。

其次，劳动者与劳动客观条件的空间分离。哈维指出，资本历史形成的起点不是如洛克所说的劳动能力的充分运用，而是把劳动者从他们对生产资料的控制中分离出来。这些劳动资料和劳动对象的空间形态体现为土地、生产原料、生活资料、劳动工具等，资本的出现使它们与劳动者本身形成某种对立关系。以"土地"为例，与前资本主义社会中"土地"只作为劳动者的"天然实验场"不同，在资本主义社会中，土地是作为资本物质载体而存在的，包括土地在内的自然空间不是为创造"使用价值"而是为创造"交换价值"服务的。资本与劳动的对立、资本对劳动的剥夺是这一空间分离的结果。资本要实现增殖就必须保持和巩固资本与劳动的这种关系，"货币转化为资本，是以劳动客观条件与劳动者相分离、相独立的那个历史过程为前提的，那么，从另一方面说，资本一旦产生出来并发展下去，就将使所有生产服从自己，并到处发展和实现劳动与财产之间、劳动与劳动的客观条件之间的分离"①。"不剥夺劳动者，不相应地把他们的生产资料转化为资本，劳动的社会生产力的发展，协作、分工以及机器的大规模使用等等，都是不可能的"②。

劳动者与生产资料的空间分离过程伴随着劳动者生存空间的地理转移和社会身份的深刻变迁。在《资本论》（主要是第1卷）中，马克思以农业生产为例对此进行了探讨，指出在资本的推动下，传统农民阶层开始分化为三个阶层：一是现代农业中的雇佣工人。他们的劳动方式从分散的以家庭为空间单位的劳动，转变为现代农业所要求的集体协作式劳动，他们受雇于农村的租地农场主，是农业无产者的主体，但他们并未离开农村。二是"流动人口"。他们是游走于城市和乡村两个空间之间的流动的雇佣劳动者，他们的身份是流动的，既属于城市也属于农村，这种流动性也造就了他们文化认同上的困境。三是被剥夺土地、被迫进入城市的雇佣劳动力。从农村流入城市的雇佣劳动力的生活资料和劳动资料转变为资本的物质要素，产业人口的数量越大，他们支配的货币量越大，资本的交换领域也就越大。

---

① 马克思恩格斯全集：第46卷（上）．北京：人民出版社，1979：516.
② 马克思恩格斯全集：第23卷．北京：人民出版社，1972：834.

（二）资本运动与空间布展

哈维指出，"积累的动力学分析是马克思理论的起点，马克思试图从这种分析中引导出有关地理结构的某些必要性"[①]，资本运动伴随着不停歇的空间布展和持续性的空间变革，空间内在于资本的现实运动中，资本的阐释学应当把空间作为一个核心范畴。

在哈维看来，资本积累的地理学要义就是不断扩大交换关系的空间范围，给更多具有差异性的空间单元贴上"市场"的标签，使之成为资本的实现场所。所以说，资本具有塑造同质化社会空间的内在趋势，资本内在地要求把它的交换体系拓展到全世界，它代表了一种整合差异化空间的普遍力量，并由此建构了一种"资本霸权"；这一"霸权"的实现依赖于商品经济对传统的血缘和地缘关系的消解。在这种力量面前，即使是那些最为封闭的社会空间也难逃资本之网，资本的这种强势同化力量充分彰显在当代全球化实践中，不同民族、国家和地域都不同程度地被拉入资本的快车道，资本从而成为理解当代全球经济交往的主导逻辑。

资本权力的空间延展是特定历史地理的产物。在前资本主义时代，一方面，经济活动的空间范围很大程度上受制于政治体系的特定地域性，而战争往往成为政治体系实现空间扩张的一种重要手段，没有哪一种社会形态具有资本主义的空间张力；另一方面，在前资本主义时代，作为人类生产实践活动成果的生产力及其存续主要来自历时性积累，不同地域的共同体主要在各自独立、相对封闭的社会空间中从事物质实践活动——马克思称之为"孤立的点"；不同社会空间之间的横向分工体系及交换关系尚未建立，与此相应，社会活动的资本形态主要是一种具有封建宗法色彩的"自然资本"和"等级资本"，而不是真正意义上的现代资本。然而，在资本主义时代，它开辟的交换关系的普遍性使生产力存续的主要手段开始转向一种横向的、共时性的空间积累，并由此开辟了人类空间生产的新篇章。

资本权力的空间延展依赖于资本能够方便快捷地跨越空间障碍，将资本流通时间降到最低。哈维指出，不断缩小跨越空间的时间成本，加快资本流通速度，是资本积累的内在要求，"纵观资本主义的发展史，

---

① D. Harvey. Spaces of Capital: Towards a Critical Geography. Edinburgh: Edinburgh University Press，2001：248.

一直都存在一种普遍趋势,即减少空间障碍,加速资本周转"①。在这里,哈维高度评价马克思关于资本"用时间去消灭空间"的空间策略,认为后者提供了我们把握资本主义空间关系不断激烈重组的基本线索,"空间阻碍的减除和'借由时间去消除空间'的斗争,对于资本积累的整体动态非常要紧,而且在资本过度积累的危机中格外明显"②。加快资本流通的要求现实地体现为交通工具的技术革新,包括收费公路、运河、铁路、汽车、无线电、集装化运输、喷气式飞机运输、电视和远程通信等在内的交通设施为资本的全球空间延展提供了越来越迅捷的技术手段,人类交通技术随着资本时代的到来取得了飞跃式发展,人类跨越空间障碍速度的提升和空间障碍的减少直接催生了世界市场的形成。资本的空间延展将每一个现实的个体投入与地球上所有民族之或显或隐的经济联系中,人的空间视域从资本时代开始进入一个全新阶段,人的"世界历史性"存在至少在今天已代表了一种事实判断。

(三) 资本的矛盾与空间修复

哈维将资本运动分为三个层面:资本的"初级循环"、资本的"次级循环"和资本的"三级循环"。这三级循环指涉资本循环的不同领域,勾画了资本运动的深层矛盾和未来走向。

第一,资本的"初级循环"(primary circuit)主要是工业资本在生产领域的运动,这种运动最终导致一种过度积累危机,马克思关于资本积累的相关探讨主要集中于这一层面。哈维指出,马克思虽然看出了"初级循环"中的矛盾和危机,但忽略了资本主义已经找到了转移这种危机的途径,这一途径就是从"初级循环"向"次级循环"转换。

第二,资本的"次级循环"(secondary circuit)是资本运动从工业资本生产领域向固定资本和消费基金领域转移。固定资本是"次级循环"的第一个领域,这一领域主要包括生产耐用品和生产性建筑环境,它体现劳动力的生产效能;"次级循环"的第二个领域包括消费耐用品和消费性建筑环境,它关系着劳动力的质量和能力。这两个领域要求的投资规模大、回收周期长,因此,具有较高的投资风险。单个资本家通常都不愿意将资本投入这两个领域,如果没有一个健全有效的资本市场

---

① 哈维. 资本之谜:人人需要知道的资本主义真相. 陈静,译. 北京:电子工业出版社,2011:45.
② 包亚明. 现代性与空间的生产. 上海:上海教育出版社,2003:388.

第八章　西方马克思主义的空间批判理论

作为依托，个别资本家从"初级循环"向"次级循环"转换将面临许多现实困境。哈维强调金融机构、信用体系和国家干预在"次级循环"中的重要作用，它们为资本从"初级循环"向"次级循环"的平衡流动提供了资金供给、信用担保和政府支持。

第三，资本的"三级循环"（tertiary circuit）是资本运动向社会性基础设施的转向，这种转向总体上导入两个领域：一是以生产为导向的科研创新和开发；二是围绕着劳动力再生产过程的各种社会开支，包括按资本要求提升劳动者素质的相关投资，这些投资涵盖教育体系、公共医疗以及"通过意识形态、军队和其他手段同化、整合与镇压劳工力量的投入"[1]。哈维认为，资本由"次级循环"向"三级循环"的运动主要不是单个资本家的利益驱动，无论单个资本家对这一领域多么重视，他们事实上都缺乏投资这一领域的应有能力；资本由"次级循环"向"三级循环"的运动主要体现为一种阶级力量博弈的结果。向社会性基础设施的投资致力于为资本的后续积累建构一个充分的社会基础，这是资本家共同的长远利益。在这里，国家发挥着将资本有组织地引向"三级循环"的作用。

哈维强调，从长远来看，资本过度积累的痼疾在"三级循环"中同样无法消除，生产性投资机会枯竭同样会出现在"三级循环"中，它带来的危机表现为医疗、教育、军事等社会性开支的匮乏，包括住房在内的消费资金不足以及科学技术危机。"三级循环"中的资本过度积累经常会成为普遍性危机的导火索。例如，1973—1975年世界经济危机的爆发点就是房地产市场崩溃，同样的情况发生在1997年亚洲金融危机中，危机的爆发点也是印尼和泰国房地产泡沫破灭。国家在资本的"三级循环"中发挥着关键性作用，这源于国家可以创造大量合法的、用作货币的虚拟资本。哈维关于资本"三级循环"的探讨拓展了马克思的资本积累理论，展现了资本现实运动的复杂性和多向度，开辟了对多种资本循环形态和相互关系的辩证认识，在资本的现实运动与地理重组、资本的内在矛盾与空间变迁等方面提供了有益启示。

三、空间正义的可能性与路径选择

在哈维的视域中，空间正义既关涉总体性的政治变革与社会空间建

---

[1]　D. Harvey. The Urbanization of Capital. Oxford UK：Basil Blackwell Ltd，1985：8.

构，又指向资本积累的当代性。空间正义的可能性在于空间生产具有社会性，并现实地体现为某种社会过程，而正义维系的正是社会过程得以有效进行的社会秩序，社会秩序本身就是一种正义话语的表达。每一种正义观都对应着一个社会空间地图，在其中，个体和阶层获得某种特定的"位置"。社会正义需要探寻的就是这种"位置"获取的正当性，以及"位置"重新分配过程中的价值依据。在这里，"位置"体现着社会权利义务的空间隐喻。社会正义既彰显于显性的制度设计中，同时也以隐性的形式作用于民众的社会心理，促进社会认同的实现。

(一) 空间正义的致思路径

从空间分析视角出发，在对相关正义论进行系统梳理的基础上，哈维将空间正义的致思路径概括为两个基本类型："普遍主义正义论"和"特殊主义正义论"。两者在正义的内涵、内容体系、实现路径等方面均表现出深刻的差异性。

"普遍主义正义论"的理论特征体现在三个方面：（1）正义的权威来源于普遍性的社会认同。"普遍主义正义论"是传统正义论的主导形态，它坚持社会正义的元叙事以及奠基于其上的权利的普遍性，强调社会正义应当是一套同质性话语，它超越于不同社会空间的异质性而具有普遍约束力。（2）正义的前提体现为普遍性的社会条件。罗尔斯的正义论就是一种典型的"普遍主义正义论"，它预设了一种普遍性的前提条件，这种前提条件面向所有社会成员，正义就是这种前提条件下理性人的一种自觉选择，政治实践基于对这种自觉选择的尊重。（3）正义的实现有赖于普遍性的社会动员。"普遍主义正义论"坚持一元主义的正义观，主张社会过程的同质性。在这里，非正义（例如，权力形成和实现中的非正义）根源于某种普遍性的社会过程，其原因是系统性的。因此，对非正义的社会反抗以及正义目标的实现就只有依赖于对社会过程的总体性把握。

"特殊主义正义论"是后现代主义（包括后结构主义）倡导的正义观，其主要特征体现在：（1）正义范畴的开放性。它主张正义的原则、内容及实现路径都应是开放的，对正义的探讨不应脱离具体的历史地理条件，否则，正义将沦为一种纯粹抽象理论幻象，后者正是"普遍主义正义论"的窠臼。（2）正义范畴的异质性。它将正义视为社会过程的偶然产物，主张正义是一种人为的解释系统，其建构途径是多样化的，不存在一种普遍适用的、"一致同意"意义上的正义论。就是说，正义意味着"保持差异的权利"，这使之放弃了对普遍的正义原则的追求。（3）正义范畴的多元性。它将"普遍主义正义论"视为一种被控制了语境和过程的话语暴力，主张正义是一套多元话语，这种多元性来自语言游戏之间本质上的"不可通约性"，来自多元立场、价值观和意识态度的共存性。

（二）空间正义的概念"家族"

哈维建构了一个与空间正义相关的"家族"概念，即"差异""边界""规模""情境性"，空间正义只有结合这四个重要范畴才能被有效界定。（1）"差异"（difference）。哈维将空间正义界定为"公正的地理差异的公正生产"①。（2）"边界"（boundary）。"边界"是一个重要的社会空间概念，对差异的尊重其实就是对许多拥有特定"边界"的多元社会空间的尊重。（3）"规模"（scale）。哈维说每一种空间生产模式都不能回避"规模"问题，规模选择总是内在于现实的空间生产过程中，哈维将全球化与身体作为当代空间生产的两种规模，它们在当代资本全球积累中联系紧密。（4）"情境性"（situatedness）。"情境性"关涉现实的空间生产的特定阶段、环节、状态、过程，就是不同"情境性"的有序组合，这些"情境"之间彼此不同，每个特定"情境"都代表了空间生产过程的微观形态。

（三）空间正义与当代空间生产的基本过程

哈维将当代空间生产划分为三个基本过程：全球空间生产、自然空间生产和城市空间生产。它们同时指涉当代空间生产的三种特定情境，三者联系紧密，相互制约。

第一，全球空间生产。哈维强调全球化是地缘政治策略的产物，从最初发端到今天，全球化一直都伴随着非均衡地理环境拓展，这是通过非对称性的空间交换形成的；在不同地区呈现不断加剧之势，少数国家从一开始就建构了一种强势话语，并作为一种霸权力量驱动全球化进程，空间垄断和剥夺性积累的阴霾在当代全球化实践中始终存在。哈维认为，全球空间正义的真正实现有赖于占主导地位的资本秩序的解构，后者作为一种普遍性的政治方案在当代饱受质疑，但哈维坚持认为它是

---

① 哈维．正义、自然和差异地理学．胡大平，译．上海：上海人民出版社，2010：6.

必要的和可能的,其必要性在于资本积累在全球各种规模的空间中制造的普遍性危机,其可能性在于一种长期的历史地理革命的诉求以多种形态顽强地存在于当代资本主义实践中,体现为一种"战斗的特殊主义"(militant particularism)。

第二,自然空间生产。哈维注意到,在"当代,关于'自然'和'环境'这些词的战场成为政治冲突的前沿"①,我们关于自然以及环境正义的探讨很大程度上体现了"差异政治学"的诉求,这些探讨指涉不同的正义话语,包括科技的、道德的、人文的、经济的。一方面,环境正义对不同的主体以及差异情境意味着完全不同的内涵,它们本身融汇了不同的政治议程和权力秩序。不同话语之间的博弈实质上就是不同权力体系之间的角逐,而那些主导性话语总是体现和维护占统治地位的权力意志,使环境管理和资源配置能够以维护这种权力体系的方式进行。另一方面,环境正义与资本的当代批判紧密相关,全球环境的当代面貌可被视为资本按自己的要求建构的一种差异地理。总体而言,资本主导下的自然空间利用屈从于对交换价值的追逐,并不断地造就对自然空间的过度利用的危机。哈维指出,环境正义的真正实现有赖于一种替代性的普遍政治方案的形成。当代环境正义实践必须在与资本秩序的共存中建构某种动态平衡,这种实践既要着眼于不同空间规模的异质性和特殊性,将环境的改造与对权利的不平等、边缘话语以及制度认同的关注结合起来,促进一种对生态维度敏感的政治制度和权力结构的形成;又要着眼于一种生态的长远规划,将生态问题融入对抗资本的一般斗争中,促进一种普遍的替代性政治话语的实现。

第三,城市空间生产。当代城市空间正义建构必须关注城市空间的资本化及其导致的"创造性破坏",这种"创造性破坏"源于城市景观既是资本积累的现实载体,又成为资本积累的限制。具体说来,城市景观最初是按资本的要求建构的,当资本寻找到新的更有利可图的投资领域时,原有的城市景观就会被摧毁或改造。资本的这种"空间修复"在当代城市空间生产中日益成为一种主导力量,也使城市景观成为呈现资本矛盾的对立统一体。在资本的"创造性破坏"带来的城市空间变迁中潜藏着许多空间非正义问题,例如城市更新过程中对城市贫困人群和弱

---

① 哈维.正义、自然和差异地理学.胡大平,译.上海:上海人民出版社,2010:134.

势群体的空间剥夺,城市改造过程中地产投机对城市居民日常生活空间的挤压与宰制等,而代表资本权力的正义话语倾向于对既有城市空间秩序的维系,即使这种秩序正在加剧政治、经济和生态矛盾。不过可喜的是,作为一种新的社会力量崛起的城市社会运动——从城市新移民权利、城市生态保护到城市治理模式——正在致力于重建实现人类潜能、建构理想政治和凝聚集体记忆的城市空间,它在资本积累的主导秩序之外开辟了一个抵抗性的缝隙空间。

四、后现代主义的空间体验

"后现代主义"是哈维空间批判理论的重要维度之一,与将"后现代主义"阐释为一系列具有转折意义的"新观念"不同,哈维将"后现代主义"界定为一种"历史-地理状况",这种状况与1973年前后资本积累的新特点密切相关。

(一) 后现代主义空间的双重指向与资本积累模式

哈维用"幻象"来界定后现代主义的空间图景,这有双重指向:一是表象结构,二是隐性结构。(1) 作为表象结构的后现代主义空间是可视的显性空间,是从地方性场景的束缚中抽离出来的空间,是一个商品、信息和资源全球流动的空间。实际上,哈维眼中作为表象结构的后现代主义空间就是林奇、詹姆逊探讨的"超空间"(hyper-space)和鲍德里亚探讨的"超现实"。后现代主义空间昭示着一场从传统的在场的捆绑中解放出来的革命;空间与地点的分离,使许多社会活动可以在缺场的情况下得以实现,不再受制于有限的地方性场景。(2) 作为隐性结构的后现代主义空间指向表象结构下的人的文化-心理层面,它是聚集各种虚拟的代码和符号的空间,人们感知到的空间越来越呈现为各种真实空间的复制品和模拟物,真实与模拟之间的界限模糊不清,原始空间的真实性已经不重要。相应地,个体在空间体验上是一个迷路者,在后现代主义建构的空间巨无霸中,我们很难去辨别真实与虚幻。因而,作为隐性结构的后现代主义空间是一个多维的想象空间,其中充满了对空间迷失的表达以及对走出这一困境的可能性路径的探索,后现代主义的各种象征性空间和空间乌托邦中无不带有这种探索的烙印。

在这里,哈维将后现代主义空间当作资本的幻象,认为从现代性向后现代性的转换本质上是一种资本积累模式的变迁,现代性对应着以福特主义为代表的刚性积累模式，而后现代性则对应着弹性积累模式。福特主义的刚性积累模式的特点是大规模生产、产品标准化、劳动力集体控制以及管理程序化，从而造就了一种同质化的空间意象；相应地，其空间体验中渗透着空间的宏大叙事、注重功能性与有效性的空间美学、稳定的空间秩序以及总体性的空间规划。福特主义的刚性积累模式在1973年前后让位于一种更为灵活的弹性积累模式，"它依靠同劳动过程、劳动力市场、产品和消费模式有关的灵活性"①。换言之，与相对稳定的标准化的福特主义相比，弹性积累模式体现为一种新的劳动控制和生活方式，包括：灵活的生产体系、弹性的工作时间、合同制就业者的增加、柔性管理以及文化多样性等。在向弹性积累模式的转换中，机构、产品和技术上创新的速度不断加快，各种高新技术企业爆发式出现，成为资本积累的新驱动力。消费者市场在地理上更加分散，并表现出较大的流动性，应对快速变化之市场需求的各种小批量生产和转包被广泛采用，对买方市场生产力的关注度不断提升。所有这一切建构了一个高度不稳定、短暂的和充满竞争的决策环境，应对这一环境需要越来越灵敏快速的反应，从而促进了资本更加灵活的流动。资本积累模式的这一深刻变化带来了新的时空体验：时间在不断加速，空间在不断坍塌，生活体验上不停歇的流逝感，个人主义及其价值观凸显，集体行动意义上的社会规划变得越来越困难，快节奏的生产与流通加剧了各种分裂和不安稳，这一切催生着新的文化实践。

（二）后现代主义时空实践中的两种趋势与资本流通

哈维指出，在后现代主义时空实践中存在着两种并行的趋势：（1）"用时间去消灭空间"，就是指通过不断提高资本流通速度，消除地理障碍，将资本积累拓展到所有可能的空间；"用时间去消灭空间"的结果就是资本的全球流动——这是内在于资本本性中的时空策略。（2）"时间空间化"，即时间以空间的形式被概念化，从而表现为一种场所主义、文化认同或信仰体系；"时间空间化"存在于所有生产方式中，不过，在不同的生产方式中，"时间空间化"的手段和形式不同。哈维强调，这两种趋势有着完全不同的实践指向：一个指向空间障碍的消除，空间流动性不断增强，塑造了后现代主义的"短暂性"；另一个指向无止境的

---

① 哈维. 后现代的状况：对文化变迁之缘起的探究. 阎嘉，译. 北京：商务印书馆，2003：191.

流动与变迁中某种稳定性的形成，指向空间意义的崛起以及基于空间洞察力的各种社会行动。哈维认为这两者之间的矛盾体现了不断增强的时间维度的"短暂性"与"空间焦虑"之间的对抗，并将这个矛盾在知识论和政治上的后果当作理解后现代主义的基础。

"用时间去消灭空间"是马克思在《1857—1858年经济学手稿》中的一个重要论断，它旨在呈现一种资本积累的时空动力学，哈维借用作为阐释后现代主义的一个重要视角。"用时间去消灭空间"使包括生产技术和消费模式在内的政治经济实践的转换速度不断加快，公共决策和个人决策在时间上大大缩短了，人们普遍感受到生活节奏加快；同时，"用时间去消灭空间"带来劳动力的全球流动和金融活动的国际化，资本不再受制于场所和时间。这种时空维度的变化趋势，被哈维理解为"时空压缩"（time-space compression），它指向这样一种时空体验："资本主义的历史具有在生活步伐方面加速的特征，而同时又克服了空间上的各种障碍，以至世界有时显得是内在地朝着我们崩溃了。"①

"时间空间化"是理解后现代主义的另一条重要线索，它使诸种形态的场所主义作为一种他者的空间不断崛起。"时间空间化"趋势为什么一直强劲？从资本的偏好来看，"用时间去消灭空间"使空间障碍不断坍塌，但空间本身的重要性没有消减，相反，资本对不同场所在资源供给、劳动力结构及基础设施水平上的差异越来越关注；与之相应，各个场所以不同方式吸引资本的竞争也越来越激烈，对优质空间的控制进入资本核心竞争力的博弈中。其结果是：一方面，资本流通在空间上更富有弹性，资本进出某个空间成为常事。另一方面，市场趣味越来越与地方多样性连接在一起，资本对全世界的地理构成在空间上表现出来的差异性越来越敏感；相应地，"时间空间化"的驱动力也就越来越大，个性化的空间实践成为从城市、地区到民族国家竞争力的重要砝码。在"时间空间化"的全球竞争中，有的场所成为优势资本的聚合地，有的场所衰落了，留下了被资本洗劫后的创伤。

（三）政治与文化实践中的"时间空间化"

哈维特别探讨了政治与文化实践中的"时间空间化"问题，从而指向了文化-心理层面的身份建构问题，确切地说，指向了在不断变化与

---

① 哈维. 后现代的状况：对文化变迁之缘起的探究. 阎嘉，译. 北京：商务印书馆，2003：300.

重组的世界中"我的空间""我的场所""我的归属地"问题。这里的空间与"场所"大到国家、社群,小到家园和身体,它直接关涉深远的文化意义的建构。不过,哈维区分了"场所"与空间——以政治动员为例,场所主义对空间主义的反抗就是,重新唤起对现代主义视域中处于弱势的他者的空间的关注,探寻差异化和个性化的身份生产。哈维指出,"用时间去消灭空间"的进程越快,社会生活的短促感就越强,在其中注入某种稳定的价值符号和意义体系的需求就越大。他认为,宗教力量的复兴、各种地方主义和民族主义的崛起,包括对各种神秘意志的崇拜,无不带有这种"时间空间化"的烙印。需要注意的是,哈维尤其关注地理政治学中的"时间空间化"趋势,指出伴随着"用时间去消灭空间",民族的、地方的、邻里的包括草根的政治行动正在成为一支凸显的政治力量,地区抵抗与地方自治力量不断增强,这一切都呈现出对空间稳定性的诉求,在变化着的世界中对场所与社群意义的维系。对"时间空间化"及其相关空间隐喻的关注正在成为从意识形态建构到社会行动的基础,这使后现代主义作为一种空间体验的语境充满变数。可以看出,哈维对后现代主义的阐释并不是单向度的资本决定论,"时间空间化"呈现了一种多变性与复杂性,导向了把"社群"形象神化的各种政治风险,在这里"形成"与"存在"作为两种力量共同塑造了后现代主义时空生产的多元形态。

五、身体空间生产与身体政治实践

"身体"也是哈维空间批判理论的重要维度。哈维非常关注当代身体哲学的升温及其理论效应,指出"对身体兴趣的复兴确实为重新评价各种研究的(认识论的和本体论的)基础提供了一个受欢迎的机会"[①]。在这种"复兴"中,对身体范畴的辩证理解有助于开辟一种多种话语体系相融合的研究视域,并在更广的意义上促进一种身体洞察力的形成。在这里,哈维将身体作为资本积累的微观场所,深入探讨了资本视角下的身体实践,并以身体政治学为基础,给出了有别于传统左派的抵抗政治的可能性。

那么,何谓身体?哈维对身体范畴的界定深受马克思的影响,甚至

---

① 哈维.希望的空间.胡大平,译.南京:南京大学出版社,2006:94.

第八章 西方马克思主义的空间批判理论

可以说是对马克思身体观的再阐释，主要包括以下五个方面：（1）身体是全部感性经验的基础。哈维认同马克思的"感性-身体"概念，人是有特定需求和生理特征的感性存在物，人的身体作为一种生物遗传系统具有生理的有限性，这种有限性设定了一种边界，现实地决定着身体的所指与能指。（2）身体是一种社会构造物。身体生产是一种社会行为，不同的社会过程会生产完全不同的身体。哈维强调身体不是被给定的封闭实体，而是一个开放性的过程，身体的意义在于生产身体的社会过程，在其中，身体被形成、维系、限制和消解。（3）身体是社会过程内在化的载体。身体被社会地生产出来，与此同时，不同社会过程亦通过身体实现其内在化。这种内在化对社会行动至关重要，人类的政治史就是一部身体不断被约束、压制、规训的历史，是不断生产"温顺的身体"的历史。（4）身体的再现具有社会性。身体的社会生产同时也是社会再现身体的过程，不同的生产方式再现身体的方式具有差异性。（5）身体的能动性体现为"身体实践"。身体通过调动意志系统，包括情感、目的和需求，现实地参与到社会行动中，并自觉地在外部世界中建构属人的秩序，使社会过程体现合目的性。

  哈维指出，马克思明确提出了资本主义制度下的"身体生产理论"，呈现了资本主义文明条件下身体实践的具体历史性。在当代许多身体话语中，马克思的"身体生产理论"占有重要地位，具体地说：（1）马克思区分了"劳动者"与"劳动力"，指出不同的生产方式中都会有"劳动者"以及作为"劳动者"之劳动能力的"劳动力"，但"劳动力"本身成为商品且占统治地位却体现了资本主义生产方式的独特性，在"劳动力"向"作为商品的劳动力"转换、"劳动者"向"雇佣劳动者"转换的过程中，雇佣劳动者的身体实践受到资本逻辑的宰制，身体被有组织地纳入资本生产的现实过程中，身体被训练为"劳动身体"，资本主义商品生产过程同时也是新的劳动身体生产过程。（2）马克思探讨了异化劳动条件下的身体困境。哈维认为，马克思的资本批判同时也是对嵌入资本循环中的身体实践的批判，"异化劳动"则展现了资本逻辑下身体困境的现实形成过程，"异化劳动"对应的身体是"被动的身体""分裂的身体""被剥夺的身体""匮乏的身体"。（3）马克思探讨了作为可变资本的身体生产。马克思将雇佣工人的身体生产纳入可变资本的循环中，可变资本把劳动力的购买和使用作为商品过程，通过这一过程可变资本实现增殖，并完成劳动身体的再生产。按照劳动者在可变资本循环中的角色，可以将可变资本循环分为三个阶段：劳动者作为交换者的阶段、劳动者作为生产者的阶段、劳动者作为消费者的阶段。

哈维将政治身体的生产作为理解当代身体实践的重要方面，并试图呈现当代身体政治的历史地理性，建构一种区别于传统左派的历史语境。哈维强调，从作为积累策略的身体必然延伸到身体的政治之维，如果说前者对应的是"劳动身体"，那么后者对应的则是"政治身体"。就是说，身体是微观的政治空间，是权力内在化的场所；身体是全部政治行动的基础性要素，人改变世界的过程就是人从"自然人"向"政治人"的转化过程，"政治人"指向了身体作为开放的过程与既定社会结构之间的冲突；生产、分配、交换和消费内在化为各种物质性的社会组织——它既是人的能动性活动的产物，同时又反过来约束人，成为个人自由意志的限制。在这一过程中，人分化为不同的阶层和社会身份，人与社会之间的对抗现实地表现为身体与身体的对抗，从而使身体成为政治斗争的场所。

资本文明条件下的身体实践呈现着身体政治学的一种特定形态，体现着作为人的"人"与资本秩序下的"人"之间的对抗——前者是具有丰富性的身体的劳动者，后者则是异化的身体的实践者。哈维指出，马克思将可变资本与活劳动联系在一起，其深意在于重新唤起对劳动作为人的能动的类生活的本体意义，因为活劳动指向了一种新的身体政治学，这种政治学关涉劳动者的身体关怀、劳动尊严的保障，以及劳动者生活机会的拓展。在这里，劳动者的身体解放之路恰恰在于扬弃资本的权力，给劳动正名；确切地说，应当将身体作为更大的社会经济变革的一个基础性环节，从身体劳动的潜力入手来探讨替代性生产方式的可能性。

概言之，哈维关注当代身体政治实践，并归纳了四个基本特点：（1）知识论层面的身体转向不仅仅是"复兴"，更是"重建"，这种身体转向主要表现为提出了新的身体话语，后者溢出了传统知识论的身体视域，指向了更广阔的社会文化实践，涵盖了从个人权利到人权、性与社会性别、性别的心理分析、性别符号生产、性别政治与生态问题等许多领域。这种身体转向既凸显了当代身体实践的意义，又开辟了人类身体生产的新的可能性，身体正在成为当代政治抵抗和解放政治学的一个特殊空间。(2) 当代身体实践是与全球化进程并行的，身体话语与全球化话语联系在一起。如果全球化范畴呈现了宏观的社会空间生产，那么身体范畴则指向了与全球化相对的微观空间生产。(3) 当代身体实践与新左派政治行动交织在一起，呈现了一种替代性方案的可能性。新左派敏锐地意识到全球化进程的资本性，包括新殖民主义抬头、新的地缘政治格局的不平衡性，以及全球范围内身体生产的非正义性，身体被重新纳入新左派的政治视野，并与谋求平等和公正的政治实践联系在一起。(4) 当代身体话语与生态问题联系在一起。哈维指出，生态焦虑正在成为当代人生命体验的重要方面。从全球性生态危机到地方性生态危机，这些危机首先侵害的是人的身体。在这里，生态问题与人的生命权利联系在一起，这种生命权利旨在保全劳动者身体的健康性和完整性。

六、作为一种乌托邦的空间生产

乌托邦是哈维空间批判理论的一个重要议题，它为哈维的空间阐释学注入了一种想象和希望的力量。在哈维的视域中，乌托邦维度之所以不可或缺，就在于其联结着人类对社会空间替代性方案的积极探索。

第一，哈维探讨了"空间的乌托邦表达"和"乌托邦的空间构型"。从"空间的乌托邦表达"来看，空间从来不是消极被动的物质容器，而是一种社会建构；空间生产过程就是人对自身存在的探索过程，空间凝聚了包括我们的社会意识、精神秩序和理想诉求在内的存在体验的丰富性；空间的历史轨迹记录着我们过往的存在，空间的现实变迁传达着我们当下的存在及可能的未来演进。因而，从我们建构的空间中就可以洞悉我们灵魂的模样，就能够抵达我们的自由与限制；我们建构了什么样的空间，就代表着我们需要什么样的精神土地。以建筑活动为例，建筑活动绝不只是建筑材料的空间组合以及与之相关的物质性活动，还是一种精神的构型，建筑从它诞生开始就承载了人类对栖居的最原始的内在欲求。从"乌托邦的空间构型"来看，乌托邦话语历史一直伴随着空间生产，乌托邦本身代表了对现存秩序的替代性选择的展望，即对理想空间的探寻，空间构型内在于乌托邦的发展史，从蒙昧时期的图腾崇拜到当代的各种先锋城市实验。乌托邦的空间构型不仅关涉地理-物理空间，更关涉政治-经济空间和文化-心理空间。如果地理-物理空间是显性的，那么政治-经济空间和文化-心理空间则是隐性的，它们本质上都是一种社会构造物,是社会秩序的空间投射。

第二,哈维回顾了乌托邦的话语历史,指出乌托邦话语始终存在着两种不同的致思路径:一个关注乌托邦的地理空间性,另一个聚焦乌托邦的时间历史性。两者形成了完全不同的乌托邦阐释框架,哈维分别称之为"空间形态的乌托邦"(utopias of spatial form)和"社会过程的乌托邦"(utopianism of social process)。(1)"空间形态的乌托邦"通常将乌托邦阐释为一种具有相对封闭性和排他性的空间形态,在其中,作为一种社会形态的乌托邦在时间维度上的变迁和流动性被剔除了,相对于时间,空间享有绝对的统治性,"空想社会主义"就是一种传统的"空间形态的乌托邦"。(2)"社会过程的乌托邦"致力于将乌托邦想象融入现实的历史过程(如马克思关于阶级斗争与历史变革的探讨),它强调乌托邦与社会历史过程的不可分割性;人类理想社会并非某种完满社会状态的永久存续,而是一个开放的、处于持续性的建构中的动态历史过程;在现实的社会构型中,"社会过程的乌托邦"既代表一种立足于超越的价值理想,又直接指向社会过程的"当下"及其批判性重构。

"空间形态的乌托邦"与"社会过程的乌托邦"代表了人类乌托邦探寻的两个不同向度,彰显了人类在乌托邦建构中对空间条件和历史过程的不同关注,但两者不是彼此割裂的,而是处于既冲突又统一的辩证联系中。一方面,"空间形态的乌托邦"往往与特定历史阶段提供的"社会质料"密切相关,其实现也总要受到具体社会历史过程的制约,即"空间形态的乌托邦"的具体形态总是带有特定历史过程的烙印。另一方面,"社会过程的乌托邦"也要诉诸某种空间构型,这种空间构型是特定社会过程的空间化投射;同时,任何特定的社会制度安排都要面对空间生产的具体形态,这意味着"社会过程的乌托邦"会受到特定的空间框架和地理特性的制约,最终都要凝固为某种地方性的空间秩序,其实现依赖于自身与现实的空间生产达成的某种"空间性协商"(negotiation of spatiality),所有已实现的乌托邦历史都指向了这一问题。

在哈维看来,纯粹的"空间形态的乌托邦"和"社会过程的乌托邦"在再现与重构乌托邦理想时均面临着困境。"空间形态的乌托邦"与社会过程的剥离使它在观念层面倾向于一种空想,同时,其具体践行可能导向一种极权政治和独裁体系,这是乌托邦的梦魇。事实上,当代乌托邦理想的衰落在某种意义上就是对这种梦魇的逃离;或在重塑自身

第八章　西方马克思主义的空间批判理论

中完成与现存社会过程的妥协,从而在相当程度上与其乌托邦理想背道而驰。而纯粹的"社会过程的乌托邦"又会受到具体的空间性与地理条件的制约,常常陷入与现实的空间构型的冲突中。

第三,究竟要建构何种意义上的乌托邦呢?哈维提出"时空乌托邦"(spatiotemporal utopianism)范畴,旨在克服"空间形态的乌托邦"和"社会过程的乌托邦"的对峙,探寻实现两者辩证统一的现实路径。时间和空间是社会行动的两个基本维度,因此,辩证的乌托邦理想必须同时关注时间和空间的生产,"时空乌托邦"正是着眼于将时空维度融入乌托邦构想。一方面,"时空乌托邦"强调乌托邦的空间构型不是封闭的,而是开放的流动空间,即"时空乌托邦"是在历史序列上处于永恒的运动和变化中的乌托邦;另一方面,"时空乌托邦"重申"社会过程的乌托邦"建构必须时刻面对空间性问题,必须立足于现实的空间面貌。在这个意义上,哈维将"时空乌托邦"阐释为一种积极面对时空动态的历史地理学,它导向了一种可以对时间和空间进行有效统摄的乌托邦辩证法,简言之,"时空乌托邦"是"空间形态的乌托邦"和"社会过程的乌托邦"的有机统一。

哈维以自由市场的"时空乌托邦"为例,指出它在资本主义的历史地理中扮演着重要角色,它的建构适应资本积累的现实要求,其历史形成伴随着一系列的空间重组和地理事件,例如,资本积累从地缘方案向全球方案的转换亦经历了特定社会过程的深刻变迁,这包括:从殖民化到非殖民化、国际性调解机构的形成和新的国际政治经济秩序的建立等。在这一过程中,市场经济与资本文明被塑造为一种摆脱贫困、愚昧和野蛮,通向民主、自由和解放的乌托邦之梦。这一乌托邦理想的子系统包括:国家作为自由市场"推进器"角色的强化,以自由市场为基础的政治民主在全球空间的推行,对那些尚处于资本积累视域之外的社会空间的改造,等等。总之,自由市场的"时空乌托邦"创造了一种日益难以调和的冲突状态:一方面是自由市场的威权以及与其密切相关的自由主义和消费主义的不断巩固,另一方面是自由市场的"时空乌托邦"正在与其承诺的公共自由和普遍繁荣的目标相悖,这一"时空乌托邦"造就了物质财富深刻的不平衡性,并在市场和货币力量之外衍生出大量社会问题。自由市场的"时空乌托邦"二战后主要是在美国的主导下进行的,并建构了以美国为中心的全球空间格局。

第四，如何建构一种替代性的"时空乌托邦"呢？哈维的态度是明确但审慎的，认为它的建构虽然是一个庞大的系统工程，但却是可能的。哈维指出，在自由市场主宰的各种"退步乌托邦形式"（degenerate utopian forms）充斥我们生活世界的当代，唤起一种新的替代性诉求对于我们来说是必要的。作为一种行动导向的乌托邦，"时空乌托邦"致力于某种现实的集体行动方案的建构，这主要体现在以下三个方面：

其一，乌托邦批判。乌托邦的永恒魅力不仅在于对未来社会图景的勾画，更在于对现存社会过程的批判和解构，哈维探讨了"巫托邦"（dystopia），"巫托邦"是与乌托邦相对的反乌托邦。在当代，"巫托邦"集中体现为资本对日常生活的宰制以及各种与资本形成共谋关系的"退步乌托邦"。以城市空间为例，"退步乌托邦"表现为城市景观的商品化，与这种商品化相关的社会过程关涉商业空间的绝对统治及其对城市社区的破坏、城市社会空间的两极分化、城市贫困与空间隔离、市郊的非生态蔓延、城市精神的衰落等方面。

其二，乌托邦想象。乌托邦想象是"时空乌托邦"建构中的重要环节。如果"时空乌托邦"是一个社会行动体系，那么乌托邦想象就是这个体系的思想动力，是贯穿于乌托邦方案的活的灵魂。哈维从两个层面讨论了乌托邦想象："乌托邦想象一般"与"乌托邦想象特殊"。前者致力于探讨乌托邦想象在人类社会过程中的总体性角色和普遍功能；后者旨在聚焦当代乌托邦想象的特定面貌，在普遍与特殊之间渗透了一种想象的辩证法。

其三，乌托邦理想。区别于传统"空间形态的乌托邦"的封闭性，辩证的乌托邦理想具有开放性和异质性，因此，它并不指向某种静态的必然领域，而是体现为一个不断流动的动态建构过程，这意味着辩证的乌托邦理想的轨迹既在设定中，又在意料之外。哈维认为，乌托邦理想的建构在当代既面临着困境，又拥有难得的历史机遇。困境体现为我们的时代是一个分歧比统一更加凸显的时代，是一个各种思想体系层出不穷的时代，乌托邦理想的建构必须在各种差异性的话语中寻找同一性；机遇表现为资本积累作为一种同质化力量已经成为全球空间积蓄对抗与变革的因子，这是在前资本主义时代无法想象的。

综上所述，哈维的理论贡献主要体现在：一是试图将空间作为一个积极因素融入历史唯物主义整体性视域中,积极推进历史唯物主义向历史-地理唯物主义的转变;二是以资本批判为视角,深入阐释了资本积累的空间维度,提出了哈维式的空间生产的政治经济学框架;三是关注当代全球空间生产中的地理不平衡发展问题,试图重新唤起对区域政治实践的信心,积极探寻建构当代空间正义的现实路径;四是坚守左翼的价值立场,不限于某种空间生产的元理论建构,而是以一种激进的理论姿态介入现实的政治实践,积极探索当代视角下的解放政治学的形成条件。

第三节 詹姆逊的后现代空间理论

在西方马克思主义空间理论中,詹姆逊的后现代空间理论无疑占有重要地位。詹姆逊注意到后现代的空间化特征,提出"后现代主义是关于空间的,现代主义是关于时间的"[①] 论断,认为空间化"在某种较高的意义上为我们提供了理解后现代主义的一把钥匙"[②],这就凸显了空间在当代社会理论和日常生活建构中的作用,为探讨后现代主义提供了一个新视角。不过,詹姆逊始终认为,只有在马克思主义框架中,后现代主义才能得到最好的理论阐释。詹姆逊的后现代空间理论展现了马克思空间分析中易被忽视的多重视角,但仍呈现出他对马克思空间分析方法论的继承与发展。这主要体现在以下四个方面。

一、实践视角

实践视角是马克思进行空间分析的第一个基本视角。马克思以前的哲学家主要是从宇宙论或自然哲学角度来谈论空间问题的,他们谈论的空间主要是自然空间,而马克思则另辟蹊径,"从社会存在本体论或实践唯物主义的基础上来探讨空间问题"[③]。人的实践活动,特别是生产

[①] 杰姆逊. 后现代主义与文化理论. 唐小兵,译. 北京:北京大学出版社,1997:243. 杰姆逊即詹姆逊.
[②] 詹明信. 晚期资本主义的文化逻辑:詹明信批评理论文选. 陈清侨,严锋,等译. 北京:三联书店,1997:293. 詹明信即詹姆逊.
[③] 俞吾金. 马克思时空观新论. 哲学研究,1996(3):11.

劳动实践活动是马克思空间分析的出发点。因此，空间始终是作为人类实践活动的对象而存在的；不仅如此，马克思对空间问题的思考始终是与资本主义这一特定的历史语境联系在一起的，通过揭露资本主义条件下的空间断裂与矛盾，探讨优化人类社会空间的现实途径。在这里，实践提供了进行社会空间分析的一个基本视角。

实践视角也是詹姆逊后现代马克思主义空间理论的基本视角。詹姆逊正是从空间的实践本质出发，并以空间的社会意蕴作为切入点来展开对空间问题的讨论的。具体说来，詹姆逊探讨的后现代空间是与后期资本主义的特定发展阶段相联系的社会空间，而非自然空间。这一点，我们可以从詹姆逊关于后现代的"超空间"阐释中找到依据。詹姆逊指出，超空间"不是那种旧的空间形式，也不是材料结构和物质性的空间形式，而是排除了深层观念的文字纯表面之间的捉摸不定的关系、对我们生活和思维方式产生影响的那种关系"①。在这里，"超空间"类似于列斐伏尔空间分类中的"构想空间"和"生活空间"。因此，在詹姆逊的视域中，后现代空间不是被给予的，而是被建构的；后现代空间体现后期资本主义的社会属性，并在后期资本主义社会关系的生产与再生产中发挥作用。詹姆逊认为"后期或跨国资本主义"是当今资本主义发展的一个新阶段，表现出商品化、消费主义、全球化以及信息化的新特征；与此相应，后现代空间也体现出不同于现代空间的新特点，詹姆逊分别以建筑空间、视觉空间和电子空间为例探讨了后现代空间的实践本质。

第一，詹姆逊分析了建筑空间的实践本质。詹姆逊对后现代空间的思考最初也是从解读后现代建筑这一特定空间语言开始的，但"詹姆逊并非依据后现代建筑来分析后现代建筑，而将其视作文本"②。与后现代建筑坚持的理性主义与功能主义不同，后-后现代建筑在风格上倾向于文脉、隐喻和装饰。如何解读后-后现代建筑这一特定的空间语言呢？詹姆逊指出，建筑从本质上讲是作为主体之人的空间感的一种表达，而这种空间感与人所处的特定历史阶段紧密联系在一起，并随着人的实践

---

① 詹明信. 晚期资本主义的文化逻辑：詹明信批评理论文选. 陈清侨，严锋，等译. 北京：三联书店，1997：293.
② 陈永国. 文化的政治阐释学：后现代语境中的詹姆逊. 北京：中国社会科学出版社，2000：284.

的变化而变化。因此,从建筑的演变中可以找到意识形态发展的轨迹。在这个意义上,后现代建筑风格体现的是启蒙主义确立的普遍主义原则,而后-后现代建筑则是差异政治的彰显。

第二,詹姆逊分析了视觉空间的实践本质。在后现代空间中,影像文化开始盛行并成为后现代主导性的文化形式,形象开始取代语言成为后现代文化的重要标志,它不再是外在于商业文化的文化现象,其本身就是后现代主义消费文化的重要元素。詹姆逊所要做的就是,对我们生活于其中的这个非真实的幻象世界进行"去神秘化"。为此,詹姆逊提出了"形象就是商品"[①]这个观点,旨在表明视觉形式的殖民化趋势不过是后期资本主义商品化进程的反映,确切地说,是文化与经济在当今社会的重叠趋向在文化领域的体现。

第三,詹姆逊分析了电子空间的实践本质。他认为,一方面,电子空间涌现是后期资本主义的一个突出特点,它既是高科技推动下的信息网络空间,也是虚拟的后现代之文化-心理空间,从而延伸了空间概念,并在扩展人类社会活动空间方面发挥了积极作用;另一方面,电子空间具有的快捷、虚拟、交互性和全球性特点,又使它能够被金融资本利用,促进资本积累过程自动化的实现,成为全球资本主义发展的一种推动力量。"在这个空间中,货币资本已经接近了它的最终的解区域化,作为信息它将瞬间从一个节点到另一个节点,穿越有形的地球、有形的物质世界。"[②] 电子空间越来越介入资本积累过程是与后期资本主义发展相适应的,它的出现只不过是"宣称资本自身的逻辑高于货物的生产与消费的逻辑"[③]。

二、资本视角

资本视角是马克思进行社会空间分析的第二个基本视角。马克思认为,空间直接参与了资本主义条件下的资本积累过程,它既是资本流通的客观条件,又在资本增殖中扮演重要角色。资本要实现增殖,一方面,必须在空间上扩大市场,摧毁交往即交换的一切地方限制,把整个世界作为它的市场;另一方面,必须"把商品从一个地方转移到另一个

[①] 詹姆逊. 文化转向. 胡亚敏,等译. 北京:中国社会科学出版社,2000:131.
[②] 同①150.
[③] 同①148.

地方所花费的时间缩减到最低限度",马克思将其概括为"用时间去消灭空间"①,并将"力求超越一切空间界限"② 作为资本的本性。我们知道,马克思对社会空间的思考是在现代性语境中展开的。与现代空间相比,后现代空间似乎带有更大的迷惑性,让人无法捉摸。尽管如此,资本视角仍然是我们拨开后现代空间的重重迷雾、认识后现代空间本质的一把钥匙。从鲍德里亚的"符号政治经济学批判"、哈维的"资本积累的空间维度"到鲍曼的"流动的现代性",资本视角无处不在,不管愿意与否,资本都在现实地塑造着当代社会空间的现实形态和未来走向。

资本视角也是詹姆逊进行后现代空间分析的基本视角之一。詹姆逊指出,从现代主义向后现代主义的转变经历着一种特定的空间转换,这样,空间的社会意蕴也随之凸显出来。在后现代条件下,时间感和历史感的危机使人们的心理、文化开始日益服从于空间范畴,整个社会也开始从由时间定义开始走向由空间定义。这种空间化趋向日益对个体和民族国家的生存与发展产生直接而深刻的影响。那么,后现代的空间化趋向是如何发生的呢?詹姆逊认为,这种"空间优势"绝不是空穴来风,而是有社会经济动因的,即它服从于资本逻辑。"正如马克思在'纲要'(指《政治经济学批判》第一分册)中所揭示的那样,资本必然倾向于一种全球范围的市场,这一学说今天对我们远不像在现代时期那么抽象;它指出了一种观念上的现实,不论理论还是文化,都必须马上提到自己的日程上来。"③ 资本积累本身就是一个意味深长的社会空间问题。

从资本逻辑出发,詹姆逊以曼德尔的资本主义分期为依据,将资本主义的全球扩张分为三个阶段:第一个阶段即"古典或市场资本主义",它以资本主义国家市场的建立为标志,这一阶段资本主义主要通过暴力和野蛮的原始积累,创造可能转化为资本的大量金钱,它直接建构了一个"几何的和笛卡尔式的同质性空间"④。第二个阶段即"垄断资本主义",它以旧有的帝国主义体系的形成为标志,这一阶段民族市场的界限逐渐被打破,世界规模的资本主义殖民体系开始形成。与此相应,同

---

① 马克思恩格斯全集:第46卷(下). 北京:人民出版社,1980:33.
② 同①16.
③ 詹姆逊. 文化转向. 胡亚敏,等译. 北京:中国社会科学出版社,2000:66.
④ 詹姆逊. 詹姆逊文集:第1卷 新马克思主义. 陈永国,胡亚敏,等译. 北京:中国人民大学出版社,2004:295.

第八章　西方马克思主义的空间批判理论

质性空间被打破，全球范围内空间的断裂和剥夺使空间的政治经济意蕴凸显出来，个体通过"空间体验"来再现外部异质性空间的纽带开始松动，进而很难通过概念化的方式来把握殖民体系的空间特征。当前，我们正处于资本主义全球扩张的第三个阶段即"跨国或后期资本主义阶段"，这也是詹姆逊最为关注的阶段，它直接塑造了后现代空间："我们所称的后现代（或者称为跨国性）的空间绝不仅是一种文化意识形态或者文化幻象，而是有确切的历史（以及社会经济）现实根据的——它是资本主义全球性发展史上的第三次大规模扩张。"[①] 区别于前两个发展阶段，在后期资本主义阶段，资本本身变成了自由浮动的东西，从它产生的具体语境中分离出来。场所的中心意义被解构，资本积累呈现解区域化特征。资本的这种无限扩张衍生出新的全球空间结构，它已经超越第二个阶段的世界市场意义的全球一体化，而是信息化、网络化推动下的全球化，是一种电子计算机控制的空间。电子空间的发展"为资本的转移消除了空间和时间的隔阂"[②]，从而提升了资本积累的规模和扩张速度，使金融资本开始超越工业资本，在全球资本的权力结构中发挥日益重要的作用，后期资本主义也因此呈现一种金融资本主义的特征，詹姆逊称之为"全球化社会中的金融资本时期"[③]。

后期资本主义阶段资本积累新发展带来的直接后果就是，时间的连续性被打破，现在与历史、未来的联系被割断而变成纯粹的"当下"。与此相应，"我们整个当代社会体系逐渐丧失保存它过去历史的能力，开始生活在一个永恒的现在和永恒的变化中，而抹去了以往社会曾经以这种方式或那种方式保留的信息的种种传统"[④]。在后现代条件下，空间体验构成主体体验的主要部分，并体现为一种"无深度的平淡感"。詹姆逊说，后现代主义"仿佛把一切都彻底空间化了，把思维、存在的经验和文化的产品都空间化了"[⑤]。置身于后现代的"超空间"，主体既有的认知图式受到了前所未有的冲击，既不能跨越个人身体的局限性，

[①] 詹姆逊. 詹姆逊文集：第1卷　新马克思主义. 陈永国，胡亚敏，等译. 北京：中国人民大学出版社，2004：505-506.
[②] 詹姆逊. 文化转向. 胡亚敏，等译. 北京：中国社会科学出版社，2000：139.
[③] 同②150.
[④] 同②19.
[⑤] 詹明信. 晚期资本主义的文化逻辑：詹明信批评理论文选. 陈清侨，严锋，等译. 北京：三联书店，1997：293.

感性地组织其周围的环境，也因无法在"超空间"找到自己的位置而无所适从，"作为主体，我们只感到重重地被困于其中"①。认知图式是詹姆逊提出的主体对抗认知危机的政治选择，其基本任务就是要认识后期资本主义阶段资本积累和扩张的实质，从而在跨国资本建构的非中心化的空间"巨无霸"中，恢复主体以个人或集体方式把握自身的能力，重新获得行动和斗争的能力。

三、总体性视角

总体性视角是马克思进行社会空间分析的第三个基本视角。从这个视角出发，马克思将资本主义工业文明作为社会空间分析的统一语境，并揭示了这一背景下社会空间发生变革的必然性以及资本积累和扩张对社会空间塑造的决定作用。资本积累不仅导致了资本主义国家内部社会空间的断裂，还直接塑造了等级化的全球空间网络。与此同时，马克思也没有忽视在社会空间分析的统一语境中，个别社会空间问题的复杂性和差异性。例如，他对在资本积累的全球空间结构中处于弱势地位的东方民族发展给予了关注，尤其探讨了俄国的特殊历史和生存境遇，提出俄国完全可以跨越资本主义的"卡夫丁峡谷"。总体性视角提供了一种认识和把握社会空间的方法，这种方法强调社会空间诸方面的相互依存和相互作用，通过将其置于多重结构和复杂关系中而达到对空间与社会关系的一种辩证解读。在此以后，卢卡奇的总体性理论主要是立足于对马克思总体性哲学的重建，并通过对第二国际教条式马克思主义的批判性反思而建构起来的，其内核仍然是马克思的社会历史辩证法。在卢卡奇那里，总体性范畴绝不是把它的各个环节归结为无差别的统一性。就是说，社会历史中的任何现象都具有过渡性，都只是整个历史过程的一个环节，而总体性就是"把社会生活中的孤立事实作为历史发展的环节并把它们归结为一个总体"②的社会历史辩证思维方式。

总体性视角也是詹姆逊进行后现代空间分析的基本视角之一。面对

---

① 詹明信. 晚期资本主义的文化逻辑：詹明信批评理论文选. 陈清侨，严锋，等译. 北京：三联书店，1997：497.
② 卢卡奇. 历史与阶级意识. 杜章智，任立，燕宏远，译. 北京：商务印书馆，1992：56.

第八章 西方马克思主义的空间批判理论

后现代空间的多样性和差异性，詹姆逊首先要解决的是如何将总体性思维与差异性元素统一起来；这也是后结构主义对马克思主义进行质疑的关键点。詹姆逊强调，作为马克思进行社会空间分析的基本视角的总体性并不是后结构主义所批判的封闭的、铁板一块的总体性，而是尊重差异、包容多元的总体性，它是一个开放系统：内部包含了各种积存的和新出现的反力量与新趋势，所以，总体性模式预设了差异。① 因此，总体性与后现代空间并不矛盾。从总体性视角出发，詹姆逊将后现代空间视为一个有机统一体，即后现代空间既有自身的主导性逻辑，也有需要进行具体分析的差异性元素。那么，后现代空间的主导性逻辑究竟是什么呢？在詹姆逊眼里，就是资本积累，确切地说，是"普遍的市场秩序"的"殖民化"②。

在詹姆逊看来，后现代空间是一个在资本逻辑主宰下的社会空间，资本的主导性逻辑赋予后现代空间较强的同化能力，不同领域之间的差异在普遍的物化中被消解，并使同质性成为后现代空间的显著特点。在后现代空间中"占据着显著地位的是不断加强的同一性，而不是差异性。当今自主的国家市场和生产区域迅速同化为一个单一的空间：民族的独特性，如在食品方面，业已消失；全球各国被整合成我前面提到的全球性劳动分工"③。詹姆逊旨在表明，后期资本主义的空间化趋势不过是资本逻辑的深化，而后现代空间在文化上的新特点也不过是商品化对文化领域全面渗透的体现。前面说过，认知图式是詹姆逊提出的解决主体在"超空间"认知困境的政治策略，而认知图式就是在全球社会的整体性设定的基础上，"赋予个人主体某种增强的在全球体系中位置意识的教育、政治文化"④。不难看出，詹姆逊把认知图式视为在全球化语境中从整体上把握资本主义社会，从而走出后现代主体危机的一种有效方法。总体性视角使詹姆逊能够超越对后现代空间各种现象特征的认识，从而达到对其本质的把握。

---

① A. Stephanson, F. Jameson. Regarding Postmodernism: A Conversation with Fredric Jameson. Social Text, 1989 (21).
② 詹姆逊. 詹姆逊文集：第4卷 现代性、后现代性和全球化. 王逢振，王丽亚，等译. 北京：中国人民大学出版社，2004：10-11.
③ 杰姆逊，三好将夫. 全球化的文化. 马丁，译. 南京：南京大学出版社，2002：57.
④ 詹姆逊. 快感：文化与政治. 王逢振，等译. 北京：中国社会科学出版社，1998：211.

但总体性又具有历史性和具体性。在詹姆逊看来，后现代主义同时又是"一种允许一系列极不相同的而处于从属地位的特征呈现和共存概念"①。于是，詹姆逊试图将总体性视角融入对后现代空间具体情境的探讨中。他说，尽管资本必然倾向于全球统一的市场可能会导致抹杀世界范围的差异，传播一种幻觉，即空间的同质性必然胜过根据全球空间所想象的一切异质性，但事实上，资本逻辑在为后现代空间提供统一的语境时，亦保留了后现代空间内部的差异性、碎片化、分散性和不连续性——这可被视为后现代空间对资本的抵抗。资本的全球扩张既生产着标准化，又伴随着"去中心"、差异性、异质性、多元性、共生性。詹姆逊用"共时中的非共时性"这个术语来表达这种异质性，它在经济层面体现为在资本的全球流动中不同区域间的不平衡发展，发达国家与发展中国家在经济发展阶段上的差异性；在文化上体现为多元文化的共存。詹姆逊指出，"'后现代'就好比一个偌大的张力磁场，它吸引着来自四面八方、各种各样的文化动力"②。就是说，后现代空间内部包含着不同形式的异质的对抗性力量，包括民族主义、民主主义、女性主义、反精英主义、第三世界主义等。詹姆逊还提出我们需要将总体性视角与对边缘群体的关注结合起来，探讨了未来的联盟政治的可能性。美国学者凯尔纳和贝斯特对此做了这样的评价：詹姆逊的理论旨在"倡导一种新的立场理论，一方面强调每一个群体所遭受的支配与剥夺的特殊性，另一方面又断言了他们在后期资本主义中所受压迫的终极共通性，并由此暗示了一种联盟政治，以及对新社会运动的某种参与"③。

四、批判视角

批判视角是马克思进行社会空间分析的第四个基本视角。马克思对社会空间的思考始终是与资本主义这一特定的社会历史形态结合在一起的，空间批判也因此成为马克思对资本主义批判的一个重要维度。这种

---

① 詹姆逊. 快感：文化与政治. 王逢振，等译. 北京：中国社会科学出版社，1998：155.
② 詹明信. 晚期资本主义的文化逻辑：詹明信批评理论文选. 陈清侨，严锋，等译. 北京：三联书店，1997：432.
③ 凯尔纳，贝斯特. 后现代理论：批判性的质疑. 张志斌，译. 北京：中央编译出版社，2004：249.

第八章 西方马克思主义的空间批判理论

批判主要可以分为三个层面：一是如前所述，将空间作为资本主义条件下资本积累的重要载体加以批判。在资本主义条件下，作为劳动客观条件的自然空间被资本化了，它逐步被资本及其特性谋杀。进入资本主义生产领域的自然空间成为生产剩余价值的中介和手段、资本逐利的对象以及各种利益争夺的焦点，"土地"作为这种自然空间的典型代表，其面貌根据资本积累的要求不断被重新塑造。二是以城乡关系为切入点，对资本主义条件下社会空间的断裂进行批判。就是说，城市空间是资本积累的主要场所，代表着发达的分工体系，而农村则逐渐沦为城市和大工业的附庸。三是对资本主义条件下人的空间生存样态进行批判。在资本主义条件下，城市空间建构就是资本主义关系的巩固和强化过程，资本积累直接决定着城市空间的区域和功能划分，并创造一个等级化的城市居住空间。

马克思通过空间批判揭露了资本主义社会空间潜藏的危机，并提出了人类社会空间的未来发展趋势和理想形态。所以说，马克思的空间批判对于我们理解当代资本主义的空间蜕变及其动力机制有着重要意义。詹姆逊将后现代主义置于资本主义分析框架中，认为后现代主义"只有作为我们社会及其整个文化或者说生产方式的深层面的结构改变的表征才能得到更好的理解"[①]，这就决定了詹姆逊对后现代空间的批判性视角。就是说，詹姆逊分析后现代空间的目的不止于后现代空间，而是要寻求一种反抗资本主义的阶级意识和社会主体力量。

第一，后现代空间是商品化的文化空间，经济与文化形成共谋关系并相互渗透，由此导致了文化的病态。在后现代条件下，大众文化和消费"像后期资本主义的其他生产领域一样具有深刻的经济意义，并且完全与当今普遍的商品体系连成一片"[②]。影像文化渗透到社会生活的方方面面，"幻象"（simulacrum）取代现实，意义开始消解，艺术作品甚至理论本身都成为商品；思想的深度在后现代主义文化中逐渐被削平，"无深度感"成为后现代主义文化的重要特征，美学也转而将追求视觉快感作为中心任务。因此，后现代世界是一个纯粹的幻象世界、消费世界和商品世界。詹姆逊延续了法兰克福学派的工具理性批判、单向度性批判，从科技发展角度将"跨国资本主义阶段"称为"第三个（甚至第

---

① 詹姆逊. 文化转向. 胡亚敏，等译. 北京：中国社会科学出版社，2000：49.
② 同①140.

四个）机器时代"①，指出机器再生产技术的流行正日益取代现代主义条件下的各种个体风格，自我不复存在，变成无数的碎片，与此相伴的是情感的消逝，这就是后现代条件下病态的主体状况。

第二，后现代空间是跨国资本的无限扩张和渗透所导致的全球网络空间，它直接导致了主体的认知困境。詹姆逊以"鸿运大饭店"作为"超空间"的隐喻，探讨了主体在"超空间"中的特殊的空间体验——游客经常迷失在酒店大厅四个完全对称的塔楼中，置于"超空间"中的主体的既有现代空间认知体系失效，只要浸淫其中，就完全失去距离感，再也不能有透视景物、感受体积的能力。在詹姆逊看来，所谓"超空间"，实质上不过"是对我们在晚近资本主义多国化经济和文化爆炸条件下无能为力去辨别方向这种状态的隐喻"②。后现代主义的内在矛盾决定了它不是文化的终结形式。因而，詹姆逊明确宣称，应该抵制后现代社会的某些特征，其实也就是后期但同样是彻头彻尾的资本主义文化系统之逻辑的一部分；这些特征从内容到形式完全融入了商品生产与消费中。

尽管"超空间"带来了主体的认知困境，但詹姆逊认为这同时提供了建构新的认知图式的契机。认知图式是詹姆逊后现代马克思主义空间理论的一个重要范畴，"它的意义仅在于提出需要一种新的和到目前为止还未想象到的阶级意识，同时它也反映了后现代中所暗含的那种新的空间性发展"③。认知图式最初是由城市规划学家凯文·林奇提出的，詹姆逊将凯文·林奇的空间分析外推到社会结构领域，旨在将"个体的情境性表象同宏大的社会整体结构的非表象性总体性"④ 联系在一起，使个体能够借此将最个人的局部与全球性的整体联系起来，从而把握自身在后现代的全球空间体系中的位置。这个任务如此艰巨，以至于认知图式不仅关涉个体的空间境遇，更关涉特定生产方式和政治模式建构；不仅关涉个体的政治认知模式，更关涉全球的、跨国的总体阶级关系。在这个意义上，詹姆逊又将认知图式阐释为阶级意识的符码、新的全球

---

① 詹明信.晚期资本主义的文化逻辑：詹明信批评理论文选.陈清侨，严锋，等译.北京：三联书店，1997：485.

② 同①495.

③ 詹姆逊.文化转向.胡亚敏，等译，北京：中国社会科学出版社，2000：47.

④ F. Jameson. Postmodernism, or, the Cultural Logic of Late Capitalism. Durham：Duke University Press，1990：51.

性的标志、"一种文化政治使命"①。那么，詹姆逊是如何将认知图式融入未来的社会主义政治构想中的呢？答案如下：（1）认知图式必须与当代全球性的资本网络相协调，必须面对全球化的事实。（2）认知图式必须有能力在社会主义总体性构想中，发展一种能够"在未来的乌托邦的整体性幻象中以'安插'的方式为每一个体准备好了一个位置"②的意识形态，这种意识形态能够建构起个体与社会之间的桥梁，从而为个体的政治参与提供动力。（3）认知图式必须关注后期资本主义的适应性以及资本主义的跨国空间结构中工人阶级政治斗争的新特点，这就决定了认知图式建构绝非一日之功。詹姆逊积极介入关于第三世界的研究，并在《全球化与政治策略》（2000）中号召全世界劳工组织联合起来，形成新型的国际无产阶级，对全球化做出创新性的政治回应。

概言之，在以上四个视角中，实践视角力图理清后现代空间的实践本质；资本视角重在探讨后现代空间的社会经济动因；总体性视角旨在把握后现代空间的主导性逻辑；批判视角则立足于对后现代主义空间生产困境以及走出困境的出路进行阐释。这四个视角作为詹姆逊后现代马克思主义空间理论的有机组成部分，联系紧密，缺一不可。

第四节 空间批判理论的批判性剖析

"空间转向"是20世纪下半期西方哲学社会科学发展中的重要趋向之一，在"语言学转向""文化转向""后现代转向"所建构的理论变迁中，"空间转向"迅速凸显出来，并成为学术界的聚焦点之一。促成这一"空间转向"的领军人物主要是被称为西方马克思主义者的列斐伏尔、詹姆逊、哈维等，他们把社会批判视角转向了空间问题，使空间分析引起了当代西方哲学社会科学的关注。当代西方许多空间理论与马克思的社会空间分析之间都存在着或继承、或反思、或批判的理论联系，这说明马克思主义在这一"空间转向"中不仅没有缺场，而且占有重要地位，以下我们主要从四个方面进行探讨。

---

① 詹姆逊．文化转向．胡亚敏，等译．北京：中国社会科学出版社，2000：515.
② 杰姆逊．后现代主义与文化理论．唐小兵，译．北京：北京大学出版社，1997：253.

一、空间的社会性：当代西方马克思主义空间理论的逻辑起点

马克思将空间视为人的实践活动的产物，认为空间具有鲜明的社会性，空间生产也体现为社会关系的建构过程。空间的社会性是马克思社会空间分析的出发点，他通过将实践引入空间分析，使空间不再是外在于社会历史活动的封闭的、静止的、单一的物的体系，而是被有目的的社会实践活动建构起来的社会空间秩序，是开放的、流动的、丰富的社会关系载体。

空间的社会性是当代西方马克思主义空间理论的理论基石，更是相关代表人物对空间进行政治、经济和文化探讨的逻辑起点。西方空间研究领域一直习惯于将列斐伏尔视为第一个打破传统空间研究坚冰的人，而马克思在这方面的贡献却鲜有人关注，但事实上马克思至少在列斐伏尔之前一百多年就已经形成关于空间的社会性的深刻洞见。列斐伏尔本人也承认，马克思关于资本发展造就的"用时间去消灭空间"趋势的探讨对自己很有启发，他就是因循这一思路，将"消灭空间"与新的空间的建构结合在一起，提出了空间生产概念。从空间的社会性出发，列斐伏尔将空间划分为多种类型，除了绝对空间、神圣空间、历史空间、抽象空间、矛盾空间和差异化空间以外，还涉及共享空间、文化空间、主导空间、戏剧化空间、认识论空间、家族空间、工具空间、休闲空间、生活空间、精神空间、自然空间、社会空间、社会化空间、国家空间、透明空间、真实空间、男性空间、女性空间等[①]，每一种社会空间都有其特定的社会内涵，并与特定的空间生产语境联系在一起。

列斐伏尔之后的空间分析理论继续强调空间的社会性，哈维将地理视为一种体现现存社会活动的景观和具有特定社会空间结构的第二自然。因此，他指出，空间在社会事务中从来都不是中立的，而始终表现了某种社会内容，并且常常成为社会矛盾斗争的焦点。此外，在当代形形色色的空间哲学、空间经济学、空间政治学和空间文化学中都可以找到这种强调空间的社会性视角；甚至可以说，在当代空间分析中，空间的社会性已经是一个不言自明的前提。例如，苏贾的"社会-空间辩证法"致力于建构一个以空间的社会性为基础的方法论体系。

---

① 包亚明.现代性与空间的生产.上海：上海教育出版社，2003：83.

第八章 西方马克思主义的空间批判理论

二、聚焦人类空间实践：当代西方马克思主义空间理论的理论特色

马克思的社会空间分析主要立足于19世纪资本主义空间生产实践，资本主义是马克思社会空间分析的主要对象。马克思以资本积累与空间生产的辩证关系为突破口，通过对资本全球化视野中的社会空间问题的探讨，试图对资本的全球积累以及由近代资本主义工业化推动的城市化进程进行一种社会空间维度的阐释。因此，马克思的社会空间分析不是一种书斋里的思辨体系，而始终呈现出积极回应现实和推动实践的理论姿态。

注重对人类空间实践的研究也是当代西方马克思主义空间理论鲜明的理论特色。与马克思恩格斯所处的时代相比，当代人的空间生产模式已发生了深刻变化。具体说来，当代的全球化和城市化已经不是马克思恩格斯"世界历史"视野中的全球化与近代资本主义工业文明语境中的城市化，而主要是网络化与信息化语境中的全球化和城市化；与之相应，微观视野中的人类空间生产也不断被重构，这一切都为当代西方马克思主义空间理论提供了新的理论契机。当代人空间实践的多领域和多层面性成为当代西方马克思主义空间理论的现实质料，它们将当代人赖以生存的社会空间划分为多个单元，关注每一个空间单元中人的生存样态，并通过对主导空间的各种社会力量的变迁的探讨，弥合了长期以来空间分析与社会实践的断裂。对当代空间实践的密切关注和把握，使它们能够穿梭于当代人社会空间的各种形态中，并使空间这一范畴在当代呈现出前所未有的丰富性。

从总体上看，当代西方马克思主义空间理论关注的社会空间问题较为广泛：在全球空间生产方面，其研究领域涉及当代资本全球积累的新特点和趋势、国家在全球空间生产中的作用、资本全球积累的不平衡性、资本全球流动与文化认同、全球化进程中的个体境遇等；在城市空间生产方面，其研究涵盖信息化与城市空间生产、城市与集体消费、城市与当代资本积累、城市与日常生活、城市的人文关怀等；在微观空间生产方面，其研究关注当代城市景观、居住空间、城市个体心理空间、城市建筑的艺术空间等。这些问题都是当代人空间实践中的前沿热点问题，而提出这些问题远比解决这些问题重要。

虽然从知识论角度讲，当代西方马克思主义空间理论与经典马克思主义之间存在着不同程度的理论断裂（即使是列斐伏尔、詹姆逊、哈维这些公认的西方马克思主义者，他们对马克思的社会空间分析的再思考中也是既有继承也有批判），加之他们的理论视角各不相同，这就要求我们对这种继承和批判不能做"一刀切"式的诠释。但有一点是明晰的，就是他们的空间分析都来源和植根于当代人的空间实践，这使他们的空间理论具有鲜明的时代性。

三、跨学科的综合研究：当代西方马克思主义空间理论的研究方法

社会空间分析是一个跨学科研究领域，就马克思的社会空间分析而言，涉及空间哲学（例如，空间的本体论探讨、时空关系与人的发展的辩证解读）、空间经济学（例如，资本积累的空间性、城市地租与土地利用）、空间政治学（例如，国家权力体系与社会空间结构、城市社会分化和阶级斗争），以及城市规划学（例如，城市居住空间建构、城市空间的功能规划）等学科，跨学科研究方法使马克思的社会空间分析具有较强的理论张力，并呈现出一种多维度的理论研究视野。

当代西方马克思主义空间研究也呈现出研究视角的多元化、研究领域的跨学科化等理论特征。例如，列斐伏尔认为，社会空间的问题域远远超出了传统空间学科的研究领域，空间生产已经渗透到人类社会活动的方方面面，因此，空间应该成为一个可以将经济、政治、文化子系统重新加以辩证整合的新的研究视角。再如，哈维早期的实证主义地理学研究，给他带来巨大声望的同时也带来了困惑，因为哈维发现，对于复杂的空间问题，单纯的实证主义地理学视域是远远不够的。于是，他试图将地理学与宏大的社会空间变迁结合在一起，这一全新的尝试给传统的地理学研究带来了巨大冲击。作为一名地理学家，哈维的研究大大超出了地理学的学科界限，其理论体系延伸到跨学科领域，包括空间哲学、城市社会学、区域经济学等学科。就是说，哈维的空间生产理论中既有对空间哲学层面的思考，也有对空间的政治经济学解读，涵盖了从城市化、全球化到日常生活，从资本积累的经济空间到后现代的文化空间等多种空间样态。

四、当代资本主义的空间批判：当代西方马克思主义空间理论的理论启示

马克思的社会空间分析具有鲜明的批判性，空间是马克思对资本主义批判的一个重要维度，马克思的社会空间分析始终与对资本主义的批判结合在一起。马克思揭露了资本主义空间生产的内在矛盾，并对人类社会空间的未来发展趋势和理想形态进行了展望。

当代西方马克思主义空间理论秉承了马克思的社会空间分析的批判视角，将空间分析与空间批判结合起来。列斐伏尔认为，资本逻辑得以维持与延续的重要方式是空间占有和空间整合，当代资本主义正在从对物的生产的关注转移到对空间生产的关注。资本主义在不断超越和突破空间限制的过程中，将资本逻辑渗透到社会空间生产的方方面面。在这一过程中，从具体的自然空间（例如，土地、自然资源甚至阳光），到抽象的社会关系空间，都与交换价值结合在一起，并被纳入资本主义剩余价值的生产体系，这就是资本主义的空间生产逻辑，它在带来人类社会空间巨大变迁的同时，也使之深陷物的泥沼。

对空间批判的敏锐洞察力同样适用于哈维。哈维摒弃纯粹的实证主义地理学研究的重要原因在于，在实证主义地理学的方法论体系中，价值判断是被剔除的，这一点显然不能满足和支撑哈维对宏大的社会空间问题的探讨，这注定了他必然是一个西方实证主义地理学传统的叛逆者。事实上，哈维的理论体系中处处渗透着批判视角。在由"里根-撒切尔新自由主义"推动的全球自由化高潮兴起之际（1984），哈维提出了"人民地理学"的主张。"不平衡地理发展"是哈维空间分析的一个重要维度，他密切关注资本主义不平衡地理发展所导致的人类社会空间的断裂、危机和矛盾，后者不仅体现在资本主义世界体系中，亦潜藏于城市空间生产以及日常生活空间的建构中。哈维将这个维度与扬弃资本逻辑、寻找替代性方案的探讨紧密联系在一起。如果说，对资本主义的空间批判是哈维空间分析的实践旨趣的话，那么，詹姆逊的空间理论则致力于将这种批判视角延伸到后现代空间阐释中，将"后现代主义"置于资本主义分析框架中，他关于后现代文化空间的物化、"超空间"导致的空间认知困境，以及认知图式的探讨，始终都渗透着一种批判视角，其目的是寻求一种反抗资本主义的阶级意识和社会主体力量。

总体而言,当代西方马克思主义空间理论并没有导向一种激进的政治批判,而主要呈现为对多元政治建构之可能性的探讨,通过将空间维度引入传统批判话语,展现了当代批判理论新的知识论视野,并在当代诸种政治话语的论争中展现出积极的理论姿态。当代西方马克思主义空间理论尽管并不系统,但为我们从空间维度推进对马克思思想理论体系的全面理解,进而深入把握当代人类的空间实践提供了重要的理论启示。就是说,对于当代人类的空间生产而言,资本并不是一种外在的力量,恰恰相反,资本正在成为塑造当代人类空间生产的主导力量,它在革命性地变革人类空间生产的传统视野的同时,亦使当代人类的社会空间成为一个多重异化的场所。由此,一种"希望的空间"的建构只能源于一种反资本的话语,这亦构成了当代西方马克思主义空间理论共同的实践旨趣。

当然,当代西方马克思主义空间理论在理论层面存在着许多缺陷,这主要表现为:为了凸显空间-地理之维,而忽视时间-历史之维(在马克思的视域中,空间-地理之维与时间-历史之维是有机统一的);对马克思理论中内含的空间分析的考察还显然不够,从而导致了对马克思的社会空间分析的片面理解(例如,哈维的历史-地理唯物主义在某种程度上预设了历史唯物主义中空间维度的缺失,而这不过是他对马克思的误解);将空间批判导向一种文化批判,一定程度上忽视了空间生产的政治经济学(例如,列斐伏尔的城市空间生产理论中存在着将城市空间进行单向度的文化重构的理论倾向)。此外,当代西方马克思主义空间批判理论普遍没有提出有力的变革资本主义空间生产的现实方案。例如,哈维将巴尔的摩市争取最低工资的运动作为当代阶级斗争的一种新形态,但这场斗争的主体力量已经不再纯粹,而是涵盖许多差异化的社会力量,这在很大程度上消解了这场运动本身作为"新的地方政治学"的代表性。所有理论缺陷使当代西方马克思主义空间批判理论表现出理论后劲上的不足,空间理论唯有与宽广的历史维度关联起来,才能迸发出批判的强力,而这正是当代西方马克思主义空间理论欠缺的,这不仅仅需要当代性视野,更需要重新"理解马克思"。

第九章 生态学马克思主义新发展

生态学马克思主义兴起于 20 世纪 60—70 年代的发达资本主义国家，如加拿大、法国、英国、美国等，这是由马克思恩格斯思想和马克思主义理论的实践性、革命性决定的。自英国工业革命以来，逐渐发达起来的资本主义国家的经济社会活动严重地干扰和破坏了它们自身区域的自然生态环境；进入 20 世纪，则发展为全球性的生态问题。生态环境的这些显著变化迫使发达资本主义国家的马克思主义研究者运用马克思恩格斯著作中关于人与自然关系以及社会与自然关系的思想、概念和方法来批判性地思考这些现实问题，以期为人们解决当代的人与自然关系、社会与自然关系问题提供哲学概念、理论基础及深刻指导。

第一节 生态问题与生态学马克思主义

一、生态问题凸显与生态学马克思主义兴起

一般地说，社会与自然的关系是历史的和具体的，即社会与自然的关系是变化发展着的，而不是固定不变的。在不同的历史时期，社会与自然的关系具有不同的结构模式和基本特征。

从总体上看，18 世纪以前，人类的社会生产活动对自然的影响是局部的、短暂的和浅层的，自然本身在较短的时期内就能"消化"这些

影响并实现新的生态平衡,这是因为人类对自然的干扰不足以深刻地影响地球生物圈的演化进程。这时,在社会与自然的关系模式中,自然始终是占据主导地位的,人类虽然改造自然,但却不足以影响自然本身的规律;从人类的实用角度看,自然似乎可以为人类提供永续不绝的一切所需物。

然而,自工业革命尤其是20世纪以来,人类与地球生物圈的关系经历了深刻的变化。世界环境与发展委员会在《我们共同的未来》中指出,当20世纪开始时,无论人类数量还是技术都没有力量急剧地改变地球上的各个系统。但在20世纪结束时,不仅大量增加的人口及其活动已具有了这种力量,而且许多非故意的但是重要的变化正发生在大气、土壤、水体和动植物以及它们之间的相互关系中。"变化的速度正在超越各个科学学科的能力和我们当前进行评价和建议的能力,它正在使那些在一个和以往不同的更为分割的世界上出现的各种政治和经济组织适应和对付这种变化的各种企图陷于破产;它使许多正寻找办法把这些事情纳入政治议程的人深深地忧虑。"[①] 可见,进入20世纪以后,在社会与自然的关系中,急剧增长的人口因为拥有越来越强大的改造自然的力量而逐渐摆脱被动状态,占据了主导地位;人类对自然的影响进入全面而深入的阶段(与此同时,也是人类生活和生存风险加大的阶段)。人类正在为征服自然取得的胜利而欢呼时,突然发现被改造的地球却似乎不适合人类居住了——被人类改造了的自然反过来威胁着人类的生活甚至生存。就是说,社会与自然之间的冲突似乎一下子爆发出来,横亘在人类面前。几个世纪以来,人们从未面临过这种冲突,也从未如此深刻地体验过这种危机。意识到这种冲突和危机,有识之士担心人类文明难以为继。环保意识和环保运动应运而生,这也是生态学马克思主义得以产生的宏观的、现实的和深刻的社会原因。

一般认为,"生态学马克思主义"概念最早是由加拿大的阿格尔在《西方马克思主义概论》(1979)中提出的。不过,运用马克思主义概念、理论和方法探讨人与自然、社会与自然的关系问题,以及当代生态问题则始于20世纪60年代,如法兰克福学派的A.施密特、马尔库塞、

---

① 世界环境与发展委员会. 我们共同的未来. 王之佳,柯金良,等译. 长春:吉林人民出版社,1997:26.

法国的高兹等。① 20 世纪 70 年代初，美国的霍华德·帕森斯（Howard Parsons）、加拿大的威廉姆·莱斯等以马克思主义的立场、观点和方法研究社会、个体与自然的关系问题。20 世纪末 21 世纪初，生态学马克思主义在英语世界迅速发展，主要代表人物有美国的奥康纳、J. B. 福斯特和伯克特等；此外，格伦德曼、J. 科威尔，以及英国的彼得·狄更斯和泰德·本顿（Ted Benton）等也明确地讨论了马克思与生态问题的关系。进入 21 世纪以后，部分地受到生态学马克思主义的影响，中国、印度等国家的学者开始运用马克思主义来探索社会与自然的关系问题，探讨现实的生态问题。

概言之，作为一股当代西方社会思潮，生态学马克思主义主要是 20 世纪后半期以来由英美学者构成的生态学马克思主义群体发起和推进的。这股新社会思潮在世界范围内产生了广泛影响，主要表现为：其一，组建了学术共同体，并伴有学术期刊支撑。例如，美国的奥康纳创办并主持的《资本主义、自然、社会主义》（*Capitalism Nature Socialism*，简称 CNS，1989 年创刊）杂志，以生态学马克思主义为核心形成了一个学术共同体；美国的 J. B. 福斯特主持的《每月评论》（*Monthly Review*）②，以 J. B. 福斯特阐发的生态学马克思主义理论为核心形成了另一个学术共同体；还有期刊《组织与环境》（*Organization & Environment*，简称 O&E，1987 年创刊）等。可见，生态学马克思主义学者日益集中到英语世界（特别是美国）。其二，学术共同体的核心人物有具体的、系统化的理论构想。例如，奥康纳和 J. B. 福斯特的生态学马克思主义。其三，英美生态学马克思主义广泛地影响了社会运动，例如，奥康纳共同体中的 J. 科威尔和 M. 洛威（M. Lowy）的《生态社会主义宣言》（*An Ecosocialist Manifesto*，2001）。

英美生态学马克思主义与传统马克思主义如苏俄马克思主义的本质区别在于：生态学马克思主义对生态问题采取了真正历史的、批判的态度，在马克思主义发展史上第一次把社会与自然的关系作为核心问题纳入马克思主义之中。自然范畴或生态范畴第一次在马克思主义研究中成

---

① 王凤才教授一再强调，由于霍克海默、阿多诺对启蒙精神、科技理性、征服论自然观、人类中心主义的批判，以及对工业文明的批判性反思，《启蒙辩证法》可以被视为"生态学马克思主义"的奠基之作。

② 《每月评论》（*Monthly Review*）由保罗·斯威齐等人于 1949 年创办，简称 MR。

为最根本的范畴之一,并且真正地与马克思主义的其他根本范畴如劳动、生产、资本、技术、发展、社会等有机地、内在地结合在一起,从而体现出自己的理论特征。

第一,社会与自然的关系是生态学马克思主义的理论出发点和根本问题。生态学马克思主义认为,既不能像苏俄马克思主义那样以"自然"来统摄"社会",也不能像欧洲马克思主义那样以"社会"来统摄"自然"。社会与自然各有其质,且相互规定、相互作用。社会与自然的关系虽然以人与人的关系为中介,但比人与人的关系更为广阔;社会与自然的关系和人与人的关系有质的不同,并且相互规定、相互作用,不能相互替代。这就决定了生态学马克思主义必将社会与自然的关系作为马克思主义哲学研究的新的切入点、出发点,进而形成新的问题域。

第二,从生态角度批判资本主义是生态学马克思主义的核心问题。大多数生态学马克思主义者都认为资本主义是内在地反生态的。如霍华德·帕森斯指出,通过劳动和技术实现的人与自然之间的物质变换,在资本主义社会阶段,由于资本主义的劳动组织和由技术发展带来的巨大生产力,必然导致人与自然的关系的异化;奥康纳和 J. B. 福斯特更是分别发展出精致的资本主义理论来批判资本主义对自然的破坏。在他们看来,资本主义不只导致了人的异化,还导致了人与自然的关系的异化,以及自然本身的异化。

第三,自觉地实现社会与自然的协同发展是生态学马克思主义的理论目标和理想追求。新的理论出发点、新的哲学范式,以及对资本主义更彻底的批判形成了人们对未来社会(共产主义/生态社会主义)的新的理论认识:未来社会应当与自然和谐相处,共同发展。人与自然的关系和人与人的关系是异质而又相互规定、相互作用的。因此,我们必须要进行历史意义堪与工业革命比肩的生态革命或环境革命,这场革命将深刻地改造现有的个体、社会与自然及其彼此之间的相互关系,这场革命也必将创建新的文明形态。

20世纪末21世纪初以来的英美生态学马克思主义具有的上述学术共同体特征与一般理论特征,是20世纪60—80年代的生态学马克思主义不具备的。例如,高兹的经济理性批判与生态政治学阐发尽管具有相当大的影响力,但却没有相对稳定的期刊作为学术思想平台,也不具备相对稳定的学术团队以及相对专门化的概念系统和理论建构。A. 施密特、马尔库塞、莱斯的生态问题研究也是如此——莱斯关于"自然控制"的批判以及"较易于生存的社会"的构想很有见地，甚至比较深刻，但也缺乏一个强大的团队。至于阿格尔，尽管可以被视为生态学马克思主义奠基人之一，但他对生态问题的研究不是特别系统，主要体现在《西方马克思主义概论》等文本中；甚至可以说，阿格尔对生态学马克思主义的贡献仅限于提出"生态学马克思主义"这个概念，以及从经验出发预告生态学马克思主义研究的必要性。当然，英美生态学马克思主义并不是一个完全统一的学术共同体，而是有着不同思想观点的不同的学术阵营。各个阵营之间经常发生学术论战；在各个阵营内部，也存在着不同的研究范式和学术立场。此外，还存在着不属于任何学术共同体的研究者，如彼得·狄更斯、格伦德曼等。

二、生态危机与生态学马克思主义分析

（一）如何界定"生态危机"？

综合生态学马克思主义的研究成果，"生态危机"的界定涉及三个方面：一是时间尺度，二是文化价值取向，三是生态问题的不可避免性。例如，J.B.福斯特强调时间尺度对界定"生态危机"的重要性；格伦德曼强调生态问题界定的文化价值取向与生态问题的不可避免性。当然，生态问题并不等同于生态危机，但可以说生态危机是最极端、最严重的生态问题。

1. 界定"生态危机"的"时间尺度"

在不同的文本中，J.B.福斯特一直强调厘清生态危机的时间尺度（time scale）的重要性。[①] 毫无疑问，几乎没有人否认存在着全球性生态危机这样的事实；但有些学者却坚持认为生命本身并没有因为生态危机而受到威胁，更不用说我们居住的地球受到威胁了。例如，在《正义、自然和差异地理学》（1997）中，D.哈维用了较大篇幅来批驳J.B.福斯特在《脆弱的星球》（1994）中宣扬的"世界末日"意蕴。D.哈维指出，全球性生态危机的假定（这个观点认为地球相对于人类行为来说是脆弱的或认为我们能毁灭地球）只不过是用消极的形式重复那些

---

① 例如，J.B.福斯特指出，"在人类历史的千年之交，我深深地意识到，关于时间尺度的复杂问题要多说几句，它是生态危机的核心问题"（J.B. Foster. The Vulnerable Planet. New York: Monthly Review Press, 1999: 143）。

想主宰这个星球的人群的狂妄的诞语。这个假定其实是说地球被损坏了，我们需要成为细心的管理员或细心的医生；护理好它，让它康复；诸如此类。"要反驳这个假定，就要理解到，对于我们来说，从物质上毁灭地球这个行星是不可能的，我们所做的最坏的事情不过是改变环境的物质状态从而使生活的舒适少一点……生态自杀即将来临——这个千年的和世界末日的预言是没有历史根据的。"①

应该说，D. 哈维的观点是明确的，且具有一定的代表性；但这种观点容易掩盖全球性生态危机这个事实。J. B. 福斯特批驳说，D. 哈维持有一种地质时间尺度的思维方式，它与对人类生存问题的思考几乎没有什么关联。在这里，J. B. 福斯特借用美国新进化论者史蒂芬·杰伊·古尔德（Stephen Jay Gould）的见解为自己的观点辩护（其实，古尔德的见解与 J. B. 福斯特的观点并不完全一致，甚至可以说有很大差异）。例如，古尔德承认，在地球的地质历史和地质进化面前，人类是被动的、无能为力的；但这是用地质时间尺度来考察的，这种时间尺度是以千万年为单位的。现有的科学研究告诉我们，在发生于 6 500 万年前的地球第五次物种大灭绝中，恐龙被消灭了，却为包括人类在内的大型哺乳动物进化提供了可能。如果人类灭亡了，地球可以而且几乎必定仍然不变。古尔德说，我们确实可以毁掉我们自己和许多同我们一起的其他物种，但却很难降低人类肉眼不可见的细菌类型的多样性，并且也不可能消灭成百上千万种的昆虫，这些生命形式将成为地球下一个物种大繁荣的基础。在地质时间尺度上，地球会"照顾"好自身，而人类由于渎职造成的对地球的影响迟早会在漫长的时间长河中被抹去，包括人类自身。因此，这种建立在地质时间尺度上的思维方式与人的历史时间尺度是不相关的。人的历史时间尺度，通常是以几个世纪或千年为单位的。在地质时间尺度内，地球本身是可以从一场大的核破坏中恢复过来的，但人们却会成亿地被毁灭，我们的文化会灭亡；在全球变暖的趋势下，地极的冰帽融化后，人类建在海岸沿线的绝大多数城市都会沉没，而气候和海平面上升导致的农业生产模式变化也将可能根绝人们，但地球会再度繁荣。②

J. B. 福斯特强调，我们不能用地质时间尺度来衡量人类活动对地

---

① J. B. Foster. The Vulnerable Planet. New York：Monthly Review Press，1994：69-71.
② 同①71.

球上人居环境的影响，而应该用人的历史时间尺度。在援引了古尔德的地质时间尺度与人的历史时间尺度之后，J. B. 福斯特还提出了人的生活时间尺度概念，它是指在我们之前或之后的几代人的时间，通常以几十年或百年为单位。因而可以说，J. B. 福斯特对时间尺度的三种区分揭示出生态危机的相对性。生态危机是相对于人的历史和人类生活而言的，地球本身是不存在什么危机的，地球生物圈本身也不存在危机。当人的活动本身导致了人的居住环境不再适合于人的需要时，人类就有可能像毁坏一个定居点那样毁坏地球的可居住性。这样，生态危机就发生了。

J. B. 福斯特不仅揭示出，在人的历史时间尺度与人的生活时间尺度内，人的活动本身已经给人的居住环境带来负面影响，造成了生态危机，而且进一步借用时间尺度观念来描绘"历史进程加速"(acceleration of historical processes)现象，进而揭示出与这种"历史进程加速"相伴的生态环境变化的加速特性以及迫在眉睫的危机。我们知道，"历史进程加速"概念，是保守主义历史学家 J. 布克哈特 (J. Burckhardt) 于1869年提出的，目的是解释"历史危机"现象。所谓"历史进程加速"，就是指"历史进程以一种惊人的方式突然加速，以另一种方式把需要几个世纪才能完成的发展就像幽灵一样在几个月或几个星期里就轻快地完成了"[①]。这种"历史进程加速"意味着生物圈中物质和能量流动的加快，以及人为造成的物质形式的增多，会使人类改变居住环境的速度越来越快、规模越来越大，人与自然环境之间的冲突也就加速扩大，呈现出加速度形式，甚至几何级数增长形式。

由此可见，J. B. 福斯特采用时间尺度和历史进程加速这两个概念来描绘人类文明历史步伐加快现象，不仅是为了阐述上的清晰和便利，而且还坚信随着时间越来越接近现在，人们用来看待生态问题的相对时间框架本身也应该快速地缩短。J. B. 福斯特认为，这是由资本主义的以积累为动机的几何级数增长的发展趋势决定的。通过时间尺度上的相对比较，我们就能对历史和环境变化的加速步伐有一个清楚的认识。只有这样，我们才不仅可以更清晰地、客观地认识社会与自然的关系，而且可以尽量避免低估社会与自然的冲突的演变速度和程度。

[①] J. B. Foster. The Vulnerable Planet. New York: Monthly Review Press, 1994: 145.

2. 界定"生态危机"的文化价值取向

格伦德曼的马克思主义生态思想研究，是从界定生态问题开始的。他认为，对"生态问题"的定义和解释决定着生态问题的解决方式与方案。在借鉴相关学者研究成果的基础上，格伦德曼指出，生态问题至少包括八种具体现象：（1）污染（空气、水）；（2）地下水的损耗；（3）有毒化学物质的扩散；（4）有毒废物的扩散；（5）侵蚀现象；（6）沙漠化；（7）酸化现象；（8）新化学物质问题。[①] 在列举了上述八种现象之后，格伦德曼将生态问题概括为三类：（1）污染；（2）（可再生或不可再生）资源的损耗；（3）人口增长（人口增长会导致污染增长、资源损耗加大，以及社会福利负担加重）。格伦德曼特别指出，现存社会的文化价值系统会影响到生态问题的界定，由于文化力量本身是可变的，因而生态问题的界定也是可变的。

3. 生态问题的不可避免性

在格伦德曼看来，还有一个不争的事实：生态问题是现代社会形式的一个固有的特征；并且，现代社会的生态问题是不可能被彻底消除的，而只可能减少、转移和被替代。对生态问题的这种立场与格伦德曼对生态问题一般成因的分析是相关的。格伦德曼指出，从经济学和社会学角度看，导致生态问题出现的因素主要有以下五个：（1）人类行为的"无意识后果"（unintended consequences）；（2）技术因素（伴随着一系列具有重要影响的工业意外事故）；（3）经济增长；（4）"成本外化"（externalities）——在制度经济学中，"externality"有时被译为"界外效益"，但在格伦德曼这里，结合上下文，把"externality"译为"成本外化"较为合适；（5）产生不合理行为的个体合理性。[②] 其中，第五个因素有时又被格伦德曼称为"集体悲剧"或"公共悲剧"（tragedy of the commons）。[③]

（二）生态危机成因分析

为了考察生态危机的成因，格伦德曼进一步分析了上述五个因素的作用问题。在他看来，技术因素是导致生态问题的决定性前提，但不能

[①] R. Grundmann. The Ecological Challenge to Marxism. New Left Review, 1991, 187: 105.

[②] 同①105 – 106.

[③] R. Grundmann. Marxism and Ecology. Oxford: Clarendon Press, 1991: 43.

第九章 生态学马克思主义新发展

把它混同于"原因"(causes),其余四个因素可以被认作生态问题的原因。不过,这四个因素又可被归属于两类不同性质的(原因):一类属于自觉行为,如经济增长与成本外化;另一类属于非自觉行为,如人类行为的无意识后果与集体悲剧。后一类原因主要属于人类自觉行为的副作用,带有无意识行为特征;格伦德曼强调这类原因,目的在于突出人类计划能力的局限性。值得一提的是,在区分这两类不同性质的原因时,时间尺度至关重要,这与 J. B. 福斯特的基本立场是一致的。下面,我们具体讨论格伦德曼对这四个原因的分析(关于技术因素,后面会专门讨论)。

第一,关于人类行为的无意识后果,格伦德曼有一个基本看法,即人的行为和意图总是伴随着无意识后果,并被无意识后果迷惑和歼灭,这是现代技术赋予现代社会的一般特征。在这里,格伦德曼借用了关于无意识后果的区分,即功能性的后果、功能失常的后果、与功能完全不相关的后果。格伦德曼认为,引发生态问题的无意识后果当属功能失常的后果。功能失常引发的无意识后果通常有下述四个原因:(1)(基于某些知识的)合理预期范围过窄;(2)过于依赖经验;(3)直接经济利益带来的短视;(4)预期本身对行为的反馈作用。[①] 这四个因素集中表现为两点:行动时知识不完备和行动者过分关注直接结果。

第二,为了分析工业意外事故,格伦德曼借用了查尔斯·佩罗(Charles Parrow)的两组概念,即线性的/复杂的系统(linear/complex systems)和弱的/强的耦合(loose/tight coupling)。线性过程和弱耦合系统较少导致系统意外,在不失稳状态下,弱耦合系统能吸纳因变化导致的干扰、缺陷和压力;强耦合系统能更快地应对干扰、缺陷和压力,但可能因为这种应对而付出巨大代价。因而针对意外,两类系统各有利弊。格伦德曼认为,如果线性的/复杂的与弱的/强的两组变量交织在一起,则意外就是不可避免的。在现代工业社会,如工业企业和军事工程因为包含具有高度复杂性和强耦合性的组成单元,所以意外是不可避免的。当某些意外发生后,有的调查报告指责当事人当时没有如此这般行为,这实属事后诸葛亮,是对当事人的冤枉。面对一个复杂的和强耦合系统,小而无关紧要的初始条件常常可能酿成大事故。意外事故是现代

[①] R. Grundmann. Marxism and Ecology. Oxford: Clarendon Press, 1991: 27-33.

社会诸多高风险系统的内在属性,并且几乎与财产制度无关,可以说是现代社会中"正常的"或"系统的"问题。高风险系统在现代社会几乎比比皆是,它们通常由一些现代技术产生出来,例如核能、石化、船舶、航空、基因工程、太空飞行、大坝、采矿和武器制造等。格伦德曼指出,现代技术的使用需要自然资源和自然环境作为物质基础与条件,以现代技术为核心要素的现代社会的各类高风险系统不可避免地将产生系统意外,而这些意外对生态环境的影响将是不可避免、不可预测和不可控制的。

第三,关于经济增长,格伦德曼认为它与生态问题的关系是直接的和直观的。在现代社会,经济增长以工业生产方式为实现手段。低水平的工业增长对自然资源的需求是低的,高水平的生产则要求更多数量的资源(包括能量供给和稀有资源)。工业增长水平对资源和环境的影响是正相关性的。当然,具体增长方式不同,影响会有所不同。此外,还要注意工业增长与新技术对环境的影响是有区别的,有的属于新的复杂技术导致的影响。例如,二战后,美国经济中技术的广泛使用不仅带来126%的GNP增长,而且招致1 260%的环境污染。格伦德曼之所以注意这些区别,是想强调工业增长虽然对环境具有正相关性影响,但却并非必然导致生态问题。他强调,污染根本无关增长,而是资源配置问题。可以看出,格伦德曼虽然不否认经济增长与生态问题的联系,但却把经济增长对生态问题的影响尽量压缩到最小。这与他始终突出技术对生态问题的根本性影响有关。

第四,关于成本外化与集体悲剧,格伦德曼用"成本外化"与"集体悲剧"概念来表征生态与市场原则的关系、生态与财产制度的关系。他指出,早在20世纪30年代,英国经济学家庇古[①]就注意到了私人资本的成本外化现象,即在计算成本时不列入经济活动对建筑物、植物和其他公共设施的依赖与影响。这种计算成本的方法是由私人资本追逐利润的动机决定的,结果是私人资本牺牲自然环境,导致自然环境被破坏。这种由市场原则支配的经济活动最终把地球当作可以交换的商品,而不是人们赖以生存和必须细心呵护的共同财富。然而,共同拥有财产就能够更好地避免生态问题吗?

---

① 庇古(Arthur Cecil Pigou,1877—1959),英国经济学家,剑桥学派代表人物之一。

第九章　生态学马克思主义新发展

格伦德曼认为，有两个原因可能促使采用国家所有制的社会主义社会较少地导致生态问题：一是不会过早地引进某些危险技术，因为社会主义国家不以追逐超额利润为目的；二是由于执行中央计划，个体的社会主义企业不可能把成本转嫁到环境之中。但在举例说明之后，格伦德曼借用了美国学者 G. 哈丁（G. Hardin）的名言——集体中的自由会把一切导向崩溃，即集体中的自由导致"集体悲剧"，以此质疑共同财产制度能更好地避免生态问题的充分性。为此，格伦德曼列举了六点理由：（1）社会主义国家也是致力于提高经济效率的，从而会促使它引进高风险系统技术，最终将会引发生态问题，这与所有制是无关的；（2）"计划未来"中的计划本身会引起无意识后果；（3）集体所有权会导致"集体悲剧"；（4）社会主义国家如苏联的定价制度和"本位主义"（departmentalism）虽有明确的环保意识，但由于同样的原因，环境保护不会获得最高优先权；（5）以苏联为例，与环境相关的法律通常是有法不依、执法不严，对环境污染处罚不力；（6）对于苏联而言，官方和民众"迷信"国家地大物博，相信资源是不可能耗竭的，因而忽视生态问题。①

在格伦德曼看来，上述六点理由中前三点几乎是社会主义社会共有的，后三点与苏联社会主义的特殊性相关。所以，"只有私人企业（利润最大化）会产生生态问题，这不是真的。资本主义社会的国有企业和私人消费者，以及社会主义国家的企业和消费者都会产生生态问题"②。资本主义社会的短期利润目标会导致生态问题，但社会主义社会也没有内在机制来避免生态问题。简言之，所有制与生态问题的关联并不像通常想的那样密切。

值得一提的是，关于生态问题的界定以及导致生态危机的成因分析，格伦德曼强调指出，不能用单一原因来解释生态问题的成因，这些原因彼此之间交叉重叠，并且往往是两个或更多个因素共同作用导致了生态问题，高风险系统作为单独因素引起生态问题可以算作例外。正是由于上述对生态问题的界定和对生态危机成因的分析，格伦德曼觉察到了马克思的思想与他所说的生态问题之间的内在理论关联，"如果我们将马克思同这些发现（笔者注：指生态问题的原因）联系起来看，那么

---

① R. Grundmann. Marxism and Ecology. Oxford：Clarendon Press，1991：37-43.
② 同①41.

可以说马克思是考虑过所有这些可能的'原因'的。然而,最广为人知的还是他强调了特定资本主义条件下理性的个体行为方式(无限追逐利润增长)所产生的成本外化和无意识后果"[1]。这段话包含着两层意思:(1)马克思的思想是能够为分析生态问题提供深刻洞见的;(2)由于社会主义国家也会产生生态问题,所以仅仅强调资本主义私有制为生态问题之根源,又是不完全合适的。正因为这样,格伦德曼准备重新理解或重构马克思的思想,从而揭示马克思的思想对分析和解决生态问题的意义。

第二节 科技应用与生态问题

立足于生态学马克思主义的理论成果,我们从三个方面来讨论"科技应用与生态问题":一是技术对人类社会以及社会与自然的关系的一般作用;二是作为解决生态问题之关键手段的技术;三是资本主义使用技术来解决生态问题的不可能性。J.B.福斯特探讨了第一个和第三个方面,格伦德曼探讨了第二个方面。由于前两位学者的立场和具体观点并不一致,因而这三个方面之间并不是内在自洽的,但仍然可以为我们提供理论视野和实践启示。

一、技术对人类社会以及社会与自然的关系的一般作用

J.B.福斯特试图根据下述事实来展开马克思对生态技术和社会与自然的关系问题的思考:晚年马克思对摩尔根《古代社会》一书的丰富思想有着浓厚兴趣。正如在马克思逝世后的第二年即1884年恩格斯所指出的那样:"在论述社会的原始状况方面,现在有一本像达尔文的著作对于生物学那样具有**决定意义**的书,这本书当然也是马克思发现的,这就是摩尔根的《古代社会》(1877年版)。"[2] 那么,摩尔根到底发现了什么呢?

在《古代社会》一书中,摩尔根指出各种技术每隔一个长时段就出现一次革新,它们对人类生活状况必然产生很大影响,在人类进步的路

---

[1] R. Grundmann. The Ecological Challenge to Marxism. New Left Review,1991,187:107.
[2] 马克思恩格斯选集:第4卷.北京:人民出版社,2012:563.

第九章 生态学马克思主义新发展

上,发明与发现层出不穷,成为顺序相承的各个进步阶段的标志。依据技术的发明和使用,摩尔根将人类社会的发展和进步划分为三大时期,其中第一、第二时期又各分为三个阶段,这样就分为七个阶段:(1)低级蒙昧社会,始于人类幼稚时期,终于下一阶段开始;(2)中级蒙昧社会,始于鱼类食物和用火知识获得,终于下一阶段开始;(3)高级蒙昧社会,始于弓箭发明,终于下一阶段开始;(4)低级野蛮社会,始于制陶术发明,终于下一阶段开始;(5)中级野蛮社会,东半球始于动物饲养,西半球始于用灌溉法种植玉蜀黍等作物,以及使用土坯和石头从事建筑,终于下一阶段开始;(6)高级野蛮社会,始于冶铁术发明和铁器使用,终于下一阶段开始;(7)文明社会,始于标音字母发明和文字使用,直至今天。①

马克思从摩尔根的研究中发现了什么呢?J.B.福斯特指出,由于摩尔根的发现,马克思开始以技术为参照,考察有文字记载的历史以前的人类史;他将技术视为人类社会的物质生产基础、人类文化的基础、一定生活方式的基础。此外,马克思还重新思考人类历史现象,考察人类历史现象的时间和空间范围,将人类放在自然的背景中,并从社会与自然的关系角度来思考人类历史现象,从而建立起了世界历史观。J.B.福斯特认为,受到摩尔根的古代社会研究的启发和影响,晚年马克思的研究以下述问题为背景:应该如何思考先于书写历史的人的发展问题呢?正是在这样的问题背景下,马克思深入地研究了地质学、古生物学、农业化学和人种学。这些学科综合起来为马克思提供了关于人的进化、人类社会起源,以及环境变化的知识背景和内容。J.B.福斯特说,马克思知道需要对生存问题做深层含义的思考,即"思考唯物主义自然观和被自然观规定的唯物主义历史观的关系"②。J.B.福斯特进一步指出,这种对技术的关注是深度生态的,它在思想上最终可追溯到伊壁鸠鲁,但是直接由卢克莱修激发而产生的。生态技术对人类社会的一般作用问题,本质上就是关心以生产和再生产的变革为媒介的人与自然的关系。从这个意义上讲,关注生态技术就是关注人同环境的协同进化。③

---

① 摩尔根.古代社会:上册.杨东莼,马雍,马巨,译.北京:商务印书馆,1997:11-12.
② J.B. Foster. Marx's Ecology. New York: Monthly Review Press, 2000: 220.
③ R. Grundmann. Marxism and Ecology. Oxford: Clarendon Press, 1991: 220.

结合着兴起于20世纪50年代的人种生态学成果，J.B.福斯特把"生存"理解为人类共同体与其土地基础之间的长期关系。他说，马克思是在这样的意义上强调人与土地之间非异化关系的重要性的。例如，马克思对古代俄国公共土地制度的命运及其同俄国革命前景的关系的关注。人们与他们生活在其上的土地构成了一个有机整体，通过以生态技术为主要手段的劳动，人类生产他们的生活和再生产人类共同体自身——这也是摩尔根给予马克思的启发。然而，马克思批判了摩尔根的"人已经发展到绝对控制了物质生产"的观点，并指出同技术相关的生态问题，特别是人与土地的分裂问题，在资本主义阶段已经存在很久了，矛盾已经很尖锐了；并且，生态问题将比资本主义本身更加持久。这样，马克思就从生态角度把生态技术同具体的社会制度和人类生存结合起来了。因此，J.B.福斯特指出，对于马克思来说，唯物主义历史观的一个重要组成部分就是研究土地异化是如何同劳动异化相关联的。

由此可见，J.B.福斯特从生态技术这个独特视角对"马克思对摩尔根感兴趣"这一事实，做了一个独特的理论阐释，不但赋予了马克思的历史观更丰富的内容、更立体的结构，而且通过生态技术这一范畴，把对人类史的研究同对自然及自然史的研究在自然科学研究和技术研究基础上结合起来。不过，也可以看出，J.B.福斯特是在抽象层面描述和说明人类历史与生态技术的关系，以及生态技术作为联系社会与自然的纽带的作用的；在这里描述和说明的是作为人类智力成果与经验成果的生态技术的一般意义，而没有在动态的辩证的关系层面说明社会与自然之间的现实关系。当然，关于社会与自然之间的具体的、动态的、辩证的关系，J.B.福斯特另有理论阐述，这里不做赘述。

二、作为解决生态问题之关键手段的技术

在科学、技术、经济、政治与生态问题的关系上，格伦德曼强调技术发展对于生态问题是关键性的。科学的、经济的、政治的力量共同作用形成一股社会合力，能够推动产生资源、减少污染和安全性更高的技术。[①] 然而，政治却不能直接解决生态问题，经济和科学也是如此。这

---

① R. Grundmann. Marxism and Ecology. Oxford: Clarendon Press, 1991: 291.

与前述格伦德曼对生态问题一般成因的分析是一致的。那么,为什么格伦德曼要做出这样的判断呢?这是由他的技术观决定的,这蕴含在他对科学、技术与自然之间关系的思考中。

技术是什么?在格伦德曼眼里,技术是一种能够以进化方式构想的社会的-物质的实体。在这个前提下,格伦德曼区分了科学和技术。在他看来,"科学是同质的、能够被很好地加以界定的领域。在该领域中,活动或交流是基本要素,而意义是可以传播的;技术则是一个异质的领域,该领域主要处理在物质层面如何重新组合世界的问题"[①]。其实,科学与技术的关系远非常识告诉人们的那样简洁明了。格伦德曼指出,若强调科学对现代技术的影响与日俱增,这是没错的;但若讨论科学与技术在发现、发明方面谁先谁后,技术在先还是相应的科学原理在先,科学与技术之间的关系到底该如何理解,答案可谓见仁见智。就格伦德曼本人的立场而言,他不是强调科学与技术的联系,而是坚持科学与技术的区别。

那么,科学与技术的区别究竟何在?为了理解这个问题,还需要了解格伦德曼引入的另一对概念:社会系统与环境。为了说明自己的技术观,格伦德曼借用了 R. 梅因茨(R. Mayntz)的观点,区分社会系统(social system)和社会-技术系统(socio-technical system)。

在 R. 梅因茨看来,由于组成技术系统的部分不只是社会的,如技术还要受到科学、经济、管理等因素影响,并与之形成反馈联系,所以不能把技术系统当作社会的功能性的亚系统来理解。那么,遵循 R. 梅因茨的概念,哪些系统可以被视为社会的功能性的亚系统或社会系统呢?是科学、经济和政治。在引用了舍勒对科学和经济的分析、M. 韦伯和卢曼对政治的分析之后,格伦德曼指出,科学、经济和政治都是现代社会自治的功能性的亚系统,都具有相对独立性;但技术却不具备这种自治性和相对独立性,它属于同社会系统不一样的"环境"(environment)。他说:"区分(社会)系统与环境的最好途径是,将不能纳入系统的每一物都归入环境。因而,每一个系统都把所有其他系统和环境(如技术和自然资源)作为它的环境。"[②] 不过,格伦德曼对社会系统与环境的区分标准是语焉不详的。

[①] R. Grundmann. Marxism and Ecology. Oxford: Clarendon Press, 1991: 147 - 148.
[②] 同[①]151.

在具体考察了作为"环境"的技术与作为"系统"的科学、经济和政治的关系之后,格伦德曼指出,一方面,技术不仅受到科学的影响,而且受到经济和政治的影响,换言之,技术由社会劳动创造出来,表现为工具、设备和机器,既包含着物质因素又包含着社会因素;另一方面,科学、经济和政治必然要考察既有技术的特性,技术会影响到这些社会系统的运行。例如,科学研究依赖于技术设备和研究基金,经济热衷于能够带来最大利润的技术,政治要直面危险技术的合法性问题。此外,工程学(engineering)也会影响技术,新技术的产生必须要满足工程学中的某些特定标准。这样,技术的发明和传播就要与科学、经济和政治,以及工程学保持一致。受这些因素的制约,一项被选定的技术通常会被持久使用,而新技术的发明和发展也需要较长时间。就是说,技术革命不可能是瞬间发生的,而是一个不断扩散并最终饱和的过程。技术的这种特性,被格伦德曼称为"技术发展的惯性",即所谓的"技术进化"。那么,技术发展形态是怎样的呢?格伦德曼认为,现代技术发展更符合"树状分枝"(a branching tree)模式。①

由此可见,格伦德曼为我们展示了技术与科学、经济和政治,以及工程学之间的复杂关系。格伦德曼的分析告诉我们,在解决生态问题时,技术是最关键的因素,对技术本身的思考和运用并不简单,技术的发明、传播和使用有着复杂的机制。资本主义使用技术来解决资源短缺的方式也证明了这一点。

三、资本主义使用技术来解决生态问题的不可能性

新技术的采用在发展经济的同时又能阻止生态恶化,这种可能性到底有多大呢?J.B.福斯特认为这个问题的答案是"不可能",因为造成生态环境破坏的根本原因和解决生态问题的根本办法不在于技术本身,而在于技术的资本主义使用。

在发达资本主义经济中,沿着良性方向改进技术被认为是解决生态问题的标准答案之一。例如,借助于技术实现更高的能效生产,利用太阳能等替代性燃料,资源的循环利用,等等。"技术的魔弹"大受欢迎——在"资本主义机器"平缓的运行中,技术似乎能够为以较少的努

---

① R. Grundmann. Marxism and Ecology. Oxford:Clarendon Press,1991:151-152.

力改善生态问题提供可能。1997年的《京都议定书》进一步鼓励了这种认识,并激发了美国许多环保主义者提倡能效方面的技术改进用以作为避免生态环境麻烦的主要手段。然而,J. B. 福斯特在引证"杰文斯悖论"(the Jevons Paradox)之后,通过分析技术与积累的关系、生产与消费的社会结构,并以《京都议定书》的相关内容为例,明确了技术的资本主义使用在拯救生态环境方面的不可能性。

"杰文斯悖论"是以19世纪英国经济学家杰文斯(Jevons)的名字命名的。杰文斯是新古典主义经济分析的先锋人物之一,因《煤炭问题》(1865)一书名声大噪。在该书中,杰文斯提出一个命题,并被现代生态经济学家称为"杰文斯悖论":在利用自然资源如煤炭时,效率的提高会导致对这种资源的需求的增加,而不是需求的减少。这主要是因为效率的提高导致了生产规模的扩大。之所以说是悖论,是因为人们惯常认为,效率的提高会减少消费量。以煤炭为例,在仔细地分析了煤炭的利用效率与煤炭的消费量的内在联系之后,杰文斯指出惯常的观点是错误的,认为煤炭的合算的使用等于消费量的减少——这是一个错误观念,相反的观点才是正确的。

"杰文斯悖论"可以获得现今美国汽车行业现状的支持。20世纪70年代,更高能效的汽车生产并没有减少对燃料的需求,因为开车的人多了,不久汽车数量就翻了倍;这种现象也发生在冰箱行业中。为什么会这样呢?J. B. 福斯特从《京都议定书》入手,经过层层分析,揭示了技术的资本主义使用的本质。《京都议定书》的主要目的是阻止CO^2和其他温室气体以几何级数速率增长的排放,但这份议定书遭到许多国家的抵抗,美国政府更是拒签。不少国家特别是美国政府认为CO^2排放只是一个技术问题,是可以一国解决的问题。

J. B. 福斯特指出,把CO^2排放问题仅仅看作一个技术问题或燃料效率问题,这是错误的,因为能让我们避免把CO^2以如此增长的速度排到大气中的技术早已存在。例如,如果我们出门的话,一直以来有许多交通工具,特别是公共交通,同建立在私人汽车基础上的交通系统相比,公共交通大大减少了CO^2的排放量,而且能够让人们更加自由和快速地活动。然而,资本积累的冲动推着发达资本主义国家沿着最大限度地发展汽车这条路走下去,把它作为生产利润的最有效方式。而这种"汽车-工业复合体"的增长就构成了20世纪资本积累得以实现的轴心。

这种"汽车-工业复合体"不仅包括汽车本身,还包括玻璃、橡胶、钢铁工业、汽油工业、高速公路的使用者和建造者,以及同城乡结构紧密相关的房地产等经济实体和经济活动。今天,汽油是整个汽车-工业复合体的心脏,而这产生了CO_2排放量中最大的一部分。J. B. 福斯特认为,美国政府不肯在《京都议定书》上签字的真正原因在于,如果美国在《京都议定书》上签字,那么为了达到《京都议定书》的目标,美国到2010年为止,必须减少30%的CO_2排放量,这意味着让美国经济心脏跳动得缓慢些,美国的既得利益者是不会答应的。所以说,减少CO_2的排放量不是一个单纯的技术问题。

应该说,美国政府赞同利用技术来降低温室气体的排放量是有条件的,即不缩小生产规模或不减少利润和资本积累,技术改进只能在资本许可的范围内进行。J. B. 福斯特举例说明:在资本主义制度下,当改进能源技术时,能获得改进机会的是那些能够为资本带来最大利润的能源技术,而不是为人类和地球带来最大利益的能源技术(例如,太阳能技术)。当太阳能技术的某些部分妨碍了利润追逐时,这部分技术将被隐藏起来。"资本主义与其他社会制度相区别的特征是,它一心一意的、顽固的资本积累的念头。"[①] 为了资本积累,资本必须不停地扩张;有利于资本扩张的技术会得到支持,不利于资本扩张的技术就会被排斥。

事实上,我们从J. B. 福斯特对技术的资本主义使用的分析中可以得出这个结论:技术的资本主义使用造成的生态问题,不可能在资本主义制度范围内通过技术来解决。从根本上说,造成生态问题的不是技术本身而是技术的资本主义使用,是促成技术的资本主义使用的资本主义社会经济制度,是这种以追逐利润为目的不断地自我扩张其价值的资本主义制度,正如巴兰和斯威齐所说的那样,"目的的不合理性,否定了手段的一切进步。合理性本身变成了不合理的。我们已经达到了这个地步:唯一真正的合理性在于采取行动,去推翻这个已经变成了绝对不合理的制度"[②]。这也是J. B. 福斯特必然得出的结论,即要想解决生态问题,就必须推翻不合理的现代资本主义制度。

---

① J. B. Foster. Ecology against Capitalism. New York: Monthly Review Press, 2002: 96.
② 巴兰,斯威齐. 垄断资本:论美国的经济和社会秩序. 南开大学政治经济学系,译. 北京:商务印书馆,1977:342.

第三节　资本主义制度与生态问题

对资本主义与自然的关系进行批判性考察，是生态学马克思主义区别于其他马克思主义的特色之一。生态学马克思主义较为充分地揭示了19世纪以来资本主义生产方式对全球资源的掠夺，以及对生态环境破坏的不可逆性，从而导致社会与自然的关系的恶化；而这种恶化了的关系反过来又威胁着人类的发展甚至生存，当然也深度影响着世界经济、政治和文化的现有结构及未来演化趋势。不过，生态学马克思主义并不是共用一个研究范式或研究纲领，而是分属于立场和具体观点不同的学术共同体。下面，从三个方面讨论"资本主义制度与生态问题"：(1) 资本主义私有制导致社会与自然之间的物质变换断裂；(2) 生态的价值-形式方法与资本主义的双重生态危机；(3) 生产条件恶化与资本主义第二重矛盾。

一、资本主义私有制导致社会与自然之间的物质变换断裂

关于资本主义私有制对自然的破坏的研究，是J. B. 福斯特在充分占有马克思相关文献基础上进行的创造性研究。在梳理马克思相关生态思想的过程中，J. B. 福斯特发掘出马克思的物质变换概念，以此为基础建构了物质变换断裂思想。J. B. 福斯特关于资本主义私有制与自然的关系的研究，主要是围绕着物质变换概念和物质变换断裂思想展开的。

(一) 物质变换概念

马克思恩格斯大量使用了"物质变换"概念（据不完全统计，达110多次）。在《马克思的生态学——唯物主义与自然》(2000) 中，J. B. 福斯特不仅论证了李比希的物质变换概念对马克思的影响，而且论证了马克思对李比希的物质变换概念的继承和超越。在J. B. 福斯特看来，立足于李比希的物质变换概念，马克思既用"物质变换"来描述物理的、化学的、生物的物质和能量的变化，又用它来定义和阐释人类劳动即社会与自然之间的物质和能量的交换过程，还用它来揭示具体的社会形态如资本主义社会形态下商品的生产、分配、交换和消费活动。

J. B. 福斯特认为，物质变换概念可以促使马克思将人与自然的关

系表达为这样一种过程和关系:既强调人类赖以生存的自然条件,又强调人类影响这种生存条件的能力,即既强调自然客观性,又强调人类的自由和能动性。不过,J.B. 福斯特指出,马克思需要解释资本主义条件下由雇佣劳动同资本的关系规定的人类生存的无机条件与人类自身积极的生存状态之间的分裂。从物质基础上看,这种分裂就是作为自然的一部分的人与自然的异化,即自然本身的异化,以及用来实现人与自然之间物质交换的劳动的异化。因此,对于马克思来说,"物质变换"这个概念可以用来揭露资产阶级社会所有的异化的本质特征,"最重要的是,'物质变换'概念为马克思提供了一个具体的方式来表达自然异化观(及其同劳动异化的关系),而'异化'这个观念从马克思的最早著作开始就一直是他批判的重心"①。

对于 J.B. 福斯特来说,马克思的物质变换概念能够帮助他分析和批判资本主义社会对自然、人与自然的关系,以及社会的破坏和剥削:一方面论证自然对于社会的先在性,以及自然与社会受规律制约的辩证关系;另一方面论证资本主义社会作为特殊的社会形态在管理、调整社会与自然之间的物质变换过程时的巨大局限性及其给社会带来的严重问题——生态问题,以及劳动者的异化、社会的异化,进一步深化对资本主义本质的揭露和批判。在这里,需要指出的是,这是 J.B. 福斯特贯彻彻底的哲学唯物主义立场和方法的必然结果:彻底的唯物主义必然是生态的,科学的生态学必然是唯物主义的。

(二)物质变换断裂思想

借助物质变换概念,J.B. 福斯特深刻地揭示出现代生态危机是由资本主义私有制内在决定的,而生态危机的表现就是物质变换断裂。J.B. 福斯特指出,马克思的物质变换断裂思想主要体现在《资本论》第 1 卷和第 3 卷的两段论述中。

在《资本论》第 3 卷之"资本主义地租的起源"中,马克思指出:"大土地所有制使农业人口减少到一个不断下降的最低限量,而同他们相对立,又造成一个不断增长的拥挤在大城市中的工业人口。由此产生了各种条件,这些条件在社会的以及由生活的自然规律所决定的物质变换的联系中造成一个无法弥补的裂缝,于是就造成了地力的浪费,并且

---

① J.B. Foster. Marx's Ecology. New York: Monthly Review Press, 2000: 158.

第九章 生态学马克思主义新发展

这种浪费通过商业而远及国外（李比希）……大工业和按工业方式经营的大农业共同发生作用。如果说它们原来的区别在于，前者更多地滥用和破坏劳动力，即人类的自然力，而后者更直接地滥用和破坏土地的自然力，那么，在以后的发展进程中，二者会携手并进，因为产业制度在农村也使劳动者精力衰竭，而工业和商业则为农业提供使土地贫瘠的各种手段。"① 在《资本论》第 1 卷中，马克思说过："资本主义生产使它汇集在各大中心的城市人口越来越占优势，这样一来，它一方面聚集着社会的历史动力，另一方面又破坏着人和土地之间的物质变换，也就是使人以衣食形式消费掉的土地的组成部分不能回归土地，从而破坏土地持久肥力的永恒的自然条件……但是资本主义生产通过破坏这种物质变换的纯粹自发形成的状况，同时强制地把这种物质变换作为调节社会生产的规律，并在一种同人的充分发展相适合的形式上系统地建立起来……此外，资本主义农业的任何进步，都不仅是掠夺劳动者的技巧的进步，而且是掠夺土地的技巧的进步，在一定时期内提高土地肥力的任何进步，同时也是破坏土地肥力持久源泉的进步……因此，资本主义生产发展了社会生产过程的技术和结合，只是由于它同时破坏了一切财富的源泉——土地和工人。"②

J. B. 福斯特认为，这两段文字集中地体现了马克思对资本主义条件下"人与土地之间物质变换的相互作用过程中出现的断裂"现象的关注。在对马克思恩格斯大量的相关论述进行分析之后，结合对物质变换概念的理解，J. B. 福斯特将社会与自然之间的物质交换过程中出现断裂的原因概括如下：自然的生命律规定并控制着自然与社会的物质变换以及社会内部的物质和能量的流通。自然的生命律要求土壤营养成分的"系统归还"，然而人类社会内部的物质变换体系却掠夺了土壤的营养构成要素，使之不能"系统归还"，而是导致了"土壤构成要素异化"③。最终，自然与社会之间的物质变换就出现了断裂。在资本主义生产条件下出现的物质变换断裂实质上是社会与自然的关系的异化，以及由社会与自然的关系的异化导致的自然本身的异化，而自然本身的异化在人类社会面前表现出来就是马克思恩格斯在 19 世纪就已注意到的人与自然

---

① 马克思. 资本论：第 3 卷. 北京：人民出版社，2004：918 - 919.
② 马克思. 资本论：第 1 卷. 北京：人民出版社，2004：579 - 580.
③ J. B. Foster. Marx's Ecology. New York：Monthly Review Press，2000：156.

之间的剧烈的不和谐以及我们当代人所关注的生态问题。

历史地看,这种断裂并不是自人类社会以来就存在的。随着人口增长、生产技术发展、人类物质需要不断扩大,在一些局部地区才开始出现断裂现象,但是,只有资本主义社会才发生了由"土壤损耗"和物质变换断裂引起的农业危机,并且这些危机并没有随着农业技术的改进和农业管理的进步而最终消除。在 J. B. 福斯特看来,在当代,社会与自然之间的断裂非但没有消除,反而在扩大。通过对马克思的物质变换概念与物质变换断裂概念的讨论,J. B. 福斯特深入地研究了资本主义社会造成自然异化以及社会与自然的关系异化的现实原因。

结合马克思恩格斯的相关论述,J. B. 福斯特从两个层面分析了物质变换断裂的现实原因。

1. 直接原因:资本主义社会中的城乡分离及由其产生的远距离贸易

19 世纪 40—50 年代,美国政治经济学家 H. 凯瑞(H. Carey)强调源于城乡分离的远距离贸易是促使土壤营养成分普遍流失以及由此引起农业危机感的主要因素,这个观点被李比希和马克思吸收并加以发展。李比希以自己得出的"归还定律"为依据指出,在一块田地里,如果某些成分被永久地拿走,那么这块田地的生产力就不可能增长甚至不能保持。这就是马克思所说的"以衣食形式消费掉的土地的组成部分不能回归土地"①,从而破坏了土地持久肥力的永恒的自然条件。随着资本主义扩张,这种远距离贸易遍及全球,与贸易相联系的则是生产全球化。在《共产党宣言》中,马克思恩格斯已经很好地描述和说明了这一点。资产阶级榨取全世界市场,这就使所有国家的生产与消费都成为世界性的了。他们进一步指出,这些部门拿来加工制造的,"已经不是本地的原料,而是来自极其遥远的地区的原料;它们的产品不仅供本国消费,而且同时供世界各地消费。旧的、靠本国产品来满足的需要,被新的、要靠极其遥远的国家和地带的产品来满足的需要所代替了"②。马克思也指出,大土地所有制却使农业人口减少到一个不断下降的最低限量,并在相反的方面引起一个不断增长的拥挤在大城市中的工业人口。③ 列宁则更是把资本主义条件下人口由农村流向城市作为资本主义

---

① 马克思. 资本论:第 1 卷. 北京:人民出版社,2004:579.
② 马克思恩格斯选集:第 1 卷. 北京:人民出版社,2012:404.
③ 马克思. 资本论:第 3 卷. 北京:人民出版社,2004:918.

的普遍规律。他说:"城市人口(一般地说是工业人口)增加而**对比之下**农村人口减少,这不仅是目前的现象,而且**正是**反映了资本主义**规律**的普遍现象。"①

由此可见,在资本主义条件下,人口越来越集中于城市,农村人口越来越少,城市越来越大、越来越多。这又会带来什么后果呢?人口越来越集中于城市,城市中人和动物的排泄物与消费后的废物,以及不合理的污水系统,都会导致土壤营养成分流失。李比希在其著作中就提到"每年大不列颠农场通过自己的农产品把大量的土壤成分运往大城市里,消耗到江河里,一去而不复返了"②。马克思知道这一点并在《资本论》中加以引用。正是这种方向性极强的土壤营养成分的流动才使整个地球生物圈内的土壤都不可能得到良性循环,而是土壤成分不断由陆地流向海洋。土壤营养成分单向由陆地向海洋流动的结果就是土壤贫瘠和土壤营养成分匮乏。这种流失的直接原因就是城乡分离及由其产生的远距离贸易。

2. 根本原因:资本主义生产方式及其大土地私有制基础

直接原因背后有根本原因,这就是资本主义生产方式及其大土地私有制基础。资本主义生产以追求利润为目的,而这种目的得以实现的最必要的条件就是大土地私有制。资本的形成和增殖,以及财富积累在私人手里,是资产阶级赖以生存和统治的基本条件。③ 雇佣劳动制是资本主义的生存条件,其前提是无数彻底的无产者存在,而这又是以大土地私有制为前提的。

J. B. 福斯特指出,对于马克思来说,资本主义社会城市人口与农村人口的分离、资产者与无产者的分离,是以人与土地同样程度的分离为前提和根基的。在所有形式的社会中,所有生产都是借助于特殊的社会形式来实现个人对自然的部分占有。然而,资本主义私有制既不同于公有制也不同于以个体生产者身份占有土地的私有制,它的产生是以强制力量切断大部分人与土地的任何直接联系为基础的。因此,资本主义雇佣劳动制发展的前提是自由劳动与它赖以实现的客观条件的分离,即

---

① 列宁全集:第4卷. 北京:人民出版社,2013:127.
② 李比希. 化学在农业和生理学上的应用. 刘更另,译. 北京:农业出版社,1983:16.
③ 马克思恩格斯全集:第4卷. 北京:人民出版社,1958:478.

与劳动手段和劳动资料的分离。这种分离是以瓦解人与土地之间的客观关系以及人对土地的所有者关系为前提的。从历史上看，这种瓦解最初采取的是所谓原始积累形式，圈地运动是实现这种原始积累的最初主要手段。圈地运动一方面把农民从土地上赶走，迫使农民变成只有靠出卖自己的劳动力才能谋生的无产者或穷人，即为资本的运动和增殖准备了工人后备军；另一方面，小土地所有制被打破，土地本身在变成商品的同时，又越来越集中在少数人手中，为工业或地主经营资本主义农业准备了条件。就这样，原始积累构成了资本的史前史。因此，J. B. 福斯特概括地说："资本主义私有财产的建立是以异化所有形式的自然需要为前提的。"① 在资本的暴政下，资本追求的交换价值，即利润，不是服务于真正的、普遍的、自然的需要，而人与土地的异化正是这种以追求利润为最高目的的资本主义制度的必要条件。

总之，在 J. B. 福斯特眼里，马克思一直坚持强调人与土地的异化是资本主义制度的必要条件。就是说，在资本主义制度下，人与土地之间的物质变换断裂是必然的，资本主义农业在资本主义制度下尽管有技术和管理上的进步，但从根本上说，它不可能是合理的。"历史的教训（这个教训从另一角度考察农业时也可以得出）是：资本主义制度同合理的农业相矛盾，或者说，合理的农业同资本主义制度不相容（虽然资本主义制度促进农业技术的发展），合理的农业所需要的，要么是自食其力的小农的手，要么是联合起来的生产者的控制。"② 资本主义的农业现实与农业合理性之间的矛盾决定了人与自然、人与土地之间的物质变换的合理性要求废除大土地私有制和资本主义的生产方式，建立由联合起来的生产者构成的社会，以合理的方式来管理人与自然之间的物质变换过程。

二、生态的价值-形式方法与资本主义的双重生态危机

（一）生态的价值-形式方法

生态的"价值-形式方法"（value-form approach）是伯克特的生态学马克思主义创造性研究成果。伯克特继承并运用了马克思的价值-形式方法，即通过解释马克思的价值-形式方法来讨论马克思的价值范畴

---

① J. B. Foster. Marx's Ecology. New York：Monthly Review Press，2000：174.
② 马克思. 资本论：第3卷. 北京：人民出版社，2004：137.

第九章 生态学马克思主义新发展

与自然范畴的关系。以生态的价值-形式方法为指导，伯克特揭示了资本主义条件下，资本价值与自然是冲突的，资本主义面临着双重生态危机。

参照马克思对价值、交换价值与使用价值的区分（例如，无论交换发生在什么时候，那在商品的交换价值中显现出来的共同东西都是商品的价值；交换价值仅仅是商品的价值显现自己或被表达出来的一种形式，"不论财富的社会的形式如何……使用价值同时又是交换价值的物质承担者"[①] 等)，结合对资本主义雇佣劳动关系之必要前提的理解，伯克特将自己对价值、交换价值与使用价值之关系的理解进一步地括为："在资本主义下……使用价值为交换价值所主导，也可以看成价值作为一个更具一般性的社会形式对交换价值与使用价值的主导。"[②] 就是说，在资本主义条件下，价值成为生产领域的主导一切的力量。

在这里，伯克特揭示出马克思的价值-形式分析有三重意义：

第一，交换价值是价值的形式，而不能反过来说。与劳动价值论一致，价值只可能从生产中产生，而不可能来自交换领域；不能把价值、交换价值与使用价值视为等同的。伯克特指出，强调这第一重意义是有必要的。许多批评马克思缺乏生态思想的人不能领会或至少是忘记了这个区分，把价值而不是使用价值作为自然对生产起作用的说明方式。在伯克特看来，正确的理解应该是：自然为生产提供的是使用价值而不是价值。

第二，使用价值与作为价值特定形式的交换价值从属于价值。这一认识与下述现象是一致的：在资本主义条件下，为利润而生产（遵循 M-C-M' 公式）主导着为使用而生产（遵循 C-M-C' 公式）。伯克特指出，价值已经成为资本主义条件下控制着使用价值与交换价值的运动以及发展的根本性的积极因素。如果考虑到这种主导作用本身又以"自由"劳动力和生产工具的商品化即劳动与生产本身的货币价值化为前提，那么，只要仍把价值当作人类生产中的积极因素，任何环境政策就都不可能真正地缓解或解决生态危机。伯克特说，这种判断特别适用于揭露私有制或政府所有制对自然资源执行的货币租赁政策的本质。

---

① 马克思. 资本论：第1卷. 北京：人民出版社，2004：49.
② P. Burkett. Marx and Nature: A Red and Green Perspective. New York: Saint Martin's Press Inc, 1999: 80.

第三,"既然财富本来意指巨量的使用价值,而这种使用价值是由劳动和自然以多种方式联合生产出来的,那么价值就主导着交换价值与使用价值,并使之处于从属地位,这意味着使用价值被社会地抽象化了"①。因此可以说,财富的自然基础和物质体被价值从形式上抽象化了,财富也就不再按照使用价值形式来理解,而是按照交换价值形式来理解了。内在于商品中的交换价值与使用价值的矛盾就外在地表现为财富的资本主义价值形式与财富的自然基础和物质体之间的矛盾。作为资本主义条件下交换价值形式的财富就被纯粹抽象为一种量:一般劳动时间。这种财富形式与使用价值形式的财富处于对立中,后者表现出质的多样性。因此,资本是以消耗商品生产中的社会必要劳动来利用和理解自然的,而不是以自然对使用价值形式的财富的贡献或对人类需要的满足程度来利用和理解自然的。伯克特强调,对于揭示资本主义与自然的关系这个目标来说,这第三重意义是极为重要的。

在阐发了上述三重意义之后,伯克特得出了一个综合性结论:从人的社会的、自然的方面来看,价值是使用价值的异化形式。应该可以说,从阐释马克思的价值-形式方法入手,合乎逻辑地得出从"人的社会的、自然的方面来看,价值是使用价值的异化形式"这个结论是颇具开创性的,这可被视为伯克特的生态学马克思主义思想的特色。当然,伯克特不会停留在这个一般性结论上,他把这个结论概括为"价值-自然矛盾"(value-nature contradiction),并把它作为阐发资本主义理论,特别是资本主义生态危机理论的核心范畴和理论基础。

在资本主义现实中,价值-自然矛盾具体表现为货币与自然的冲突。在分析了马克思对货币的论述之后,伯克特得出结论说,作为价值的替代物,在交换过程中,货币抽取掉了自然的质的多样性,抽取掉了环境中的差异性和各种各样的内在关系,因为这些无法被反映成社会劳动时间的量。"货币自身的使用价值,即作为价值的一般的可接受的替代物和载体,体现并社会地推动了价值对财富中自然的和人的物质内容方面的形式上的抽象。"② 伯克特由此得出了更一般的结论:任何由价值与货币规范着的人类生产系统都内含着 R. 卡逊(R. Carson)曾名之为

---

① P. Burkett. Marx and Nature:A Red and Green Perspective. New York:Saint Martin's Press Inc,1999:80.
② 同①83.

"枪杀自然（shotgun approach to nature）的趋势：占有特定的自然条件，把它们作为生产与掠夺的工具和对象，从不考虑自然本身的多样性和内部的相互作用"①。

当货币把自然的多样性和内在关联加以抽象，且与资本主义的劳动分工和自然分工联合起来时，货币便倾向于使自然条件被"简化"和"同质化"；当由劳动和自然联合形成的生产力被纳入由资本控制的科学管理条件之后，上述的价值-货币抽取方式就会完成社会生产力和物质生产力的积累。在这种积累背景下，资本主义发展就成为一个自我背离自然和精神的个体体系，即资本主义既破坏人类以外的生命又毁坏人类自身的精神。这种破坏或疏离对于不同的阶级而言，程度是不同的。伯克特进一步指出，一旦价值-货币抽取了自然的质的多样性，价值-货币本身的质的同一性就允许和要求对自然进行无限的人工分割，从而把自然本身碎片化。马克思把这种对自然的人工碎片化称为"货币的溶解作用"。自然碎片化的各种形式是以价值抽取自然的多样性、内在关联和人-自然关系的丰富性从而使之"去质化"为前提的，同时反过来又强化了这个前提条件。伯克特概述说，这种导致整个生态系统货币化、价值化的做法遵循的逻辑是原子主义的，这使我们彻底成为笛卡尔主义-牛顿主义-洛克主义者，在本体论上，我们犯下了"反生态"的大错。②

在伯克特看来，作为资本的货币必定要求用一切办法来克服因使用价值以及它的自然基础和物质性而导致的所有特定的障碍，从而不断地扩张。因此，特定性的和地方性的自然界限被突破，生产条件的自然极限被延伸，一直达到全球生物圈水平；甚至，积累目标还要故意忽视全球物质实在性的极限，而对之进行抽取，为积累目标服务。在分析了马克思关于19世纪资本扩张与资本主义农业危机的论述之后，伯克特指出，由资本推动的人为的、步伐迅速的生产已经"创造"出了自然的自我恢复能力在形式和极限方面的新的不确定性，新增加的不确定性往往会使生态平衡的相对稳定性减弱，这种减弱对于人类而言往往意味着灾难。

---

① P. Burkett. Marx and Nature：A Red and Green Perspective. New York：Saint Martin's Press Inc，1999：84.
② 同①86.

关于价值-自然关系，伯克特总结说，资本对自然的生态影响再也不能用"资源耗尽"或"自然承载力上升"等这些量化思维方式来理解了，应该从资本的扩张本性与资本的反自然、反生态特征的相互作用方面来理解。

（二）资本主义的双重生态危机

根据上述分析，伯克特要求将社会与自然的关系看成相互构成或协同进化的，从这个立场来看，生态危机就是指协同进化过程中出现的不协调。伯克特认为，这种冲突是由人类社会导致产生的，并且是以人类与社会发展的必要环境条件为出发点和代价的。因此，生态危机的所有方面都离不开通过协调社会与自然的关系来实现人类发展的视角。通常情况下，当人类发展受到环境的"超常"（above-normal）制约时，"危机"就发生了；制约的正常尺度是依据人类健康、精神的和生理的能力，以及占有自然条件的概率等，再或者依据社会关系再生产的破裂等因素来把握的。[①]

根据对生态危机的界定，伯克特认为马克思的资本主义理论中包含着一个生态危机理论。在这里，马克思考察了由资本主义导致的两类生态危机：第一类是资本积累危机，这类危机源于资本生产的物质需求与受制于自然条件的原料生产之间的不平衡；第二类是人类社会发展更一般性的危机，这类危机源于物质和生命力量的循环出现了紊乱，它主要是由资本主义条件下城市和乡村之间的工业分工造成的。第三类危机着眼于对作为人类发展条件的自然的剥蚀。

伯克特遵循马克思的劳动价值论与他自己关于生态的价值分析，从使用价值角度考察了上述第一类生态危机。他指出，既然商品的使用价值是商品的价值的物质载体，那么资本积累同时就意味着一个物质加工的相关增长。资本对物质的要求体现在三个方面：生产原料；生产辅料；补偿折旧（如补充机器、厂房等带来的损耗）。资本家投入了更多的资本购买机器后，就不得不花费更多的资本来购买原料和驱动机器所需的燃料。为了获取一定的价值与剩余价值，当生产力有所提高、技术有所改进时，资本家就会占有更多的自然力和物质，用作生产原料和劳动资料，以保证利润。

[①] P. Burkett. Marx and Nature：A Red and Green Perspective. New York：Saint Martin's Press Inc，1999：107.

第九章 生态学马克思主义新发展

按照劳动价值论，增长着的生产力决定了每小时的抽象劳动必然生产更大量的使用价值与消耗更大量的物质。正是从这个意义上说，资本积累内含着一个不断恶化的不平衡：价值积累与依赖于自然条件的物质积累之间的不平衡。这种不平衡首先并且直接反映在量上。价值积累的目标是多多益善，如果可能的话，就是无限的；物质积累却要受自然规律的调节。对量的需求或量的增长上存在着不平衡，这就揭示出资本积累对物质和能量的需求在量上是反生态的。不仅如此，资本积累是以雇佣劳动时间来度量物质和能量的占有、利用和处理废物并以之作为所谓"正常"尺度的，这就必然导致资本积累在质上也是反生态的。因为，立足于可持续的社会与自然的协同进化，自然生产与吸收物质和能量所需求的时间是由自然本身的运动内在规定的，不可能是以雇佣劳动时间为尺度的，除非偶尔的巧合。其结果是，资本积累为了自身的目标，以雇佣劳动时间尺度强制主导自然生产与吸收物质和能量所需的自然时间尺度，从而不断弱化、剥蚀自然的性质。正如伯克特指出的那样，"自然时间与资本时间的矛盾削弱了人类发展的自然条件的性质，也破坏了资本积累过程自身"[①]。

上述分析指出了资本主义生态危机的一个更深层的倾向：人类发展危机。马克思恩格斯都没少分析资本主义发展所带来的环境影响，并且他们主要是从农业与非农的工业两者的分工及其相互作用，从与农业、工业分工相伴的城乡对立这两个角度展开分析的。在这里，伯克特考察了马克思的文献中有关资本主义条件下城乡分离和对立的产生以及城乡对立对自然环境的影响等问题的研究。伯克特指出，在马克思看来，由于资本导致直接生产者与生产条件（包括自然条件）的分离，资本对生产资本的控制最终导致工人和生产资料在空间上的聚集，这种聚集会加速企业内和企业之间的劳动分工的发展，由此形成的规模经济不仅比小的生产单位更具竞争力，而且更便于大规模使用自然力，如机器的使用、对水资源的使用等。然而，马克思也注意到了制约工业聚集的因素，如空间本身的限制、自然条件的限制（如水资源过度使用带来的短缺和污染）、其他地方的低劳动力成本（特别是在工会组织斗争时会增加劳动力成本）、通信的发达和交通的发展等。因此，资本积累一方面

[①] P. Burkett. Marx and Nature: A Red and Green Perspective. New York: Saint Martin's Press Inc, 1999: 112.

展现出工业聚集的特性,另一方面显示出随着聚集本身的发展而出现的相互排斥、去聚焦化的特征。不过,这并不意味着城市发展以及城乡关系会达到平衡;相反地,资本积累引发的去聚集化是为形成新的资本积累中心服务的。因此,工业的聚集不是被资本主义去集中化阻止了,而是被它加强、扩展了。这导致的直接结果是,城乡分离不断深化,城乡对立不断加剧。

在这样的背景下,相互竞争的企业把免费占用自然环境和社会资源的生产力潜能作为剥削劳动力的手段。与此同时,这些企业也会忽视不断增长的工业生产吞吐量以及物质上密集的工业和人口对与它们截然不同的生态网络和生物联系的总影响,而正是这些生态网络和生物联系构成了人类发展的最终的自然基础。作为人类发展之物质基础的自然就这样被侵蚀了,从而使人类自身的发展被危机笼罩。

伯克特得出结论说,在马克思那里,资本主义是作为社会整体而不是某一方面破坏着人类发展的自然条件。因而,马克思的资本主义生态危机理论涉及整个空间的和技术的资本主义生产组织。据此,这个观念就不仅依赖于而且还是马克思对资本主义农业和城市工业的资本积累之整体分析的最终完成。这同时表明,马克思揭示出了资本主义生产方式与生态相互对立的动力机制。这样,马克思实质上就为我们提供了一个分析框架:马克思的政治经济学批判为我们分析物质生产方式对生物圈的影响提供了方法论和相关概念,自然条件是内在于马克思的劳动价值论中的。概言之,马克思的生态危机理论可以帮助我们分析当前生态危机的三个主要问题:(1)在生产与消费活动中,非生物不可降解人工合成材料的使用问题;(2)全球范围内的生态危机问题;(3)在热力学第二定律前提下,不断加剧的人类生产导致的能量变换所引发的影响。①

三、生产条件恶化与资本主义第二重矛盾

奥康纳的生态学马克思主义主要围绕下述问题展开:历史唯物主义到底需要向生物学领域和客观自然领域延伸到何种程度?奥康纳探讨了当今世界资本主义社会与自然的"完整性"之间的矛盾,其中,最能反映他思想特征的是资本主义第二重矛盾理论。

---

① P. Burkett. Marx and Nature:A Red and Green Perspective. New York:Saint Martin's Press Inc,1999:128-129.

第九章　生态学马克思主义新发展

（一）重新解释马克思的"生产条件"概念

如果说 19 世纪资本主义在欧洲引起的问题是资本加剧了社会内部人与人之间的不平等的话，那么 20 世纪特别是其后半期的资本全球化则不仅加剧了社会内部不平等的程度以及把不平等扩展到全球范围之外，而且资本对自然的破坏还引起了资本与自然的冲突问题。

那应该建构怎样的资本主义理论，使之帮助我们清晰地思考全球环境破坏问题？奥康纳认为重构资本主义矛盾理论是关键，而这个新理论的关键概念则是"生产条件"。

在对"生产条件"做出界定、分类以及确立其内涵之前，我们首先要理解奥康纳对资本主义化的自然所做的规定：自然不是作为一种商品生产出来的，但却被当作商品来对待［这种理解主要来自卡尔·波兰尼（Karl Polanyi），奥康纳承认自己的思想一是来自波兰尼，二是来自马克思］。就是说，劳动和土地并不是在市场力量或价值规律推动下被当作商品生产出来的，但却被当作商品来对待，它们被附上了抽象价值。因此，它们是虚拟的商品。这个思想成为奥康纳给"生产条件"下定义的前提，即生产条件"并不是作为商品，并根据价值规律或市场力量而生产出来的，但却被资本当成商品来对待的所有东西"[①]。奥康纳认为，自然、城市空间与基础设施、社区以及劳动力是符合这个定义的。

在这里，奥康纳比较详细地分析了自然、城市空间与基础设施、社区以及劳动力等生产条件的一般性质及历史变化。例如，关于劳动力的分析，他认为劳动力无法与它的所有者分离，因而也无法在市场上自由地流通。工人的劳动力、身体及精神方面的健康状态、社会化及技术方面合格化的程度与水平、应对劳动关系之压力的能力等，其实是统一在一起的。资产阶级意识形态则认为，没有任何一种本质性的或核心的"自我"能够游离于劳动力的商品线索之外。其实，不管劳动力市场试图将人类打扮成什么样子，人类作为社会生产力量，始终既是一种生物有机体，又是一种社会有机体。[②]奥康纳指出，由于劳动力的生产和再生产方式并没有受到价值规律的支配，所以不应当根据交换价值来阐释劳动力的价格；甚至可以说，劳动力根本上就没有什么交换价值，当既

[①] 奥康纳.自然的理由：生态学马克思主义研究.唐正东，臧佩洪，译.南京：南京大学出版社，2003：486.

[②] 同[①]230.

为雇佣劳动的主体又为客体的劳动者不允许把他们的劳动当作商品看待,而是对他们的劳动力做自我评估时,这种评估归根到底,不仅依赖于经济、生产率、利润率等因素的变动模式,而且还依赖于阶级斗争、女性主义斗争、民族主义斗争,以及经济政治和社会生活之间复杂的相互作用,这才是劳动力的本质。劳动力作为虚拟商品的虚拟性质,只在资本的强压下在资产阶级意识形态下才会呈现出来。

奥康纳认为,马克思尽管涉及了生产条件的理论研究,但却没有对这些生产条件进行系统的理论研究。因此,奥康纳进一步研究了生产条件本身的生产和再生产问题。他认为,生产条件是在一定的财产、法律以及社会关系中被生产和再生产出来的。如前面已分析过的,生产条件不受市场力量或价值规律支配,生产条件的生产以及分配也不受市场力量或价值规律制约。奥康纳论证,不是资本本身而是资本主义国家本身创造了某种独立的或"相对自主性"的东西,控制对劳动力、土地及原材料的获得和使用的权利,以及参与和退出被马克思称为"生产条件"的那些虚拟商品的交易活动的权力,从而促使人类劳动力、自然、社会的基础结构以及空间等因素,以资本希望得到的数量和质量,以及在资本看来恰当的时间和地点,把自身呈现给资本。就是说,如果生产条件的再生产能力遭受到忽视或破坏,那么最直接的原因应当归于国家机构及其政策而不是资本本身。[①]

在当代发达资本主义条件下,生产条件政治化,由生产条件被忽视而导致的生产能力破坏引起的危机就不仅是资本经济性危机,还是国家的立法危机或执政党和政府的政治危机。与此同时,奥康纳把资本主义国家理解为在正式的民主政治体制中建构起来的具有"相对自主性"并且从属于自身的内在趋势以及矛盾的一种官僚政治国家。这样,生产条件的生产和再生产就同资本主义国家具有了密切的联系,即国家成了资本和生产条件或资本主义化的自然之间的中介。

不仅如此,奥康纳还考察了生产条件与市民社会的关系问题。依奥康纳的分析,市民社会不可能归属于资本结构或者国家结构。它依据其自身的、通常是无法让人理解的社会行为的逻辑获得发展,官僚性国家在市民社会中运行。奥康纳指出,生产条件的生产理论中更为复杂的地

---

① 奥康纳. 自然的理由:生态学马克思主义研究. 唐正东,臧佩洪,译. 南京:南京大学出版社,2003:236-237.

方在于市民社会内部的各种复杂的斗争：女性主义运动、城市运动、生态运动、土著居民的斗争等。① 不过，对市民社会，奥康纳没有做更多的论述，但对资本、国家与市民社会内部的相互斗争问题进行了分析。他认为，资本与生产条件的关系是由社会经济政治领域内的斗争、意识形态以及官僚政治现实这三种因素共同作用而形成的。但最终是国家"生产出了或者说管理着获得、使用以及脱离包括'环境'在内的生产条件的整个过程"②。可见，在对资本的生产条件的影响上，国家强过市民社会。由此，奥康纳进一步指出，在环境破坏问题上，不应该仅仅在资本维度上加以审视，国家与自然的危机之间存在着非常深刻的内在关联。正是国家——如果能处在市民社会的民主化控制下——将会成为重建自然，以及重建人们与自然的关系的基础。因此，在资本与自然之间有了国家这个强有力的中介之后，资本与自然之间矛盾的解决焦点就集中到国家上了。

（二）建构资本主义第二重矛盾理论

生产条件理论的重构，为奥康纳的资本主义第二重矛盾理论做好了充分的理论准备。该理论的具体内容就是以马克思的资本主义第一重矛盾理论为模式，用类比方法对生产条件理论中的意蕴加以展开。具体地说就是，奥康纳将自己的资本主义第二重矛盾理论等同于生态学马克思主义理论。生态学马克思主义与传统马克思主义是相对的，两者都承认资本主义将面临经济危机，但造成经济危机的机制不同。生态学马克思主义认为经济危机是这样造成的：资本主义生产条件遭到破坏而提高了生产成本，进而导致资本生产不足，从而引发经济危机，即供给方由于资本不足引发的危机；传统马克思主义所理解的危机根源在于传统上所说的第一重矛盾，这种矛盾导致的后果是一方生产过剩，另一方购买力不足，在供求关系中出现需求方危机。奥康纳强调，在现阶段，第二重矛盾相比于第一重矛盾更占主导地位。

总之，在奥康纳看来，当资本不足引发生产条件为一方，生产力与生产关系为另一方，两者的关系出现冲突时，经济危机就爆发了。这样的经济危机要求重建生产条件，例如在持续性产出的森林、土地开垦、

---

① 奥康纳.自然的理由：生态学马克思主义研究.唐正东，臧佩洪，译.南京：南京大学出版社，2003：244.

② 同①247.

对资源的规划、人口政策、健康政策、有毒废弃物处理的规划等方面实行根本的变革。

第四节 生态革命与生态社会主义

寻求生态危机的解决方案，以及重新唤醒对社会主义和共产主义的渴望，是生态学马克思主义理论的重要组成部分。就英美生态学马克思主义者而言，他们都拥有或曾经拥有过高校的教职，主办或主编过相关杂志或学术期刊，但几乎都没有从事实际社会运动或社会改良的经历。不过，J. 科威尔是一个例外，他参加过美国地区性的绿党竞选。在这里，我们只介绍几个代表人物的相关理论观点。当然，这些观点与他们各自的理论研究是一脉相承的。

一、呼唤生态革命

"在当前历史时刻，需要的是一场……具有农业革命和工业革命同样规模的'生态革命'。"① 这是 J. B. 福斯特在考察了全球的生态危机后发出的警告、呼唤。"生态革命"并不只是一个时髦口号，而是一个意味着从人与环境的关系视角、从更大的历史空间来看待当代人面临的问题以及预测人类社会变革特征的术语。

理解这个术语意味着重构历史视角。G. 哈丁对历史有这样一种看法："每一代人必须重写历史。重写是依照人类理解的最新进展而进行的。在我们这个时代，不可能有比运用生态学和进化的框架更好的了。这当然比 20 世纪做得好，但决定性的话从未出口。"② G. 哈丁的意思是，人类到了要从生态和进化的角度来重构历史的时候了。正是在这种意义上，J. B. 福斯特呼唤"生态革命"，并且从资本主义制度本质出发，结合社会主义同资本主义的斗争史以及生态运动的发展和现状，提出了解决当前生态问题的策略——社会运动与生态运动相结合以实现"社会生态正义"（ecology of social justice）。

---

① J. B. Foster. Ecology against Capitalism. New York：Monthly Review Press，2002：90.
② 哈丁. 生活在极限之内：生态学、经济学和人口禁忌. 戴星翼，张真，译. 上海：上海译文出版社，2001：147-148.

第九章 生态学马克思主义新发展

如前所述，在规定了生态危机的时间尺度、性质和特点，并分析了环境经济学家和环保主义者用关于技术的资本主义使用来解决当代生态危机的不可能性之后，J.B. 福斯特论证了世界自然和物理学家团体、世界观察研究所及著作《我们共同的未来》所提供的解决当前生态危机的理论和策略的无能为力或缺陷。这些组织和团体都充分意识到了当前生态危机的严重性及化解该危机的迫切性，但它们提出的方案都因为没有抓住作为生态危机根源的社会经济制度的本质而表现出解决方法的不彻底甚至荒谬性。

生态危机本质上是社会问题，它最主要的根源在于社会关系。J.B. 福斯特指出，当前全球生态危机的主要社会历史原因是资本与自然的冲突。要想解决这种冲突，必须依靠阶级力量，阶级的生存状态决定了阶级进行革命的彻底性和坚决性。按照马克思主义的看法，尖锐的阶级冲突和严重的生态问题具有共同的深层的社会经济根源，即以追逐利润为目的的资本主义经济制度和政治制度。这种"先天"的共同的根源为阶级运动和生态运动的结合提供了共同的理论基础与现实的群众基础。

然而，J.B. 福斯特也看到了这样的事实——生态运动与阶级运动的脱节。所谓新社会运动，主要是指以种族、性别、文化、社区、生态等为主题的运动，如受到歧视的有色人种以及少数民族为争取种族平等和民族权利的运动，女性争取第一性的权利和地位的运动，保护环境和生态以及物种使其免于毁坏和灭绝的运动，等等。与此相应，有人把阶级-劳动运动称为旧社会运动，认为这是白种工人为了经济利益而进行的纯属经济斗争的运动。在西方，不少国家的绿党政治组织和重要的环境保护者在环保运动与阶级运动间的关系上采取了两者分离的政治立场，认为环保运动与阶级运动无关。

令人振奋的是，与传统上寻求政府立法及从大公司筹措资金以作为活动经费的环境运动有着不同的目的和基础的新生态运动兴起于20世纪80年代，这是由于更加恶化的生态危机和主流环保主义者的失败，他们为了保护社区的环境往往会采取直接的行动。在这个背景下，有色人种、妇女和工人都自发地联合起来组建具有宽泛的城市/社区基础的保护环境的联盟。例如，新墨西哥的西南组织项目/环境和经济正义项目西南网（Southwest. Organizing Project/Southwest. Network for Environmental and Economic Justice)、墨西哥湾沿岸租户领导力发展项目（Gulf Coast Tenants Leadership Development Project)、危险废物公民信息交换所和全国有毒物质运动（the Citizen's Clearing-house for Hazardous Wastes and the National Toxics Campaign)、洛杉矶劳工/社区监察小组（the L. A. Labor/Community WATCHDOG Group)、明尼苏达州白土市白土恢复项目（the White Earth Recovery Project in White Earth, Minnesota)，等等。J. B. 福斯特指出，这些组织成为被大众称作"环境正义运动"的骨干，它们主要关心环境退化问题，以及社会和经济的非正义，特别是种族、性别和阶级压迫等非正义的关系；此外，这些运动与关心生态问题的工会也开始联合。在美国，环境正义与社会正义联合起来批判美国资本主义的历史和逻辑[①]；环保运动也有国际联合的趋势。

阶级问题与生态问题的产生具有共同的社会历史根源，而解决这两个问题的主导力量和群众基础正在相互交织渗透成一个联合体，这既是实现全球社会生态正义的必要途径，也是其必然结果。J. B. 福斯特对这样的全球生态社会做了一个展望，认为在这样的社会里，"自然和社区的地位将被提高到资本积累之上；平等和正义在个人贪婪之上；民主在市场之上"[②]。毫无疑问，这是一个任重而道远的任务。

二、共产主义的生态内涵

有一种观点认为，马克思的共产主义观把自然理解为有无限资源可利用，并主张人控制自然的反生态的伦理观。伯克特指出，马克思不可能将人的未来发展观简单地归结为扩展和完善资本主义之高度发达的反生态的技术去实现自由时间和大众消费的增长。事实上，马克思展望了一幅丰富的人-自然关系和人-人关系的图景，这幅图景是"亲生态"（pro-ecological）和"亲人类"（pro-human）的，它可以通过革命性地改造从资本主义那里继承而来的劳动和自然（包括科学知识）的社会化的体系来实现。[③]

[①] J. B. Foster. The Vulnerable Planet. New York: Monthly Review Press, 1994: 139.
[②] J. B. Foster. Ecology against Capitalism. New York: Monthly Review Press, 2002: 82.
[③] P. Burkett. Marx and Nature: A Red and Green Perspective. New York: Saint Martin's Press Inc, 1999: 224.

伯克特肯定，马克思的共产主义观蕴含着生态思想。为避免不必要的误解，伯克特主动声明，在他判定马克思的共产主义是生态的这项工作中有三点需要澄清：(1) 他的目标不是证明马克思倡导的联合生产在技术和/或社会方面的可行性，而是确定马克思的基本原则中是否有根本性的反生态的特性。(2) 他核心（但不是唯一）的关注点是，马克思之更少束缚的、更普遍的人类发展（即共产主义）是否与自然条件及其极限充分保持一致，包括是否把自然化约为满足大众工业化生产与消费的被动的资源库。(3) 尽管他的关注点是生态上的合理性而非可行性，但确立共产主义与生态具有内在一致性是非常重要的。

从"生态上合理的制度所必备的条件"出发，伯克特认为生态上可行的、合理的社会-经济制度应该遵守下述标准。(1) 要内在地认识到人类管理自然的责任，不仅在量上而且在质上都是如此；要认识到自然条件的质中包含着审美性质的使用价值，而不只是作为工业劳动的条件。(2) 社会的个体和团体要努力理解地球生态系统及其与人类引致的全球变化间的相互作用。因此，要遵循三条与风险规避有关的原则：示警原则；反向举证责任原则；选择最少毒害原则。(3) 尊重变化和多样性（variety and diversity），这不是指尊重自然的变化和多样性，而是指尊重社会领域的变化和多样性，即避免个体、团体甚至国家误用生态思想，避免暴政，这些是个人和团体实现自由的要求与体现。①

在对生态上合理的制度应该具备的必要条件进行评估之后，伯克特又分析了马克思恩格斯文献中有关共产主义方面的"联合生产的基本原则"。他指出，在马克思恩格斯的设想中，共产主义最基本的特征就是克服资本主义的生产者与必要生产条件之间的社会性分离，实现生产者与生产条件的重新结合；这种新的结合包含两点：一是劳动的彻底去商品化和新的公共财产权力体系，二是联合生产的最终目标是实现人的自由发展。具体地说，伯克特在引证了马克思恩格斯涉及共产主义性质、内容、特征的文字之后，概括、分析、比较了联合生产条件下的生产资料所有权（主要是阐明共产主义条件下，个人对生产资料所有权与集体对生产资料所有权的辩证关系）、个体生产与个体消费的关系、共产主义初级和高级阶段的产品分配方式、共产主义条件下个体的责任和权利

---

① P. Burkett. Marx and Nature：A Red and Green Perspective. New York：Saint Martin's Press Inc，1999：224 - 227.

的界定及其关系、市场交换与货币在共产主义条件下必然缺失的原因、联合生产的多方面含义、个人自由在资本主义和共产主义条件下的本质差异,以及自由王国与自由时间的关系等内容,从而赋予"联合生产"非常丰富的内涵。正如伯克特所说,"联合生产不只是共同制订计划,更重要的是,它还是人的自由发展的条件和结果——这个发展已由革命进程所推动并导向工人——团体联合的建立"[①]。

另外,伯克特也谈到了联合生产的风险和自由问题。他指出,马克思认识到,即使人对社会和自然的认识提高了,人的知识以及人控制自然仍具有确定的有限性。由于人的认识和管理能力的具体有限性以及自然条件自身的不可完全控制性,所以人们总是要生产出比人们确切地需要的总和还要多的东西,以抵抗自然条件和社会条件的不确定性带来的风险。然而,这些多生产出来的东西是在人们合理的管理下实现的,与资本主义条件下由生产社会化与私人占有之间的矛盾导致的无政府生产状态中不必要的混乱造成的过剩有着本质的不同。共产主义条件下联合生产过程中的自由就体现在合理地控制人的内在自然和外在自然的行为中,当然这是以自然的和社会的必然性为基础的。正是在上述意义上,马克思的共产主义联合生产与生态上合理的制度所必备的条件是一致的。因此可以说,共产主义的联合生产和公有制是一个生态上正确的规范生产的合作路径。

三、重申生态社会主义理念与实践

在否定东方的国家社会主义、南方的民族主义的社会主义、西方的社会民主主义的凯恩斯主义福利国家模式之后,奥康纳重新界定了社会主义理念,并提出了生态社会主义主张。

奥康纳指出,要想复活社会主义理念,需要做好三个方面的工作:(1)将社会主义从对定量的改革实践与分配正义的迷恋中拯救出来,代之以定性的改革实践与生产正义,即改造历史上的社会主义或社会主义性质的经济模式。(2)从意识形态上斩断社会主义与民族主义和国家主义的关联,这样,重新界定的社会主义,在实践上将重点放在对资本主义的定性批判上,特别是要重视与分配正义相对的生产正义;在理论上

---

① P. Burkett. Marx and Nature: A Red and Green Perspective. New York: Saint Martin's Press Inc, 1999: 237-238.

第九章 生态学马克思主义新发展

要批判资本主义国家,以达到国家民主化。(3)这样的社会主义是国际主义的。①

以新社会主义理念为基础,奥康纳把"生态社会主义"定义为这样一些理论与实践,"它们希求使交换价值从属于使用价值,使抽象劳动从属于具体劳动,也就是说,按照需要(包括工人的目前发展下的需要)而不是利润来组织生产"②。基于生态社会主义的理论特征和实践要求,生态社会主义既批判资本主义,又批判传统社会主义。正如奥康纳所说,这种批判的程度是一样的,因为传统社会主义在实践中追求的目标是高工资、缩短劳动时间,充分就业等,而这些都是与资本主义追求同质的、定量的实践要求一致的。传统社会主义关注的是资本的生产和再生产,这仍是分配正义范畴,而不是与具体劳动、使用价值和需要相关的生产正义。

奥康纳特别强调,他的生态社会主义理念并不是一种规范性主张,它不仅有理论上的来源和合理性,而且是实践上的需要。J. 科威尔和M. 洛威的《生态社会主义宣言》就是对奥康纳的生态社会主义理念的回应。

《生态社会主义宣言》于2001年9月在巴黎附近举行的一个有关生态学和社会主义的会议上被提出,并由J. 科威尔和M. 洛威联名发表在《资本主义、自然、社会主义》期刊的第49期(2002)上。应该说,这是从生态社会主义视角对资本主义进行批判,并就远期目标和近期目标、策略等发出声明的第一个宣言。该宣言的开篇描绘了21世纪初的世界秩序——前所未有的生态瓦解和全球各地战争带来的混乱;生态危机与社会衰退是同一种结构力量的两种不同表现——在世界资本主义体系扩张过程中,工业化导致了生态问题,全球化引起了社会破坏。资本主义为了资本积累,既浪费和滥用了自然,又利用它的消费主义和去政治化的全球大众文化一方面把大多数人贬低为劳动机器,另一方面在财富和权利上造成了不平等。在J. 科威尔和M. 洛威看来,资本主义本身不可能解决由它自己造成的危机。因而,资本主义制度注定要历史地灭亡,替代资本主义的将是生态社会主义。

---

① 奥康纳. 自然的理由: 生态学马克思主义研究. 唐正东, 臧佩洪, 译. 南京: 南京大学出版社, 2003: 515-516.
② 同①525-526.

J. 科威尔和 M. 洛威从两个层面阐明了生态社会主义的内涵：(1) 生态社会主义首先是社会主义。在他们看来，尽管 20 世纪的现实社会主义失败了，但社会主义理念仍代表着对资本主义的超越，过去的社会主义不能克服资本主义造成的危机，但社会主义是"我们的义务"。(2) 生态社会主义与传统社会主义又是不同的。他们把传统社会主义称为第一代社会主义，生态社会主义不是对第一代社会主义的否定，而是去实现在生态危机背景下第一代社会主义的理想目标——解放。传统社会主义的失败原因在于社会内部缺乏民主和仿效资本主义的生产主义，因而最终不仅导致社会瓦解了，而且造成了对环境的破坏。生态社会主义仍保留第一代社会主义的解放目标，但拒绝被稀释了的改良主义的社会民主目标和社会主义的官僚变种的生产主义结构。它要在生态框架下重新定义社会主义生产的方式和目标；在生态社会主义中，商品生产的交换价值从属于使用价值，生产是为了满足需要，而不是为了经济利益，即由对量的需要转向对质的需要，这是生态社会主义的远期目标。他们相信，社会主义条件下的这种生态生产的普遍化能够为解决当前的危机提供基础。

J. 科威尔和 M. 洛威也指出了实现生态社会主义的策略。他们意识到，要实现生态社会主义有无数实践上和理论上的问题，而这段路程又将会很遥远。因而，他们的计划既不是去陈列实现目标的每一步，也不是去超越有优势的对手，而是去阐发改革当前秩序的充分的和必要的逻辑，并开始阐发朝向这个目标的中间步骤。在这样思考和行动时，他们将团结一切可以团结的人和观念。他们相信，生态社会主义将是国际的和广泛的。我们这个时代的危机将会是并且必定是革命的时机，而生态社会主义者的义务就是把生态社会主义变成现实。

综上所述，本章以问题研究为纲，以典型性和系统性的学术成果为目，对生态学马克思主义进行了批判性分析。对于大部分人而言，社会与自然的关系首先是一种个体经验，即在个体的日常生活中利用/控制自然物或将自然环境当作审美对象而获得的经验。因此，在确定和选择以哪些问题为纲时，我们侧重于那些经验现实中人们仅从常识出发就能够归纳和联想的问题，例如：真的存在生态问题或生态危机吗？现代工业技术体系是不是生态问题的唯一原因？现代资本主义制度是不是产生生态问题的最重要的社会原因？如何消除或缓解生态问题/生态危机？

未来的社会应该或可能是怎样的？然后，围绕着这些问题，尝试在研究方法、概念和观念层面步步展开、层层深入，以期在表述方面适当弱化纯学术的味道，而增加一些与非专业人士和大众沟通的可能。因为人与自然的关系或社会与自然的关系首先是一个现实的、经验的问题，然后才是一个理论问题。其实，作为一个正在发挥着社会影响力的学术思潮，生态学马克思主义的问题域并不限于这些。就涉及的理论话题而言，以 J. B. 福斯特的学术共同体和奥康纳的学术共同体为例，涉及了下述问题：马克思恩格斯的历史唯物主义与政治经济学批判中有关熵、新陈代谢、能量转化和社会-自然共同进化的思想；重新理解后的辩证唯物主义自然观；成熟马克思思想中有机与无机的辩证关系；马克思恩格斯的物质变换理论以及（社会-自然）开放系统观与 S. 波多利斯基（S. Podolinsky）的能量还原主义和封闭系统观的区别；生态帝国主义；马克思主义思想史中自然、科学、技术和社会的内在联系；生产力主义；市场的利润逻辑和现实社会主义的官僚制度是如何有悖于生态社会主义思想和运动的；对水、景观、城市的可持续性、全球农场危机等与生态相关的社会问题的关注。

21 世纪生态学马克思主义自身也处在发展中，但它预示了一个相对正确的研究方向，揭示了一个与生态环境密切相关的研究领域，发掘、发展和创立了许多概念。这些都能给予我国学界启发，促进和帮助我们正在进行的伟大实践，尤其是生态文明实践。

第十章 "新共产主义"理论探索

"一个幽灵,共产主义的幽灵,在欧洲游荡。"① 1848年,马克思恩格斯以"幽灵"的隐喻,开启了欧洲共产主义运动的篇章。在大约170年后,我们同样看到,共产主义仍然作为一个幽灵在欧洲游荡。不仅在德里达的《马克思的幽灵们》(1993)中,也在巴迪欧的《共产主义假设》(2009)和齐泽克的《列宁在2017年》(2017)中,共产主义再一次矗立在欧洲思想的大地上,并成为一种不可忽视的力量。然而,欧洲的共产主义运动经历了跌宕起伏,既有20世纪初的高潮,也有20世纪80—90年代的冬天。在《冬天结束了》(1996)一书"序言"中,奈格里曾这样描述20世纪90年代和共产主义的状况:"在90年代,我并没有感觉到冬天结束了。但我们希望冬天结束。在本书中,这种看法和希望变成了对1985—1995年这十年的批判,这个年代,不仅有警察和刑罚体系的镇压,也有意识形态和政治上的镇压。苏联解体了。90年代,资产阶级似乎在苏联解体中得到快感。苏联不再存在。'短20世纪'也结束了。关于这次解体,有什么讳莫如深的东西:事实上,那里没有硝烟,没有歇斯底里的怒火,没有病态的反动,而这一点恰恰让所有人都感到震惊。在前所未有的情境中,在没有伤亡的事件中,我们还有可能去思考共产主义的解放任务吗?对于我们来说,这似乎是可能的。对于我们来说,我们似乎面对着西方世界中全新的危机。"②

---

① 马克思恩格斯选集:第1卷. 北京:人民出版社,2012:399.
② A. Negri. The Winter is Over: Writings on Transformation Denied, 1989 - 1995. Los Angels: Semiotext(e), 2007: 29 - 30.

第十章 "新共产主义"理论探索

毋庸讳言,在20世纪90年代到21世纪的最初十年,共产主义运动陷入了低潮,这不仅是苏联解体导致的,也是因为共产主义被描述为一种空想的乌托邦,这种乌托邦无法降临在世俗世界的大地上。因此,即便是左翼和马克思主义者,在20世纪80—90年代,也逐渐放弃了共产主义的信仰和努力,改为在资本主义自由民主制框架下与资产阶级对话、交流、争斗,从而扩大无产阶级的生存空间。然而,几十年过去了,无产阶级、工人、移民、第三世界的状况并没有好转,反而越来越多地成为全球大资本蚕食和实质吸纳的对象。因此,在2008年全球金融危机爆发之后,共产主义再一次复活了,在伦敦、巴黎、柏林、纽约、首尔,都飘荡着共产主义的红旗,响起共产主义大会的声音。但是,摆在今天共产主义运动面前的一个最现实的问题是,共产主义会以什么样的形式来实现。当然,我们在这里展现的并不是主流马克思主义的共产主义道路,而是从20世纪末到21世纪以来共产主义运动思考的一些新潮流。这些新的思考和潮流,均放弃了在资本主义代议制民主框架下来解决问题,它们需要的是,在资本主义民主制之外建立新共产主义。实际上,对于如何建立共产主义,在欧洲不止有一种方式,从总体上说,大致可以分为四种方式,即自治的共产主义、情感的共产主义、事件的共产主义、数字交往的共产主义。

第一节 自治的共产主义

早在20世纪60年代,以意大利自治主义运动为代表的一批思想家,就尝试着从工人自治运动角度寻找通向共产主义之路——这可被称为"自治的共产主义",主要代表人物包括奈格里、哈特、P. 维尔诺(P. Virno)、M. 拉扎拉托(M. Lazzarato)等人。

那么,什么是自治主义呢?简单说来,与法国和德国的情况不同,一批意大利思想家并不是书斋里的学者,他们积极参与工人的罢工运动和自治运动,并将这种运动称为"自治主义"(operaismo)。这里需要指出的是,意大利共产党面临的政治状况与西欧其他国家面临的有所不同,尽管有一个成立于1921年的意大利共产党,革命家和思想家拉布里奥拉、葛兰西、陶里亚蒂都是其重要成员,但在墨索里尼上台之后,意大利共产党遭到了破坏，更多左翼人士为了躲避法西斯的迫害，脱离了共产党，成立了相对温和的意大利社会党，意大利共产党就沦为意大利政治中的一个小的党派；而脱胎于意大利共产党的社会党在二战后则成为意大利第一大左翼党派，但这个党派显然不再将马克思主义作为主要指导思想，相反，在意大利政治斗争中，社会党与偏向保守的天主教民主党走得更近，使意大利社会主义运动实际上没有有力的政党政治的支持，这正是意大利工人主义或自治主义诞生的一个前提条件。

1968年的学生运动为工人自治运动创造了良好的历史机遇。实际上，意大利学生运动比法国五月风暴更早爆发。1967年，在比萨、博洛尼亚等城市就爆发了左翼学生的罢课运动，随后学生运动扩展到米兰、都灵、威尼斯等更为重要的城市，罗马也在一定程度上遭受了学生运动的冲击。当然，意大利学生运动不是孤立的。1968年3月，学生运动迅速与工人运动合流，创造了社会主义新形势。在这场运动中，意大利都灵的菲亚特汽车工厂成为整个运动的中心。这次运动的特殊之处在于，它的目标不是向资本家要求更高的劳动报酬，而是要求掌握整个工厂生产的主动权。换言之，工人开始意识到，他们之所以感到痛苦和困惑，不仅仅是因为收入微薄，更是因为他们在生产过程中丧失了主动权，从而成为生产过程中的被动的零件，无法用自己的自主性来掌握整个生产过程。监控！到处都是监控！资本家将福柯式的监控和规训的权力在菲亚特汽车工厂中应用到极致。

正如后来哈特在《当代意大利激进思想》（1996）一书中指出的那样，意大利自治主义运动的发生不应当被简单看成法国五月风暴的回声，意大利工人处在从福特制向后福特制转变的过程中，这样，以工厂劳动、集体化的大规模生产为标志的资本主义生产方式就逐渐日暮西山，而逐渐兴起的是一种灵活自反性的劳动——在这种劳动过程中，工人不再充当简单的机器配件，而是需要拥有他们自己的劳动智慧，他们生产出来的不仅是产品，还包括一种非物质性的合作，一种灵活的整体。正如工人自治运动代表之一P.维尔诺指出的，"我们如果对今天生产中发生的变化一无所知，就会极大地误解当代文化形式"[①]。简言之，意大利自治主义面临的问题是，工人在灵活的劳动下不仅生产了物质产

---

① P. Virno. The Ambivalence of Disenchantment//M. Hardt. Radical Thought in Italy: A Potential Politics. Minneapolis: University of Minnesota Press, 1996: 14.

第十章 "新共产主义"理论探索

品,也生产了相对应的非物质过程,而资本家用监控方式掌控了这个过程,相当于资本家强制性地将工人的灵活劳动从工人生产中直接剥除。所以,在这种背景下,工人提出,他们需要的不是更高的报酬,不是单纯的缩短工作时间,而是拥有自己掌控生产过程以及工厂自治的权利。

对于自治主义来说,最重要的概念就是"非物质劳动"(immaterial labor)和"一般智力"(general intellect)。显然,奈格里等人提出非物质劳动和一般智力,最后的背景是马克思的《1857—1858年经济学手稿》。马克思说:"一切生产都是个人在一定社会形式中并借这种社会形式而进行的对自然的占有。"① 在马克思眼里,资本主义社会的根本症结之一就是在物质生产中展现出的社会关系,而这种社会关系,尤其是人与人之间的雇佣关系和交换关系,是通过作为商品的物表现出来的。准确地说,马克思更关心的实际上并不是那个作为商品的物,而是通过商品关系体现出来的资本主义条件下的生产关系,即在机械化大生产中表现出来的工人与资本家之间的雇佣劳动关系。在生产过程中,工人是作为可变资本被综合到生产关系中的,并在生产过程中表现为劳动力。一旦具体的工人的生命个体被转化为劳动力,就意味着在马克思那里,出现了一种从抽象层面来思考生产过程的概念,可称之为"生产一般"(production in general)。马克思继续指出,"**生产一般**是一个抽象,但是只要它真正把共同点提出来,定下来,免得我们重复,它就是一个合理的抽象。不过,这个**一般**,或者说,经过比较而抽出来的共同点,本身就是有许多组成部分的、分为不同规定的东西。其中有些属于一切时代,另一些是几个时代共有的"②。

在意大利自治主义者那里,这段话完全被理解为是马克思对19世纪产业资本时代的描述,也就是说,在一个多世纪之前,马克思面对的机械化大生产是一种物质性生产,而哈特和奈格里强调说:"经济生产正在经历一个过渡时期,其造成的后果是,资本主义的产品就是社会关系和生命形式。也就是说,资本主义生产正在变成生命政治生产。"③从《帝国》(2000)开始,哈特和奈格里就强调,资本主义生产正在从物质生产变成非物质生产,其中更为重要的不再是直接生产出来的物质

---
① 马克思恩格斯文集:第8卷.北京:人民出版社,2009:11.
② 同①9.
③ 哈特,奈格里.大同世界.王行坤,译.北京:中国人民大学出版社,2015:105.

产品，而是通过语言、情感、习惯等形成的非物质关系，这也正是哈特和奈格里认为资本主义生产最重要的不再是具体的物质产品，而是社会关系的原因。事实上，在他们之前，法国马克思主义哲学家高兹就已经提出了非物质劳动问题，高兹说："工人必须不断地'献身于'流动的管理。他必须将自己生产为一个主体来扮演这个角色。工人之间的交流和合作，就是工作本质的一个整合的部分。表现首先依赖于个体之间的系统整合关系。"① 换言之，无论对于奈格里和哈特还是高兹来说，他们都认为当代资本主义（后福特制时代的认知资本主义）生产出来的产品依赖于产品的生态学，即在一定的生产关系中生产和产品必须结合成非物质性的对应关系，这种通过非物质劳动生产主义的关系，甚至工人个体（包括语言、习惯、娱乐等），用一个概念来归纳就是：一般智力。

实际上，"一般智力"概念是马克思在《1857—1858年经济学手稿》中最先使用的。马克思说："自然界没有造出任何机器，没有造出机车、铁路、电报、自动走锭精纺机等等。它们是人的产业劳动的产物，是转化为人的意志驾驭自然界的器官或者说在自然界实现人的意志的器官的自然物质。它们是**人的手创造出来的人脑的器官**；是对象化的知识力量。固定资本的发展表明，一般社会知识，已经在多么大的程度上变成了**直接的生产力**，从而社会生活过程的条件本身在多么大的程度上受到一般智力的控制并按照这种智力得到改造。它表明，社会生产力已经在多么大的程度上，不仅以知识的形式，而且作为社会实践的直接器官，作为实际生活过程的直接器官被生产出来"②。可见，马克思实际上已经使用了"一般智力"概念，但在《1857—1858年经济学手稿》中并没有对"一般智力"给出详细解释。对于意大利自治主义者而言，如在P.维尔诺看来，"一般智力"概念打开了一扇理解从早期产业资本向当代资本主义转变的大门。P.维尔诺说："马克思的一般智力——作为一种主要的生产力——完全对立于固定资本，例如它是机器体系的对象化的'科技力量'。马克思忽略了一般智力本身是一种活劳动。对后福特制生产的分析迫使我们对此进行批评，像菲亚特工厂采用的所谓的'第二代自动化劳动'和程序操作上的彻底革新，说明了知识和生产的关系是人们之间的语言合作的关系，而不是机器体系中耗费的关系。在

---

① A. Gorz. The Immaterial. Calcutta：Seagull Books，2010：7.
② 马克思恩格斯文集：第8卷. 北京：人民出版社，2009：197-198.

第十章 "新共产主义"理论探索

后福特制下,概念和逻辑扮演着十分重要的角色,不能视为固定资本,因为它们与多元的活生生的主体不可分割。一般智力包含了正式和非正式的知识、想象、伦理趋势、精神和'语言游戏'。思想和话语在当代劳动中就起着生产性'机器'的作用,不需要采用机械化身体或电子精神等东西。"① 因此可以看出,P. 维尔诺关心的不是传统马克思主义的个体雇佣劳动者和资本家之间的雇佣关系,而是机器生产中生产性个体通过语言、情感、习惯形成的一种不能用物质来衡量的总体性关系,而这种非物质层面的产物就是一般智力。当然,这个理解是对《1857—1858 年经济学手稿》中"一般智力"概念的过度阐释。不过,非物质劳动也好,一般智力也好,在奈格里、P. 维尔诺、M. 拉扎拉托等人那里,都是一种在后福特制时代,比实质的物质产品更具有价值的非物质产品,而这势必成为资本新型的实质吸纳(real subsumption)的工具,也成为新的帝国时代无产阶级和资产阶级斗争的界面。

对于哈特和奈格里来说,一般智力还有另一层意义。在《诸众》(2004)一书中,他们曾用热带白蚁的行为来阐发个体智力与一般智力的关系:"普通动物的行为可以成为这个观念(一般智力)的近似物。例如,看一下热带白蚁在彼此交流协作下建造出那恢宏壮阔的建筑,那精妙绝伦的穹顶,研究者认为,在蚁群中,单个白蚁与其他白蚁之间有信息素交流。尽管没有一只白蚁拥有很高的智力,但白蚁群构成了一个无中心的一般智力的体系。这就是建立在交流基础上的蚁群智力。"② 可见,无论是在哈特和奈格里那里,还是在 P. 维尔诺那里,一般智力都是一种在不同个体交流合作基础上形成的总体性的非物质关系,它支配着资本主义生产、分配、交换、消费的过程。换言之,一般智力的关键并不在于某种可以直接在市场上交换的商品,而是一种总体性的非物质性力量,这种力量表现为由诸多工人个体形成的、被综合起来的精神性和情感性的力量,而这种一般智力,正是以奈格里、P. 维尔诺等人为代表的意大利自治主义所倚重的走向共产主义的可行之路。

在 2009 年 3 月的共产主义大会上,奈格里十分激昂地指出,当代

---

① P. Virno. Intelletto Generale//A. Zanini, U. Fadini. Lessico Postfordista. Milan: Feltrinelli, 2001.

② M. Hardt, A. Negri. Multitude: War and Democracy in the Age of Empire. London: Penguin Group, 2004: 91.

资本主义的非物质劳动和一般智力的生产，让所有个体组成的诸众，让所有的工人都被实质地吸纳到资本中，这样资本在将榨取利润的吸管伸向每一个具体的个体时，生产了副产品，即在一般智力下的诸众，"正如我们说过的，诸众就是抵抗、斗争与构成性力量的欲望和轨迹的总体。我们还要说，这也是未来制度的总体。共产主义之所以可能，是因为在过渡中，它已经存在了，它不是一个终点，而是其条件。共产主义让各种独特性得到充分发挥，并在各种独特性的张力关系中不断进行尝试"①。可以说，一般智力和非物质劳动，就是奈格里和 P. 维尔诺等人未来实现共产主义的希望。他们也坚信，在这种希望下，也在马克思的非物质劳动的政治经济学下，由一般智力集结而成的诸众最终会推翻资本主义帝国，成为共产主义的未来样板。这样，共产主义模型早已在资本主义社会内部铸就，它一直都在那里，只等有一天，当由一般智力集合而成的诸众成为最终可以颠覆资本主义帝国的力量时，共产主义的大同社会就会降临。

显然，意大利自治主义的非物质劳动的判断太过乐观，认为迟早有一天，随着资本主义的帝国形式吸纳和实质吸纳达到一个无法逾越的点时，在非物质劳动下联合起来的诸众就自然而然地推翻了资本主义的统治，从而建立美好的共产主义社会。齐泽克曾经批评说："哈特和奈格里的赌注就是那个社会化的非物质生产，不仅让老板从进步意义上变得十分肤浅，而且生产者也控制着社会空间，因为政治上的社会关系就是他们工作的内容，经济生产直接成为政治生产，即社会本身的生产，这样，共产主义的道路就被打开了，对生产者而言，直接操纵自己的社会关系，根本无需民主代议制的迂回。"② 齐泽克的批评可谓一语中的。就是说，在哈特和奈格里等人眼里，真正的革命是不需要的，无产阶级唯一需要做的就是在现代资本主义的管理和生命政治的治理下，完成自己的非物质劳动，生产出某种社会关系，最终通过这种非物质的一般智力的力量，击败资本主义的贪婪和虚伪。这是一种玫瑰色的幻想，是一种无法兑现的诺言。正因为如此，哈特和奈格里等人的自治主义，为我

---

① A. Negri. Some Thoughts on the Concepts and Practice//C. Douzinas，S. Žižek. The Idea of Communism. London：Verso，2010：163.

② 齐泽克. 资本主义的内在限制. 蓝江，译//复旦大学当代国外马克思主义研究中心. 当代国外马克思主义评论：第9辑. 北京：人民出版社，2011：330.

们展现的不是一种确实的共产主义路径,而是一种飘荡在空中的神话。

第二节　情感的共产主义

对于今天的共产主义者来说,最大的问题不在于生产,而在于主体。早在20世纪20年代,西方马克思主义奠基人之一卢卡奇就意识到了这个问题。在维也纳期间,卢卡奇拼命思考:为什么马克思许诺的社会主义革命难以成功?问题是出在客观方面还是主观方面?他并没有像第二国际理论家一样,将希望寄托在物质生产的极大丰富这样的客观条件上,而是从革命主体角度思考问题,换言之,革命之所以艰难,不是客观上不够成熟,而是主观上没有为革命提供强大的思想动力。这或许就是卢卡奇撰写《历史与阶级意识》的动机之一。在此书八篇文章中,最为重要的当数那篇《物化与无产阶级意识》,无论从篇幅上还是从立论上,这篇文章都是如此掷地有声、铿锵有力,也正是这篇带有深邃思考的长文,为马克思主义思考开启了一个全新的方向,即"马克思主义的主体向度"。

究竟主体有什么样的问题?在《物化与无产阶级意识》中,卢卡奇尖锐地指出,生产的客体对分成许多部分这种情况,必然意味着它的主体也被分成许多部分。由于劳动过程的合理化,工人的人的性质和特点与这些抽象的局部规律按照预先合理的估计起对立作用,越来越表现为只是错误的源泉。无论在客观上还是在对劳动过程的态度上,人都不表现为是这个过程的真正的主人,而只是作为机械化的一部分被结合到某一机械系统里去。[①]

卢卡奇的意思是,在具体的生产过程中,生产过程的分割导致了各个工人(作为人的工人)个体之间的分裂。现代资本主义意义上的个体形成,并不是启蒙思想家想象的那种纯粹浪漫式的自由的胜利,恰恰相反,在马克思主义的分析中,个体的出现与现代工业生产体制密切相关。因为产业资本家需要的工人,不再是具有人身依附关系的佃农和农奴,而是拥有相对自由的个体,能够在市场上自由出卖自己的劳动力的

[①] 卢卡奇. 历史与阶级意识. 杜章智,任立,燕宏远,译. 北京:商务印书馆,1992:150.

个体。同时，在现代市民社会的启蒙中，尤其是苏格兰启蒙运动所说的人，被直接转化为工具理性的人，能够自我算计的人，懂得将自我利益同他人和集体利益分开的人。换言之，资本主义不需要人与人之间的直接依附关系（无论是血缘的依附还是政治性的依附），它需要的是个体的原子，所有的原子只通过一种可以转化为普遍的量的概念来连通，这个普遍的量，在亚当·斯密那里就是等量劳动，在马克思这里就成了劳动一般。然而，在现实生活中，由于所有的个体被还原为自利的进行工具理性算计的个体，真正的人被分裂了，人们只能蜷缩在自利的空壳中盘算着自己的小九九，无法与其他个体在政治上进行真正的联合。在《利维坦》之后的政治哲学普遍流行着这样一种观点：只有基于利益的契约性国家才是可信的，任何家族荣耀、民族尊严、宗教恩典都被幻化为意识形态的幻影，所有个体都赤裸裸地站在了冥河边，贪婪的摆渡人卡戎（Charon）用他腐烂的双手向每一个登上他渡船的灵魂收取买路钱。

于是，卢卡奇觉醒了，这样建立在自利算计基础上的工人个体是没有希望的，他呼唤必须要有一根锁链，将所有涣散的个体连接在一起，让他们可以形成一股共同的力量，来与那具有凶猛的鳞甲和闪着寒光的鳍刺的利维坦搏斗。卢卡奇并没有什么现实的武器，他呼唤的是一根在前资本主义社会中曾经绽放了光芒，但在大工业时代已经逐渐黯然失色的法杖。卢卡奇这件看似华丽的法宝，叫作"无产阶级意识"，即一种可以从精神上将无产阶级凝聚起来的东西，让他们不再是任由卡戎宰割的摆渡的亡灵。卢卡奇满怀激情地说："这种变化的阶级意义，对资产阶级来说，恰恰在于把新达到的质的阶段不断地重新变回到另一种合理计算的数量的水平上。这'同一种'变化的阶级意义对无产阶级来说则相反，是在于能达到消除孤立化，在于能意识到劳动的社会特性，在于使社会原则的抽象普遍的表现形式能越来越具体化和不断地得到克服。"① 是的！克服孤立性，这是无产阶级在面对资产阶级的卡戎式盘剥时唯一可以想到的东西，无产者要联合起来，但是，孤立地反抗卡戎的灵魂都无助地被卡戎扔进了冥界，从世界上永久地消逝，其他孤独的灵魂，看到这一切，唯一能做的是将自己身上所剩无几的一点资财全部

---

① 卢卡奇. 历史与阶级意识. 杜章智，任立，燕宏远，译. 北京：商务印书馆，1992：256.

塞到卡戎那泥污般的手里。

卢卡奇的"无产阶级意识"是一个神话，它并没有帮助匈牙利的工人阶级取得革命胜利，相反，随着经济危机爆发和第一次世界大战到来，工人阶级再一次蜷缩在自己那可怜的空壳中，瑟瑟发抖。尽管十月革命带来了新的希望，但仍然存在下列问题：在西欧，如何将工人团结起来，尤其是在面对佛朗哥、纳粹党人、墨索里尼的魔爪时，工人是否仍然有机会去博取一丝胜利？对于这个问题，卢卡奇并没有给出答案，他的"无产阶级意识"犹如天边的一块纱布，似乎看得见，但永远摸不着。

重新提出如何将无产阶级联合起来的命题的，是二战后的一些法国思想家。尤其在经历了1968年的学生运动之后，他们看到了在索邦、圣日耳曼大街、卢森堡广场上被情绪力量激发出来的巨大的共同力量，这种共同力量如同汹涌的潮流，让工人、商贩、记者、大学教授，甚至律师、文员都受到了感染。在具体的运动中，经历了五月风暴的知识分子明确地感觉到，让被还原为自利的个体的工人重新联合起来是可能的，他们可以通过一种共同的情感或情绪，在与反动当局和军警的搏斗中形成一种可以对抗利维坦的力量，一些当年抵抗的知识分子将这种力量称为贝希摩斯（Behemoth），与利维坦一起出现在《约伯记》中的另一个怪兽，也是唯一可以与利维坦抗衡的怪兽，而贝希摩斯的身体就是无产阶级和青年学生们的情绪与怒火，他们一起高举着共产主义旗帜，在街头巷尾传播着革命力量。

因此，M. 布朗肖（M. Blanchot）将这种街头巷尾的抗议斗争和反抗起义的共同体称为"不可言明的共通体"（la communauté inavouable），这种共通体根本不是建立在知性和自利基础上的，它指向一种无法言说的对象，一种超越我们语言表达的东西，只有在巴塔耶的"内在体验"（L'expérience intérieure）基础上才能被触及。M. 布朗肖认为，"内在体验在完成自身的同时坚持了它的未完成，那时，它分享自身，并在这样的分享中，展露它的界限，且于它提议僭越的界限之内，外露自身，仿佛要通过如此的僭越，让一个法则之绝对性的幻觉或肯定突然地出现"[①]。这段话虽然写得很绕，但M. 布朗肖想向我们传达的讯息是：这

---

① 布朗肖. 不可言明的共通体. 夏可君，尉光吉，译. 重庆：重庆大学出版社，2016：31.

是一种集体性的共享，只有在这种内在体验的共享中，我们才能体会到在个体那里被视为不可能的东西；那个东西是无法言明的，也是一个绝对法则，它的突然降临犹如幻觉，在刹那间出现在我们面前，也只有在那一刻，不可能联合起来的个体才能成为一个共通体，也只有在这个意义上，才能实现共产主义。M. 布朗肖说："我相信，此刻就有一种共通体的形式，它不同于那个我们认为其特征已经确定的共通体，在这个时刻，共产主义和共通体结合了起来，并没有意识到这一点，即所有人自己是通过直接忽略了自己才实现了他们自己。"①

这正是传统自由主义政治哲学没有思考的东西，其契约共同体基于个体的自利算计；这也不是卢卡奇的政治，因为他使用了具有虚幻的先验色彩的"无产阶级意识"，试图将离散的个体统一起来，结果那个虚幻的"无产阶级意识"犹如皇帝的新衣一样迟早会被人捅破。只有情感性的内在体验，从生命最直接的当下张力中所体验到的共享，才是共通体最有效的存在。那种个体自我认同的身份，一种虚构的大写的我的图景，在最直接当下的内在体验的共享中全部被悬搁了，剩下的就是基于情感和情绪，在内在体验的感触中涅槃重生的共通体，在失去自我的同时完成了对自我真正的救赎。这或许就是让-吕克·南希的"解构的共通体"（la communauté désoeuvrée）的意义之所在。

在《解构的共通体》（1957）中，让-吕克·南希用与 M. 布朗肖同样的口吻，讲述着基于内在体验的共通体，这就是让-吕克·南希自己意义上的"共产主义"：

> 与主体不同的东西打开共通体并同时向它敞开，而这个共通体的思想则反过来超出了主体形而上学的全部能力。共通体并不在主体之间编织不死的或是跨越生死的至上生命之线……但是，共通体在构成上……依据也许是被错误地称作是它的"成员们"的死亡而得到调整……然而这种调整并不是依照它的作品。共通体不是一件作品，也不从死亡制造出作品。共通体据以得到调整的那个死亡并不操作这种转变，即把死去的存在转变成某种共通的亲密性……就在这里，为了承认这个不可能性，或更确切地说——因为这里既没

---

① 布朗肖. 不可言明的共通体. 夏可君，尉光吉，译. 重庆：重庆大学出版社，2016：50-51. 此处引文根据法文版有所改动。

第十章 "新共产主义"理论探索

有功能,也没有目的——用死亡产生作品的不可能性,这个共通体被铭刻并被承认为"共通体"。①

是的,这是一种向死而生的共通体。在五月风暴的广场上,以及在"阿拉伯之春"的埃及的塔希尔广场上,我们领略了这种巨大的情感性力量,一种类似于情人的共通体在某个瞬间突然成为无法言明也不可抗拒的力量。而后,这种情感的共产主义被直接称为爱的共通体,即基于爱的共产主义。2016年,齐泽克的一位挚友 S. 霍瓦特(S. Horvat)在《爱的激进性》(2015)中就再一次将这种爱的情感作为实现共产主义革命的直接动力:"所不能还原的正是这种超越了一切定义和分类的在场的情感,沉浸在在场中,这种感觉太特别,让人不能自拔。此时此刻,你变得比以往更加特别,更加独特,比以往与更多的诸众联合起来。我们可以把这种感觉称为爱。如果可以说的话,共产主义革命就是爱。"②

的确,在直接在场的革命和抗议运动中,共产主义能够作为一种情感的共通体流露出来,但是一些理论家也指出了其问题所在。正如乔治·阿甘本(Giorgio Agamben)在《身体之用》(2015)的"序言"中指出的,可以用居伊·德波(Guy Debord)的一个拉丁文命名的电影来形容这种共产主义的命运:《我们一起游荡在夜的黑暗中,然后被烈火吞噬》,"这些图像与这个回文结构无关,毋宁说与表达爱的激情的词句有关……长着翅膀的爱神凝视着扑向烛火的飞蛾,旁边的铭文写着:短暂而伤人的快感"③。尽管情感的共通体或共产主义在刹那间会释放出璀璨的光芒,但它们又如同飞蛾一般,瞬间被烈火吞噬。狂欢化的情感的共通体无法持久地实现向真正共产主义理想的转变。它们虽然可以惨烈地撕开资本主义的一道伤口,但是资本主义强大的自愈能力将这些战士用爱和生命换来的成果在一瞬间化为泡影。真正的共产主义需要的不再是昙花一现的万众狂欢,不需要在广场上声嘶力竭地呐喊之后,再回到冷冰冰的公寓里成为资本主义生产和生活节奏的同谋。S. 霍瓦特的爱不能成为飞蛾扑火式的爱,它需要化身为实体,在大地上绽放出美艳的花朵。

---

① 南希. 解构的共通体. 郭建玲,张建华,张尧均,等译. 上海:上海人民出版社,2007:30-31.
② S. Horvat. The Radicality of Love. Cambridge:Polity,2015:6.
③ G. Agamben. The Use of Bodies. Stanford:Stanford University Press,2015:xvii.

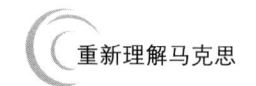

第三节 事件的共产主义

1830年法国七月革命爆发的前夜，有人写下了这样一首诗：

> 谁能相信！人们说众多的现代的约书亚，
> 仿佛和时间过不去，站在每一座塔楼底下，
> 向日晷射击，好挡住白昼的脚步。①

这是一首佚名作者的诗，但为本雅明所钟爱。是的，谁能想到向日晷射击？这一枪，不是射向敌人，也不是射向国家机器，让其无法运转，而是射向一个看起来毫无作用的物体，一个记载着时间的日晷。为什么要向日晷射击？本雅明以铿锵有力的词句写道："大革命带来了一种新的历法，历法的第一天起着一种为历史存照的慢镜头照相机的作用，而且基本上，这一天是年复一年以节日的形式出现的让人缅怀的日子。因此历法不像钟表那样，只是单纯衡量时间，它们是某种历史意识的纪念碑。"② 本雅明理解了，我杀死了一位暴君，另一位暴君会继续执政下去；我摧毁了一个剥削和压迫的体制，新的统治者会创立新的剥削和压迫的体制。所以，革命的子弹只能指向时间，指向历法。唯有如此，新的时代才会来临。本雅明在看到克利的《新天使》的画作时会感动得泪流满面，这幅《新天使》就是一种未来的使命，一个宣告新历史到来的天使。正如本雅明所说：

> 克利的一幅名为《新天使》的画表现一个仿佛要从某种他正凝神审视的东西转身离去的天使。他展开翅膀，张着嘴，凝视着前方。历史天使就可以描绘成这样子。他回头看着过去，在我们看来是一连串事件的地方，他看到的只是一整场灾难。这场灾难不断把新的废墟堆到旧的废墟上，然后把这一切抛在他的脚下。天使本想留下，唤醒死者，把碎片弥合起来。但一阵大风从天堂吹来，大风猛烈地吹到他的翅膀上，他再也无法把它们合拢起来。大风势不可

---

① 本雅明. 本雅明文选. 陈永国，马海良，译. 北京：中国社会科学出版社，1999：432.

② 同①431-432.

当，推送他飞向他背朝着的未来，而他所面对的那堵断壁残垣则拔地而起、挺立参天。这大风就是我们所称的进步的力量。①

这段话估计是本雅明关于历史与弥赛亚关系之最典型也最优美的文字了，它充分地体现了本雅明思考历史的态度，以及我们面向未来的方式。新天使隐喻的是一种有序的历史，这种历史似乎将一切都打理得井井有条，让一个废墟代替另一个废墟，在这个新天使的历史下，或者在这种固有的时间和历法下，我们看到的永远是暴君取代暴君，新的统治和压迫取代旧的统治和压迫，虽然王座上的人更换了，虽然元老院被换成了现代议会，虽然囚犯不再被当街绞杀，而是在秘密监狱里被枪毙。但是，历史的律法依然如故，新天使仍然像一个先知一般，让废墟继续变成废墟。然而，克利画面上的一阵风吹走了新天使，在大风中，他的计划，他的有序安排，甚至他的翅膀都无法"合拢起来"。这是一股势不可当的大风，连同那个认为自己可以作为历史操纵着废墟的新天使都无法面对这场奇异的大风，新天使被吹走了，相反，之前的那片废墟"拔地而起、挺立参天"。唯有如此，真正从资本主义向共产主义的过渡才能是一种进步。

相对于掌控着时间、掌控着历史的新天使，我们如何理解大风的隐喻？大风是七月革命的战士向日晷射击的结果，在看似密不透风的新天使那里，在子弹落在日晷表面的缝隙中，之前完全无法预料的大风吹走了新天使，也让废墟重新焕发了生机。日晷和新天使的死去，意味着新时代的来临。对这个新时代，在带有严重犹太复国主义倾向的朋友舒勒姆（Scholem）的影响下，本雅明将之称为"弥赛亚"，或者用现在更通俗的说法来说，大风是一个"事件"。

相对于情感的共产主义，弥赛亚并不是主观性和情感性的东西，它既不是现实个体的主观意志，也不是某个先知或者先验的神灵意志的体现，因为那里唯一主观性的东西——新天使——被大风吹走了。那么，我们只能将弥赛亚或事件理解为一种偶然性的客观，一种不依赖于人的意志，一种不受必然性规律支配的偶然性，这好比诗人马拉美的诗歌《骰子一掷》的副标题所描述的那样——"永远取消不了偶然"。实际上，晚年阿尔都塞在放弃了他早期的一些关键概念（如问题式、多元决

---

① 本雅明. 本雅明文选. 陈永国，马海良，译. 北京：中国社会科学出版社，1999：427.

定）之后，也走向了偶然性问题。在晚年的《偶然相遇的唯物主义》（2004）一文中，阿尔都塞提出："我们所说的偶然相遇的唯物主义也就包含在对目的、对所有目的论的否定中，它是理性的、世俗的、道德的、政治的和审美的。最后，我们要说偶然相遇的唯物主义就是唯物主义，它不是主体（无论是神还是无产阶级），而是一个过程，一个无主体的过程。不过，它会对主体（个体或其他）产生影响，这些主体支配着发展秩序，但没有给出其目的何在。"[1] 晚年阿尔都塞的反思是独特的，他彻底排除了在唯物主义层面存在着任何预先决定的目的的可能性，无论这个目的是单一因素的经济决定，还是多种因素的多元决定。在阿尔都塞那里，历史既是一个无目的的过程，也是一个无主体的过程。他这样理解，由于抛弃了目的和主体，就意味着他抛弃了共产主义命题，因为在马克思那里，共产主义就是一个目的，它需要通过主体的努力来实现。这就意味着，在20世纪70年代，对共产主义的思考陷入了困境，这也是一个悖论，即要么接受新天使，要么放弃共产主义，要么解释作为历史的时间，要么停留在永恒的偶然性的当下，任由偶然性的现在始终出场，永远走不出时间的迷宫。

真正撬开这扇大门的是阿尔都塞的学生巴迪欧，尽管巴迪欧对阿尔都塞用形式化的方式来思考马克思主义给予了高度评价，但是，巴迪欧并不像他的老师那样认为历史是绝对无目的、绝对无主体的。在《主体理论》（1982）中，巴迪欧就与他的恩师划清了界限，他说："我们，反对阿尔都塞的无主体的过程，从而求助于拉康。"[2]

那么，巴迪欧的事件概念与他老师的有什么区别呢？巴迪欧曾经指出，"我要说的非常简单，就是开辟了一个新情势，开辟了新的可能性的东西，在根本上，它是时代的新的创造力，是情势的新的创造力。有一种实际敞开的东西，我称之为'事件'。什么是事件？简单说来，事件就是打破了现有情势规则、统治和结构的东西，并创造出一种新的可能"[3]。

---

[1] L. Althusser. Philosophy of the Encounter: Later Writings, 1978-1987. London and New York: Verso, 2006: 190.

[2] A. Badiou. Théorie du sujet. Paris: Seuil, 1982: 203.

[3] A. Badiou. From Logic to Anthropology//M. Constantinou. Badiou and the Political Condition. Edinburgh: Edinburgh University Press, 2014: 47.

第十章 "新共产主义"理论探索

就是说,巴迪欧的"事件"意味着一种新的可能性和创造力的出现;但它的出现并不意味着新的局面或情势可以在旧的情势下得到理解——在旧的情势下,事件是不可理解的,也无法被纳入旧的情势的结构。在拉康那里,"事件"意味着在平滑的象征能指链上撕开了一道口子,即拉康说的"在知识上打洞"。然而,与情感的共产主义不同(情感的共产主义将自己的事业指向对一切肯定事物的否定,让一切坚固的东西都烟消云散,它们满足于在这个裂缝的真实处狂欢,在事件撕开的裂隙处燃烧自己的生命),巴迪欧提出共产主义是一种肯定,我们不能拆卸掉人类生活的一切前提,不能像后结构主义那样,让我们的生命伫立在游荡不定的流沙之上。我们需要一个地基,即便我们不知道这个地基是否确凿无疑,问题在于,我们的目的不是飞蛾扑火般地否定,而是找到一个可以立足的基点,找到新的身体、新的可能性,以此为支点来撬动整个资本主义秩序,实现共产主义。巴迪欧说:"在否定一切之前,你们首先必须创造出一个新身体,要肯定一种新主体性。第一件事是创造,去肯定新主体性,那么什么是新主体性或新主体身体的开始?这就是一群人,他们肯定了新的可能性——他们肯定了这个肯定。"① 这个肯定,就是面对共产主义的立场,首先我们需要肯定的是存在着共产主义的可能性,将它作为新的可能性肯定下来。也正是这个肯定的立场,让巴迪欧的辩证法与阿多诺的否定辩证法区别开来,这或许是巴迪欧将自己的辩证法命名为"肯定辩证法"(affirmative dialectics)的原因之一。只有走向肯定,才能在我们的生命形式中找到通向未来共产主义社会的道路。在这里,我们或许会回想起同样支持从弥赛亚角度来理解未来共同体即共产主义的声音:事件的发生并没有在世界上占据位置。乌托邦就是事件的风景。正是"如此"。在所有事物那里,肯定的就是在如此(sic),超越善恶的如此。但这个"如此"并不仅仅意味着带有某种属性的这样和那样的模式。"正是'如此'"意味着"让'如此'如此存在"。换句话说,这意味着"是"。②

对于当今的马克思主义者来说,战士(militant)更能激发人们的

---

① A. Badiou. The Affirmative Dialectics//L. Taek-Gwang, S. Žižek. The Idea of Communism 3. London and New York:Verso,2016:130.

② G. Agamben. The Coming Community. Mineapolis:University of Minnesota Press,1993:103.

斗志。巴迪欧和齐泽克早就引述了毛泽东的名言——"丢掉幻想，准备斗争"①。这句话在《战士的哲学》（2012）中被巴迪欧作为一种信条反复提及。奈格里在他的《抵抗三部曲》（2009）中借用一位剧中人物宣布："我喜欢生命，也喜欢面包，但我首先是一个战士。为自由而战？当然，或许更是为共产主义而战。"② 共产主义当然是为了所有人的自由，一个真正的战士不可能为一个虚无而混沌的星丛而战，也不需要在那里静候着高高在上的权贵和寡头们的承认（recognition），他们为之战斗的东西，必然带有肯定性光芒，一束可以在黑暗中给予那些仍然在荆棘和泥淖中踯躅而行的战士勇气与希望的东西。对于真正的马克思主义者来说，这束唯一的光芒只可能来自未来的共产主义。2014年，在韩国首尔举办的第四次世界共产主义大会上，巴迪欧致开幕词，他大声宣布："我们要有勇气肯定，通过在实践上赋予一个老词新的含义，来辨析这个世界及其未来，这个词就是共产主义!"③ 而他提交给大会的主题论文就是《肯定辩证法》（"The Affirmative Dialectics"）。从表面上看，巴迪欧的《肯定辩证法》与阿多诺的《否定辩证法》是针锋相对的，但实际上问题没有这么简单，我们可以仔细地分析一下。

法兰克福学派批判理论在当时有一个十分明确的理论指向，即针对当时欧洲大陆流行的实证主义思潮。在《启蒙辩证法》1969年"新版前言"中，霍克海默和阿多诺还没有忘记将批判的锋芒指向实证主义："本书曾经诊断认为，启蒙转变成了实证论，转变成了事实的神话，转变成了知性与敌对精神的一致，所有这些诊断今天都得到了充分的证明。我们的历史概念并没有误认为它们已经得到了克服，而且也没有从实证主义的角度去追求一知半解。作为对哲学的批判，它并不打算放弃哲学。"④

法兰克福学派之所以将实证主义作为批判的靶子，原因正在于，实证主义是一种满足于对当下直接的事实状态的肯定的哲学。在实证主义

---

① 毛泽东选集：第4卷. 北京：人民出版社，1991：1483.
② A. Negri. Trilogy of Resistance. Minneapolis：University of Minnesota Press，2011：57.
③ L. Taek-Gwang，S. Žižek. The Idea of Communism 3. London and New York：Verso，2016：4.
④ 霍克海默，阿道尔诺. 启蒙辩证法：哲学断片. 渠敬东，曹卫东，译. 上海：上海人民出版社，2006：新版前言（1969）1-2.

第十章 "新共产主义"理论探索

那里,思想是不能超越事实范畴的,这样,思想就不再是对现实的社会状态的超越和改造,而成为最庸俗的现实状态的无用的守卫者。马尔库塞对实证主义有着更为严苛的指责:"实证主义哲学为自己建立起一个自足的世界,一个封闭的、对引起动乱的外部因素防守严密的世界……一旦被人们所接受,它就会构成一种不可超越的经验判断。"[①] 可见,哲学上的实证主义是一种倾向于保存固有事实的态度,它们仅仅信任现实的所是,而不相信在现实的事实之外存在着其他可能性。而在批判理论那里,否定性代表着一种反抗的态度,一种将现实的事实永远视为不完美的,始终存在着改进可能的立场。在这个意义上,巴迪欧与法兰克福学派并无二致,因为作为坚持马克思主义原则的思想家,他们永远不会将现实的资本主义制度作为无法超越的经验事实肯定下来。

所以,巴迪欧的"肯定"并不是对现存社会状况的保守主义式的肯定,更不是实证主义。尽管巴迪欧也喜欢使用数学方法,但他看重的不是数字统计带来的固化事实,这种数字被巴迪欧称为坏的数字。巴迪欧的数学是一种以后-康托尔集合论为代表的追求无限的数学。在这个意义上,数学及其运算不仅不会像实证主义一样沦为现实资本主义制度的帮凶(数学不仅仅只能被资本家和政客用来计算利润、统计选票和民意测验),相反,真正的数学恰恰能够帮助我们"超越我们的极限,并十分明确地触及真实的普遍性"[②]。如果巴迪欧的肯定不是对现存秩序、既定事实状态的肯定,那么他要肯定的是什么?首先,我们必须要清楚的是,巴迪欧所用的"肯定"是 affirmative。要知道,无论在英语中还是在法语中,"否定"(negative)的反义词都是实证主义的"肯定"(positive)。尽管 affirmative 和 positive 都有肯定的意思,但这两个词肯定的东西大相径庭。positive 在更多的时候指的是对事实的实质性肯定,也就是说,positive 是事实肯定;相反,affirmative 的肯定往往是对一个命题的赞同,对一个法条的批准和肯定,或者对一个原理或学说的认可。"肯定的东西"(affirmatives),从来不是一种事实状态的东西,而是一种原则或命题。这样,我们可以理解,巴迪欧所谓的肯定辩证法实际上是对某种原则和命题的肯定——用巴迪欧的话来说,肯定辩证法

---

① 马尔库塞. 单向度的人:发达工业社会意识形态研究. 刘继,译. 上海:上海译文出版社,2006:166.
② 巴迪欧,艾利. 数学颂. 蓝江,译. 北京:中信出版社,2017:124.

是对真理的肯定。

也正是在这里，暴露了巴迪欧和以阿多诺为代表的法兰克福学派的一个区别。巴迪欧说："阿多诺认为经典的黑格尔辩证法有太多肯定了，太从属于总体性的'一'的力量了。他提出了一种超-否定性，而这种否定性的名称就是'否定辩证法'。我们今天知道，这种辩证法最后只能让我们拥有一种包容一切的伦理学。在那里，我们意识的英雄遭受着人类身体的欺凌，成为纯粹的受害者。我们也知道，这种道德主义是完全顺应戴着虚伪的民主面具的资本主义的统治的。"① 实际上，对于这种泛滥的否定辩证法，巴迪欧还有一个更明确的称呼，即"民主唯物主义"（matérialism démocratique）。在《世界的逻辑》（2006）中，巴迪欧认为这种所谓的唯物主义，在反抗同一性逻辑时，将杂多的多样性上升到不可超越的位置，从而否定了所有的同一性。关键在于，是所有的同一性逻辑都是极权的，还是需要在各种同一性中做出有效的甄别。也就是说，在巴迪欧看来，阿多诺和之后的民主唯物主义者在批判同一性逻辑时，将洗澡水和小孩一起倒掉了。巴迪欧将民主唯物主义对大写的"一"的绝对恐惧称为"对一的恐惧症"（un-phobie）。也就是说，一旦坚持瓦解的逻辑和否定辩证法的民主唯物主义消除了所有同一性的痕迹之后，那里可以依靠的东西，可以作为我们思想根基的东西，就只剩下身体和语言了。巴迪欧总结了民主唯物主义的公理，即"只存在真理和语言"②，在这样的身体和语言的星丛中，没有任何真理为我们指明未来的方向，因为任何可以作为指引的路标，都被否定的辩证法以同一性的名义全部废除了。那么，任何个体都只能在盲目的黑夜里来回逡巡，他们根本没有可以帮助他们走出黑暗迷宫的阿里阿德涅之线，他们能够感触到的只有他们的身体和语言。

正是为了避免陷入这种在黑暗中盲目摸索的困境，巴迪欧提出了自己的肯定辩证法，也称之为"唯物辩证法"（dialecttique matérialism）。此前那个被民主唯物主义奉为圭臬的公理同时被这种肯定辩证法改写为："除了身体和语言之外，还存在着真理。"③ 不过，巴迪欧的真理，

---

① L. Taek-Gwang，S. Žižek . The Idea of Communism 3. London and New York：Verso，2016：128.

② A. Badiou. Logiques des mondes. Paris：Seuil，2006：9.

③ 同②16.

绝不是实证主义的事实真理，不是对现存事实的肯定，相反，是一种指向未来的亮光，是一种在当下尚未实现并被视为不可能的真理。在我们摸索的黑暗迷宫中，尽管这个真理并不具有实质内容，但它犹如远方的一丝亮光，让我们可以暂时摆脱眼下的黑暗，让我们可以不再踟躇，从而充满勇气地向一个方向前进。巴迪欧指出，"我要说的非常简单，就是开辟了一个新情势，开辟了新的可能性的东西，在根本上，它是时代的新的创造力，是情势的新的创造力。有一种实际敞开的东西，我称之为'事件'。什么是事件？简单说来，事件就是打破了现有情势规则、统治和结构的东西，并创造出一种新的可能"①。这样，事件也意味着，在当下让不可能实现的东西可以成为一种可能性降临在大地上，尽管我们现在还对这种可能性是什么不甚了解。齐泽克评价道："对于巴迪欧而言，那里有一个希望，我们做到不可能的事情，例如在我们社会中的一个不可能的地方开启了新的可能性。"② 说得更明确些，这种新的可能性也正是让在当下似乎是不可能的共产主义具有了可能性。这样，真正的共产主义就是在真实的事件之后才能成为可能的。所以，齐泽克说："一种解放过程的出发点不应该是否定和破坏，解放政治需要一个新的肯定性因素，让它可以不至于会形成一种对旧秩序进行模仿的新实证性的秩序，甚至更糟。"③ 因此，巴迪欧需要肯定的是，必定存在着这样一种不可能的可能性（尽管在当下尚无可能，尽管在现在的情势下我们尚无法描述出这种可能性的具体内容），我们需要的仅仅是从信念上对其进行肯定（affirmation），也只有这种肯定，才能让我们找到解放政治的方向。

事实上，无论是巴迪欧、齐泽克，还是阿甘本，他们肯定的都不是某个具体的共产主义或即将到来的共通体内容，而是共产主义本身，即巴迪欧强调的共产主义假设。我们相信的并不是某一种共产主义的到来，而是终有一个更好的社会形象会取代贪婪和奢侈并存的资本主义，会取代那个最终将所有的触角深入全世界所有的毛细血管中的资本主义帝国。我们肯定的"是"，即一种弥赛亚式的共产主义，就是阿甘本的

---

① A. Badiou. From Logic to Anthropology//M. Constantinou. Badiou and the Political Condition. Edinburgh：Edinburgh University Press，2014：47.
② S. Žižek. Disparities. London：Bloomsbury，2016：379.
③ 同②380.

"如此"的共产主义，一个即将来临的共同体。面对资本主义，我们不是虚无主义或解构主义地否定一切，而是肯定"是"或"如此"。我们相信，马克思为我们描绘的共产主义终有一天会降临在世界大地上。

第四节　数字交往的共产主义

众所周知，今天的时代是一个数字化时代，新的数字化技术正在改变当代资本主义的样态。我们需要从新的角度来重新审视大数据、云计算、微信、智能手机等产生的冲击。数字化技术的降临并没有将人从异化状态下解放出来，而只是改变了其形态，即从物化的异化变成数字化的异化。此外，由于数字化数据收集、云储存、云计算产生了一般数据概念，这是区别于产业资本、金融资本的第三种资本形态，即数字资本。数字资本形成了以一般数据为根基的数字化平台，这就是数字资本主义支配着生命政治治理和政治经济学关系的奥秘所在，也正是因为一般数据的实现，我们的社会表现为海量数据的积聚，而人与物，以及任何存在物都必须经过数字化才能在数字资本主义下存在和可见。资本主义出现的新变化，随着数字技术、云计算、大数据与资本主义合流，迫使人们对资本主义进行新思考，加速主义、数字资本主义批判、新实在论等都是在这个方面取得的新成果。在对资本主义进行思考的同时，西方左翼在思考共产主义方面也提出了新路径，提出了技术加速发展的共产主义观念，可称之为数字交往的共产主义。

在这个方面，美国左翼马克思主义理论家乔蒂·迪恩是一个大胆的开创者。在《民主与其他新自由主义的幻象：交往资本主义和左翼政治》（2009）和《博客理论》（2010）中就提出了势概念，她重点分析的是互联网和信息传媒体系，以及博客、微博、手机短信、飞信等新型信息交往模式对资本主义之势带来的变化。这种变化是多方面的，但至少包含了两个层面的内涵：一方面，信息交往方式变革导致了工业资本主义的系列变化，这些变化导致了2008年之后的资本主义金融危机，并且，资本主义用来牟利的方式也不再是在机器和办公桌上的剥削，不再纯粹从生产性劳动中获利，而更多是从博客、微博的交往中获利。这种模式的改变，导致了资本主义之势的改变，这对新共产主义的形成极为有利。对于乔蒂·迪恩来说，这种有利表现了诸众越来越多地对"我们"的集体性概念的欲望，社会阶层分化导致的冲突越来越激烈，最终形成了1％与99％之间的决裂，使诸众反抗少数人的斗争成为可能。另一方面，交往资本主义并没有改变马克思恩格斯在《共产党宣言》中提出的无产阶级与资产阶级的决裂和斗争的具体形态，在今天，天下大势仍然体现在为数众多的无产阶级同资产阶级堡垒的斗争，尽管在20世纪，这种斗争的趋势在国家垄断资本主义与全球金融资本主义下被掩盖，左翼的抵抗以忧郁的方式蜷缩在艺术与文化研究领域，但在今天，历史重生了，新无产阶级不再遮遮掩掩地用文化反抗和艺术激进化的方式来体现左翼的诉求，相反，他们直接面对自己的经济地位和政治地位问题，政治经济学再一次成为全球资本主义与无产阶级斗争的焦点。因而可以说，乔蒂·迪恩所说的今日之势，在为诸众提供新的联合可能性的时候，也重新让共产主义在大势下成为可能，让其在历史的地平线上以曙光的方式呈现出来。

乔蒂·迪恩分析新共产主义之势的另一个关键词是交往资本主义（communicative capitalism）。"交往"是在当今西方理论界出现频率比较高的词汇，早在20世纪80年代，哈贝马斯的《交往行为理论》就将主体间性交往问题推向了前台。也就是说，在当下资本主义的社会情势下，主体间性交往在社会中占有十分重要的地位。交往问题的提出，是对纯粹个体主义的自由主义方法论的一次反驳，即以与他们或其他主体进行交往的个体取代了自启蒙以来的自利性和自主性的个体。哈贝马斯及其后继者都试图在平等协商和良好对话的情境下重塑资本主义社会的根基，即社会存在不是以孤立的个体实现的，而是以交往性的主体间性实现的。交往概念一旦出场，便在20世纪末期的西方社会一发不可收拾，它似乎成为20世纪最后十年中最重要的词汇之一，同时这种交往的影响也延续到了21世纪的最初十年。

因特网的出现加速了人与人之间的交往，使交往成为当下资本主义的重要特征之一。在当下，因特网的功用已经不限于浏览信息和查阅资料，更为重要的是，因特网为今天的人们提供了一种生存方式。自尼古拉斯·尼葛洛庞帝（Nicholas Negroponte）的《数字化生存》（1995）宣告赛博空间——我们交流的主要界面——开始，近几年来，在博客、微博、推特、脸书、YouTube，甚至手机短信、飞信等工具的推波助澜下，人与人的交往已经呈几何级数增长，而在这种交往高速增长的同时，资本主义看到了一种全新的获利方式，并将之推行到整个社会中。早在2009年，乔蒂·迪恩就对"交往资本主义"概念进行了描述："我所界定的交往资本主义，就是以某些方式纳入和参与到信息、娱乐以及交往技术的理想的物质化中。交往资本主义控制了抵抗，并巩固了全球资本主义。"① 乔蒂·迪恩认为"交往资本主义"概念并不是她的原创，而是受到了奈格里的影响。奈格里曾指出"交往是资本主义生产的方式，在其中，资本已经成功地将整个社会和全球从属于它的体制，完全压制了其他可能性"②。这样，交往资本主义就成为一种全新的意识形态，其根基是个体之间的交往，并以这种交往为基础创造一种所谓网络民主模式。乔蒂·迪恩不无反讽地说，交往资本主义让我们认为"所有观点都是同样正确的，所有选择都是差不多的，每一次鼠标点击都是一次政治参与"③。于是，在一种伪政治参与的情形下，我们享受了网络交往为我们带来的快感，但正如鲍德里亚提出的"内爆"（implosion）一样，这种观点和意见，以及鼠标的随意点击在博客、微博上推行，所带来的实际上不是对意见的重视，而是由信息量激增导致的贬值。真正的反抗和批判性意见已经汇聚到大量无用信息的洪流中，最终反抗和批判被交往资本主义消化。在《博客理论》中，乔蒂·迪恩对"交往资本主义"概念给予了更为清晰的说明："我的立场是，当代交往传播媒体已经在强度和广度上，从娱乐、生产和监督上俘获了所有的用户。我对这种形式所用的术语就是交往资本主义。正如工业资本主义依赖于对劳动的剥削一样，交往资本主义也依赖于对交往的剥削。"④

我们从乔蒂·迪恩的这段描述中可以看出，交往资本主义不仅仅是描述当代资本主义的基本特征的概念，更重要的是，它的获利方式发生了巨大改变。现在以博客、微博、网络交往技术来运行的新型资本主义不仅需要生产过程中的剩余价值，还需要我们的剩余注意力，需要我们跟从因特网和博客、微博中的各种链接，来形成一种适合于交往资本

---

① J. Dean. Democracy and Other Neoliberal Fantasies: Communicative Capitalism and Left Politics. Durham: Duke University Press, 2009: 2.
② P. Passavant, J. Dean. Empire's New Clothes: Reading Hardt and Negri. New York: Routledge, 2004: 288.
③ J. Dean. Blog Theory. Cambridge: Polity Press, 2010: 2.
④ 同③4.

义市场的人际交往网络。

问题在于，交往资本主义如何从我们的交往中获利呢，或者说，它们如何来剥削交往呢？乔蒂·迪恩指出，交往资本主义的剥削形式不依赖于商品模式，而是直接剥削位于商品中心的社会关系。在这里，她直接引述了马克思在《资本论》中对商品价值社会属性的论证，即认为在资本主义市场体系中，商品的使用价值或自然属性是不重要的，相反，体现了抽象社会关系的劳动一般才是最重要的。因此，交往资本主义甚至抛弃了商品的物质性外壳，直接将剥削和获利指向了位于其核心的抽象社会关系的表达。乔蒂·迪恩说："通过互联网，通过个人之间的交往和信息技术，资本主义已经找到了更为直接榨取价值的方式。"①

那么，这种全新的榨取价值的方式是什么？乔蒂·迪恩指出，当代资本主义的"交往回路"（communicative circuits）是一个驱动运动的循环，这种回路迫使我们在网络上来回运作，并产生兴奋和衰竭。"在博客和微博中，我们贡献越多，便越能扩大自己的地盘，于是他人不得不去决定，是回应还是忽略我们的信息。我们要对每一条信息做出选择，但我们的选择越多，需要做选择的选择也越多。我们不得不迫使自己沉溺于其中，并耗费掉越来越多的精力。"② 就是说，网络博客和微博上的交往是一种沉溺性的交往，这种交往耗费的是我们的注意力，我们投入越多，注意力也被消耗得越多，这样我们就越来越陷入一个固定的交往圈子和回路中而不能自拔。当然，在交往资本主义的资本家建立起交往格局时，他们所需的原材料，即我们在博客和微博中的发言，基本上是免费的，得到的回应和选择基本上也是免费的。但推特、脸书、YouTube在运行这些我们投入其中的言论、文章、小说，甚至是照片和视频时，它们无一例外都变成了他们的资本。相对于在工业资本主义时代还需要支付薪酬的劳动来说，在交往资本主义时代，对我们之间交往和消耗的剥夺与剥削几乎是无成本的，资本需要我们付出注意力，完成微博中的对话，甚至我们偶然的一次鼠标点击都会被这种交往资本主义消化，成为平台资本利润的来源。此外，在交往资本主义时代，注意力本身和点击率本身就是可以创造价值的因素，而这些因素直接与我们在互联网中的交往相关。

---

① J. Dean. The Communist Horizon. London and New York：Verso，2012：129.
② 同①144.

不过，交往资本主义并不是没有内在矛盾，与马克思分析的早期资本主义社会的基本矛盾一样，交往资本主义社会也存在着一个基本矛盾。在《资本与语言》（2008）一书中，C. 玛拉齐（C. Marazzi）将这个基本矛盾概括为"信息的供给与对注意力的需求之间的不平衡是当代资本主义的基本矛盾，这是基于价值形式的一个内在矛盾"[1]。一方面，交往资本主义在交往形式和信息技术的作用下不断地生产出大量信息；另一方面，作为被剥削的我们的注意力是相对有限的，这就导致了交往资本主义将我们的注意力通过一定方式加以集中，这个过程类似于资本积累过程，当然，在交往资本主义的前提下，这个过程演化为注意力的积累过程。交往资本主义时代的资产阶级很明白，在今天，注意力本身就是价值的来源，一个信息、一个话题、一个产品、一个图像、一段视频越受关注，也就意味着它能够带来更多的利润。对于资产阶级而言，这已经不是什么秘密了。然而，真正的秘密在于，这种注意力和交往的集中模式是通过一定方式可控的，即注意力和交往的流向是交往资本主义盈利的关键所在。这样，交往资本主义就势必在网络中制造一种不平等，即关注的不平等，而这恰恰是资产阶级建立在对其他人的注意力和交往的剥削基础之上的。我们完全可以从淘宝、京东等网站在"双11"时以高度聚集注意力和交往的方式在一天之内盈利十几亿元中看到这种交往资本主义的未来走向。

在数字时代思考共产主义的另一个代表是以 N. 斯尔尼塞克（N. Srnicek）为代表的加速主义的马克思主义思潮。出生于美国的 N. 斯尔尼塞克是当代左翼加速主义的奠基人，在加拿大的西安大略大学获得哲学与心理学硕士学位之后，又到伦敦政治经济学院获得哲学博士学位。之后与 A. 威廉斯（A. Williams）在 2013 年发表了《加速主义宣言》，让其声名鹊起。用他们自己的话说，"加速主义"（accelerationism）就是马克思主义在当代最直接的表现形式。2016 年，N. 斯尔尼塞克出版了《平台资本主义》一书，将其加速主义的政治经济学批判与数字资本主义分析有效地结合起来，成为当代资本主义批判的最新代表作品之一。

在《加速主义宣言》中，N. 斯尔尼塞克和 A. 威廉斯提出的另一

---

[1] C. Marazzi. Capital and Language. Los Angeles：Semiotext（e），2008：14.

种马克思的批判倾向就值得我们注意了。他们认为,马克思根本不是一位抵抗现代性的思想家,毋宁说是一位试图分析并介入现代性的思想家。简单说来,马克思反对的不是现代性和大机器本身,而是现代性和大机器的资本主义占有方式。从意大利自治主义开始,从他们推崇马克思的"机器论片段"① 开始,我们就已经看到他们将马克思对资本主义的批判,从对生产力(即现代性和大机器生产)的批判,变成了对生产关系(即资本主义条件下的不平等雇佣关系)的批判。在对"机器论片段"的阅读中,N. 斯尔尼塞克和意大利自治主义者一样,认为问题并不是出在机器上。如果机器带来的现代化潮流是不可抵挡的,我们又何必如同螳臂当车一般,将自己有限的生命耗费在一件不可能的事情上呢?因为抵抗现代性和大机器的命运必然是忧郁,必然是悲剧,所以从一开始,卢卡奇和西方马克思主义者就走入了抵抗现代性的死胡同,真正的问题不是将现代性和机器化大生产视为邪恶的力量,而是其中造成的不平等。如果机器是中性的,在资本主义可以使用的同时,它为什么不能变成供无产阶级解放的工具呢?倘若如此,马克思真正的意愿正是走入现代性,而不是像西方马克思主义者认为的那样是拒绝现代性。这样,加速主义的最基本原则就是,在现代性或资本主义带来的机器生产内部找到其中的矛盾,并加速推进它的高速运转,最终使这种机制在高速运转中走向崩溃,而资本主义也因此迅速衰落甚至死亡。因此,在《1857—1858年经济学手稿》之后的马克思那里,一个新变化就是,对资本主义的批判不能在资本主义之外进行,我们只有在资本主义内部才能找到走向未来社会之路。

  这正是加速主义的核心要义所在。加速主义的核心词汇:"加速"(accelerate)——指的正是对资本主义机器本身的加速。这种加速,在资产阶级看来,是加快了他们资本周转的速度,最终让他们获取利润的速度也随之加快;但在加速主义者看来,为了让这个大机器更快地耗费掉,我们的立场绝不是拒绝,而是让其加速。N. 斯尔尼塞克和A. 威廉斯说:"认为左翼政治要反对技术社会的加速运动,至少从某种程度上说,这种评价绝对是一种误解。事实上,政治左派如果想要拥有未来

---

① "机器论片段",是国外学界对《1857—1858年经济学手稿》的"固定资本和社会生产力的发展"一节的俗称,具体参见马克思恩格斯全集:第31卷. 北京:人民出版社,1998:88-109。

的话，就必须最大限度地拥抱这个被压迫者的加速主义发展趋势。"① 这样，加速主义的目的正是推动生产力的发展，而不是阻碍生产力发展的车轮，加速主义者就是要最大限度地释放出生产力的潜能。让那些平庸的左派和新自由主义者都十分忌惮的生产力潜能全部发挥出来，无产阶级才能真正地拥有未来，"加速主义推动的是一个更为现代的未来——是新自由主义不敢去生产的现代性。未来必须再一次被打开，开启我们的视野，走向大外部的普遍可能性"②。

也只有在加速主义的意义上，我们才能理解为什么 N. 斯尔尼塞克会如此关注数字时代的平台资本主义生产。他指出，"在思辨的边缘，今天资本主义的计算基础设施已经间接地触及其物理学上的极限，高频次贸易的速度战争已经迫使决策者必须在十亿分之一秒内做出决定。更习以为常的发展是，海量的个人数据（购买习惯、旅游模式、浏览历史等）已经与复杂的数学分析结合起来，用来为市场提供预测。新近出现的发展，如无人机送货和自动驾驶，都预示着一个逐渐自动化和计算化的未来。世界已经在自身层面上重构了，而这一切与人类的感知无关"③。N. 斯尔尼塞克敏锐地觉察到，如果要推进加速主义策略，那么其中计算基础设施和数据才是关键，而让新自由主义者感到忧虑，甚至无法控制的正是大量数据的自动生产。

今天，数据的收集和生产恰恰是由谷歌、苹果、脸书、YouTube、优步（Uber）等大的平台公司来进行的。因此，N. 斯尔尼塞克与 P. 维尔诺、奈格里、M. 拉扎拉托等人的认知资本主义分道扬镳了，因为今天更为重要的东西是数据，而不是非物质生产和一般智力，数据不是非物质的一般智力。在 N. 斯尔尼塞克看来，今天的资本主义就是以数据为对象的资本主义。他说："我们应当将数据看成用来提取的原材料，用户的活动就是这些原材料的自然资源。就像石油一样，数据就是一个提取、精炼出来的原材料，可以在诸多方面进行使用。"④ 这意味着，

---

① A. Williams, N. Srnicek. Accelerate: Manifesto for an Accelerationist Politics//R. Mackey, A. Avanessian. Accelerate: The Accelerationist Readers. Windsor Quarry UK: Urbanomic Media Ltd, 2014: 354.

② 同①362.

③ N. Srnicek. Computational Infrastructure and Aesthetics//S. Malik, C. Cox. Realism Materialism Art. Annandale-on-Hudson: Sternberg Press, 2015: 308.

④ N. Srnicek. Platform Capitalism. Cambridge: Polity, 2016: 40.

第十章 "新共产主义"理论探索

拥有的数据越多,竞争力就越强大。然而,不是所有人都拥有提炼数据的能力,只有一些大公司能进行云计算和大数据处理,也只有它们提炼的数据才具有使用价值层面的意义。而这些大公司依赖的就是大的数据平台,这些数据平台就是它们收集、提炼数据的矿井。

对于平台资本主义,N. 斯尔尼塞克有一个说明:什么是平台?在最一般的层面上,平台是数字的基础设施,它可以让两个或更多的群组发生互动。因此,平台将自己作为中介,让不同的用户——顾客、广告商、提供服务的商家、生产商、供应商甚至物质对象——汇集在一起。往往平台还有一些工具,让用户可以建造自己的产品、服务和市场。①

按照 N. 斯尔尼塞克的定义,平台就是我们平常使用的各个界面、App 和应用。如微信、百度、淘宝、京东、大众点评、携程、蚂蚁短租、当当等,这些公司制作的平台充当着社会中新型的智能机器,将各种用户(包括个体用户、生产商、供应商、物流公司、媒体甚至 AI 和装有传感器的设备等)都纳入巨大的数字界面中,将它们转化为统一的数字化模式,并从中提取作为原材料的数据,经过云计算和数据处理,使其成为具有价值的数据,以用来分析和预测市场走向,甚至预测国际局势的风云变幻。换句话说,今天谁拥有了绝对多的数据,谁就是这个世界上的王者。资本主义的权力开始发生位移,从纯粹以货币为中心的体系(尤其是二战后以美元为中心建立起来的布雷顿森林体系)位移为海量的有效数据(这里的有效并不是指数据的真实性,而是指数据在数字界面发挥影响的实力,真实性只是数据效力的一个参数,不是所有的真实数据都具有数字界面上的实际效力)。所以,N. 斯尔尼塞克认为,"这些平台的地位尽管是中介,但它们不仅获得了海量的数据,而且控制和监控着游戏规则"②。这样,数字平台就不仅仅是在市场上倚靠数据赚钱的企业,最关键的是,它们控制的数据和平台本身就为未来生活制定了规则,而所有人、用户、商家,甚至非人的 AI 和物都必须依照这样的规则来运作;也正是这些规则,让平台不仅处于经济利益的顶端,也成为超越民族国家的政府和政策之上的僭主。

数字交往的共产主义研究指向的是,这些一般数据和数字化交换平台被少数几家公司垄断,它们从中榨取巨额剩余价值。这些由所有用户

---

① N. Srnicek. Platform Capitalism. Cambridge:Polity, 2016:43.
② 同①47.

生产出来的数据，是否应该合法地被为数不多的几家大公司无偿占有？摧毁这种占有，才是数字资本主义批判的方向。虽然这些大公司在云计算和数据处理上也付出了一定代价，但这不足以让它们成为整体占据这些数据的合法理由。面对一般数据，以及由大量数据聚集构成的数字平台这一新生事物，真正有价值的思考方向是共享。因为在根本上，一般数据是共同生产出来的产物，在共同生产过程中，每一个生产者（用户）实际上很难分出彼此。与其将其分割，不如将其共享，数字时代的革命口号，不再是仅仅消除生产资料的私人占有，也包含了数据之绝对的和透明的共享。这种共享势必让我们走向一个新时代，让私人数据垄断逐渐成为不可能，一个基于共同数据而形成的团结的未来共产主义社会正在数字时代的地平线上露出曙光。

综上所述，本章主要讨论各种异军突起的"新共产主义"思潮。"共产主义"并没有随着20世纪冷战的结束和新自由主义的发展而结束，相反，在世界各国，共产主义以一种"幽灵"的方式蛰伏着。自治的共产主义、情感的共产主义、事件的共产主义、数字交往的共产主义，是西方世界建立共产主义的四种可能的方式。上述四种不同的共产主义，都试图结合21世纪最新发展的世界形势，对共产主义给出新的解答。这对新时代中国特色社会主义现代化建设，以及中国马克思主义话语建构，都有着重要的启示意义。

参考文献

第一章

马克思恩格斯全集:第25卷.北京:人民出版社,2001.

中共中央马克思恩格斯列宁斯大林著作编译局.马列主义研究资料:第5辑.北京:人民出版社,1982.

陈学明."西方马克思主义"论.沈阳:辽宁教育出版社,1991.

柯尔施.马克思主义和哲学.王南湜,荣新海,译.重庆:重庆出版社,1989.

鲁克俭.国外马克思学研究的热点问题.北京:中央编译出版社,2006.

王凤才.追寻马克思:走进西方马克思主义.济南:山东大学出版社,2003.

王凤才.继承与超越、解构与重建:后马克思主义与马克思主义关系阐释//复旦大学当代国外马克思主义研究中心.当代国外马克思主义评论:第6辑.北京:人民出版社,2008.

俞吾金,陈学明.国外马克思主义哲学流派新编:西方马克思主义卷(上下册).上海:复旦大学出版社,2002.

叶卫平.西方"马克思学"研究.北京:北京出版社,1995.

衣俊卿.东欧新马克思主义精神史研究.哈尔滨:黑龙江大学出版社,2015.

俞吾金，王凤才．关于诠释学视阈中的马克思哲学的学术对话．晋阳学刊，2009（5）.

K. Korsch. Gesamtausgabe Krise des Marxismus. Band. 3. Amsterdam：Stichting beheer IISG，1993.

第二章

葛兰西．狱中书简．田时纲，译．北京：人民出版社，2007.

卢卡奇．历史与阶级意识．杜章智，任立，燕宏远，译．北京：商务印书馆，1992.

马斯泰罗内．一个未完成的政治思索：葛兰西的《狱中札记》．黄华光，徐力源，译．北京：社会科学文献出版社，2000.

A. Gramsci. Selections from the Prison Notebooks of Antonio Gramsci. New York：International Publishers，1971.

E. Bloch. The Spirit of Utopia. Calif：Stanford University Press，2000.

Hegel. Lectures on the Philosophy of History：Volume 3. London：Trench Trübner，1896.

K. Korsch. Marxism and Philosophy. New York and London：NLB，1970.

G. Lukacs. History and Class Consciousness：Studies in Marxist Dialectics. Cambridge：The MIT Press，1971.

S. Žižek. Georg Lukacs as the Philosopher of Leninism//G. Lukacs. Tailism and the Dialectic. London and New York：Verso，2000.

第三章

马克思恩格斯全集：第46卷（下）．北京：人民出版社，1980.

哈贝马斯．认识与兴趣．郭官义，李黎，译．上海：学林出版社，1999.

康德．道德形而上学原理．苗力田，译．上海：上海人民出版社，1986.

麦克莱伦．马克思以后的马克思主义．李智，译．北京：中国人民大学出版社，2004.

马尔库塞．理性和革命：黑格尔和社会理论的兴起．程志民，等译．

上海：上海人民出版社，2007.

马丁·杰. 法兰克福学派的宗师：阿道尔诺. 胡湘，译. 长沙：湖南人民出版社，1988.

王凤才. 蔑视与反抗：霍耐特承认理论与法兰克福学派批判理论的"政治伦理转向". 重庆：重庆出版社，2008.

杰姆逊. 晚期马克思主义：阿多诺，或辩证法的韧性. 李永红，译. 南京：南京大学出版社，2008.

T. Adorno. Minima Moralia：Reflexionen aus dem beschäftigten Leben. Frankfurt/M. : Suhrkamp，1951.

M. Horkheimer. Gesammelte Schriften. Bd. 2. Frankfurt/M. : S. Fischer，1987.

M. Horkheimer. Gesammelte Schriften. Bd. 6. Frankfurt/M. : S. Fischer，1991.

M. Horkheimer. Traditionelle und Kritische Theorie. Frankfurt/M. : Suhrkamp，2005.

J. Habermas. Erkenntnis und Interesse. Frankfurt/M. : Suhrkamp，1973.

J. Habermas. Legitimationsprobleme im Spätkapitalismus. Frankfurt/M. : Suhrkamp，1973.

J. Habermas. Zur Rekonstruktion des Historischen Materialismus. Frankfurt/M. : Suhrkamp，1976.

J. Habermas. Theorie und Praxis. Sozialphilosophische Studien. Frankfurt/M. : Suhrkamp，1978.

J. Habermas. Technik und Wissenschaft als "Ideologie"，20. Auflage Frankfurt/M. : Suhrkamp，2014.

A. Honneth. Kritik der Macht：Reflexionsstufen einer kritischen Gesellschaftstheorie. Frankfurt/M. : Suhrkamp，1989.

A. Honneth. Die zerrissene Welt des Sozialen. Sozialphilosophische Aufsätze. Frankfurt/M. : Suhrkamp，1999.

A. Honneth. Kampf um Anerkennung：Zur moralischen Grammatik sozialer Konflikte. Frankfurt/M. : Suhrkamp，2003.

A. Honneth. Das Recht der Freiheit：Grundriß einer demokratischen Sittlichkeit. Berlin：Suhrkamp，2013.

D. Horster. Habermas zur Einführung. SOAK Verlag Hannover，1980.

H. Marcuse. Schriften. Bd. 1. zu Klampen Verlag，2004.

H. Marcuse. Schriften. Bd. 6. zu Klampen Verlag，2004.

H. Marcuse. Vernunft und Revolution. Hegel und die Entstehung der Gessellschaftstherorie. zu Klampen Verlag，2004.

A. Schmidt. Der Begriff der Natur in der Lehre von Karl Marx. Europäische Verlagsanstalt Humburg，1993.

A. Wellmer. Endspiele. Die unversöhnliche Moderne. Frankfurt/M.：Suhrkamp，1999.

Bunte und Arno Widmann. Jürgen Habermas in Gespräch mit Axel Honneth，Eberhard Knödler. Ästhetik und Kommunikation，1981（45/46）.

第四章

哈贝马斯. 包容他者. 曹卫东，译. 上海：上海人民出版社，2002.

哈贝马斯. 现代性的哲学话语. 曹卫东，等译. 南京：译林出版社，2004.

马尔库塞. 审美之维. 李小兵，译. 桂林：广西师范大学出版社，2001.

苏国勋. 当代西方著名哲学家评传：第10卷. 济南：山东人民出版社，1996.

维尔默. 论现代和后现代的辩证法：遵循阿多诺的理性批判. 钦文，译. 北京：商务印书馆，2003.

阿多尔诺. 再论文化工业. 王凤才，译. 云南大学学报（社会科学版），2012（4）.

霍克海默. 社会哲学的现状与社会研究所的任务. 王凤才，译. 马克思主义与现实，2011（5）.

王凤才. 阿多尔诺：后现代主义的思想先驱. 山东大学学报（哲学社会科学版），2002（5）.

T. Adorno. Negative Dialektik. Frankfurt/M.：Suhrkamp，1975.

N. Fraser, A. Honneth. Umverteilung oder Anerkennung? Eine politisch-philosophische Kontroverse. Frankfurt/M. : Suhrkamp, 2003.

M. Horkheimer. Gesammelte Schriften. Bd. 3. Frankfurt/M. : Fischer, 1988.

M. Horkheimer. Theodor Wiesengrund Adorno. Dialektik der Aufklärung. Frankfurt/M. : Fischer, 1988.

J. Habermas. Legitimationsprobleme im Spätkapitalismus. Frankfurt/M. : Suhrkamp, 1973.

J. Habermas. Moralbewußtsein und Kommunikatives Handeln. Frankfurt/M. : Suhrkamp, 1983.

J. Habermas. Strukturwandel der Öffentlichkeit. Frankfurt/M. : Suhrkamp, 1990.

J. Habermas. Faktizität und Geltung: Beiträge zur Diskurstheorie des Rechts und des demokratischen Rechtsstaats. Frankfurt/M. : Suhrkamp, 1992.

J. Habermas. Die Einbeziehung des Anderen. Frankfurt/M. : Suhrkamp, 1997.

J. Habermas. Die Postnationale Konstellation. Frankfurt/M. : Suhrkamp, 1998.

M. Horkheimer. Traditionelle und Kritische Theorie. Frankfurt/M. : Suhrkamp, 2005.

A. Honneth. Kritik der Macht: Reflexionsstufen einer kritischen Gesellschaftstheorie. Frankfurt/M. : Suhrkamp, 1989.

H. Marcuse. Der eindimensionale Mensch. München: Deutscher Taschenbuch Verlag GmbH & Co. KG, 1998.

C. Offe. Contradictions of the Welfare State. Cambridge: The MIT Press, 1984.

A. Wellmer. Zur Dialektik von Moderne und Postmoderne. Vernunftkritik nach Adorno. Frankfurt/M. : Suhrkamp, 1985.

A. Wellmer. Ethik und Dialog. Frankfurt/M. : Suhrkamp, 1986.

A. Wellmer. Revolution und Interpretation. Assen: Van Gorcum, 1998.

A. Wellmer. Endspiele. Die unversöhnliche Moderne. Frankfurt/M. : Suhrkamp, 1999.

第五章

马克思恩格斯全集：第 3 卷．北京：人民出版社，1960.
马克思恩格斯选集：第 1 卷．北京：人民出版社，2012.
马克思恩格斯选集：第 4 卷．北京：人民出版社，2012.
马克思恩格斯全集：第 46 卷（上）．北京：人民出版社，1979.
阿尔都塞．保卫马克思．顾良，译．北京：商务印书馆，1984.
阿图塞．列宁和哲学．杜章智，译．台北：远流出版事业股份有限公司，1990.
阿尔都塞．读《资本论》．李其庆，冯文光，译．北京：中央编译出版社，2001.
阿尔都塞．哲学与政治：阿尔都塞读本．陈越，编．长春：吉林人民出版社，2003.
巴特勒，齐泽克，拉克劳．偶然性、霸权和普遍性：关于左派的当代对话．胡大平，高信奇，蒋桂琴，等译．南京：江苏人民出版社，2004.
陈炳辉．西方马克思主义的国家理论．北京：中央编译出版社，2004.
复旦大学当代国外马克思主义研究中心．当代国外马克思主义评论：第 1 辑．上海：复旦大学出版社，2000.
葛兰西．葛兰西文选：1916—1935．中共中央马克思恩格斯列宁斯大林著作编译局，国际共运史研究所，编译．北京：人民出版社，1992.
葛兰西．狱中札记．曹雷雨，姜丽，张跣，译．北京：中国社会科学出版社，2000.
亨特．意识形态与美国外交政策．褚律元，译．北京：世界知识出版社，1999.
季广茂．意识形态．桂林：广西师范大学出版社，2005.
列菲弗尔．论国家：从黑格尔到斯大林和毛泽东．李青宜，等译．重庆：重庆出版社，1988.
拉雷恩．意识形态与文化身份：现代性和第三世界的在场．戴从容，译．上海：上海教育出版社，2005.

拉克劳，墨菲．领导权与社会主义的策略：走向激进民主政治．尹树广，鉴传今，译．哈尔滨：黑龙江人民出版社，2003.

墨菲．政治的回归．王恒，臧佩洪，译．南京：江苏人民出版社，2001.

麦克莱伦．马克思以后的马克思主义．李智，译．北京：中国人民大学出版社，2004.

孟登迎．意识形态与主体建构：阿尔都塞意识形态理论．北京：中国社会科学出版社，2002.

波朗查斯．政治权力与社会阶级．叶林，王宏周，马清文，译．北京：中国社会科学出版社，1982.

斯特里纳蒂．通俗文化理论导论．阎嘉，译．北京：商务印书馆，2001.

汤普森．意识形态与现代文化．高铦，文涓，高戈，等译．南京：译林出版社，2005.

汪民安．文化研究关键词．南京：江苏人民出版社，2007.

俞吾金，陈学明．国外马克思主义哲学流派新编：西方马克思主义卷（上下册）．上海：复旦大学出版社，2002.

郁建兴．马克思国家理论与现时代．上海：东方出版中心，2007.

伊格尔顿．历史中的政治、哲学、爱欲．马海良，译．北京：中国社会科学出版社，1999.

尹树广．20世纪70年代以来西方马克思主义国家批判理论．哈尔滨：黑龙江人民出版社，2003.

张一兵．问题式、症候阅读与意识形态．北京：中央编译出版社，2003.

周穗明．20世纪西方新马克思主义发展史．北京：学习出版社，2004.

贝内特．科学、文学与意识形态：路易·阿尔都塞的文学理论．寿静心，译．辽宁大学学报（哲学社会科学版），1994（4）.

柯里．超越马克思主义与后马克思主义的对立．强东红，译．马克思主义与现实，2005（3）.

王凤才．葛兰西国家概念的政治伦理学诠释．学习与探索，2012（10）.

王晓升. 意识形态就是把人唤作主体：评阿尔都塞对意识形态的四个规定. 福建论坛（人文社会科学版），2006（2）.

俞吾金. 阿尔都塞意识形态理论新探. 江西社会科学，2004（3）.

郁建兴，肖扬东. 论葛兰西与新葛兰西主义的国家理论. 社会科学辑刊，2006（6）.

L. Althusser. Lenin and Philosophy, and Other Essays. New York：Monthly Review Press，1971.

G. Elliot. Philosophy and the Spontaneous Philosophy of the Scientists. London：Verso，1990.

B. Jessop. The Capitalist State：Marxist Theories and Methods. Oxford：Basil Blackwell，1982.

C. Mouffe. Gramsci and Marxist Theory. Abingdon：Routledge，1979.

N. Poulantzas. State，Power，Socialism. London：Verso，1980.

S. Sim. Post-Marxism：An Intellectual History. London and New York：Routledge，2000.

第六章

波德里亚. 消费社会. 刘成富，全志钢，译. 南京：南京大学出版社，2000.

德沃金. 文化马克思主义在战后英国：历史学、新左派和文化研究的起源. 李凤丹，译. 北京：人民出版社，2008.

复旦大学当代国外马克思主义研究中心. 当代国外马克思主义评论：第6辑. 北京：人民出版社，2008.

李凤丹. 英国文化马克思主义的逻辑与意义. 北京：人民出版社，2016.

麦克盖根. 文化民粹主义. 桂万先，译. 南京：南京大学出版社，2001.

乔瑞金，等. 英国的新马克思主义. 北京：人民出版社，2013.

汤普森. 英国工人阶级的形成：上册. 钱乘旦，等译. 南京：译林出版社，2001.

伊格尔顿. 马克思为什么是对的. 李杨，任文科，郑义，译. 北京：新星出版社，2011.

詹姆逊．詹姆逊文集：第 4 卷　现代性、后现代性和全球化．王逢振，王丽亚，等译．北京：中国人民大学出版社，2004．

陈慧平．伊格尔顿的文化辩证法探要．哲学动态，2013（11）．

曹书乐，何威．"新受众研究"的学术史坐标及受众理论的多维空间．新闻与传播研究，2013（10）．

费雪莱．朱迪斯·巴特勒性别理论研究．武汉：湖北大学博士学位论文，2016．

霍尔．多元文化问题．肖爽，译．上海文化，2016（4）．

金里卡．多元文化主义的兴衰？关于多样性社会中接纳和包容的新争论．焦兵，译．国际社会科学杂志（中文版），2011（1）．

考尔．多元文化主义与多元主义的挑战．冯红，译．国外理论动态，2014（8）．

凯尔纳．文化马克思主义和文化研究．张秀琴，王葳蕤，译．学术研究，2011（11）．

拉特纳．美国多元文化主义的实质．刘子旭，译．世界社会主义研究，2016（1）．

莫利．媒介理论、文化消费与技术变化．张道建，译．文艺研究，2011（4）．

张进，王垚．论丹尼尔·米勒的物质文化研究．西北师大学报（社会科学版），2018（2）．

P. Anderson. The New Old World. London and New York：Verso，2009.

J. Curran，D. Morley. Media and Cultural Theory. London and New York：Routledge，2006.

S. During. Cultural Studies：A Critical Introduction. London and New York：Routledge，2005.

A. Edgar，P. Sedgwick. Cultural Theory：The Key Concepts. New York：Routledge，2005.

R. Gill，C. Scharff. New Femininities：Postfeminism, Neoliberalism and Subjectivity. London and New York：Palgrave Macmillan，2011.

L. Grossberg，C. Nelson，P. Treicher. Cultural Studies. New York：Routledge，1992.

S. Hall. Encoding and Decoding in the Television Discourse. Birmingham：Centre for Contemporary Cultural Studies，1973.

F. Jameson. The Ideology of Theory. London and New York：Verso，2008.

S. Lash. Intensive Culture：Social Theory，Religion and Contemporary Capitalism. London：Sage Publications Ltd，2010.

J. Lewis. Language Wars：The Role of Media and Culture in Global Terror and Political Violence. London and Ann Arbo MI：Pluto Press，2005.

A. McRobbie. The Aftermath of Feminism：Gender，Culture and Social Change. London：Sage Publications Ltd，2009.

T. Miller. A Companion to Cultural Studies. Oxford：Blackwell，2001.

Z. Sardar. Introducing Cultural Studies. London：Icon Books，1999.

S. Song. Justice，Gender and the Politics of Multiculturalism. Cambridge：Cambridge University Press，2007.

E. Thompson. The Poverty of Theory and Other Essays. New York：Monthly Review Press，1978.

R. Williams. The Long Revolution. Harmondsworth：Penguin Books，1961.

S. Žižek. Did Somebody Say Totalitarianism? . London and New York：Verso，2001.

S. Hall. Cultural Studies：Two Paradigms. Media，Culture and Society，1980（2）.

S. Lash. Power After Hegemony：Cultural Studies in Mutation?. Theory，Culture & Society，2007，24（3）.

N. Stevenson. Human（e）Rights and the Cosmopolitan Imagination：Questions of Human Dignity and Cultural Identity. Cultural Sociology，2014，8（2）.

第七章

埃尔斯特．理解马克思．何怀远，等译．北京：中国人民大学出版社，2008．

德沃金. 至上的美德：平等的理论与实践. 冯克利，译. 南京：江苏人民出版社，2012.

段忠桥. 为社会主义平等主义辩护：G. A. 科恩的政治哲学追求. 北京：中国社会科学出版社，2014.

葛四友. 运气均等主义. 南京：江苏人民出版社，2006.

科恩. 卡尔·马克思的历史理论：一种辩护. 段忠桥，译. 北京：高等教育出版社，2008.

科恩. 拯救正义与平等. 陈伟，译. 上海：复旦大学出版社，2014.

科恩. 为什么不要社会主义？. 段忠桥，译. 北京：人民出版社，2011.

罗默. 在自由中丧失：马克思主义经济哲学导论. 段忠桥，刘磊，译. 北京：经济科学出版社，2003.

罗默. 社会主义的未来. 余文烈，译. 重庆：重庆出版社，2010.

李惠斌，李义天. 马克思与正义理论. 北京：中国人民大学出版社，2010.

李旸. 分析的马克思主义的政治哲学转向. 重庆：重庆出版社，2020.

罗尔斯. 政治哲学史讲义. 杨通进，李丽丽，林航，译. 北京：中国社会科学出版社，2011.

赖特. 阶级. 刘磊，吕梁山，译. 北京：高等教育出版社，2006.

赖特. 阶级分析方法. 马磊，吴菲，等译. 上海：复旦大学出版社，2011.

R. W. 米勒. 分析马克思：道德、权力和历史. 张伟，译. 北京：高等教育出版社，2009.

戴维·米勒. 民族责任与全球正义. 杨通进，李广博，译. 重庆：重庆出版社，2014.

尼尔森. 马克思主义与道德观念：道德、意识形态与历史唯物主义. 李义天，译. 北京：人民出版社，2014.

佩弗. 马克思主义、道德与社会正义. 吕梁山，李旸，周洪军，译. 北京：高等教育出版社，2010.

齐艳红. 分析马克思主义方法论研究. 北京：中国社会科学出版社，2012.

王坤． 分析的马克思主义的剥削理论研究． 天津：南开大学出版社，2018．

沃尔夫． 诺奇克． 王天成，张颖，译． 哈尔滨：黑龙江人民出版社，2001．

余文烈． 分析学派的马克思主义． 重庆：重庆出版社，1993．

贝塔姆． 剖析分析的马克思主义． 刘斌，译． 现代哲学，2003（4）．

曹玉涛． 剥削与正义："分析马克思主义"的理论分歧及问题辨析．湖南师范大学社会科学学报，2007（4）．

段忠桥． 论科恩的"优势获取平等"主张． 哲学研究，2021（5）．

齐艳红． 需要原则主导还是应得原则主导：对柯亨与德沃金关于分配平等问题争论的一种考察． 马克思主义与现实，2017（4）．

齐艳红．21 世纪分析的马克思主义的理论建构及缺陷． 天津社会科学，2020（2）．

齐艳红． 当代英美马克思主义关于辩证法与形式逻辑问题的争论：以乔·埃尔斯特和伯特尔·奥尔曼为例． 学习与探索，2015（5）．

塔里． 柯亨与马克思主义． 吕增奎，译． 马克思主义与现实，2017（6）．

袁久红，荣耀华． 论埃尔斯特的局部正义理论："分析马克思主义"政治哲学新发展研究之一． 东南大学学报（哲学社会科学版），2009（5）．

朱菊生． 分配正义的微观基础与行动逻辑：埃尔斯特的局部正义观．学海，2018（5）．

G. Cohen. History，Labour and Freedom：Themes from Marx. Oxford，New York，Toronto：Oxford University Press，1988.

G. Cohen. Rescuing Justice and Equality. Cambridge，Massachusetts，London and England：Harvard University Press，2008.

G. Cohen. Lectures on the History of Moral and Political Philosophy. Princeton：Princeton University Press，2014.

J. Elster. Making Sense of Marx. Cambridge：Cambridge University Press，1985.

J. Elster. Explaining Technical Change. Cambridge：Cambridge University Press, 1983.

J. Elster. Closing the Books: Transitional Justice in Historical Perspective. New York: Cambridge University Press, 2004.

B. Feltham. Justice, Equality and Constructivism: Essays on G. A. Cohen's Rescuing Justice and Equality. Chichester: Wiley-Blackwell, 2009.

D. Gordon. Resurrecting Marx: The Analytical Marxists on Exploitation, Freedom and Justice. New Brunswick: Transaction Books, 1990.

A. Gosseries, Y. Vanderborght. Arguing about Justice: Essays for Philippe Van Parijs. Presses universitaires de Louvain, 2011.

I. Hunt. Analytical and Dialectical Marxism. Aldershot, Hants, England Brookfield, Vt. , USA: Avebury, 1993.

G. Cohen. On the Currency of Egalitarian Justice and Other Essays in Political Philosophy. M. Otsuka, ed. Princeton and Oxford: Princeton University Press, 2011.

R. Miller. Globalizing Justice: The Ethics of Poverty and Power. Oxford and New York: Oxford University Press, 2010.

J. Michael, E. Thompson. Constructing Marxist Ethics: Critique, Normativity, Praxis. Leiden, Boston: Brill, 2015.

A. Przeworski. Democracy and the Limits of Self-Government. New York: Cambridge University Press, 2010.

E. Robert, G. Pettit, T. Pogge. A Companion to Contemporary Political Philosophy. Malden MA: Blackwell, 2007.

A. Reeve, A. Williams. Real Libertarianism Assessed: Political Theory after Van Parijs. Palgrave: Macmillan, 2003.

C. Sypnowic. The Egalitarian Conscience: Essays in Honour of G. A. Cohen. New York: Oxford University Press, 2006.

E. Wright. Interrogating Inequality: Essays on Class Analysis, Socialism and Marxism. London: Verso, 1994.

E. Wright, A. Levine, E. Sober. Reconstructing Marxism: Essays on the Explanation and the Theory of History. London and New York: Verso, 1992.

E. Wright. Envisioning Real Utopias. London and New York: Verso, 2010.

E. Wright. Understanding Class. London and New York: Verso, 2015.

A. Wood. Karl Marx. New York and London: Routledge, 2004.

R. Arneson. Equality of Opportunity: Derivative Not Fundamental. Journal of Social Philosophy, 2013, 44 (4).

R. Arneson. Rethinking Luck Egalitarianism and Unacceptable Inequalities. Philosophical Topics, 2012, 40 (1).

R. Arneson. Exploitation, Domination, Competitive Markets and Unfair Division. Southern Journal of Philosophy, 2016, 54.

J. Cohen. The Economic Basis of Deliberative Democracy. Social Philosophy & Policy, 1989, 6 (2).

L. Jacobs. The Second Wave of Analytical Marxism. Philosophy of the Social Sciences, 1996, 26 (2).

T. Mayer. Envisioning Real Utopias. Critical Sociology, 2015, 41 (6).

J. Narveson. Cohen's Rescue. The Journal of Ethics, 2010, 14 (3/4).

T. Pogge. Cohen to the Rescue!. Ratio (new series) XXI, 2008, 21 (4).

J. Roemer. Socialism Revised. Philosophy & Public Affairs, 2017, 45 (3).

M. Ronzoni, Z. Stemplowska. Introduction to Symposium on G. A. Cohen and Socialism. Politics Philosophy & Economics, 2014, 13 (2).

G. Skillman. Marx's Capital through the Lens of Roemer's General Theory (and vice-versa). Social Choice & Welfare, 2017, 49.

P. Tomlin. Internal Doubts about Cohen's Rescue of Justice. The Journal of Political Philosophy, 2010, 18 (2).

R. Veneziani. Analytical Marxism. Journal of Economic Surveys, 2012, 26 (4).

R. Veneziani. Exploitation and Time. Journal of Economic Theory, 2007, 132 (1).

R. Veneziani. Exploitation, Inequality, and Power. Journal of Theoretical Politics, 2013, 25 (4).

N. Vrousalis. Exploitation, Vulnerability, and Social Domination. Philosophy & Public Affairs, 2013, 41 (2).

J. Wolff. Equality: The Recent History of an Idea. Journal of Moral Philosophy, 2007, 4 (1).

J. Wolff. Fairness, Respect and the Egalitarian Ethos Revisited. The Journal of Ethics, 2010, 14 (3/4).

S. White. Liberal Equality, Exploitation, and the Case for an Unconditional Basic Income. Political Studies, 1997, 45 (2).

第八章

马克思恩格斯全集: 第23卷. 北京: 人民出版社, 1972.

马克思恩格斯全集: 第46卷 (上). 北京: 人民出版社, 1979.

包亚明. 现代性与空间的生产. 上海: 上海教育出版社, 2003.

陈永国. 文化的政治阐释学: 后现代语境中的詹姆逊. 北京: 中国社会科学出版社, 2000.

哈维. 后现代的状况: 对文化变迁之缘起的探究. 阎嘉, 译. 北京: 商务印书馆, 2003.

哈维. 希望的空间. 胡大平, 译. 南京: 南京大学出版社, 2006.

哈维. 正义、自然和差异地理学. 胡大平, 译. 上海: 上海人民出版社, 2010.

哈维. 资本之谜: 人人需要知道的资本主义真相. 陈静, 译. 北京: 电子工业出版社, 2011.

凯尔纳, 贝斯特. 后现代理论: 批判性的质疑. 张志斌, 译. 北京: 中央编译出版社, 2004.

勒菲弗. 空间与政治. 李春, 译. 上海: 上海人民出版社, 2008.

卢卡奇. 历史与阶级意识. 杜章智, 任立, 燕宏远, 译. 北京: 商务印书馆, 1992.

索杰. 第三空间: 去往洛杉矶和其他真实和想象地方的旅程. 陆扬, 刘佳林, 朱志荣, 等译. 上海: 上海教育出版社, 2005.

苏贾. 后现代地理学: 重申批判社会理论中的空间. 王文斌, 译.

北京：商务印书馆，2004.

杰姆逊．后现代主义文化与文化理论．唐小兵，译．北京：北京大学出版社，1997.

詹明信．晚期资本主义的文化逻辑：詹明信批评理论文选．陈清侨，严锋，等译．北京：三联书店，1997.

詹姆逊．快感：文化与政治．王逢振，等译．北京：中国社会科学出版社，1998.

詹姆逊．文化转向．胡亚敏，等译．北京：中国社会科学出版社，2000.

杰姆逊，三好将夫．全球化的文化．马丁，译．南京：南京大学出版社，2002.

詹姆逊．詹姆逊文集：第1卷 新马克思主义．陈永国，胡亚敏，等译．北京：中国人民大学出版社，2004.

俞吾金．马克思时空观新论．哲学研究，1996（3）.

D. Harvey. The Urbanization of Capital. Oxford UK：Basil Blackwell Ltd，1985.

D. Harvey. Social Justice and the City. Oxford：Basil Blackwell Publishers，1998.

D. Harvey. Spaces of Capital：Towards a Critical Geography. Edinburgh：Edinburgh University Press，2001.

F. Jameson. Postmodernism，or，the Cultural Logic of Late Capitalism. Durham：Duke University Press，1990.

H. Lefebvre. Everyday Life in the Modern World. New York：Harper & Row，1971.

H. Lefebvre. The Survival of Capitalism：Reproduction of the Relation of Production. London：Allison & Busby，1976.

H. Lefebvre. The Production of Space. Malden MA：Blackwell Publishing，1991.

H. Lefebvre. Critique of Everyday Life：Volume III. London and New York：Verso，2005.

A. Zieleniec. Space and Social Theory. London：SAGE Publications，2007.

A. Stephanson，F. Jameson. Regarding Postmodernism：A Conversation with Fredric Jameson. Social Text，1989（21）.

第九章

马克思恩格斯全集：第4卷．北京：人民出版社，1958.
马克思恩格斯选集：第4卷．北京：人民出版社，2012.
马克思．资本论：第1卷．北京：人民出版社，2004.
马克思．资本论：第3卷．北京：人民出版社，2004.
列宁全集：第4卷．北京：人民出版社，2013.
奥康纳．自然的理由：生态学马克思主义研究．唐正东，臧佩洪，译．南京：南京大学出版社，2003.
巴兰，斯威齐．垄断资本：论美国的经济和社会秩序．南开大学政治经济学系，译．北京：商务印书馆，1977.
哈丁．生活在极限之内：生态学、经济学和人口禁忌．戴星翼，张真，译．上海：上海译文出版社，2001.
李比希．化学在农业和生理学上的应用．刘更另，译．北京：农业出版社，1983.
摩尔根．古代社会：上册．杨东莼，马雍，马巨，译．北京：商务印书馆，1997.
世界环境与发展委员会．我们共同的未来．王之佳，柯金良，等译．长春：吉林人民出版社，1997.

P. Burkett. Marx and Nature：A Red and Green Perspective. New York：Saint Martin's Press Inc，1999.

R. Grundmann. Marxism and Ecology. Oxford：Clarendon Press，1991.

J. B. Foster. The Vulnerable Planet. New York：Monthly Review Press，1994.

J. B. Foster. Marx's Ecology. New York：Monthly Review Press，2000.

J. B. Foster. Ecology against Capitalism. New York：Monthly Review Press，2002.

R. Grundmann. The Ecological Challenge to Marxism. New Left Review，1991，187.

第十章

马克思恩格斯文集：第 8 卷. 北京：人民出版社，2009.

本雅明. 本雅明文选. 陈永国，马海良，译. 北京：中国社会科学出版社，1999.

布朗肖. 不可言明的共通体. 夏可君，尉光吉，译. 重庆：重庆大学出版社，2016.

巴迪欧，艾利. 数学颂. 蓝江，译. 北京：中信出版社，2017.

复旦大学当代国外马克思主义研究中心. 当代国外马克思主义评论：第 9 辑. 北京：人民出版社，2011.

哈特，奈格里. 大同世界. 王行坤，译. 北京：中国人民大学出版社，2015.

霍克海默，阿道尔诺. 启蒙辩证法：哲学断片. 渠敬东，曹卫东，译. 上海：上海人民出版社，2006.

卢卡奇. 历史与阶级意识. 杜章智，任立，燕宏远，译. 北京：商务印书馆，1992.

马尔库塞. 单向度的人：发达工业社会意识形态研究. 刘继，译. 上海：上海译文出版社，2006.

南希. 解构的共通体. 郭建玲，张建华，张尧均，等译. 上海：上海人民出版社，2007.

G. Agamben. The Use of Bodies. Stanford：Stanford University Press，2015.

G. Agamben. The Coming Community. Mineapolis：University of Minnesota Press，1993.

L. Althusser. Philosophy of the Encounter：Later Writings，1978-1987. London and New York：Verso，2006.

A. Badiou. Théorie du sujet. Paris：Seuil，1982.

A. Badiou. Logiques des mondes. Paris：Seuil，2006.

M. Constantinou. Badiou and the Political Condition. Edinburgh：Edinburgh University Press，2014.

C. Douzinas，S. Žižek. The Idea of Communism. London：Verso，2010.

J. Dean. Democracy and Other Neoliberal Fantasies: Communicative Capitalism and Left Politics. Durham: Duke University Press, 2009.

J. Dean. Blog Theory. Cambridge: Polity Press, 2010.

J. Dean. The Communist Horizon. London and New York: Verso, 2012.

A. Gorz. The Immaterial. Calcutta: Seagull Books, 2010.

S. Horvat. The Radicality of Love. Cambridge: Polity, 2015.

M. Hardt. Radical Thought in Italy: A Potential Politics. Minneapolis: University of Minnesota Press, 1996.

M. Hardt, A. Negri. Multitude: War and Democracy in the Age of Empire. London: Penguin Group, 2004.

C. Marazzi. Capital and Language. Los Angeles: Semiotext (e), 2008.

R. Mackey, A. Avanessian. Accelerate: The Accelerationist Readers. Windsor Quarry UK: Urbanomic Media Ltd, 2014.

S. Malik, C. Cox. Realism Materialism Art. Annandale-on-Hudson: Sternberg Press, 2015.

A. Negri. The Winter is Over: Writings on Transformation Denied, 1989–1995. Los Angels: Semiotext (e), 2007.

A. Negri. Trilogy of Resistance. Minneapolis: University of Minnesota Press, 2011.

P. Passavant, J. Dean. Empire's New Clothes: Reading Hardt and Negri. New York: Routledge, 2004.

N. Srnicek. Platform Capitalism. Cambridge: Polity, 2016.

L. Taek-Gwang, S. Žižek. The Idea of Communism 3. London and New York: Verso, 2016.

A. Zanini, U. Fadini. Lessico Postfordista. Milan: Feltrinelli, 2001.

S. Žižek. Disparities. London: Bloombury, 2016.

后　记

本书是教育部人文社会科学重点研究基地重大项目"国外马克思主义前沿问题研究"（20JJD710001）的最终成果，由项目负责人王凤才设计基本思路、总体框架、撰写要求，由课题组成员在前期研究成果的基础上加工完善而成，王凤才对各章节结构、标题、内容、文字等进行了仔细修改、增删、加工、完善。

各章具体分工如下：

第一章　王凤才（复旦大学）

第二章　张双利（复旦大学），吴　鑫（西北工业大学）

第三章　王凤才

第四章　王凤才

第五章　孙　民（山东理工大学）

第六章　赵瑞林（山西大学）

第七章　齐艳红（南开大学）

第八章　李春敏（同济大学）

第九章　郭剑仁（中南财经政法大学）

第十章　蓝　江（南京大学）

在格式和注释规范化、参考文献整理、清样校对等方面，吴敏做了大量工作，郝健亚、何佳佳、刘珂然也做了不少工作。另外，本书能入选"当代马克思主义哲学研究文库"，得益于北京师范大学杨耕老师与中国人民大学出版社。对以上包括作者在内的各位老师和同学，以及为这个课题付出直接或间接劳动的各位老师和同学，表达深深的谢意！

图书在版编目（CIP）数据

重新理解马克思：西方马克思主义的当代阐释／王凤才等著. --北京：中国人民大学出版社，2024.1
（当代马克思主义哲学研究文库／杨耕主编）
ISBN 978-7-300-32341-1

Ⅰ.①重… Ⅱ.①王… Ⅲ.①西方马克思主义-研究 Ⅳ.①B089.1

中国国家版本馆 CIP 数据核字（2023）第 221895 号

国家出版基金项目
"十四五"时期国家重点出版物出版专项规划项目
当代马克思主义哲学研究文库
主编 杨 耕

重新理解马克思
——西方马克思主义的当代阐释
王凤才 等著
Chongxin Lijie Makesi

出版发行	中国人民大学出版社		
社　　址	北京中关村大街 31 号	邮政编码	100080
电　　话	010-62511242（总编室）		010-62511770（质管部）
	010-82501766（邮购部）		010-62514148（门市部）
	010-62515195（发行公司）		010-62515275（盗版举报）
网　　址	http://www.crup.com.cn		
经　　销	新华书店		
印　　刷	北京联兴盛业印刷股份有限公司		
开　　本	720 mm×1000 mm　1/16	版　次	2024 年 1 月第 1 版
印　　张	29.25 插页 3	印　次	2024 年 1 月第 1 次印刷
字　　数	465 000	定　价	128.00 元

版权所有　　侵权必究　　印装差错　　负责调换